中国经济学手册

第一卷

主　编 谢伏瞻
副主编 蔡　昉 黄群慧

Handbook of Chinese Economics

Volume 1

中国社会科学出版社

图书在版编目（CIP）数据

中国经济学手册．第一卷／谢伏瞻主编．—北京：中国社会科学出版社，2023.8

ISBN 978－7－5227－1907－8

Ⅰ.①中…　Ⅱ.①谢…　Ⅲ.①中国经济—手册　Ⅳ.①F12－62

中国国家版本馆CIP数据核字（2023）第085513号

出 版 人　赵剑英
责任编辑　张　潜
特约编辑　党旺旺　周　佳　李斯佳
责任校对　郝阳洋
责任印制　王　超

出　　版　中国社会科学出版社
社　　址　北京鼓楼西大街甲158号
邮　　编　100720
网　　址　http://www.csspw.cn
发 行 部　010－84083685
门 市 部　010－84029450
经　　销　新华书店及其他书店

印刷装订　北京君升印刷有限公司
版　　次　2023年8月第1版
印　　次　2023年8月第1次印刷

开　　本　710×1000　1/16
印　　张　40
字　　数　539千字
定　　价　229.00元

《中国经济学手册》编辑委员会

（按姓名音序排列）

《中国经济学手册》特邀审稿人

（按姓名音序排列）

《中国经济学手册》工作组

目　　录

导　言　谢伏瞻 / 1
人口红利　蔡　昉 / 25
人类命运共同体　李坤望　张　兵 / 38
大国发展格局论　欧阳峣　汤凌霄 / 55
小康社会　闫　坤　于树一 / 85
以工代赈　朱　玲 / 119
中国财政体制　刘尚希　赵福昌　孙　维 / 143
中国特色社会主义政治经济学　刘　伟　邱海平 / 179
比较优势与竞争优势　林毅夫　付才辉 / 192
世界百年未有之大变局　冯维江　张宇燕 / 222
农业与工业化　张建华 / 242
农村土地制度改革　刘守英 / 253
全国统一大市场　刘志彪 / 272
刘易斯转折点　蔡　昉 / 294
社会主义市场经济的资本理论　简新华　余　江 / 308
社会主义收入分配理论　杨灿明 / 339
社会主义条件下的价值规律　冒天启 / 352
社会主义初级阶段理论　张卓元 / 367
社会主义基本经济制度　何自力 / 385
社会主要矛盾　丁任重　张　航 / 403

低碳经济 陈诗一 / 420
现代化经济体系 张占斌 汪 彬 / 435
国有企业分类改革论 黄群慧 / 462
供给侧结构性改革 郭克莎 / 480
经济高质量发展 张占斌 毕照卿 / 500
经济新常态 张晓晶 / 524
城乡和区域协调发展 陆 铭 李鹏飞 / 542
科学技术是第一生产力 杨春学 / 564
绿色金融 何德旭 程 贵 / 586
新发展理念 黄群慧 / 604

索 引 / 628

编后记 《中国经济学手册》工作组 / 633

导　言

谢伏瞻*

一　引言

《中共中央关于党的百年奋斗重大成就和历史经验的决议》指出，中国共产党自 1921 年成立以来，始终把为中国人民谋幸福、为中华民族谋复兴作为自己的初心使命，始终坚持共产主义理想和社会主义信念，团结带领全国各族人民为争取民族独立、人民解放和实现国家富强、人民幸福而不懈奋斗，书写了中华民族几千年历史上最恢宏的史诗。

新中国成立 70 多年特别是改革开放 40 多年来，创造了世所罕见的经济快速发展奇迹和社会长期稳定奇迹。2010 年我国国内生产总值超过日本，成为世界第二大经济体；2020 年我国国内生产总值超过 100 万亿元人民币，占世界经济总量的比重超过 17%；2021 年我国实现第一个百年奋斗目标，在中华大地上全面建成小康社会，历史性地解决了绝对贫困问题，人均国内生产总值超过 1.2 万美元，接近高收入国家门槛。到“十四五”末，我国将达到现行高收入国家水平；到 2035 年，我国经济总量或人均收入将实现翻一番，人均国内生产总值达到中等发达国家水平。

* 谢伏瞻，中国社会科学院。

中国共产党在领导中国人民创造经济奇迹的过程中，不断进行经济理论探索并取得巨大成就。习近平总书记在哲学社会科学工作座谈会上指出，只有以我国实际为研究起点，提出具有主体性、原创性的理论观点，构建具有自身特质的学科体系、学术体系、话语体系，我国哲学社会科学才能形成自己的特色和优势（习近平，2017：342）。系统总结、提炼、完善中国社会主义经济建设实践中形成的具有原创性、民族性、时代性、系统性、专业性的经济学理论成就，是加快构建中国特色社会主义政治经济学学科体系、学术体系、话语体系的基础。在中国共产党成立100周年之际，总结中国经济发展的成功经验，提炼出更具一般意义的中国经济理论体系，将为我国立足新发展阶段、贯彻新发展理念、构建新发展格局，推动更高质量的经济增长、更高水平的改革开放、更加可持续的经济发展提供严谨、有力、可靠的理论支持，还将为全人类发展提供中国智慧和中国方案。

二　中国经济学的理论来源

伟大的实践产生伟大的理论。中国共产党立足社会主义建设实践，把马克思主义政治经济学基本原理与中国具体实际相结合，充分吸收中国优秀传统文化精髓，并科学借鉴人类一切优秀成果，创造性地提出了一系列中国特色社会主义经济理论，构建和发展了中国经济学。

（一）马克思主义政治经济学的中国化与时代化

习近平总书记指出，坚持以马克思主义为指导，是当代中国哲学社会科学区别于其他哲学社会科学的根本标志（习近平，2016）。对中国经济学而言，马克思主义政治经济学既是指导思想，为中国经济实践和中国经济学发展提供科学的世界观和方法论，又是理论源泉，为中国经济学提供更符合国家发展目标的分析对象、立场、观点和分析框架。

马克思主义政治经济学在充分占有历史和现实材料基础上，运用科学的抽象方法，透过纷繁复杂的经济现象探讨一般经济规律。这里所指的科学方法，就是唯物辩证法和历史唯物主义。与西方主流经济学的机械论和原子论研究方法不同，马克思主义政治经济学以有机的、整体的思维对待人类经济社会发展，研究其发展变化的客观规律，其科学性被人类社会历史的进程所证明，也在我国社会主义建设的历程中反复得到证明。

马克思主义政治经济学在分析对象上，为中国经济学提供了宏大的历史视域。尽管马克思主义政治经济学不乏对市场经济运行规律的分析，但其研究对象是资本主义经济制度或生产关系，目的是揭示资本主义市场经济制度（生产关系）产生、发展和消亡的一般规律。如果脱离了宏大的历史维度，必然缺乏对长期制度演化趋势的关注；如果缺乏长期的宏观视域，必然导致对所处阶段的误判和长期发展目标的动摇。正由于具有这种宏大的历史视角，我们党才能对社会主义发展阶段、社会主义本质、社会主义与市场经济的关系、社会主义生产资料所有制等根本性、关键性问题，做出科学的分析和判断。

马克思主义政治经济学的立场，为中国经济学发展提供了指南。发展为了人民，是马克思主义政治经济学的根本立场。马克思、恩格斯指出："无产阶级的运动是绝大多数人的、为绝大多数人谋利益的独立的运动。"［马克思、恩格斯，（1840）1995，第1卷：283］在未来社会"生产将以所有的人富裕为目的"［马克思、恩格斯，（1857—1858）1980，第46卷下：222］。马克思主义政治经济学的立场，决定了我国经济发展的最终目的是满足人民需要，这也是社会主义市场经济与资本主义市场经济的本质区别。尽管同样要充分发挥市场在配置资源中的决定性作用，但社会主义与资本主义经济活动在目的上是截然不同的。资本主义经济活动的最终目的服从于资本逻辑，缓解资本积累的矛盾，满足资本增殖的诉求；社会主义国家发展经济则是为了满足最广大人民的需要，把增进人民福祉、促进人的全面发展、朝着共同富裕方向迈进作为出发点和落脚点。

中国共产党始终坚持把马克思主义基本原理与中国具体实际相结合，不断推进马克思主义政治经济学中国化。中国经济发展的践行者和理论工作者并没有局限于经典作家的论述，也没有局限于以苏联政治经济学教科书为代表的传统社会主义政治经济学，更没有将马克思主义关于社会主义经济的理论设想直接照搬到我国社会主义建设实践中，而是在吸收传统社会主义政治经济学科学成分的同时，从社会主义经济建设实践面临的客观条件和实际问题出发，认识和探究社会主义的本质、发展阶段和社会主义市场经济建设等重大问题，不断推进理论创新。从新民主主义经济纲领理论到马克思主义政治经济学在社会主义过渡时期的运用和发展；从“政治经济学的初稿”到中国特色社会主义政治经济学逐步形成，再到习近平经济思想形成，马克思主义政治经济学始终是中国经济学发展的理论源泉和思想指南。实践发展永无止境，理论创新永无止境，在全面开启建设社会主义现代化国家新征程中，中国特色社会主义政治经济学必将得到新的丰富和发展。

（二）中国共产党领导社会主义经济建设实践的成功经验

中国经济学理论体系最主要的来源，是我国社会主义经济建设伟大实践的成功经验。新中国成立后，经过较短时间的努力，我国经济社会发生了翻天覆地的变化。通过和平过渡确立了社会主义制度的所有制基础，成功实现了我国历史上最广泛、最深刻、最伟大的社会变革；通过“一五”计划，建立起社会主义工业化初步基础，包括飞机、汽车、发电设备、重型机器、新式机床、精密仪表、电解铝、无缝钢管、合金钢、塑料、无线电等，从无到有地建设起来，改变了我国工业部门残缺不全的状况；到改革开放前，我国已经建立起独立的比较完整的工业体系和国民经济体系，这些为在中国这样一个社会生产力水平十分落后的东方大国进行社会主义建设积累了重要经验。例如，毛泽东同志在《论十大关系》中提出的重工业和轻工业、农业的关系，沿海工业和内地工业的关系，经济建设和国防建设的关系，国家、生产单位和生产者个人的关系，中央和地方的关系等都是社会主义初级阶段需要始终注重协调的重要基本经济问题；党的八大提出社会主要矛盾及其转化的判断依据，即人民对于建立先进的工业国的要求同落后的农业国的现实之间的矛盾，人民对于经济文化迅速发展的需要同当前经济文化不能满足人民需要的状况之间的矛盾；面对经济困难，中央提出“调整、巩固、充实、提高”八字方针，实现了经济结构优化调整，促进了国民经济的综合平衡；通过工农业产品价格“剪刀差”，在落后的农业国快速实现资本积累；等等。在此期间，虽受社会政治环境干扰，但以孙冶方、顾准、马寅初等为代表的经济学家们仍然提出了社会主义制度下的商品生产和价值规律、社会主义商品经济论、生产力标准理论、新人口论等重要理论与观点。

党的十一届三中全会深刻总结新中国成立以来社会主义建设正反两方面的经验，作出把党和国家工作中心转移到经济建设上来的历史性决策。在理论上，党中央作出社会主义初级阶段重大判断，确定党在社会主义初级阶段的基本路线，提出和平与发展是时代主题，为推动以经济体制改革为重点的全面改革和加速社会主义经济建设提供了理论基础。在实践上，农村家庭联产承包责任制、国有企业、分税制、金融体制、外贸综合体制等一系列重大改革持续推进；商品市场、劳动力市场、资本市场、外汇市场、技术市场等各类市场逐步建立，价格、利率、税率、汇率等成为调节市场供需的主要工具，市场在资源配置中从辅助性作用转变为发挥基础性作用到起决定性作用；政府作用从制订经济计划和主办公有制企业等直接参与经济活动，转向以国家发展战略和规划为导向、以财政政策和货币政策等为主要手段，间接调控经济运行，成功应对外部冲击，保持经济持续健康发展；实施对外开放基本国策，从经济特区到开放沿海港口城市，从沿边沿江开放到加入世界贸易组织（WTO），充分利用两个市场和两种资源，并不断提高开放的领域、水平、层次。在机制上，党的十一届三中全会后，基本形成了由中央政治局会议、中央政治局常委会会议、中央财经委员会会议、中央经济工作会议，来决定经济工作大政方针，每五年一次中央全会研究提出国民经济和社会发展五年规划的建议，提出重大方针政策，党中央经常性地审议关系经济发展全局的重大问题，作出重大战略部署，及时提炼总结领导经济实践形成的重要经验。

中国改革开放和向市场经济转型的过程，是党领导人民不断进行实践创新和理论创新的结果。安徽凤阳小岗村的包产到户催生了农村家庭联产承包经营责任制改革；从放权让利到承包制，再到抓大放小和股份制改革使国有企业成为真正的市场主体；从以计划经济为主、市场调节为辅，到有计划的商品经济，再到建立社会主义市场经济体制，这一系列对中国改革开放产生重大影响的重大创新，既包含领导人的智慧，理论工作者的努力，也有对实践经验的总结和深化。在党和国家领导人提出科学技术是第一生产力、生产力标准、社会主义初级阶段论、社会主义市场经济论等的同时，学术界在这一时期也做出诸多贡献，比如蒋一苇提出“企业本位论”，董辅礽首倡政企分开和政社分开以及所有制实现形式，杨坚白的国民经济综合平衡论，厉以宁倡导的股份制改革，吴敬琏坚持的好的市场经济，刘国光、张卓元提出“稳中求进”的改革和发展思路等；此外，价格双轨制、渐进式改革、“北京共识”、财政分权等也都体现了中国特有的经济转型道路。

党的十八大以来，以习近平同志为核心的党中央深刻洞悉国际形势变化，把握世界发展大势，统筹国内国际两个大局，坚持以人民为中心的发展思想，科学研判经济社会发展的阶段性特征，加强和改善党对经济工作的集中统一领导，先后提出一系列重大判断、重大理论和重大方针政策，形成了习近平经济思想。坚持稳中求进的总基调，坚持以高质量发展为主题、以供给侧结构性改革为主线、建设现代化经济体系。毫不动摇巩固和发展公有制经济，毫不动摇鼓励、支持、引导非公有制经济发展。坚持实施创新驱动发展战略，把科技自立自强作为国家发展的战略支撑，加快建设创新型国家和世界科技强国。全面实施供给侧结构性改革，推进制造强国建设，加快发展现代产业体系，壮大实体经济，发展数字经济。完善宏观经济治理，实施积极的财政政策和稳健的货币政策，保障粮食安全、能源资源安全、产业链供应链安全，防范化解经济金融领域风险，防止资本无序扩张。实施区域协调发展战略，推进以人为核心的新型城镇化，实施乡村振兴战略，加快推进农业农村现代化。我国经济发展平衡性、协调性、可持续性明显增强，国家经济实力、科技实力、综合国力跃上新台阶，我国经济迈上更高质量、更有效率、更加公平、更可持续、更为安全的发展之路。

新中国70多年经济发展取得的辉煌成就，无可辩驳地证明，党对经济工作的集中统一领导既是我国取得经济成就的原因，也是我国经济持续健康发展的根本保证。中国经济学最重要的内容，就是对党领导经济工作的实践经验总结、提炼并进一步学理化。

（三）国外经济理论和政策合理成分的科学借鉴

中国经济学根植于中国社会主义建设的伟大实践，但不排斥人类社会创造的文明成果。2015年11月23日，习近平总书记在中共中央政治局第二十八次集体学习时明确指出："我们坚持马克思主义政治经济学基本原理和方法论，并不排除国外经济理论的合理成分。西方经济学关于金融、价格、货币、市场、竞争、贸易、汇率、产业、企业、增长、管理等方面的知识，有反映社会化大生产和市场

经济一般规律的一面，要注意借鉴。”（习近平，2020）

建设中国特色社会主义市场经济，首先需要理解市场经济的运行机制、动力和结果，把握市场经济运行的一般规律。西方经济学重点关注既定制度体系下的资源配置和经济增长、市场经济的运行机制和内在动力等问题，有助于我们把握和理解在不同于西方国家的社会制度和发展目标下，如何更好地发挥市场的作用，这是中国经济学可以借鉴西方经济学的价值之一。同时，西方经济学的大量成果，主要来自欧美等工业化国家数百年经济社会发展的实践，具有“原型”价值。这里所谓“原型”，并非代表性或典型事实，而是一些经济现象较早出现在早期工业化国家，人们将其理论化、概念化、模型化，从而成为西方经济学理论体系的一部分。随着中国特色社会主义市场经济的不断发展，这些现象也不同程度地、以不同形式出现在我国经济建设实践中，这些西方经济学中的“原型”就有了参考、对照的价值，这是中国经济学可以借鉴西方经济学的另一个理由。

第一种类型借鉴的关键在于把握“一般”。市场机制已经深刻地嵌入一国的制度体系和文化背景中，其表象背后的深层机制不会自动彰显，必须通过科学的方法加以探究和剖析。虽然在西方资本主义阵营内部，因企业治理结构、政府与市场关系等方面的巨大差异，形成了诸如莱茵模式、日韩模式和盎格鲁撒克逊模式等类型多样的资本主义模式，但仍存在基本的市场经济规律，例如，价格波动与供求变化的关系，失业、通货膨胀的原因，经济增长的动力源泉；仍存在优化市场效率的共同途径，例如，保障市场要素的自由流动，保持市场的可竞争性、消除信息不对称和信息不完全。这些是任何市场经济都具有的共性问题。

第二种类型借鉴的关键在于把握“特殊”。“原型”根植于他国历史与实践，所对应的现实来源是西方发达国家经济发展实践，其典型表现和所对应的时代也不一样，主要意义在于提供参照，而非终极答案或一成不变的理论范畴。以地方政府竞争为例，早在 20 世纪五六十年代，西方学者就提出了基于公共物品竞争模型和财政联邦主义模型，为分析地方政府竞争关系提供了“原型”，但由于发展阶段、财政税收体制的差异，这些“原型”不可能直接用于解释中国实践，我国学者基于国情和发展经验，为地方政府竞争赋予了新的含义。比如，市场和政府关系，一直是经济学关注的核心问题，围绕这一问题，在西方经济学内部形成了多个观点“原型”，如斯密的守夜人政府、萨缪尔森的克服市场失灵的政府、奥尔森的强化市场型政府、青木昌彦的市场增进型政府、马祖卡托的企业家型政府，等等。但是，我国实践表明，政府与市场之间并不是对立互斥关系，在经济发展的不同阶段，政府与市场之间的互补形式有着很大不同，政府与市场之间的关系是动态演进的，这就突破了主流新古典经济学的教条。以上说明，在中国经济学发展过程中，既要重视“原型”，也要看到这些“原型”和现实的差异，并且以中国实践丰富拓展“原型”的内涵。这些带有中国色彩的“原型”，又将成为后续研究新的参照。

必须认识到，西方经济学根植于欧美国家的文化传统，发端于西方资本主义的产生过程，并伴随欧美国家经济实践不断发展，其不仅有明确的历史特定性，也暗含意识形态指向，不可能完全适应中国特色社会主义经济实践。习近平总书记指出：“对国外特别是西方经济学，我们要坚持去粗取精、去伪存真，坚持以我为主、为我所用，对其中反映资本主义制度属性、价值观念的内容，对其中具有西方意识形态色彩的内容，不能照抄照搬。”（习近平，2020）借鉴西方经济学，必须明确其理论假说、观点和概念的适用条件，产生的特定背景，结论的潜在含义和政策取向，对其进行甄别、筛选和必要的发展与修正，从而使其更好为中国特色社会主义市场经济建设服务。

经济发展史和经济思想史的研究表明，不加区别、不分良莠地采取理论的拿来主义，不仅不利于理论本身的发展，也必然会对实践产生不利影响。在美国取代英国成为世界经济中心的过程中，美国没有无条件接受英法等国的经济理论，也没有盲目照搬其政策主张，而是根据国情和发展过程出现的问题，创新和发展了经济学理论。正如经济思想史学者埃里克·罗尔（Eric Roll）所指出的："美国经济学走了一条与欧洲有所不同的道路。凡早期输入美国的经济学理论，其系统阐述都得到了改造，以符合于新的环境。"（埃里克·罗尔，1981：409）20 世纪 80 年代末 90 年代初以来，"华盛顿共识"在一些国家造成经济崩溃、社会矛盾激化等严重问题，与这些国家不加鉴别、无条件地采用新自由主义经济学理论和政策主张直接相关。

借鉴西方经济学，要放宽视野，善于从西方社会科学界中听取多种声音、汲取多重营养。西方经济学不仅包括以凯恩斯主义、货币主义、供给学派、新古典宏观经济学、新凯恩斯主义等为代表，主要关注资本主义市场运行机制及其经济效率等相关问题的主流经济学，还包括演化经济学、后凯恩斯主义经济学、激进政治经济学、新熊彼特学派等为代表的非主流经济学，主要从经济制度、权力关系、技术变迁、收入分配、阶级关系等更宽泛的视角，对现代市场经济进行分析，其中不乏可资借鉴的营养，例如，新熊彼特经济学关于创新的研究，后凯恩斯经济学关于货币和经济周期的研究，演化发展经济学关于高质量生产性活动的研究，等等。

（四）中国传统优秀经济思想的汲取融通

习近平总书记指出："中华民族有着深厚文化传统，形成了富有特色的思想体系，体现了中国人几千年来积累的知识智慧和理性思辨。"（习近平，2017：340）中国经济学的发展，离不开传统中国思想养分的供给。

春秋时期，孔子就提出了"义利观""生产与商业观""分配和消费观”等思想；孟子又进一步提出“恒产论”“社会分工论”；荀子提出“富国论”；墨子在《墨子·经说上》中提到商品具有其内在价值，商品的价格以其价值为依据；《管子·轻重篇》中关于货币、价格、市场的论述，体现出重商主义倾向；《管子·侈靡篇》强调通过财政支出刺激经济，肯定商业以及消费对促进国家经济活力的贡献。先秦、秦汉时期针对生产与分工、商品交换、价值与价格等论述已形成了较为完善的解释体系（胡寄窗，1962：507）。西汉时期，国家对工商业的掌控和干预，引起了经济自由主义与国家干预主义之间的思想论争，集中反映在《盐铁论》中。

“食货”体系在传统中国的经济思想中占有极为重要的地位。《尚书·洪范》记载：八政“一曰食、二曰货”。“食”可引申为农业生产，“货”可理解为商业贸易。因此“食货”可视为传统中国对农业生产和商业贸易的总体认知。传统典籍中，《史记》最早对“食货”展开系统论述。《史记·平准书》详细记载了商品经济的变动以及运用市场规律稳定物价的均输、平准政策。《货殖列传》则讨论了如何发展商品生产，如何进行市场预测。二十四史中，有十五部专门设置《食货志》，记录历代的经济政策，总结经济发展规律，并提出了颇多创见，包括市场运行的理念，强调增加财富的意义，肯定地区行业分工与交换以及商人沟通财货的作用，明确指出经济发展在国家富强中的基础作用。

熊彼特指出，历史、统计和理论三门基础学问合在一起构成“经济分析”。经济学的内容实质上是历史长河中一些现象的集合。如果不掌握历史事实，不具备适当的历史感或历史经验，就难以理解任何时代（包括当前）的经济现象。对历史的充分认知与理解是我们把握当下、走向未来的基础。传统中国文化中关于经济的思考和讨论，为中国经济学的发展提供了思想养分，对中国经济学理论的创新有着重要的意义。

三　中国经济学的重要特征

当前，关于中国经济学的共识还处于酝酿形成过程中，最终如何称呼、如何界定还有待大家共同努力，但这并不妨碍对中国经济学的重要特征进行描述，提出中国经济学质的规定性。

（一）中国经济学是社会主义的经济学

中国经济学是对中国经济发展的系统理论总结。中国经济发展是在中国共产党领导下的经济发展，是以马克思主义及其中国化理论为指导的经济发展，是社会主义经济发展成功经验的系统总结，这就决定了中国经济学首先是社会主义经济学。“社会主义的本质，是解放生产力，发展生产力，消灭剥削，消除两极分化，最终达到共同富裕。”（邓小平，1993：373）社会主义本质的两重含义，即促进生产力持续发展的效率标准与逐渐实现共同富裕的价值标准，是中国经济学的内在约定性和制度约定性双重表现，同时也决定了中国经济学与西方经济学的本质差异，即西方经济学的理论内核是个体理性下的资源优化配置，而社会主义经济学的理论内核是促进生产力发展和实现共同富裕。

从生产力视角看，社会主义经济优于资本主义经济。马克思、恩格斯在理论上给出了社会制度演进发展的基本动力——生产资料私有制与生产力的发展存在着不可调和的矛盾。当“生产资料的集中和劳动的社会化，达到了同它们的资本主义外壳不能相容的地步。这个外壳就要炸毁了。资本主义私有制的丧钟就要响了。剥夺者就要被剥夺了”［马克思、恩格斯，（1867）1972，第 23 卷：832］。现实中，“资产阶级在它的不到一百年的阶级统治中所创造的生产力，比过去一切世代创造的全部生产力还要多，还要大。”［马克思、恩格斯，（1840）1995，第 1 卷：277］这是资本主义战胜封建制的现实表现。在共产主义第一阶段——社会主义社会，重要任务就是发展生产力，要“尽可能快地增加生产力的总量”。［马克思、恩格斯，（1840）1995，第1卷：293］社会主义制度建立后，我国用几十年的时间走完了资本主义几百年的路，成为第二次世界大战以来为数不多实现成功赶超的后发国家。不仅如此，社会主义经济始终坚持生产关系和生产力矛盾运动的观点，会通过持续调整生产关系促进生产力发展。因此，社会主义经济是持续发展的经济。

从价值追求的优越性看，社会主义的本质要求是克服资本主义的两极分化，逐步实现共同富裕，这是社会主义经济独特的价值追求，是中国式现代化的重要特征。从发展生产力到实现共同富裕，从国家整体站起来到居民普遍富起来，再到国家整体强起来，是不同阶段中国共产党以人民为中心发展理念在不同阶段的不同表现。在改革开放前的社会主义经济建设探索中，以动员有限资源尽快实现生产力发展为目标，通过压缩消费和工农产品“剪刀差”实现快速积累，建立起来较为完备的以工业为主的经济体系。这一阶段的发展是基于国家整体视角的发展，带有特殊性。虽然居民生活水平不高，但居民之间的差距较小，基尼系数长期在0.3左右。改革开放以后，通过打破平均主义大锅饭，恢复按劳分配制度，调动了人们的积极性，提高了生产效率，使经济总量快速成长，居民收入快速增长，人民生活水平普遍提高。但与效率改善和经济快速增长相伴，居民收入差距、地区发展差距逐渐拉大成为国内经济循环梗阻、约束经济发展的短板。进入新发展阶段，党中央把促进共同富裕，消除绝对贫困，使经济发展成果真正实现人民共享作为重中之重。在解放和发展生产力方面，畅通经济的国内大循环和扩大再生产在生产、流通、交换、消费四个环节之间的循环，在缩小地区差距和居民收入差距方面，实施精准扶贫、精准脱贫的战略，通过党的十八大以来的持续努力，到2020年实现消除绝对贫困目标并提出了促进全体人民共同富裕取得更为明显的实质性进展的中长期目标和规划。

（二）中国经济学是具有理论创新性的经济学

中国经济学是以马克思主义理论为指导的，但是，“马克思主义理论不是教条，而是行动指南，必须随着实践的变化而发展。马克思主义能不能在实践中发挥作用，关键在于能否把马克思主义基本原理同中国实际和时代特征结合起来”（习近平，2022）。中国经济学的理论创新性来自中国共产党领导中国社会主义现代化建设中所形成的独创性重大理论成果。在毛泽东思想、邓小平理论、“三个代表”重要思想、科学发展观、习近平新时代中国特色社会主义思想等重大理论成果指导下，中国经济学既不同于马克思主义经典作家描述的政治经济学，更不同于流派众多、纷繁复杂的西方经济学，中国经济学逐步形成了自己的具有中国特色的原创性的理论观点和知识体系。比如，在中国经济学中，十分重视对经济发展阶段的认识和判断，这包括毛泽东同志提出的社会主义社会是一个很长的历史阶段，邓小平同志提出社会主义初级阶段，习近平总书记提出的经济“新常态”、高质量发展阶段、新发展阶段，等等；又如，社会主义市场经济体制是中国共产党的伟大创造，而社会主义市场经济理论则构成了中国经济学的重大理论创新；再如，公有制为主体、多种所有制经济共同发展，并将股份制作为公有制主要实现形式，这是中国经济学关于所有制理论的重大突破；还有，按劳分配为主、多种分配方式并存、生产要素按贡献参与分配则是中国经济学关于分配理论的重大创新（张卓元，2019：1—75）。实际上，这些中国经济学原创性的新概念、新范畴、新理论还可列出很多。

党的十八大以来，中国特色社会主义进入新时代，以习近平同志为核心的党中央对国内外经济形势、基本经济国情和经济发展阶段进行科学判断，对经济发展理念和思路作出及时调整，提出了一系列新理念新思想新战略，从理论和实践相结合上系统回答新时代中国经济发展和现代化建设的一系列重大问题，深化了对经济现代化规律的认识，在实践中形成了还在不断丰富发展的习近平经济思想，为马克思主义政治经济学开辟了新境界，成为中国经济学创新发展的新内涵，具体可以概括为以下方面：坚持加强党对经济工作的集中统一领导，从根本上保证我国经济沿着正确方向发展；坚持以人民为中心的发展思想，坚定不移走共同富裕的道路，努力促进全体人民共同富裕取得更为明显的实质性进展；树立正确的发展观，不再简单以国内生产总值增长率论英雄，立足提高质量和效益，以创新推动经济持续健康发展；对新发展阶段做出准确判断，指出新发展阶段就是全面建设社会主义现代化国家、向第二个百年奋斗目标进军的阶段；指出我国经济发展进入新常态，认识新常态、适应新常态、引领新常态是当前和今后一个时期我国经济发展的大逻辑；明确政府和市场关系，作出使市场在资源配置中起决定性作用、更好发挥政府作用全新定位；树立绿水青山就是金山银山的理念，提出建设生态文明、建设美丽中国的战略任务；坚持创新、协调、绿色、开放、共享的新发展理念，引领我国发展全局发生深刻变革；把推进供给侧结构性改革，作为当前和今后一个时期我国经济工作的主线；准确判断我国社会主要矛盾已经转化为人民日益增长的美好生活需要和不平衡不充分的发展之间的矛盾，我国经济已由高速增长阶段转向高质量发展阶段，作出推进经济高质量发展的战略部署；建设现代经济体系，这是跨越经济发展方式转变关口的迫切要求和我国经济发展的战略目标；构建以国内大循环为主体、国内国际双循环相互促进的新发展格局；统筹发展和安全，牢固树立安全发展理念；等等。

（三）中国经济学是具有世界意义的经济学

中国经济学理论不仅是指引和解释中国经济实践的经济理论，也是发展中国家实现赶超的经济理论。第二次世界大战以后，只有极少数国家实现了低收入到中高收入的跃迁，富国恒富，穷国恒穷的普遍存在令经济学家感到长期困惑。我国是第二次世界大战以后成功实现经济赶超的最大规模的社会主义国家。为什么我国能实现这样的赶超奇迹？在对我国经济奇迹的解读中，一些国外学者习惯于将中国奇迹归因于国家主导的发展，尤其是将中国与东亚的发展型国家特征比较，认为中国与这些国家具有一些共性，如高储蓄率、高投资率和政府主导等；也具有某些独有特征，如地方政府竞争、国有企业主导等，这些从发展型国家视域对我国的研究，或者认为我国只是在再现东亚发展型国家的历史，或者认为我国是新出现的新的发展型国家。

但是，将我国经济奇迹简单地归结为发展型国家，或者更为粗略地归因于国家主导的发展，只是一个过于简单甚至会失掉关键因素的认识。我国经济赶超过程中的高储蓄率，促进工业化的政策，强大的中央政府和经济管理体系等多个方面虽然都符合发展型国家的某些特征，但在经济规模、制度取向以及实现赶超过程中所面临的内外部约束条件，都远非国家主导的发展或发展型国家所能概括。例如，东亚发展型国家规模有限，或不具备完全国家自主性，不仅发展目标的设定相对单一，而且缺乏一种探索自己独有的政治和经济体制的信心和可能性，均在不同程度上得益于冷战体系下的外部经济援助，在经济赶超的过程中，全球价值链尚未形成，产品间分工为国际分工的主要形式，这些都与我国的经济赶超完全不同。

理解我国经济赶超的奇迹，一条理论上的脉络就是把握经济赶超过程中来源于实践的中国概念和范畴，如家庭联产承包责任制、双轨制、温州模式、苏南模式、抓大放小、小康社会、乡村振兴、新发展理念、新发展格局等。与这些概念对应的，则是中国经济赶超发展过程中的实践进程，尤其是这一进程中的路线和思想。概括而言，中国社会主义建设尤其是改革开放以来的主要经验有：坚持和加强党的集中统一领导，保证我国经济发展始终沿着正确方向前进；坚定不移实施对外开放战略，始终坚持独立自主，不断形成全面开放新格局；坚持全面深化改革，完善社会主义基本经济制度，正确处理政府与市场关系，使市场在资源配置中起决定性作用和更好发挥政府作用；坚持以人民为中心的发展思想，坚定不移走共同富裕的道路；坚持绿色发展，推动生态文明建设；坚持走和平发展道路，推动构建人类命运共同体，积极参与推动全球化进程（谢伏瞻，2019）。

四 中国经济学人的使命

经济史和经济思想史的研究表明，世界经济重心的转移，往往伴随着经济学体系的变革和经济学话语权的更替。英国取代欧洲大陆成为世界经济中心的过程，同时也是古典自由主义从重商主义中脱胎并最终成为其对立面的过程；美国取代英国成为世界经济魁首的过程，同时也是与古典自由主义经济学分野，倡导制造业立国和生产力至上的美国学派兴起，直至新古典经济学成型并奠定主流地位的过程。中华民族的伟大复兴，不仅要在经济发展上取得举世瞩目的成就，而且要在经济理论上做出原创性重大贡献，经济理论与发展实践相辅相成，相得益彰。但是，这一过程并不是自动、必然完成的，从发展实践的总结、提炼，到理论体系的形成与完善，还需要无数理论工作者付出巨大的、不懈的努力。中国经济学自形成起，在不断发展中就需要满足多方面的要求，中国经济学人亦由此肩负着多方面的使命。

（一）形成更具学理化和系统化的知识体系

并非所有能解释实践、指导实践的观点、政策以及范畴，都能成为一个系统化的理论体系，从有实践价值和解释价值的观点、概念，到系统化、学理化的理论体系，还有漫长的道路要走。

习近平总书记指出，要善于提炼标识性概念，打造易于为国际社会所理解和接受的新概念、新范畴、新表述，引导国际学术界展开研究和讨论。这项工作要从学科建设做起，每个学科都要构建成体系的学科理论和概念（习近平，2016）。新中国经济发展所创造的伟大成就，还需要中国经济学工作者作出充分的阐释、解答和提炼；在迈向和实现第二个百年目标的过程中，还需要理论工作者进一步地丰富、发展与完善中国经济学的相关范畴、概念与理论体系。

构建更具学理化和系统化的中国经济学，并不是单纯倡导构建一种放之四海而皆准的普适性理论。恩格斯指出，经济学是一门历史的科学。在不同的历史条件下，经济学理论会因国家、文化和社会背景不同而有所不同，正如古典经济学有英国的古典经济学和法国的古典经济学之分一样。作为中国的经济学，首先是扎根中国经济实际，揭示中国社会主义市场经济运行机制和发展趋势的经济学，但作为学理化、系统化的中国经济学，不能止步于经济政策的注释学，也不能仅满足于针对特定时期的特定问题提供解决方案，而是要对经济发展进程中的客观规律进行系统化的理论说明，不仅要继续发现、解释市场经济的一般规律，而且要系统总结和深入探究社会主义市场经济的一般规律。

当前，中国经济学的发展正面临着两大机遇：第一，中国社会主义建设尤其是改革开放以来所取得的巨大成就，以及正在朝着第二个百年目标奋进的伟大实践，为中国经济学的发展提供了取之不尽用之不竭的源头活水。作为身处其中的经济学工作者，有责任也有义务从中国经济发展的伟大实践中去提炼和锻造更加体系化的理论。第二，当前世界经济正在经历着以信息技术、生物技术和新能源为代表的新一轮技术革命浪潮，新的经济现象层出不穷，经济学的研究对象、研究方法正处在急剧变革之中，在这种新的技术变迁引发的理论变革的当下，几乎所有国家的经济学工作者都处在同一起跑线，中国的经济理论工作者正面临着类似技术赶超中的“第二种机会窗口”，而中国庞大的数字经济规模和蓬勃发展的新能源革命，又为中国经济学工作者提供了鲜活的研究对象，这就需要中国经济学工作者充分抓住机遇，努力推动中国经济学成为一个公认的系统性、专业性与严谨性的理论体系。

习近平总书记还指出：“我们的哲学社会科学有没有中国特色，归根到底要看有没有主体性、原创性。”（习近平，2016）原创能力是哲学社会科学的核心竞争力，中国经济学能不能成为一个公认的系统化理论体系，能不能形成中国特色，能不能影响世界，归根结底要看有没有这样的原创能力。原创能力的前提，首先是道路自信、理论自信、制度自信和文化自信，没有这四个自信，就缺乏原创的勇气和底气，就难免产生“中国经验、范畴只适用于中国，无法推而广之”或者“只有一种经济学，中国只是既有经济学的现实印证”的误判，前者过分强调中国实践的独特性，后者过分强调既有理论的普适性，但本质都是缺乏原创勇气和底气的表现。在总结提炼中国实践经验并升华为学理化、体系化的系统理论的过程中，这两种观念都不利于实现原创性的理论贡献。从世界经验来看，资本主义生产方式在英国、德国和美国的崛起，都伴随着富有其国家特色的资产阶级经济学的创建；第二次世界大战后东亚一些国家和地区的复兴与崛起，也都伴随着一些特定理论的兴起与发展，如发展型国家理论、产业政策与规制理论等，这些理论和学说至今仍有一定的理论和实践价值。我们没有理由不相信，当代中国的伟大社会变革，必然也应该孕育伟大的、系统的理论，对此，中国经济学的理论工作者应有充分的自信，同时也应牢记，原创性的中国经济学，正如当代中国的伟大社会变革一样，也必然不是简单延续我国历史文化的母版，不是简单套用马克思主义经典作家设想的模板，不是其他国家社会主义实践的再版，也不是国外现代化发展的翻版，不可能找到现成的教科书。

（二）推进新时代重大理论和实践问题的研究

中国特色社会主义的伟大实践，始终坚持从中国改革开放的实际国情出发，在与之相伴随的中国经济学的形成、发展与创新的过程中，本土意识、自主意识、问题意识始终是推动理论创新的关键所在。党的十八大以来，面对国内外环境复杂而深刻的变化，以习近平同志为核心的党中央成功驾驭中国经济发展大局，引领我国经济发展取得历史性成就，发生历史性变革，形成了习近平经济思想。这是马克思主义政治经济学中国化时代化的最新成果，是基于中国实践和中国经验的系统化和规律化学说，也是开启全面建设社会主义现代化国家新征程，迈向第二个百年目标的过程中经济现代化建设的行动指南，书写了当代马克思主义政治经济学的新篇章，开辟了中国特色社会主义政治经济学的新境界。研究、阐释习近平经济思想，将其有机融入中国特色社会主义政治经济学理论体系中，从而极大地丰富和发展中国经济学，是当前乃至今后较长一段时间的重中之重。

“当代中国正在经历人类历史上最为宏大而独特的实践创新，改革发展稳定任务之重、矛盾风险挑战之多、治国理政考验之大都前所未有，世界百年未有之大变局深刻变化前所未有，提出了大量亟待回答的理论和实践课题。”（习近平，2022）“我国哲学社会科学应该以我们正在做的事情为中心，从我国改革发展的实践中挖掘新材料、发现新问题、提出新观点、构建新理论，加强对改革开放和社会主义现代化建设实践经验的系统总结，加强对发展社会主义市场经济、民主政治、先进文化、和谐社会、生态文明以及党的执政能力建设等领域的分析研究，加强对习近平治国理政新理念新思想新战略的研究阐释，提炼出有学理性的新理论，概括出有规律性的新实践。这是构建中国特色哲学社会科学的着力点、着重点。”（习近平，2016）经济学界要勇于回答时代课题，从当代中国经济的伟大变革中发现研究的主题、捕捉创新的灵感，深刻揭示时代变迁的内在逻辑，提出有针对性的、有操作性的、有效力的解决问题的方案，从而在实践中丰富和发展中国特色社会主义政治经济学。在当前和今后一个时期，无论是实现第二个百年奋斗目标，还是把握百年未有之大变局的机遇和挑战，都有不少重大课题需要我们深入研究。比如中国特色社会主义进入新时代，社会主要矛盾变化与人的全面发展；发展社会主义市场经济，处理好政府与市场关系；推进国家治理体系和治理能力现代化；推进实现共同富裕，取得更为明显的实质进展；构建人类命运共同体；等等。站在新的历史起点上，我们要以强烈的责任感、紧迫感和担当精神，立足中国实际，以马克思主义政治经济学为指导，不断完善中国特色经济学理论体系。

（三）为世界经济贡献中国智慧、中国方案

虽然中国经济学来源于中国特色社会主义经济建设已有的实践，但是，同样不能单纯认为中国经济学只能是解释和指导当前中国实践的“独门”理论和政策指引，而不可能对其他国家未来经济发展具有理论借鉴意义和实践参考价值。恰恰相反，构建中国经济学的意义和价值，不仅在于系统总结中国社会主义市场经济体制建设的已有经验，指导未来较长一段时间里中国的社会主义经济建设，而且在于通过学理化、系统化的理论构建，通过对市场经济规律一般和特殊的系统分析，为世界经济发展特别是落后国家未来长期经济发展提供中国智慧、中国方案。

伟大的实践孕育伟大的理论，而实践之所以成功，恰好是因为有正确理论的指导。作为全球最大的发展中国家，中国和大部分第二次世界大战之后独立的发展中国家有相似的历史和追求，但中国在更为落后的基础、更为残酷的环境下，在旧中国半殖民地半封建社会的废墟上开辟出了一条中国特色的社会主义道路，在短短数十

年时间里完成了西方发达国家数百年的工业化历程，完成了世界上最大规模人口的脱贫，经济总量跃升世界第二，对世界经济增长贡献率长期超过30%。在这一过程中，中国也曾经面临许多发展中国家发展初期面临的困境，如工业化和城市化水平低，典型二元经济特征；社会阶层横向和纵向流动不充分，生产率水平低下等；也曾经面临发展过程中出现的许多问题，如环境污染、收入差距过大等；还曾经面临更多发展中国家未曾出现过的问题和未曾经历过的挑战。如在一个人口规模巨大、生产力发展水平低下且极不平衡的国家搞现代化；处于冷战环境，面对保护主义、单边主义的挑战等；在复杂多变的国际国内环境下，中国经济始终保持良好的发展态势，保持了社会稳定和政治稳定，这充分说明，只要找到合适的方案，发展中国家同样可以实现经济社会的持续、快速和健康发展。

值得指出的是，虽然中国经济学为世界经济发展特别是落后国家经济发展展现了中国智慧、中国方案，但并不能提供包罗一切的、放之四海而皆准（one-fits-all）的具体原理和办法。中国的经济理论与实践的成功本身首先说明了一个基本原则：众多发展中国家在发展之路上，必须结合本国实际，融汇本国历史、文化和社会的有益元素，保持充分的自主性，而不是简单照搬别国的经济发展理论与经验。中国经济发展所取得的伟大成就，不仅说明中国共产党领导、社会主义制度、强有力的政府、以人民为中心、混合所有制经济等特征可以成为现代化的成功元素，而且是必不可少的成功元素；不仅说明社会主义和市场经济可以兼容并存，而且两者可以获得更好、更快和更高质量的发展；不仅说明全球化可以助力后发国家经济发展，而且后发国家可以在这一过程中在保持自主性的前提下，实现合作共赢，共同繁荣；创新、协调、绿色、开放、共享的新发展理念不仅符合中国国情，对发展中国家破解长期发展难题也具有重大借鉴意义，“一带一路”、人类命运共同体、人类文明新形态等倡议和理念不仅对中国的发展具有重大意义，而且能不断加深中国与世界的联系，促进中国与其他国家共同发展，为世界的长期和平与稳定提供中国智慧、做出中国贡献。中国特色社会主义的巨大成就拓展了发展中国家走向现代化的途径，中国发展的经验和理论给世界上那些既希望加快发展又希望保持自身独立性的国家和民族提供了全新选择，为解决人类问题贡献了中国智慧和中国方案。

五 结语

中国社会科学院推出工具类图书《中国经济学手册》，旨在全面回顾、系统反映中国人民在中国共产党的领导下取得的中国经济发展原创性理论成就，推动中国特色社会主义政治经济学学科体系、学术体系、话语体系建设，为中国经济学发展贡献力量。

本手册由中国社会科学院经济研究所组织编撰，由《经济研究》编辑部负责日常事务。手册采用分领域条目列举与说明的方式，条目包括三类：一是理论工作者提出的经济理论和概念；二是党和国家重要政策法规文件提出的经济方针、政策、概念及理论；三是现实中的重要经济现象和问题。在条目选择上力求代表性和权威性，充分反映中国经济学发展各个阶段，特别是新时代以来的主要进展和学术成就，展现真正代表中国经济学的经济概念、理论、问题和政策等；在条目撰写上力求原创性和严谨性，并列出切合、可靠、详尽的文献依据，科学分析中国经济学者在相关中国问题研究方面的贡献。

本手册得到了全国广大科研工作者的热情支持，他们或亲自撰写有关条目，或为相关条目提出宝贵修改意见，或为手册整体编撰提出建议，等等。手册的成功出版是大家共同努力的结果，在此表示衷心感谢与诚挚敬意！

参考文献

《共产党宣言》，《马克思恩格斯选集》第 1 卷，人民出版社 1995

年版。

《资本论》第1卷，《马克思恩格斯全集》第23卷，人民出版社1972年版。

《政治经济学批判（1857—1858年草稿）》，《经济学手稿（1857—1858年）》，《马克思恩格斯全集》第46卷下，人民出版社1980年版。

邓小平：《在武昌、深圳、珠海、上海等地的谈话要点》，《邓小平文选》第3卷，人民出版社1993年版。

习近平：《不断开拓当代中国马克思主义政治经济学新境界》，《求是》2020年第16期。

《习近平谈治国理政》第2卷，外文出版社2017年版。

《习近平在省部级主要领导干部学习贯彻党的十九届六中全会精神专题研讨班开班式上发表重要讲话强调　继续把党史总结学习教育宣传引向深入　更好把握和运用党的百年奋斗历史经验》，《人民日报》2022年1月12日第1版。

《中共中央关于党的百年奋斗重大成就和历史经验的决议》，人民出版社2021年版。

胡寄窗：《中国经济思想史》上册，上海人民出版社1962年版，第507页。

谢伏瞻：《新中国70年经济与经济学发展》，《中国社会科学》2019年第10期。

张卓元：《新中国70年经济学研究的八大进展》，载张卓元、张晓晶主编《新中国经济学研究70年》，中国社会科学出版社2019年版。

［英］埃里克·罗尔：《经济思想史》，包玉香译，商务印书馆1981年版。

人口红利

蔡　昉*

一　引言

在 1978 年以来的 40 余年中，中国创造了史无前例的发展奇迹，即实现了一个在最长的时间里、在日益增大的经济总量基础上，以及使最大规模人口参与和共享成果的高速增长。中国经济发展显现的这种特征，无疑与中国庞大的人口规模有关。因此，一种着眼于阐述和检验人口与经济增长关系的理论和研究范式，必然适宜于解释中国经济发展奇迹，同时按照逻辑的延伸，该理论和范式也应该有助于揭示中国经济增长面临的挑战。

也正是由于中国人口规模庞大这个国情特征，人口与经济增长关系的各种理论一直对中国经验予以关注，中国学者也受到相应理论的影响。然而，对于这个理论脉络的了解，研究者和决策者很长时间以来都局限在相对狭小的文献范围。布鲁姆等（Bloom et al., 2002）将之分别概括为认为人口增长抑制经济增长的悲观说、认为人口增长有利于经济增长的乐观说，以及认为人口增长对经济增长没有显著影响的中性说。所谓“悲观说”显然是以马尔萨斯（2012）为代表，是以工业革命之前的经验为依据得出的结论。从马

* 蔡昉，中国社会科学院。

尔萨斯理论渊源衍生出来的早期发展经济学，则把不发达状态视为一种“贫困恶性循环”，其特征是人口增长产生对资源和产出的稀释作用（参见 Bass，2009）。此外，学术界特别是经济学界，始终不乏尝试修正或者摒弃马尔萨斯及其追随理论的研究努力（参见 Simon，1997，Introduction，xiii – xxvi）。

20 世纪 90 年代出现并在人口—经济关系研究领域逐渐引人注目的人口红利理论，在应用于改革开放时期中国经济的高速增长时，表现出不凡的理论解释力和经验说服力。这个研究范式突破了人口—经济关系研究中主要关注人口规模和增长率的传统，转而把关注点放在人口转变的过程中随着生育率和死亡率变化而变化的人口年龄结构特征。在劳动年龄人口增长快并且占比高的情况下，这种年龄结构有利于经济增长，由此形成独特的增长源泉，被称为人口红利（Bloom et al.，2002）。此类研究最适宜的经验检验场所，是经济史上和当代的后起经济体对早期工业化国家的赶超过程。相应的经验研究表明，在人口转变一定阶段上发生的劳动年龄人口比重提高和抚养比降低，产生了支撑经济增长的额外源泉或人口红利，使经济增长得以在更高的速度上、在较长时间里得以持续，因而成为赶超成功的关键因素（Bloom and Williamson，1997；Williamson，1997）。

应该说，人口红利的研究并没有成为经济增长理论的主流。然而，如果认真将其研究结论与从新古典增长理论主流假设出发的一些研究进行比较，人口红利理论实际上破解了传统理论中存在的一些不必要疑惑和误判。例如，艾尔文·扬（Young，1992）和保罗·克鲁格曼（Krugman，1994）曾经尖锐地批评“亚洲四小龙”的增长方式，认为这些国家和地区的经济增长，因单纯依靠资本的积累和劳动的投入，缺乏生产率的实质性进步，终究会遭到报酬递减规律的报复而不可持续。这正是因为他们没有考虑到人口红利的作用，只是从新古典增长理论的假使出发进行的判断。然而，在存在人口红利和劳动力无限供给特征的后起经济体，依据发达国家经验做出的劳动力短缺从而资本报酬递减假设，就难以做出令人信服的解释。虽然人口红利理论并没有直接挑战新古典增长理论的意图，但是，受这种研究范式启发，以中国实践为对象进行更为深入的研究，便可以揭示出新古典增长理论假说的局限性（蔡昉，2010）。

本文以改革开放时期中国经济发展过程为背景，简述经济学界对于人口—经济关系的认识变化，以过程和文献回顾相结合的方式，概述人口红利对于中国高速经济增长的贡献，阐释人口红利理论在中国语境下的有效性和解释力，特别是解释人口红利理论在中国的丰富和发展。需要指出的是，把人口转变与经济增长结合起来对中国经验的研究，与在国外经济学界形成的人口红利理论并不是完全等同的。一方面，正如无数案例所表明的那样，打开认识中国经济发展的大门，永远不可能指望一把万能钥匙，要求以中国的特殊经验为依托，在理论上批判性地兼收并蓄。另一方面，秉持开放态度并深入研究中国经验，有助于修正人口红利理论的一些不足，丰富和发展这一研究范式。

二　在中国语境下认识人口—经济关系

在中国的理论和实践中，把规模庞大和快速增长的人口看作经济增长的负面因素，具有长期的传统。例如，早在 20 世纪 50 年代，马寅初（1998）就论证了人口过快增长对资金积累、工业原料供给、劳动生产率提高以及粮食保障的负面影响，并提出实行计划生育的政策建议。在 80 年代开始实行严格计划生育政策后，人口学科在中国得到恢复和发展，学术研究和政策讨论十分活跃。但是，人口研究在很长时间里主要围绕论证计划生育政策进行。在经济社会发展和政策效应的共同作用下，人口转变逐渐显现出突出的效果，甚至出现了一些过犹不及的表现，人口学家对生育率过低以及带来老龄化等问题提出警示，逐渐开始探讨计划生育政策退出的必要性，人口理论和统计问题的讨论也越来越得到包容，呈现观点和方法的多样化（邬沧萍等，2007）。不过，总体来说，人口学研究还是局限在描述生育、死亡、迁移、性别比等人口特征范围内，政策建议也主要从人口变化本身为着眼点（郭志刚等，2014）。

中国的人口转变及其与经济增长的关系，为人口红利研究提供了难得的素材。首先是由于中国用了大约 30 年的时间，完成了发达国家用一倍以上的时间，甚至上百年才完成的从高生育水平到低生育水平的转变过程。快速经济社会发展，使中国的生育率不仅在 20 世纪 90 年代初降到更替水平之下，而且在那之后继续显著下降，人口快速增长的势头得到了控制。就此而言，中国遵循了人口转变的一般规律。其次是由于中国的丰富实践可以使这个理论更加充实。在改革开放时期，中国经历了两个堪称人类历史上最大规模的人口变化过程，分别是以生育率下降为主要内容的人口转变，以及劳动力的产业转移和区域流动。最后是人口转变的一般趋势和具体表现，均与同样高速的经济增长和产业结构变化相伴发生，因而人口转变与经济发展的关系得以更清晰地展现出来，为研究者拓展这个领域的研究提供广阔的用武之地。

相应地，一般性与特殊性相统一的人口转变，也就成为破解中国经济发展之谜的一把钥匙。人口红利理论及其研究范式因此成为一个值得借鉴，并且可以带来令人信服结论的工具。国内外研究者开始从获取人口红利的角度，认识中国改革开放时期的经济增长表现，并从经验上实际估算了人口红利对经济增长的贡献。例如，王丰和梅森（Wang and Mason，2008，p. 147）以人口抚养比作为人口红利的代理指标，估计出在 1982—2000 年，人口红利对中国经济增长的贡献为 15%。蔡昉和王德文（Cai and Wang，2005）的估计显示，同一时期抚养比下降对人均 GDP 增长的贡献高达 26. 8%。

人口红利估算中的典型做法是，选择一个与人口转变相关的统计指标——通常是人口抚养比（非劳动年龄人口与劳动年龄人口的比率），作为人口红利的代理变量并纳入增长核算或增长回归模型，估计其对经济增长的贡献。诚然，这样做可以更加直观地观察并宣称，在特定人口转变阶段上形成的人口年龄结构特征，实至名归地对经济增长具有显著的积极贡献。与此同时，这种做法也把人口红利狭义化了，造成对人口红利实际贡献的低估。这是因为，伴随着劳动年龄人口的增长以及人口抚养比的降低，通常其他经济增长变量也变得有利于经济增长。

从中国的经验来看，人力资本改善速度、储蓄率和资本回报率、资源重新配置效率进而劳动生产率和全要素生产率等，都因特定的人口结构特征而有利于经济增长，因而成为人口红利的表现（参见 Cai, 2019；Cai and Zhao, 2012）。从这个认识出发，诸多对改革开放时期中国经济增长进行计量分析的文献，都可以作为人口红利存在及贡献的经验证据。首先，处在低位并且持续下降的人口抚养比有利于实现高储蓄率，而劳动力无限供给特征则延缓资本报酬递减现象的发生，从而使资本积累成为经济增长的主要引擎（World Bank, 1998；Cai and Zhao, 2012）。同时，在二元经济发展阶段上，劳动力无限供给特征的存在，被证明的确在一定时期延缓了资本报酬递减现象的发生（Bai, et al., 2006）。其次，有利的人口因素不仅保障劳动力供给，还确保了劳动力质量不断提高，使人力资本对经济增长做出显著贡献（Whalley and Zhao, 2010）。再次，新成长劳动力和城乡富余劳动力在产业、行业和地区之间流动，创造出资源重新配置效率，成为全要素生产率从而劳动生产率的主要组成部分（World Bank, 1998；蔡昉，2017）。最后，上述因素从要素供给和资源配置效率角度，显著地提高了这一时期中国经济的潜在增长率。例如，1979—1995 年为年平均 9.7%，1997—2010 年为年平均 10.4%（Cai and Lu, 2013）。这奠定了高速增长的基础，从理论上和经验上都可以提供人口红利作用的最可信服证据。

三　人口红利产生与消失及经济影响

马寅初并不了解人口转变理论的发展，因此也未能预期生育率和人口增长率的下降。在当代中国，无论是总和生育率（妇女平均终身生育的孩子数），还是人口出生率及人口自然增长率（出生率减去死亡率），从20世纪60年代中期均开始持续下降。改革开放以来的经济社会发展和计划生育政策实施，推动了生育率的进一步下降。在20世纪90年代初，总和生育率就已经降到2.1这一维持人口不变所需要的更替水平之下。生育率和人口增长率的这种变化趋势，依次推动形成人口转变的不同阶段，也带来若干关键性的转折点，每一个阶段和转折点都对经济增长产生显著的影响。

1980—2010年，中国15—59岁劳动年龄人口以年均1.8%的速度增长，而非劳动年龄人口的增长则基本停滞，同期年均增长率为-0.2%。这两个年龄组人口增长形成张开的“剪刀差”形状，即意味着人口抚养比的下降，帮助形成了“生之者众、食之者寡”的人口结构，打开了人口机会窗口。随后，在劳动年龄人口于2010年达到峰值之后，从2011年开始进入负增长轨道，人口抚养比同时开始升高。相应地，劳动力短缺、人力资本改善减缓、资本回报率下降以及资源配置效率提高空间缩小，共同导致潜在增长率下降。根据当时的估算，中国GDP潜在增长率从2010年之前的10%左右，降低到“十二五”时期的7.6%和“十三五”时期的6.2%，预计“十四五”时期进一步下降到5.5%左右（Cai and Lu，2013），并且这个减速还将继续下去（谢伏瞻，2020）。潜在增长率的这种规律性下降，反映在2012年以来实际增长率逐年呈现的下行趋势，标志着人口红利的消失。

由此可见，人口红利是人口转变和经济发展两个过程特定阶段上的现象，在一定条件下便会产生，在关键条件发生变化时也便消失。因此，认识这些人口转变的阶段和转折点，以及与之相应的经济发展的阶段和转折点，是认识人口红利的关键。同样地，在对人口转变阶段做出准确判断的基础上，提前预判或及早认识到人口红利的消失，具有重要的学术价值和政策含义。这样的话，一方面，通过对决策者和社会各界提出警示，有助于推动政策的相应调整，提示市场和社会对变化了的情形做出恰当的反应；另一方面，有助于找到真正的问题和解决方案的关键所在，提高应对政策的针对性和有效性。

在很长一段时间里，对于研究者做出的人口红利即将消失的判断，学术界和政策研究领域都没有给予足够的重视。相反，反倒出现了一些研究，否认人口红利消失对经济增长具有不利影响，或者更一般而言，否认人口老龄化具有对经济增长的不利影响。在论证方法上，这类研究往往标志性地具有以下共同点。其一，面对劳动年龄人口负增长这个事实，通常会论证劳动年龄人口总规模将保持庞大，以此否认人口抚养比提高可能产生的不利影响。其二，针对人口总量达到峰值进而转入负增长的预期，通常会以人口总规模仍将庞大的说辞，拒绝任何不利的警示。其三，对于劳动力短缺从而制造业比较优势减弱的事实，通常以劳动者质量提高可以弥补数量不足作为理由，否定人口红利消失带来的冲击。

我们可以举出一个例子予以说明。一项颇有代表性的最新研究（Marois et al.，2021）认为，在老龄化的条件下，中国仍然可以通过提高人力资本、劳动参与率和生产率促进经济增长。这样的结论看似并无不妥，然而，这类研究因其方法论的缺陷，往往是建立在对他人研究结论的误解基础上，因而自身的结论也就不可避免地产生误导。当人们揭示诸如人口红利消失这样的不利变化倾向时，一个基础性的方法论前提，是假设在其他条件不变的情况下，仅因人口结构的变化会使经济增长遭受冲击。老龄化与劳动力短缺相联系，是不争的事实和已经可以观察到的现象，同时，老龄化却并不注定是与人力资本改善以及劳动参与率和生产率提高相伴随。所以，指出人口红利消失的挑战，无非是提示以往推动经济高速增长的因素正在或已经丧失，同时并不否定，反而恰恰是为了强调探寻其他更可持续增长源泉的必要性和紧迫性。

事实上，恰恰是在人口红利消失的条件下，其他诸多经济增长因素也随之发生逆转，从而在宏观生产函数的意义上，揭示出中国经济不再能够保持以往的增长速度这一事实。例如，随着受教育程度更高的新成长劳动力减少，劳动力存量的人力资本改善速度显著减慢；老年人口和大龄劳动力比重提高，天然地具有降低劳动参与率的效果；随着传统比较优势的弱化和丧失，低生产率企业如果不能退出经营，便会导致资源配置的僵化；制造业比重早熟型降低，劳动力出现过快过早向生产率更低的服务业转移，造成资源配置的退化，都使生产率提高遭遇更大的困难（蔡昉，2021）。

四　问题导向的理论创新机会

至少对于发展中国家或赶超型国家的发展实践，人口红利理论是迄今为止人口经济学诸家学说中理论解释力最强，也最贴近经济发展特征化事实的一个研究流派，为我们认识中国经济发展提供了有益的研究范式。然而，正如在特定时期、针对特定问题具有特定解释力的任何经济学理论一样，人口红利理论终究不可能在所有的时点上均具有放之四海而皆准的效力。实际上，由于该理论本身存在着先天的缺陷，一方面，在解释中国经济发展经验时，必须结合特殊国情进行必要的修正，或者说我们所使用的人口红利研究范式，已经在中国语境中得到了改造；另一方面，面对人口转变新阶段上出现的新问题，传统的人口红利理论已经显现一定程度的捉襟见肘，难以提出令人满意的理论解释和政策建议。

下面，服务于三个目的，我们简单概括传统人口红利理论的此类不足。第一，从中可以看到，我们目前采用的人口红利研究范式，已经在尝试对这些不足进行弥补，或者说一个中国风格的人口红利理论已经初具雏形。第二，我们可以从中获得启示，以便以更加开放的态度，借鉴各种可供互补的分析框架和分析工具，在认识人口与经济的关系中，实现历史逻辑、理论逻辑和现实逻辑的更好衔接，丰富和发展这一理论。第三，更符合实际地为解决当前的问题提出有益和有效的政策建议。

首先，传统人口红利研究范式与主流增长理论之间缺乏良好的衔接，不可避免地降低了自身认识人口与增长关系问题的广度和深度。这方面的表现看似只是在研究中局限于把人口抚养比作为人口红利的代理变量，观察其影响的显著性和幅度技术问题。其实，更重要的是这样进行人口红利研究，便把分析范围做了自我限制，未能看到抚养比这个人口变量之外的变量，甚至很多增长核算和增长回归中采用的传统变量，也是与人口因素相关的。由于未能在与新古典增长理论逻辑上进行衔接的基础上充分理解进而解释清楚人口红利，这种理论范式便失去对前者进行颠覆性修正或革命性发展的良好机会，使人口红利理论在增长理论中始终处于相对边缘的地位。

其次，传统人口红利研究范式仅仅关注人口因素影响经济增长的供给侧效应，而尚未进入研究需求侧效应的层面。诚然，在很长的时期里人们观察的经济发展事实，大多是一些国家和地区通过兑现人口红利，从供给侧因素中获得额外的增长源泉，实现超常规的高速增长。因此，这个领域的理论假设和经验研究主要是论证和检验人口红利提高潜在增长能力，以及揭示人口红利消失后潜在增长率将会降低的事实，因而提出预警式的政策建议。事实上，中国经济学家在这些方面的确做出了有益的理论和经验探讨，也产生了应有的政策建议效果（蔡昉，2010）。

然而，随着全球范围人口日趋老龄化，一些发达经济体也先后进入人口负增长时代，人口因素带来的全新冲击更多表现在需求侧。无论是如日本这样人口转变的先行国家，还是中国作为未富先老的赶超者，均已经呈现种种经验和趋势，表明在人口转变的两个重要转折点中，第一个转折点即劳动年龄人口峰值，主要从供给方面造成对经济增长的冲击，而第二个转折点即总人口峰值，对经济增长的需求侧冲击效应则更为突出（Cai，2021）。如果能够把需求侧的因素统一到人口红利理论的逻辑中，该理论对现实的针对性和解释力可以得到显著的增强。

再次，传统人口红利研究范式具有把人口红利永恒化的倾向。早期研究以抚养比作为人口红利的定量性指标，按照人口转变的逻辑和进程，这个因素终究会逆转到不利于经济增长的方向。于是，这个领域的代表性作者便提出第二次人口红利的概念，相应地脱离了以往的逻辑轨道。他们主要从保持储蓄水平的角度探讨第二次人口红利，认为由更多的大龄劳动者和老年人口组成的社会，将会产生强大的储蓄动机，因而保持高储蓄率从而保持经济增长源泉。在他们看来，随着第一次人口红利的作用发挥殆尽，第二次人口红利随即出现并将永远地存在下去（参见 Lee and Mason，2006）。

这种所谓第二次人口红利理论，分别在方法论上和现实针对性上存在着缺陷。一方面，他们认为的第二次人口红利源泉，并不是来自有利的人口因素，这种泛人口红利论实际上会削弱人口红利理论本身。另一方面，从已有的事实观察，老龄化带来的重大挑战并不是储蓄不足，而是作为长期停滞主要特征之一的过度储蓄（Summers，2018），因而这种以稳定储蓄率为中心的第二次人口红利，其实并不会产生什么所要收获的"红利"。

最后，传统人口红利研究范式没有在如何推动生育率向更替水平回升这个课题上做出必要的努力。鉴于这个理论框架本身就是以生育率单向变化为基础的，希冀其在生育率回升问题的研究上取得突破或许并不现实。但是，生育率确实构成一个重要的课题。生育率因经济社会发展而降低，但是在其降低到一定程度后，却反过来阻碍经济社会发展，这似乎形成一个悖论。迄今为止，人们对于生育率回升的理解远不如对于生育率下降的认识深刻，反映了在特定阶段上研究界的一种认识状态，或者说提出一个未解的命题，理应得到包括人口红利理论在内的相关研究范式的更多关注。

参考文献

蔡昉：《人口转变、人口红利与刘易斯转折点》，《经济研究》2010 年第 4 期。

蔡昉：《生产率、新动能与制造业——中国经济如何提高资源重新配置效率?》，《中国工业经济》2021 年第 5 期。

蔡昉：《新古典经济学思维与中国现实的差距——兼论中国特色经济学的创建》，《经济学动态》2010 年第 2 期。

蔡昉：《中国经济改革效应分析——劳动力重新配置的视角》，《经济研究》2017 年第 7 期。

郭志刚、王丰、蔡泳：《中国的低生育率与人口可持续发展》，中国社会科学出版社 2014 年版。

马寅初：《新人口论》，广东经济出版社 1998 年版。

邬沧萍、何玲、孙慧峰：《“未富先老”命题提出的理论价值和现实意义》，《人口研究》2007 年第 7 期。

谢伏瞻主编，蔡昉、李雪松副主编：《迈上新征程的中国经济社会发展》第五章“中长期经济社会发展目标及指标研究”，中国社会科学出版社 2020 年版。

［英］托马斯·马尔萨斯：《人口原理》，陈小白译，华夏出版社 2012 年版。

Bai, Chong-En, Chang-Tai Hsieh, and Yingyi Qian, “The Return to Capital in China”, *NBER Working Paper*, 2006.

Bass, Hans H., “Ragnar Nurkse's Development Theory: Influences and Perceptions”, in Rainer Kattel, Jan A. Kregel and Erik S. Reinert (eds), *Rag-*

nar Nurkse (1907 – 2007): Classical Development Economics and its Relevance for Today, London · New York · Delhi: Anthem Press, 2009.

Bloom, David and Jeffrey Williamson, "Demographic Transitions and Economic Miracles in Emerging Asia", *NBER Working Paper Series*, No. 6268, 1997.

Bloom, David E., David Canning, and Jaypee Sevilla, "The Demographic Dividend: A New Perspective on the Economic Consequences of Population Change", RAND, 2002, https://www.rand.org/pubs/monograph_reports/MR1274.html.

Cai, Fang and Dewen Wang, "China's Demographic Transition: Implications for Growth, in Garnaut", Ross and Ligang Song (eds), *The China Boom and Its Discontents*, Canberra: Asia Pacific Press, 2005.

Cai, Fang and Yang Lu, "The End of China's Demographic Dividend: the Perspective of Potential GDP Growth", in Garnaut, Ross, Fang Cai and Ligang Song (eds), *China: A New Model for Growth and Development*, ANU E Press, Canberra, 2013.

Cai, Fang, and Wen Zhao, "When Demographic Dividend Disappears: Growth Sustainability of China", in Aoki, Masahiko and Jinglian Wu (eds), The Chinese Economy: A New Transition, Basingstoke: Palgrave Macmillan, 2012.

Cai, Fang, "A Tale of Two Sides: How Population Ageing Hinders Economic Growth in China", *China: An International Journal*, Vol. 19, No. 3, 2021.

Caldwell, John C., "Toward a Restatement of Demographic Transition Theory", *Population and Development Review*, Vol. 2, 1976.

Krugman, Paul, "The Myth of Asia's Miracle", *Foreign Affairs* (November/December), 1994.

Lee, Ronald and Andrew Mason, "What Is the Demographic Dividend?" *Finance and Development*, Vol. 43, No. 3, September, 2006.

Marois, Guillaume, "Stuart Gietel-Basten, and Wolfgang Lutz, China's

Low Fertility Mau Not Hinder Future Prosperity", *PNAS*, Vol. 118, No. 40, 2021.

Simon, Julian L., *The Economics of Population: Key Modern Writings (Volume I)*, Cheltenham, UK · Lyme, US: Edward Elgar Publishing Limited, 1997.

Summers, Lawrence H., "Secular Stagnation and Macroeconomic Policy", *IMF Economic Review*, No. 66, 2018.

Wang, Feng and Andrew Mason, "The Demographic Factor in China's Transition", in Brandt, Loren and Thomas G. Rawski (ed), *China's Great Economic Transformation*, Cambridge · New York: Cambridge University Press, 2008.

Whalley, John and Xiliang Zhao, "The Contribution of Human Capital to China's Economic Growth", *NBER Working Paper*, No. 16592, 2010.

Williamson, Jeffrey, "Growth, Distribution and Demography: Some Lessons from History", *NBER Working Paper Series*, No. 6244, 1997.

World Bank, *China 2020: Development Challenges in the New Century*, Oxford University Press, 1998.

Young, Alwyn, "A Tale of Two Cities: Factor Accumulation and Technical Change in Hong Kong and Singapore", in Olivier Blanchard and Stanley Fischer (eds), *NBER Macroeconomics Annual*, Cambridge, Mass.: MIT Press, 1992.

人类命运共同体

李坤望　张　兵*

“建设一个什么样的世界，如何建设这个世界”是人类社会面临的一个重要的共同课题。构建人类命运共同体理念深刻把握人类社会历史经验和发展规律，顺应历史大势和时代潮流，从根本上回答了在世界百年未有之大变局加速向纵深发展、国际环境日趋复杂多变、各种新问题新挑战层出不穷的背景下，世界应该向何处去这一重大问题，指引着中国和世界前进的正确方向，具有划时代的伟大意义。构建人类命运共同体理念是马克思主义政治经济学和中国特色社会主义政治经济学在对外开放、国际关系以及全球治理领域的最新发展成果，是习近平新时代中国特色社会主义思想特别是习近平外交思想和经济思想的重要组成部分，具有鲜明的真理性、时代性和实践性特征。推动构建人类命运共同体凝聚了世界各国增进人民福祉、建设美好未来的最大公约数，回应了各国人民求和平、谋发展、促合作的普遍诉求，是中国为人类社会应对共同面临的全球性挑战而贡献的中国智慧和中国方案，已经成为引领时代潮流和人类前进方向的一面鲜明旗帜。

* 李坤望、张兵，南开大学经济学院。

一　人类命运共同体理念的提出背景

当前，人类社会正处于大发展、大变革、大调整时期，世界多极化和经济全球化深入发展，社会信息化、文化多样化持续推进，新一轮科技革命和产业革命正在孕育成长，各国相互联系、相互依存，和平、发展、合作、共赢的时代潮流更加强劲。同时，人类也正处在一个挑战层出不穷、风险日益增多的时代。世界经济增长乏力，金融危机影响持续，发展鸿沟日益突出，冷战思维和强权政治依然存在，恐怖主义、难民危机、重大传染性疾病、气候变化等非传统安全威胁持续蔓延。各种挑战和风险与日俱增，需要人类社会共同面对、共同应对。习近平总书记指出，"在经济全球化时代，各国发展环环相扣，一荣俱荣，一损俱损。没有哪一个国家可以独善其身，协调合作是必然选择"（习近平，2018）。

从国内来看，党的十八大以来，在新中国成立特别是改革开放以来我国发展取得重大成就的基础上，党和国家事业发生历史性变革，我国发展站到了新的历史起点上，中国特色社会主义进入了新时代，中国的治理理念和实践受到高度赞赏和广泛认同，国际影响力和感召力进一步提高，中国有信心、有能力为世界做出更大贡献。正是基于此背景，中国提出和倡导建立共商共建共享的"人类命运共同体"理念，从而为应对人类面临的共同挑战和全球性问题提供了中国智慧和中国方案。

2013 年 3 月，习近平在当选中国国家主席后首次出访俄罗斯时指出："这个世界，各国相互联系、相互依存的程度空前加深，人类生活在同一个地球村里，生活在历史和现实交汇的同一个时空里，越来越成为你中有我、我中有你的命运共同体。"（习近平，2013）这是构建人类命运共同体倡议的首次提出。2015 年在以"亚洲新未来：迈向命运共同体"为主题的博鳌亚洲论坛上，习近平主席在演讲中主张“共同营造对亚洲、对世界都更为有利的地区秩序，通过迈向亚洲命运共同体，推动建设人类命运共同体”（习近平，2015）。2015 年 9 月，在出席第七十届联合国大会一般性辩论时，习近平主席再次强调：“我们要继承和弘扬联合国宪章的宗旨和原则，构建以合作共赢为核心的新型国际关系，打造人类命运共同体。”（习近平，2015）

二 人类命运共同体理念的内涵

人类命运共同体，顾名思义，就是每个民族、每个国家的前途命运都紧紧联系在一起，应该风雨同舟，荣辱与共，努力把我们生于斯、长于斯的这个星球建成一个和睦的大家庭，把世界各国人民对美好生活的向往变成现实。

2017 年 1 月，习近平主席在联合国日内瓦总部发表了题为《共同构建人类命运共同体》的主旨演讲，全面系统阐述了人类命运共同体理念，其核心内涵就是“建设持久和平、普遍安全、共同繁荣、开放包容、清洁美丽的世界”（习近平，2021）。

第一，在政治和伙伴关系方面，要坚持对话协商，建设一个持久和平的世界。国与国之间要相互尊重、平等协商，坚决摒弃冷战思维和强权政治，走对话而不对抗、结伴而不结盟的国与国交往新路。建设一个持久和平的世界，根本要义在于国家之间要构建平等相待、互商互谅的伙伴关系。大国往往是决定战争与和平的关键因素，也对地区和世界和平与发展负有更大责任。大国要尊重彼此的核心利益和重大关切，管控矛盾分歧，努力构建不冲突不对抗、相互尊重、合作共赢的新型关系。大国对小国要平等相待，不搞唯我独尊、恃强凌弱的霸道。国家间出现矛盾和分歧，要通过平等协商处理，以最大诚意和耐心，坚持对话解决分歧。要秉持和平、主权、普惠、共治原则，把深海、极地、外空、互联网等领域打造成各方合作的新疆域，而不是相互博弈的竞技场。只有各国都走和平发展道路，各国才能共同发展，国与国才能和平相处。

第二，在安全格局方面，要坚持共建共享，建设一个普遍安全的世界。当前，国际安全形势动荡复杂，传统安全威胁和非传统安全威胁相互交织，安全问题的内涵和外延都在进一步拓展，同时人类越来越利益交融、安危与共。在这种新形势下，冷战思维、军事同盟、追求自身绝对安全等老一套做法已经行不通了，各方应树立共同、综合、合作、可持续的新安全观。要坚持以对话解决争端、以协商化解分歧，统筹应对传统和非传统安全威胁，反对一切形式的恐怖主义。国家不论大小、强弱、贫富以及历史文化传统、社会制度存在多大差异，都要尊重和照顾其合理安全关切。要恪守尊重主权、独立和领土完整、互不干涉内政等国际关系基本准则，统筹维护传统和非传统安全。各国都有平等参与地区安全事务的权利，也都有维护地区安全的责任，要以对话协商、互利合作的方式解决安全难题。

第三，在经济发展方面，要坚持合作共赢，建设一个共同繁荣的世界。各国要同舟共济，促进贸易和投资自由化便利化，推动经济全球化朝着更加开放、包容、普惠、平衡、共赢的方向发展。发展是第一要务，适用于各国，而人类命运共同体追求的是共同发展。要增强各国发展能力，发展归根结底要靠本国自身努力，各国要根据自身禀赋特点，制定适合本国国情的发展战略。要改善国际发展环境，各国要共同维护国际和平，以和平促进发展，以发展巩固和平。要抓住新一轮科技革命和产业变革的历史性机遇，转变经济发展方式，坚持创新驱动，进一步发展社会生产力、释放社会创造力。要创造良好外部制度环境，加强全球经济治理，健全发展协调机制，各国特别是主要经济体要加强宏观经济政策协调。要维护世界贸易组织规则，支持开放、透明、包容、非歧视性的多边贸易体制，推动建设开放型世界经济。要优化发展伙伴关系，最大限度解决南北之间数字鸿沟和地区内部发展失衡、公平赤字等问题，让发展成果更多惠及全体人民，为世界经济全面可持续增长提供新动力。

第四，在文化和文明交流方面，要坚持交流互鉴，建设一个开放包容的世界。要尊重世界文明多样性，以文明交流超越文明隔阂、文明互鉴超越文明冲突、文明共存超越文明优越。人类文明多样性是世界的基本特征，也是人类进步的源泉，多样带来交流，交流孕育融合，融合产生进步。不同文明凝聚着不同民族的智慧和贡献，没有高低之别，更无优劣之分。文明差异不应该成为世界冲突的根源，而应该成为人类文明进步的动力。要促进和而不同、兼收并蓄的文明交流对话，在竞争比较中取长补短，在交流互鉴中共同发展，使文明交流互鉴成为增进各国人民友谊的桥梁、推动人类社会进步的动力、维护世界和平的纽带。

第五，在生态建设方面，要坚持绿色低碳，建设一个清洁美丽的世界。要坚持环境友好，合作应对气候变化，保护好人类赖以生存的地球家园。人类可以利用自然、改造自然，但归根结底是自然的一部分，必须呵护自然，不能凌驾于自然之上。建设生态文明关乎人类未来。要解决好工业文明带来的矛盾，以人与自然和谐相处为目标，实现世界的可持续发展和人的全面发展。要牢固树立尊重自然、顺应自然、保护自然的意识，绿水青山就是金山银山。要坚持走绿色、低碳、循环、可持续发展之路，平衡推进《2030 年可持续发展议程》，采取行动应对气候变化等新挑战，不断开拓生产发展、生活富裕、生态良好的文明发展道路，构筑尊崇自然、绿色发展的全球生态体系。

三　人类命运共同体理念的思想渊源和创新发展

人类命运共同体理念来源于马克思主义“共同体”思想，同时汲取了中华优秀传统文化的养分，也是对中国共产党统筹国内国际两个大局世界观的继承和在新时代的创新发展。

马克思主义的“共同体”思想本质上是关于人如何实现解放和自由发展的学说，认为“只有在共同体中，个人才能获得全面发展其才能的手段，也就是说，只有在共同体中才能有个人自由”（马克思，2012）。马克思根据人类社会发展的不同阶段概括了“共同体”的发展形态，包括自然形成的共同体——抽象共同体和虚幻共同体——真正共同体，认为“代替那存在着阶级和阶级对立的资产阶级旧社会的，将是这样一个联合体，在那里，每个人的自由发展是一切人的自由发展的条件”（马克思，2012）。因此，人类命运共同体理念与马克思主义“共同体”思想均超越民族国家和意识形态的限制，反映了全人类共同价值追求，具有高度的契合性。

人类命运共同体理念深刻融入了“和衷共济”“和合共生”“天下为公”“和而不同”等中华优秀传统文化的基因。人类命运共同体理念为人类社会实现共同发展、持续繁荣、长治久安绘制了美好蓝图，充分体现了中华优秀传统“和”文化的精髓。

同时，人类命运共同体理念也是对中国共产党统筹国内国际两个大局世界观的继承和在新时代的创新发展。新中国成立以后，以毛泽东为主要代表的中国共产党人，始终关注世界政治经济形势的发展变化，统筹国内国际两个大局，提出了和平共处五项原则和“三个世界”划分的战略思想（毛泽东，1999），为推动各国建立公正合理的新型国际关系以及中国正确处理和积极发展同第三世界国家及其他类型国家的友好合作关系提供了重要的理论和思想指导。党的十一届三中全会以后，以邓小平为主要代表的中国共产党人，深刻总结我国社会主义建设正反两方面经验，借鉴世界社会主义历史经验，基于对国内国际两个大局的深刻洞察提出了“和平与发展是当代世界主题”的科学判断（邓小平，1993），为中国共产党制定内政外交各方面方针政策提供了基本依据。党的十三届四中全会以后，以江泽民为主要代表的中国共产党人，面对十分复杂的国内外形势，坚持统筹国内国际两个大局，提出在和平与发展仍然是当今世界两大主题的背景下，以和平共处五项原则为基础，推动建立公正合理的国际政治经济新秩序的主张（江泽民，2022）。党的十六大以后，以胡锦涛为主要代表的中国共产党人，根据新的发展要求，坚持统筹国内国际两个大局，提出抓住重要战略机遇期，实施互利共赢的开放战略，努力建设持久和平、共同繁荣的和谐世界（胡锦涛，2007，2012）。党的十八大以来，以习近平同志为核心的党中央全面审视国际国内新的形势，通过统筹国内国际两个大局，总结实践、展望未来，提出推动经济全球化朝着更加开放、包容、普惠、平衡、共赢的方向发展，以共建“一带一路”为引领，推动构建人类命运共同体，建设持久和平、普遍安全、共同繁荣、开放包容、清洁美丽的世界（习近平，2017）。可以看出，构建人类命运共同体理念是对中国共产党长期以来统筹国内国际两个大局世界观的继承和在新的历史条件下的进一步创新发展。

构建人类命运共同体理念是习近平新时代中国特色社会主义思想特别是习近平外交思想和经济思想的重要组成部分，是马克思主义政治经济学和中国特色社会主义政治经济学在对外开放、国际关系以及全球治理领域的最新发展成果。顾海良指出，树立国际视野，从中国和世界的联系互动中探讨人类面临的共同课题（顾海良，2020），为构建人类命运共同体贡献中国智慧和中国方案，是新发展阶段政治经济学的重要课题，也是新发展阶段中国特色社会主义政治经济学的理论升华（顾海良，2020）。洪银兴认为，中国特色社会主义政治经济学反映进入新时代的时代特征（洪银兴，2020）；以习近平新时代中国特色社会主义经济思想指引的一系列重大改革和发展，都反映出中国特色社会主义政治经济学理论在新时代取得的重大突破，其中“一带一路”倡议反映了人类命运共同体理念的重大突破（洪银兴，2019）。刘伟提出人类命运共同体和“一带一路”

倡议的有机统一是在新时代国际经济格局深刻变化的全球化进程中实现的（刘伟，2021）。逄锦聚指出，面对世界百年未有之大变局，我国有责任为世界经济发展和全球治理把准航向，以更大的开放抓住发展机遇，以更好的合作谋求互利共赢，主动参与和推动新型经济全球化，发展更高层次的开放型经济，防范全球系统性金融风险，与世界各国一道合作抗疫，参与全球治理，构建人类命运共同体，为创造世界经济更加美好的明天而不懈努力（逄锦聚，2020）。裴长洪等研究认为，构建人类命运共同体是马克思主义理论的创新发展，是中国共产党处理当今世界性基本矛盾、处理世界性生产力与生产关系矛盾、经济与政治矛盾的基本方法论和指导原则，是马克思主义政治经济学在新时代的具体运用。构建人类命运共同体不仅是一种新的文明形态和价值观，是一种精神境界，也是一个行动口号。从当代世界范围的阶级关系和社会矛盾来看，构建人类命运共同体是当代世界各国现实行动的需要，也是世界和平与发展的需要。构建人类命运共同体是崇高的全人类共同价值，它与共产党人的共产主义远大理想紧密联系在一起。构建人类命运共同体是新时代中国共产党着眼于为人类做出更大贡献而提出的重大构想和动员口号（裴长洪，2022）。人类命运共同体是新发展理念的重要组成部分和对外开放领域中国特色社会主义政治经济学的最新发展；人类命运共同体思想蕴含着对当前全球经济贸易关系矛盾的批判与重构，着力解决公平公正问题是构建新型全球经济治理体系的首要命题，打造人类命运共同体是中国重塑全球经济治理的核心理念（裴长洪、刘斌，2020）。中国要实现中华民族伟大复兴的中国梦，中国的崛起只能走和平发展道路。这样一条发展道路的外部环境只能是“以合作共赢为核心的新型国际关系和人类命运共同体”，以及“和平、发展、公平、正义、民主、自由的全人类共同价值”。因此，构建人类命运共同体是中国自身发展的需要，是中国探寻一条与西方列强截然不同崛起道路的需要，是中国最大的利益，也是实现伟大中国梦的历史必然（裴长洪、刘洪愧，2018）。张宇燕、冯维江提出，构建人类命运共同体构成新时代国家安全学的基本命题；构建人类命运共同体的关键是通过树立命运共同体意识，将国家之间潜在的敌意逆转为善意，从而在人类命运共同体的更大范围内更加一体化地高效配置资源，在新的均衡安全点上，实现更高水平的有安全保障的发展成果产出（张宇燕、冯维江，2021）。张二震等分析认为，“人类命运共同体”理论是习近平新时代中国特色社会主义思想的重要组成部分，丰富和发展了马克思主义政治经济学关于国际经济的理论，揭示了当代世界经济新格局下全球经济治理规律，对当代全球化发展方向提出了正确的理论指引，对现有全球经济治理贡献了先进理念、中国智慧和中国方案（张二震，2018）。新时代构建开放型世界经济，必须突破以往传统理念和思维模式的局限性，秉持“人类命运共同体”的先进理念，并坚持以开放为导向、以创新为引领、以包容为核心、以互利共赢为目标、以多边主义为保障、以共商共建共享为原则，如此，才能顺应历史发展潮流，推动世界经济朝着更加公平、公正、包容、普惠、共赢的可持续方向发展（张二震、戴翔，2019）。

四　人类命运共同体理念的世界影响及意义

中国所倡导的构建人类命运共同体、实现共赢共享的中国方案，引起了世界范围的广泛关注，日益得到国际社会普遍认同。联合国秘书长古特雷斯表示：“中国已成为多边主义的重要支柱，而我们践行多边主义的目的，就是要建立人类命运共同体。”“联合国愿同中国共同推进世界和平与发展事业，实现构建人类命运共同体的伟大理想。”2017 年 2 月，联合国社会发展委员会第 55 届会议通过了“非洲发展新伙伴关系的社会层面”决议，呼吁国际社会本着合作共赢和构建人类命运共同体的精神，加强对非洲经济和社会发展的支持。“构建人类命运共同体”理念首次被写入了联合国决议。2017年3月，“构建人类命运共同体”理念又被首次载入了联合国安理会决议。同月，联合国人权理事会第34次会议通过了关于“经济、社会、文化权利”和“粮食权”两个决议，决议明确表示要“构建人类命运共同体”，这标志着“构建人类命运共同体”理念成为国际人权话语体系的重要组成部分。2017年11月，中国关于“构建人类命运共同体”的理念又被写入第72届联大负责裁军和国际安全事务第一委员会（联大一委）会议通过的“防止外空军备竞赛进一步切实措施”和“不首先在外空放置武器”两份安全决议中。联合国决议相继载入中国所倡导的“构建人类命运共同体”理念，说明国际社会对这一理念的重要意义和价值达成了共识，同时也彰显了中国对人类社会合作发展和全球治理的理念引领已经产生了重要影响。

构建人类命运共同体倡议是中国所贯彻的创新、协调、绿色、开放、共享理念在国际领域的集中体现，为维护世界和平、建立公正合理的国际秩序、完善全球治理体系、实现共同繁荣贡献了中国方案和中国智慧。当前，世界进入动荡变革期，人类社会面临的挑战层出不穷，这促使人们愈加认识到，生活在一个互联互通、休戚与共的地球村里，必须站在全人类共同愿望的高度，推动构建人类命运共同体。可以说，构建人类命运共同体理念，顺应了历史潮流，回应了时代要求，反映了中外优秀文化和全人类共同价值追求，凝聚了各国共识，指明了世界发展和人类未来的前进方向，为人类社会实现共同发展、持续繁荣、长治久安绘制了美好蓝图，已经成为推动全球治理体系变革、构建新型国际关系和国际新秩序的共同价值规范。

五　推动构建人类命运共同体的中国实践

中国顺应历史潮流，积极推动人类命运共同体建设实践，获得国际社会普遍认可和赞誉。

首先，中国在联合国系列高级别会议、二十国集团领导人峰会、亚太经合组织领导人非正式会议、金砖国家领导人会晤、上海合作组织成员国元首理事会以及“一带一路”国际合作高峰论坛、中非合作论坛北京峰会、中国国际进口博览会、亚洲文明对话大会、博鳌亚洲论坛等重要多边会议和主场外交活动中，全面系统阐述中国的发展观、安全观、合作观、文明观、国际秩序观、全球治理观、正确义利观，提出积极应对全球性挑战的中国主张和中国方案。特别是习近平主席于2021年9月出席第七十六届联合国大会一般性辩论时提出的全球发展倡议和2022年4月在博鳌亚洲论坛年会开幕式上提出的全球安全倡议，深刻体现了中国面对世界之变、时代之变、历史之变，与世界各国一道推动构建人类命运共同体的坚定决心和使命担当。同时，中国推动构建人类命运共同体的实践不断取得新进展：在国家层面，中国正与越来越多的友好伙伴构建起双边命运共同体；在地区范围，推动各方就打造周边、亚太、中国—东盟、中非、中阿、中拉命运共同体达成共识；在全球领域，中方倡议构建网络空间、核安全、海洋等命运共同体和人类卫生健康共同体，得到国际社会积极呼应。

其次，中国坚定支持和维护以联合国为核心的国际体系。近年来，随着各类新兴风险挑战与日俱增和大国保护主义、单边主义行径加剧，多边合作遭到严重破坏，以联合国为核心的多边机制和国际体系陷入困境。中国则始终坚持维护以联合国为核心的国际体系，坚决反对个别国家将其工具化、边缘化、空心化的企图，促进国际和地区合作，推动全球治理体系变革，有力引领多边体制和国际秩序发展走向。2019—2021年，中国缴纳联合国会费大幅增加，上升为第二大会费缴纳国，仅次于美国，常规预算分摊比例由原来的7.92%提升至12.01%，维和预算分摊比例则由原来的10.24%提升至15.22%。中国积极行动应对全球气候变化。在2020年第75届联合国大会上，习近平主席宣布中国二氧化碳排放力争于2030年前达峰，并争取在2060年前实现碳中和。在之后举行的联合国气候雄心峰会上，进一步宣示将提高国家自主贡献力度：到2030年，中国单位国内生产总值二氧化碳排放将比2005年下降65%以上，非化石能源占一次能源消费比重将达到25%左右，森林蓄积量将比2005年增加60亿立方米，风电、太阳能发电总装机容量将达到12亿千瓦以上。同时强调中国将以新发展理念为引领，在推动高质量发展中促进经济社会发展全面绿色转型，为全球应对气候变化做出更大贡献。为应对新冠大流行，中国在二十国集团领导人应对新冠肺炎特别峰会、第73届世界卫生大会、中非团结抗疫特别峰会等场合，积极倡导构建人类卫生健康共同体，为国际社会抗疫合作凝聚共识、提供指南。这一系列积极维护多边主义、维护以联合国为核心的国际体系的实际行动充分体现了中国推动构建人类命运共同体的坚定决心和责任担当。

再次，中国积极引领经济全球化进程。近年来，全球经济复苏迟缓，国际贸易和投资增长乏力，收入与财富分配不均状况日益严重，导致逆全球化思潮和形形色色的贸易保护主义抬头，世界经济面临的不确定性和潜在风险不断增加。面对这种复杂多变的国际环境，中国始终站在构建人类命运共同体的高度，积极引领经济全球化的潮流，倡导维护世界经济的开放性，从而为全球经济应对挑战和走出困境提供了理论指导，为世界发展不断注入正能量。在世界经济论坛、博鳌亚洲论坛、二十国集团领导人峰会、亚太经合组织领导人非正式会议以及中国国际进口博览会等重要场合和平台，习近平主席多次强调，过去数十年，经济全球化对世界经济发展做出了重要贡献，已成为不可逆转的时代潮流。同时，面对形势的发展变化，经济全球化在形式和内容上都面临新的调整，理念上应该更加注重开放包容，方向上应该更加注重普惠平衡，效应上应该更加注重公正共赢。经济全球化是人类社会发展必经之路，在各国相互依存日益紧密的今天，全球供应链、产业链、价值链紧密联系，各国都是全球合作链条中的一环，日益形成利益共同体、命运共同体。经济全球化是一把“双刃剑”，面对经济全球化带来的机遇和挑战，正确的选择应当是充分利用一切机遇，合作应对一切挑战，引导好经济全球化的走向，使全球化更具活力、包容性和普惠性。可以说，在当前全球化遭遇质疑、逆全球化思潮涌动和贸易保护主义抬头的背景下，中国不断清晰地传递出坚定支持经济全球化进程、维护世界经济开放性的声音，彰显了中国推动构建人类命运共同体的责任和担当，提振了人们对世界经济未来发展的信心和希望。

最后，中国推动“一带一路”建设不断走深走实。为顺应世界多极化、经济全球化、文化多样化和社会信息化的潮流，秉持开放的区域合作精神，致力于维护全球自由贸易体系和开放型世界经济，习近平主席于2013 年出访中亚和东南亚国家期间先后提出共建“丝绸之路经济带”和“21 世纪海上丝绸之路”（简称“一带一路”）倡议，受到国际社会广泛关注。“一带一路”建设既是中国扩大和深化对外开放、构建全方位开放新格局、深度融入世界经济体系的需要，同时也符合国际社会的根本利益，彰显了人类社会共同理想和美好追求，是中国推动构建人类命运共同体的积极探索和重要抓手，将为世界和平发展增添新的正能量。“一带一路”倡议旨在促进经济要素有序自由流动、资源高效配置和市场深度融合，推动沿线各国实现经济政策协调，开展更大范围、更高水平、更深层次的区域合作，共同打造开放、包容、均衡、普惠的区域经济合作架构，建立一个包括欧亚非大陆在内的陆海内外联动、东西双向开放，世界各国政治互信、经济融合、文化包容的利益共同体、命运共同体和责任共同体。2015 年 3 月，中国国家发展改革委、外交部、商务部联合发布了《推动共建丝绸之路经济带和 21 世纪海上丝绸之路的愿景与行动》，明确提出了“一带一路”的共建原则、框架思路、合作重点以及合作机制等倡议，为“一带一路”建设提供了行动指南。

之后，中国政府有关部门相继发布了《共建“一带一路”：理念、实践与中国的贡献》《推动“一带一路”能源合作愿景与行动》《共同推进“一带一路”建设农业合作的愿景与行动》《关于推进绿色“一带一路”建设的指导意见》《“一带一路”建设海上合作设想》《“一带一路”生态环境保护合作规划》《“一带一路”融资指导原则》以及《标准联通共建“一带一路”行动计划（2018—2020年）》《共建“一带一路”倡议：进展、贡献与展望》等文件，不断完善“一带一路”建设的顶层规划和设计。2017 年 5 月，中国在北京成功举办了第一届“一带一路”国际合作高峰论坛，习近平主席在论坛开幕式发表了题为《携手推进“一带一路”建设》的主旨演讲，指出要坚持共商、共建、共享原则，以政策沟通、设施联通、贸易畅通、资金融通、民心相通为目标，将“一带一路”建成和平之路、繁荣之路、开放之路、创新之路、文明之路。2019 年 4 月，在第二届“一带一路”国际合作高峰论坛开幕式上，习近平主席发表了题为《齐心开创共建“一带一路”美好未来》的主旨演讲，强调面向未来，我们要聚焦重点、深耕细作，共同绘制精谨细腻的“工笔画”，推动共建“一带一路”沿着高质量发展方向不断前进。共建“一带一路”倡议同联合国、东盟、非盟、欧盟、欧亚经济联盟等国际和地区组织的发展和合作规划对接，同各国发展战略对接，自 2013 年提出以来，在各方共同努力下，已取得显著成效。丝路基金和亚洲基础设施投资银行分别于 2014 年和 2015 年正式成立，中巴经济走廊、渝新欧大动脉、巴基斯坦瓜达尔港、希腊比雷埃夫斯港、印度尼西亚雅万高铁、马尔代夫中马友谊大桥、中老铁路、肯尼亚蒙巴萨—内罗毕铁路等一大批惠及长远的重大互利合作项目已陆续启动开工建设或完成，“六廊六路多国多港”的互联互通架构基本形成。2013—2021 年，中国与“一带一路”沿线国家货物贸易进出口额从 6.5 万亿元增至 11.6 万亿元，年均增长 7.5%，占中国同期进出口总额比重由 25.0% 提升至 29.7%；中国对“一带一路”沿线国家直接投资额累计达 1613 亿美元，年均增长 5.4%；“一带一路”沿线国家在华投资设立企业 3.2 万家，累计实际投资达 712 亿美元。截至 2022 年 7 月底，中国与 149 个国家和 32 个国际组织签署了 200 多份共建“一带一路”合作文件。共建“一带一路”合作倡议还先后于 2016 年 11 月、2017 年 3 月和 2017 年 5 月被载入联合国决议、联合国安理会决议和联合国亚太经社会决议。可以说，“一带一路”建设是推动构建人类命运共同体的中国方案，为世界各国发展提供了新机遇。通过秉持“和平合作、开放包容、互学互鉴、互利共赢”的丝绸之路精神，中国不断扩大与“一带一路”沿线国家的合作共识，已经推动共建“一带一路”由规划设计蓝图方案变为各方积极参与的实际合作行动。“一带一路”已取得的一系列丰硕成果表明，共建“一带一路”倡议为世界经济增长开辟了新空间，为国际贸易和投资搭建了新平台，为完善全球经济治理拓展了新实践，为增进各国民生福祉做出了新贡献，是新时代中国推动构建人类命运共同体的重要平台和实践贡献。

参考文献

《马克思恩格斯选集》第 1 卷，人民出版社 2012 年版。

《毛泽东文集》第 8 卷，人民出版社 1999 年版。

《邓小平文选》第 3 卷，人民出版社 1993 年版。

江泽民：《全面建设小康社会，开创中国特色社会主义事业新局面——在中国共产党第十六次全国代表大会上的报告》，中国政府网，2002 年 8 月 1 日。

胡锦涛：《高举中国特色社会主义伟大旗帜　为夺取全面建设小康社会新胜利而奋斗——在中国共产党第十七次全国代表大会上的报告》，《胡锦涛文选》第 2 卷，人民出版社 2007 年版。

胡锦涛：《坚定不移沿着中国特色社会主义道路前进　为全面建成小康社会而奋斗——在中国共产党第十八次全国代表大会上的报告》，《光明日报》2012 年 11 月 9 日第 3 版。

《习近平谈治国理政》第 2 卷，外文出版社 2017 年版。

《习近平谈治国理政》第 3 卷，外文出版社 2020 年版。

《习近平谈治国理政》第 4 卷，外文出版社 2022 年版。

习近平:《共同构建人类命运共同体》,《求是》2021 年第 1 期。

习近平:《决胜全面建成小康社会　夺取新时代中国特色社会主义伟大胜利——在中国共产党第十九次全国代表大会上的报告》，人民出版社 2017 年版。

习近平:《顺应时代前进潮流　促进世界和平发展——在莫斯科国际关系学院的演讲》，中国政府网，2013 年 3 月 24 日。

习近平:《迈向命运共同体　开创亚洲新未来——在博鳌亚洲论坛 2015 年年会上的主旨演讲》，中国政府网，2013 年 3 月 29 日。

“一带一路”建设工作领导小办公室:《共建“一带一路”倡议：进展、贡献与展望》，新华网，2019 年 4 月 22 日。

《世界经济概论》编写组:《世界经济概论（第二版)》，高等教育出版社、人民出版社 2020 年版。

《携手构建合作共赢新伙伴　同心打造人类命运共同体——在第七十届联合国大会一般性辩论时的讲话》,《人民日报》2015 年 9 月 29 日第 1 版。

顾海良:《新发展阶段的政治经济学“序言”》,《红旗文稿》2020 年第 18 期。

顾海良:《新发展阶段中国特色社会主义政治经济学的理论升华》,《经济日报》2020 年 9 月 16 日第 11 版。

国家统计局:《“一带一路”建设成果丰硕　推动全面对外开放格局形成——党的十八大以来经济社会发展成就系列报告之十七》，国家统计局网站，2022 年 10 月 9 日。

洪银兴:《进入新时代的中国特色社会主义政治经济学》,《管理世界》2020 年第 9 期。

洪银兴:《中国特色社会主义政治经济学的体系构建及研究重点》,《光明日报》2019 年 8 月 20 日第 11 版。

刘伟:《新时代中国特色社会主义政治经济学探索》，北京大学出版社

2021 年版。

马小宁、裴广江、车斌：《朝着构建人类命运共同体方向不断迈进》，《人民日报》2022 年 9 月 25 日第 1—2 版。

逄锦聚：《在世界百年未有之大变局中坚持和发展中国特色社会主义经济发展道路》，《经济研究》2020 年第 8 期。

逄锦聚等：《奋斗与创新——新中国经济理论与实践 70 年》，经济科学出版社 2020 年版。

逄锦聚等：《中国特色社会主义政治经济学通论》，经济科学出版社 2018 年版。

裴长洪：《中国开放型经济学的马克思主义政治经济学逻辑》，《经济研究》2022 年第 1 期。

裴长洪、刘斌：《中国开放型经济学：构建阐释中国开放成就的经济理论》，《中国社会科学》2020 年第 2 期。

裴长洪、刘洪愧：《习近平新时代对外开放思想的经济学分析》，《经济研究》2018 年第 2 期。

王政淇、张益智：《习近平日内瓦演讲一周年：世界为何青睐“人类命运共同体”》，人民网，2018 年 1 月 18 日。

吴绮敏、裴广江等：《让思想之光引领世界前行之路——习近平主席二〇一七年达沃斯、日内瓦主旨演讲的世界意义》，《人民日报》2018 年 1 月 25 日第 3 版。

杨洁篪：《推动构建人类命运共同体　共同建设更加美好的世界》，《求是》2021 年第 1 期。

张二震：《十九大报告关于中国与世界经济关系的新思想》，《政治经济学评论》2018 年第 1 期。

张二震、戴翔：《构建开放型世界经济：理论内涵、引领理念与实现路径》，《经济研究参考》2019 年第 14 期。

张宇燕、冯维江：《新时代国家安全学论纲》，《中国社会科学》2021 年第 7 期。

大国发展格局论

欧阳峣　汤凌霄*

《新帕尔格雷夫经济学大辞典》里没有“发展格局”词条，但有“循环流动”（circular flow）的概念。弗朗索瓦·魁奈（Francois Quesnay，1758）曾用“血液循环”来描述生产循环过程；里昂惕夫（Leontief，1928）主张以循环流动原理作为经济学理论的奠基石（乔治·吉利贝儿，2016）。现有文献中，霍利斯·钱纳里（Hollis Chenery，1975）最早提出“发展的格局”的概念（patterns of development，另译为“发展的型式”），他从国家规模的角度阐述了“大国格局”和“小国格局”，并且以偏重内向政策还是外向政策为标准区分两种类型（霍利斯·钱纳里、莫尔塞斯·塞尔昆，1989）。中国经济学家创建的大国发展格局论是大国经济发展理论的重要内容，既是新中国探索经济发展模式及其演变的经验总结，也是中国经济学家对大国经济发展规律的理论概括，对于发展中大国经济发展战略的选择和转型具有普遍意义。

一　发展格局的理论渊源

亚当·斯密在其代表性著作《国民财富的性质和原因的研究》

* 欧阳峣，上海大学经济学院；汤凌霄，湖南师范大学商学院。

中论及了经济学家至今研究的大量问题。在这部著作里，斯密通过描述中国古代经济繁荣的景象，展示了大国发展格局的框架："中国幅员是那么广大，居民是那么多，气候是各种各样，因此各地方有各种各样的产物，各省间的水运交通，大部分又是极其便利，所以单单这个广大的国内市场，就够支持很大制造业。""同时，假设能在国内市场之外，再加上世界其余各地的国外市场，那么广大的国外贸易，必能大大增加中国制造品，大大改进其制造业的生产力。"（亚当·斯密，2003）这两段话中包含着三个假设：第一，人口众多和幅员辽阔的国家可以拥有规模庞大的国内市场，支撑制造业的发展；第二，在国内各区域间改善交通条件，有利于形成广大的国内市场；第三，通过发展对外贸易利用世界各地市场，可以扩大市场规模和制造业发展空间。第一段话是描述"国内大循环"为主体的局面，第二段话是描述"国内国际双循环"的局面，这两段话极为精辟地描述了大国经济发展格局，并且表明了形成这种格局的两个重要现实基础：一是形成大国经济的初始条件，即国家幅员辽阔和人口众多；二是形成市场规模的重要条件，即各地区之间交通便利。

沿着斯密提出的命题，后来的经济学家沿着两条路径进行探索：一是重点研究以内需为主的型式；二是重点研究经济开放的道路。这些研究使斯密提出的思想观点得到深化、细化和检验，从而成为大国经济发展格局理论的思想渊源。

（一）研究国民经济循环的过程，探索以国内市场为主体的大国经济发展型式

法国学者魁奈认为经济科学的基本任务就是研究允许生产循环过程反复出现的技术和社会条件，他在《经济表》（1758）中刻画了社会总产品的再生产与流通过程，并将整个流通过程分解为商品和货币流通的五次交换行为。魁奈的发现在经济思想史上产生了深远的影响，它经过马克思的深化研究变成了科学的"再生产图示"，

经过瓦尔拉斯的深化研究变成了“一般均衡体系”，经过里昂惕夫的深化研究变成了完美的“投入—产出表”，而且被誉为凯恩斯“乘数理论”的粗略表述。

马克思在《资本论》中分析了再生产过程，它包含生产、分配、流通、消费四个环节，国民经济循环就是由这些活动相互作用构成的整体系统。马克思分别从微观经济和宏观经济的角度分析了经济循环。首先，马克思对物质生产部分中的单个产业资本循环做了经典的分析，他将单个企业的资本分为货币资本、生产资本和商品资本三种形式，分析了单个资本循环的三个阶段，即购买阶段、生产阶段和售卖阶段，认为“产业资本的连续进行的现实循环，不仅是流通过程和生产过程的统一，而且是它的所有三个循环的统一”（《资本论》，2004）。其次，分析了国民经济整体的循环，他认为经济循环就是社会再生产中社会总产品的实现，社会再生产是连续不断的运动，“这个运动不仅是价值补偿，而且是物质补偿，因而既要受社会产品的价值组成部分相互之间的比例的制约，又要受它们的使用价值，它们的物质形态的制约”（《资本论》，2004），在生产和分配之后，社会总产品各个组成部分经过流通进入消费，再获得价值上的补偿和使用价值的替换，从而达到社会总产品的实现。瓦尔拉斯在《纯粹经济学要义》（1874）中提出了一般均衡理论，他认为在整个经济体系处于均衡状态的时候，所有消费品和生产要素的价格以及它们的产出和供给，将有一个确定的均衡值；在“完全竞争”的均衡条件下，出售一切生产要素的总收入和出售一切消费品的总收入必将相等。在他看来，经济由产品市场和要素市场构成，在产品市场中购买和出售消费品和服务，在要素市场上购买和出售“生产服务”，两个市场上的价格将根据过剩需求原则趋向其均衡价值。他通过方程求解，证明在市场上存在着一系列市场价格和交易数量，即均衡价格和数量，它能够使每个消费者、企业家和资源所有者达到各自的目的，从而使社会和谐而稳定的存在下去。里昂惕夫在《投入产出经济学》（1966）中提出的投入产出分析方法，为研究社会生产各部门之间的相互依赖关系，特别是系统地分析经济内部各产业之间错综复杂的交易提供了一种实用方法。他把生产系统中各部门的相互依赖关系描述为各生产部门之间相互交换各自产品的网络，在这种网络中的每个生产部门，由技术系数规定生产出每种产品的一个单位所需要的中间产品的数量，可以运用数学方法计算为满足消费、投资和出口等最终需求，各经济部门需要增加的产量。在开放式的投入产出体系里，表示经济的各生产部门每单位产出的价格将等于它在生产过程中的支出总额。魁奈、马克思、瓦尔拉斯和里昂惕夫的研究，揭示了国民经济的生产过程和流通过程的系统性规律，分析了再生产过程的结构、产出和供给的均衡以及开放式投入产出体系，从而成为研究国内经济循环的理论基础。

李斯特、库兹涅茨和钱纳里，则是从国内市场为主体的角度研究了大国经济发展型式和格局。李斯特在《政治经济学的国民体系》（1841）中提出了他的国家生产力理论，认为国家生产力应该是“生产力的平衡或协调”，即各地区、各部门和各类工作之间相互协作的有机整体，它不仅关注各种工作之间的协作，而且更加重视各种生产力的性质及其主次关系，在一个发展完善的国家经济体系内部，工业的发展将带来其他各类工作的普遍繁荣。他特别强调国内市场的作用，认为“国内市场……的重要性十倍于国外市场”（弗里德里希·李斯特，1961）。而且主张在工业发展的初级阶段采取政府保护政策，扶持本国工业生产力发展，特别是通过交通条件的改善，降低国内市场的交易成本，建立统一的国内市场，依靠国内市场促进民族工业发展。库兹涅茨在《各国的经济增长》（1971）中通过实证分析不同类型国家的经济结构，发现了国家规模与外贸依存度的反比例关系。“对外贸易业务和对比优势改变的贡献，对国家的经济规模来说是反函数，国家较小，贡献就更大。”（西蒙·库兹涅茨，1999）在较小的发达国家，对外贸易可能成为使它达到发达国家这一组类的人均生产率水平的关键因素；而在对外贸易占比较小的大国，对外贸易扩大对国内生产结构改变的贡献是较为有限的。可见，大国经济增长的动力主要来自国内需求，相对于小国来说，大国更应该依靠国内需求推动经济发展，促进生产结构的改变。钱纳里在《发展的格局》（1975）中更加明确地阐述了大国发展动力和发展格局问题，他根据 110 个国家的经济数据，分析它们在发展过程中的经济结构的变化趋势，并对大国发展格局和小国发展格局进行比较研究，主要是依各国外贸格局的相似度来划分的，“大国组贸易格局具有显著的一致性”，在每个收入点上，大国的进出口贸易量都不超过小国的 50%，而且在出口构成中的专业化水平低；“在经济发展过程中，大国的注意力主要在于国内市场。与之相反，小国发展格局的特点在于主要受外部市场和资金流动的影响，在发展过程中当出口水平低于 GDP 的 20% 时，几乎不能取得满意的经济增长速度”（霍利斯·钱纳里、莫尔塞斯·塞尔昆，1989）。大国普遍采取内向型发展政策，这种内向型政策在国内资源积累和资源配置方面都有反映。

（二）研究国际贸易形成的过程，探索进入国际经济大循环的大国开放道路

斯密是自由贸易的倡导者，他在《国富论》（1776）中运用分工理论分析自由贸易的合理性，认为在国际贸易中获得利益的原因是生产商品的劳动生产率高于贸易伙伴国，如果两个国家各自出口生产成本绝对低的产品，进口生产成本绝对高的产品，那么贸易就可以使两个国家都获得利益，这种理论可以解释绝对优势不同的国家之间进行贸易的原因，所以被称为绝对优势理论或者绝对成本理论。但是，它还未能解释在任何产品上都不具有绝对优势的国家仍然发展出口贸易，在任何产品上都具有绝对优势的国家仍然发展进口贸易的问题。真正成熟的国际贸易理论是从大卫·李嘉图开始的，

他在《政治经济学和赋税原理》（1817）中提出了比较优势理论，认为各个国家生产和交换本国具有比较优势的产品，可以获得比较利益和增加人民的福利。他从技术差异入手分析比较优势形成的原因，从而解释贸易利益的普遍存在性，揭示了国际贸易产生的一般性基础。然而，李嘉图的理论也存在局限性：一是从生产力的视角解释国际贸易形成的原因，而忽略需求因素的研究；二是以技术的差异性为基础，却不能解释技术水平相同的两个国家进行贸易的基础。以后的经济学家在克服这两个局限方面做出了贡献，赫克歇尔（1919）和俄林（1939）通过技术、要素禀赋和偏好的一般均衡分析，构建国际贸易理论的标准模型，认为各国的要素禀赋以及生产不同产品所要求的要素比例不同，所以每个国家将集中生产和出口那些密集地使用该国最丰富生产要素的商品。一些当代经济学家则提出“新贸易理论”，克鲁格曼在《国际经济学》（1988）中试图超越“局部均衡分析方法来探讨规模经济与比较优势是如何相互作用并决定国际贸易模式的”（保罗・克鲁格曼、茅瑞斯・奥伯斯法尔德，2002），他认为比较优势模型是以规模报酬不变的假设为基础的，事实上许多行业具有生产规模越大，生产效率越高的规模经济，各国将选择有利于自己的规模经济并与他国进行国际贸易，规模经济贸易利益的存在可以使各国生产者在生产规模化和产品多样化中获得更多的利益。

伴随着经济全球化的进程，马克思等经济学家从开拓国际市场的角度研究经济开放的必然性，揭示加入国际经济大循环的路径。马克思主要从资本输出的角度分析了资产阶级开拓世界市场的原因，他认为资本输出的目的就是追求利润最大化，“资本按其本性来说，力求超越一切空间界限”（马克思恩格斯，1995）。而且，资本输出导致“剥削”和“共赢”并存，虽然处于不利条件下的国家在国际交换中所付出的实物形式的物化劳动多于其所得到的，但是由此得到的商品将比其自己所能生产的更便宜。随着生产的国际化，资金、技术和劳动力等生产要素开始在世界范围内自由流动，从而在更大程度上实现优化配置。海默、巴克利、邓宁等的现代国际投资理论深化了要素流动领域的研究，然后，从全球要素流动的研究进入全球生产体系和全球要素分工的研究，使全球价值链视角下的国际生产体系成为经济学界最活跃的主题。波特（1985）从企业产品形成的视角提出了“产品价值链”的概念，即企业进行包括产品的研发设计、生产销售以及物流运输等过程；寇伽特（1985）从产品内部的垂直分工、格局分析全球价值链的组织方式，认为整个价值链上的活动是由来自不同国家的多个企业共同完成的；格雷菲（2003）提出“全球产业价值链”的概念，较好地解释了整个生产过程各个环节的价值和利润的分配。2013 年以来，以 OECD 为代表的全球性经济发展与合作机构对“增加值贸易”的核算方法进行界定并就测度方法达到一致，为准确判断各国在全球价值链分工中的地位提供了工具。

综上所述，在经济思想发展史上，经济学家主要围绕大国发展型式和经济开放道路两大问题开展深入研究：一是探讨国民经济循环的系统机制和影响因素，大国经济发展型式及其特殊性规律，国内市场的重要性及形成统一国内市场的路径，实际上就是国内大循环问题；二是探讨开拓国际市场的必然性和重要性，国际贸易形成的原因和影响因素，经济全球化趋势和特征，全球要素流动和世界生产体系，实际上就是国际大循环问题。显然，这两个领域的研究取得的理论成果，提出的各种假设、观点和学说，成为中国经济学家系统地研究大国发展格局理论的思想渊源。

二　当代中国经济学家的理论贡献

新中国成立以后，经济学家对中国经济发展模式和发展战略进行了长期的探索，从总体上可以分为三个阶段：第一阶段（1949—

1978 年）主要研究了中国的工业化战略，基本观点是坚持“独立自主，自力更生”的方针，加速实现社会主义工业化，建立独立完整的国民经济体系，在科学技术领域推行自主创新战略；第二阶段（1979—2005 年）主要研究了中国的经济开放战略，基本观点是开放乃中国经济发展的必由之路，要善于利用国际国内两种资源和两个市场，积极融入世界经济和经济全球化，并采取从沿海向内地推进、从浅层向深层推进的渐进式开放战略；第三阶段（2006—2020 年）主要研究了中国经济发展战略转型，基本观点是中国经济发展应该实现内外均衡，走以内需为主的大国经济发展道路，建设强大的国内市场，实现基于内需的全球化战略，构建以国内大循环为主体的国内国际双循环发展格局。在探索大国经济发展格局的过程中，一些经济学家进行了踏实的理论研究，为大国发展格局理论的形成做出了独特贡献。

（一）针对西方发展经济学理论的局限，提出发展中大国应该成为发展经济学的重要研究对象的命题，借鉴库兹涅茨和钱纳里的理论，最早提出大国内源发展和适度对外开放的观点，形成双循环经济发展格局的雏形；同时，根据发展中大国的发展经验，分析增长条件、起飞轨迹、发展规律的特殊性，为研究大国经济发展问题做出先驱性探索（张培刚，1992，1994，1989）。主要的理论贡献有：

1. 提出发展中大国应该成为发展经济学的重要研究对象。发展中大国是指人口众多、幅员广阔、资源丰富、历史悠久、人均收入水平低下的发展中国家，以往的发展经济学忽视发展中大国的研究，仅为若干中小国家和地区实现工业化和经济起飞做出了贡献，而不能从总体上揭示大国经济发展的复杂过程和特殊规律；发展中大国占据世界人口的绝大部分比重，倘若不能使发展中大国改变贫穷落后的面貌，发展经济学就永远谈不上成功。“发展经济学惟有对问题特别复杂的大国进行重点研究，揭示出大国经济发展的规律，找出解决的途径，才能使其理论观点和政策主张更富有普遍性和实用

性。”（张培刚，1992）

2. 揭示发展中大国经济发展的经验性特点。发展中大国的社会经济发展有其特殊性，在“增长条件、起飞轨迹和发展规律等方面，也就既与工业化发达国家有所不同，又和发展中的中小国家和地区有很大的差别”（张培刚，1992）。大国人口众多，国内消费需求和市场容量相对较大，因而在经济发展过程中外贸比重比较低；大国需要建设规模宏大的基础设施和满足数量庞大的国内需求，对资金的需求量特别大，因而国内总需求和国内总投资比重高；大国需要在工业化的起步阶段就建立起门类齐全的工业体系，它不得不采取内向发展政策，从而在收入水平较低时就进入经济结构变动时期；大国拥有比较丰富的劳动力和自然资源，而且存在足够规模的国内市场，从而在工业化初期占有一定的发展优势。

3. 探索发展中大国经济的“内源发展”战略。发展中大国的生产量和资金需求量相当庞大，不可能完全依赖对外贸易和引进外资解决问题，它“不能像小国那样可以通过外向型经济的发展来实现经济起飞，而主要通过内向型的发展战略来实现经济起飞”（张培刚，1992）。发展中大国在应对外部经济冲击方面具有特点和优势：一是发展中大国的自我循环能力较强，在国际经济中具有更大的回旋余地；二是大国在国际关系中的地位较重要，发达大国往往不会忽视欠发达大国在国际关系和地区关系中的作用；三是大国竞争力的预期较高，从而抑制欠发达大国竞争力的增长成为发达国家政治经济战略的重要目标；四是发展中大国的国内市场规模大，从而对发达国家具有吸引力。为此，应该正确处理内源发展与对外开放的关系，制定切实可行的发展战略。

（二）沿着前者的研究思路，将斯密市场范围假说、马歇尔规模报酬假说和熊彼特创新发展假说三种范式有机结合，提出大国发展经济学的理论框架；同时，以大国供需均衡模型、大国内生能力原理和大国综合优势原理，以及建设强大国内市场、内需驱动出口模式和大国经济发展战略导向的研究，为构建以内需为主的大国经济发展道路提供系统的理论支持（欧阳峣，2018，2014，2019，2011，2006，2017）。主要的理论贡献有：

1. 构建“大国发展经济学”的逻辑体系。以人口众多和幅员辽阔为初始特征，“从‘规模’范畴出发形成的大国经济学的逻辑链条，从‘结构’范畴出发形成的发展经济学的逻辑链条，两者有机地结合起来，就可以构建大国发展经济学的逻辑体系”（欧阳峣，2019）。大国经济的核心问题是规模问题，发展中国家经济的核心问题是结构问题，发展中大国经济的基本问题是规模和结构问题；从要素规模到供需均衡机制形成大国内生能力原理，从多元结构到要素耦合机制形成大国综合优势原理；基于发展中大国的基本特征和重要原理，在经济发展实践中应该选择内生发展、稳定发展、协调发展和创新发展战略。

2. 概括大国经济发展的基本规律和原理。从经济增长需求动力和要素供给的视角分析，大国应该走以内需为主和内生发展的道路，建立完备的国民经济体系和产业体系，以自主创新推进技术进步和产业升级。主要的原理包括：大国供需均衡模型，即以一般均衡模型为基础，将规模因素引入其中，假设在一个超大规模国家里，拥有总体规模庞大的资本和资源，在封闭条件下，生产要素可以在总体上实现供需均衡，沿着这样的思路可以构建实现生产要素供需均衡的大国经济模型；大国内生能力原理，即在一个超大规模的国家里，由于具有资源丰富和市场范围广阔的优势，依靠国内资源和国内市场就可以推动经济的自主协调发展，大国往往采取以国内资源和国内市场为主导的内生发展型式；大国综合优势原理，由于大国具有规模性和多元性特征，它可以通过整合各种有利的资源而形成融各种优势于一体的大国综合优势。这里的多种因素可以通过耦合机制产生集成效应，从资源和市场的规模性形成分工优势，差异性可以形成互补优势，从多元性形成适应优势，从完整性形成稳定优势。同时，发挥大国内生能力和综合优势，需要建设强大国内市场，即“规模庞大、结构合理、畅通融合和拉动力强的国内市场”（欧阳峣，2020），使之拥有强劲的内聚力量，从而支撑起从经济大国到经济强国的转变。

3. 揭示发展中大国内需驱动出口型式的机理。要素禀赋和国内需求是大国外贸发展的两大优势，但是要素驱动出口型式将使出口产品结构集中在少数具有要素禀赋比较优势的产品，出口产品以国外需求为导向，与国内需求的关联性不强；内需驱动出口型式虽然受到国外需求影响，但却根植于国内需求，与国内市场的联动性较强。大国偏向内需驱动出口型式，而且这种出口型式“遵循‘国内需求—本土企业竞争优势内生演进—贸易结构升级—出口增长绩效改善’的良性内生机制”（欧阳峣，2018）。庞大的国内需求为本土企业培育高层次外贸竞争优势提供了压力和可能，一是大国国内市场可以摆脱规模效益与竞争机制的两难冲突，激励本土企业寻求高层次竞争优势；二是巨大的国内需求降低创新成本，有利于本土企业培育以技术和品牌为核心的高层次竞争优势；三是巨大的国内市场产生虹吸效应，为本土企业培育高层次竞争优势集聚优质要素。

（三）借鉴李斯特国家生产力理论和美国学派国民经济学说，总结大国崛起经验和保护主义政策体系；同时，针对中国出口导向模式的缺陷，提出逐步实现从国际大循环向国内大循环的战略大转型，保护民族产业和国内市场，促进国民经济各部门之间相互提供需求和市场，构建以公共采购为支撑的网络型举国体制，为形成国内大循环提供理论支持（贾根良，2015，2020，2011，2010，2020）。主要的理论贡献：

1. 揭示国际大循环经济发展战略的弊端。国际大循环经济发展战略旨在通过引进外资和发展劳动密集型产品出口，把农村劳动力转移纳入国际大循环，并在国际市场换取外汇，从而获得工业发展所需要的资金和技术。但是“由于跨国公司模块化生产、发达国家对国际贸易的垄断结构和美元霸权的支配性影响，国际大循环经济发展战略不但使我国在国际分工中被锁定于产业低端的依附地位，而且也使我国遭受到美元霸权的掠夺，这是我国经济虽然高速增长，但已经无法再像战后日本和韩国那样使全体国民福利得到普遍改善的基本原因”（贾根良，2020）。而且，“大进大出”导致资金、资源和劳动力被虹吸到沿海的出口导向型部门，造成畸形的外向与内需相分割的“二元经济”，形成内需长期无法启动以及民族企业的投资机会被外资挤占并引发经济泡沫的重要原因。

2. 探讨从“国际大循环”向“国内大循环”的战略转型。借鉴李斯特的国家生产力理论和美国学派的国民经济学说，大国经济崛起需要保护主义战略，中国经济发展需要“逐步实现从国际大循环经济发展战略向国内大循环经济发展战略的大转型：通过把注意力转向‘内部改善’，在国内大循环经济的内部环境上下功夫。”（贾根良，2020）应该保护民族产业和国内市场，使用外汇储备适当回购部分外资企业，实施贸易保护模式和进口替代，限制资源和原材料出口，支持高质量和高附加值产品出口；通过各产业民族企业的高质量生产活动的迂回生产、重工业的迂回生产和中西部城市化，创造比劳动密集型产品出口导向战略更多的就业机会；改善国内市场环境，打破国内市场分割，促进国内经济一体化，国民经济各部门之间互相提供需求，农村市场与原先用于出口的廉价工业制成品之间相互提供市场，从而形成良性的国内大循环。

3. 构建以公共采购为支撑的“网络型举国体制”。国内经济大循环需要构建集中力量办大事的举国体制，但是建设市场经济条件下的“新型举国体制”应该不同于计划经济条件下的“两弹一星”的高度集中举国体制，可以借鉴西方发达国家战后形成的“网络型举国体制”，它的主要特点：一是针对性资源，即政府研发资金集中帮助技术专家克服技术创新的关键性障碍；二是市场化运作，即通过经纪活动在生产者、工程师、科学家以及其他相关人员之间牵线搭桥，最终将新技术商业化；三是公共采购，即由政府为新生的核心技术在试错、提高质量并打入商用市场之前提供有保障的市场需求。同时，应该将公共采购市场创建为关键核心技术成长壮大的“根据地”。“在我国以市场需求为主的许多产业价值链高端和核心技术的商用市场基本上已被发达国家的跨国企业所占领的情况下”，亟待“通过公共采购为我国本土企业核心技术的研发、试错和成长壮大提供一块有市场保障的‘根据地’”（贾根良，2020）。

（四）探索基于内需的经济全球化战略，提出构建以本土市场为基础的国家价值链，从依赖国外市场转化为国内外市场并重的协调发展道路，从利用别国市场用足本国低端生产要素的第一波全球化，转向利用本国市场用足国外高级生产要素的第二波全球化；同时，梳理新发展格局的内在逻辑，提出市场利用重心、要素利用重心和经济循环方式转换的战略思路（刘志彪，2013，2016，2009，2012，2020）。主要的理论贡献：

1. 提出构建以本土市场需求为基础的国家价值链。那些融入全球价值链底部的后进经济体，很难在发达国家主导的价值链下实现攀升和产业升级；中国在发展外向型经济的过程中，融入的是被“俘获”的全球价值链治理结构，在很大程度上弱化了经济独立自主发展的主动性。为此，应该“在融入 GVC 的基础上重新构建 NVC 战略，不是要放弃已有的国际市场需求和份额，而是要由依赖国外市场转化为以国内外市场并重的协调发展道路”（刘志彪，2016）。构建国家价值链链主有两种可能载体：一是基于专业化市场的 NVC 构建与升级，在专业化市场中的中国制造企业，拥有在国外市场与国内市场之间进行功能“切换”而不仅是被锁定的发展空间，而且随着国内中等收入阶层的兴起，将拥有层次丰富和具有“接力棒”特征的需求空间结构，从而为构建国内价值链提供基于高速成长的内需市场支撑；二是基于领导型企业的 NVC 构建与升级，领导型企业处于与协作企业的分工网络群落金字塔结构的顶端，可以利用在价值链中的控制地位来实现创新投入和沉没成本的补偿，并具备获得全球价值链上较高层次外包业务的竞争能力，可以充分利用国内市场和国外市场的互补作用，在推进国内市场品牌战略和国外市场技术学习的过程中实现国内价值链升级。

2. 探讨基于内需的经济全球化战略思路。中国以出口导向为特征的第一波经济全球化，可以概括为“利用别国的市场用足本国的低端生产要素”；中国参与第二波经济全球化的发展战略，可以概括为“利用本国的市场用足国外的高级生产要素，尤其是利用其创新要素发展本国的创新经济”。第二波全球化战略是要在扩大内需条件下实施深度全球化战略，一是要利用大国经济内需市场规模庞大的虹吸效应吸收全球创新要素，促进中国产业升级；二是利用内需市场的规模效应形成出口的差异化和低成本的竞争优势，提升出口产品的档次；三是利用内需市场的规模效应发展中国的巨型跨国公司，培育全球价值链链主。支撑第二波全球化的关键要素：“基础是全球性城市，主体为全球化企业，分工是全球化产业，中心是全球化人才。”（刘志彪等，2013）

3. 构建中国经济内外循环的内在逻辑。以国内大循环为主体构建双循环发展格局，就是要实施基于内需的经济全球化战略，以内需为竞争优势激励企业参与国际经济循环。这个战略的内在逻辑是：“扩大内需—虹吸全球资源—形成以新兴产业为主导的现代产业链—以基础产业高级化、产业链现代化为目标，构建国内经济为主体的大循环格局——促进形成国内国际双循环相互促进的新发展格局”（刘志彪，2020）。这里涉及三个战略维度的根本性转变：一是实现市场利用重心的转换，把依靠外需的经济全球化转换为依靠内需的经济全球化，从而避开国际经贸摩擦，并为世界经济发展提供中国市场和中国机会；二是实现要素利用上重心的转换，把依靠低级要素投入的粗放发展转换为依靠创新的升级发展，从而避开与发展中国家低价竞争，并为世界市场创造新的需求；三是实现经济循环方式的转换，把“两头在外、两种资源、两个市场、大进大出”的以国际经济循环为主的发展格局，逐步转换为以国内大循环为主的新发展格局。

（五）深入分析中国经济发展道路的经验，从总需求的角度提出大国双引擎增长模式，研究中国的大国优势、开放优势、发展阶段优势和体制优势；同时，通过实证分析揭示中国经济内循环和外循环关系演变过程，阐述内循环为主和外循环赋能的双循环实践，探讨全球价值链分工特征的经济影响，提出内向集成和外向集成全球资源的政策导向（江小涓，2020，2010，2021）。主要的理论贡献有：

1. 提出中国的大国内需外需双引擎增长模式。“从总需求的角度，提出大国双引擎增长模式，并从大国优势、开放优势、发展阶段优势和体制优势 4 个方面，分析这种模式的特点和可持续性”（江小涓，2010）。一是从大国优势的角度看，内需是总需求主体。根据中国 1978—2009 年的数据按支出法计算，内需占总需求比重超过 90%，内需对经济增长的贡献超过 80%，外需的贡献在增加但是仍然是辅助的。二是从开放优势的角度看，外需调整失衡和推动经济增长。外需的重要地位是中国发展模式有别于其他大国的显著标志，也是解释中国持续高速增长、结构调整和体制改革的重要因素。更为重要的是，外需在调整国内要素结构失衡、增加就业，提高劳动者收入、缓解资源环境压力等方面做出积极贡献。三是从发展阶段优势看，应该继续扩大内需，优化内需结构，继续利用外需和提高开放水平。四是从体制优势看，要通过改革创新促进两种需求协调发展，努力完善要素市场，加快服务业改革开放，改善国有企业治理结构，合理地发挥政府和市场机制的作用。

2. 揭示中国经济内循环和外循环关系的演变过程。改革开放后的前三十年，中国的要素禀赋失衡导致较大规模的外循环，广泛加入全球产业链，外循环地位持续上升，表现为中间产品出口比重高，外商投资企业出口比重高，加工贸易出口比重高，对外贸易依存度上升；导致外循环“失常”高比重现象的主要原因，就是中国要素禀赋严重失衡，较快增加就业和经济持续较快增长都需要大口径的外循环。最近十年要素禀赋改变和国内市场扩大导致外循环地位下降，内循环地位持续上升。“一个国家内循环与外循环的关系，不仅受本国发展阶段和发展水平的影响，同时在很大程度上受国家经济规模的影响，大国国内有较为完整的经济体系，内部循环余地大。”（江小涓等，2021）中国经济发展转向更多地依靠内循环，符合中国经济发展的现实变化和内在规律，中国经济增长将呈现大国在这个阶段的共同特点，更多依靠国内市场，更具有内循环为主体的突出特点。同时，需要完善体制和政策促进高质量的国内大循环，以更高水平外循环促进双循环畅通高效。

3. 探讨全球产业链分工特征对中国经济的影响。工业革命以来，全球产业分工大体经历三个阶段，即产业间贸易、产业内贸易、全球价值链。跨国公司为利用发展中国家的劳动力和市场，将产业链中可分解制造和组装的部分从发达国家转移到发展中国家，促进国际分工演进到产品内分工或全球价值链。它主要是中间产品的贸易，已经成为世界经济大循环中的一个显著特征，并“改变了世界经济格局，也改变了国家间的贸易、投资和生产联系”（江小涓等，2021）。然而，自2008年国际金融危机以来，世界经济步入深度调整和结构再平衡状态，全球产业链出现明显的停滞和收缩，主要原因是部分产业链分工抵达“天花板”，东道国提高本土化水平，输出国推动产业回归。根据这种情况，中国应该在更深层次和更高水平上参与全球产业链分工，一是内向集成全球资源，吸收外资、引进先进技术和进口自然资源；二是外向集成全球资源，贴近用户和市场，提高资金收益率，缓解国内产能过剩，关键是增强中国数字产业竞争力，并加快制度性开放的步伐。

（六）系统研究中国从工业大国向工业强国的转变过程，概括高质量工业化战略的核心内涵，揭示构建新发展格局就是新型工业化、信息化、城镇化和农业现代化的协同推进过程的规律；同时，基于经济现代化理论，提出新发展格局的“阶段、模式、动力”三维理论逻辑，以及以高水平自强自立和科技自主创新实现经济循环畅通的双协同政策体系（黄群慧，2012，2018，2021）。主要的理论贡献有：

1. 提出双循环格局的三维理论逻辑。构建新发展格局是经济现代化的战略任务，应该从现代化理论中去挖掘理论逻辑。“在经典的现代化理论看来，经济现代化的核心过程就是工业化，甚至可以把经济现代化就等同于工业化，这意味着现代化的实质就是由工业化驱动的现代社会变迁的过程。”（黄群慧，2021）所谓的经济现代化或工业化理论，更多的是对经济现代化阶段、动力、模式的理性认识。基于现代化阶段论、模式论和动力论，可以提出新发展格局的“阶段—模式—动力”三维理论逻辑认识：一是基于现代化阶段论，构建新发展格局是中国社会主义现代化进程进入新发展阶段的必然要求，是与现代化新阶段相适应的经济现代化路径；二是基于现代化模式论，构建新发展格局是中国基于自身资源禀赋和发展路径而探索的、以自立自强为本质特征的、突破关键核心技术“依附性”、具有“替代性”的一种经济现代化模式；三是基于现代化动力论，构建新发展格局是充分利用大国经济优势、围绕着自主创新驱动经济循环畅通无阻的经济现代化战略。

2. 揭示高质量经济现代化战略的核心内涵。经济现代化过程是工业化与城镇化互动的经济发展过程，构建新发展格局的经济现代化战略对工业化和城镇化提出新要求。世界工业强国的主要特征：一是工业技术水平和创新能力位于世界先进行列；二是跃居全球价值链高端和产业结构高级化；三是可持续发展和绿色工业生产体系。中国“实施工业强国战略应该包括三个方面的重点任务，一是建立先进的技术体系，二是建立现代的产业体系，三是建立高效的管理体系”（黄群慧，2012）。构建新发展格局的高质量工业化战略核心，主要是从基于低成本劳动力的比较优势转向基于高科技创新能力的竞争优势，从出口导向转向内需主导，从追求高速度转向追求高质量发展。同时，构建新发展格局的战略过程是新型工业化、信息化、城镇化、农业现代化的协同推进过程，它要求畅通国内经济大循环，从内容上表现为信息化和工业化深度融合、工业化和城镇化良性互动、城镇化和农业现代化协调发展，这是当今的现代化进程的基本规律。

3. 构建双循环发展格局的“双协同”政策体系。“以高水平的自立自强和科技自主创新来实现经济循环的畅通无阻……相应的政策体系也需要不断创新完善”（黄群慧，2021）：一是围绕畅通经济循环的中国经济治理，沿着需求侧管理政策与深化供给侧结构性改革政策有效协同的方向，使需求侧管理紧扣经济结构性问题做到更加精准有效，围绕培育完整内需体系做到更加积极有为，扭住扩大内需战略基点做到保持中性适度；供给侧改革围绕畅通国内大循环实现供给和需求的高水平动态平衡，围绕国内国际双循环相互促进实现内需与外需的高水平协调发展。二是围绕提高自主创新科技能力需要，建立以竞争政策为基础的产业政策与竞争政策协同有效的技术创新政策体系，推进产业政策从选择性向功能性转型，真正确立竞争政策的基础地位；积极探索和健全完善社会主义市场经济条件下的新型举国体制，发挥集中力量办大事的优势；以国有企业分类改革为前提将国有资本更加聚焦到高水平科技自主自强，促进实体经济创新发展和产业链供应链治理能力提升。

三　基本思想、中国经验及其意义

中国经济学家借鉴现代经济理论，从全球视角研究中国经济发展战略转型的经验，创造性地构建大国经济发展格局理论，形成了比较系统的思想体系。核心内容是：发展中大国应该走以内需为主的经济发展道路，并根据阶段发展阶段性特征和国情变化，对经济发展战略进行非线性选择，从出口导向模式逐渐转换为以内需为主的模式；在经济发展过程中要致力于建设强大的国内市场，实施基于内需的全球化战略，利用国内市场集聚全球优质资源和创新要素，实现经济高质量发展；根据国际国内经济波动变化，按照相机抉择机制进行调节，实现国家产业链和国际产业链的转换，保障产业链安全可控和经济稳定发展。这套理论的基本思想观点，不仅可以在发达大国经济发展的历史事实中得到部分印证，而且已经和正在中国经济发展和改革开放实践中得到检验，它对于发展经济学理论的完善和发展有着重要的创新价值，对于发展中大国合理地选择经济发展型式以及实现阶段性战略转型有着重要的实践价值。

（一）大国发展格局理论的基本思想

1. 发展中大国应该合理选择内源发展和经济开放度，推动内需和外需双引擎增长，在经济现代化新阶段构建以国内大循环为主体、国内国际双循环相互促进的新发展格局。大国的国内市场容量大，而且需要建立完整的工业体系和国民经济体系，往往选择内向型发展战略，但同时要通过经济开放弥补国内原材料、设备和资金的不足，通过对外贸易维持国内经济的平衡，通过国际分工促进国内经济发展，既存在内源发展的必要性和可能性，也存在经济开放的必要性和可能性。中国改革开放以来，内需是总需求的主体，外需的贡献虽然在增加，但仍然是辅助的，这是大国内需和外需双引擎增长模式，总结中国的发展经验，需要内循环为主和外循环赋能，实现更高水平的双循环。在新的发展阶段，党中央提出了构建新发展格局的战略任务，可以从经济现代化的阶段、模式和动力角度去理解其理论逻辑，推动从出口导向到内需主导、从追求高速度到追求高质量的转变，并通过信息化和工业化深度融合、工业化和城镇化良性互动，城镇化和农业现代化协调发展，实现畅通国内经济大循环的目标。

2. 发展中大国应该走以国内需求为主的经济发展道路，建设强大国内市场，破除区域分割和行业垄断，主要依靠国内的资源和市场推动经济稳定协调可持续发展。大国实现工业化往往选择内向发展型式，美国经济崛起就是走以内需为核心的内向型工业化发展道路，美国学派提供了由生产中立国、保护性关税、国内市场、利益和谐、国民银行等构成的国民经济学说和政策方针。中国古代经济的兴盛，也是依托人口众多和土地辽阔的优势促进市场规模和产业规模扩张，以庞大的国内需求支撑技术进步和产业发展，从而形成推动经济增长的大国效应。中国改革开放初期由于缺乏旺盛的需求和资金，所以选择出口导向模式，利用国外的市场、资金和中国的劳动力资源，推动制造业快速持续发展，但也造成了被锁定在国际分工价值链低端的问题。当经济发展到新阶段的时候，应该转移到以内需为主的发展道路，这种模式可以从大国发展经济学原理中得到合理解释，大国供需均衡模型，大国内生能力原理和大国综合优势原理为经济内源发展和国内经济循环提供了理论支持。促进国内大循环的基础是建设强大国内市场，即根据市场容量巨大、市场供给充实、市场质量优良、市场环境完善和市场内聚力强的目标，将需求侧管理和供给侧改革有机结合，努力改善国内市场；消除市场分割，防止行业垄断，特别是加快要素市场建设，通过国内市场吸引各种要素和资源的集聚，培育优势企业和优势产业，以规模优势推动技术创新，占领全球产业链高端，促进经济协调发展和高质量发展。

3. 发展中大国应该利用国外需求改善国内要素结构失衡问题，实施基于内需的全球化战略，采取内需驱动的出口模式，逐渐将产业链和价值链嵌入国际高端的位置。利用国外需求和市场是促进中国经济发展的积极因素，在调整国内要素结构失衡、增加就业、提高劳动者收入、缓解资源环境压力等方面发挥重要作用。新中国经济发展进程中外需作用的演变，总体上呈现倒“U”形状态，经历了由逐渐上升到逐步下降的过程，它受到国内市场规模和国家经济发展阶段的影响。中国以出口导向为特征的第一波经济全球化，主要是利用别国的市场和用足本国的低端生产要素；而在新发展阶段的第二波经济全球化，主要是利用本国的市场和用足国外的高级生产要素，最重要的是集聚全球创新资源推动经济高质量发展。外贸出口模式可以分为要素驱动出口型和内需驱动出口型，前者使出口产品结构集中在少数具有要素禀赋比较优势的产品，由于以国外需求为导向而与国内市场的关联度不强；后者则是根植于国内需求，同国内市场的联动性较强，其内在逻辑是以国内需求为基础的本土企业竞争优势内生演进，促进外贸结构升级和出口绩效改善，进入国际产业分工中的高端。

4. 发展中大国应该在新发展阶段构建国家产业链，利用国内产业配套完备的优势，确保国家产业链安全，构建相机抉择的机制，合理地调节国内和国际产业链的转换。实现双循环的关键问题是怎样构建国家产业链和融入国际产业链，大国的国内市场极为庞大，可以本土市场需求为基础构建国家产业链，形成独立完备的供应链和产业链体系，确保国家产业安全，防避外部经济冲击造成震荡。根据大国自主自强的发展目标，既要主动融入全球产业链和价值链，在更大范围利用国外的资源和市场，又要防止在全球产业链和价值链中的低端锁定，弱化经济自立自强的发展能力。当前构建国家价值链可以依托两种载体：一是专业化市场中的先进制造企业，它们拥有在国外市场与国内市场之间“切换”的发展空间；二是领导型企业，处于企业网络群落金字塔顶端的它们拥有获得在全球价值链上较高层次外包业务的竞争能力。当今世界国际分工已经演进到产品内分工或全球价值链阶段，中国经济发展新阶段应该在更高水平上参与全球价值链分工，通过内向集成和外向集成全球资源，培育国际竞争新优势，特别是增强在国家价值链和国际价值链之间转换的能力，保障经济稳定发展。

（二）中国经济发展实践及经验总结

1. 新中国经济发展战略演进的三个阶段

新中国成立以来，经济发展型式的选择经历了三个阶段，从而形成三种不同的发展格局。第一阶段是从新中国成立到改革开放前。1949年中华人民共和国成立后，我们在指导思想上坚持“独立自主、自力更生”的基本方针，并发展对外经济贸易，调动国内外一切积极因素为建设社会主义服务。毛泽东提出：“在准备对苏贸易条约时应从统筹全局的观点出发，苏联当然是第一位，但同时要准备和波、捷、德、英、日、美等国做生意。”（毛泽东，1999）然而，后来出现极为艰难的国际环境，西方国家试图遏制中国的发展，中国同苏联签订的援助协定因政治关系恶化而停止。在这种情况下，中国为了建设工业化国家，建成独立完备的国民经济体系，只能依靠国内的资源和市场，同时实施“进口替代”战略，寻求机会引进国外的设备和技术。这就是“自力更生为主，争取外援为辅”的道路，相应地形成以国内大循环为主的经济发展格局。

第二阶段是从改革开放到党的十八大前。1978年党的十一届三中全会以后，中国经济发展进入新时期，并开始经济发展战略的转型。邓小平指出：“我们总结了历史经验，中国长期处于停滞和落后状态的一个重要因素是闭关自守。经验证明，关起门来搞建设是不能成功的，中国的发展离不开世界。”（《建设有中国特色的社会主义》，1987）1979年中美建交标志着西方国家封锁中国的态势开始改变，深圳和珠海经济特区的建立拉开了对外开放的序幕。有的专家提出大力发展劳动密集型产品出口、走“两头在外、大进大出”国际大循环战略的思路，受到肯定并成为中国发展战略的重要内容，从而形成了出口导向战略。2001年中国加入世界贸易组织，以低成本要素参与全球价值链分工，逐渐融入国际经济大循环，迎来了全面开放的时代，从制造业开放扩大到服务业开放，从对外贸易到对外投资，进而推动对外开放体制机制的完善。这就是出口导向、发展外向型经济的道路，相应地形成加入国际大循环的经济发展格局。

第三阶段是从党的十八大开始的，当前仍然处在转型时期。2008 年国际金融危机之后，世界经济增长放缓，中国出口导向型发展的弊端暴露，开始实施构建扩大消费长效机制的战略。2012 年 11 月召开的党的十八大提出，要牢牢把握扩大内需的战略要点，加快建立扩大消费需求长效机制，扩大国内市场规模，并制定和出台了增加国民收入、健全社保体系、改善公共服务、优化消费结构、推进城镇化以及寻求投资和消费的结合等政策体系。同时，通过总结国际经验，逐步认识到以内需为主是大国经济发展的必由之路。2018 年 12 月召开的中央政治局会议认为强大国内市场可以有效化解外部冲击，提出要辩证地看待国际环境和国内条件的变化，畅通国民经济循环，促进形成强大国内市场，提升国民经济整体性水平，实际上就是构建国内大循环系统。2020 年 4 月初，习近平总书记首次提出“新发展格局”的概念，认为“国内循环越顺畅，越能形成对全球资源要素的引力场，越有利于构建以国内大循环为主体、国内国际双循环相互促进的新发展格局，越有利于形成参与国际竞争和合作新优势”（习近平，2020）。后来党的十九届五中全会明确了“加快构建以国内大循环为主体，国内国际双循环相互促进的新发展格局”的战略目标，并写入《国民经济和社会发展第十四个五年规划和 2035 年远景目标纲要》，这就标志着构建以国内大循环为主体、国内国际双循环相互促进发展战略的正式确立，开启了中国经济发展战略转型的新阶段。

2. 改革开放以后出口导向战略选择分析

基于大国经济的特征和优势，大国经济崛起应该走以内需为主的发展道路，在战略选择上致力于发展内向型经济。然而，中国在改革开放以后实现经济起飞的时候，却选择了出口导向发展战略，致力于发展外向型经济。怎样解释这种战略选择的必然性和合理性呢？遵循经济学理论的逻辑，大国实施内向发展战略需要具备三个条件：一是有庞大的国内需求，从而使各种生产要素结合而形成规模经济；二是有比较完善的市场机制，从而使各种生产要素流动而形成统一市场；三是有潜在的比较优势，从而发挥优势形成产业竞争力。但从改革开放初期的情况看，中国仅具备第三个条件：首先是国内需求不旺盛，虽然拥有众多的人口数量，但是人均收入水平特别低，1977 年的人均国内生产总值仅为 149 美元，人均国民收入仅为 280 元人民币，有购买力的消费需求严重不足，不可能形成庞大的消费需求，从而拉动经济快速增长。其次是市场机制不完善，长期的计划经济体制使市场很不健全，造成区域分割和行业分割，人为地缩小市场规模，特别是生产要素流动遭遇系统性的制度障碍，从而使市场缺乏有效性。从第三个条件看，中国拥有劳动力要素的比较优势，劳动力数量多，从业人员仅为总人口的 41%，蕴藏着巨大的释放能量；而且，劳动力素质较高，劳动力成本较低，这是中国经济发展的最大优势。显然，当时中国的国内需求总量和市场有效程度都制约着国内经济发展，因而不适合选择内向型经济发展战略；面对经济全球化的浪潮，我们审时度势，扬长避短，明智地选择了出口导向发展模式，积极发展外向型经济，利用国外的资金和市场拉动制造业发展，从而使劳动力比较优势由潜在优势转变为现实优势，迅速地成为世界制造业大国。可见，中国在经济起飞时期选择发展外向型经济，这是根据世界经济形势和中国国情做出的合理选择。

3. 中国经济发展新阶段的重大战略转型

进入新发展阶段，贯彻新发展理念，构建新发展格局，这是由我国经济社会发展的理论逻辑、历史逻辑、现实逻辑决定的。为此，我们可以从理论、历史和现实的视角，分析和理解在中国经济发展的新阶段，推动经济高质量发展，必须构建新发展格局的内在逻辑关系。一是从理论逻辑看，构建大国发展格局是大国发展模式的回归。大国经济发展的特征是资源规模和市场规模庞大，可以达到国内要素的供需均衡，实现国民经济的内循环，并提供巨大的国内市场和供给能力，带动经济外循环，形成内外循环相互支持的发展格局。中国已经形成拥有14亿人口和4亿多中等收入群体的市场规模，这是全球最大最有潜力的市场，随着向高收入国家行列的迈进，国内市场规模仍在不断扩张。同时，中国拥有全球最完整、规模最大的工业生产体系，最完备的产业配套能力；中国拥有规模庞大的高素质劳动力资源，受到高等教育或掌握各种专业技能的人才达到1.7亿多人。所有这些就为中国发挥超大规模经济体优势，走内需为主的大国经济发展道路，提供了可能性和现实性。二是从历史逻辑看，构建大国新发展格局是实现中华民族伟大复兴的必然选择。在中华民族的悠久历史上，曾经出现过开元盛世、永宣盛世和康乾盛世，国力空前强大，社会经济繁荣，创造了灿烂的中华文明。实现中华民族的伟大复兴，是中华民族近代以来最伟大的梦想，历史的经验告诉我们，大国的崛起和复兴必须走自强自立的道路。正如保罗·肯尼迪所说，一流国家在世界事务中地位变化主要取决于两个原因："一是各国国力的增长速度不同；二是技术突破和组织形式的变革，可使一国比另一国得到更大的优势。"（保罗·肯尼迪，2006）从经济大国走向经济强国，应该依托国内市场规模和产业规模，通过自主创新掌握关键核心技术，以创新引领中国经济高质量发展，建设社会主义现代化强国。三是从现实逻辑看，构建大国发展格局是中国经济发展新阶段社会主要矛盾变化的客观要求。随着中国特色社会主义进入新时代，社会主要矛盾已经转化为人民日益增长的美好生活需要和不平衡不充分的发展之间的矛盾。原有的出口导向发展模式，导致国内经济发展不平衡：以国外需求为导向的生产难以满足国内消费者的高水平需求，进而造成产能过剩；造成对外经济发展不平衡，巨额的贸易顺差造成巨额的外汇储备，难以转化为国内有效投资。特别是在逆全球化浪潮出现的新形势下，更是难以依靠国外需求拉动中国经济增长，因而从客观上要求转变经济发展模式，构建以国内大循环为主体的国内国际双循环发展格局。

（三）理论性价值和世界性意义

1. 从发达大国到发展中大国的普遍规律

熊彼特认为经济定理有两种类型，即逻辑上的理想、规范和直接以观察为根据的经济定理，“如果同时把逻辑上的规范解释成为从观察来的资料或必要时从共同经验下意识地积累起来的观察中‘净化’的普遍规律，则无疑有可能把这两种类型的理论融合为一”（约瑟夫·熊彼特，2017）。根据大国发展经济学的假说，大国丰富的资源可以实现国内生产要素的供需均衡，广阔的市场可以支撑大产业的专业化发展，因而应该选择以国内资源和国内市场为主体的发展模式，这是作为理想或规范的经济定理；我们将这种逻辑规范解释为从发达大国和发展中大国的共同经验下积累起来的普遍规律，那就是以内需为主的大国经济发展模式，从经济循环系统角度看就是构建以国内大循环为主体、国内国际相互促进的大国发展格局。这是对大国经济发展内在必然性的揭示，不仅是对以美国为代表的发达大国经济崛起经验的观察和总结，而且是对以中国为代表的发展中大国经济发展经验的观察和总结，将这种认识上升到经济学理论的高度，必将丰富和完善发展经济学理论。

2. 从线性选择到非线性选择的特殊规律

在世界历史发展过程中，必然存在着统一性和多样性的关系，各个国家由于处于不同的发展阶段而形成的发展模式，是基于其经济发展程度以及同现代文明的关系而获得实际内容和具体规定的。中国改革开放以来，经济发展模式从选择外向型发展到选择内向型发展的演进，不仅受到中国经济发展的影响，而且受到中国经济与世界经济关系的制约，它体现了中国经济发展的特殊规律。正如习近平总书记所说：“世界上没有放之四海而皆准的具体发展模式，也没有一成不变的发展道路。历史条件的多样性，决定了各国选择发展道路的多样性。”（习近平，2014）辩证地理解经济发展战略选择的普遍规律和特殊规律，需要将线性思维和非线性思维结合起来，线性思维把事物发展简单地理解为一条直线，非线性思维把事物发展理解为带着跳跃的曲线。中国选择经济发展战略经历了曲折的过程，其中经历了选择外向型发展模式的“跳跃”，最后回归到典型的大国经济发展格局。我们对中国经济发展的特殊规律进行理论概括，也将为发展经济学理论增添鲜活的内容。

3. 发展中大国经济发展战略选择和转型

中国是世界上最大的发展中国家，中国的发展道路为发展中国家提供了一种可供选择的型式。英国思想家库珀·雷默认为，“中国正在指引世界其他一些国家在有一个强大重心的世界上保持自己的生活方式和政治选择。这些国家不仅在设法弄清如何发展自己的国家，而且还想知道如何与国际秩序接轨，同时使它们能够真正实现独立”（唐晓，2010）。当今世界上的发展中大国在经济发展战略选择方向大体分为三种类型：一是巴西等国在实现民族独立以后，选择“进口替代”发展模式，通过大规模投入推进工业化，并实现一个时期的高速增长，然后出现经济衰退而转向发展外向型经济，但是由于高额的外债而步履维艰；二是印度尼西亚等国在实现民族独立以后，直接选择“出口导向”发展模式，重视发展外向型经济，但是没有致力于建立独立完整的国民经济体系，国内需求和市场规模难以扩大，经济发展对外依存度特别高；三是埃塞俄比亚等国借鉴中国的经验，在国内有效需求和资金不足的情况下，通过吸引外商直接投资带动工业发展，促进经济快速增长，但目前尚处在经济发展和工业化起步阶段。中国经济的高速持续增长展现了一条大国发展的成功之路，基本的经验是初步建立比较完整的工业体系和国民经济体系，但是在国内需求和资金不足的情况下，选择“出口导向”模式，通过发展外向型经济实现起飞；在国民收入增加和市场规模扩大以后，选择走以内需为主的大国经济发展道路，构建以国内大循环为主体、国内国际双循环相互促进的大国发展格局，促进经济高质量发展。中国经验的世界意义在于，它为发展中大国提供了有益的借鉴。

参考文献

《马克思恩格斯全集》第30卷，人民出版社1995年版。

马克思：《资本论》第2卷，人民出版社2004年版。

《毛泽东文集》第6卷，人民出版社1999年版。

《习近平谈治国理政》，外文出版社2014年版。

习近平：《国家中长期经济社会发展战略若干重大问题》，《求是》2020年第21期。

《建设有中国特色的社会主义》（增订本），人民出版社1987年版。

黄群慧：《改革开放40年中国的产业发展与工业化进程》，《中国工业经济》2018年第9期。

黄群慧：《工业化后期的中国工业经济》，经济管理出版社2018年版。

黄群慧：《新发展格局的理论逻辑、战略内涵与政策体系——基于经济现代化的视角》，《经济研究》2021年第4期。

黄群慧：《中国的工业大国国情与工业强国战略》，《中国工业经济》2012年第3期。

贾根良：《构建以公共采购为支撑的“网络型举国体制”——保障以市场需求为主的核心技术创新》，《国家治理》2020年第42期。

贾根良：《国内大循环：经济发展新战略与政策选择》，中国人民大学出版社2020年版。

贾根良：《美国学派：推进美国经济崛起的国民经济学说》，《中国社会科学》2011年第4期。

贾根良：《新李斯特经济学在中国》，中国人民大学出版社2015年版。

贾根良：《政治经济学的美国学派与大国崛起的经济学逻辑》，《政治经济学评论》2010年第3期。

江小涓：《大国双引擎增长模式——中国经济增长中的内需和外需》，《管理世界》2010 年第 6 期。

江小涓等：《内循环为主、外循环赋能与更高水平双循环——国际经验与中国实践》，《管理世界》2021 年第 1 期。

江小涓：《中国的外资经济——对增长、结构升级和竞争力的贡献》，中国人民大学出版社 2002 年版。

江小涓等：《内循环为主、外循环赋能与更高水平双循环国际经验与中国实践》，《管理世界》2021 年第 1 期。

刘志彪：《从融入全球价值链到构建国家价值链：中国产业升级的战略思考》，《学术月刊》2009 年第 9 期。

刘志彪：《基于内需的经济全球化：中国分享第二波全球化红利的战略选择》，《南京大学学报》2012 年第 2 期。

刘志彪：《经济全球化与中国产业发展》，译林出版社 2016 年版。

刘志彪：《重塑中国经济内外循环的新逻辑》，《探索与争鸣》2020 年第 7 期。

刘志彪等：《扩大内需条件下的经济全球化战略》，经济科学出版社 2013 年版。

欧阳峣：《大国创新道路的经济学解析》，《经济研究》2017 年第 9 期。

欧阳峣：《大国发展道路：经验和理论》，北京大学出版社 2018 年版。

欧阳峣：《大国发展经济学》，中国人民大学出版社 2019 年版。

欧阳峣：《大国经济发展理论》，中国人民大学出版社 2014 年版。

欧阳峣：《大国经济研究》第 11 辑，经济科学出版社 2020 年版。

欧阳峣：《大国综合优势》，格致出版社、上海三联书店、上海人民出版社 2011 年版。

欧阳峣：《基于“大国综合优势”的中国对外直接投资战略》，《财贸经济》2006 年第 5 期。

唐晓：《欧美媒体对“中国模式”的评价及其启示》，《外交评论》2010 年第 1 期。

张培刚：《发展经济学往何处去——建立新型发展经济学刍议》，《经济研究》1989 年第 6 期。

张培刚：《新发展经济学》，河南人民出版社 1992 年版。

张培刚：《新发展经济学的思路》，《江海学刊》1994 年第 3 期。

［德］弗里德里希・李斯特：《政治经济学的国民体系》，陈万煦译，商务印书馆 1961 年版。

［美］霍利斯・钱纳里、莫尔塞斯・塞尔昆：《发展的格局（1950—1970）》，李小青等译，中国财政经济出版社 1989 年版。

［美］保罗・克鲁格曼、茅瑞斯・奥伯斯法尔德：《国际经济学》，蔡荣等译，中国人民大学出版社 2002 年版。

［美］保罗・肯尼迪：《大国的兴衰》，陈景彪等译，国际文化出版公司 2006 年版。

［美］西蒙・库兹涅茨：《各国的经济增长》，常勋译，商务印书馆 1999 年版。

［美］约瑟夫・熊彼特：《经济分析史》第 1 卷，商务印书馆 2017 年版。

［英］亚当・斯密：《国民财富的性质和原因的研究》下卷，郭大力，王亚南译，商务印书馆 2003 年版。

［英］乔治・吉利贝儿：《循环流动》，《新帕尔格雷夫经济学大辞典》第 1 卷，陈岱孙主译，经济科学出版社 2016 年版。

小康社会

闫　坤　于树一*

三千余年前，“小康”是一个微观个体的理想生活状态；四十余年前，中国共产党将其与具有宏观性的“社会”一词组合在一起，成为国家治理的总目标。在国家“分步走”的战略蓝图中，小康社会理论不断发展，实践不断深入。最终，以“小康”为标志的宏观国家治理目标和微观个体生活目标双双实现。2021 年，在庆祝中国共产党成立 100 周年大会上，习近平总书记庄严宣告“我们实现了第一个百年奋斗目标，在中华大地上全面建成了小康社会”（习近平，2021）。小康社会作为“两个一百年”的目标之一，具有丰富的理论内涵和伟大的实践意义。

一　小康社会的理论渊源与历史演进

“小康”的本义是指一种殷实的生活水平。“社会”是共同生活的个体通过各种各样关系联合起来的集合。二者组合在一起即“小康社会”，是指一种人民安居乐业，生活水平殷实的社会状态。当小康社会成为中国共产党领导全国人民为之奋斗的百年目标时，便超越了原本的经济范畴，而成为涵盖经济、政治、社会、文化、生态

* 闫坤，中国社会科学院日本研究所、中国社会科学院大学应用经济学院；于树一，中国社会科学院俄罗斯东欧中亚研究所、中国社会科学院大学应用经济学院。

等国家治理范畴的综合概念，其内涵实现了从一维向多维拓展。

（一）“小康”溯源：中华民族自古以来追求的理想社会状态

“小康”一词最早出现在《诗经·大雅·民劳》中，原文是“民亦劳止，汔可小康”，译为“人民实在太劳苦了，但求可以稍微安康”，表达了中国古代民众对安定富足生活的渴望（阮元，2009）。汉代《礼记·礼运》中描述了儒家学派对“小康”的设想，“大人世及以为礼，域郭沟池以为固，礼义以为纪，以正君臣，以笃父子，以睦兄弟，以和夫妇，以设制度，以立田里，以贤勇知，以功为己……是谓小康”，体现着人们奉行礼法、和睦友善、生活安康的理想社会状态（阮元，2009）。此后，儒家孟子、荀子等代表人物以及《旧唐书》中均有关于小康的设想与描述，明成祖朱棣、清乾隆帝弘历、近代思想家康有为等人也对小康做出了一定的阐释。

由此可见，小康思想最早起源于中国古代劳动人民对美好生活的憧憬与向往，蕴含了追求政治清明、社会安定、家庭团结、衣食无忧的理想社会的朴素愿望。受制于落后的社会制度和生产力发展水平，小康梦想未能在当时如愿实现，但一直扎根于中国人民心中。中国共产党自诞生之日起，就将“为人民谋幸福”作为初心使命，团结带领中国人民艰苦奋斗，历尽沧桑，通过百年的探索与努力，夺取了全面建成小康社会的伟大胜利，让中华民族实现了千年小康梦。

（二）“小康社会”的发展变迁：沿“分步走”蓝图循序渐进

我国发展与改革走的是一条“渐进式”的道路，表现在发展战略上便是通过“分步走”蓝图不断实现阶段性目标，不断拉近与最终目标之间的距离。从起点来看，在社会主义“三大改造”基本完成后便确立了以“现代化”为核心的百年奋斗目标，此后经历了阶段性的战略细分，表现为对“分步走”内容和形式的调整。小康社会作为“分步走”蓝图的重要组成部分，也随之得到“渐进式”发展。

1. 以工业为基础的“两步走”蓝图为引入小康目标奠定基础

新中国成立之初，国家百废待兴、百业待举，经济基础薄弱，国家面临着发展生产力、恢复国民经济的重任。1954 年 9 月，在首届全国人民代表大会开幕式上，毛泽东同志提出要在几个五年计划之内将我国建设成为“一个工业化的具有高度现代文化程度的伟大的国家”。随后，周恩来同志根据这一思想，在《政府工作报告》中明确提出“建设起强大的现代化的工业、现代化的农业、现代化的交通运输业和现代化的国防”，构成“四个现代化”最初的内容（《中华人民共和国第一届全国人民代表大会第一次会议文件》，1955）。此后，其内容几经调整，并于 1964 年年底召开的第三届全国人大一次会议正式确定为农业现代化、工业现代化、国防现代化和科学技术现代化。与此同时，形成第一个“分步走”的国家发展战略，具体表述为：第一步，用 15 年时间，建立一个独立的、比较完整的工业体系和国民经济体系，使中国工业大体接近世界先进水平；第二步，力争在 20 世纪末，使中国工业走在世界前列，全面实现农业、工业、国防和科学技术的现代化（周恩来，1984）。在此后很长的时间里，这一“分步走”蓝图指引着我国发展的方向，为此后引入小康目标奠定了基础。

2. 以人民生活为基础的“三步走”蓝图将“小康水平”作为中间目标

随着经济社会发展的国际国内环境不断变化，中国共产党对治理社会主义国家的实践经验和理论认识不断丰富，一个重要表现是将“分步走”蓝图落脚到提高人民生活水平的初心使命，并引入“小康水平”作为中间节点。1978 年，党的十一届三中全会吹响了改革开放的号角，也开启了社会主义现代化建设的新阶段。中国共产党在深刻总结中华人民共和国成立以来社会主义建设经验及教训，对比思考中国与世界发达国家发展差距的基础上，小康社会思想应运而生。

首先，从“小康之家”到“小康水平”。

1979 年 12 月，邓小平同志在会见时任日本首相大平正芳时，用“小康之家”来形容中国式的现代化，明确指出“我们的四个现代化的概念，不是像你们那样的现代化的概念，而是‘小康之家’”（中共中央文献研究室，2004）。这是新中国成立以来中国共产党人阐释现代化战略目标时首次用到“小康”概念。

1982 年 9 月，党的十二大提出了到 20 世纪末我国经济建设的总目标，除了“工农业的年总产值翻两番”等宏观目标，还有“城乡人民的收入将成倍增长，人民的物质文化生活可以达到小康水平”（中共中央文献研究室，1986）的微观目标，与此同时，又在四个现代化“两步走”蓝图中嵌入“前十年”+“后十年”的“分步走”战略，“前十年主要是打好基础，积蓄力量，创造条件，后十年要进入一个新的经济振兴时期”（中共中央文献研究室，1986）。这是首次将“小康水平”纳入我国社会主义建设“分步走”蓝图，党的小康社会思想也随之从“小康之家”发展到“小康水平”。

然而，“两步走”蓝图很快就难以满足经济社会快速发展和社会主义现代化加速建设的新需求，有必要进行调整，以人民生活为基础的“三步走”蓝图应运而生。1987 年 10 月，党的十三大正式将“两步走”蓝图细化为“三步走”，同时调整了时间表：第一步，从 1981 年到 1990 年，国民生产总值翻一番，解决人民温饱问题；第二步，从 1991 年到 20 世纪末，国民生产总值再增长一倍，人民生活水平达到小康水平；第三步，到 21 世纪中叶，人均国民生产总值达到中等发达国家水平，人民生活比较富裕，基本实现现代化（中共中央文献研究室，1991）。由此可见，“三步走”蓝图不但每一步目标均落脚到人民生活，还清晰描画了从温饱到小康再到比较富裕的路线图，并且对小康水平目标阐释为“人民普遍丰衣足食、安居乐业，无疑是一项宏伟壮丽而又十分艰巨的事业”（中共中央文献研究室，1991）。1990 年 12 月，党的十三届七中全会对小康水平进行了较为明确的阐释，即“在温饱基础上，生活质量进一步提高，达到丰衣足食。这个要求既包括物质生活的改善，也包括精神生活的充实；既包括居民个人消费水平的提高，也包括社会福利和劳动环境的改善”（中共中央文献研究室，1991）。

在“三步走”蓝图的引领下，中国加大改革力度，我国经济社会发展取得卓越成就，部分战略目标提前达成。基于此，1997 年 9 月，党的十五大上根据最新发展形势提出了面向 21 世纪的新“三步走”战略并以“两个一百年”为后两步目标的时间节点，即“第一个十年实现国民生产总值比 2000 年翻一番，使人民的小康生活更加宽裕，形成比较完善的社会主义市场经济体制；再经过十年的努力，到建党一百年时，使国民经济更加发展，各项制度更加完善；到 21 世纪中叶建国一百年时，基本实现现代化，建成富强民主文明的社会主义国家”（江泽民，2006）。事实上，到 20 世纪末，中国经济迈入高速发展的快车道，各项指标稳步向前推进，人民生活总体达到小康水平，原“三步走”的第二步目标已如期达成。[①] 当然，所谓的“总体小康”仍是不全面、不稳定、不平衡的小康，与人民群众心中期待的小康水平还有很大差距，所以新“三步走”的第一步便以“更加宽裕”为目标，致力于提升小康水平。

其次，从“小康水平”到“小康社会”。

小康社会和小康水平并非顺承的关系。小康社会概念的提出实际是在“三步走”蓝图提出之前。1984 年 3 月，邓小平同志会见时任日本首相中曾根康弘时首次提出了“小康社会”的概念，并对其

① 按照国家统计局会同国家计委和农业部共同制定的“小康生活水平的基本标准”，从标准规定的经济水平、物质生活、人口素质、精神生活、生活环境五个方面看，2002 年，我国经济水平和精神生活已达到小康标准，物质生活、人口素质和生活环境实现程度分别为 94.6%、88.4% 和 91.5%（参见《小康生活水平的基本标准》，《中国青年报》2002 年 11 月 17 日）。

进行了较为详细的解释："翻两番，国民生产总值人均达到八百美元，就是到本世纪末在中国建立一个小康社会。这个小康社会，叫做中国式的现代化。翻两番、小康社会、中国式的现代化，这些都是我们的新概念"（邓小平，1993）。此后，邓小平还提出了小康社会建设应以坚持社会主义为前提、以公有制为基础，应注重经济、人民生活、教育等各项事业发展等具体观点和要求。由此可见，小康社会和小康水平相比，已经超出了人民生活的范畴，而是加入了政治、社会、文化等方面的元素，从单一化概念向立体化概念发展。

迈入 21 世纪，我国社会主义现代化建设面临着新机遇和新挑战，2002 年 11 月，党的十六大创造性地提出了"全面建设小康社会"的总目标，并从多个维度对其进行了详细阐释，力求全面建设经济更加发展、民主更加健全、科技更加进步、文化更加繁荣、社会更加和谐、人民生活更加殷实、惠及十几亿人口的更高水平的小康社会，至此，小康社会实现了从概念向战略目标的转化（江泽民，2006）。这里作为战略目标的小康社会，发挥着承上启下的重要历史作用，以六个"更加"肯定了我国在前几十年达成"小康水平"所付出的努力及取得的成就，以"社会"这样一个集合的概念对小康的内涵进行全面充实，以"全面"二字彰显进一步提升小康水平的质量目标，即从"总体小康"发展到"全面小康"。

2007 年 10 月，党的十七大报告以"为夺取全面建设小康社会新胜利而奋斗"为主题，对全面建设小康社会的总目标从深度和广度上进行了同步延伸与发展，并对 2020 年实现全面建设小康社会目标时的社会图景进行了展望。在深度上，提出了"增强发展协调性"的新要求；在广度上，除了经济、政治、文化、生态领域的要求，增加了"加快发展社会事业"的新要求，可见，"五位一体"的总体布局率先在小康社会的阶段性目标上实现合成（中共中央文献研究室，2009）。

最后，从"全面建设小康社会"到"全面建成小康社会"。

2012年11月，党的十八大创造性地提出了到2020年实现“全面建成小康社会”的宏伟目标，在“五位一体”的总体布局下将这一目标具体化为“经济持续健康发展”“人民民主不断扩大”“文化软实力显著增强”“人民生活水平全面提高”“资源节约型、环境友好型社会建设取得重大进展”五个方面。从“全面建设小康社会”到“全面建成小康社会”的目标转变，体现了党中央面对国内外形势的新变化审时度势，抓住我国发展的重要战略机遇期，奋力夺取全面建设小康社会成果的决心。

在2016年出台的“十三五”规划中明确指出“十三五”时期是我国全面建成小康社会的决胜阶段，为确保夺取此项胜利，推出“创新、协调、绿色、开放、共享”的新发展理念，并在此基础上进一步提出“经济保持中高速增长”“创新驱动发展成效显著”“发展协调性明显增强”“人民生活水平和质量普遍提高”“国民素质和社会文明程度显著提高”“生态环境质量总体改善”“各方面制度更加成熟更加定型”七项具体目标。

2017年10月，党的十九大将“决胜全面建成小康社会”作为主题，再次明确了全面建成小康社会最后冲刺阶段的各项要求，并特别强调要打好防范化解重大风险、精准脱贫及污染防治三大攻坚战，要使全面建成小康社会得到人民的认可和历史的检验（习近平，2020）。与此同时，党的十九大以全面建成小康社会为起点，为第二个百年奋斗目标描绘新“两步走”蓝图：第一步，从2020年到2035年，在全面建成小康社会的基础上，再奋斗十五年，基本实现社会主义现代化；第二步，从2035年到本世纪中叶，在基本实现现代化的基础上，再奋斗十五年，把我国建成富强民主文明和谐美丽的社会主义现代化强国（参见习近平《决胜全面建成小康社会　夺取新时代中国特色社会主义伟大胜利——在中国共产党第十九次全国代表大会上的报告》，2017）。新“两步走”蓝图将第二个百年奋斗目标的内容进一步扩展、力度进一步加强、实现时间进一步提前、实现步骤进一步细化，同时，让小康社会与“分步走”蓝图实现又一次连接，推动我国从“全面建成小康社会”迈向“社会主义现代化强国”，至此，小康社会的历史使命圆满完成。

从小康社会的实践发展轨迹看，从中华民族千年的憧憬与梦想发展成为中国共产党引领中国人民进行社会主义建设的重要指南，小康社会最终作为我国实现第一个百年目标的重要标志，为开启社会主义现代化建设新征程奠定了坚实基础。中国共产党将小康社会引入国家发展战略，将其作为一个阶段性目标“渐进式”推进，从“总体达到小康水平”到“全面建设小康社会”，到“全面建成小康社会”，再到“决胜全面建成小康社会”，实际是以人民的需求和利益作为国家发展的目标和方向，借助人民在推动历史发展和促进社会变革中所起的决定性作用，最终形成国家和人民的良性发展互动。因此，小康社会作为阶段性目标，首先致力于实现人民群众的全面发展，再由人民群众推动国家的全面发展，这符合以人的发展为主旨的马克思主义社会发展观。此外，小康社会目标的逐步清晰化反映了中国共产党对中国经济社会发展现状、发展问题、发展阶段、发展战略的认识不断走向成熟，为社会主义现代化建设积累了丰富经验，最终以全面建成小康社会开启新战略、新征程。

二　小康社会评价指标和标准

1984 年，邓小平对小康社会进行首次阐释的同时，也提出了小康社会最初的评价指标为国民生产总值和人均国民生产总值，二者的标准分别为“翻两番”和达到 800 美元。此后，随着小康社会内涵和外延不断从一维向多维、从单一化向立体化拓展，小康社会的评价指标开始体系化，经过几番调整、扩充，最终在“五位一体”的框架下得以确定。

1991 年，统计与计划、财政、卫生、教育等 12 个部门组成了课题组，按照中央、国务院提出的小康水平的目标，建立了包含16个评价指标和标准的评价体系（见表1）。

表1　　**小康水平的评价指标和标准（1991年）**

序号	评价指标	标准
1	人均国内生产总值	2500元*
2	城镇人均可支配收入	2400元
3	农民人均纯收入	1200元
4	城镇人均住房面积	12平方米
5	农村钢木结构住房人均使用面积	15平方米
6	人均蛋白质摄入量	75克
7	城市每人拥有铺路面积	8平方米
8	农村通公路行政村比重	85%
9	恩格尔系数	50%
10	成人识字率	85%
11	人均预期寿命	70岁
12	婴儿死亡率	31%
13	教育娱乐支出比重	11%
14	电视机普及率	100%
15	森林覆盖率	15%
16	农村初级卫生保健基本合格县比重	100%

* 按1980年的价格和汇率计算，2500元相当于900美元。

资料来源：《全面建设小康社会需资本市场支持——访国家统计局副局长贺铿》，《上海证券报》2002年11月15日。

1996年国家计委会同国家统计局将上述16项指标体系进行整合和分类形成了包含10项一级指标、6项二级指标的小康生活水平评价指标体系和基本标准，并以1980年为参照系，提出改善幅度目标（见表2）。

表2　　**小康生活水平基本标准（1996年）**

<table>
<tr><th>序号</th><th colspan="2">评价指标</th><th>2000年目标</th><th>较1980年的改善</th></tr>
<tr><td>1</td><td colspan="2">人均国民生产总值</td><td>2500元*</td><td>比1980年的768元增长2.26倍</td></tr>
<tr><td rowspan="2">2</td><td rowspan="2">人均收入水平</td><td>城镇人均生活费收入</td><td>2400元*</td><td>比1980年的890元增长2.7倍</td></tr>
<tr><td>农民人均收入</td><td>1200元*</td><td>比1980年的315元增长2.8倍</td></tr>
<tr><td rowspan="2">3</td><td rowspan="2">居住水平</td><td>城镇人均住房面积</td><td>8平方米</td><td>比1980年的3.9平方米增长1.1倍</td></tr>
<tr><td>农村人均钢筋砖木结构住房面积</td><td>15平方米</td><td>比1980年增长2.3倍</td></tr>
<tr><td>4</td><td colspan="2">人均蛋白质日摄入量</td><td>72克</td><td>比1980年增长44%</td></tr>
<tr><td rowspan="2">5</td><td rowspan="2">城乡交通状况</td><td>城镇居民人均拥有铺装道路面积</td><td>8平方米</td><td>比1980年增长1.86倍</td></tr>
<tr><td>农村行政村通公路</td><td>85%以上</td><td>—</td></tr>
<tr><td>6</td><td colspan="2">成人识字率</td><td>90%</td><td>比1980年的68%提高22个百分点</td></tr>
<tr><td>7</td><td colspan="2">婴儿死亡率</td><td>21%</td><td>比1980年的34.68%下降13.68个百分点</td></tr>
<tr><td>8</td><td colspan="2">居民教育和文化娱乐支出占消费支出的比重</td><td>16%</td><td>比1980年的6%提高10个百分点</td></tr>
<tr><td>9</td><td colspan="2">森林覆盖率</td><td>15.5%</td><td>比1980年的12%提高3.5个百分点</td></tr>
<tr><td>10</td><td colspan="2">农村初级卫生保健达标率</td><td>100%</td><td>—</td></tr>
</table>

*按1990年的价格计算。

资料来源：《小康水平的基本标准》，《浙江统计》1996年第4期。

2008年国家统计局出台《全面建设小康社会统计监测方案》，构建了包含经济发展、生活质量、社会和谐、民主法制、文化教育、资源环境6方面共计23项具体内容的指标体系。国家统计局统计科学研究所全面建设小康社会统计监测课题组在此框架下，对2000—2007

年各项指标的实现程度进行了测算，并对我国全面建设小康社会进程做出总体评判（见表3）。

表3　2000—2007 **年中国全面建设小康社会进程统计监测结果**　单位：%

检测指标 实现程度	2000 年	2001 年	2002 年	2003 年	2004 年	2005 年	2006 年	2007 年
一、经济发展	50.3	52.2	54.4	56.3	58.2	60.4	62.8	65.5
1. 人均 GDP	25.0	26.9	29.2	31.9	34.9	38.3	42.5	47.3
2. R&D 经费支出占 GDP 比重	36.1	38.0	42.8	45.3	49.2	53.5	56.7	59.5
3. 第三产业增加值占 GDP 比重	78.0	80.9	82.9	82.5	80.8	80.2	80.0	80.2
4. 城镇人口比重	60.4	62.8	65.2	67.6	69.6	71.7	73.2	74.9
5. 失业率（城镇）	100.0	100.0	100.0	100.0	100.0	100.0	100.0	100.0
二、社会和谐	57.5	59.6	57.1	56.1	59.8	63.2	67.7	71.3
6. 基尼系数	98.6	94.8	85.7	75.1	80.7	76.1	74.4	66.9
7. 城乡居民收入比	99.8	98.2	90.0	82.3	85.1	78.9	74.6	61.2
8. 地区经济发展差异系数	80.9	79.6	76.1	78.7	80.7	89.5	94.4	98.3
9. 基本社会保险覆盖率	14.8	16.3	16.9	17.6	21.9	27.2	38.2	52.9
10. 高中阶段毕业生性别差异系数	71.7	83.5	83.8	87.9	90.7	98.6	99.7	100.0
三、生活质量	58.3	60.7	62.9	65.5	67.7	71.5	75.0	78.3
11. 居民人均可支配收入	24.5	26.6	29.9	32.7	35.7	39.4	43.8	49.1
12. 恩格尔系数	87.7	90.7	93.3	94.9	92.5	95.9	100.0	99.9
13. 人均住房使用面积	70.2	73.4	75.7	78.8	81.4	87.3	90.5	93.4
14.5 岁以下儿童死亡率	30.2	33.4	34.4	40.1	48.0	53.3	58.3	66.3
15. 平均预期寿命	95.2	95.6	96.0	96.4	96.9	97.3	97.7	98.1
四、民主法制	84.8	79.9	81.4	82.5	83.1	85.2	89.3	93.2

续表

检测指标 实现程度	2000 年	2001 年	2002 年	2003 年	2004 年	2005 年	2006 年	2007 年
16. 公民自身民主权利满意度	66.7	69.6	72.4	75.3	78.2	81.1	83.8	87.0
17. 社会安全指数	100.0	88.5	88.9	88.5	87.2	88.6	93.9	98.4
五、文化教育	55.5	57.1	59.6	61.3	62.5	64.1	65.3	67.3
18. 文化产业增加值占 GDP 比重	31.0	34.0	37.0	40.0	43.0	46.2	49.0	52.0
19. 居民文教娱乐服务支出占家庭消费支出比重	73.0	73.7	80.2	81.4	78.8	78.3	75.8	75.4
20. 平均受教育年限	74.2	74.8	75.4	76.0	76.6	77.1	78.1	80.0
六、资源环境	65.6	64.9	66.6	68.2	67.7	69.3	70.3	72.0
21. 单位 GDP 能耗	60.2	63.0	64.9	61.9	58.7	58.6	59.7	61.9
22. 耕地面积指数	100.0	100.0	100.0	100.0	100.0	100.0	100.0	100.0
23. 环境质量指数	57.8	54.4	56.7	61.8	63.0	66.3	67.5	69.4
全面建设小康社会进程	59.3	60.2	61.6	63.0	64.7	67.3	70.0	72.9

资料来源：国家统计局统计科学研究所全面建设小康社会统计监测课题组：《中国全面建设小康社会进程统计监测报告》，《统计研究》2007 年第 1 期。

党的十八大后，根据全面建成小康社会的新要求，国家统计局于 2014 年出台并于 2016 年修订了《全国全面建成小康社会统计监测指标体系》，该指标体系在原有经济发展、人民生活、文化建设、资源环境与民主法制等五方面 39 项具体指标的基础上对一级指标没有进行修订，对近半数的二级指标进行了调整，修订后的指标体系由 42 项具体指标构成，并明确了指标权重和目标值（见表 4）。

表 4　全国全面建成小康社会统计监测指标体系（修订稿，2016 年）

<table>
<tr><th>一级指标</th><th>序号</th><th colspan="2">二级指标</th><th>单位</th><th>权重</th><th>目标值</th></tr>
<tr><td rowspan="10">经济发展
（权重 22.0）</td><td>1</td><td colspan="2">人均 GDP（2010 年不变价）</td><td>元</td><td>4.0</td><td>≥58000</td></tr>
<tr><td>2</td><td colspan="2">服务业增加值占 GDP 比重</td><td>%</td><td>2.0</td><td>≥56</td></tr>
<tr><td>3</td><td colspan="2">常住人口城镇化率</td><td>%</td><td>2.0</td><td>≥60</td></tr>
<tr><td rowspan="2">4</td><td rowspan="2">互联网普及率指数</td><td>固定宽带家庭普及率</td><td rowspan="2">%</td><td rowspan="2">3.0</td><td rowspan="2">=100</td></tr>
<tr><td>移动宽带用户普及率</td></tr>
<tr><td>5</td><td colspan="2">科技进步贡献率</td><td>%</td><td>3.0</td><td>≥60</td></tr>
<tr><td>6</td><td colspan="2">研究与试验发展经费投入强度</td><td>%</td><td>2.0</td><td>≥2.5</td></tr>
<tr><td>7</td><td colspan="2">战略性新兴产业增加值占 GDP 比重</td><td>%</td><td>2.0</td><td>≥15</td></tr>
<tr><td>8</td><td colspan="2">高技术产品出口额占总出口额比重</td><td>%</td><td>2.0</td><td>≥30</td></tr>
<tr><td>9</td><td colspan="2">服务贸易占对外贸易比重</td><td>%</td><td>2.0</td><td>≥16</td></tr>
<tr><td rowspan="4">民主法制
（权重 12.0）</td><td>10</td><td colspan="2">基层民主参选率</td><td>%</td><td>3.0</td><td>≥93</td></tr>
<tr><td>11</td><td colspan="2">每万人口拥有律师数</td><td>人</td><td>3.0</td><td>≥2.3</td></tr>
<tr><td>12</td><td colspan="2">每万人口行政诉讼发案率</td><td>件</td><td>3.0</td><td>≤1</td></tr>
<tr><td>13</td><td colspan="2">每万人口拥有社会组织数</td><td>个</td><td>3.0</td><td>≥6.5</td></tr>
<tr><td rowspan="5">文化建设
（权重 12.0）</td><td>14</td><td colspan="2">文化及相关产业增加值占 GDP 比重</td><td>%</td><td>3.0</td><td>≥5</td></tr>
<tr><td>15</td><td colspan="2">人均公共文化财政支出</td><td>元</td><td>3.0</td><td>≥250</td></tr>
<tr><td>16</td><td colspan="2">“三馆一站”及村（社区）综合性文化服务中心覆盖率</td><td>%</td><td>2.0</td><td>≥110</td></tr>
<tr><td>17</td><td colspan="2">广播电视综合人口覆盖率</td><td>%</td><td>2.0</td><td>≥99</td></tr>
<tr><td>18</td><td colspan="2">城乡居民文化娱乐服务支出占家庭消费支出比重</td><td>%</td><td>2.0</td><td>≥4.2</td></tr>
<tr><td rowspan="7">人民生活
（权重 32.0）</td><td>19</td><td colspan="2">城乡居民人均收入（2010 年不变价）</td><td>元</td><td>4.0</td><td>≥25000</td></tr>
<tr><td>20</td><td colspan="2">失业率</td><td>%</td><td>2.0</td><td>≤6</td></tr>
<tr><td>21</td><td colspan="2">基尼系数</td><td>—</td><td>2.0</td><td>≤0.45</td></tr>
<tr><td>22</td><td colspan="2">城乡居民家庭人均住房面积达标率</td><td>%</td><td>2.0</td><td>≥60</td></tr>
<tr><td rowspan="2">23</td><td rowspan="2">公共交通服务指数</td><td>每万人拥有公共交通车辆</td><td rowspan="2">%</td><td rowspan="2">2.0</td><td rowspan="2">=100</td></tr>
<tr><td>行政村客运班车通达率</td></tr>
<tr><td>24</td><td colspan="2">平均预期寿命</td><td>岁</td><td>2.0</td><td>≥77.34</td></tr>
</table>

续表

一级指标	序号	二级指标		单位	权重	目标值
人民生活（权重 32.0）	25	劳动年龄人口平均受教育年限		年	2.0	≥10.8
	26	每千人口执业（助理）医师数		人	2.0	≥2.5
	27	每千老年人口养老床位数		张	2.0	≥35
	28	社区综合服务设施覆盖率指数	城市社区综合服务设施覆盖率	%	2.0	=100
			农村社区综合服务设施覆盖率			
	29	基本社会保险参保率指数	基本养老保险参保率	%	3.0	=100
			城乡医保参保率			
	30	农村贫困人口累计脱贫率（现行标准）		%	3.0	=100
	31	单位 GDP 生产安全事故死亡率（2010 年不变价）		人/亿元	2.0	≤0.078
	32	产品质量合格率		%	2.0	≥92
资源环境（权重 22.0）	33	单位 GDP 建设用地使用面积（2010 年不变价）		公顷/亿元	2.0	≤53
	34	单位 GDP 用水量（2010 年不变价）		立方米/万元	2.0	≤80
	35	单位 GDP 能源消耗（2010 年不变价）		吨标准煤/万元	3.0	≤0.62
	36	非化石能源占一次能源消费比重		%	2.0	≥15
	37	环境质量指数	地级及以上城市空气质量优良天数比率	%	3.0	=100
			地表水达到或好于Ⅲ类水体比例			
			森林覆盖率			
			城市建成区绿地率			
	38	污水集中处理指数	城市污水集中处理率	%	2.0	=100
			县城污水集中处理率			

续表

一级指标	序号	二级指标		单位	权重	目标值
资源环境（权重22.0）	39	生活垃圾处理指数	城市生活垃圾无害化处理率	%	2.0	=100
			对生活垃圾进行处理的行政村比例			
	40	一般工业固体废物综合利用率		%	2.0	≥73
	41	农村自来水普及率		%	2.0	≥80
	42	农村卫生厕所普及率		%	2.0	≥85

注：失业率暂使用登记失业率代替，待国家公布调查失业率时再替换。

资料来源：皮书数据库，https://www.pishu.com.cn/skwx_ps/multimedia/ImageDetail? SiteID=14&ID=9388273&ContentType=MultimediaImageContentType#。

三　在“五位一体”总体布局下全面建成小康社会的路线图

2021年7月1日，习近平总书记庄严宣告了我国第一个百年奋斗目标的实现，即在中华大地上全面建成了小康社会，这是中国共产党领导中国人民经过艰苦卓绝的努力，取得的来之不易的成绩。特别是在党的十八大以来，面对“第一个百年”这一时间节点的日益临近，以习近平同志为核心的党中央深刻把握全面建成小康社会的形势任务，在新发展理念的引领下，以统筹推进“五位一体”的总体布局来谋划全面建成小康社会的路线图，即通过分别实现经济小康、政治小康、文化小康、社会小康、生态小康目标，确保全面建成小康社会总目标的如期高质量实现。

（一）经济小康致力于实现“经济高质量发展”

经济领域的小康目标，主要体现在经济总量、增长速度和发展质量上。从先前几次“分步走”战略中均有GDP翻番的内容可以看出，我国一直通过经济高速增长来做大经济“蛋糕”。当我国已经成为世界第二大经济体和发展最快的国家之一，并且社会主要矛盾的主要方面已转向发展不平衡、不充分问题，“做大经济蛋糕”的目标就到了向“做好经济蛋糕”转变的时候。与此同时，我国人民的需求实现了从“物质文化”的数量到“美好生活”的质量转变，小康社会的目标和内容也需要进行从数量到质量的调整。基于此，2017年年底召开的中央经济工作会议将推动高质量发展作为确定发展思路、制定经济政策、实施宏观调控的行动指引。需要明确的是，追求经济高质量发展，并不是不再关注经济发展的总量和速度，而是要在合理的增长速度区间之内，转变发展方式，重点解决经济发展不平衡、不充分的问题，通过质量、效率、动力方面的变革推动数量的增长和速度的提高。

全面建成小康社会的 2020 年与最初确立小康社会目标的 1978 年相比，我国国民经济实现跨越式发展，经济结构实现战略性转型，经济增长质量显著提升，创造了中国经济增长的伟大奇迹。

从总量看，从 1978 年到 2020 年，我国国内生产总值由 3679 亿元增长到 102.6 万亿元；人均国内生产总值由 385 元增长到 72000 元；国家财政一般公共预算收入由 1132.26 亿元增加到 182894.92 亿元（国家统计局）。

从结构看，我国三次产业内部结构趋于优化。从 1978 年到 2020 年，我国三次产业对 GDP 贡献率比重由 9.8∶61.8∶28.4 转变为 9.5∶43.3∶47.3（国家统计局），经济增长由主要依靠第二产业拉动向依靠三次产业协同拉动转变，农业现代化水平显著提高，现代化工业体系逐步建立，服务业质量和层次不断提升。

从发展动力看，我国三大需求的关系走向为“先抑后扬”。改革开放初期，我国经济总体呈现出外贸依存度提高、投资率提升但消费率下降的态势，从 1978 年到 2010 年，我国最终消费率由 61.9% 下降到 49.3%，资本形成率由 38.4% 上升到 47%，外贸依存度由

9.6%增加到48.9%。在近年来转变经济增长方式、扩大内需等协调性政策体系引领之下，到2020年，我国最终消费率提升至54.3%，资本形成率下降到43.1%。排除2020年突发新冠疫情的特殊冲击，2019年最终消费支出对我国GDP增长贡献率达到58.6%，高于资本形成总额贡献率29.7个百分点，外贸依存度亦下降至32%，消费、投资、出口拉动经济增长的协调性显著增强（国家统计局）。

（二）政治小康致力于“坚持和完善中国特色社会主义制度”

小康社会建设及其理论发展历程也是中国特色社会主义制度日益发展完善的过程，而全面建成小康社会目标的实现彰显了中国特色社会主义制度的强大优势，充分说明自小康社会目标确立以来我国国家治理科学化、民主化、法治化水平显著提升。

首先，我国政治体制改革取得重要进展，社会主义民主得到充分发扬。人民代表大会制度是我国的政体，是发展社会主义民主政治的基本制度保障，因此，在政治领域实现小康目标，需从人民代表大会制度建设开始。完善人民代表大会制度是以制度化、法治化的方式保证人民当家作主，同时对公共权力监督制衡，从而建成政治小康。具体通过扩大直选范围、均衡城乡代表人口比例、完善人大机构设置、优化人员组成结构、强化人大立法及监督权限、修改完善《宪法》《选举法》《监督法》等举措不断完善人民代表大会制度，人民群众参与权、表达权、监督权得到了充分保障。

其次，中国特色社会主义法治化水平显著提升，以《宪法》为统领的基本法律体系日益健全。《监察法》《行政强制法》《网络安全法》等在实践中不断完善；国家司法体制、监察体制改革成效显著。同时，全民守法意识显著增强，为经济社会发展创造了良好的法治环境。

此外，人民政协协商民主建设持续推进，民族区域自治制度不断完善，基层群众自治制度得到健康发展。党的十八大以来，我国不断深化政府职能转变，厘清政府权力与职能边界，大力推进简政放权及商事制度、负面清单制度、积极建设“阳光政府”，均是实现政治小康目标的重要举措。

（三）文化小康致力于“弘扬新时代中国特色社会主义文化”

我国正处在中华民族复兴的关键时期，同时要面对全球化、市场化、信息化的复杂环境，在文化领域实现小康目标具有非凡意义。应在坚定文化自信的基础上，弘扬新时代中国特色社会主义文化，凝聚国家和人民发展的精神力量。

中国特色社会主义文化不是无源之水、无本之木，是经由几千年历史的中华传统文化不断传承和发展而积淀下来的。在新时代，以习近平同志为核心的党中央带领全国人民从文化自信的角度去回溯中国特色社会主义的发展历程，提炼中国特色社会主义文化的内涵和特征，并正在充分运用文化的力量，向全世界展示以爱国主义为核心的民族精神和以改革创新为核心的时代精神，树立中国形象。全面推动中国特色社会主义文化发展和繁荣，需明确中国特色社会主义的文化使命、文化权利和文化责任，不断推动传统文化创造性发展的同时，弘扬社会主义核心价值观，为中国梦的实现输送不竭的信心和动力。

从取得的历史性成就来看，自确立小康社会目标以来，我国国民整体文化素质普遍提升。首先，我国一直将教育置于优先位置，实施科教兴国战略。从 1978 年到 2020 年，我国学龄儿童净入学率由 94% 提高到 100%，初中升学率由 40.9% 提高到 94.6%。与 1982 年人口普查数据相比，到 2020 年，我国人口文盲率由 22.8% 下降至 2.67%，每万人具有大学文化程度的人数由 60 人增长到 1547 人，15 岁及以上人口平均受教育年限提高到 9.91 年（国家统计局，2021）。

其次，我国公共文化基础设施及服务日趋完善，从 1978 年到

2020年，我国公共图书馆业机构数由1218个增加到3212个，博物馆机构数由349个增加到5446个，乡镇（街道）文化站数由4053个增加到40360个，电视节目综合人口覆盖率从1985年的68.4%提高到2020年的99.6%（国家统计局）。

最后，以互联网承载的人民精神文化生活的丰富程度和便利程度都得到有效提高。2020年年底，我国网民规模达到9.9亿人，互联网普及率已经超过70%，处于全球领先水平，农村地区互联网普及率达到56%，贫困村通光纤比例超过98%，线上政务、教育、医疗、购物等互联网新模式、新业态蓬勃发展（参见《CNNIC发布第47次〈中国互联网发展状况统计报告〉》）。

（四）社会小康致力于“满足人民对美好生活的向往”

在社会领域实现小康，关键是把握人民的需要，而人民的需要分为几个层次，一是基本生活的需要，二是发展的需要，三是高质量生活的需要。由于我国发展不平衡、不充分问题较为突出，各层次的需要同时存在，可将其视为基于不同需求的人民“对美好生活的向往”。基本生活需要主要集中于相对贫困人口，发展的需要主要集中于民生领域，高质量生活的需要主要体现于消费升级。

习近平总书记在纪念马克思诞辰200周年大会上指出：“人民对美好生活的向往就是我们的奋斗目标。……不断保障和改善民生，促进社会公平正义，在更高水平上实现幼有所育、学有所教、劳有所得、病有所医、老有所养、住有所居、弱有所扶，让发展成果更多公平惠及全体人民，不断促进人的全面发展，朝着实现全体人民共同富裕不断迈进。”（习近平，2018）其中便蕴含着实现社会小康的路径。

首先，消除绝对贫困。只有全体人民生活均达到小康水平，才是真正意义上的全面建成小康社会。中国共产党始终将消除绝对贫困、提高人民生活质量作为小康社会建设的重要目标，特别是党的十八大以来，脱贫攻坚成为全党全国各项工作的重中之重。按照2010年贫困标准线统计，从1978年到2021年，我国7.7亿贫困人口整体摆脱绝对贫困，贫困发生率由97.5%降至0，2014年国务院扶贫办公布的832个国家级贫困县全部摘帽，12.8万个贫困村全部出列，农村贫困人口实现了“不愁吃、不愁穿”，义务教育、基本医疗以及住房安全有保障，区域性整体贫困得到有效解决（《人民日报》2021）。从国际范围来看，中国减贫人口占同期世界减贫人口的比例超过70%，提前十年实现了联合国可持续发展减贫目标，为国际减贫事业贡献了巨大力量。

其次，提高居民生活水平。从2013年到2020年，我国居民人均可支配收入由18311元提高到32189元，其中农村居民人均可支配收入由9430元提高到17131元。居民人均消费支出从13220元提高到21210元，其中农村居民人均消费支出由8383元提高到13713元。改革开放初期，我国恩格尔系数高达63%以上，食物支出占比高，而到2020年，我国居民恩格尔系数已下降至30.2%［参见《中华人民共和国2020年国民经济和社会发展统计公报》］。从1978年到2020年，我国常住人口城镇化率由17.9%提高到2020年的63.9%［参见《第七次全国人口普查公报（第七号）》］，且城镇化质量不断提升，居民生活水平显著提升。

最后，持续保障和改善民生。自确立小康社会目标以来，我国医疗卫生、养老、就业等社会保障水平显著提升。医疗卫生机构数量从1978年的17万个增加到2020年的102万个，每千人医疗卫生机构床位数由2010年的3.58张增加到2020年的6.46张，2020年我国人均预期寿命已达到77.3岁（参见《中国统计年鉴2020》和《2020年我国卫生健康事业发展统计公报》）。2020年年底，我国参加全国基本医疗保险人数已突破13.6亿人，参保率达到95%以上（参见《2020年全国医疗保障事业发展统计公报》）。全国基本养老保险参保人数基本达到9.99亿人，脱贫人口基本养老保险参保率达到 99.99%，基本实现全覆盖（参见《2020 年度人力资源和社会保障事业发展统计公报》）。城镇登记失业率由 1978 年的 5.3% 下降至 2020 年的 4.2%（国家统计局，2020）。居民整体生活保障水平全方位提升，真正实现弱有所扶、病有所医、老有所养、劳有所得，小康成果广泛惠及全体人民。

（五）生态小康致力于“实现可持续发展”

生态小康的实质是满足人民对美好生态的向往。随着生活水平逐渐提高，人们越来越意识到，新鲜的空气、干净的水源也是衡量生活是否幸福的重要标准。而随着小康社会建设向纵深发展，人们越来越意识到，只有实现可持续发展才能提高人民生活质量。要实现生态小康，需建立生态环境保护与经济发展之间的良性互动关系，转变经济发展方式，充分考虑生态、环境成本，不以生态的破坏和环境的污染为代价换取经济高速增长。党的十八大以来，生态文明建设被提高到“五位一体”总布局的战略高度，“绿色发展”成为引领高质量发展的五大理念之一，我国生态环境质量持续改善，为全面建成小康社会添上了美丽的色彩。

首先，我国能源消耗结构呈现持续改善态势。1978 年，我国煤炭、石油消费占能源消费总量比重分别为 70.7% 和 22.7%，天然气消费比重仅为 3.2%，到 2020 年，煤炭、石油消费比重下降至 56.8% 和 18.9%，而天然气消费比重则上升至 8.4%，此外，风电、太阳能、地热能等可再生能源消费比例也在日益提升（参见《中国统计年鉴 2020》）。

其次，党的十八大以来，在《打赢蓝天保卫战三年行动计划》等措施引领下，我国大气污染防治工作成效显著，环境空气质量明显改善。与 2015 年相比，全国地级以上城市优良天数比率提升 5.8%，达到 87%，超过目标值 2.5 个百分点，全国 PM2.5 和 PM10 平均浓度分别下降 8.3 个和 11.1 个百分点（生态环境部，2021）。

再次，在水污染防治方面，从 2011 年到 2019 年，废水中化学需氧量排放量从 2011 年的 2499. 9 万吨下降到 2019 年的 567. 1 万吨，水体有机物污染程度有效减小（国家统计局，2019）。

最后，全国乡村风貌发生历史性变化，农村居民居住环境持续改善。到 2020 年，全国农村地区生活垃圾收运处置体系覆盖率达 85% 以上，使用卫生厕所的农户比重达到 68%，超过 30% 的农户生活污水能够得到有效管控，乡村宜居度显著提升（农村农业部，2021）。

综上所述，数千年来，中华民族对小康生活的向往与追求成为一代代中国人民艰苦奋斗的不竭动力，同时也为小康社会理论的正式提出积淀了深厚的历史底蕴和厚重的文化根基。中国共产党在对中国特色社会主义基本国情深入研判的基础上，不断为小康社会建设加入新的元素，让其成为容纳经济、政治、社会、文化、生态文明全方位发展的先进理念，并最终带领中国人民沿着“分步走”的蓝图，取得了全面建成小康社会的胜利。然而，这并不是终点，而是新的起点。我们已开启第二个百年目标的大门，踏上从“全面建成小康社会”迈向“全面建设社会主义现代化国家”的新征程，探索全新的路线图。

四　小康社会理论探索与展望

改革开放四十余年来，中国经济社会发展实践取得辉煌成就，同时也在马克思主义政治经济学的基础上，形成和发展了一系列具有中国特色的原创性经济理论，其中，关于小康社会的理论探索生动诠释了中国共产党为人民服务的宗旨和目标，并为世界其他发展中国家的建设与发展贡献了中国方案。因此，尽管小康社会已经伴随着第一个百年目标在中国大地上成功全面建成，但有着千年思想渊源的小康社会理论却作为当代中国马克思主义理论的重要组成部分，有着强大的生命力。

（一）21 世纪我国对小康社会的理论探索

进入 21 世纪以来，随着小康社会建设步伐越来越快，距离全面建成小康社会的目标越来越近，学术界对小康社会的认识越来越全面，对小康社会的理论探索也越来越深入，这不但令小康社会的内涵和外延得到不断丰富，也促使小康社会理论趋于成熟。

首先，为小康社会理论探源。一方面，从《诗经》《礼记》《三国志》《旧唐书》等古代文学及历史作品中，为小康思想探寻中国传统文化根源（谢伏瞻，2020；肖桂清、乔惠波，2020）；另一方面，结合共同富裕理想、对长期“左”倾错误的反思及对马克思主义现代化理论的重新认识，为小康社会理论探寻历史和现实根源（何爱国，2008）。在此过程中，对小康社会内涵和外延的认识更加全面，能够从经济、政治、文化等角度阐释小康社会的思想内涵，提出小康社会是社会主义性质的，其外延则表现为经济发展水平提升、社会主义事业发展、体制改革推进、国际地位提高、人民利益得到维护以及现代化建设目标实现等多个方面（武志军，2003）。

其次，为小康社会理论奠定实践基础。在为小康社会理论探源的过程中，学者们发现了小康社会与“分布走”蓝图之间的关联并将其理论化，以强有力的实践基础支撑小康社会理论逐渐形成。一方面，将中国第一代领导集体对中国现代化之路的最初探索，即“四个现代化”的建设目标以及“两步走”的发展设想与当代中国小康社会思想的萌芽建立连接（李君如，2020）；另一方面，从党的十二大确立的“两步走”发展战略到党的十三大的“三步走”发展战略、从“温饱型小康”到“总体性小康”、从“全面建设小康社会”到“全面建成小康社会”等纵向发展角度描述了小康社会思想的发展脉络（张翼，2014）。与此同时，着重论述了从“两步走”发展到“三步走”之于小康社会的关系，以及在总体小康水平基础上的“新三步走”战略（何爱国，2008）。对于小康社会的发展阶段，学界也存在着不同的划分思路，包括“三阶段说”，即划分为总体小康（1990—2000）、全面建设小康社会（2001—2011）以及全面建成小康社会（2012—2020）三大历史时期（肖贵清、乔惠波，2018）；“四阶段说”，即划分为小康之家（1949—1979）、总体小康（1980—2000）、全面小康（2001—2011）及决胜小康（2012—2020）四个阶段（蒲实、黄文浩，2020）；“四飞跃说”，即摆脱整体贫困、迈向总体小康、不断更新小康目标、布局三大攻坚战四次历史性飞跃（黄燕芬等，2018）。

再次，提出解决小康社会建设重点和难点问题的思路。小康社会的建设历程并非一帆风顺、一蹴而就的，在不同历史阶段，有其需要克服和解决的重点和难点问题。总体来说，主要是我国经济社会发展中城乡间、地区间及各领域间发展的整体性、均衡性、协调性问题。一是聚焦于农村，认为解决“三农”问题是中国实现全面建成小康社会目标的关键所在（陈锡文，2003；魏后凯，2006；益习边，2003 等）；二是聚焦于欠发达地区，发现西部落后地区、老少边穷地区在全面小康社会建设中的重要性（王关区等，2004；丁寿亭、陈学平，2004；刘小珉，2003；王延中、宁亚芳，2018 等）；三是聚焦于关键问题，将打好三大攻坚战作为决战全面建成小康社会中需要重点攻克的难题（刘承礼，2017；陈锡文，2015；施芝鸿，2020），同时将加强社会主义民主政治建设、提升文化软实力、健全社会保障和就业体系、生态环境治理作为我国全面建成小康社会面临的主要问题（马丽艳，2014）；四是聚焦于衡量与评价，判断小康社会的完善程度以及小康社会建设所取得的伟大成就，离不开衡量标准与指标体系，对此，学术界结合改革实践开展了大量研究，并且认为全面小康的标准应是定量与定性的结合（张占斌、高立菲，2016）。在定量研究方面，集中于指标体系的构建。有从“小康社会子系统”的角度，在可测度、可比较、全面统筹等原则指导下，为全面小康社会构建了包含经济发展子系统、文教与卫生发展子系统、社会发展子系统在内的26个指标，并对具体指标进行了量化描述（贺铿，2003）；有从小康社会的七个重要领域——经济发展、物质生活、社会进步、精神生活、人口素质、社会保障与社会安全、生态环境与卫生构建包含18项量化指标的指标体，并运用实际数据对我国小康社会的建设进程进行评价与预测（赵振全等，2004）。在定性研究方面，集中于衡量标准的构建，尤其是在党的十八大以后，“五位一体”的总体布局为此拓展了维度。有学者提出将“六个坚持”和“五大发展理念”融入小康社会建设的评价之中（张占斌、高立菲，2016）；有学者根据“五位一体”的总体布局，从经济发展、社会建设、文化建设、政治建设、生态和可持续建设五个方面构建指标体系和衡量、评价标准（王健、王立鹏，2017）；有学者对小康社会在生活救助、健康素质、治安环境、卫生公平、民生发展等具体领域的评价标准进行了构建（焦培欣，2019；易静等，2005；秦立强，2003；李斌，2004；王亚南，2015）；有学者对内蒙古、江苏、玉林等地的小康社会评价标准进行了构建（杭栓柱、赵云平，1993；黄瑞玲等，2018；韦艳群，2013）。结合实践来看，我国小康社会的指标和标准是随着经济社会发展不断调整完善的，而这些研究成果发挥了重要的决策参考作用。

最后，基于历史经验总结和历史意义评价完善小康社会理论。对于全面建成小康社会的历史经验总结有如下几个方面观点：一是考虑到经济发展能为各项社会事业发展奠定物质基础，认为经济发展是全面建设小康社会的根本途径（何锡华，2003）；二是考虑到人的决定性因素，认为全面建成小康社会是党的领导和人民群众实践活动形成合力的结果（李桂花、张鹏，2017）；三是综合各方面考虑，将全面建成小康社会的成功经验总结为党的统一领导、以人民为中心的发展思想、以经济建设为中心的发展原则、循序渐进的目标导向、改革开放的根本途径等（韩保江、邹一南，2020），将实施脱贫攻坚与乡村振兴战略、大力发展教育、加强社会主义文化和精神文明建设、完善社会保障体系、强化生态环境治理等视为小康社会建设的重要举措（席恒，2021；姜瑜，2019；洪银兴等，2018；张德祥，2013）。对于全面建成小康社会的历史意义，学者们从经济社会的跨越式发展、绝对贫困问题得到解决、人民生活水平有效改善、基本公共服务水平显著提升、社会主义制度体系更加成熟与完善、国际影响力显著提升、社会主义文化和精神文明、生态文明建设成效显著等方面对我国全面建成小康社会的意义进行了多角度评价（谢伏瞻，2020；秦宣、林啸，2020）。除此之外，更重要的是其丰富和发展了马克思主义理论和中国特色社会主义理论（武志军，2003），彰显了社会主义制度优势、坚定了中国特色社会主义道路、激励了中国人民投身社会主义现代化建设（方蕾，2020），进而促进了人的全面发展、增进了社会公平正义、贡献了中国方案、助推了中华民族伟大复兴（虎旭昕，2020）。无论是历史经验总结，还是历史意义评价，均是完善和发展小康社会理论的重要工作。

（二）小康社会理论发展展望

小康社会理论作为当代中国马克思主义的一项理论创新成果，具有完整的理论体系，享有重要的理论地位，发挥着承上启下的独特作用，并能够指导“后小康时代”的现代化实践。因此，无论现实目标是否已经全面达成，小康社会理论仍然有进一步发展的空间。

首先，小康社会理论发展了马克思主义理论。马克思、恩格斯关于未来社会的发展阶段理论中，根据经济社会发展程度划分为“第一阶段”与“高级阶段”。前者是作为过渡阶段的社会主义社会，其特征是生产力相对发达，物质财富相对丰富、社会制度比较完善，人民思想觉悟比较高，社会各方面都比较和谐；后者的特征则是三大差别已经消失，物质财富极大丰富，生产资料实行公有制，分配上实行按需分配，人类实现了自由而全面发展。而在二者之间有着一个各种矛盾依然存在，但一切发展都比较好的阶段，虽然这个阶段仍隶属于“第一阶段”，但可将其视为“高级阶段”的前期准备阶段（马克思、恩格斯，1995）。有研究表明，小康社会阶段和现代化强国阶段即处于此阶段（王南湜，2009；余玉湖、赵小琴，2021），所以小康社会理论不仅以马克思主义社会发展理论为基础，还发展了该理论，从而被赋予了较强的创新性和国际性理论价值，并且有可能在实践中获得新发展。

其次，小康社会理论得到了中国共产党几代领导集体的不断完善与发展。邓小平同志最初提出小康之家、小康社会的概念均是与“中国式的现代化”画等号的，在此之前，毛泽东同志领导确立了“四个现代化”目标，制定了“两步走”战略，拟定了基本实现现代化的时间表，为我国一系列“分步走”战略引入小康目标做出了“打基础”的原创性贡献。而邓小平同志系统回答了“什么是小康社会”“为什么要建立小康社会”“怎样建设小康社会”等基本问题，明确了小康社会的目标标准、最终目的、战略意义、根本任务、战略步骤、战略重点、基本保证等理论要素，为小康社会理论的形成做出了“系统化”的原创性贡献。在全面建设小康社会阶段，江泽民同志提出并围绕新“三步走”战略，将小康社会目标拓展为涵盖各领域的全面发展的小康，并从发展道路、政治保障、外部条件、依靠力量等方面为小康社会理论的发展做出了“全面化”的原创性贡献。胡锦涛同志将全面建设小康社会升级为全面建成小康社会，并提出不失时机深化重要领域改革，以通过构建系统完备、科学规范、运行有效的制度体系来保障目标的实现，为小康社会理论做出了“升级版”的原创性贡献。习近平总书记以决胜全面建成小康社会为目标，将发展的平衡性、协调性、可持续性等质量因素加入小康社会的内涵，并在“五位一体”的总体布局下推动第一个一百年目标的实现，为小康社会理论做出了“从量变到质变”的原创性贡献。“在全面建成小康社会的基础上，分两步走在本世纪中叶建成富强民主文明和谐美丽的社会主义现代化强国，以中国式现代化推进中华民族伟大复兴”是习近平新时代中国特色社会主义思想的主要内容之一，全面建成小康社会作为实现社会主义现代化强国新目标的起点，小康社会理论也必然会在新的实践中得到完善和发展。

再次，小康社会理论创新遵循既定的逻辑发展链条。根据“分步走”战略的演进路线，我国现代化发展的逻辑链条已然十分清晰：温饱—总体小康—全面小康—基本现代化—全面现代化，小康社会在这个链条中处于中间位置，其作为现代化的特定阶段必然要发挥着承上启下的作用，这也决定了小康社会的理论创新具有可持续性。有研究表明，小康社会的理论创新体现在模式、思想、文明、制度、路径、策略、价值 7 个方面（夏锦文、吕永刚，2020）。在模式创新上，小康社会是“中国式的现代化”，不同于西方现代化模式，而在小康社会之后开启的社会主义现代化国家建设之路必然是新型现代化道路；在思想创新上，随着小康社会实践的深化，党中央提出了一系列新观点、新论断，形成具有开创性的小康理论谱系；在文明创新上，对中华千年小康梦赋予新的时代内涵并最终付诸实现，在此过程中创造性转化、创新性发展了中华传统文化；在制度创新上，中国特色社会主义制度体系不断创新发展，为全面建成小康社会提供与时俱进的制度保障；在路径创新上，从原“四化”到新“四化”，并强调“四化同步”，实现了传统现代化和新型现代化的创新交融，为小康社会提供强大动能；在策略创新上，以问题为导向，充分运用辩证法原理和质量互变规律，抓主要矛盾，实现前后阶段的有序衔接，把握现代化的内在张力，协调好各层面的关系，向全面建成小康社会的目标前进；在价值创新上，小康社会遵循历史尺度与价值尺度的统一，实现了对单纯资本逻辑的超越。小康社会建设始终以实现共同富裕为目标导向，坚持全民共建共享原则，随着小康社会的全面建成，共同富裕有了全新的基础，在社会主义现代化国家建设阶段将继续推动基于共同富裕的价值创新。

最后，“后小康时代”的实践需要小康社会理论创新性指导。在后小康时代，我国仍然在各领域、各维度存在发展不平衡、不充分的问题，可选择区域均衡发展、改善“相对贫困”、应对人口老龄化挑战、推进农业现代化等为着力点推动小康社会理论创新以应对挑战（许宪春、余航，2020），其中“相对贫困”的内涵和外延较广，除了收入层面的相对贫困外，“文化贫困”“老年贫困”“精神贫困”等相对贫困问题治理也在后小康时代具有重要意义，客观上有理论创新需求（杨菊华，2020；王荣党，2020；魏后凯、于法稳，2020）。此外，法治国家建设、医疗保障改革、粮食安全等问题则是后小康时代社会主义现代化强国建设面临的重要任务（于安，2020；单苗苗，2021；高鸣、魏佳朔，2021），更需要小康社会理论创新予以支撑。

综上所述，小康社会理论从诞生到成熟，是几代中国共产党人集体智慧的结晶，是中国共产党对马克思主义理论的丰富与发展，是中国特色社会主义重要而伟大的理论成果。小康社会理论内涵丰富与发展的历程即是中国共产党团结带领中国人民探索社会主义现代化建设道路、追寻幸福安康生活的光辉足迹，顺应了中国特色社会主义建设的历史规律，符合我国社会主义初级阶段的基本国情以及经济社会发展阶段变化的动态特征，体现了人民群众对物质生活、精神文化及生态文明的渐进式追求，是引领中国经济社会建设的重要指南。

参考文献

《马克思恩格斯选集》第 3 卷，人民出版社 1995 年版。

《周恩来选集》下卷，人民出版社 1984 年版。

《邓小平文选》第 3 卷，人民出版社 1993 年版。

《江泽民文选》第 2 卷，人民出版社 2006 年版。

《江泽民文选》第 3 卷，人民出版社 2006 年版。

《习近平谈治国理政》第 3 卷，外文出版社 2020 年版。

习近平：《决胜全面建成小康社会　夺取新时代中国特色社会主义伟大胜利——在中国共产党第十九次全国代表大会上的报告》，人民出版社 2017 年版。

习近平：《在纪念马克思诞辰 200 周年大会上的讲话》，人民出版社 2018 年版。

习近平：《在庆祝中国共产党成立 100 周年大会上的讲话》，《人民日报》2021 年 7 月 2 日第 2 版。

《中华人民共和国第一届全国人民代表大会第一次会议文件》，人民出版社 1955 年版。

中共中央文献研究室：《邓小平年谱 1975—1997》（上），中央文献出版社 2004 年版。

中共中央文献研究室：《十二大以来重要文献选编》（上），中央文献出版社 1986 年版。

中共中央文献研究室：《十七大以来重要文献选编》（上），中央文献出版社 2009 年版。

中共中央文献研究室：《十三大以来重要文献选编》（上），人民出版社 1991 年版。

中共中央文献研究室：《十三大以来重要文献选编》（中），人民出版社 1991 年版。

陈锡文：《坚决打赢脱贫攻坚战如期实现全面小康目标》，《劳动经济研究》2015 年第 6 期。

陈锡文：《全面建设小康社会重点和难点在农村》，《农村工作通讯》2003 年第 1 期。

丁寿亭、陈学平：《西部地区全面建设小康社会的难点及对策——对定西市建设小康社会实证分析》，《社科纵横》2004 年第 4 期。

方蕾：《实现全面建成小康社会目标的时代内涵及其意义》，《学校党建与思想教育》2020 年第 16 期。

高鸣、魏佳朔：《后小康时代保障粮食安全的形势任务、战略选择及 2035 年远景谋划》，《南京农业大学学报》（社会科学版）2021 年第 3 期。

国家统计局统计科学研究所全面建设小康社会统计监测课题组：《2007年中国全面建设小康社会进程统计监测报告》，《统计研究》2009年第1期。

韩保江、邹一南：《中国小康社会建设40年：历程、经验与展望》，《经济研究参考》2020年第4期。

杭栓柱、赵云平：《内蒙古全社会小康标准及发展进程评价》，《科学管理研究》1993年第4期。

何爱国：《改革开放以来小康社会理论的形成与发展》，《安徽史学》2008年第5期。

何锡华：《经济发展是全面建设小康社会的根本途径》，《云南社会科学》2003年第S1期。

贺铿：《关于小康社会的统计评价标准和监测方法探讨》，《统计研究》2003年第4期。

洪银兴、刘伟、高培勇、金碚、闫坤、高世楫、李佐军：《"习近平新时代中国特色社会主义经济思想"笔谈》，《中国社会科学》2018年第9期。

虎旭昕：《理解"全面建成小康社会"的三个维度：历史样态、内涵新解、时代意义》，《理论月刊》2020年第10期。

黄建跃：《从小康社会到美好社会：中国式现代化战略的演进》，《探索》2020年第6期。

黄瑞玲、余飞、梅琼：《苏、浙、粤全面小康社会实现程度的比较与评价——基于江苏高水平全面建成小康社会指标体系的测算》，《江苏社会科学》2018年第5期。

黄燕芬、杨宜勇、蔡潇彬、范宪伟：《40年小康社会建设的4次历史性飞跃》，《宏观经济管理》2018年第12期。

姜瑜：《新农村精神文明建设的意义与途径探析》，《现代化农业》2019年第5期。

焦培欣：《我国小康社会生活救助标准研究——日本水准均衡方式的借鉴》，《中国行政管理》2019年第5期。

李斌：《论全面实现小康社会的卫生公平性标准》，《中国公共卫生管理》2004 年第 1 期。

李桂花、张鹏：《全面建成小康社会的全面阐释》，《理论学刊》2017 年第 2 期。

李君如：《“全面小康”思想史笔记》，《毛泽东邓小平理论研究》2020 年第 3 期。

刘承礼：《打赢脱贫攻坚战决胜全面小康社会》，《经济社会体制比较》2017 的第 6 期。

刘小珉：《西部民族地区建设小康社会的难点与战略思考》，《中国社会科学院院报》2003 年 4 月 17 日第 3 版。

马丽艳：《全面建成小康社会的历史演进及其实现途径研究》，新疆师范大学，2014 年。

蒲实、黄文浩：《中国现代化进程中的小康社会：历程、成就与经验》，《行政管理改革》2020 年第 9 期。

秦立强：《小康社会良好治安环境评价标准研究》，《中国人民公安大学学报》2003 年第 3 期。

秦宣、林啸：《全面建成小康社会：历程、经验、意义》，《当代世界与社会主义》2020 年第 4 期。

阮元（校刻）：《十三经注疏》第 1 册，中华书局 2009 年版。

阮元（校刻）：《十三经注疏》第 3 册，中华书局 2009 年版。

单苗苗：《“后小康时代”中国医疗保障改革优化研究》，《行政管理改革》2021 年第 5 期。

施芝鸿：《打好打赢决胜全面小康三大攻坚战》，《山东经济战略研究》2020 年第 7 期。

石建勋、刘宇：《从小康社会到幸福社会：马克思主义中国化的演进逻辑分析》，《东北师大学报》（哲学社会科学版）2021 年第 2 期。

王关区、刘小燕、塔娜、花蕊：《农村牧区全面建成小康社会的难点探析》，《北方经济》2014 年第 5 期。

王健、王立鹏：《全面建成小康社会的评价方法及指标体系》，《人民论坛·学术前沿》2017 年第 6 期。

王南湜：《社会主义：从理想性到现实性》，《马克思主义与现实》

2009 年第 3 期。

王荣党：《后小康时代农村反贫困治理的制度体系建设：特征、行动金字塔和模块》，《社会科学》2020 年第 11 期。

王亚南：《中国人民生活发展指数检测体系阐释与排行——“全面建成小康社会”民生标准考量》，《社会科学》2015 年第 9 期。

王延中、宁亚芳：《新时代民族地区决胜全面小康社会的进展、问题及对策——基于 2013—2016 年民族地区经济社会发展问卷调查的分析》，《管理世界》2018 年第 1 期。

韦艳群：《全面建成小康社会指标的实证分析——以玉林市为例》，《经济与社会发展》2013 年第 2 期。

魏后凯：《全面建设小康社会的难点在农村和西部地区》，《人民日报》2006 年 2 月 6 日第 9 版。

武志军：《邓小平小康社会思想探析》，《探索》2003 年第 4 期。

席恒：《中国共产党百年：全面建成小康社会与社会保障》，《社会保障评论》2021 年第 2 期。

夏锦文、吕永刚：《全面建成小康社会的原创性贡献研究》，《现代经济探讨》2020 年第 12 期。

项久雨：《美好社会：现代中国社会的历史展开与演化图景》，《中国社会科学》2020 年第 6 期。

肖贵清、乔惠波：《改革开放 40 年与小康社会建设》，《探索》2018 年第 5 期。

谢伏瞻：《全面建成小康社会的理论与实践》，《中国社会科学》2020 年第 12 期。

许宪春、余航：《后小康时代的挑战和改革发展的着力点》，《中共中央党校（国家行政学院）学报》2020 年第 2 期。

杨菊华：《后小康社会的贫困：领域、属性与未来展望》，《中共中央党校（国家行政学院）学报》2020 年第 1 期。

易静、周燕荣、康军、修蓉、冯泽永、钟晓妮：《我国全面建设小康社会的健康素质指标体系及标准研究》，《现代预防医学》2005 年第 10 期。

益边习：《农村是全面建设小康社会的重点和难点》，《学习导报》

2002 年第 12 期。

于安：《后小康社会法治国家建设的新起点及其规划》，《中国法律评论》2020 年第 2 期。

余玉湖、赵小琴：《中国共产党小康社会的理论渊源、奋进历程和时代价值》，《重庆工商大学学报》（社会科学版）2021 年（中国知网网络首发）。

张德祥：《全面建成小康社会与高等教育的历史责任》，《中国高教研究》2013 年第 2 期。

张翼：《从“小康社会”到“中国梦”——邓小平“小康社会”理论对中国社会发展的影响》，《湖北社会科学》2014 年第 11 期。

张占斌、高立菲：《全面建成小康社会：衡量标准与科学内涵》，《人民论坛·学术前沿》2016 年第 18 期。

赵振全、刘淼、于震：《小康社会独立指标评价体系及评价标准》，《吉林大学社会科学学报》2004 年第 1 期。

中国社会科学院农村发展研究所课题组、魏后凯、于法稳：《农村全面建成小康社会及后小康时期乡村振兴研究》，《经济研究参考》2020 年第 9 期。

《2020 年度人力资源和社会保障事业发展统计公报》，中华人民共和国人力资源和社会保障部，2021 年 6 月 4 日。

《2020 年全国医疗保障事业发展统计公报》，国家医疗保障局，2021 年 6 月 8 日。

《CNNIC 发布第 47 次〈中国互联网发展状况统计报告〉》，中国互联网信息中心，2021 年 2 月 3 日。

《第七次全国人口普查公报（第七号）》，国家统计局，2021 年 6 月 28 日。

《生态环境部召开 2 月例行新闻发布会》，生态环境部，2021 年 2 月25 日。

《中华人民共和国 2020 年国民经济和社会发展统计公报》，国家统计局，2021 年 2 月 27 日。

《走中国特色乡村振兴之路》，农业农村部，2021 年 7 月 6 日。

以工代赈

朱　玲*

一　减贫赈灾理论框架中的以工代赈

在当今减贫理论和政策研究中，“以工代赈”指的是政府或民间组织通过投资于贫困地区基础设施建设，一方面为经济增长创造物质基础，另一方面为贫困人口或灾民提供短期就业机会，使之通过参与工程建设获得食物或现金收入。这便是国际上称为公共工程的扶贫项目。1993 年，在美国弗吉尼亚阿利会议中心（Airlie House, Virginia, USA, October 11 – 14, 1993）召开的贫困人口就业问题国际研讨会上，与会的国际食物政策研究所、联合国粮农组织、联合国世界粮食计划署、国际劳工局和世界银行等国际组织的代表，以及来自中国、南亚、南美和非洲国家的官员与学者，对公共工程作为减贫政策工具的理念达成了广泛共识。中国经济学人提交会议的研究成果，展示了改革开放进程中的以工代赈制度创新及缓解贫困的作用，并以国际通行的分析范式对以工代赈的政策实践给予了令人信服的理论总结。与会者认为，中国的以工代赈模式为国际减贫事业提供了有益的新经验（杜润生，1993；von Braun, J. Ed., 1995；Zhu Ling and Jiang Zhongyi, 1995）。这些新经验既包含中国传统的赈

* 朱玲，中国社会科学院经济研究所。

灾防灾和减灾智慧，又拓展了扶贫济困的理论、政策和实践。

二　以工代赈的思想传统和历史实践

（一）官方以工代赈思想的形成和政策实践

与其他发展中国家相比，中国的以工代赈理念和政策实践可谓源远流长。据历史学者对先秦至民国的文献梳理，有关以工代赈的思想最早见于《管子》一书，其中提道："若岁凶旱水，民失本，则修宫室台榭，以前无狗、后无彘者为庸。"也就是主张，在遭逢水旱大灾而百姓难以务农之际，国家应修建宫殿厅堂，雇用那些连猪狗都养不起的穷人，以使其务工为生。最早见于文献记载的以工代赈实践，发生在齐景公执政时期（公元前547年—前490年）。《晏子春秋》记述，齐国有次发生水灾，景公拒绝放粮赈济，相国晏婴（公元前578年—前500年）便借景公欲修"路寝之台"（君王处理政务要事的宫室称为路寝）之机，扩大建筑规模，增加工价，雇用灾民，并加长道路和延缓工期。历时三年，既修成高台宫室又使灾民得以饱足（程天宝，2009）。

从这些史料可见：第一，以工代赈的思想和实践萌芽于春秋时期的齐国；第二，当时的政策目的，在于缓解灾民中极端贫困者的饥饿从而维持社会稳定；第三，工程经费来自国库，形成的建筑尚不能定义为公共工程，因为"宫室台榭"仅部分地用于政务，而多半属于供君王享用的消费性资产。

以工代赈的思想直到西汉末期王莽主政时才表现出明显的进展。司空桓谭（约公元前23年—公元56年）主持了一场关于黄河水患治理的大讨论。他提出，雇用无业贫民参与治河，可同时取得消除水患和救民疾苦之效。但在当时，这些设想并未付诸实施。及至唐代，以工代赈的实践方转向救荒中的修筑堤防和疏浚水道等水利工程（张兆裕，2016）。

以修建农田水利和城寨工程为主的以工代赈活动在北宋时期兴盛起来。其特点一是由多位主政地方的名臣发起。如范仲淹、欧阳修和沈括等德才兼备的官员，根据当地的灾情组织实施土木水利工程，筹资筹粮雇用灾民参与。二是朝廷逐渐跟进，特别是在熙丰变法时期（1069—1076 年），制定条例使以工代赈成为国家政策。例如神宗熙宁六年（1073 年）朝廷颁布规定，灾年间除其他法定赈济措施外，动用“常平钱谷”（政府用以平抑粮价和应对饥荒的粮食储备），招募饥民流民中的少壮劳力修建农田水利设施。三是民间以工代赈，即朝廷激励乡绅富户出资出粮并组织施工（杨世利，2005）。在以工代赈理论方面，王安石借助变法弘扬了以往的传统。到了南宋，董煟（？—1217 年）编撰的中国第一部荒政学专著《救荒活民书》刊行。其中强调，修堤浚河兴修水利对于安置救助流民可谓公私两便。

相较于北宋，南宋和元代的以工代赈活动趋于式微，但在明代重又兴起而且组织方式更加多样。首先，以工代赈工程从农田水利扩展到整修学校、城防和寺观等。其次，资金来源除了朝廷拨付、地方官府自筹和乡绅富户捐助以外，还有摊派。例如，或令富户按田亩出资，招募饥民疏浚河道；或修堤时组织圩内贫富互助：大户按亩出粮，小户且家贫者则按亩出工并领取粮食作为报偿。

明代以工代赈思想的进展，主要表现为针对工程内容和实施时机的政策争论。争论的焦点主要在于：其一，灾年兴修农田水利是否“妨农劳民”。对此，洪武年间（1368—1398 年）的苏州府通判徐垕（1344—1405 年）于灾年组织浚河修堤的同时，理直气壮地回应：水不退则难以耕田，兴修水利怎会妨害农业。况且，让有田者出资出力，解救参与工程的饥民于旦夕，为使人民安乐而劳动百姓，怎能谈得上扰民。其二，灾民就业与休养生息何者优先。嘉靖年间（1522—1566 年）的户部尚书许讚（1473—1548 年）认为，大灾之年当停止工程“与民休息”。广东佥事林希元（1482—1567 年）则向朝廷进呈《荒政丛言》，强烈主张“兴工役以助赈”。他认同灾年应停建宫室台榭之类的工程，但力证官府出财以修水利、固城防，既有助于公共事业又能赈济灾民，可谓一举两得。在此背景下，明代以工代赈工程多在青黄不接的时节施工。现在看来，这既是农民出工的机会成本较低的时候，也是缓解农户缺粮困难的当口。

清代的荒政继承和发展了历代延续下来的理念、措施和实践，建立了以政府为组织中心的救灾救济制度。仅仅是系统记载的救灾、备荒措施就达12项之多，例如，建立和维护粮食储备系统以应对市场风险和自然灾害，并把粮仓主要建立在县城和小市镇。又例如，灾年间主要动用蠲赋、赈济、借贷、工赈等政策手段，帮助灾民和流民渡过难关。此时的以工代赈措施也实现了制度化和标准化（牛淑贞，2005；周琼，2011），其主要特点在于：

第一，信息收集和查勘规划制度。朝廷通过地方官员收集粮价、气候和降雨等资料，以预测何时何地可能发生严重缺粮并制定应对方案。地方官府还对需要疏浚的河道以及有待修葺的城垣、堤防和道路等公共设施加以查勘，依据轻重缓急排序并制定修建规划。一旦遭灾，便根据规划和预案实施以工代赈工程。

第二，资金预算及筹集发放原则。首先，以工代赈费用从正项钱粮中开支。其次，工程区分为“官修”和“民修”两类，官府承担民堤民埝修筑费用的一半。再其次，分类设定工程造价、用材规格、施工质量和工钱支付标准，允许各地官府因地制宜加以调整。

第三，直接救济和以工代赈紧密匹配，以使灾民普遍分享救助机会。例如乾隆三年（1738年），甘肃巡抚元展成在兰州赈灾，在直接救济老弱残疾群体的同时，将青壮灾民登记造册，每日募集2000—3000人筑城，发放工钱每人每天6分银。为扩大青壮劳力受益面，令出工者20天轮换一次。

在古代以工代赈史上，清代雍正时期（1722—1735年）至乾隆年间（1736—1795年）的制度建设和工程组织水平都达到了一个高峰。事实上，清朝鼎盛时期的整个备荒和救灾体系都比以往朝代更加完备。这首先是因为，中央集权下的官僚制度已经成熟和稳定。其次，国家既有改善百姓生活的政治意愿，也有集聚和利用大量资源组织救灾的能力。最后，经济增长强劲，国家和社会具有相对雄厚的财富积累（李伯重，2002；魏丕信，2006）。

（二）民间以工代赈中的国际合作与中外理论及方法的融合

古代以工代赈的思想、制度和实施方式，传承到民国又增添了新的成分。最突出的是，引入国外资源，实行民间国际合作，将救灾防灾、倡导农民合作与推进乡村建设相结合。成立于1921年的中国华洋义赈救灾总会（China International Famine Relief Commission，简称：华洋义赈会）便是一个著名的案例（刘招成，2003；薛毅，2005；杨琪、徐林，2005；渠占辉、霍亚松，2005；蔡勤禹，2009；朱浒，2013）。其创新之处主要在于：

第一，以地方赈灾团体自愿联合的方式，建立多国人士参加、救灾防灾活动覆盖中国多数重灾区的民间社会组织。19世纪末，在华传教士组织的慈善团体已深入灾区开展救济活动。1920年北方5省大旱，中外人士共同组织的赈灾团体纷纷涌现。次年，这些团体联合成立中国华洋义赈救灾总会。除中国公益人士以外，还有来自欧美十多个国家的800多名外籍人士参加，其中传教士占80%之多（650人）。但华洋义赈会在成立之初，即确立了超然于宗教和政治之外的组织原则，明晰定位于救灾防灾领域。如此，既决定了该组织的专业性又保持了它的开放性，使之在军阀割据、战争频仍、政府财政困难、百姓大多贫穷的情况下，有效推进赈灾和乡村建设活动将近30年（1921—1949年），留下了一笔宝贵的理论和实践遗产。

第二，引入农村社会经济研究，把增强农民抗风险能力纳入防灾决策与实践。每逢大灾，华洋义赈会都迅速投入生命救济（“急赈”)。平时则实施防灾项目，例如兴建水利设施和修筑公路铁路等大规模的以工代赈工程（“工赈”)。不仅如此，还拓展防灾理念，尝试举办农民教育和农事试验（改良作物品种)，倡导小农互助合作并支持信贷合作社经办“农赈”，以降低农民的脆弱性。

拓展防灾理念和实践的依据，首先来自村庄、农户和县长调查。1922 年，华洋义赈会出资，委托燕京大学教授戴乐仁（J. B. Tayler)，从 9 所教会大学聘用 61 名学生，去往河北和江苏等 5 个省份的 240 个村庄从事问卷调查。基于这项调查的统计分析，为义赈会决策机构提供了丰富的信息，例如农村人口的社会经济特征、小农的资金需求以及他们落入高利贷陷阱的状况，等等。1921—1924 年，南京金陵大学农学院教授卜凯（John Lossing Buck）组织的 7 省 17 县 2866 户农家调查，对农户的抗灾能力和急需的防灾措施亦做出颇具说服力的评估（卜凯，1936)。

其次，华洋义赈会的防灾思想与实践，既是当时社会改良潮流的一部分，也与其他民间组织及有识之士开启民智、促进农民合作与乡村改造的努力遥相呼应。例如，晏阳初等人发起的平民教育及乡村试点，陶行知等人推动的乡村教师培养，黄炎培等人创办的职业学校和乡村改进试验区，梁漱溟等人组织的村治与乡村建设研究和实践，等等。

第三，与政府合作，推广现代救灾防灾理念和实践经验。华洋义赈会成立之初，就确定了与政府关系的边界。一是不替代政府的救灾防灾职能；二是辅助政府的能力不足之处。正因为义赈会与政府之间实现了能力及资源互补，双方的救灾防灾努力才取得事半功倍的效果。这突出地表现在以下两个方面。

首先，争取政府的资金支持。虽然义赈会始终获得海外捐助（例如华侨团体及个人、美国华灾协济会和红十字会等组织捐赠的经费)，为了实现预定的救灾防灾目标，义赈会亦积极地面向中国政府和社会筹款。据义赈会出版物记载，1920—1930 年，来自中国政府的资金占义赈会经手资金总额的31.3%。

其次，接受政府委托的救灾防灾业务或为政府提供政策咨询。例如，1931年江淮发生特大水灾，国民政府救济水灾委员会委托华洋义赈会代为制定施赈方案，同时借用义赈会总干事章元善担任该委员会总干事。当时草拟的方案便是先以急赈救济灾民，再办工赈修复江河堤岸，接着实施农赈以恢复农事。华洋义赈会负责办理农赈事务，从该会最初开展农村信贷合作试验的河北省，抽取了上百名合作社骨干，到灾区帮助农民组建互助社。义赈会将赈款贷放给互助社，也把农村合作组织从北方推广到南方。与此相关，1935年国民政府实业部增设合作司，任命华洋义赈会总干事章元善担任首任司长。这就使该会得以借助国民政府的力量，把农村合作事业延伸到更广阔的区域。

第四，委托灾区工程技术机构和专家负责实施大型以工代赈项目。例如，1928—1930年西北大旱，华洋义赈会与陕西省政府联合组织渭北水利工程委员会，筹建大型灌溉工程泾惠渠。工程交由时任省水利局长兼总工程师的水利专家李仪祉主持，历时5年（1930—1935年）竣工，一举改变了关中农民靠天吃饭的局面。又例如，1936—1937年，四川发生特大旱灾。华洋义赈会总会与四川分会和重庆分会合作，一方面开展急赈救助生命，另一方面通过投资公路铁路建设为灾区劳动者创造就业机会。其中，1936年开工的成渝铁路由华西公司承建，义赈会则派人前往监察灾民食宿待遇，并督促施工方建立卫生处为工人提供医疗服务（杜俊华，2010）。

第五，推行现代公益基金管理流程，预防资金滥用或渗漏。在赈灾防灾项目启动前、实施中和结项阶段，分别实行严格的调查、监督、核查、报告和公布制度，以防止贪污和资金低效率使用，并保证应赈灾民受益。不仅如此，华洋义赈会总干事章元善在任职国民政府救济水灾委员会期间，还把第三方评估引入灾情和救灾成效调查，从而在更大范围内推广和强化赈灾管理制度。该委员会委托卜凯教授组织的江淮灾区调查不仅在当时影响甚广，而且为后世留下不可多得的历史资料（金陵大学农学院农业经济系，1932）。

（三）小结

从先秦到民国的两千多年里，以工代赈作为荒政理论、制度和实践的组成部分逐渐萌发、丰富和拓展。从修筑殿堂城郭为灾民创造记工受食的机会，到聚焦于农田水利道路建设并吸纳灾民就业，以工代赈成为与直接放赈相匹配的救灾防灾手段。20 世纪 20 年代到 40 年代，中国本土经验与国外理论及方法顺畅融合，不但有力地促进了政府和非政府组织的合作，而且把现代公益基金管理和工程管理引入以工代赈项目。同时，还把公共工程建设与农村社会经济研究相结合，把救灾防灾活动与推动乡村建设和农民互助合作相结合。所有这一切，为当代以工代赈与减贫济困理论及政策实践的发展奠定了坚实的基础。

三　当代以工代赈理论与实践的发展

中华人民共和国成立以来，包括以工代赈在内的救灾防灾理论和实践传统不但得以继承，而且还随着社会经济和科学技术的进步而不断发展。特别是在改革开放时期，救灾防灾与消除贫穷和生态保护等可持续发展目标联系在一起。以工代赈不再仅仅用于救灾防灾，而是作为延伸到扶贫领域的重要政策工具，强化了其中包含的社会共济功能。对这一转变及其社会经济影响的理论研究，亦取得国内外公认的学术成果。

（一）计划经济体制下的以工代赈理念与实践

20 世纪 50 年代至 70 年代，以工代赈依然是常用的救灾救济手段。但从政府表述的救灾方针来看，居于首位的政策措施是“生产自救”。1950—1953 年，第一次和第二次全国民政工作会议反复阐明：“救灾工作必须贯彻生产自救，节约渡荒，群众互助，以工代赈，并辅以政府必要救济的方针。”周恩来总理在 1963 年 9 月的中央工作会议上再次强调：“救灾的方针，第一是生产自救，第二是集体的力量，第三是国家支援。这样三结合，才可以渡过灾荒。”

至于以工代赈，自 1953 年全国民政会议之后即从救灾方针的表述中移出。该会议认为，此后国家在经济建设中将不断兴修各种工程，必然优先吸收灾民参加。无须特别强调，这些工程建设就可以起到以工代赈的作用（孟昭华，1999；崔艳红，2011）。现有的史料表明，生产自救与以工代赈的相通之处，是为受灾劳动者创造就业和收入；明显的区别则是以工代赈立足于公共工程建设，而生产自救更多地发生在直接生产领域。

在诸多救灾政策工具中，中央政府之所以把生产自救置于首位，首先是因为这条措施来自中国共产党领导根据地农民救灾的经验。它的实施方式与民国时期华洋义赈会组织的“农赈”相似，差异在于生产自救包含着政府的全程扶助。具体说来，政府从信贷、购销和物资调配等多个环节，支持以互助合作形式组织起来的灾民恢复生产、重建家园。以下案例可对此加以说明。

1949—1950 年，各地旱、冻、虫、风、雹、水、疫等灾害相继发生或多灾并发，中央政府在筹集和拨付灾民救济粮和水利工赈粮的同时，要求灾区政府因地制宜，组织灾民从事纺织、草编、熬硝、打油、漏粉和运输等副业及手工业生产，并指示供销社帮助灾民解决产品销路。为此，还拨付灾区用于发放贷款的农贷粮、用于收购灾民纺织品的土布粮，以及支付灾民运输劳务的运价粮，等等（王金香，2000）。1953—1955 年，人民银行根据政务院指示，在积极支持灾区农民开展信用合作的同时，紧随救灾和重建的资金需求，发放防汛、排涝、口粮、种子、农具、耕畜、副业和水利等项目贷款（中国人民银行，1953；1954；1955）。

其次，农业集体化和人民公社政社合一组织的建立，既方便政府行政系统深入基层迅速稳定灾区社会，也利于灾民通过参与有组织的生产活动逐步实现灾后重建。例如，1966 年邢台地震紧急救灾阶段（救人）刚一结束，政府立即一方面从轻灾区抽调干部健全重灾区基层组织；另一方面，从非灾区派遣农机技术员到灾区修理大型农机具和排灌设备，派遣兽医救治受伤牲畜。同时，支持生产队根据社员年龄、性别和体能调配人力资源，搭建房屋、整修农田和水利设施，恢复农业生产并最终实现灾年粮食丰收（孟昭华，1999）。

计划经济体制的确立，不但强化了政府组织灾民生产自救的能力，而且也赋予以工代赈等其他救济救灾措施鲜明的时代特征。其一，政府具备了前所未有的资源调度权力，大中型基础设施项目按中央集权计划程序投资建设，与灾情发生时间脱离了直接联系。例如，以根治黄河、海河、淮河为目标的水利工程项目，建设工期并不局限于灾荒年份，因而为灾区和非灾区的“民工”（农村劳动力）提供了较长时段和较高频率的做工机会。

其二，政府通过人民公社管理系统配置人力资源，“征调”能力空前强大。参加交通水利等基础设施建设的民工组织程度，超越以往任何历史时期。“文化大革命”期间（1966—1976 年），各公社派往建设工地的民工多为青壮劳力，按班排连营系列实行军事化组织，一般承担土石方作业。由于生产大队本就设置民兵连，民工对此等组织方式也并不陌生。

其三，在以小型水利工程建设为内容的以工代赈项目中，工资以生产队为单位实行内部重新分配，实质上是作为直接救济款发放。例如，1966 年，内蒙古民政厅在以工代赈款项分配细则中规定：凡有劳动能力又有困难的人，参加小型水利工程的劳动或者其他集体劳动，除照常记工参加生产队分配外，还按所做劳动工分给予救济。其发放标准，是使劳动者本人能够维持稍高于无劳动能力者的生活水平。有劳动能力但尚可自力更生的人，从事农田水利基本建设及其他活动，只记工分并参加生产队分配但不予救济（邓金河，2014）。可见，这种规则一方面使生产队分担工程建设的部分人工费用；另一方面，授权生产队“平调”本队投劳者的工资，其结果必然削弱对“自力更生”劳动者的激励。

其四，参加大中型基础设施建设的民工均可获得工资，但工资水平过低。1969—1970 年，笔者由生产队派遣参加西韩铁路（西安—韩城）建设，本公社的民工队伍专事碎石备料劳作。每人每工日可得 1.5 斤（750 克）粮食、0.5 元现金，生产队不予记工（在工地投入的劳动不参加生产队收入分配）。那时候，农家规模一般超过五口。单个民工在极其节约地消费后尚可留存些许工钱，可是并不足以养活家人。况且，当时若无粮票也难以买到粮食。工程项目中的普工工资设定显然未考虑民工家庭的生存，又或许是假定民工的家人可以从生产队获得食物。

笔者所在的生产队位于陕西渭北高原尧山阴面的干旱地带。该队在 1969—1970 年的收入分配中，每个工日（10 个工分）仅值 0.29 元，每个劳力只分得夏粮 35 公斤之多，故而生产队社员参加铁路建设的机会成本并不高。事实上，计划经济体制下农村普遍存在着饥饿和贫穷。无论哪个地区的农村劳动力，在参加国家大中型工程建设期间，不但可使本人获得一定程度的食物保障，而且还因外出务工就食为家人节省一份口粮，同时也会挣取少许非农现金收入。这一切，无疑可暂缓工程参加者全家的饥饿和贫穷。鉴于此，这类基础设施建设吸纳的民工无论是否是灾民，工程的实施都有以工代赈之效。

（二）以工代赈在改革开放中的减贫济困效用

以工代赈的思想和实践历经两千多年的丰富和拓展，顺理成章地延续到改革开放年代。以工代赈政策的决策者、组织实施者、工程建设者和理论研究者不但传承了历史经验的精华，而且分别在各自的活动领域取得了出色的创新成果，从而为全球减贫事业做出了具有中国特色的贡献。

20 世纪 80 年代以来实施的以工代赈项目，仍然包含救灾减灾的政策设计，但它更多的是作为一种扶贫措施，既为贫困地区创造经济增长条件，又致力改善贫困人口生活，以缓解和消除绝对贫穷为目标（朱玲，1990）。这一政策转变的前奏是 1978 年关于真理标准的大讨论，它带来了中国共产党及全社会的思想解放和实事求是作风的回归。这不仅引致史无前例的改革开放，而且也促成决策层对贫穷根源的再认识和对减贫方案的新设计。

依照马克思主义经典作家的预见，贫穷必将随着私有制的消灭而消除，然而问题并非如此简单。20 世纪 50 年代的中国土地改革、农业集体化和城市社会主义改造消灭了私有制，从而也消除了财产所有权分配悬殊引起的阶级贫困。但集权计划经济体制导致整个经济缺乏激励和效率，加之国家对农业的强制性积累和对人口自由迁移的禁令，致使相当规模的农民及其家庭陷入长期贫穷，且又把冻馁之虞集中在乡村。在乡村地区，不仅有人多地少条件下的大量隐蔽性失业者，还有众多因生态环境恶劣、社会发育不足、基础设施和公共服务薄弱、人力资本水平低下造成的区域性贫困人口，也有与社会保障措施欠缺相联系的脆弱群体。由此可见，单凭财产分配制度的改变不足以消除贫穷。出自不同根源的贫穷，需要不同的政策工具予以解除；多种因素导致的贫穷，需要采用综合性的政策组合来应对（朱玲、蒋中一，1994；朱玲，1998）。

这也就不难理解，改革开放何以使中国消除了饥饿和现行标准下的绝对贫穷（2010 年不变价格下人均可支配收入 2300 元/年）：第一，农民渐次赢得曾丧失于计划经济体制的经济自由，及时抓住社会经济转型和工业化城市化的机遇创业就业，凭借自己的努力大幅度地减少了饥饿和贫穷。第二，国家高层决策群体回应公众诉求，引领人民转向市场经济，实现了长时段的高速经济增长。第三，政府不断强化基础设施和人力资本投资，并将社会保障制度推广到全国城乡。第四，全社会动员，针对受限于不利区位和能力薄弱而未能充分利用经济增长机遇的群体，持续采取综合扶贫措施，以保障全体人民分享经济增长的好处（朱玲、何伟，2018）。

改革开放中出台的以工代赈政策，目的正在于强化贫困地区基础设施和公共服务，并为贫困劳动者创造就业和收入。1985—1997年，中央政府下拨价值298亿元的粮食、食油、棉花、布匹和中低档工业品，用于贫困地区的道路和饮水设施建设、中低产田改造、河道疏浚、贫困户房屋和卫厕修建等项目。贫困地区的农户通过参与项目，获得作为劳动报酬的实物或工业券。这笔投资之所以采用实物形式，一是在计划经济向市场经济转型初期，它们属于库存积压物品；二是这些物品恰可满足贫困人口的温饱需求（朱玲、蒋中一，2014）。

对于西部地区而言，此番投资不啻为改善当地基础设施状况投入了强有力的启动因素。以公路建设为例，1950—1984年，贵州省公路建设投资总和约2亿元。仅1985—1987年，以工代赈修路的各种资金总和就达2.4亿元（朱玲，1990）。20世纪90年代末，中国进一步从计划经济向市场经济转型，政府无须继续调拨处理积压的库存工业品。与此同时，贫困人口的食品保障目标业已实现，政府投向以工代赈项目的资源因而也改用资金形式。

随着国家经济实力日趋强盛，以工代赈项目的投资总额逐渐增大。2002—2010年，592个国家重点贫困县每年获得的以工代赈资金共计40亿元左右。“十三五”时期（2016—2020年），中央和地方政府总共投入以工代赈资金335亿元（平均每年67亿元），用于农村中小型基础设施、小流域治理、林田草场建设等项目共计2.5万个。“十四五”时期，政府还将继续投资以工代赈项目，聚焦于巩固脱贫成果并与乡村振兴战略相衔接（央视网消息，2021）。

无论是投资规模还是工程等级，以工代赈项目的设计和实施都以量力而行、先易后难、循序渐进为原则。仍以公路建设为例，1990 年修筑的县乡公路多为四级路（中国等级公路标准中最低的一级），路面皆为土石铺设。进入 21 世纪以来，这些道路不但加宽加固路面覆盖沥青，而且向村道、省道和国道伸展，进而连通高速公路和高铁交通网。这无疑同时提高以工代赈和国家西部大开发项目的投资效率，且进一步疏通贫困地区与外界之间的人流、物流和信息流（中华人民共和国国务院新闻办公室，2021）。

正因为如此，以工代赈政策把救济、增长和发展有机地联系在一起。贫困劳动者通过参加以工代赈工程建设获得短期就业和收入，这还只是第一轮减贫效应，随之而来的间接收益还可持续多轮。例如，20 世纪 90 年代初，贫困地区的贫困户从以工代赈项目中得到的工资收入，最多形成农户当年可支配收入的 1/6。又例如，1985—1987 年，贵州偏僻山区建成公路 2150 千米，公路沿线很快出现新建小企业 1331 个，新增非农就业岗位达 13 万个之多，正可谓由短期就业的创造而引致长期就业的增加（朱玲、蒋中一，1994）。

自 20 世纪末东南沿海一带工业化城市化提速，发达地区产生的劳动力需求愈益增大。欠发达地区的青壮劳动者随之借助交通信息网的延伸和劳动力市场的形成，从本地就业转向跨城乡跨地区就业。哪里有工作、哪里能获得较高的收入，他（她）们就去往哪里。可以说，贫困农村的劳动力以远距离流动的方式，融入了整个国家的工业化城市化进程。几乎与此同时，国家扶贫政策的瞄准对象从贫困县逐步下沉到乡镇、村庄、农户及个人。所有这一切变化，反过来又导致以工代赈项目组织方式的重大调整。

其一，中央和地方政府投资比例显著改变，项目参加者的无酬劳动随之取消。中央政府最初下达以工代赈投资项目时，要求省级政府以 1∶1 的比例匹配资金，意在改革计划经济时代的中央全额拨款制，以激发地方政府推动经济发展的内在动力。问题是，欠发达地区的政府大多财政拮据，只好多方采取变通对策。一方面，以资金捆绑使用的名义，用中央拨付 A 项目的资金去匹配 B 项目。另一方面，大量使用农民“义务工”和“积累工”，用无酬劳动替代有酬劳动，把一部分本应作为工资发放的项目经费用于购买工程材料，以至工程建设耗用的工日当中农民的无酬劳动约占一半以上。

无酬劳动不但削减了贫困劳动者的福利，而且也弱化了以工代赈的扶贫济困作用。这种情形因相继出台的财税制度改革得以扭转。一是 1994 年分税制改革，使中央财力相对于地方日渐雄厚。二是 2003 年农村税费改革和 2006 年取消农业税，致使义务工和积累工制度逐步取消。以工代赈项目投资中的央地比例随之多次调整，村级以上公共工程建设中的无酬劳动亦逐渐消失。

中央政府还在以工代赈计划中明确划定劳务支出额。例如，2009 年的以工代赈计划规定，6.55 亿元作为劳务支出（约为投资总额的 16.4%），必须足额发放给参加工程建设的贫困农民。“十三五”时期，中央投资约占以工代赈资金总额的 89.6%（300 亿元），地方投资约占 10.4%（35 亿元）。项目共创造短期就业岗位 110 多万个，平均每个岗位的工资额约为 3100 余元（央视网消息，2021）。

其二，村委会筹资筹劳更加规范。农村税费改革前，村委会曾为以工代赈项目筹资筹劳。这样做的前提，是项目投资形成的资产或原有资产增值归受益村庄或受益农户，饮水设施和基本农田建设项目便是如此。农村税费改革后，无论是在村庄内部筹资还是筹劳，均需按照“公益事业建设一事一议”的程序办事。筹资对象为所议事项受益人口，筹劳对象为受益人口中的劳动力。而且，免除脆弱群体（五保户、低保户、退役伤残军人、孕妇及分娩未满一年的妇女）的出资或投劳任务。就以工代赈项目中的村道改造和饮用水入户工程而言，受益者须匹配资金的立项规定，往往使亟须援助的贫困村或特困户得不到项目。近年来，特困群体出资义务由财政专项资金承担的方案，解决了扶贫项目距离援助对象只差“最后一公里”的难题（朱玲，2018）。

其三，项目施工机械化程度提高，既减轻了工程参加者的劳动强度又提高了施工效率。贫困地区以工代赈项目开展初期，完全采用劳动密集型技术，甚至可以说是重体力劳动为主的“人海战术”。以贵州的县乡公路建设为例，1985—1987 年修筑公路 6500 多千米，再加上桥梁、隧道和渡口建设，共完成土石方工程 7700 多万立方米，耗用工日 1.1 亿个。相形之下，全省除小型工程指挥车外，仅配备了 20 台小型压路机（4.2 万元/台）。

最近三十多年间，贫困地区政府和居民的财力连续增长，基础设施建设技术不断进步。与青壮劳动力迁移相对应的是，留守村庄的劳动力以老人和妇女为主。加之市场用工价格上涨，以工代赈项目施工已越来越多地采用机械，项目吸纳的普工一般只承担辅助工作。这在村庄自筹资金实施的公共工程建设中也是如此。2020 年，笔者在陕北吴堡县一个山村见到“填沟造地”工程。村委会雇用工程队全机械化作业，工程所用普工为本村有劳动能力且乐意就近务工的贫困老人，年龄多在 60—70 岁，每日工资 120—150 元。

如今，视乡村留守人口状况就近创造就业和收入的理念，已深入村庄基层。自 2013 年中央决策层开始推行精准扶贫战略，公益岗位设置制度从城市扩展到乡村，并与低保制度、贫困户和残疾人扶持制度相结合，为留守村庄的老弱劳动力增加了一条就业途径。有的学者认为这是以工代赈制度的新发展，有的学者视其为瞄准弱劳力的工作福利制度（吴国宝，2018；唐丽霞、张一珂，2019）。实质上，无论是借助公共工程建设还是设置公益岗位，都是运用公共政策工具为贫穷或困难群体中的劳动力创造就业机会，以激励他们发挥个人潜力挣取收入。

立足于公共工程建设基础之上的以工代赈有一个鲜明的特征，那就是它还包含资产创造。工程竣工形成的资产或者为原有资产带来的增值，有的归国家，有的归受益村庄，有的归受益农户。与此相关，以工代赈项目明显有别于其他扶贫措施之处，正在于它用以直接改善贫困户的生产和生活条件。

（三）小结

计划经济体制下的大中型基础设施建设，对于其吸纳的农村劳动力具有以工代赈之效。但这些工程既未瞄准贫困地区和贫困人口，也无其他扶贫政策配套。农村小型农田水利工程建设，则更多地由生产队分担人工费用。工程建设费用中即便包含工资支出项，也因生产队内部的再分配程序而作为直接救济款发放，故而淡化了以工代赈的含义。

改革开放时期，以工代赈的思想和实践取得突破性进展。这主要表现为理论和政策边界的拓宽，即从救灾防灾领域延伸到缓解和消除绝对贫穷。几乎是在同一时期，其他发展中国家也在实施基于公共工程建设的扶贫项目。然而，多数国家的项目尚未取得中国这样显著的减贫功效（T. G. Sakketa and J. von Braun，2019）。从国际比较的角度观察，当今中国以工代赈的理念和实践有如下特色。

第一，与南亚和非洲一些发展中国家主要借助外援实施公共工程项目不同，中国的以工代赈靠的是国内资源，只在遭遇特大灾害时例外。例如 1998 年发生特大洪灾，中国政府将联合国世界粮食计划署（WFP）援助的粮食，全部用于灾区以工代赈（朱玲，1999）。除了此等特殊情况，政府制订以工代赈计划的依据，是救灾和扶贫的需要，为此而配置的财力物力亦出自本国。这就为政府提供了足够的决策空间，长时段、大规模地投资于贫困县域的基础设施和公共服务。随着越来越多的人口脱离贫穷，项目投资愈益聚焦于深度贫困乡镇和村庄，以改善贫困户的生产和生活条件。

第二，以工代赈政策与国家的西部大开发战略互为补充，在通过基础设施和公共服务投资为欠发达地区经济增长创造条件的同时，亦为贫困人口提供短期就业和收入。更重要的是，以工代赈政策不仅把救济、增长和发展联系在一起，而且还使贫困劳动者得以突破偏僻封闭的社会经济环境，以短期就业促进长期就业：或是在当地创业，或是外出务工经商，从而凭借自己的努力摆脱贫困。

第三，无论是为救灾还是为扶贫，以工代赈政策瞄准的都是受灾或贫困人口中具有劳动能力的群体。鉴于此，中国政府将其作为以就业促进为特征的社会共济手段，与其他扶贫措施和社会保障制度相匹配，成为乡村社会安全网的组成部分。在计划经济转向市场经济、农村劳动力大规模转移和工业化城市化快速推进的情况下，以工代赈项目的设计和实施亦发生重大变化：其一，把就业技能培训纳入投资范围。其二，用机械化施工替代“人海战术”。其三，取消无酬劳动和实物工资，依据工程属地劳动力市场的价格信号，支付工程参加者现金工资。

四　来自经济史和经济思想史的启示

中国的以工代赈也就是国际上称为公共工程的扶贫济困措施。这其中蕴含的经济学意义首先在于，从资源配置的角度考察，无论是大多数灾民还是长期贫困户，可供其支配的生产要素中唯劳动力资源相对丰富。鉴于此，政府或民间组织筹集物质资源投资于公共工程建设，专门吸纳有劳动能力的灾民或贫困群体参加。这就既为社会创造财富，又为工程建设者提供短期就业，促使其发挥个人潜力获取收入，故而堪称积极的社会共济手段。

其次，从制度安排的角度观察，就业促进的经济学逻辑贯穿于先秦以降的中国以工代赈思想和实践，但每一历史阶段的人们都为其打上了特有的时代印记。特定时期的社会经济制度、人文自然环境、生产技术水平和财富积累状况等因素，使得以工代赈的思想和实践别具一格。这在以下几个时间节点上表现得尤为突出。

第一，以工代赈的思想和实践萌芽于春秋时期（前770—前476年）的齐国。从《管子》陈述的救灾主张和《晏子》记载的以工代赈措施可见三个特点：首先，每逢大灾冲击，农耕社会即生产中断、百姓流离失所。为了保存人口和维持社会稳定，当政者必须救助灾民。其次，财富聚于王公贵族，在国君不愿开仓放赈的情况下，执政大臣只好实施以工代赈。最后，国君允准动用“公帑”修建“宫室台榭”而非公共工程。

第二，以工代赈兴起于北宋（960—1127 年）。这首先表现为，朝廷和民间的救灾意愿、财富积累及社会管理能力均增强，以工代赈与直接放赈等措施并用，分别用于救助灾民中的劳动力和老弱病残群体。其次，为了救灾防灾并吸纳灾民就业，官府和民间纷纷筹资，组织修建农田水利和交通设施等公共工程。

第三，清代雍正（1722—1735 年）至乾隆（1736—1795 年）年间，经济增长强劲、社会财富趋于雄厚，形成了以政府为组织中心的救灾救济制度。以工代赈作为古代荒政理论、制度和实践的组成部分走向成熟，标志在于政策实施过程的制度化和标准化。首先，朝廷在全国范围内建立信息收集和查勘规划制度。一旦遭灾，便根据规划和预案实施以工代赈工程。其次，确立资金预算及筹集发放原则。以工代赈经费从朝廷正项钱粮中开支，同时分类设定工程造价、用材规格、施工质量和工钱支付标准，并允许各地官府因地制宜加以调整。

第四，20 世纪 20 年代到 40 年代，军阀割据、战争频仍、政府财政困难、百姓大多贫穷。基于民间国际合作的华洋义赈会（1921—1949 年）在争取国外物资援助的同时，成功地促成中国本土救灾防灾经验与国外理论及方法的融合。在将近 30 年的公益活动中，该组织不但把紧急救助、以工代赈、倡导农民合作和推进乡村建设结合在一起，而且还把农村社会经济研究、现代公益基金管理和工程管理引入以工代赈项目。此外，通过与政府职能部门的合作，顺势而为传播新知识推广新经验。

第五，中华人民共和国成立以来，社会经济制度的变革使得以工代赈的实施范围和组织方式亦发生巨变。20 世纪 50 年代确立的计划经济体制，为优先发展重工业和城市偏好的国家战略提供了资源保证。农业集体化和政社合一的人民公社组织，为国家对农业实行强制性积累和禁止人口自由迁移提供了制度保证。与此相联系，城乡差距和地区差距固化并加剧，贫困集中于乡村尤其是西部地区乡村，农业和农民抗灾能力极为薄弱。以工代赈作为一种主要应用于乡村救灾防灾的措施，与农民生产自救和政府救济相匹配。

计划经济体制下，国家调度物资和人力资源的能力以及行政系统深入乡村基层的程度，超越以往任何历史时期。到了 20 世纪六七十年代，农民参加公共工程建设的组织方式，也因为准军事化而空前严密。不过，工程建设的以工代赈含义逐渐淡化。小型农田水利建设一般由生产队承担人工成本，政府则按计划拨付少许工程材料。划拨资源中即使包含工资款项，也因生产队内部的再分配而转换为直接救济款。国家大中型基础设施建设虽然吸纳农村劳动力从事土木工程，但并不必然瞄准灾民和贫困人口。

始自 1978 年的改革开放，赋予以工代赈鲜明的社会经济转型特色。农民经济自由的回归和人民公社制度的消解，激励大多数农村人口凭借主动性和创造性摆脱了饥饿和贫穷。可是，还有 10% 以上的农村人口因区位不利和能力薄弱而处于贫困陷阱。中国政府在领导人民谋求经济高速增长的同时，致力于消除贫穷并实现共同富裕。故而从 20 世纪 80 年代起，即开始推行“扶贫开发”政策。以工代赈理论、政策和实践随之突破了救灾防灾边界，拓展到减贫与发展领域。

瞄准贫困地区的以工代赈项目，以农村中小型基础设施建设为主，或多或少地内含经济增长取向。例如，以工代赈项目实施中修建的乡村道路，最终与西部大开发投资形成的高速公路和高铁相连接，不但促进了当地经济增长，而且为贫困人口进入发达地区劳动力市场创造了条件。

在计划经济转向市场经济的过程中，乡村社会保障制度逐渐建立和完善。持续的以工代赈项目投资，高频率地为贫困劳动者提供了借助短期就业获得收入的机会。这一功效与其他扶贫措施和社会保障制度相兼容，使得以工代赈成为乡村社会安全网中必不可少的环节。

迄今，在现行标准下消除绝对贫穷的目标已经实现。但城乡基础设施和公共服务的差距依然显著，相对贫穷的人口规模巨大且分布城乡，低收入群体陷入贫困的风险随时存在，重灾和瘟疫还会发生且极具破坏力。因此可以预见，中国社会经济生活中仍然需要以工代赈这一救灾减灾、扶贫济困措施。而且，与之相关的理论和实践还会随着社会、经济、自然、人口等因素的变化而继续发展。

参考文献

蔡勤禹：《传教士在近代中国的救灾思想与实践——以华洋义赈会为例》，《学术研究》2009 年第 4 期。

程天宝：《试论先秦时期的水灾与赈济》，《河南社会科学》2009 年第 9 期。

崔艳红：《新中国建立以来我国政府防灾救灾思想的演变》，《岭南学刊》2011 年第 3 期。

邓金河：《探析建国初期内蒙古的以工代赈政策》，《呼伦贝尔学院学报》2014 年第 22 卷第 1 期。

杜俊华：《华洋义赈会与抗战前夕的四川旱灾救济》，《甘肃社会科学》2010 年第 6 期。

杜润生：《序言》，载朱玲、蒋中一《以工代赈与缓解贫困》，上海三联书店、上海人民出版社 1993、1994 年版。

金陵大学农学院农业经济系：《中华民国二十年水灾区域之经济调查》（国民政府救济水灾委员会委托金陵大学农学院农业经济系调查编纂）［丛刊第一号（新号），民国二十一年五月］，南京金陵大学农学院印行 1932 年版。

李伯重：《十八世纪中国的官僚制度和荒政》（书评），《读书》2002年第10期。

刘招成：《华洋义赈会的农村赈灾思想及其实践》，《中国农史》2003年第3期。

孟昭华：《中国灾荒史记》，中国社会出版社1999年版。

牛淑贞：《试析18世纪中国实施工赈救荒的原因》，《内蒙古大学学报》（人文社会科学版）2005年第4期。

渠占辉、霍亚松：《华洋义赈会赈灾防灾的实践飞跃及意义》，《天津大学学报》（社会科学版）2005年第2期。

唐丽霞、张一珂：《从以工代赈到公益性岗位——中国工作福利实践的演进》，《贵州社会科学》2019年第12期。

王金香：《共和国初期的生产救灾》，载农业部农村经济研究中心当代农业史研究室（编印）《共和国农业史料征集与研究报告》（第三集）（未出版），2000年。

吴国宝：《用好公益岗位扶贫这一政策工具》，《人民论坛》2018年10月中。

薛毅：《民国时期乡村建设运动中的华洋义赈会》，《南京晓庄学院学报》2010年第2期。

薛毅：《华洋义赈会述论》，《中国经济史研究》2005年第3期。

央视网消息：《以工代赈将成乡村振兴亮点　带动脱贫人口等农村低收入人群在家门口务工就业》，2021年6月4日。

杨琪、徐林：《试论华洋义赈会的工赈赈灾》，《北方论丛》2005年第2期。

杨世利：《宋朝以工代赈述论》，《中州学刊》2005年第3期。

张兆裕：《明代工赈述论》，《安徽史学》2016年第6期。

中国人民银行总行：《中国人民银行灾区到期农贷减免缓收处理办法》，1955年10月6日。

中国人民银行总行：《中国人民银行总行关于结合生产救灾发放农贷的补充指示》，1953年9月24日，载中国社会科学院、中央档案馆编《1953—1957中华人民共和国经济档案资料选编》（金融卷），中国物价出版社 2000 年版。

中国人民银行总行：《中国人民银行总行关于今冬明春灾区农村金融工作的指示》，1954 年 9 月 2 日。

中华人民共和国国务院新闻办公室：《人类减贫的中国实践》（白皮书），2021 年 4 月 6 日。

周琼：《乾隆朝“以工代赈”制度研究》，《清华大学学报》2011 年第 4 期。

朱浒：《辛亥革命时期的江皖大水与华洋义赈会》，《清史研究》2013 年第 2 期。

朱玲：《改革与发展中的乡村社区公共服务筹资制度：国有农场案例研究》，《学术研究》2018 年第 2 期。

朱玲：《公共工程对乡村贫困地区经济增长、就业和社会服务的影响》，《经济研究》1990 年第 10 期。

朱玲：《救灾与重建》，《经济研究》1999 年第 4 期。

朱玲：《转型国家贫困问题的政治经济学讨论》，《管理世界》1998 年第 6 期。

朱玲、何伟：《工业化城市化进程中的乡村减贫 40 年》，《劳动经济研究》2018 年第 4 期。

朱玲、蒋中一：《以工代赈与缓解贫困》，上海三联书店、上海人民出版社 1994 年版。

朱玲、蒋中一：《再版前言》，载《以工代赈与缓解贫困》，格致出版社、上海三联书店、上海人民出版社 2014 年版。

［法］魏丕信（Pierre-Etienne Will）：《18 世纪中国的官僚制度与荒政》，徐建青译，江苏人民出版社 2006 年版。

［美］卜凯（John Lossing Buck）：《中国农家经济》（中国七省十七县二八六六田场之研究），张履鸾译，商务印书馆 1936 年版（民国二十五年八月出版，民国二十六年三月再版）。

T. G. Sakketa and J. von Braun, “Labor-intensive Public Works Programs in Sub-Saharan Africa: Experiences and Implications for Employment Policies”, ZEF Working Paper 180, 2019.

Von Braun, J. ed., "Employment for Poverty Reduction and Food Security", Published by International Food Policy Research Institute, Washington D. C., 1995, pp. 1 – 21, 75 – 107.

Zhu Ling and Jiang Zhongyi, "'Yigong-daizhen' in China: A New Experience with Labour-intensive Public Works in Poor Areas", *Development Policy Review*, Wiley Online Library, 1995.

中国财政体制

刘尚希　赵福昌　孙　维[*]

财政体制的基本要素包括能力、事权、财权、财力，在能力基础上形成体制要素的多种组合，即形成不同的财政体制类型。在不同国家的不同历史时期，财政体制是随着国家职能及其履行方式的变化而调整的。在法治比较健全的国家，财政体制相对稳定。在体制转轨国家，尤其像中国这样的新型市场大国，财政体制随着改革的深化而不断调整优化，至今仍未完全定型。财政是国家治理的基础，财政体制则是国家纵向治理结构的基础。国家治理体系和治理能力的现代化，离不开财政制度的现代化，尤其是财政体制的规范化、法治化和现代化。中国构建的分税制财政体制体现了财政分权的思想，但并未照搬"财政联邦主义"理论，而是具有中国特色的财政分权实践。随着国家治理现代化的推进，与之相匹配的财政体制也需要加快理论创新和实践创新。为此，本文通过梳理已有文献，着力全方位呈现财政体制的理论探索、实践变迁及其作用，并结合中国的实际以及发展趋势，提出了深化中国财政体制改革的理念认识。

* 刘尚希、赵福昌、孙维，中国财政科学研究院。

一　财政体制的意涵

财政是国家治理的基础和重要支柱，科学的财税体制是优化资源配置、维护市场统一、促进社会公平、实现国家长治久安的制度保障。财政体制是国家纵向治理结构的基石，是央地关系的支柱。不言而喻，财政体制的意涵，需要放在央地关系中来考察，并从财政是嵌入国家权力结构的枢纽和作为国家的基础性制度来认识。

（一）央地关系

央地关系，即中央和地方关系，是国家中央权力机关与地方权力机关之间的职责、权力与资源分配的关系。央地关系是一个多层面、多角度的体系，是现代国家治理领域最为重要的关系链条之一（刘尚希，2015；高培勇，2018）。央地关系对于政治稳定、经济运行、社会治理等方面都具有重大影响，是政治、经济、社会、法律等学科的重要研究对象（吕冰洋，2019）。中西语境中的“地方”含义有别，西方国家的地方（local）多指基层政府，比如美国是指联邦、州、地方三级关系中的地方；中国语境中的地方则指中央以下的权力机关（subnational）。

央地关系研究基于关系主体、关系实质及关系内容（领域）有不同侧重。就央地关系的主体而言，学界有不同认识，有的仅指中央和地方政府，有的仅指中央和地方的政权机关，有的仅指党中央国务院和地方党委政府，还有更宽泛的理解，包括政权机关和政权机关之外的人民（嵇雷、巨英，2009）。认识不同反映了关于国家权力范围的不同理解，广义国家权力包括立法、行政、司法在内的权力，中国特色的权力结构还包括监察权；狭义的国家权力则仅指国家行政权力。从央地关系的实质看，有利益关系（国家利益和地方利益之间的关系）、权力关系（一定的国家权力组织形式下的央地间权力分配及统属关系）和权利义务关系（具有隶属关系或监督指导关系的央地国家机关主体，在行使国家权力和地方权力时依法形成的权利义务关系）等不同研究视角（嵇雷、巨英，2009）。从央地关系内容或领域看，包括中央与地方政治关系、经济关系和法律关系，三者是相辅相成、不可分割的，经济关系是央地关系的基础，政治关系是央地关系的核心，法律关系是央地经济政治关系的规则形式（即法制化）。平常语境中的央地关系，多从关系内容或领域展开，并兼顾关系主体和关系实质。

央地关系也可从公共管理或公共治理维度来认识。在中国转轨过程中，有学者从政府管理层级来探讨，如立足中国五级政府、五级管理基础上的扁平化改革思路（贾康、白景明，2002）。随着实践中认识的深化和财政定位为国家治理的基础和重要支柱，也有学者从治理角度提出“两级治理、五级管理”的新认识，基于中国宪法和历史传承，纵向的国家治理结构是中央、地方两级，国家的公共权力不是均匀地在各级政府之间划分，有些权力只在中央与地方之间划分，在地方的省市县乡之间不能再继续划分，如立法权、司法权等（刘尚希，2015）。因此，从管理的角度，央地关系也称为政府间关系，是指中央、省、市、县、乡之间的关系；从治理的角度，政府间关系则分为两个层次：一是央地关系；二是地方省、市、县、乡之间的关系。第一层次是全国层面的关系；第二层次是地方层面的关系，地方拥有一定的可以因地制宜的自主权。

央地关系的内容包括政治、经济和法律关系。央地政治关系，涉及国家主权问题，包括立法权、行政权、司法权、监察权，在中国呈现为党统一领导下的四权并立。在立法权层面，国家立法权由民意代表权力机关行使，包括制定和修改基本法律，以及授权政府制定行政法规。行政权是指由国家或其他行政主体担当的执行法律，对行政事务实施主动、直接、连续、具体管理的权力。司法权属于检察、审判机关。监督权则由相应监督主体根据职责对相应事项进行监督。央地经济关系，指税源、债务、转移支付、灾害救援和支出责任的划分关系，以及基于国家或政府所有权及其资源占有、使用、处分和收益归属等方面的财产关系。央地财政关系与之最为直接、最为紧密，也可以说，央地经济关系是以财政关系为载体的。财政是国家赖以存在的物质基础，由此延伸来看，央地经济关系直接体现在财政资源的配置上。中国作为公有制为主体的社会主义国家，央地经济关系与国家所有的资源、资产、资金以及国企紧密联系在一起，涉及所有权权能和国企管辖层次的划分关系。这种复杂的央地经济关系只有以公有制为主体的国家才独有。“土地财政”问题就是由此衍生出来的央地财政关系，成为中国市场化、工业化和城市化过程中国有资源资本化、金融化的典型样本，也成为央地财政关系中的重大问题。财政资源配置承载着央地经济关系，其理念逻辑既遵循经济学，也超越经济学，需要基于国家治理效能来实现央地之间的有效配置，其基准不是单一维度的经济效率，而是公共风险最小化，基于公共风险的对冲来配置财政资源（刘尚希等，2018）。央地法律关系是指规范央地政治关系、经济关系中的主体资格及其权力（权利）和责任（义务）关系的一种法律形式，这既是央地政治关系的延伸和拓展，体现政治主张和国家意志，也是对公共权力央地划分、行使的制衡和约束，其中自然包括了央地财政法律关系。从世界范围来观察，不少国家的央地财政法律关系都通过位阶较高的法律做出规定，甚至在宪法中直接体现。

央地关系是一个古老的主题，处于不同历史阶段和文化社会背景下的国家，形成了不同的央地关系，如历史上的领主国家、封建国家、中央集权国家等。领主国家“建立了庞大的军事的和掠夺的机构，但是把大部分地方的管理留给保持高度自治的地方豪强”（查尔斯·帝利，2007）；对于中央集权的郡县制国家，“秦汉以来，地方政府共分为两级，郡和县……中国历史上的地方行政，一向推崇汉朝，两汉吏治，永为后世称美”（钱穆，2001）。此外，还有城邦国家、贡赋国家等多种形式，分别呈现着不同的央地关系特点。

资产阶级民主革命以来，人民的国家权力主体地位得以确立，“主权在民”成为现代国家的共同形式特征。但基于权力、权利来源的逻辑基础不同，国家及央地关系呈现不同形式。以公民权利让渡（社会契约论）形成的国家（洛克，2016；卢梭，2017），特征是个人主义至上（始于约翰·洛克，经亚当·斯密、埃德蒙·柏克发展，得到弗里德里希·哈耶克进一步强调），以此为基础建构的国家，无论是联邦制，还是单一制，多具有地方自治特征。而以集体主义为基础形成的国家（马克思、恩格斯，2009），则具有中央集权国家的特征，强调国家权力的人民性，以及用于追求美好社会的天然正义性。国家权力属于人民，但不是基于社会契约的个人权利让渡，而是人民赋予国家权力。现代国家建构无论是基于个人主义逻辑还是集体主义逻辑，都否定了“公权神授”，而肯定了“公权民授”。尽管国家组织形式多种多样，但大国都面临央地关系如何处理的问题，涉及政治、经济、社会等多个维度，并通过高阶法律加以规定。据对世界193个国家的宪法进行统计分析，发现其中关于央地财政关系的规定，在一些联邦制国家宪法中更是明显（谭波，2016）。不管什么样的国家，央地关系都体现在央地职权和央地财权、财力和支出责任的划分上，即通常我们说的“事”和“钱”的组合关系（刘尚希等，2021）。

（二）央地财政关系

央地财政关系是央地关系的基础，也称财政体制，指事权、财权财力等要素在央地之间配置的制度安排及相应机制，是财政学的重要内容，也是财政改革的重要方面。在不同时期，学界对财政体制作了广泛探索，较早期的看法认为，财政体制是国家组织财政收支，进行财政管理，划分各级政权之间的权、责、利关系的制度（戴园晨、徐亚平，1992）。分权意义上的央地财政关系，如中国

1994 年实行的分税制财政体制，则是指在合理划分各级政府事权范围的基础上，主要按税收来划分各级政府的预算收入，各级政府预算相对独立，负有明确的平衡责任，各级政府间的财力差别由中央政府向地方政府以及上一级地方政府向下一级地方政府通过转移支付制度进行调节（楼继伟，2013）。

事权、财权、财力要素划分及其组合是央地财政关系的核心。中国理论界从经济视角广泛研究央地财政关系，始于改革开放后“分级财政”的改革探索，财政管理的集中与分散问题从根本上说也是正确处理责权利关系问题，具体包括财政责任、财政权力、财政利益三个方面的内容（何振一，1985）。随着“放权”（行政性分权）转向“分权”（经济性分权），中国财政体制改革引入分税制，政府间财政关系有了比较稳定的制度性框架，央地财政关系的改革原则经历了“事权与财权相匹配”“财力与事权相匹配”“事权与支出责任相适应”三个阶段，每个阶段都体现了我们对体制改革认识的深化。

事权，是指管理事务的权力，学界关于事权的认识，可归纳为两种立场，第一种立场是将事权解释为政府的职能或职责，“事权是指各级政府的职权”（楼继伟，2013）；第二种立场则不再局限于事权本身的概念描述，而是试图通过核心的概念类比和转换来明晰相应的内涵，认为“事权等于支出责任”，有的学者解释道：“通常来讲，当述及财政活动和政府公共收支时，多使用‘支出责任’（expenditure responsibility）；当论及政治统治和政府强制时，多使用‘政府权力’（government power）。”（冯兴元，2010）我们认为，事权是一级政府在公共事务和服务中应承担的任务和职责，支出责任是政府承担的运用财政资金履行其事权、满足公共服务需要的财政支出义务（见 2016 年中国国务院文件）。对于委托性事权而言，支出责任和事权执行主体则不自然对应。

事权范围，基于国家权力而言，广义的事权包括立法权、行政权、司法权，在中国还强调监察权，这是从应然的角度讲的；但是，从实然角度讲，关于央地财政关系的讨论，多聚焦在狭义的事权概念，即聚焦在行政权上。事权的具体形态，从央地关系来看，则指国家权力在央地间的配置，对应着中央事权、地方事权和共同事权，三者按照一定理论原则进行划分。

财权是各级政府为履行公共服务职能而拥有的财政资金的筹集权与支配权，包括税权（费权）、产权和债权。财力是一级政府在一定时期为履行公共职能拥有的全部可支配财政资金，是财政资源分配的最终结果（财政部干部教育中心，2017）。财权和财力是一对既相互联系又相互区别的概念。财权对应着财力，但是，财权在内涵上不等同于财力，财权强调“各级财政筹集、支配和使用资金的权力”，其中筹资的权力，包括征税（费）权、财产转让权和发债权，本质上是获取财力的权力；而财力强调“经济力量（多指资金）”，本质上是一种支付能力。财产转让权、发债权、征税权可带来多少财力，呈现一定的不确定性和不可预期性，可获取的财力取决于一定区域的经济增长潜力及其税源变化，并不表明与履行一定事权所需的财力相等同。所以，财权与事权不匹配是常态，而匹配是非常态。发达地区与欠发达地区拥有的财权并无多大差异，而获取的财力则是相去甚远。

财权和财力在体制的安排中各有不同的功能，不能简单地替代。财权的安排有助于发挥地方的主动性和积极性，促进区域经济增长，涵养财源和税源，有助于提升地方的努力程度。但是，地方再努力，各个地方之间的财力差距因经济发展环境、条件的不同而凸显，这就需要在体制安排中通过转移支付来平衡各地方之间的财力。这从结果上保障了地方各级财政能力大体上均衡。因此，在央地财政关系的安排上，财权划分和财力分配需要统筹协同，过于强调财权或者财力在央地财政关系中的地位和作用，都是不可取的。

央地财政关系有集权和分权两种模式。中国历史上高度集权的计划经济条件下，计划指令只有国家一个主体，企业、政府部门甚至地方政府都只能是国家统一计划生产体系中的一个环节和部分（苏东斌，2009）。但这种模式面临着计划信息和个人需求脱节的局限问题（哈耶克，2016），相关主体的积极性不高。为调动积极性，中国在计划经济框架下不断尝试“放权”“收权”改革，后来适应建立市场经济体制改革的要求，理论界提出了从“行政性分权”到“经济性分权”的看法（赵人伟，1987；刘吉瑞，1988；贾康，2013；刘尚希，2015），一直到分税制财政体制。然而在所谓的“行政性分权”阶段，并没有实质上的“分权”，地方政府的主体地位不明确，责权利不清晰，只能称为“放权”；分税制改革才是真正的“分权”改革，地方政府成为利益主体（刘尚希，2019）。

联邦制国家是分权的典型，故而有“财政联邦主义”的概念。但凯恩斯主义之后，联邦制国家也日渐集权，中央政府的职能不断扩大。从世界发展趋势来看，无论是单一制国家，还是联邦制国家，都失去了纯粹性，它们其实都是单一制与联邦制的某种程度的混合或者兼具两种政体的某些特点，现实中并不存在仅仅是单一制或者联邦制的“纯粹模型”（苗连营、王圭宇，2009）。央地财政关系也是一样，纯粹的集权和分权在现实中是不存在的，一般都是某种程度的集权和分权的组合，其差异性体现在是靠向集权一点，还是靠向分权一点；或者是某个维度集权程度大一些，某个维度集权程度小一些。

（三）财政体制的多维认识

财政体制内嵌于一国的政治、经济、法律等基本制度，其含义会随国体、政体不同而相异；也会随财政定位的变化而调整。如财政联邦主义一度流行，甚至奉为圭臬。在西方国家也随着一次次的经济金融危机而走向财政集权，中央财政收支的占比远高于中国。再如，在理论上，财政的定位超越经济学（许毅、沈经农，1987）

上升到国家治理（刘尚希，2015；高培勇，2018），央地财政关系的含义也随之超越了经济学范畴和经济关系，蕴含并协同整合了经济、政治、法律等多维关系。

1. 经济关系

财政体制中的经济关系是指各级政府作为公共资源配置主体之间的关系。政府间收入划分、支出划分以及转移支付制度，决定了各级政府在国家财政收支中的占比、权力和责任关系，对地方政府行为产生直接影响，并传导到市场、社会，分配、再分配等各个领域和各个方面。

从传统的经济视角观察，财政关系是经济体制的重要内容。在中国改革开放过程中，财政改革是作为经济改革突破口来看待的。财政改革离不开放权、分权。在计划经济向市场经济转轨过程中，理论界曾一度提出行政性分权（实质上是“放权”）和经济性分权。行政性分权是指在保持指令性计划体系下政府内部分层次计划协调（吴敬琏等，1986；楼继伟，1987），是调动中央与地方两个积极性的一种分权战略（《社会主义产权制度与产权理论》课题组，1991）。经济性分权是指国有企业不再是国家行政机关的附属物，成为自主经营、自负盈亏的经济实体，国家对企业的经济活动不再进行直接控制，而是通过各种市场参数（经济手段）进行间接引导（赵人伟，1987）。体现在央地财政关系上，则强调不是以行政权力协调而是以市场机制为基础，让地方成为相对独立的利益主体，由此形成地方区域之间的经济竞争和财政竞争。20 世纪 90 年代市场化改革之后，政府和企业、中央与地方之间的关系才开始成为主体之间的关系，多元主体的“分权”改革启动，与市场经济发展逻辑相契合的制度安排开始形成。

财政体制改革的主要目标是促进经济增长（福利提升）和公平分配。具体来看，一是宏观经济有四大目标：经济增长、物价稳定、充分就业和国际收支平衡，实现这些目标离不开央地两个积极性。

这就需要科学合理的央地财政关系。二是促进公平、实现基本公共服务均等化。健全财力与事权相匹配的财税体制，科学界定各级政府的基本公共服务支出责任（楼继伟，2013），促进财力协调、区域均衡，缩小地区、城乡发展乃至群体收入差距，避免各地经济社会发展发生“马太效应”和两极分化，以增强整个国家发展的包容性与和谐性。三是提升公共资源配置效率，让中央和地方政府更好地发挥各自比较优势、加强各自薄弱环节，更好地履行各自职能，提升公共资源配置效率（朱之鑫，2013）。一方面要促进各级政府分工履行好各自的公共财政职能，做好政府范围内的事，发挥好政府作用；另一方面要保证市场更有效发挥资源配置的决定性作用，提高公共资源配置效率。

2. 政治关系

财政体制中的政治关系是指各级政府作为公权力主体之间的财政权力、财政责任配置关系。不同的国体和政体，就有不同的权力和责任配置关系。中国作为“主权在民”的人民共和国，具有单一制国家的显著特征，地方权力来自中央授权，但这并不妨碍地方是一个相对独立的公权力主体，并承担相应的公共责任，维护公共利益。公权力主体之间的财政关系包括央地之间的事权、财权、财力等财政体制要素，通过它们的协同组合，为国家整体职能的有效实施提供基础条件。

从历史变迁来看，央地政府间财政关系本身就是作为政治关系来看待的，其政治属性是不言而喻的。“从理解一般国家权力受到国家筹措资金为自己付账的能力的限制这个角度，黎塞留（财政是国家的命脉）无疑是正确的。”（詹姆斯·B. 柯林斯，2016）中国宋代苏辙在《上皇帝书》中所言：“财者，为国之命脉而万事之本。”也是这个意思。这意味着财政能力是政治能力的表征，央地财政关系是央地政治关系的集中反映。从世界上看，央地财政关系处理得好，国家就会长治久安，相反，就可能分崩离析。如苏联，在央地关系上疏于财政关系的把握，是解体的直接因素。

从作为一个整体的国家来观察，长治久安是古今中外所追求的目标，财政体制的构建就是实现这个目标的手段或基本途径。保持中央权威和政治控制力，是央地财政关系设计首先要考虑的。通过分权让地方有活力，发挥地方不可替代的作用，同样是不可或缺的。控制力与活力两个方面的兼容只有置于央地财政关系中才能得以实现，正是在这个意义上，央地财政关系与财政和市场关系、财政和社会关系一起构成国家治理的基础。一方面，央地财政关系需要把中央权威和调控能力内置其中。财权、财力与事权以及央地能力优势如何匹配组合就成为央地政治关系的关键，成为政权组织形式的内核。另一方面，央地财政关系应当有效调动地方发展经济、主动治理的积极性。地方积极性的调动对发展至关重要，中国经济在过去几十年中实现高速增长的奇迹，与地方招商引资的积极性以及地方之间经济竞争是分不开的。推进国家治理的现代化也需要地方作为治理主体的积极性充分发挥出来。

集权和分权是描述央地关系特征的一个重要概念。集权是指决策权、执行权和监督权向上级机关的转移和集中，也可以说主要是指决策权的集中。高度集权在体制上的表现是只有一个权力主体，其他都是附属物。财政上的统收统支就是在传统的计划体制下财政集权的一种形态。分权通常被理解为国家实体通过把权力和责任转移下去而形成的地方自治的扩张（安德鲁·海伍德，2008）。分权的内在逻辑是非单一主体的存在，具有自治的特征。财政分权体现为一定程度的财政自治，如有自己的税种和收入，以及独立安排支出的权力，等等。财政集权和分权都是相对的，差别在于程度不同，或不同权力维度上的差异，绝对的集权体制和绝对的分权体制都是不存在的。

3. 法律关系

法律是行为规范和治理规则。财政体制中的法律关系是指各级政府作为法律主体之间的财政权力、财政责任和财政利益关系，简称为权责利关系。财政法律关系的客体包括公共利益中的国家整体利益、地方局部利益和央地行为及其筹资权力和支出责任。政府间财政关系的法治化，也就是对各级政府财政权责利的划分以宪法或法律的形式加以明确，有利于提升国家的整体治理能力，从国家制度建设层面维护中央权威，形成既有秩序又有活力的地方治理（封丽霞，2020）。发达国家普遍以宪法和法律的形式，对各级政府的职责等事务作出明确甚至详细的规定，由此确立起央地财政关系的基本框架（楼继伟，2013）。中国政府间财政关系的法定框架由宪法、宪法相关法、法律、行政规定组成，目前中国宪法和法律对中央与地方职权的划分并不详尽，尤其是财政权责的划分主要借助于行政规定，政府间财政关系的法治化仍有待进一步推进。

法既是规范约束，也是认可和保障，特别是对于地方政府的财政权责。中国仍有待于制定财政基本法如《中央和地方财政关系法》等法律，这有利于明晰中央和地方之间在决策、执行、支出责任和监督等事权要素上的权限，以降低地方行为预期的不确定性（刘尚希、赵大全，2013）。单一制和联邦制的国家财政权力、责任配置都通过宪法法律做出规定，从世界范围来看，中国的相关规定法律位阶偏低，财政集权和分权关系处理多依赖于行政规定，且稳定性较低。

二　大国财政体制

任何国家都有权力的组织结构问题，但只有大国才会凸显政府间关系和政府间财政关系。因此，一般语境中的政府间财政关系，就是指大国的政府间财政关系，特别是央地财政关系居于中枢地位。

（一）大国财政体制的影响因素与分级治理

1. 大国财政体制的主要影响因素

国家规模决定央地关系，或者说地方政府是否有必要存在。一般来说，越小的国家，其央地关系就越是简单，甚至设立一级政府就够了；相反，越是大国，央地关系就越是复杂，地方政府就显得越是重要。这里的国家规模是从地理、人口、经济、政治等多个维度综合考虑，比如日本虽然不是地理大国，但是人口大国、经济大国。地理范围不广、人口数量不多、区域差异不大的小国基本上没有设立地方政府的必要，如新加坡。而大国区域差异显著，政府履行职责所需处理信息较为复杂，单一层级政府无法对国家进行有效管理，多层级政府结构是大国有效管理的必要条件，必然涉及如何处理央地财政关系问题，其核心内容是如何在各层级政府中合理而有效地分配职责和财政资源（楼继伟，2013）。

资源配置方式是影响央地财政关系的重要因素，不同的资源配置方式决定不同的政府职能和央地财政关系。计划经济条件下，财权高度集中在中央，地方财政作为中央财政计划的执行者，不具有实际意义上的法律主体资格，也不具备对自身行为负责的权力，财政上吃“大锅饭”。市场经济条件下，央地间职责的划分、税权与财力的分配等都要遵循市场经济的内在逻辑，公共资源配置应促进市场资源合理配置，至少应不起妨碍作用。

单一制国家权力结构的特点是自上而下授权，地方的权力来自中央授权，中央对地方权力配置及其财政收支有很强的控制能力。分权是联邦制的基础和起点，是一个从“分”到“合”的过程，一些国家央地财政权力和其他权力采取了“地方余权主义”的划分方式：除了宪法特别授予联邦的权力外，其他所有权力都归属地方（楼继伟，2013）。联邦制即“以共同治理实现自治”（Elazar，1967），主要包括宪法设计与权力分享两个维度。联邦制下的分权，一般由宪法来规定。一个国家是否在法权上属于联邦制对于分析并不重要，重要的是看它是否构成事实上的联邦制，有以下五个判断要件：层级制、地方自主、统一市场、硬预算约束、权责关系制度化（Weingast，2008）。相同的国家结构形式，也会面临央地财政关系的差异。

如单一制的中国与法国，有中国特色的央地财政体制，“中央决策、地方执行”，呈现显著的集体主义特征；法国则是强调个人主义，呈现地方自治特色。但是两者在处理地方财政危机时，相对于联邦制，具有一定的相似性，多是中央先接管，然后进行地方财政重整。

财政体制具有路径依赖性。由于各国的历史、文化、政治、地理以及经济发展水平各异，在央地财政关系的制度安排上都体现出各自的特色。例如，美国联邦政府面临的问题是如何使得同一地区内部，即城区和郊区之间特定公共服务的均等化，而不追求各地方财政能力的均等化，仅仅针对低收入人口、少数民族、缺少受教育机会者提供专项转移支付。在中国，从计划经济向市场经济转轨，所表现出的路径依赖更为显著。无论是财政包干制取代传统体制，还是分税制代替财政包干制，都是在保持地方既得利益的前提下，共同分享改革所产生的增量收益。因此，中国财政体制受计划经济影响很大，在一些方面仍然带有旧体制的印记，存在新旧体制转化过程中的“路径依赖”问题（楼继伟，2013）。

要注意的是，财政上分权并非意味着政治上的分权，中国特殊的“政治集权、经济分权”模式就是典型的例子。中央统一决策体现在政治上，把握大方向；授权地方执行，其相当的自主决策权则体现在经济上，地方对于公共资源配置具有相当的自主权。也有学者称中国为“行为联邦主义”，虽然从宪法上看中国不是一个联邦制国家，但在改革开放后为促进经济增长，中央政府下放部分权力到地方，使中央和地方关系越来越具有行为联邦制的特征（郑永年，2013）。

2. 中央地方分级治理框架

央地关系是公共部门内部的纵向关系，对应的财政模式应是“分级财政”。分级财政有两种方式，分级管理和分级治理。治理与管理不是相互替代的关系，而是互补的。国家管理是随着社会的分工复杂化和公共化而产生的，管理需要科学精神与人文情怀，是在一定治理结构下来展开的，国家治理也是国家的“再组织化”和

“再结构化”，使经济社会主体的权力、权利、责任和义务处于一个更合理的结构之中。治理与管理有共同的基础和功能，即公共权力和秩序，管理是通过外在力量维护秩序，而治理强调的是共治，是多元主体共同来参与，是一种内生的秩序（刘尚希，2015）。

传统语境中的央地分级，多聚焦在经济领域的财政分级管理，在分税制之后，有学者提出“一级政权、一级事权、一级财权、一级税权、一级预算、一级产权、一级债权”的省以下分税制改革思路（贾康、白景明，2002），突出了五级政府、五级财政，通过政府层级扁平化解决主体税种与政府层级不匹配的问题，但这种看法难以适应国家治理现代化的要求。

分级治理成为国家治理改革的取向。分级财政与分级治理需要保持内在的一致性，不能错位。从国家治理角度来看财政体制，中国实行的是两级体制：国家财政体制和地方财政体制（刘尚希，2015）。中央地方分级治理框架下，国家财政体制即中央与地方之间的财政关系坚持分税制，地方财政体制因地制宜，有利于充分发挥中央和地方两个积极性。从世界范围来看，有的治理级次与政府级次吻合，而有的则不一致，尤其是大国的政府级次与治理级次往往不一致。比如，从政府级次来看，中国有中央、省、市、县、乡（镇）五级政府；而从国家分权治理级次来观察，中国是两级治理架构，即中央、地方两级分权的治理架构。在两级治理框架下，地方是一个整体，省级、地市级、区县级、乡镇级之间的权限划分属于地方内部的事务性分权。财政体制的设计首先要考虑的是治理级次，而非政府级次。

（二）财政分权的理论逻辑

财政分权理论始于20世纪中期，包括第一代和第二代财政分权理论。

第一代财政联邦主义又称为古典财政联邦主义，主要是由Hayek

（1945）、Tiebout（1956）、Stigler（1957）、Buchanan（1965）和Oates（1972）等人提出并发展起来的。其主要是从经济效率、公共物品的双重性和各级政府的差异性入手，探讨不同级次政府之间职能划分，论证财政分权的必要性。第一代财政联邦主义通过“用脚投票”的选择机制（Tiebout，1956）和俱乐部理论（Buchanan，1965；McGuire，1972）论证了地方政府在提供公共物品的原则和必要性。另外在中央政府和地方政府差异性方面，传统财政联邦主义回答并证明了地方政府分权的必要性（Stigler，1957b）、各级政府分散化提供公共品的比较优势（Oates，1972），以及地方政府对于本地信息的掌控可以有效降低信息成本（Hayek，1945）。

20世纪90年代中期，以Qian（1994）、Weingast（1995）等人基于英美等国家市场经济的发展经验，在传统的财政分权理论的基础上，创新性地引入了激励相容机制（Qian，1994）和机制设计学说（Weingast，1995；Qian and Roland，1998），将财政联邦主义的研究视角转变为经济增长和市场保护方面，并逐渐发展为第二代财政联邦主义，又称为“市场保护型联邦主义”（Weingast，1995；1999；Montinola et al.，1995）。

改革开放四十多年，中国经济增长创造世界奇迹，很多第二代财政联邦主义的学者致力于“市场保护型联邦主义”和中国经济增长相关性的研究，并利用中国的经验数据论证了之间的因果性（Montinola et al.，1995；Qian and Weingast，1996）。Lin和Liu（2000）运用生产函数回归分析，对中国分税制改革之前1970—1993年省级面板数据进行了研究，认为财政分权与经济增长呈显著的正相关关系，但也表明其选取的指标有待改进的地方。实际上，财政分权和经济增长之间也存在着诸多争议（Thiessen，2003；杨其静、聂辉华，2008）。

地方自主权体现在政治和经济两个层面。从政治角度，单一制和联邦制，都有维护中央权威和国家统一等要求，特别是单一制，政治上呈现集权特征；但是，从经济层面看，则在维护中央权威的前提下，体制安排通过赋予经济上的自主权来调动地方积极性。通常所说的财政联邦主义，就是融单一制的政治属性和联邦制的经济属性为一体。因此，从政体上讲，尽管有的西方国家是单一制，有的则是联邦制，但在财政体制上，可以说几乎都倾向于实行“财政联邦制”（孙开，1994）。

财政联邦主义是研究中央与地方财政关系的主要理论基础，但与中国财政改革的现实存在诸多不一致，单纯使用财政联邦主义的分析框架对中国当前的财政体制缺乏足够的理论解释力。地方公共品的供给是财政联邦主义的重要出发点，但在中国财政分权的首要目的是调动地方发展经济的积极性，推动市场化改革，处理好政府与市场关系。中国财政分权的理论逻辑、实践逻辑与财政联邦主义有根本性的区别。

（三）集体主义模式下的财政体制理论

1. 高度集权背景下的“放权”

从历史发展趋势和方向来看，西方发达国家在央地财政关系划分上都在向财政集权发展，即中央收入、支出占比都是上升的；而中国是从高度集中的计划体制转向市场化改革，央地财政关系逐步向分权发展，公共资源配置的分权程度甚至超出许多西方国家，中国地方财政收支占比之高在世界大国中独一无二。中国的事权划分更多地体现了单一制转轨国家的事权结构特征（刘尚希等，2018）。中国纵向层级结构中，行政压力从上而下传递，在县乡之间表现尤为明显（荣敬本、赖海榕，2000），地方政府的运行是对各种来源不同的发展压力的分解及其应对（周飞舟，2009），也有学者将中国上下级之间关系定义为糅合了行政权分配、经济激励和内部控制的行政发包关系（周黎安，2014）。

2. 从“放权”到“分权”

改革开放以前，中国实行计划配置方式，财权高度集中在中央，地方财政作为中央财政计划的执行单位加以考虑和设置，财力分配上实行平均主义（楼继伟，2013）。1956 年，毛泽东提出社会主义建设和改造的十大关系，处理“中央和地方的关系”要在巩固中央统一领导的前提下，扩大一点地方的权力，让地方办更多的事情。中央要注意发挥省市的积极性，省市也要注意发挥地、县、区、乡的积极性（毛泽东，1976）[①]。此后，中国的财政体制步入“放权”“收权”循环的探索之中。放权是在原有的集中体制框架内下放部分财力的支配权，企业、地方政府的主体地位并没有明确，只是赋予企业和地方政府一定的决策权和财务权，自身努力与物质利益适当挂钩，以调动企业和地方政府的积极性（刘尚希，2019）。在改革初期，放权对打破体制僵化，调动各方面积极性发挥了重要作用，但也面临“放乱收死”的困局，改革深化是在市场化之后的事情。

中国改革开放初期，央地财政关系上的放权，逐步增加了地方财力，扩大了地方自主权，调动了地方当家理财、增收节支的积极性，促进了地区经济发展，但也存在“诸侯经济”等负面作用（戴园晨、徐亚平，1992），地方相互之间、地方与中央各部之间出现互相封锁的现象（许毅，1980）；同时，由于在具体实施过程中过分强调了地方的利益，致使地方财力增加过猛、中央财力相对匮乏，影响了中央财政调控的能力（邓子基，1992）。

市场化改革使“放权”转变为“分权”。市场经济条件下，政府间职责的划分、税收权力与收入的分配等都要遵循市场经济的内在逻辑、促进资源合理配置。中央集中的基本上是宏观经济管理责

① 1956 年 4 月 25 日，毛泽东在中央政治局扩大会议上作了《论十大关系》的讲话。之后，中央政治局连续讨论了三天。根据讨论中提出的意见，毛泽东进行修改补充，于 5 月 2 日向最高国务会议作了报告。《论十大关系》在很长时间内没有公开发表，只在党内高中级干部中作过传达。1976 年 12 月 26 日，经毛泽东生前亲自审定的《论十大关系》在《人民日报》公开发表，随后收入《毛泽东选集》第五卷。1999 年 6 月，收入中央文献研究室编辑的《毛泽东文集》第7 卷。

任和调控权，地方在最适合于地方政府行使社会经济管理能力的领域应有更为明确的自主管理权（楼继伟，2013）。与放权中的单一主体不同，分权有助于多元主体的形成。或者说，分权的过程实质也是多元主体渐渐形成的过程，而多元主体的形成又为进一步的分权创造了条件。

分税制改革后，央地财政关系形成了更清晰的中央与地方两级主体，中央决策、地方执行。中央在事权、财权、财力划分上具有决定权，维护中央权威，确保法制统一、政令统一、市场统一。同时，对经中央决定属于地方的事权、财权和财力，地方依法依规履行和享有，地方有了明确的利益预期，其主动性和积极性得到极大释放。

分税制既要分税，也要分产。构建公共产权制度，是实现公有制与市场经济相结合的唯一途径，处理好中央与地方关系不可或缺的基础。西方社会私有产权为主导，其财政收入主要是税收，而中国目前的社会产权结构是以公共产权为主导，但中国的财政收入忽视了以公共产权为基础的其他收入形式，由此导致公共产权未能在财政上得到充分实现。1994 年的财税改革更多是“分税”，而没有“分产”，公共资源特别是土地自发无序地成为地方的“第二财政”（刘尚希、吉富星，2014）。

3. 从“分权”到“治权”

由“适应市场经济体制”到“匹配国家治理体系”，从建立“与社会主义市场经济体制相适应的财税体制基本框架”到“建立与国家治理体系和治理能力现代化相匹配的现代财政制度”，标志着中国的财税体制改革迈上了一个新的更高的平台（高培勇，2014）。全面深化改革的总目标是实现国家治理体系、治理能力的现代化，治理的基本内涵是基于权力和权利的多元共治，与此相适应，“分权”改革转向多维度的“治权”改革，即对权力、权利进行治理，包括保障民权和约束公权（刘尚希，2019）。

市场决定资源配置是市场经济的一般法则，政府的职能作用主要是弥补市场失灵、提供公共物品、满足公共需要，这是财政收支运行必须遵守的规律性；同时，财政又必须制定符合市场经济要求的现代财税制度，推动国家治理体系和治理能力现代化，这就是财政学有机组成的两个方面（陈共，2015）。但仅从市场失灵出发推导政府作用和财政职能难以匹配财政“国家治理的基础和重要支柱”的定位（郭庆旺，2017），只有继续推进分权改革，同时又进行超越分权的治权改革，才能满足国家治理现代化的需要。

建立与国家治理能力现代化相匹配的现代财政体制，央地财政关系应在坚持“分权”的基础上走向“治权”，才使分权改革找到新的方向——从调动地方发展经济的积极性转向激发地方治理的主动性，以公权来保障民权，以公共服务来保障民生和使所有人获得基本的能力和平等的机会，并通过治权来保障分权的稳定性。财政能力不等于政府能力，收入能力也不等于财政能力，因此，不能认为只要财力充足，地方能力就会“水涨船高”。当前存在的地方“小马拉大车”（基层政府履行的事权超出了自身的能力）现象与此相关。就会形成这样一种循环：能力不够造成问题—抽鞭子（加强监督）—问题更多—监督加力，最终导致财力浪费、事情办不好，治理风险加大。完善财政体制框架，体制要素需要从事权、财权、财力三要素扩展为四要素：能力、事权、财权、财力，形成新的体制框架，加强横向和纵向的财政统筹，体现发展的整体性和约束性。纵向统筹主要是提高上级政府（中央、省）在规则、标准和口径等方面的制定能力，数字化的宏观指导以及事权、支出责任的适当上移。统一市场、区域外溢性、碳交易等虚拟市场增多、数字经济的跨时空特点、智慧公共管理、公共服务的规模化、人口流动、产业链供应链全球化条件下的安全性、稳定性等都要求事权、支出责任上移。

4. 两级治理框架下的地方财政体制

地方财政体制即省以下财政体制，是大国央地财政关系的重要组成部分，是地方治理的基础。“省直管县”和“乡财县管”是地方财政体制改革的曲折探索，与城市化趋势并不吻合，真正称为“县”的区域政府日渐减少，县改市或县改区的越来越多，城市政府日渐成为地方治理中的主体部分。地方作为一个相对独立的治理主体，其体制应当因地制宜，地方设几级政府不应一刀切，只有这样才能适合于国家区域之间地理环境、经济社会、历史文化差距差异很大的现实状况，有效的地方治理也才可能真正形成（刘尚希，2015）。改变仅对本级负责的“层级财政”，实行“辖区财政”责任制，也就是每一级财政都负有对辖区范围内财政的纵向均衡责任和横向均衡责任，使每一层级政府和各区域政府的权力与责任对称，实现治权与中国政治架构的逻辑内恰。

（四）不同的分权模式

无论是什么样的分权模式，其目标都在于调动地方的积极性，形成激励相容的机制。分权总是能充分调动地方的主动性和积极性，且能持久有效。与分权不同，放权虽然也能调动积极性，但是容易出偏差且不持久，很难把握放权的“度”，总是陷在“一放就乱，一收就死”的循环之中（刘尚希，2019）。唯有分权才能从这个循环中彻底跳出来。

1. 基于不同事权划分的两种分权模式

纵观世界，央地事权划分有“事项法”和“要素法”两种，前者主要在发达国家，后者主要在中国。

事项法体现为央地事权按照事项来划分，即将事项的决策、执行和支出责任等完整地界定为中央事项或地方事项，谁决策，谁执行，谁承担支出责任。中央和地方按事项管辖各自特定的领域，并对该事项有完整的财政权责。央地事项分工明晰，在分工范围内相对独立地运行，央地的职责任务是分开的，互不承担责任。一旦出现财政危机，各自独立解决，地方可采用破产机制，重整财政。按照事项来分权，并不表明分权程度大，相反，在发达国家，中央财政的集中度越来越高，其收支占比均在 50% 以上。这保障了中央的政治控制力和国家的凝聚力。

要素法是按事权要素在央地之间进行划分，即将决策、支出责任、执行、监督等不同的事权要素在央地之间进行划分与配置，一个事项的决策、执行、支出责任和监督可分别由中央或地方来承担。从整体来看，除了少数事项纯属中央与地方，多数的国家公共事务都是“中央决策，地方执行”，这与中国党的统一领导体制是相匹配的。这种分权方式也并不意味着地方权限小，中央集中程度高。从中国一般公共预算收支来看，中央占比很低，其收入占比为长期以来不足 50%，而支出占比长期来不足 15%。若是把基金预算、国有资本经营预算考虑进来，中央占比更低。这表明财政资源的配置权主要是在地方，中央主要是在方向、原则上提出指引和要求，并对地方进行监督。

要素法划分事权体现央地共治的特征。1994 年中国分税制改革所形成的中央与地方事权划分格局，由中央或地方单独行使的财政事权较少，绝大部分事权都是由中央与地方共同承担。在机构设置、政府职能与支出责任方面，则越是基层政府越多。在事权划分的具体操作中，还结合中国的国情，将其按照要素分为决策、执行、监督等，决策与监督一般属于中央事权，而执行一般属于地方事权，部分事权也可以表现为中央与地方决策和执行上的共担（刘尚希等，2018）。中国的分权模式是以上两种模式的混合，偏重于要素法。西方国家的分权模式也在向着混合模式演变，典型的如美国联邦政府也开始干预州和地方事务。

骤然一看，中央与地方在相同领域都拥有权责，分工上存在交叉重叠，似乎要素法这种分权模式不如事项法清晰。其实，这是从不同视角观察得出的印象。事项法分权模式是基于制度主义的，而要素法分权模式是基于行为主义的。制度主义以“界域”划分为基础，追求楚河汉界的分治，行为主义以行为“规则”区分为基础，以不同主体行为之间的协同合作成效为目标。从分权模式的演变趋势来观察，基于行为主义的分权模式与人类风险社会的到来更具有契合性。

2. 中央对地方的激励和考核

基于行为主义的分权模式，中央的治理策略是“标尺竞争”，即将地方的经济发展关键指标，设计为可度量、可考核的标尺，用来取代以前更习惯使用的对地方政府的政治说教，从而激励地方官员为比拼“政绩”展开激烈的横向竞争（张军等，2007）。然而，地方发展经济的激励不仅有来自经济和财政激励（Jin et al.，2005；李学文等，2012）、政治激励（Maskin et al.，1997；周黎安，2004），还有中央为地方保留的自主筹集财力的制度空间。未来央地财政关系改革，除了明确央地事权与支出责任关系外，仍需着重考虑央地财政关系在激励和约束地方财政行为中的作用（吕炜等，2019）。在完善基于行为主义分权模式基础上，央地财政关系中的治权改革日趋重要，风险社会和数字革命的到来，更凸显了治权的重要性。

（五）财政体制的作用

财政体制对国家治理具有举足轻重的作用和整体性的影响。一是通过事权、财权、财力等要素的安排，为央地公共资源配置奠定基础，让公共资源配置和市场资源配置形成合力，促进经济效率提升；二是通过政府与市场关系的耦合，明确政府行为规则，促进形成全国统一市场和公平竞争市场环境；三是促进基本公共服务均等化，为区域协调发展和社会公平提供基础条件；四是保障国家长治久安。在不同历史时期，财政体制发挥的作用也有所变化。

1. 改革开放前财政体制：集中财力办大事

新中国成立初期，中国经济发展面临着百废待兴、财力薄弱的困境。为了集中一切力量恢复和发展经济，平衡财政收支，稳定市场物价，安定人民生活，中国实行了以“统收统支、高度集中”为特点的财政体制，缓解了百废待兴和国家财力薄弱之间的矛盾（吕冰洋、台航，2018）。

2. 改革开放之后的财政体制：调动地方积极性

改革开放后中国开始实行的“分灶吃饭”的财政体制，打破过去统收统支或者统支不统收、“吃大锅饭”的局面，充分发挥了中央和地方两个积极性。政府间财力的分配由“条条”为主转向“块块”，大大增加了地方的财政权限，有利于因地制宜地发展地方生产建设事业，为日后地方财政成为独立的一级财政和财政预算的统筹安排奠定了基础（刘尚希、傅志华等，2018）。

3. 分税制财政体制：规范央地财政行为

1994 年分税制财政体制改革构筑了社会主义市场经济体制运行之基，促进了市场主体发展，营造了公平竞争环境，搭建了市场经济所需的宏观调控体制框架，有助于全国统一大市场的形成。政府间财政关系实现了从行政性分权向经济性分权的跨越，基本告别了按企业行政隶属关系划分财政收入的历史，保证了企业无论与中央政府还是与地方政府无亲疏之分，实现法律意义上的平等稽征（刘尚希、傅志华等，2018）。此次改革促进了中国经济持续高速增长（Hehui Jin et al.，1999；Jin Jing and Zou Hengfu，2005；张晏、龚六堂，2005；等等），提升了区域创新效率和增长质量（李政、杨思莹，2018；高春亮、李善同，2019），有利于财政资金的跨区域配置和财政能力的地区间均等（李永友、沈玉平，2010）。

4. 与国家治理相匹配的财政体制：推进分级治理

2013 年党的十八届三中全会所做出的“科学的财税体制是优化资源配置、维护市场统一、促进社会公平、实现国家长治久安的制度保障”（中共中央，2013）这一论断，赋予了财政体制新的历史使命，财政体制由经济体制的组成部分提升为国家治理体系中具有基础性和支撑性意义的组成部分。其所牵动的纵深，已经不限于初次分配与再分配，而是跨越包括政府与市场关系、中央与地方关系、国家与社会关系在内的所有国家治理环节。由财税体制改革破题，从构筑基础和重要支柱做起，为国家治理体系和治理能力现代化提供强大的制度保障，成为全面深化改革的战略选择（高培勇，2018）。

三　中国财政体制的具体安排

（一）财政关系处理的原则

1. 基于“效率”的原则：外部性、信息复杂性、激励相容

合理划分各级政府职能，明确各自的收入和支出责任，使不同层级的政府各司其职，高效提供相应的公共服务，同时避免相互之间的恶性竞争和推诿，需要遵循外部性、信息复杂性、激励相容三项原则（楼继伟，2013）。第一，地方政府活动要与其受益范围相对应，若其活动使其他地方受益或受损，即产生了外部性，则该活动应由上级政府负责，以避免地方政府行为扭曲（吕冰洋，2014）；第二，与中央政府相比，地方政府更接近本辖区的民众，从而对于所辖居民的需求和效用更为了解（Stigler，1957），因此信息越复杂的事项，越应该让地方政府管理；第三，在事权划分时需注重激励相容原则，即各级政府只要按照划定的职能尽力做好自己分内的事，在客观上就能够实现全局利益最大化，如果激励相容不能实现，那么职能划分在处理外部性和复杂信息上所带来的效益会由于相应政府层级缺乏激励而不能实现（李俊生等，2014）。效率原则是基于经济学视角提出的，固然很重要，但难以满足国家治理的需要，诸如区域公平、主体行为的不确定性、风险的无界传递、社会数字化等治理问题，仅仅依靠效率原则难以解决。

2. 基于“风险”的原则：风险决策、风险分担、风险匹配

风险原则有两个基础：一是行为主义，超越界域和理性假设；

二是不确定性，超越是与非、真与假的二值逻辑，以及结果与制度的确定性关系。基于风险原则的事权划分应当遵循风险决策、风险分担、风险匹配的要求。第一，风险决策原则是指哪级政府决策更有利于实现公共风险最小化的目标，公共事务的决策权限就应归于哪一级政府；第二，风险分担原则是指合理界定风险责任主体、风险类型以及分担方式，按照主体性质和风险属性来界定风险责任主体，针对不同类型的公共风险确定不同层级的责任主体，并确定相应的支出责任；第三，风险匹配原则指根据各层级政府风险识别、风险防范及风险处置能力的不同，对于不同风险进行有效匹配（刘尚希等，2018）。随着风险社会的到来，按照风险原则来重塑央地财政关系更具有包容性和适用性。

（二）中国财政体制的具体安排

1. 事权和支出责任划分

（1）合理确定国家行为准则。市场经济体制存在两种资源配置系统，一是市场，二是国家。二者的关系在经济理论中争议不断。市场机制是资源配置的有效方式，但是，市场配置资源无法覆盖社会的所有领域。“看不见的手”不是万能的，国家这只“看得见的手”必须与之协同作用，就像一个人，只有左手或右手，那是残缺不全的。如何确定市场和国家的行为准则，一直是中国经济转型过程中关注的重点。传统的理论是从政府职能边界入手来思考的，例如，从交易费用角度看，为交易寻找合适的交易结构，以此来确定市场和国家的边界。这是基于制度主义的逻辑，与现实背离越来越远，市场领域国家不能介入，公共领域市场不能介入的理论禁区早已被打破。国家与市场的关系不再是基于界域来划分作用范围和确定国家职能，而是转向了行为主义和公共风险防范化解，基于行为准则来分工协作。在不确定性条件下，无法事先通过制度来界定各自的活动范围。公共风险是无界的，往往需要跨界的行为合作。国家行为准则一旦确定，央地事权和支出责任也就有了划分的基础。

（2）事权（支出责任）划分。在传统理论和实践中，讨论央地分权问题，都是基于事项法来展开的。由于观察视角的绝对化，一度认为基于中国实践形成的“中央决策、地方执行”是一个问题，需要按照西方国家的分权模式进行改革。随着中国进入发展新阶段，国家治理现代化需要财政超越经济属性而全方位支撑国家治理，过去的理论表现出明显的局限性，这需要基于治理效能或公共风险控制来进行新的探索。

无论是单一制国家还是联邦制国家，央地事权划分方面都有大致的框架，主要是：中央政府是国家安全、经济稳定和收入再分配的主要承担者；资源配置（提供公共服务）主要由地方政府提供，但是一旦涉及全国性公共产品以及具有大范围规模经济和空间外溢的活动仍然需要中央承担或者参与（楼继伟，2013）。中国划分央地事权的混合模式与政治体制的内在逻辑更融洽。

基于两级治理、五级政府的基本格局，中国的地方财政体制安排应突出省市县的辖区责任。

（3）基于风险原则的划分路径。在风险频发的风险社会，划分央地事权和支出责任需要风险思维和风险意识，根据风险决策、风险分担和风险匹配的具体原则进行优化，把效率最大化内嵌到风险最小化之中。风险预期与效率内在关联，风险责任的界定是否合理，从根本上影响效率高低。承担不适合承担的风险，往往导致行为收缩，就会降低效率。事权划分不是消除风险，而是明确风险责任、合理控制风险。具体包括以下五个方面：第一，识别基本公共服务提供中的风险。第二，根据风险决策原则，适度强化中央财政事权。第三，根据风险分担原则，适当减少并规范中央与地方共同财政事权。第四，根据风险匹配原则，赋予地方政府充分的自主权。第五，根据公共风险的变化，构建事权划分的动态调整机制（刘尚希等，2021）。

2. 财权划分

一般认为，财权是指一级政府为满足一定的支出需要而筹集财政收入的权力以形成自筹的财力，包括税权、产权、举债权等。

（1）税权划分。Mursgrave（1983）从理论上提出税种划分的七个标准：第一，收入再分配作用较大的累进税归中央；第二，具备稳定经济功能的税种归中央，相对平稳、收入波动不大的税种归地方；第三，税源区域分布不均的税种归中央；第四，以流动性要素为征税对象的税收归中央；第五，依赖于居住地的税收归地方更加合理；第六，以非流动性生产要素为征税对象的税收归入地方；第七，受益性税收还有收费可以满足各级政府的需要。但现实情况与此有较大的差距，因为税权划分还涉及立法权、征管成本、区域差距等因素的影响。

（2）产权划分。与私有制国家不同的是公有制国家有大量的资产资源，因此，只分税是不充分不完整的，还需要分“产”，即确权。公共产权涵盖国家和集体所有的自然资源、经营性资产、非经营性资产等。明晰产权，是在所有权的各项权能上进行划分或设置共享模式，明确每一项权能的权利与义务。例如，国有资源所有权属于国家，但收益权可划给地方或者中央与地方分享，前提是中央必须给地方“确权”。在中国，中央与地方关系中除了公共权力之外，还有一个重要方面，即国家所有权，这是一项财产权。中国法律规定，属于国家所有的公共资源由国务院行使所有者权利，即国家所有权代表是中央，地方无法律资格来行使国家所有权。公共资源在中央与地方之间如何界定权限，也就是国家所有权的各项权能——占有权、使用权、处分权和收益权等如何在中央与地方之间分解并明确界定长期悬而未决（刘尚希、吉富星，2014），作为以公有制为主体的国家，央地财政关系中亟待确权，明确产权归属及其收益关系。

（3）举债权划分。举债权包括公债的发行权和公债的使用权。

地方举债权在不同国家有不同的规定，在单一制国家多是由中央审批或者限额授权。中国的地方举债权体现为地方在全国人大批准的限额内自主发行债券和使用债券资金。按照两级治理的模式，目前中国政府举债权划分为两级，省以下没有举债权。

3. 转移支付制度

（1）转移支付制度类型。财政转移支付是指政府间通过预算安排的无偿资金拨付。从资金转移方向划分，包括自上而下的纵向转移支付，和同级政府之间的横向转移支付，以及纵横结合转移支付。从资金用途是否限定划分，包括不规定资金用途、旨在促进各地方政府提供均等化基本公共服务和保障国家重大政策实施的一般转移支付和规定资金用途、专款专用的专项转移支付。从目标和功能划分，包括以均等化为目标的转移支付、解决辖区间外溢性问题的转移支付、中央委托地方事务引致的转移支付、以增强国家政治控制力为目标的转移支付（刘尚希、李敏，2007）。

（2）设计原则和方法。一般而言，有效的转移支付制度应当融合公平与效率。一方面，实现地区财政均衡，促进基本公共服务均等化；另一方面，通过基本公共服务均等化促进人力资本积累及其均等化，提升区域经济效率。转移支付制度设计蕴含短期目标与长期目标。实现地区财力均等化是转移支付的短期目标，这主要是缓解地方财力差距。从长期来看，转移支付制度目标是促进公共服务均等化，加快经济欠发达地区的人力资本积累，从根本上增强自我发展能力。

随着人类进入风险社会，应该加入风险原则，坚持“以人为本”的理念，提高转移支付对冲风险的功能，避免一些地区陷入“资源诅咒”陷阱之中，从而对转移支付产生依赖。有必要调整转移支付瞄准农村、中西部等特定地域的静态倾斜，而转向基于人口流动的动态倾斜，让转移支付“跟人走”，避免与人脱节（刘尚希，2021）。

4. 地方财政体制

从中国两级治理架构出发，财政体制分为两个层面：国家层面的财政体制，与国家治理架构相适应；地方层面的财政体制，与地方治理架构相匹配。国家财政体制改革，即中央与地方之间的财政关系仍要坚持分税制，有利于调动地方的积极性。地方财政体制不一定要照搬国家分税制，在中央和地方分税制的原则框架内，遵循完善政府间财政关系的基本原则，可因地制宜。地方内部不具有同质性，分税制无法从国家层面贯穿到地方内部的各级政府之间。因此，地方财政体制可以有地方特色，在中央统一领导下，让地方有充分的自主权和责任约束，这是调动地方积极性、让国家充满活力的前提，也是保障国家稳定统一、“活而不乱”的条件（刘尚希、武靖州，2019）。

完善省以下财政体制，需要强化省级的辖区财政责任，适度增强省级的调控能力，坚持省负总责、各负其责，尊重地方的自主性和首创精神，鼓励各地区因地制宜采取差异化措施，激励与约束并重，充分调动省以下各级政府积极性；同时，优化转移支付结构，围绕“兜底线、促均衡、保重点”目标，优化横向、纵向财力格局，建立健全权责配置更为合理、收入划分更加规范、财力分布相对均衡、基层保障更加有力的省以下财政体制，促进加快建设全国统一大市场，推进基本公共服务均等化，推动高质量发展，为全面建设社会主义现代化国家提供坚实保障［参见《国务院办公厅关于进一步推进省以下财政体制改革工作的指导意见》（2022）］。

参考文献

《马克思、恩格斯文集》第1卷，人民出版社2009年版。

毛泽东：《论十大关系》，《人民日报》1976年12月26日第1版。

财政部干部教育中心组编：《现代政府间财政关系研究》，经济科学出版社2017年版。

陈共：《财政学对象的重新思考》，《财政研究》2015 年第 4 期。

戴园晨、徐亚平：《财政体制改革与中央地方财政关系变化》，《经济学家》1992 年第 4 期。

邓子基：《深化财政改革　理顺分配关系》，《经济研究》1992 年第 11 期。

封丽霞：《国家治理转型的纵向维度——基于央地关系改革的法治化视角》，《东方法学》2020 年第 2 期。

冯兴元：《地方政府竞争》，译林出版社 2010 年版。

高春亮、李善同：《财政分权、人力资本与高质量增长》，《财政研究》2019 年第 9 期。

高培勇：《新时代中国财税体制改革的理论逻辑》，《财政研究》2018 年第 11 期。

高培勇：《由适应市场经济体制到匹配国家治理体系——关于新一轮财税体制改革基本取向的讨论》，《财贸经济》2014 年第 3 期。

郭庆旺：《以习近平新时代中国特色社会主义思想指导新时代中国财政理论创新和财政制度建设》，《财政科学》2017 年第 11 期。

国务院：《国务院关于推进中央与地方财政事权和支出责任划分改革的指导意见》（国发〔2016〕49 号），中华人民共和国中央人民政府网站，2016 年 8 月 24 日。

何振一：《财政的集中与分散数量界限的研究》，《财政研究》1985 年第 1 期。

嵇雷、巨英：《论我国中央与地方关系的内涵、特征与原则》，《法制与社会》2009 年第 36 期。

贾康：《中国财政体制改革之后的分权问题》，《改革》2013 年第 2 期。

贾康、白景明：《县乡财政解困与财政体制创新》，《经济研究》2002 年第 2 期。

李俊生、乔宝云、刘乐峥：《明晰政府间事权划分，构建现代化政府治理体系》，《中央财经大学学报》2014 年第 3 期。

李学文、卢新海、张蔚文：《地方政府与预算外收入：中国经济增长模式问题》，《世界经济》2012 年第 8 期。

李永友、沈玉平：《财政收入垂直分配关系及其均衡增长效应》，《中国社会科学》2010 年第 6 期。

李政、杨思莹：《财政分权、政府创新偏好与区域创新效率》，《管理世界》2018 年第 12 期。

刘吉瑞：《论行政性分权和经济性分权》，《经济社会体制比较》1988 年第 3 期。

刘尚希：《财政与国家治理：基于三个维度的认识》，《中国财经报》2015 年 7 月 7 日。

刘尚希：《分税制的是与非》，《经济研究参考》2012 年第 7 期。

刘尚希：《推进城镇化要学会“打飞靶”》，《经济日报》2021 年 1 月 4 日第 5 版。

刘尚希：《新中国 70 年发展的财政逻辑》，《中国财政》2019 年第 22 期。

刘尚希、傅志华等：《中国改革开放的财政逻辑（1978—2018）》，人民出版社 2018 年版。

刘尚希、吉富星：《公共产权制度：公共资源收益全民共享的基本条件》，《中共中央党校学报》2014 年第 5 期。

刘尚希、李敏：《论政府间转移支付的分类》，《财贸经济》2006 年第 3 期。

刘尚希、石英华、武靖州：《公共风险视角下中央与地方财政事权划分研究》，《改革》2018 年第 8 期。

刘尚希、唐虎梅、傅志华、赵福昌、程瑜、郭丰、陈龙：《我国审判领域财政事权与支出责任划分改革研究》，《财政研究》2021 年第 5 期。

刘尚希、武靖州：《从国家治理视角进一步推进财税体制改革》，《国家治理》2019 年第 40 期。

刘尚希、赵大全：《辖区财政：财政体制改革的构想》，《地方财政研究》2013 年第 10 期。

楼继伟：《借鉴和改造“分权制”——政治经济体制综合改革思路探索》，《经济社会体制比较》1987 年第 1 期。

楼继伟：《中国政府间财政关系再思考》，中国财政经济出版社 2013 年版。

卢梭：《社会契约论》中译本，商务印书馆 2017 年版。

吕冰洋：《“顾炎武方案”与央地关系构建：寓活力于秩序》，《财贸经济》2019 年第 10 期。

吕冰洋：《现代政府间财政关系的构建》，《中国人民大学学报》2014 年第 5 期。

吕冰洋、台航：《从财政包干到分税制：发挥两个积极性》，《财贸经济》2018 年第 10 期。

吕炜、张妍彦、周佳音：《财政在中国改革发展中的贡献——探寻中国财政改革的实践逻辑》，《经济研究》2019 年第 9 期。

苗连营、王圭宇：《地方“人格化”、财政分权与央地关系》，《河南社会科学》2009 年第 2 期。

钱穆：《中国历代政治得失》，生活·读书·新知三联书店 2001 年版。

荣敬本、赖海榕：《关于县乡两级政治体制改革的比较研究——从村到乡镇民主制度建设的发展》，《经济社会体制比较》2000 年第 4 期。

《社会主义产权制度与产权理论》课题组：《矛盾与前景：行政性分权与市场取向相结合的改革战略》，《改革》1991 年第 6 期。

苏东斌：《当代中国经济思想史断录》，社会科学文献出版社 2009 年版。

孙开：《财政联邦制的理论与实践——发达国家各级政府间财政关系探析》，《财政研究》1994 年第 11 期。

谭波：《央地关系视角下的财权、事权及其宪法保障》，《求是学刊》2016 年第 1 期。

吴敬琏、周小川、李剑阁：《关于各级政府职能和分层管理的思考》，《经济管理》1986 年第 12 期。

许毅：《论财政分配结构与国民经济结构的关系》，《江西财经学院学报》1980 年第 1 期。

许毅、沈经农：《经济大词典·财政卷》，上海辞书出版社 1987 年版。

杨其静、聂辉华：《保护市场的联邦主义及其批判》，《经济研究》

2008 年第 3 期。

张军、高远、傅勇、张弘：《中国为什么拥有了良好的基础设施?》，《经济研究》2007 年第 3 期。

张晏、龚六堂：《分税制改革，财政分权与中国经济增长》，《经济学(季刊)》2005 年第 1 期。

赵人伟：《作为改革的方向和目标应是经济性分权和行政性分权的结合》，《经济研究》1987 年第 4 期。

郑永年：《中国的“行为联邦制”：中央—地方关系的变革与动力》，东方出版社 2013 年版。

周飞舟：《锦标赛体制》，《社会学研究》2009 年第 3 期。

周黎安：《晋升博弈中政府官员的激励与合作——兼论我国地方保护主义和重复建设问题长期存在的原因》，《经济研究》2004 年第 4 期。

周黎安：《行政发包制》，《社会》2014 年第 6 期。

朱之鑫：《全面正确履行政府职能》，《求是》2013 年第 22 期。

［美］查尔斯·蒂利：《强制、资本和欧洲国家（公元 990—1992 年)》，魏洪钟译，上海人民出版社 2007 年版。

［美］詹姆斯·B. 柯林斯：《君主专制政体下的财政极限》，沈国华译，上海财经大学出版社 2016 年版。

［英］安德鲁·海伍德：《政治学核心概念》，吴勇译，天津人民出版社 2008 年版。

［英］哈耶克：《通往奴役之路》，王明毅等译，中国社会科学出版社 2016 年版。

［英］洛克：《政府论》，叶启芳等译，商务印书馆 2016 年版。

Buchanan, J. M., “An Economic Theory of Clubs”, *Economics*, Vol. 32, No. 125, 1965.

Elazar, D., “American Federalism: A view from the states”, *Journal of Politics*, 1967.

Hayek, F. A., “The Use of Knowledge in Society”, *The American Economic Review*, Vol. 35, No. 4, 1945.

Hehui Jin, Yingyi Qian, Barry Weingast, “Regional Decentralization and

Fiscal Incentives: Federalism, Chinese Style", *Working Papers* 99013, *Stanford University*, *Department of Economics*, 1999.

Jin, H., Y. Qian, and B. R. Weingast, "Regional Decentralization and Fiscal Incentives: Federalism, Chinese Style", *Journal of Public Economics*, Vol. 89, No. 9 - 10, 2005.

Lin, J. Y., and Liu, Z., "Fiscal Decentralization and Economic Growth in China", *Economic Development and Cultural Change*, Vol. 49, No. 1, 2000.

Maskin, E., Y. Qian, and C. Xu, "Incentives, Scale Economies and Organizational Form", *Social Science Electronic Publishing*, Vol. 41, No. 3 - 4, 1997.

McGuire., "Private Good Clubs and Public Good Clubs: Economic Models of Group Formation", *The Swedish Journal of Economics*, 1972.

Montinola, Gabriella, Ying yi Qian, and Barry R. Weingast., "Federalism, Chinese Style: the Political Basis for Economic Success in China", *World Politics*, Vol. 48, No. 1, 1995.

Qian and Weingast., "China's Transition to Markets: Market-preserving Federalism, Chinese Style", *The Journal of Policy Reform*, Vol. 1, No. 2, 1996.

Qian, Y., "Incentives and Loss of Control in an Optimal Hierarchy", *The Review of Economic Studies*, Vol. 61, No. 3, 1994.

Qianand Roland., "Federalism and the Soft Budget Constraint", *American Economic Review*, 1998.

Richard A., Musgrave, "Who Should Tax, Where, and What?", in Charles E. McLure, Jr. (ed.), *Tax Assignment in Federal Countries*, Chapter 1, Canberra: Centre for Research on Federal Financial Relations, Australian National University, 1983.

Stigler, G., "Federal Expenditure Policy for Economic Growth and Stability", *Subcommittee on Fiscal Policy*, 1957.

Stigler, G., "Perfect Competition, Historically Contemplated", *Journal of*

Political Economy, Vol. 65, No. 1, 1957.

Thiessen, U., "Fiscal Decentralization and Economic Growth in High-income OECD Countries", *Fiscal Studies*, Vol. 24, No. 3, 2003.

Tiebout, C. M., "A Pure theory of Local Expenditures", *Journal of Political Economy*, Vol. 64, No. 5, 1956.

Wallace E. Oates., "Fiscal Federalism", *Books*, *Edward Elgar Publishing*, *Number*, 1972.

Weingast, B. R., "Second Generation Fiscal Federalism: The Implications of Fiscal Incentives", *Journal of Urban Economics*, Vol. 65, No. 3, 2008.

Weingast, B. R., "The Economic Role of Political Institutions: Market-preserving Federalism and Economic Development", *JL Econ. & Org.*, Vol. 11, 1995.

Weingast, "From Federalism, Chinese Style to Privatization, Chinese Style", *Economics of Transition*, Vol. 7, No. 11, 1999.

中国特色社会主义政治经济学

刘　伟　邱海平*

中国特色社会主义政治经济学是马克思主义基本原理与改革开放以来中国特色社会主义经济发展实践相结合而形成的理论成果，是反映社会主义经济运动规律的科学理论，是中国特色社会主义理论体系的重要组成部分。习近平新时代中国特色社会主义经济思想是新时代中国特色社会主义政治经济学，是当代中国马克思主义政治经济学、21 世纪马克思主义政治经济学，是指导新时代中国特色社会主义经济建设和经济发展实践的理论基础和根本遵循。

一　中国特色社会主义政治经济学的形成与发展

马克思和恩格斯是科学社会主义的创始人，也是社会主义政治经济学的奠基者。他们依据对于资本主义生产方式的内在矛盾和社会经济运动规律的理论分析，提出了社会主义最终将取代资本主义的基本结论，并在此基础上，对于未来社会主义和共产主义社会的基本经济特征进行了理论描述，这些基本经济特征主要有：消灭了生产资料私有制，全部生产资料归社会所有成员共同占有和支配；消灭了旧的社

* 刘伟，中国人民大学；邱海平，中国人民大学经济学院。

会分工和商品生产，在生产资料共同占有的基础上实行全社会的计划生产；在共产主义第一阶段即社会主义社会，劳动仍然是人们的谋生手段，个人消费品实行按劳分配；在共产主义第二阶段即共产主义社会，生产力高度发达，劳动不再是人们的谋生手段，而是第一生活需要，个人消费品实行按需分配，每个人都将得到自由全面发展；阶级、阶级压迫和阶级统治、政治意义上的国家、城乡差别、工农差别、脑力劳动与体力劳动之间的差别等都已消亡，对人的统治将由对物的管理和对生产过程的领导所代替；各国人民之间的民族分隔和对立日益消失，全人类成为真正的共同体；等等。马克思和恩格斯的这些理论描述和预测，指明了人类社会的发展方向，开创了社会主义政治经济学的思想进程，为社会主义革命和建设提供了重要的理论指导。但是，这些理论并不是来源于现实社会主义和共产主义实践经验的总结，更多具有理论预测的性质，因此需要在实践中不断得到检验、丰富和发展。

十月革命胜利后，苏俄成为世界上第一个社会主义国家，开启了探索社会主义发展道路的实践进程和创建社会主义政治经济学的理论进程。在这一过程中，列宁先后提出了战时共产主义政策和新经济政策，并从理论上对社会主义经济建设规律进行了初步探索。列宁之后，为了快速实现国家工业化，在斯大林领导下，苏联迅速建立了以国有制和集体农庄制为基础的生产资料公有制度，并实行高度集中的计划经济体制。为了总结苏联社会主义经济建设经验，并且给包括中国在内的其他社会主义国家提供理论指导，在斯大林亲自领导下，苏共中央决定组织编写《政治经济学（教科书）》。为了指导教科书的编写并批评一些人的错误观点，1951 年斯大林发表了《苏联社会主义经济问题》，对社会主义政治经济学的许多重大理论问题进行了探讨。1955 年苏联《政治经济学（教科书）》的正式出版，标志着社会主义政治经济学的理论建设进入以实践为基础的新的发展阶段。苏联版的社会主义政治经济学，一方面坚持和发展了科学社会主义基本原理，另一方面又存在严重的教条主义倾向和各种理论缺陷。

中国特色社会主义政治经济学是中国共产党不断推进马克思主义政治经济学中国化时代化的理论成果。鸦片战争之前，在中国封建社会内部已经产生了资本主义萌芽。1840 年起，帝国主义的入侵，打断了中国原有的发展轨道，中国逐步成为半殖民地半封建社会，中华民族遭受了前所未有的劫难。为了拯救民族危亡，中国人民奋起反抗，仁人志士奔走呐喊，太平天国运动、戊戌变法、义和团运动、辛亥革命接连而起，各种救国方案轮番出台，但都以失败而告终。十月革命一声炮响，给中国送来了马克思列宁主义，在中国人民和中华民族的伟大觉醒中，在马克思列宁主义同中国工人运动的紧密结合中，中国共产党应运而生。一百年来，为了实现中华民族伟大复兴，中国共产党始终坚持把马克思主义基本原理与中国具体实际和实践相结合，同中国优秀传统文化相结合，不断推进马克思主义政治经济学中国化时代化，先后形成了新民主主义经济和革命理论、社会主义革命和经济建设理论、中国特色社会主义政治经济学和习近平新时代中国特色社会主义经济思想，指导中国新民主主义革命、社会主义革命和建设、改革开放和社会主义现代化建设、新时代中国特色社会主义取得伟大胜利和伟大成就，中华民族迎来了从站起来、富起来到强起来的伟大飞跃，实现中华民族伟大复兴进入了不可逆转的历史进程。

新民主主义经济和革命理论是马克思主义政治经济学中国化时代化的开创性理论成果。19 世纪末 20 世纪初，马克思主义政治经济学开始传入中国，1919 年五四运动的爆发，进一步促进了马克思主义在中国的传播，促进了马克思主义同中国工人运动的结合，为中国共产党的成立做了思想上干部上的准备。中国共产党成立伊始，面临的历史使命就是，如何通过政治革命、经济革命、文化革命，建设一个中华民族的新社会和新国家，把一个政治上受压迫、经济上受剥削的中国，变为一个政治上自由和经济上繁荣的中国；把一个被旧文化统治因而愚昧落后的中国，变为一个被新文化统治因而文明先进的中国。

为此，首先需要回答的基本问题是，中国社会的性质是什么，中国革命的主体和对象是谁，中国革命的性质、道路和方向是什么。陈独秀、李大钊、毛泽东等中国共产党创始人运用马克思主义理论和方法对这些基本问题进行了分析，形成了半殖民地半封建社会理论以及新民主主义经济理论和革命理论。在领导新民主主义革命的实践中，毛泽东先后发表了《中国社会各阶级的分析》《湖南农民运动考察报告》《新民主主义论》《论联合政府》《目前形势和我们的任务》等著作，运用马克思主义的历史唯物主义方法论和政治经济学理论，系统阐述了中国社会和中国革命的性质及其在世界革命中的地位，科学论证了新民主主义革命路线和原则，为夺取新民主主义革命胜利和新中国成立奠定了系统的理论基础，指明了发展方向。在新民主主义理论指引下，中国共产党领导人民先后取得北伐战争、土地革命战争、抗日战争、解放战争的胜利，推翻了帝国主义、封建主义、官僚资本主义三座大山，成立了人民当家作主的中华人民共和国，实现了民族独立、人民解放。新民主主义革命的胜利，彻底结束了旧中国半殖民地半封建社会的历史，彻底结束了旧中国一盘散沙的局面，彻底废除了列强强加给中国的不平等条约和帝国主义在中国的一切特权，为实现中华民族伟大复兴创造了根本社会条件。

社会主义革命和经济建设理论是马克思主义政治经济学中国化时代化的艰难探索。新中国成立前夕，毛泽东曾经提出，用10—15年发展新民主主义经济，在国家经济事业和文化事业大为兴盛了以后，在各种条件具备了以后，在全国人民考虑成熟并在大家同意了以后，就可以从容地和妥善地走进社会主义的新时期。1949年新中国成立之后，经过三年国民经济恢复并取得抗美援朝战争胜利后，从1952年起，以毛泽东为代表的中国共产党开始探索社会主义革命问题，即向社会主义社会过渡的问题，提出了过渡时期的总路线，即实现社会主义工业化，逐步实现国家对农业、手工业和资本主义工商业的社会主义改造。根据过渡时期的总路线，至1956年，我国社会主义改造任务基本完成，建立了以生产资料公有制为基础的社会主义经济制度，创造了和平进入社会主义社会的伟大奇迹。社会主义革命的胜利，消灭了在中国延续几千年的封建剥削压迫制度，确立了社会主义根本经济制度，实现了中华民族有史以来最为广泛而深刻的社会变革，为实现中华民族伟大复兴奠定了根本政治前提和经济制度基础。同时，“社会主义革命和建设时期，我们党在寻找正确道路中也历经艰辛。一开始，因为没有搞过社会主义，这是一个全新的事业，只能照搬苏联模式，一边倒，走的是高度集中的计划经济的路子，后来，我们党认识到这种做法有问题，进行了积极探索和思考，取得了一些成果，毛泽东同志的重要著作《论十大关系》等就反映了这个探索的成果”（习近平，2021）。1956 年，毛泽东发表《论十大关系》的讲话，提出了以农业为基础、工业为主导，农轻重工业协调发展；统筹兼顾、适当安排，注意综合平衡；充分发挥中央和地方两个积极性；处理好国家、集体和个人的关系，使各方各得其所；建设独立的比较完整的工业体系和国民经济体系；全面实现农业、工业、国防和科学技术的现代化；自力更生为主、争取外援为辅等一系列既反映社会主义建设规律又反映中国国情的创新性理论观点。

毛泽东高度重视社会主义政治经济学的理论建设，多次号召领导干部要学习研究政治经济学，并亲自组织专家一同学习和研究苏联政治经济学教科书，一方面肯定了其正确的一面，另一方面指出了其存在的缺点和错误，并提出了许多理论上的真知灼见，为中国特色社会主义政治经济学的创立进行了可贵的探索，做出了有益贡献。“后来，由于对国际国内形势的认识逐步发生偏差，指导思想也发生了偏差，最后发生了‘文化大革命’这样的全局性的长时间的严重错误，可以说没有找到一条完全符合中国实际的建设社会主义的道路。当然，社会主义革命和建设时期的道路探索，为我们继续探索新路打下了重要基础、提供了重要启示。”（习近平，2021）

中国特色社会主义政治经济学是马克思主义政治经济学中国化时

代化的突破性的理论成果。1978 年党的十一届三中全会，重新确立了解放思想、实事求是的思想路线，停止使用“以阶级斗争为纲”的错误提法，把全党工作的着重点转移到社会主义现代化建设上来，作出实行改革开放的重大决策，实现了党的历史上具有深远意义的重大转折。在改革开放新的实践中，中国共产党更加自觉地把马克思主义政治经济学基本原理同中国国情相结合，不断丰富和发展马克思主义政治经济学，提出了社会主义初级阶段理论、社会主义本质理论、社会主义初级阶段基本经济制度理论和收入分配理论、社会主义市场经济理论、对外开放理论等基本理论，形成了中国特色社会主义政治经济学，成功开创了中国特色社会主义发展道路，创造了社会生产力和人民物质文化生活水平不断提高、综合国力不断增强、社会整体长期稳定的发展奇迹。

习近平新时代中国特色社会主义经济思想开拓了马克思主义政治经济学中国化时代化新境界。党的十八大以来，我们党及时总结新的生动实践，形成了以新发展理念为主要内容的习近平新时代中国特色社会主义经济思想，主要包括关于创新、协调、绿色、开放、共享发展的理论，关于以人民为中心的发展思想、关于坚持党对经济工作的集中统一领导的理论、关于发展社会主义市场经济、使市场在资源配置中起决定性作用和更好发挥政府作用的理论，关于我国经济发展进入新常态、深化供给侧结构性改革、推动经济高质量发展的理论，关于推动新型工业化、信息化、城镇化、农业现代化同步发展和区域协调发展的理论，关于农民承包的土地具有所有权、承包权、经营权属性的理论，关于用好国际国内两个市场、两种资源的理论，关于加快形成以国内大循环为主体、国内国际双循环相互促进的新发展格局的理论，关于促进社会公平正义、逐步实现全体人民共同富裕的理论，关于统筹发展和安全的理论，等等。习近平新时代中国特色社会主义经济思想，是中国特色社会主义政治经济学的最新理论成果，不仅有力指导了新时代我国改革开放和经济发展实践，而且开拓了马克思主义政治经济学新境界。

二　中国特色社会主义政治经济学的创新性和时代性

中国特色社会主义政治经济学一方面是马克思主义政治经济学在中国的继承和发展，另一方面是不同于以苏联《政治经济学（教科书）》为代表的传统社会主义政治经济学的一种全新的社会主义政治经济学。中国特色社会主义政治经济学，一方面坚持了马克思主义政治经济学的以人民为中心的根本立场和价值观、辩证唯物主义和历史唯物主义的世界观和方法论、科学社会主义基本原则；另一方面在关于社会主义发展阶段、关于社会主义本质、关于社会主义经济改革、关于社会主义生产资料所有制、关于社会主义分配制度和分配方式、关于社会主义与市场经济的关系、关于社会主义经济发展方式、关于宏观经济管理与调控、关于对外开放与国际经济关系等各个方面丰富和发展了马克思主义政治经济学理论。中国特色社会主义政治经济学既吸收了传统社会主义政治经济学的科学成分，同时又实现了重大的理论创新，最集中体现在，在认识上突破了试图完全将马克思主义关于社会主义经济的理论设想直接照搬到社会主义实践中的教条主义思维定式，更加注重从社会主义经济建设实践面临的客观条件和实际问题出发来认识什么是社会主义、社会主义的本质是什么、如何建设社会主义等根本问题，由此实现了一系列理论上的创新和发展，形成了一种全新的社会主义政治经济学理论体系，成功开创了中国特色社会主义经济发展道路并取得历史性伟大成就。

中国特色社会主义政治经济学是在中国共产党立足解决新的时代问题的探索过程中形成并不断创新发展的。1949 年新中国成立，标志着中华民族和中国人民从此“站起来”了。1956 年社会主义经济制度建立之后，以毛泽东同志为核心的中国共产党要解决的时代问题是如何迅速实现现代化，巩固社会主义制度。经过几十年建设，国家工业化和现代化建设取得重大成就，人民生活卫生健康教育状况得到很大改善，但也遭受了“大跃进”“人民公社化”“文化大革命”等严重挫折。1978 年以后，以邓小平同志为核心的中国共产党要解决的时代问题是如何使中国人民“富起来”，进而开启了“建设有中国特色的社会主义”的实践探索，在这一探索进程中形成了中国特色社会主义理论，其中关于政治经济学的思想具有极为重要的地位，从“政治经济学的初稿”到中国特色社会主义政治经济学的逐步形成，实现了政治经济学理论的重大突破，指引中国特色社会主义经济建设取得历史性伟大成就，国家综合实力显著提升，人民生活达到小康水平。党的十八大以来，以习近平同志为核心的党中央要解决的时代问题则是如何在“站起来”“富起来”基础上进一步实现“强起来”，在探索解决这个新的时代问题的实践过程中，形成了以新发展理念为主要内容的习近平新时代中国特色社会主义经济思想，创造性地发展了中国特色社会主义政治经济学，引领中国特色社会主义进入一个新时代，推动我国经济进入高质量发展新阶段，夺取全面建成小康社会伟大胜利。在全面开启建设社会主义现代化国家新征程中，中国特色社会主义政治经济学必将得到新的丰富和发展。

三　中国特色社会主义政治经济学的研究对象和方法

政治经济学是一门历史的科学。在不同的社会历史条件下，由于经济学家秉持的世界观、方法论和阶级立场不同，从而使政治经济学或经济学的研究对象呈现出历史的变化，因此，政治经济学的研究对象和方法是一个统一体。中国特色社会主义政治经济学的研究对象和方法同样是一个统一体，必须把对于其研究对象的理解与其所运用的方法论有机地统一起来。

中国特色社会主义政治经济学坚持运用马克思主义的唯物辩证法和历史唯物主义的世界观和方法论，注重从事物的普遍联系和矛盾运动出发理解社会经济发展过程，特别强调物质生产力及其发展在整个社会及其发展中的终极决定性地位和作用，注重从生产力与生产关系、经济基础与上层建筑的对立统一关系出发认识和揭示社会经济发展规律。只有从这一根本的世界观和方法论出发，才能更好地理解中国特色社会主义政治经济学的研究对象。

一般来说，马克思主义政治经济学的研究对象是一定社会的生产方式以及与之相适应的生产关系体系（生产关系、分配关系、交换关系、消费关系的有机统一）。作为马克思主义政治经济学的一部分，中国特色社会主义政治经济学的研究对象就是社会主义生产方式以及与之相适合的生产关系体系。作为马克思主义政治经济学研究对象的生产方式，包含着社会生产力。同时，由于中国特色社会主义是处在改革和发展中的社会主义，并且是初级阶段的社会主义，一方面，发展生产力是其根本任务，另一方面，党对经济工作的集中统一领导是其本质特征和最大优势，因此，中国特色社会主义政治经济学更加注重研究生产力的发展问题，更加注重研究经济制度和经济体制改革问题，更加注重研究经济与政治的辩证关系以及宏观经济管理和调控问题。由此可见，相比一般意义上的政治经济学和传统社会主义政治经济学而言，中国特色社会主义政治经济学在研究对象上有新的拓展。

四　中国特色社会主义政治经济学的研究目的

一般来说，政治经济学的研究目的是揭示一定社会的经济运动规律。同时，政治经济学的研究又是以一定国家的经济形态和状况作为典型的。马克思在《资本论》第一卷序言中指出：“我要在本书研究的，是资本主义生产方式以及和它相适应的生产关系和交换关系。到现在为止，这种生产方式的典型地点是英国。因此，我在理论阐述上主要用英国作为例证。”（《马克思恩格斯文集》第5卷，2009）“本书的最终目的就是揭示现代社会的经济运动规律”（《马克思恩格斯文集》第5卷，2009）。恩格斯在《资本论》英文版序言中指出：“这个人的全部理论是他毕生研究英国的经济史和经济状况的结果。”（《马克思恩格斯文集》第5卷，2009）这就是说，马克思对于资本主义生产方式的研究是以英国资本主义经济为典型的，研究的目的是从理论上揭示资本主义社会经济运动的一般规律。

中国特色社会主义政治经济学同样遵从了认识事物从特殊性上升到普遍性的一般逻辑，它的研究对象不是抽象意义上的社会主义生产方式以及与之相适应的生产关系体系，而是作为社会主义特殊形态的中国特色社会主义生产方式以及与之相适应的生产关系体系，同时在理论上仍然以揭示社会主义经济发展一般规律作为自己的最终目的。然而，由于中国特色社会主义产生和发展的时间还不长，究竟哪些规律是社会主义经济的一般发展规律，哪些又是中国特色社会主义经济的特殊发展规律，仍然是一个需要在中国特色社会主义实践发展过程中不断深入研究和深化认识的重要理论问题。只有正确认识这两类不同性质的规律及其相互关系，才能避免将一般与特殊相等同或者相混淆的错误。

五　中国特色社会主义政治经济学的理论任务

马克思创立马克思主义理论以及研究政治经济学和写作《资本论》的根本目的，是揭示人类社会特别是资本主义社会的经济运动规律，从而论证无产阶级革命的必然性并为工人革命提供理论基础，因此，马克思主义政治经济学具有鲜明的批判性和革命性。中国特色社会主义经济建设实践是以新民主主义革命和社会主义革命的胜利以及社会主义政治经济制度的建立为前提的，因此，中国特色社会主义政治经济学的根本任务是为坚持和发展中国特色社会主义提供理论支撑和政策服务。一方面，中国特色社会主义政治经济学需要从科学的角度，论证中国特色社会主义经济制度和发展道路的历史必然性和合规律性，从而说明它的合理性，为坚持和发展中国特色社会主义提供科学的理论基础和思想指导；另一方面，中国特色社会主义政治经济学还需要分析中国特色社会主义经济运行和发展中存在的矛盾与问题，进而提出中国特色社会主义改革和发展的建设性政策主张。因此，中国特色社会主义政治经济学在理论任务上体现着科学性、现实性与建设性的有机统一。

六　中国特色社会主义政治经济学的基本理论及其逻辑关系

在改革开放以来 40 多年的中国特色社会主义经济发展实践中，我们党在发展理念、所有制、分配体制、政府职能、市场机制、宏观调控、产业结构、企业治理结构等重大问题上提出了许多重要论断，形成了关于社会主义本质的理论，关于社会主义初级阶段基本经济制度的理论，关于创新、协调、绿色、开放、共享发展的理论，关于发展社会主义市场经济、使市场在资源配置中起决定性作用和更好发挥政府作用的理论，关于我国经济发展进入新常态、深化供给侧结构性改革、推动经济高质量发展的理论，关于推动新型工业化、信息化、城镇化、农业现代化同步发展和区域协调发展的理论，关于农民承包的土地具有所有权、承包权、经营权属性的理论，关于用好国际国内两个市场、两种资源的理论，关于加快形成以国内大循环为主体、国内国际双循环相互促进的新发展格局的理论，关于促进社会公平正义、逐步实现全体人民共同富裕的理论，关于统筹发展和安全的理论等一系列基本理论（习近平，2020）。这些理论涵盖了中国特色社会主义经济的生产、分配、交换、消费等主要环节以及生产资料所有制、分配制度与分配方式、经济体制、宏观经济管理与调控、经济发展、对外开放等各个层次、各个方面的主要内容，中国特色社会主义政治经济学已经初步形成为由这些基本理论所构成的一个相对完整的理论体系。

同时应该看到，自 20 世纪 50 年代以来，在构建社会主义政治经济学和中国特色社会主义政治经济学的学术话语体系过程中，学术界在起点范畴、理论基石和理论主线等基本问题上还并未形成统一的认识，还存在着各种不同的看法和主张。因此，如何从学理化、规范化的角度把中国特色社会主义政治经济学构建成为由一整套相互联系的概念、范畴和原理所组成的、逻辑严谨的“系统化的经济学说”，仍然是需要不断深入探索的重要课题，也是中国经济学界面临的重大历史责任和努力方向。在这个探索过程中需要坚持的基本原则是，要以马克思主义政治经济学为指导，总结和提炼我国改革开放和社会主义现代化建设的伟大实践经验，同时借鉴西方经济学的有益成分。

七　中国特色社会主义政治经济学的理论意义和实践价值

“中国特色社会主义政治经济学”这个范畴的提出，标志着我们党对于社会主义政治经济学在理论认识上的重要飞跃，也标志着我们党对于中国特色社会主义经济制度和经济发展道路的高度自觉和自信。中国特色社会主义政治经济学是对中国特色社会主义经济建设和发展实践经验的科学理论总结，中国特色社会主义政治经济学理论体系的形成和丰富发展，标志着我们党对于中国特色社会主义经济建设和发展规律的认识达到了高度的理论自觉，并且不断得以深化。中国特色社会主义政治经济学系统揭示了落后条件下走社会主义经济发展道路实现现代化的客观规律，不仅是马克思主义政治经济学和社会主义政治经济学的重大创新和发展，而且实现了对于西方主流经济学和发展经济学的成功超越，是政治经济学或经济学的一个新范式。中国特色社会主义政治经济学是构建具有中国特色、中国风格、中国气派的经济学学科体系、学术话语体系和教材体系的理论基础。中国特色社会主义政治经济学不仅是指导中国特色社会主义经济建设实践的科学理论，而且对于世界上那些既希望加快发展又希望保持自身独立性的国家和民族、对于解决人类问题也具有重要借鉴意义和参考价值。

改革开放以来，中国特色社会主义经济建设和经济发展取得了伟大的历史性成就。实践已经充分证明，只有中国特色社会主义才能发展中国，只有坚持和发展中国特色社会主义，才能最终实现中华民族的伟大复兴；实践同样充分证明，只有坚持以中国特色社会主义理论为指导，中国才能继续沿着中国特色社会主义这一正确道路健康发展，才能避免走封建僵化的老路或者改旗易帜的邪路。中国特色社会主义政治经济学是中国特色社会主义理论体系的重要组成部分，是中国特色社会主义经济建设和经济发展实践的科学理论基础和指导思想，只有坚持以中国特色社会主义政治经济学特别是习近平新时代中国特色社会主义经济思想为指导，才能坚定中国特色社会主义经济制度自信和经济发展道路自信，才能推动新时代的改革开放事业始终沿着正确的方向发展。同时，在统筹世界百年未有之大变局和中华民族伟大复兴战略全局新的实践过程中，在全面建设社会主义现代化国家的新征程中，中国特色社会主义政治经济学也必将得到新的丰富和发展。

参考文献

《马克思恩格斯文集》第 5 卷，人民出版社 2009 年版。

习近平：《论中国共产党历史》，中央文献出版社 2021 年版。

习近平：《在经济社会领域专家座谈会上的讲话》，《人民日报》2020 年 8 月 25 日第 2 版。

比较优势与竞争优势

林毅夫　付才辉*

比较优势是经济学的核心概念，竞争优势则是管理学的核心概念。在经济学中，比较优势的本质是决策者选择不同方案的机会成本高低，是一种分析方法。但即便在贸易领域也有众多关于机会成本或相对价格高低来源的比较优势理论。例如，李嘉图理论中的技术差异所形成的比较优势、赫克歇尔—俄林理论中的禀赋差异所形成的比较优势、克鲁格曼理论中的多元偏好与规模经济所形成的比较优势、杨小凯理论中的分工经济所形成的比较优势，新制度经济学中的制度差异所形成的比较优势，等等。在管理学中，竞争优势的本质是，竞争者实施不同方案创造的经济价值的大小。同样，即便在战略管理领域也有众多关于创造经济价值大小方式的竞争优势理论。例如，基于市场结构的波特企业竞争理论、基于市场过程的动态竞争理论、基于资源租金的资源基础理论，等等。事实上，竞争优势的概念不但源于经济学原理，即所创造与获取的消费者剩余与生产者剩余的相对大小，也以比较优势为基础，即和其他竞争者相比能够以较低的机会成本生产商品和服务（Barney and Clark，2007；保罗·海恩等，2017）。

* 林毅夫、付才辉，北京大学新结构经济学研究院。

一　比较优势：概念本质与理论拓展

（一）比较优势的滥觞

为反对英国的《谷物法》，李嘉图在1817年发表的《政治经济学及赋税原理》中提出了“比较优势”概念。此后，经济学的方法和主题出现了巨变，我们称之为“经济学史的双重分水岭”。

李嘉图得出的经济学洞见：就两国贸易而言，重要的不是各自的生产力水平，而是各自的机会成本。李嘉图在贸易上的看法比斯密更加一般化：即使没有各自的绝对优势各国也可以进行贸易。李嘉图的比较优势原理虽然在当时讨论的是贸易问题，却首次提出了机会成本这一用于现代经济学理性选择分析的一般性工具，也使得机会成本成为各种比较优势理论的统一内涵，而不局限于贸易理论。机会成本这一经济学基本工具的引入使得李嘉图的观点比斯密的更具有一般性，即比较优势比绝对优势更一般。从而，在李嘉图之后，以约翰·穆勒为代表的经济学家则系统论述了生产、分配、交换等经济运行以及政府的影响，并通过边际革命推动了古典经济学迈入新古典经济学时代。

李嘉图重新调整了经济学的关注点，将其从古典经济学关心的动态经济增长转向新古典经济学关心的静态资源配置，一直到20世纪后半叶（关于跨期资源配置的）新古典增长理论解释不了经济的持续增长为止（Landreth and Colander, 2002）。在《国富论》中劳动生产率的提高是通过分工来内生促进的，而不是像后继者李嘉图那样假定“英国的劳动生产率翻一番”是外生给定的，也因此斯密的绝对优势其实才是内生的比较优势，而李嘉图的比较优势反而是外生假定的（Yang, 2001）。诚如杨小凯所深刻指出的，这种差别并不是简单的外生与内生比较利益的差别，它们本质上代表着经济学的不同发展思路，前者关注结构拓扑性质的变化，而后者仅关注资源配置非拓扑性质的变化（杨小凯，1998）。

（二）比较优势的本质：理性选择的机会成本

一方面，比较优势概念的诞生引入了机会成本的概念，从而奠定了现代经济学理性选择方法的基础（第一重分水岭）；另一方面，比较优势原理对贸易的严谨分析意外地让现代经济学滑入了资源配置的新古典范式，而远离了古典经济学的内生结构问题（第二重分水岭）。之所以对比较优势有如此多的争论和误解，一方面是由于对概念方法的本质缺乏深刻的理解，另一方面是由于对不同类型的比较优势理论缺乏深刻的辨识。第一重分水岭意味着比较优势概念的本质是决策者选择不同方案的机会成本，是具有普遍性的方法，在现代经济学中是唯一可以作为先验条件接受的公理，即是现代经济学的“本体”——理性选择，除了贸易现象还可以广泛应用于所有的人类行为现象（Becker，1976）。第二重分水岭则意味着比较优势理论有很多具体类型，如基于（外生的或内生的）技术的比较优势理论、基于（配置的或结构的）要素禀赋的比较优势理论、基于规模报酬与多元偏好的比较优势理论、基于（外生的或内生的）制度的比较优势理论，等等。即便在贸易领域，正如罗纳德·芬得利在《新帕尔格雷夫经济学大辞典》“比较优势”词条中指出的，作为贸易理论的比较优势，除了国家之间，也适用于个人之间、企业之间和地区之间的贸易，只要经济主体之间的偏好、禀赋、技术存在任何差别，都可以产生商品相对价格差异即比较优势，并可通过贸易改善配置效率。

然而，比较优势的本质并非某类比较优势理论，而是作为理性选择核心机制的机会成本。人们在日常生活中无时无刻不做出决策，但是要找准真实的权衡取舍、准确理解机会成本也并非易事。[①] 由于

① 诺贝尔经济学奖得主詹姆斯·布坎南2016年在《新帕尔格雷夫经济学大辞典》“机会成本”词条中阐述了机会成本的丰富内涵，也对机会成本与选择关系做了专门的论述。

缺乏比较优势的本质是机会成本这点认识，包括经济学家的不少人认为比较优势概念的运用也只限定于贸易范畴，或者仅囿于各种版本的李嘉图模型或赫克歇尔—俄林模型，以至作茧自缚于新古典经济学静态资源配置范式（Lin and Chang，2009；张军，2013；贾根良，2018）。[①]

（三）基于配置范式的比较优势贸易理论

从 1817 年李嘉图提出比较优势原理分析贸易问题以来，基于配置范式的不同比较优势贸易理论层出不穷，而且日趋成熟。不论是基于标准的完全竞争和新古典技术，还是基于垄断竞争以及规模经济和分工经济，抑或建立在微观企业或细分区域基础上的异质性，以及是否引入贸易摩擦和制度因素，统一的表现形式其实都是由商品相对价格高低所决定的贸易或分工模式，而影响商品相对价格高低的渠道不外乎偏好、技术与禀赋以及包括制度在内的影响交易效率的因素。事实上，关于贸易的比较优势模式取决于技术、禀赋与偏好的复杂“一般均衡”关系的讨论，早已见于李嘉图的《政治经济学及赋税原理》之中。后续的进步只是随着建模技术以及各种可得数据的提高，通过严谨的分析甚至复杂的一般均衡模型，理顺了各种可能的甚至细微的贸易模式。换言之，过去两百年来，经济学依然尚未成功运用李嘉图提出的比较优势概念（理性选择的机会成本）来解释作为影响贸易模式（比较优势贸易理论）外生前提条件的技术、禀赋与偏好在不同经济体之间的差异，这或许才是下一代比较优势结构理论的方向。

（四）基于结构范式的比较优势结构理论

Grossman 和 Helpman 率先将内生增长的罗默模型（Romer，

① 保罗·海恩等的著名教科书《经济学思维方式》在非国际贸易情形下对比较优势概念也有精彩的介绍。

1990）置于两国开放经济情形中，也就将李嘉图外生技术的比较优势内生化了。然而，正如达龙·阿西莫格鲁2019年在其教科书《现代经济增长导论》中所总结的，运用现代经济学的理性选择与市场均衡分析技术内生选择面临两大挑战：其一，不同于给定生产集（生产函数）中的配置（投入产出）是确定的，创新就其本质而言包含对未知事物的发现，难以为技术建立元生产函数（生产函数的生产函数，meta-production function），亦即创新可能性边界是未知的（熊彼特，1912）；其二，不同于配置中的商品（纯公共品除外）是竞争的以及规模报酬不变的，创新是非竞争的以及规模报酬递增的，难以兼容完全竞争市场均衡。对于第一点，尽管经济学界存在争议，但经济学界坚持认为创新只要是人类有意识的行为就可以予以理性分析，即假设技术的元生产函数是存在的；对于第二点，假设技术的元生产函数是存在的，那么创新就是研发投入的产物，不论创新的收益是创造了新产品还是提高了产品质量抑或降低成本，如果不能通过专利保护或商业秘密抑或创新专用性垄断创新的收益，理性的经济主体就不会有创新的激励。从而包括新增长理论在内的主流经济学界逐渐放弃了适用于配置分析的完全竞争假定，转而使用垄断竞争假定。可以想见，前沿创新在发达国家即便充满不确定但在激励之下也不可能研发不符合比较优势的技术。

尽管内生增长理论与阿罗—德布鲁一般均衡公理化体系不相容（新古典贸易理论仅仅是其一个分支），却把其前提条件内生化了，进入一种不同于仅内生配置的结构范式。然而，基于研发驱动的前沿创新理论并不适用于前沿内部缺乏自主创新的发展中国家，而且前沿技术创新理论虽然大体上能够解释工业革命以来处于世界前沿的发达国家的经济总体增长，但也不能解释与之相伴的结构变迁。根据安格斯·麦迪逊的研究，在18世纪之前，当时世界上最发达的西欧国家人均GDP的增长，每年只有0.05%，需要1400年的时间人均GDP才会翻一番。从18世纪开始，西欧这些发达国家人均

GDP 的增速突然加速了 20 倍，增加到每年 1%，人均 GDP 翻一番所需要的时间从 1400 年减少为 70 年。从 19 世纪中叶到现在，欧美发达国家人均 GDP 的增速又翻了一番，提高为每年 2%，人均 GDP 翻番所需时间进一步降为 35 年。英国第一次人均收入翻倍用了 58 年（1780—1838 年），而美国只用了 47 年（1839—1886 年），日本用了 34 年（1885—1919 年），韩国仅用了 11 年（1966—1977 年），中国仅用了 10 年（1977—1987 年）。西蒙·库兹涅茨 1966 年在《现代经济增长》中将西欧等发达国家从 18 世纪以后出现的经济加速增长称为现代经济增长。然而，库兹涅茨在该书开篇通过经验事实总结的现代经济增长的定义，却远远超出了目前增长理论的范畴："我们将一个经济体的经济增长定义为人均或劳均产出的持续增长并伴随着人口的增长和全面的结构变化。"具有讽刺意味的是，阿西莫格鲁 2009 年在近半个世纪后在其著作《现代经济增长导论》中坦诚，到目前为止的西方主流经济学尚不能提供一个统一分析框架来分析库兹涅茨在《现代经济增长》中阐述的与经济增长相伴随的全面结构变化。阿西莫格鲁也一针见血：即便新古典贸易理论可以解释 19 世纪作为农业国的美国与工业国英国的贸易——整个 19 世纪农产品在美国出口商品中的比重超过 70%（罗伯特·利普西，2018），新贸易理论可以解释 20 世纪作为工业国的美国与工业国英国的贸易——20 世纪 30 年代一直到 70 年代制造业产品出口占美国总出口的一半（彼特·林德特，2018），但无法解释美国为何会成功实现这种贸易结构的逆转。

而中国这样的后发国家所经历的曲折经济增长和跌宕结构变迁就更加惊人。例如，1980 年中国的工业制成品的进口占进口总额的 65.22%，初级产品的出口则占出口总额的 50.3%，进口总额占 GDP 的 6.5%，出口占 6.0%，两者合计占 GDP 的 12.5%；到 2008 年国际金融危机前夕，中国货物和服务进口占 GDP 的百分比上升到 26.72%，货物和服务出口占 GDP 的百分比上升到 35.39%。到 2017

年，中国商品出口占世界的12.7%，远超过美国，成为世界第一大出口国。到2016年，初级产品出口占出口商品总额的比重仅为5.01%，而工业制成品出口比重则上升到94.99%。改革开放之后，为何中国国际贸易一路高歌猛进并伴随剧烈的贸易结构升级？与之形成鲜明对比的是，改革开放之前，虽然中国也经历了激进的工业化，但为何中国在世界贸易中的地位微不足道而且还不断萎缩？例如，与美国在19世纪用了整整60年才将第二产业的比重提升15个百分点（1840年为17%，1900年为31%）不同（罗伯特·高尔曼，2018），中国在“一五”时期就把第二产业的比重提升了16个百分点（1952年为20.8%，1958年为36.9%）。1953年中国的贸易量占世界贸易量的比重为1.5%，此后急剧下降到1977年的0.6%（Nicholas，1994）。1960年，中国货物和服务进口占GDP的百分比为4.43%，货物和服务出口占GDP的百分比为4.31%，然而到了1977年这两项比例也萎缩到4.09%和4.3%。而且，在改革开放初期的1980年，初级产品出口占出口商品总额的比重还超过一半。

林毅夫提出的新结构经济学分析框架，把不同发展程度国家的结构差异和一个国家随着发展水平的提高所发生的各种结构转型都内生化，并统一在一个理论框架里。其理论核心是，每一个时点给定、随时间可变的要素禀赋结构决定最优生产结构（产业与技术），此即基于结构范式而非配置范式的比较优势理论（林毅夫、付才辉，2019）。要素禀赋结构作为新结构经济学的分析起点，即一个经济体在每个时点上的要素禀赋（包括资本、劳动和土地等自然资源）是给定的，是这个经济体在该时点上的总预算。不同发展程度的国家各种要素禀赋的相对量不同，结构不同。要素禀赋可以随着时间变化，要素禀赋增长的速度不一样将会导致要素禀赋结构的变化。对于处于世界前沿内部的发展中国家而言，可以假定存在一个可供各个经济体中的生产者选择的、给定的、外生的、资本密集度各有不同的产业和技术集，不同发展程度的国家由于要素禀赋结构不一样，在不同的产业上会有不同的要素生产成本，采用不同技术的成本也不一样，在一个开放、竞争的市场中各个要素禀赋结构不一样的经济体会有不同的比较优势。发达国家由于资本相对丰富，其产业会集中在资本相对密集的区段，并且采用资本相对密集的技术来生产；反之，资本相对短缺的发展中国家则会集中在资本使用相对少的劳动密集型和自然资源密集型产业，并采用资本使用相对少的技术来生产。因此，发达国家和发展中国家的产业和技术结构不一样是内生于要素禀赋结构的差异。同时，对于一个经济体来说，从任何给定的要素禀赋结构出发，随着资本的不断积累，比较优势的变化，这个经济体就会不断进入资本更为密集的产业，并且，采用资本更为密集的技术来生产。并且，随着资本的积累，具有比较优势的产业资本密集度提高，所用的技术也会资本越来越密集，规模经济变得越来越大，市场范围不断扩大，投资需求和风险不断增加，对硬的基础设施（包括对电力、道路）和软的制度安排（像金融、法律等）的需求会越来越高，随着收入水平提高劳动者抵抗风险的能力也会发生变化，社会组织、价值观等也会有相应的改变，只有这些硬的基础设施和软的制度安排能够随着产业和技术升级的需要不断完善，才能降低交易费用，使得产业和技术所蕴含的生产力得到最大的释放，从而将比较优势从潜在变成实在，进而使实在比较优势具有竞争优势。所以各种硬的基础设施和各种软的制度安排内生于产业和技术结构，而产业和技术结构内生于要素禀赋结构。

新结构经济学的这一分析框架实际上就把整个新古典经济学，而不仅仅是作为新古典经济学一个分支的新古典贸易理论，变成了新结构经济学的退化特例（林毅夫、付才辉，2019；Lin and Xing，2020）。不能看到都从要素禀赋结构出发，就把新结构经济学看成是新古典贸易理论（尤其是赫克歇尔—俄林—萨缪尔森理论，或 HOS 模型）在经济发展领域的应用（张军，2013）。不同于配置概念的结构概念并非新奇的概念，而是一直隐藏在配置身后的概念。没有结构就不可能有配置（Coase，1998），而没有配置（注意没有配置与配置零资源是两个概念，即配置零资源意味着允许不生产）结构也将是一个空壳。在新结构经济学中，要素禀赋结构与作为经济基础的生产结构这两个变量之间的逻辑关系是最核心、最基石、最关键的理论，所有其他新结构经济学理论都以此作为底层逻辑。

要素禀赋结构形式上与用于配置（特别是新古典贸易理论）的要素禀赋别无二致但另有内涵，同样生产结构也常常与配置在生产结构上的配置结构相混淆，之所以如此是因为在新古典经济学中生产结构作为经济体的基本面藏在经济运行也就是资源配置的幕后。因此，新结构比较优势理论是要素禀赋结构决定的最优生产结构，即符合比较优势的产业与技术选择，而不仅是给定产业与技术下的包括国际贸易在内的最优配置。当且仅当在新古典一般均衡外生给定的禀赋与（已包含产业）技术中的技术状态恰好是该禀赋所内生的最优技术状态时，新古典一般均衡的配置均衡才与新结构一般均衡中的配置相同（付才辉，2018），这其实就是林毅夫 2002 年就指出的“现有的新古典经济学理论体系把企业具有自生能力作为暗含的前提”。

总之，新结构经济学讲的“禀赋结构所决定的比较优势”中的比较优势本质上是要素禀赋结构决定的最优生产结构安排——而新古典经济学贸易理论（HOS 模型）讲的“要素禀赋所决定的比较优势”中的比较优势本质上是要素禀赋结构所决定的贸易模式——贸易模式仅仅是给定生产结构的跨国配置。生产结构的选择在禀赋结构约束下有代价即成本，但所选择的生产结构必然有功能即其收益，理性选择的结果也就是比较优势的结果则是成本与收益的权衡取舍。当然，除了经济收益，如果产业与技术的选择还涉及国防安全和经济安全等额外收益，那么这种权衡取舍当然要做出新的调整。因此，在禀赋结构约束之下，为了实现某种目的（不论是经济的还是国防的），一种生产结构选择的机会成本越小其比较优势越大、机会成本越大其比较优势越小——这种选择既可以是竞争性市场中主体的优化与均衡的结果，也可以是其他市场结构下的选择与均衡，抑或是非市场情形的选择与均衡。需要注意的是，禀赋结构的内涵非常丰富，新结构比较优势理论也足够灵活，还可以纳入其他诸多因素。当然，这只是最底层的禀赋结构决定的比较优势，由于其他结构安排如金融结构、环境结构、空间结构、教育结构等等上层建筑结构的最优安排也是内生于由禀赋结构决定的最优生产结构，所以广义上讲都可以称之为禀赋结构决定的比较优势，这当然也包括开放结构中的贸易结构。所以，新结构比较优势理论可以囊括贸易理论的比较优势而不是相反。例如，HOS 模型是标准的新古典一般均衡模型（Jones，1965），即两个国家用两种要素生产两种产品，其假定也是标准的新古典经济学假定，两国居民的偏好相同、技术相同，但要素禀赋结构不同——这不符合新结构经济学的比较优势原理：要素禀赋不同的国家的产业与技术也不同。由此可见，新结构比较优势理论事实上已经克服了新古典贸易理论最不合理的假定（芬斯特拉，2013）。而且，即便在满足要素密度不发生逆转的条件下要素禀赋也会对要素价格产生影响，要素价格均等化定理并不成立，如果结构效应起到支配作用的时候，斯托尔帕—萨缪尔森定理和罗布津斯基定理也完全有可能不成立。也因此，某类非平衡增长理论文献（Herrendorf et al.，2014）尽管可以用特殊假定下的罗布津斯基定理来刻画（封闭经济的）部门间的资源再配置随着经济体总资源禀赋的变化而变化（Acemoglu and Guerrieri，2008；Ju et al.，2015），但其实并非属于新结构比较优势理论的范畴。

（五）结构升级：新结构比较优势理论是动态的

新结构比较优势理论可以在新古典的框架下解决芬斯特拉 2013 年提出新古典比较优势理论的难题：“即便我们接受，通过允许国家间存在足够大的技术差异可以使 HOV（Heckscher-Ohlin-Vanek）方程完全拟合，但这避开了一个问题：这些技术差异来自哪里?”即这些技术差异来自禀赋差异，而不是传统理论范式中将技术与禀赋视为独立的外生变量，也不必依赖于内在增长理论的垄断竞争范式或者言必称制度。虽然在给定时点上，一个经济体的禀赋结构是给定的，但却可以随着时间而变化，即新结构比较优势理论在本质上也是动态的：按照比较优势发展结构升级的速度是最快的，违背比较优势发展导致的结构扭曲反而会导致停滞甚至倒退（Bruno et al.，2015；陈斌开、伏霖，2018）。因此，正如罗纳德·芬得利在《新帕尔格雷夫经济学大辞典》“比较优势”词条中指出的，“许多关于经济发展的著作中提到的‘动态’比较优势的不确切说法，大部分是出于误解，因为它企图在生产能力发生必要的变化以达到高效率生产之前，通过贸易保护来改变生产格局。”同样，关于“比较优势陷阱”的说法大部分也是出于误解，因为它故意或者按照新古典贸易理论的旧范式把产业升级和技术进步与禀赋结构割裂并对立，仅把固定不变的产业与技术下的由禀赋结构决定的贸易模式称之为比较优势，而仅把产业升级与技术进步看成是冲破“比较优势陷阱”的动力，这事实上也是后文将论及的对比较优势与竞争优势关系曲解的原因（洪银兴，1997；Lohrmann，2000；樊纲，2020；刘培林、刘孟德，2020）。

在新结构比较优势理论中，不仅贸易模式而且产业升级与技术进步本身也都由禀赋结构所内生决定。确实如蔡昉 2011 年在论及“中等收入陷阱”时所指出的，“逐渐失去在劳动密集型产业中的比较优势，而尚未获得在技术和资本密集型产业中的比较优势，意味着中国面临着‘比较优势真空’的挑战”。然而，动态比较优势的关键不在于表象的产业升级与技术进步，而应该在于决定产业升级与技术进步的禀赋结构升级（林毅夫，2014）。禀赋结构升级不外乎如下几种方式（林毅夫、付才辉，2019）：发现了新的自然资源，但自然资源总量毕竟是有限度的；掠夺别国的资源，比如西方国家原始资本积累时代血腥的殖民运动，但当今的文明时代这显然是可耻之举而且在和平年代也行不通；以和平和公平的方式吸引外部资源流入，比如中国实际利用外资金额就从 1983 年的 23 亿美元飙升到 2021 年的 1735 亿美元，尽管增速惊人但其实占中国投资总额的比重依然很小，2021 年也仅约 2%；因此，主要还是依靠自身的积累，积累速度取决于可供积累的剩余（经济增长速度）和积累的倾向（资本回报率），而这又取决于产业与技术的选择是否符合当期禀赋结构所决定的比较优势以及是否消除了软硬基础设施瓶颈（林毅夫、付才辉，2019，2020）——事实上这也是破解“卢卡斯之谜”吸引资源流入的根本（Lin and Wang，2019）。例如，在 20 世纪 70 年代东南亚和拉丁美洲的储蓄率很接近，但 20 年之后东南亚的储蓄率比拉丁美洲高 20 个百分点（付才辉等，2021）。这也是亚洲四小龙能跨过而拉美跌入“中等收入陷阱”的根源（王丽莉、文一，2017）。

然而，在 20 世纪 90 年代以克鲁格曼为代表的绝大多数经济学家甚至一般大众都并不认可东亚奇迹，尽管有世界银行 1993 年发布的报告背书。克鲁格曼认为亚洲四小龙只是发挥了要素禀赋的比较优势而没有创新从而不可持续（Krugman，1994）。在其后爆发的亚洲金融危机背景下克鲁格曼的观点大行其道广为接受，尽管也有相关的理论与核算之争（Young，1995；Hsieh，2002；林毅夫、任若恩，2007）。这种流行思潮认为单靠比较优势无法迈向世界前沿，必须要从依靠要素驱动向创新驱动转型。然而，如前文所论及的，这种观点不但在理论上站不住脚，以产业升级和技术进步为核心的创新不能与要素禀赋相割裂（Aghion and Howitt，2009；林毅夫、付才辉，2019），不论是发达国家还是发展中国家，人均收入水平的提升都有赖劳动生产率的提高，要提高劳动生产率则需要产业升级和技术进步，而产业升级与技术进步又是由要素禀赋结构升级所驱动的，只是在每一个发展阶段由于要素禀赋结构不同具有比较优势的产业与技术不同而已。事实上，这种流行观点也与历史事实完全不符，在 1997 年，按照购买力平价计算（PWT10.0），中国香港、中国台湾、新加坡、韩国的人均收入水平分别已经达到美国的 94.66%、69.62%、61.2%、53.11%，其后依然保持了强劲势头，中国香港和新加坡的人均收入水平于 2004 年和 2005 年超过美国，中国台湾 2011 年达到美国的 80%，韩国 2019 年达到美国的 67.46%。遵循同样比较优势发展规律（Lin et al.，2016；Lin，2017），中国的人均收入水平即将达到高收入国家的门槛，并能够在 21 世纪中叶达到美国的一半（林毅夫，2021）。

二 竞争、竞争优势及其与比较优势的关系

（一）竞争与竞争优势及其理论类型与统一本质

与比较优势不同，“竞争优势”并没有被收录到《新帕尔格雷夫经济学大辞典》。这反映出经济学与管理学在规范分析上严重的范式冲突——按照波特的企业竞争理论，企业要获得竞争优势势必会导致新古典经济学意义上的社会福利损失的不完全竞争甚至垄断，使得社会福利最大化的一个好方法可能就是废除战略管理学（Barney and Hesterly，2005；Barney and Clark，2007）。然而，尽管由波特倡导的“竞争优势”这一概念在经济学中如此尴尬，但“竞争优势”所源于的“竞争”的概念却大相径庭，正如哈罗德·德姆塞茨 1992 年所言：“竞争在经济学中占有如此重要的地位，以至于难以想象经济学没有它还能是一门社会科学。”但是，又如乔治·施蒂格勒 2000 年指出的“没有任何一个经济学概念像竞争这样充满了争议”，“以不同方式定义的竞争，始终是一切经济学理论的核心概念”。在经济思想史中，竞争理论范式主要有两大类：新古典经济学范式的竞争理论和奥地利学派的竞争理论（林民书、付才辉，2012）。

竞争在古典经济学家（斯密、穆勒等）将经济学发展成一门综

合性学科的过程中扮演了关键角色，但是他们对竞争的论述还只是些含糊和松散的陈述，而不是定义明确的分析或谨慎小心地构造模型，甚至对竞争本身的分析也不大关心（保罗·麦克纳尔蒂，2000）。延续古典经济学的传统，聚焦于市场结构（market structure）的新古典竞争理论的核心在于市场势力（market power，或定价权）产生的前因后果，其效率（配置效率）标准乃至高无上的完全竞争状态，竞争政策则旨在反垄断。新古典竞争理论关于竞争的要义在于替代性（进入威胁和模仿威胁），制约了市场势力的滥用。

奥地利学派认为新古典竞争理论忽视了竞争活动的动态性和竞争过程的重要性，对竞争活动的动因只作了肤浅的讨论。聚焦于市场过程（market process）的奥地利学派竞争理论核心在于企业家发现（entrepreneurial discovery），竞争是发现一类事实的过程，即只要不借助于竞争，这类事实就不会被任何人知晓，也绝对不会得到利用（Kirzner，1997）。

正如“为什么有的国家富裕而有的国家贫穷”是经济学的核心议题一样，战略管理领域的研究也是围绕如下核心议题：“为什么有的企业的绩效超过其他企业”（Barney and Clark，2007）。即便是在新古典经济学的范畴中，也有两支被称之为波特竞争理论和资源基础理论的文献；在奥地利经济学的范畴中，则有一支被称之为动态竞争理论的文献，与新古典范式的静态竞争理论相区别。虽然波特竞争理论是迄今产生过最大影响的竞争优势理论，但却日薄西山（陈明哲，2020）。如比较优势理论有很多类型但比较优势的本质却是统一的一样，竞争优势理论也有不同的类型但竞争优势的本质也是统一的：竞争者实施不同方案创造的经济价值的大小。企业有竞争优势的表现是，它能够比处于同一产品市场的边际（收支相抵）竞争者创造更多的经济价值，这里的经济价值则是标准的经济学概念，即在提供产品或服务过程中购买者获得的感知收益与企业的经济成本之间的差额，也就是消费者剩余和生产者剩余之和（Barney and Clark，2007）。

（二）误用国家竞争优势理论的结果

由于受到曾经风靡全球的波特竞争理论的影响，不少学者和读者错误地认为竞争优势理论是对比较优势理论的替代。其实，波特秉承了产业组织经济学中著名的哈佛学派的SCP范式，即“结构—行为—绩效”（structure-conduct-performance）分析框架，认为产业组织结构决定了产业内的竞争状态，并决定了企业的行为及其战略，从而最终决定企业的绩效（波特，1997）。

按照波特竞争理论，竞争优势建立在两个不同的层次上：低层次的竞争优势是一种“低成本竞争优势”，而高层次的竞争优势则是一种“产品差异型竞争优势”。与低成本竞争优势相比，成功的差异型竞争优势通常能够为企业带来更高的收益因而代表更高的生产率水平，更难被竞争对手模仿从而更有可能在长期中保持下去（波特，1997）。波特的国家竞争优势理论因《全球竞争力报告》而造成了严重的误导：发展就是从要素驱动型经济向创新驱动型经济转型（林毅夫、付才辉，2020）。

这种陋见产生的有害观念便是将要素驱动当成是比较优势而把创新驱动当成是竞争优势，从而把比较优势和竞争优势完全割裂、相互对立——这种错误认识的始作俑者便是波特本人。事实上，后来风头日益盖过波特竞争理论的资源基础理论，就指出了波特将竞争优势与本质是机会成本的比较优势相割裂：由于未能计算出开发竞争战略所付出的全部成本，往往会使企业对其产品市场战略所创造的收益作出过高的估计（Barney and Clark，2007）。对比较优势与竞争优势之间关系的错误认识对国家经济发展路径的选择具有潜在的危害性，其结果可能适得其反：一个以提高自己的产业竞争力为目的的决策反而阻碍自己的产业竞争力和国家经济整体竞争力的提高。比较优势与竞争优势之间并不存在相互对立的替代关系，相反，只有充分地发挥经济的比较优势，国家才有可能创造和维持自己的产业竞争优势（林毅夫、李永军，2003）。

首先，在生产要素方面。波特也承认，企业在其产品、技术和产业选择中，必须充分利用该经济相对丰富的生产要素，才能降低成本，提高竞争力。但与波特竞争理论更加强调所谓“高级”生产要素（比如高级的人力资本、大学和研究机构等方面）的重要性不同——波特也指出高级生产要素是创造出来的生产要素，创造高级生产要素必然需要大量的投资，而投资的来源只能是过去的生产活动所创造的经济剩余。只有按照经济的比较优势来组织生产活动，企业和整个经济才能最大限度地创造经济剩余；相反，就不可能创造足够的利润，甚至经营亏损或者失败。此时，整个经济积累经济剩余的能力就受到损害，其用于创造高级生产要素的投资数量也必然会减少，不但削弱竞争力而且还有生存之忧（林毅夫等，1994；林毅夫，2014；林毅夫、付才辉，2019）。而且，人力资本和物资资本是互补的，单方面提高人力资本无法发挥其作用，结果将使拥有高人力资本的劳动力往有高物质资本的国家流动，这是许多发展中国家出现“脑流失”的原因（Docquier and Rapoport，2012）。反之，只有物资资本的投入，而没有人力资本的相应提高与其配合，新投资的机器设备也将无法发挥其最大的生产力，这是许多发展中国家在引进最新的技术设备时面临的困境（Atkinson and Stgliz，1969；Acemoglu and Zilibotti，2001）。因此，充分利用现有要素禀赋所决定的比较优势来选择产业、技术、生产活动，是企业和国家具有竞争力的前提，而且，也是不断积累更为“高级”的生产要素的必要条件（林毅夫、张鹏飞，2006）。

其次，在同业竞争方面。按照波特的竞争理论，激烈的同业竞争能够给企业提供足够的压力来增加对高级生产要素的投资和研究发展活动的投资，从而有利于推进企业的创新活动——这其实已经偏离了波特早期的“五力模型”而进入奥地利学派范畴的动态竞争理论了（林民书、付才辉，2012）。但是，对一个特定的行业来说，产业组织结构也是内生于要素禀赋结构的，并且只有该行业是符合经济的比较优势时，同业间的良性市场竞争才有可能实现，相反则良性的市场竞争就不可能实现（林毅夫等，1994；2002）。其原因在于，没有自生能力的企业很难在短期内取得技术方面的优势，这些企业又不能利用经济的比较优势来形成成本方面的优势。在两种优势都不存在的条件下，在竞争的市场中，该行业中没有自生能力的企业要继续生存下来的唯一办法就是政府保护措施的实施（林毅夫，2002）。在存在保护措施的前提下，该行业不但不可能出现波特意义上的激烈竞争，还会出现大量僵尸企业（申广军，2016）。相反，发展中国家经济发展的历史已经表明，赶超的结果必然是行业的垄断（林毅夫、李永军，2003）。与通过创新来增加竞争力、改进经营绩效相比，垄断使得企业更容易地取得利润，因此垄断行业中的企业所热衷的是通过寻租活动来保护垄断，而不是积极创新（杨其静，2011）。所以，一个国家或地区只有按照比较优势来发展经济，同业之间才会有最大的市场竞争和压力并应对危机。

再次，在需求条件方面。需求条件包括多种内容，一些更多地属于外生给定的偏好条件如消费习性，一些对于企业来讲是外生的但对于国家来讲则是收入水平提升后的内生结果如市场规模。如果收入水平没有大幅度提升，市场规模在短期内就是一个难以改变的外生变量，企业只能根据自己所处国家的具体条件来选择能够利用这些外生变量的竞争战略。波特的国家竞争理论中，“内行而挑剔的客户”列为需求条件中最为重要的一个内容，波特认为这些客户的存在能够推动企业进行持续的创新活动。市场需求之所以能够拉动产业升级，关键在于企业的市场导向以及顾客的参与能够显著地推动流程升级、产品升级、功能升级以及链条升级，而违背比较优势则难以实现。

然后，在产业集群方面。波特国家竞争优势理论非常强调相关与支持性产业（或者产业集群）对于企业和产业创造竞争优势的重要性。但是，产业集群的出现以及产业集群内部的企业之间发生相互联系的性质都与国家的经济发展战略有关（林毅夫、李永军，2003）。在违背比较优势的经济发展战略下，一个具有良好发展前景的产业集群是很难出现的。一方面，如果一个产业不符合经济的比较优势，完全的民间投资就难以持续赢利，进而也就不会出现足够的民间投资来进入该产业。这样，如果政府选择某个违背自己比较优势的产业或者在某个产业选择违背经济比较优势的生产技术，它就需要利用财政资金直接在该行业建立国有企业或者通过向民间资本提供足够的补贴来吸引民间资本进入该行业。由于国家能够建立的或是能够得到国家补贴的企业总是有限，这样，赶超企业就不可能有足够的相关和支持性企业来支持。另一方面，政府的直接进入或者扶持又必然涉及相关企业的计划协调问题。在信息不对称的条件下，计划协调的成本可能会相当高。其结果是，政府宁肯将主要的生产过程都包括在同一个或者为数很少的几个企业之内。这也正是我国传统计划经济时期的赶超企业经常是一些“大而全”或者“小而全”企业的直接原因。在这种情况下，产业集群很难出现。这些例子不仅仅出现在我国“三线建设”时期，也出现在阿根廷进口替代时期。相反，在那些符合经济比较优势的产业，获利的可能性高，投资的企业会很多，分工也就可以比较细。产业集群的出现以及更大范围的区域一体化发展就是一件非常自然的事情。

最后，在政府作用方面。产业的竞争优势决定于生产成本与交易成本构成的总成本，一个国家若发展符合比较优势的产业，则其生产成本会低，此时如果交易成本过高，那么总成本就高，从而就需要政府发挥因势利导作用将自身的比较优势转变为竞争优势（Lin and Monga，2011）。波特国家竞争优势理论只强调政府可以强化前述四组条件扩大钻石体系的力量，然而，这些政策举措对于发展阶段较低的发展中国家而言则可能是无的放矢，反而还可能削弱竞争力。其原因在于前面所论及的，发展中国家有比较优势进而有潜在竞争优势的领域也不完全一样，面临的瓶颈也不完全一样。

三 结语

本文采取“异中求同、同中求异”的办法，阐述了比较优势和竞争优势这一对经济学与管理学的核心概念的本质，及其各种理论之间的分异。经济学界有一种颇为普遍的“错把模型当理论、错把理论当方法”的陋习，更有甚者“用模型批评模型、用理论批评理论”。就现代经济学而言，各种理论与模型共同的“本体”是理性选择，而理性选择的机会成本则是比较优势概念的本质（林毅夫，2012）。运用理性选择研究特定对象而得到的理论因研究对象不同而有理论的分异，在特定理论范畴之内也有因不同的建模方式而有模型的分异。不能错把具体的比较优势模型当成是一般性的比较优势概念，也不能字面上看到要素禀赋结构便把新古典贸易理论混为新结构经济学，更不能用新古典贸易理论的缺陷来批判比较优势。新结构比较优势理论讲的是要素禀赋结构决定最优产业与技术模式，而不论涉及国际贸易与否。同样，不能用竞争优势来否定比较优势；相反，比较优势是竞争优势的基础，即和其他竞争者相比能够以较低的机会成本生产相同的商品和服务是获取竞争优势的必要条件。当然，除了比较优势决定的生产成本，竞争优势决定于包括交易成本在内的总成本，还需要降低交易成本才能将潜在比较优势转变为竞争优势。

参考文献

蔡昉：《“中等收入陷阱”的理论、经验与针对性》，《经济学动态》2011 年第 12 期。

陈斌开、伏霖：《发展战略与经济停滞》，《世界经济》2018 年第

1 期。

陈明哲：《动态竞争：后波特时代的竞争优势》，机械工业出版社 2020 年版。

戴学锋、庞世明：《中国旅行社业依然“小散弱差”吗？——中国旅行社业的产业组织结构与绩效再探讨》，《旅游学刊》2018 年版第 11 期。

樊纲：《“发展悖论”与发展经济学的“特征性问题”》，《管理世界》2020 年第 4 期。

付才辉：《新结构经济学：一场经济学的结构革命》，《经济评论》2017 年第 3 期。

付才辉：《新结构经济学分析基础》，北京大学新结构经济学研究院工作手稿，2021 年。

付才辉：《最优生产函数理论——从新古典经济学向新结构经济学的范式转换》，《经济评论》2018 年第 1 期。

付才辉、赵秋运、陈曦：《产业升级研究的微观探索：新结构经济学的视角》，《上海大学学报》（社会科学版）2021 年第 1 期。

付才辉、郑洁、林毅夫：《发展战略与高储蓄率之谜——一个新结构储蓄理论假说与经验分析》，《经济评论》2021 年第 1 期。

洪银兴：《从比较优势到竞争优势：兼论国际贸易的比较利益理论的缺陷》，《经济研究》1997 年第 6 期。

贾根良：《演化发展经济学与新结构经济学——哪一种产业政策的理论范式更适合中国国情》，《南方经济》2018 年第 1 期。

鞠建东、陈骁：《新新经济地理学多地区异质结构的量化分析：文献综述》，《世界经济》2019 年第 9 期。

鞠建东、林毅夫、王勇：《要素禀赋、专业化分工、贸易的理论与实证——与杨小凯、张永生商榷》，《经济学》（季刊）2004 年第 4 期。

林民书、付才辉：《竞争动力：对新古典与奥地利竞争理论的一个融合》，《华南师范大学学报》（社会科学版）2012 年第 6 期。

林毅夫：《本体与常无——经济学方法论对话》，北京大学出版社 2012 年版。

林毅夫：《比较优势、竞争优势与区域一体化》，《河海大学学报》

（哲学社会科学版）2021年第5期。

林毅夫：《论中国经济》，中信出版社2021年版。

林毅夫：《如何做新结构经济学的研究》，《上海大学学报》（社会科学版）2020年第2期。

林毅夫：《我在经济学研究道路上的上下求索》，《经济学》（季刊）2018年第2期。

林毅夫：《新结构经济学：反思经济发展与政策的理论框架》，北京大学出版社2014年版。

林毅夫：《中国经济学理论发展与创新的思考》，《经济研究》2017年第5期。

林毅夫：《自生能力、经济转型与新古典经济学的反思》，《经济研究》2002年第12期。

林毅夫、［喀麦隆］塞勒斯汀·孟加：《战胜命运》，北京大学出版社2017年版。

林毅夫、蔡昉、李周：《中国的奇迹：发展战略与经济改革》，上海人民出版社1994年版。

林毅夫、付才辉：《解读世界经济发展》，高等教育出版社2020年版。

林毅夫、付才辉：《新结构经济学导论（试行本）》（上/下册），高等教育出版社2019年版。

林毅夫、姜烨：《发展战略、经济结构与银行业结构：来自中国的经验》，《管理世界》2006年第1期。

林毅夫、李永军：《比较优势、竞争优势与发展中国家经济发展》，《管理世界》2003年第7期。

林毅夫、任若恩：《东亚经济增长模式相关争论的再探讨》，《经济研究》2007年第8期。

林毅夫、孙希芳：《银行业结构与经济增长》，《经济研究》2008年第9期。

林毅夫、张鹏飞：《适宜技术、技术选择和发展中国家的经济增长》，《经济学》（季刊）2006年第3期。

刘培林、刘孟德：《发展的机制：以比较优势战略释放后发优势——

与樊纲教授商榷》，《管理世界》2020 年第 5 期。

刘涛雄、周碧华：《我们能避免“比较优势陷阱”吗》，《宏观经济研究》2012 年第 6 期。

陆善勇、叶颖：《中等收入陷阱、比较优势陷阱与综合优势战略》，《经济学家》2019 年第 7 期。

罗浩、陈仁：《比较优势、技术选择与自生能力——中国酒店业“高增长低效益”之谜的新结构经济学解释》，《旅游学刊》2021 年第 12 期。

阮建青、石琦、张晓波：《产业集群动态演化规律与地方政府政策》，《管理世界》2014 年第 12 期。

阮建青、张晓波、卫龙宝：《危机与制造业产业集群的质量升级——基于浙江产业集群的研究》，《管理世界》2010 年第 2 期。

申广军：《比较优势与僵尸企业：基于新结构经济学视角的研究》，《管理世界》2016 年第 12 期。

苏杭、郑磊、牟逸飞：《要素禀赋与中国制造业产业升级——基于 WIOD 和中国工业企业数据库的分析》，《管理世界》2017 年第 4 期。

王佃凯：《比较优势陷阱与中国贸易战略选择》，《经济评论》2002 年第 2 期。

王丽莉、文一：《中国能跨越中等收入陷阱吗？——基于工业化路径的跨国比较》，《经济评论》2017 年第 3 期。

吴清扬、姜磊：《工业企业自生能力与存活时间：基于新结构经济学视角》，《经济评论》2021 年第 4 期。

杨高举、黄先海：《中国会陷入比较优势陷阱吗?》，《管理世界》2014 年第 5 期。

杨其静：《企业成长：政治关联还是能力建设?》，《经济研究》2011 年第 10 期。

杨小凯：《经济学原理》，中国社会科学出版社 1998 年版。

杨小凯、张永生：《新贸易理论、比较利益理论及其经验研究的新成果：文献综述》，《经济学》（季刊）2001 年第 1 期。

张军：《“比较优势说”的拓展与局限——读林毅夫新著〈新结构经济学〉》，《经济学》（季刊）2013 年第 3 期。

赵伟：《高级国际贸易学十讲》，北京大学出版社 2014 年版。

［西班牙］马斯-克莱尔、［美］迈克尔·D. 温斯顿、［美］杰里·R. 格林：《微观经济理论》，曹乾译，中国人民大学出版社 2014 年版。

［美］保罗·安东尼·萨缪尔森：《经济分析基础》，甘华鸣等译，北京经济学院出版社 1990 年版。

［美］保罗·海恩、彼特·勃特克、大卫·普雷契科特：《经济学思维方式》，史晨译，机械工业出版社 2017 年版。

［美］保罗·克鲁格曼、茅瑞斯·奥伯斯法尔德、马克·梅里兹：《国际贸易》，丁凯、黄剑译，中国人民大学出版社 2021 年版。

［美］保罗·麦克纳尔蒂：《古典竞争理论》，载《新帕尔格雷夫经济学大辞典》第一版第一卷，陈岱孙主译，经济科学出版社 2000 年版。

［美］保罗·萨缪尔森、威廉·诺德豪斯：《经济学》，萧琛译，商务印书馆 2013 年版。

［美］彼特·林德特：《20 世纪美国的对外贸易和贸易政策》，载［美］斯坦利·L. 恩格尔曼、罗伯特·E. 高尔曼主编《剑桥美国经济史：漫长的 19 世纪》第三卷上，王珏、李淑清译，中国人民大学出版社 2018 年版。

［美］达龙·阿西莫格鲁：《现代经济增长导论》，唐志军等译，中信出版社 2019 年版。

［美］哈罗德·德姆塞茨：《竞争的经济、法律和政治维度》，陈郁译，上海三联书店 1992 年版。

［美］吉拉德·德布鲁：《价值论：对经济均衡的公理分析》，杜江、张灵科译，机械工业出版社 2015 年版。

［美］杰伊·巴尼、［新西兰］德文·克拉克：《资源基础理论：创建并保持竞争优势》，苏晓华译，格致出版社 2011 年版。

［美］罗伯特·芬斯特拉：《高级国际贸易：理论与实证》，唐宜江译，中国人民大学出版社 2013 年版。

［美］罗伯特·利普西：《1800—1913 年美国的对外贸易和国际收支》，载［美］斯坦利·L. 恩格尔曼、［美］罗伯特·E. 高尔曼主编《剑桥美国经济史：漫长的 19 世纪》第 2 卷下，王珏、李淑青主译，中国人民

大学出版社 2018 年版。

［美］罗纳德·芬得利：《比较优势》，载《新帕尔格雷夫经济学大辞典》第二版第二卷，陈岱孙主译，经济科学出版社 2016 年版。

［美］迈克尔·波特：《竞争优势》，陈小悦译，华夏出版社 1997 年版。

［美］迈克尔·波特：《竞争战略》，陈小悦译，华夏出版社 1997 年版。

［美］迈克尔·波特：《国家竞争优势》，李明轩、邱如美译，华夏出版社 2000 年版。

［美］乔治·J. 施蒂格勒：《竞争》，载《新帕尔格雷夫经济学大辞典》第 1 卷，陈岱孙主译，经济科学出版社 2000 年版。

［美］西蒙·库兹涅茨：《现代经济增长》，戴睿、易诚译，北京经济学院出版社 2000 年版。

［美］约瑟夫·熊彼特：《经济发展理论》，王永胜译，立信会计出版社 2009 年版。

［美］詹姆斯·布坎南：《成本与选择》，刘志铭、李芳译，浙江大学出版社 2009 年版。

［美］詹姆斯·布坎南：《机会成本》，载《新帕尔格雷夫经济学大辞典》第二版第六卷，陈岱孙主译，经济科学出版社 2016 年版。

［瑞典］伊·菲·赫克歇尔、戈特哈德·贝蒂·俄林：《赫克歇尔—俄林贸易理论》，陈颂译，商务印书馆 2020 年版。

［英］亚当·斯密：《国富论》，唐日松译，华夏出版社 2005 年版。

［英］琼·罗宾逊：《资本积累论》，于树生译，商务印书馆 2017 年版。

［英］大卫·李嘉图：《政治经济学及赋税原理》，周洁译，华夏出版社 2005 年版。

Acemoglu, D., and V. Guerrieri, "Capital Deepening and Nonbalanced Economic Growth", *Journal of Political Economy*, Vol. 116, No. 3, 2008.

Acemoglu, D., and F. Zilibotti, "Productivity Differences", *The Quarterly Journal of Economics*, Vol. 116, No. 2, 2001.

Acemoglu, D., S. Johnson, and J. A. Robinson, "The Colonial Origins of Comparative Development: An Empirical Investigation", *American Economic Review*, Vol. 91, No. 5, 2001.

Aghion, P., and P. Howitt, *The Economics of Growth*, *Cambridge*, MA: MIT Press, 2009.

Allen, T., and C., Arkolakis, "Trade and the Topography of the Spatial Economy", *The Quarterly Journal of Economics*, Vol. 129, No. 3, 2014.

Andrei A. Levchenko, "Institutional Quality and International Trade", *The Review of Economic Studies*, Vol. 74, No. 3, 2007.

Andrew, B. B., S. J. Redding, and P. K. Schott, "Comparative Advantage and Heterogeneous Firms", *The Review of Economic Studies*, Vol. 74, No. 1, 2007.

Antràs, P., "Firms, Contracts and Trade Structure", *The Quarterly Journal of Economics*, Vol. 118, No. 4, 2003.

Atkinson A., and J. E. Stiglitz, "A New View of Technological Change", *Economic Journal*, Vol. 79, 1969.

Barney J. B. and W. S. Hesterly, "Strategic Management and Competitive Advantage", *Prentice Hall*, 2005.

Barney, J. B. and Clark, N. D., *Resource-Based Theory: Creating and Sustaining Competitive Advantage*, Oxford University Press, 2007.

Basu, S., and D. N. Weil, "Appropriate Technology and Growth", *The Quarterly Journal of Economics*, Vol. 113, No. 4.

Becker, G. S., *The Economic Approach to Human Behavior*, Chicago: University of Chicago Press, 1976.

Bond., E. W., K. Trask and P. Wang, "Factor Accumulation and Trade: Dynamic Comparative Advantage with Endogenous Physical and Human Capital", *International Economic Review*, Vol. 44, No. 3, 2003.

Brugger, F. and Gehrke, C., "The Neoclassical Approach to Induced Technical Change: From Hicks to Acemoglu", *Metro*, Vol. 68, 2017.

Bruno, R. L., E. Douarin, J. Korosteleva and S. Radosevic, "Technology choices and growth: testing New Structural Economics in Transition Economies", *Journal of Economic Policy Reform*, Vol. 18, No. 2, 2015.

Caselli, F., and W. J. Coleman, "The World Technology Frontier", *American Economic Review*, Vol. 96, No. 3, 2006.

Cheng, W., J. D. Sachs and X. Yang, "An Infra-marginal Analysis of the Ricardian Model", *CID Working Papers 13A*, Center for International Development at Harvard University, 1999.

Coase, R., "The New Institutional Economics", *American Economic Review*, Vol. 88, No. 2, 1998.

Day, G. S., "The Capabilities of Market- driven Organizations", *Journal of Marketing*, Vol. 62, No. 4, 1994.

Docquier, F., and H. Rapoport, "Globalization, Brain Drain, and Development", *Journal of Economic Literature*, Vol. 50, No. 3, 2012.

Dornbusch, R. W., S. Fischer and P. A. Samuelson, "Heckscher-Ohlin Trade Theory with a Continuum of Goods", *The Quarterly Journal of Economics*, Vol. 95, No. 2, 1980.

Dornbusch, R. W., S. Fischer and P. A. Samuelson, "Comparative Advantage, Trade, and Payments in a Ricardian Model with a Continuum of Goods", *The American Economic Review*, Vol. 67, 1976.

Eaton, Jonathan, and Samuel Kortum, "Technology, Geography, and Trade", *Econometrica*, Vol. 70, No. 5, 2002.

Fan, J., and Zou B., "Industrialization from Scratch: The 'Construction of Third Front' and Local Economic Development in China's Hinterland", *Journal of Development Economics*, Vol. 152, 2021.

Findlay, R., " Factor Proportions and Comparative Advantage in the Long Run", *Journal of Political Economy*, Vol. 78, No. 1, 1970.

Giuliani, E., P. A. Balland and A. Matta, "Straining but not Thriving: Understanding Network Dynamics in Underperforming Industrial Clusters", *Journal of Economic Geography*, Vol. 19, No. 1, 2019.

Greenwald, B., and J. E. Stiglitz, "Helping Infant Economies Grow:

Foundations of Trade Policies for Developing Countries", *American Economic Review*, *Vol.* 96, No. 2, 2006.

Grossman, G. M., and E. Helpman, "Comparative Advantage and Long-Run Growth", *American Economic Review*, Vol. 80, No. 4, 1990.

Hall, R. E., and C. I. Jones, "Why do Some Countries Produce So Much More Output Per Worker than Others?", *The Quarterly Journal of Economics*, Vol. 114, No. 1, 1999.

Han, J. K., Kim, N., and R. K., Srivastava, "Market Orientation and Organizational Performance: Is Innovation a Missing Link?", *Journal of Marketing*, Vol. 62, No. 4, 1998.

Hausmann, R., and B., Klinger, "The Structure of the Product Space and the Evolution of Comparative Advantage", *CID Working Paper Series* 2007, Vol. 146, Harvard University.

Hayek, F. A., *Individualism and Economic Oder*, Chicago: University of Chicago Press, 1948.

Helpman, E. and P. R., Krugman, *Market Structure and Foreign Trade: Increasing Returns, Imperfect Competition and International Economy*, MIT Press, Cambridge, MA, 1985.

Herrendorf, B., Rogerson, R., and Valentinyi, A., "Growth and Structural Transformation", *In Handbook of Economic Growth* (Vol. 2, Chapter 6, 2014). Amsterdam: Elsevier.

Hsieh, C. T., "What Explains the Industrial Revolution in East Asia? Evidence from the Factor Markets", *American Economic Review*, Vol. 92, No. 3, 2002.

Hurley, R. F., and G. T., Hult, "Innovation, Market Orientation and Organizational Learning: An Integration and Empirical Examination", *Journal of Marketing*, Vol. 62, No. 3, 1998.

Jones, C., "The Shape of Production Functions and the Direction of Technical Change", *The Quarterly Journal of Economics*, Vol. 120, No. 2, 2005.

Jones, R., "The Structure of Simple General Equilibrium Models", *Jour-*

nal of Political Economy, Vol. 73, No. 6, 1965.

Ju, J., J. Y., Lin and Y., Wang, "Endowment Structures, Industrial Dynamics, and Economic Growth", *Journal of Monetary Economics*, Vol. 76, 2015.

Kennedy, C., "A Generalisation of the Theory of Induced Bias in Technical Progress", *Economic Journal*, Vol. 83, No. 3, 1973.

Kennedy, C., "Induced Bias in Innovation and the Theory of Distribution", *Economic Journal*, Vol. 74, No. 295, 1964.

Kirzner, I. M., "Entrepreneurial Discovery and the Competitive Market Process: An Austrian Approach", *Journal of Economic Literature*, Vol. 35, No. 1, 1997.

Kohli, A. K., and B. J., Jaworski, "Market Orientation: The Construct, Research Propositions, and Managerial Implications", *Journal of Marketing*, Vol. 54, No. 2, 1990.

Krugman, P., "Increasing Returns, Monopolistic Competition, and International Trade", *Journal of International Economics*, Vol. 9, 1979.

Krugman, P., "The Myth of Asia's Miracle", *Foreign Affairs*, Vol. 73, No. 6, 1994.

Landreth, H., and D. C., Colander, History of Economic Thought (4th edition), Houghton Mifflin, 2002.

Levchenko, A. A., and J., Zhang, "The Evolution of Comparative Advantage: Measurement and Welfare Implications", *Journal of Monetary Economics*, Vol. 78, 2016.

Levchenko, A. A., "Institutional Quality and International Trade", *Review of Economic Studies*, Vol. 74, No. 3, 2007.

Lin, J. Y., and C., Monga, "Growth Identification and Facilitation: the Role of State in the Process of Dynamic Growth", *Development Policy Review*, Vol. 29, No. 3, 2011.

Lin, J. Y., and Chang, Ha-Joon, "Should Industrial Policy in Developing Countries Conform to Comparative Advantage or Defy it? A Debate Between

Justin Lin and Ha-Joon Chang", *Development Policy Review*, Vol. 27, 2009.

Lin, J. Y., and H., Xing, "Endogenous structural transformation in economic development", Papers 2011.03695, arXiv. org, revised Feb 2021, 2020.

Lin, J. Y., and X., Wang, "Development Strategy and International Capital Flows", *Working Paper Series of New Structural Economics*, No. E2019003, 2019.

Lin, J. Y., *New Structural Economics: A Framework for Rethinking Development and Policy*, Washington, DC: World Bank, 2012.

Lin, J. Y., "New Structural Economics: A Framework for Rethinking Development", *The World Bank Research Observer*, Vol. 26, No. 2, 2011.

Lin, J. Y., G., Wan, and P., J. Morgan, "Prospects for a Re-acceleration of Economic Growth in the PRC", *Journal of Comparative Economics*, Vol. 44, No. 4, 2016.

Lin, J. Y., "Industrial Policies for Avoiding the Middle-income Trap: A New Structural Economics Perspective", *Journal of Chinese Economic and Business Studies*, Vol. 15, No. 1, 2017.

Lohrmann, A., "Development Effects of the Customs Union between Turkey and the European Union: Catching-Up-Or the Heckscher-Ohlin Trap?", *Russian & East European Finance and Trade*, Vol. 36, No. 4, 2000.

Melitz, M., "The Impact of Trade on Intra-Industry Reallocations and Aggregate Industry Productivity", *Econometrica*, Vol. 71, 2003.

Mussa, M., "Dynamic Adjustment in the Heckscher-Ohlin-Samuelson Model", *Journal of Political Economy*, Vol. 86, No. 5, 1978.

Nicholas, L., "China in the World Economy", Washington, *DC: Institute for International Economics*, 1994.

Nunn, N., "Relationship-Specificity, Incomplete Contracts, and The Pattern of Trade", *Quarterly Journal of Economics*, Vol. 122. No. 2, 2007.

Romer, P. M., "Endogenous Technological Change", *Journal of Political Economy*, Vol. 98, No. 5, 1990.

Sachs, J. D., "Tropical Underdevelopment", NBER Working Paper, No. w8119, 2001.

Samuelson, P. A., "A Theory of Induced Innovation along Kennedy-Weisäcker Lines", *The Review of Economics and Statistics*, Vol. 47, No. 4, 1965.

Samuelson, P. A., *International Economic Relations: Proceedings of the Third Congress of the International Economic Association*, London: Macmillan, 1969.

Schumpeter, J., *Capitalism, Socialism and Democracy*, New York: Harper and Row, 1962.

Solow, R. M., "A Contribution to the Theory of Economic Growth", *The Quarterly Journal of Economics*, Vol. 70, No. 1, 1956.

Stiglitz, J. E., "Factor Price Equalization in a Dynamic Economy", *Journal of Political Economy*, Vol. 78, No. 3, 1970.

Stiglitz, J. E., "Samuelson and the Factor Bias of Technological Change: Toward a Unified Theory of Growth and Unemployment", In M. Szenberg, L. Ramrattan, and A. A. Gottesman, eds., *Samuelsonian Economics and the Twenty-First Century*, New York: Oxford University. Press, 2006.

Yang, X., "Economics: New Classical Versus Neoclassical Frameworks", *Wiley-Blackwell*, 2001.

Young, A., "The Tyranny of Numbers: Confronting the Statistical Realities of the East Asian Growth Experience", *The Quarterly Journal of Economics*, Vol. 110, No. 3, 1995.

世界百年未有之大变局

冯维江　张宇燕*

世界百年未有之大变局是中共中央总书记习近平对中国共产党第十八次全国代表大会以来所面临的世界形势的总括性判断，是以习近平同志为核心的党中央在继承和发展“和平与发展时代主题”的基础上，对新时代世界历史进程特征和发展规律性的全新把握和认识。中国经济学界围绕世界百年未有之大变局开展了成果丰富的研究和探索，从理论和实践上进一步厘清了中华民族伟大复兴所面临的外部环境及应对的经济方略和政策。

一　概念的提出

近代以来，国人对时势的考察而以“变局”来概括，影响较大者是李鸿章。光绪元年，李鸿章在奏筹善后海防六策中提出，“历代备边多在西北，其强弱之事，主客之形，皆适相埒，且犹有中外界限。今则东南海疆万馀里，各国通商传教，往来自如。阳托和好，阴怀吞噬，一国生事，诸国构煽，实为数千年来未有之变局。轮船电报，瞬息千里，军火机器，工力百倍，又为数千年来未有之强敌”（参见《清史稿》列传一百九十八）。上述看法提出之初，“时人多以

* 冯维江、张宇燕，中国社会科学院世界经济与政治研究所。

为他言过其实”，后来的有识之士如蒋廷黻者，则认为“李鸿章的结论是不能否认的或修改的。中国近代所处的局势确是‘数千年来未有之变局’；中国近代所遇之敌人确是‘数千年来未有之强敌’”。蒋廷黻还指出，上述关于“变局”的分析和判断系李鸿章“对中国的国际地位之观察”（蒋廷黻，1934）。

尽管都是变局，习近平总书记提出的世界百年未有之大变局和李鸿章所谓的数千年来未有之变局，反映了方向恰好相反的两个趋势。李鸿章的变局是从中国视角而得出的，指向的是中国或中华民族自身优势地位及“天朝上国”优越感的丧失之变。习近平总书记所提的世界百年未有之大变局，也和中国的国际地位的变化有关，但是更侧重从世界格局变化的视角而得出，指向的是以中国为代表的新兴经济体崛起而带来的世界格局“东升西降”之变。以下从世界百年未有之大变局这个概念提出及使用的具体过程来进一步分析其内涵。

习近平总书记首次公开提出世界百年未有之大变局的完整表述，是2017年12月28日在接见2017年度驻外使节工作会议与会使节时的讲话中，“放眼世界，我们面对的是百年未有之大变局。新世纪以来一大批新兴市场国家和发展中国家快速发展，世界多极化加速发展，国际格局日趋均衡，国际潮流大势不可逆转”（习近平，2019）。但是，习近平总书记关于大变局的思考和对这一命题的酝酿要远早于此。

2014年8月29日，习近平总书记在政治局第十七次集体学习时的讲话中就指出了“前所未有的大变局”这个概念，他指出，“当前，国际形势正处在新的转折点上，各种战略力量加快分化组合，国际体系进入了加速演变和深刻调整的时期。在这个前所未有的大变局中，军事领域发展变化广泛而深刻，是世界大发展、大变革、大调整的重要内容之一”（习近平，2014）。其后，特别是2017年以后，他还在若干重要场合对类似概念进行了阐述。2017年2月17日，习近平总书记在国家安全工作座谈会上的讲话中指出“认清国家安全形势，维护国家安全，要立足国际秩序大变局来把握规律”（习近平，2017），揭示了大变局在“国际秩序”层面的意蕴。2017 年 8 月 1 日，在庆祝中国人民解放军建军 90 周年大会上的讲话中，他指出“今天的世界，国际形势正发生前所未有之大变局；今天的中国，中国特色社会主义正全面向前推进”（习近平，2017）。2017 年 10 月 25 日，在党的十九届一中全会上的讲话中，他又强调“当今世界正面临着前所未有的大变局，中国特色社会主义进入了新时代”（中共中央党史和文献研究院、中央“不忘初心、牢记使命”主题教育领导小组办公室，2019）。这都是从世界与中国的历史方位、相互关系的视角来定位大变局。

之所以在 2017 年后比较密集地使用“大变局”概念，与 2017 年年初习近平主席在联合国日内瓦总部演讲中发出“世界怎么了、我们怎么办”之问有关。2019 年 3 月 26 日，他在巴黎出席中法全球治理论坛闭幕式致辞时曾明确表示，“两年前，我在联合国日内瓦总部演讲时，发出‘世界怎么了、我们怎么办’之问。当今世界正面临百年未有之大变局，和平与发展仍然是时代主题，同时不稳定性不确定性更加突出，人类面临许多共同挑战”（习近平，2020），这个“百年未有之大变局”就是习近平主席对“世界怎么了”之问的凝练解释。

习近平总书记首次以辩证观点详细阐述世界百年未有之大变局是在 2018 年 6 月的中央外事工作会议上。他指出，“把握国际形势要树立正确的历史观、大局观、角色观。……当前，我国处于近代以来最好的发展时期，世界处于百年未有之大变局，两者同步交织、相互激荡。……从党的十九大到党的二十大，是实现‘两个一百年’奋斗目标的历史交汇期，在中华民族伟大复兴历史进程中具有特殊重大意义。纵观人类历史，世界发展从来都是各种矛盾相互交织、相互作用的综合结果。我们要深入分析世界转型过渡期国际形势的演变规律，准确把握历史交汇期我国外部环境的基本特征，统筹谋划和推进对外工作。既要把握世界多极化加速推进的大势，又要重视大国关系深入调整的态势。既要把握经济全球化持续发展的大势，又要重视世界经济格局深刻演变的动向。既要把握国际环境总体稳定的大势，又要重视国际安全挑战错综复杂的局面。既要把握各种文明交流互鉴的大势，又要重视不同思想文化相互激荡的现实”（习近平，2020）。这段阐释，不仅交代了提出世界百年未有之大变局重大研判或命题的方法论，还对大变局中中国面临的外部环境主要特征进行了深刻的分析。

综合来看，世界百年未有之大变局在国际层面主要表现为世界多极化加速发展、国际格局日趋均衡，国际形势处于新的转折点，各种战略力量分化组合、国际体系加速演变深刻调整，大国关系深入调整，霸权主义、强权政治依然存在；在经济层面主要表现为一大批新兴市场和发展中国家快速发展，经济全球化持续深入发展、世界经济格局深刻演变，但保护主义、单边主义不断抬头；在安全层面主要表现为国际环境总体稳定、国际安全挑战错综复杂，战乱恐袭、饥荒疫情此伏彼起，传统安全和非传统安全问题复杂交织；在文化层面主要表现为各种文明交流互鉴、不同思想文化相互激荡，文化多样化深入发展；在科技层面主要表现为社会信息化深入发展，新工业革命风起云涌。世界百年未有之大变局同时也是世界大发展大变革大调整时期，充满机遇也存在挑战。

二　概念在国内场合的运用

从国内场合看，习近平总书记多次在涉及国家安全、军事、经济、外交等问题以及对青年人、领导干部、科学家等不同群体的讲话中阐述如何看待和因应世界百年未有之大变局的观点。例如，2018 年 8 月 27 日，他在推进“一带一路”建设工作 5 周年座谈会上的讲话中指出，“当今世界正处于大发展大变革大调整时期，我们要具备战略眼光，树立全球视野，既要有风险忧患意识，又要有历史机遇意识，努力在这场百年未有之大变局中把握航向”（习近平，2020）。在 2018 年 12 月召开的中央经济工作会议中，他强调“世界面临百年未有之大变局，变局中危和机同生并存，这给中华民族伟大复兴带来重大机遇”（李学仁，2018）。2019 年 1 月 4 日，他在中央军委军事工作会议讲话中指出，“当今世界正面临百年未有之大变局，我国发展仍处于重要战略机遇期，同时各种可以预料和难以预料的风险挑战增多。全军要正确认识和把握我国安全和发展大势，强化忧患意识、危机意识、打仗意识，扎扎实实做好军事斗争准备各项工作，坚决完成党和人民赋予的使命任务”（习近平，2020）。2019 年 3 月 10 日，他在两会期间参加福建代表团审议的讲话中强调要“不断增强我国在世界大变局中的影响力、竞争力”（李学仁，2019）。2019 年 4 月 30 日，他在纪念五四运动 100 周年大会上的讲话中对青年提出要求，“面对复杂的世界大变局，要明辨是非、恪守正道，不人云亦云、盲目跟风”（习近平，2020）。2019 年 5 月 21 日，他赴江西考察期间在主持召开推动中部地区崛起工作座谈会时的讲话指出，“领导干部要胸怀两个大局，一个是中华民族伟大复兴的战略全局，一个是世界百年未有之大变局，这是我们谋划工作的基本出发点”（习近平，2020），对领导干部清醒认识“大变局”提出了明确要求。2019 年 10 月 28 日，他在关于《中共中央关于坚持和完善中国特色社会主义制度　推进国家治理体系和治理能力现代化若干重大问题的决定》的说明中特别强调了大变局相关的风险挑战，“当今世界正经历百年未有之大变局，国际形势复杂多变，改革发展稳定、内政外交国防、治党治国治军各方面任务之繁重前所未有，我们面临的风险挑战之严峻前所未有”（习近平，2020）。2020 年 1 月 8 日，他在“不忘初心、牢记使命”主题教育总结大会上的讲话中又强调，“当今世界正经历百年未有之大变局，我国正处于实现中华民族伟大复兴关键时期，我们党正带领人民进行具有许多新的历史特点的伟大斗争，形势环境变化之快、改革发展稳定任务之重、矛盾风险挑战之多、对我们党治国理政考验之大前所未有”（习近平，2020）。

新冠疫情暴发后，世纪疫情和百年变局叠加共振，对中国发展的内部条件和国际环境都造成重大冲击。2020 年 7 月，习近平总书记在吉林考察时指出，“当今世界正经历百年未有之大变局，我国发展的内部条件和外部环境正在发生深刻复杂变化”（燕雁，2020），在月底的政治局会议上他还表示“当今世界正经历百年未有之大变局，和平与发展仍然是时代主题，同时国际环境日趋复杂，不稳定性不确定性明显增强”（《人民日报》，2020）。2020 年 8 月 1 日，习近平总书记在中央政治局第二十二次集体学习时指出，世界百年未有之大变局加速演进，新冠疫情对国际格局产生深刻影响，我国安全形势不确定性不稳定性增大(习近平，2020)。当月 24 日，他在经济社会领域专家座谈会上指出，当今世界正经历百年未有之大变局，新冠疫情全球大流行使这个大变局加速变化，保护主义、单边主义上升，世界经济低迷，全球产业链供应链因非经济因素而面临冲击，国际经济、科技、文化、安全、政治等格局都在发生深刻调整，世界进入动荡变革期。今后一个时期，我们将面对更多逆风逆水的外部环境，必须做好应对一系列新的风险挑战的准备(习近平，2020)。2020 年 9 月 8 日，他在全国抗击新冠肺炎疫情表彰大会上的讲话中指出，“世界百年未有之大变局加速演进，国内改革发展稳定任务艰巨繁重”（习近平，2020）。当月 11 日，他在科学家座谈会上又指出，“当今世界正经历百年未有之大变局，我国发展面临的国内外环境发生深刻复杂变化，我国‘十四五’时期以及更长时期的发展对加快科技创新提出了更为迫切的要求”（习近平，2020）。2020 年 10 月 12 日，他在广东考察时提出“现在我们正经历百年未有之大变局，要走更高水平的自力更生之路”（张晓松、朱基钗、杜尚泽，2020）。当月 16 日，他在中央政治局第二十四次集体学习时指出，“当今世界正经历百年未有之大变局，科技创新是其中一个关键变量”（习近平，2020）。2020 年年末，他在全国政协新年茶话会上的讲话中回顾了一年中“统筹中华民族伟大复兴战略全局和世界百年未有之大变局”取得的战略成果(习近平，2021)。2021 年 1 月 11 日，他在省部级主要领导干部学习贯彻党的十九届五中全会精神专题研讨班上的讲话指出，“当今世界正经历百年未有之大变局，但时与势在我们一边，这是我们定力和底气所在，也是我们的决心和信心所在”（习近平，2021）。28 日，他在中共中央政治局第二十七次集体学习时指出，“要统筹中华民族伟大复兴战略全局和世界百年未有之大变局，立足国内，放眼世界，深刻认识错综复杂的国际局势对我国的影响，既保持战略定力又善于积极应变，既集中精力办好自己的事，又积极参与全球治理、为国内发展创造良好环境”。2021 年 4 月 19 日，他在清华大学考察时指出，“我国高等教育要立足中华民族伟大复兴战略全局和世界百年未有之大变局，心怀‘国之大者’”（黄敬文、鞠鹏，2021）。2021 年 7 月 21 日，他在庆祝中国共产党成立 100 周年大会上的讲话中指出：“新的征程上，我们必须增强忧患意识、始终居安思危，贯彻总体国家安全观，统筹发展和安全，统筹中华民族伟大复兴战略全局和世界百年未有之大变局，深刻认识我国社会主要矛盾变化带来的新特征新要求，深刻认识错综复杂的国际环境带来的新矛盾新挑战，敢于斗争，善于斗争，逢山开道、遇水架桥，勇于战胜一切风险挑战！”（习近平，2021）

三　概念在涉外场合的运用

习近平主席还在许多重要外交或涉外场合向世界阐述百年未有之大变局命题与应对变局的中国倡议。例如，2018 年 7 月 25 日，他在金砖国家工商论坛上的讲话中表示，“当今世界正面临百年未有之大变局。对广大新兴市场国家和发展中国家而言，这个世界既充满机遇，也存在挑战。我们要在国际格局演变的历史进程中运筹金砖合作”（习近平，2020）。2018 年 9 月 4 日，他在中非合作论坛有关场合表示，“我们一致认为，当今世界正经历百年未有之大变局，世界多极化、经济全球化深入发展，各国人民的命运从未像今天这样紧紧相连。同时，世界面临的不稳定性不确定性突出，人类面临许多共同挑战。我们愿携起手来，共同打造责任共担、合作共赢、幸福共享、文化共兴、安全共筑、和谐共生的中非命运共同体”（习近平，2018）。2018 年 11 月 28 日，他在阿根廷媒体发表署名文章表示“当今世界正在经历百年未有之大变局。世界多极化、经济全球化势头不可阻挡，日益频发的全性挑战也不容忽视”（习近平，2018）。2019 年 3 月 20 日，他在意大利发表署名文章指出，“当今世界正面临百年不遇之大变局。把中意关系提高到新的更高水平，共同维护世界和平稳定和发展繁荣，是历史赋予我们的责任”（习近平，2019）。2019 年 4 月 26 日，他在第二届“一带一路”国际合作高峰论坛欢迎宴会上的祝酒辞中，以“站在世界百年未有之大变局的当口，愿我们都能不负使命、不负时代”与各国领导人共勉(习近平，2019)。2019 年 4 月 26 日，他在人民大会堂会见联合国秘书长古特雷斯时表示，“当今世界正经历百年未有之大变局。我们要从各种乱象中看清实质，从历史的维度中把握规律。经济全球化的大势不可逆转，合作共赢才是人间正道”（杜尚泽、丁海涛，2019）。2019 年 6 月，他和俄罗斯总统普京会谈时表示，“身处世界百年未有之大变局，中俄承载着两国人民和国际社会的更大期待”（李满等，2019）。同月，他在圣彼得堡国际经济论坛致辞中指出，“面对世界百年未有之大变局，中方愿同国际社会一道，合力打造开放多元的世界经济，努力建设普惠包容的幸福社会，致力构建人与自然和谐共处的美丽家园，携手开辟崭新的可持续发展之路”（赵嘉鸣、杜尚泽、王晔，2019）。他还致信中非合作论坛北京峰会成果落实协调人会议表示，“当今世界面临百年未有之大变局，发展中国家整体性崛起势头强劲”（《人民日报》，2019）。2019 年 10 月，他同巴西总统博索纳罗会谈时表示，“当今世界正经历百年未有之大变局，但和平、发展、合作、共赢的时代潮流没有变，中国、巴西等新兴市场国家整体崛起的势头没有变，中方从战略高度和长远角度发展中巴关系的政策没有变”（赵成、丁林，2019）。2019 年 11 月 6 日，他在和法国总统马克龙会谈时指出，

"面对当今世界百年未有之大变局，中法作为联合国安理会常任理事国和东西方文明代表，理应加强战略沟通，担负更多责任，展现大国担当"（王远、王迪、燕雁，2019）。同月，他在金砖国家领导人巴西利亚会晤公开会议上的讲话指出，"面对百年未有之大变局，作为重要的新兴市场国家和发展中国家，我们应该顺应时代潮流，回应人民呼声，展现应有的责任担当，在追求发展道路上矢志不移，在团结合作历程中携手奋进，为人民谋幸福，为世界谋发展"（杜尚泽等，2019）。2019 年 12 月 23 日，他会见韩国总统文在寅时表示，"面对当今世界百年未有之大变局，中韩应深化和发展战略合作伙伴关系，照顾彼此核心利益和重大关切，推动双边关系迈上更高水平"（杨迅、饶爱民，2019）。同日，他在会见日本首相安倍晋三时表示，"当今世界正经历百年未有之大变局。形势越是复杂，越需要我们保持从容不迫的战略定力，越需要我们具备登高望远的全局视野"（杨迅、李学仁，2019）。2020 年 1 月 17 日，他在中缅建交 70 周年系列庆祝活动暨中缅文化旅游年启动仪式上的致辞中指出，"当今世界正在经历百年未有之大变局，国际社会日益成为你中有我、我中有你的命运共同体，但国际关系中不公正不平等现象仍很突出，维护世界和平、促进共同发展，依然任重道远"（习近平，2020）。

新冠疫情暴发后，联合并调动国际力量共同应对百年变局下的世纪疫情，成为习近平主席在国际场合阐述的重要内容。2020 年 9 月 4 日，他在 2020 年中国国际服务贸易交易会全球服务贸易峰会上的致辞中指出，"当今世界正在经历百年未有之大变局。新冠疫情全球大流行使这个大变局加速变化，经济全球化遭遇逆流，保护主义、单边主义上升，世界经济低迷，国际贸易和投资大幅萎缩，给人类生产生活带来前所未有的挑战和考验"（杨依军等，2020）。2020 年 9 月 9 日，他同乌拉圭总统拉卡列通电话时表示，"当今世界正经历百年未有之大变局，我们要本着推动构建人类命运共同体的理念，走团结合作之路"（《人民日报》，2020）。2020 年 9 月 14 日，他同德国欧盟领导人共同举行视频会晤时也表示，当前，新冠疫情全球大流行使百年未有之大变局加速演进。人类面临许多共同挑战，正站在新的十字路口。中欧作为世界两大力量、两大市场、两大文明，越是面对这样的形势，越要牢牢把握相互支持、团结合作的大方向，越要坚定不移推动中欧全面战略伙伴关系健康稳定发展，为国际社会抗击疫情、恢复经济、维护正义注入更多正能量（李涛、庞兴雷，2020）。2020 年 9 月 22 日，他在第七十五届联合国大会一般性辩论上的讲话中指出，新冠疫情全球大流行和世界百年未有之大变局相互影响，但和平与发展的时代主题没有变，各国人民和平发展合作共赢的期待更加强烈（习近平，2020）。2020 年 11 月 19 日，他在亚太经合组织工商领导人对话会上的主旨演讲中表示，新冠疫情全球大流行，推动世界百年未有之大变局加速演进（习近平，2020）。2021 年 1 月 25 日，他在世界经济论坛“达沃斯议程”对话会上的特别致辞中指出，“世界正在经历百年未有之大变局，既是大发展的时代，也是大变革的时代”（习近平，2021）。2021 年 7 月 6 日，他在中国共产党与世界政党领导人峰会上的主旨讲话中指出，“当今世界正经历百年未有之大变局，世界多极化、经济全球化处于深刻变化之中，各国相互联系、相互依存、相互影响更加密切”（习近平，2021）。

从习近平总书记关于“世界百年未有之大变局”的重要论述中可以得出以下结论。第一，大变局是一个长期的、复杂的历史进程，其中充满进步力量与倒退势力的斗争，这一进程可能存在各种反复，对其进步或机遇的一面要怀有信心，对其中风险挑战的一面，应做好充分的精神和物质准备。第二，世界百年未有之大变局的历史进程深入发展之际，适逢中国推进民族复兴的关键期，所以中国之前途命运对大变局的走向及影响尤其敏感。必须对国内各地区、各阶层、各届别、各领域予以充分的思想和资源的动员，来应对大变局所伴随的风险挑战。第三，世界百年未有之大变局中因为单极化、反全球化等退步或反动势力带来的全球性问题、挑战、乱象会损害包括中国在内的世界多数国家的共同利益，这些国家应当加强合作，形成国际上的统一战线，来共同应对大变局中的风险挑战。为了实现这个目标，习近平总书记通过在国外媒体发表署名文章、在出访地重要场合发表演讲、与来访外国政要开诚布公地交流等多种方式，在国际上做了大量思想政治工作，为凝聚合作共识做出巨大贡献。

四　学术研究的脉络及影响

国内关于世界百年未有之大变局的研究成果在2017年及之前的年份数量很少，即便是习近平总书记正式提出“百年未有之大变局”这个概念之后的2018年，相关研究成果也不多。在中国知网数据库以“百年未有之大变局”为主题进行检索，2018年只有8篇文章。2019年起，该主题下的研究成果数量呈现井喷式增长，当年中国知网数据库有101篇，2020年增加至154篇。2021年截至8月初已经收录了127篇，同比增长了41%。从学科领域来看，这些研究成果中以政治学和国际关系领域的成果居多，如果把研究领域聚焦于经济学，2018—2020年以“百年未有之大变局”为主题的文章各有1篇、21篇和31篇，截至2021年8月初有20篇。尽管如此，中国经济学界在该主题下的代表性研究的影响力在各学科中居于首位。截至2021年8月，该主题下被引用次数最高的论文即出自经济学领域，其被引用次数比国际政治领域被引用次数最高的论文高53%。

具体来看，中国经济学界关于世界百年未有之大变局的研究，主要集中在以下几个方面。第一，从马克思主义政治经济学的视角，分析和解释百年未有之大变局并提出应变之道。宋朝龙认为，百年未有之大变局应结合金融资本的国际积累及其危机来理解。新自由主义无法理解金融资本自我否定的逻辑，无法理解金融资本产生危机的机制，从而无法应对危机和西方大变局。与此相反，马克思主义却为理解金融资本及其积累危机提供了坚实的基础，按照《资本论》及希法亭和列宁等人的逻辑，金融资本的积累破坏着金融资本自身积累的条件，最后只有靠互相转嫁危机的方式来解决危机，而这只能使金融资本的积累体系进一步遭到破坏，这为理解西方大变局提供了合适的理论工具（宋朝龙，2019）。逄锦聚提出，适应新时代和世界百年未有之大变局的要求和挑战，必须坚持和发展中国特色社会主义经济发展道路，所需坚持的特色具体包括："立足中国国情，顺应历史发展规律，尊重人民的选择"；"以经济建设为中心，把解放和发展生产力摆在首位"；"坚持改革开放，发挥制度优势，大力发展社会主义市场经济"；"坚持以人民为中心，发展为了人民，依靠人民"；"坚持中国共产党领导和科学理论指导"（逄锦聚，2020）。赵燕菁和宋涛用基于资本—劳动的两阶段增长模型来解释百年未有之大变局的历史逻辑，认为这一增长模型在全球分工格局的空间投影是在美元驱动下形成的创造资本的"中心国家"和依靠劳动的"边缘国家"，而中国在土地金融推动下成为资本创造大国，动摇了已经维持百年的国际分工秩序，中国的宏观经济政策应当采用同时兼顾资本密集和劳动密集两个阶段的双轨制，并在不引发大国战略对决的条件下实现从劳动密集向资本密集的增长转型（赵燕菁、宋涛，2020）。张峰认为大变局的实质反映了世界经济中心的转移，他系统梳理了马克思和恩格斯关于世界经济中心转移的相关论述，并以资本的逻辑来解释世界经济中心的转移过程（张峰，2021）。

第二，对世界百年未有之大变局性质和特征的理解和分析。张宇燕把百年未有之大变局的内涵归纳为经济实力消涨、科技竞争加剧、民粹主义沉渣泛起、人口结构问题深化意识形态纷争、全球货币体系动摇、权力政治回归、规则博弈白热化等方面，指出百年变局中最为关键的变量在于世界上主要国家之间的力量对比，技术突飞猛进既是百年变局的基本内容，也是导致百年变局的基本推动力量，网络技术发展和普及促进了民众权利意识的普遍觉醒，也助推了社会撕裂，人口年龄结构和族群结构的变化加剧了社会矛盾和对立，第二次世界大战后美元主导的国际货币体系正在接近前途未卜的十字路口，国际多边体系进入瓦解与重构过程，作为超级大国的美国制度颓势显露，主要大国之间“规锁”与“反规锁”日趋白热化。张宇燕还指出了大变局之下重要的常量，包括人类处于核武器时代、各国或各地区之间的相互依存度仍然处于历史高位等（张宇燕，2019）。雷达和初晓将世界百年未有之大变局的根本视为国际经济秩序的变化，指出瓜分殖民地的战争导致殖民体系瓦解的“战争悖论”使得过去的“百年变局”由资本主义殖民体系转向新的国际经济秩序，未来的百年之变则意味着对现有国际经济秩序的调整和完善，全球、多边、合作、开放是“百年变局”发展的趋势所向，而区域、单边、霸凌、脱钩只是“百年变局”中政策试错的过程（雷达、初晓，2021）。胡鞍钢认为百年未有之大变局的核心是世界经济格局的重大改变，他还进一步实证分析和预测了2000—2050年世界经济格局、工业化格局、科学技术格局、贸易格局、城市格局、现代化格局的重大变化，并认为全球出现了前所未有的南北国家大趋同，而疫情将加速世界政治格局和全球治理格局的大变迁（胡鞍钢，2021）。谢伏瞻指出，大变局既非一时一事之变，也非一域一国之变，而是世界之变、时代之变、历史之变。大变局最突出的特征是“东升西降”，其核心变量和主要推动力是中国的持续快速发展，是中华民族伟大复兴战略全局的持续推进和不可逆转。世界百年未有之大变局和中华民族伟大复兴战略全局如此深度地交互作用、相互连接，不仅在中国历史上前所未有，而且在世界历史上也前所未有（谢伏瞻，2021）。

第三，对世界百年未有之大变局下的宏观经济形势和中微观经济活动特征的研判。宋晓梧探讨了百年未有之大变局背景下的贫富差距扩大问题，指出收入分配倒“U”形曲线理论失效反映了贫富差距扩大已成普遍化的现象，这是大变局下各国矛盾冲突迭起的重要原因之一（宋晓梧，2019）。杨长湧等从世界经济版图、经济全球化以及全球经济治理三个层面分析了世界百年未有之大变局的长期变化特征，认为其突出表现为“南升北降”的世界经济版图变化。同时，经济全球化遭遇波折但深入发展的大势不会逆转，且在新一轮科技革命和产业变革推动下，将呈现一系列新特征新趋势。全球经济治理体系亦正在发生第二次世界大战以来最深刻的调整（杨长湧等，2020）。杨丹辉和渠慎宁分析了百年未有之大变局下全球价值链重构及国际生产体系调整方向，指出受新工业革命初期技术扩散动力不足、国际金融危机后贸易保护主义加剧等因素的影响，以及新冠疫情的冲击，全球化进程遭遇严重挫折，世界范围内技术条件和政策环境变化对国际分工深化产生了一定的反向作用，全球价值链呈现阶段性收缩的态势。随着新一轮科技革命和产业变革深入发展，全球价值链面临结构性重构，区域化、数字化、绿色化成为国际生产体系调整的重要方向（杨丹辉、渠慎宁，2021）。郑广永认为，百年未有之大变局反映的是生产力世界布局的变化，而人力资本在生产力内在结构中发挥核心作用，这进而凸显了通过投资教育事业扩充人力资本并推动世界生产力重新布局的重要性（郑广永，2021）。

第四，中国应对世界百年未有之大变局的对策建议。冯维江提出管控世界百年未有之大变局下大国竞争带来的发展风险可以从三个方面着手：一是通过削减对抗意图或以进步型再安全（Progressive Re-safecurity）措施拉开竞争各方经济及综合实力差距，从而缓释百年变局的“东升西降”压力；二是限制美国将内部经济社会矛盾向外转移的意愿和能力，尤其要避免其政府被国内极端民族主义、民粹主义及其他狭隘利益集团捆绑，同时约束美国将国际金融基础设施武器化的能力；三是检查并修补国内经济社会发展的脆弱面和薄弱环节，增强承受内外压力的安全韧性（冯维江，2010）。邹蕴涵认为发展国内国际双循环是应对世界百年未有之大变局的必然选择，并提出了四个方面的建议：一是推动供给创新升级，更好满足需求发展趋势；二是激发内需潜力释放，更好带动供给优化调整；三是以改革破桎梏，彻底打通内循环“梗阻”；四是以开放塑新机，加速内外循环提质升级（邹蕴涵，2020）。王永中就应对世界百年未有之大变局和新冠疫情的叠加冲击，提出应保持战略定力，最重要的还是做好我们自己的事情，在做好疫情防控和加快复工复产进度的基础上，坚定不移地贯彻创新、协调、绿色、开放、共享的发展理念，推动高质量发展，全面深化改革，进一步扩大对外开放，突出抓重点、补短板、强弱项，特别是要坚决打好污染防治、防范化解重大风险的攻坚战（王永中，2020）。姜安印和刘博认为“一带一路”倡议是百年未有之大变局的重要组成部分，可通过“一带一路”贡献的共同化发展的全球发展方案来缓解和消除大变局中的不满和焦虑，发挥其稳定器和助推器作用（姜安印、刘博，2021）。全毅研究了世界格局百年未有之大变局下中国对外开放的战略选择，提出应实现以内需为主导、外需相协调的发展战略，构建内外协调的开放型经济体制，同时稳定周边，重点经营中国东盟自贸区（或 RCEP）与上海合作组织（或欧亚联盟）的南北两翼以突破美国包围网，在多边贸易体制与全球治理中确立多边共治战略与策略（全毅，2021）。

习近平总书记提出世界百年未有之大变局这个概念，引起了包括中国经济学界在内的学术界的高度关注和强烈兴趣。这不仅在于透过这个概念可以从理论上深入研究或澄清大国崛起进程中与世界互动的一般规律，也在于围绕这个概念而展开和形成的理论研究成果具有鲜明的实践指向。厘清世界百年未有之大变局的内在特征和演变趋势，才能够为正确处理中国和世界的关系，特别是中国发展大势与世界发展大势的关系提供指引，为按照统筹中华民族伟大复兴战略全局和世界百年未有之大变局要求制定对内对外经济政策提供可靠的依据。

参考文献

《习近平谈治国理政》第2卷，外文出版社2017年版。

《习近平谈治国理政》第3卷，外文出版社2020年版。

《习近平同乌拉圭总统拉卡列通电话》，《人民日报》2020年9月10日第1版。

《习近平向中非合作论坛北京峰会成果落实协调人会议致贺信》，《人民日报》2019年6月26日第1版。

《习近平在省部级主要领导干部学习贯彻党的十九届五中全会精神专题研讨班开班式上发表重要讲话强调 深入学习坚决贯彻党的十九届五中全会精神 确保全面建设社会主义现代化国家开好局》，《人民日报》2021年1月12日第1版。

《习近平在中央政治局第二十二次集体学习时强调——统一思想坚定信心鼓足干劲抓紧工作 奋力推进国防和军队现代化建设》，《人民日报》2020年8月1日第1版。

《习近平在中央政治局第二十四次集体学习时强调 深刻认识推进量子科技发展重大意义 加强量子科技发展战略谋划和系统布局》，《人民日报》2020年10月18日第1版。

习近平：《东西交往传佳话 中意友谊续新篇》，《人民日报》2019年3月21日第3版。

习近平：《构建新发展格局 实现互利共赢——在亚太经合组织工商领导人对话会上的主旨演讲》，《人民日报》2020年11月20日第2版。

习近平：《加强政党合作 共谋人民幸福——在中国共产党与世界政党领导人峰会上的主旨讲话》，《人民日报》2021年7月7日第2版。

习近平：《开创中阿关系新时代》，《人民日报》2018年11月29日第3版。

习近平：《让多边主义的火炬照亮人类前行之路——在世界经济论坛"达沃斯议程"对话会上的特别致辞》，《人民日报》2021年1月26日第2版。

习近平：《同中非合作论坛前任和新任非方共同主席国元首共见记者

时的讲话》，《人民日报》2018 年 9 月 5 日第 2 版。

习近平：《在第二届“一带一路”国际合作高峰论坛欢迎宴会上的祝酒辞》，《人民日报》2019 年 4 月 27 日第 4 版。

习近平：《在第七十五届联合国大会一般性辩论上的讲话》，《人民日报》2020 年 9 月 23 日第 3 版。

习近平：《在经济社会领域专家座谈会上的讲话》，《人民日报》2020 年 8 月 25 日第 2 版。

习近平：《在科学家座谈会上的讲话》，《人民日报》2020 年 9 月 12 日第 2 版。

习近平：《在庆祝中国共产党成立 100 周年大会上的讲话》，《人民日报》2021 年 7 月 2 日第 2 版。

习近平：《在全国抗击新冠肺炎疫情表彰大会上的讲话》，《人民日报》2020 年 9 月 9 日第 2 版。

习近平：《在全国政协新年茶话会上的讲话》，《人民日报》2021 年 1 月 1 日第 2 版。

习近平：《在中缅建交 70 周年系列庆祝活动暨中缅文化旅游年启动仪式上的致辞》，《人民日报》2020 年 1 月 18 日第 2 版。

习近平：《准确把握世界军事发展新趋势　与时俱进大力推进军事创新》，《人民日报》2014 年 8 月 31 日第 1 版。

中共中央党史和文献研究院、中央“不忘初心、牢记使命”主题教育领导小组办公室编：《习近平关于“不忘初心、牢记使命”论述摘编》，中央文献出版社 2019 年版。

《中共中央政治局召开会议　决定召开十九届五中全会》，《人民日报》2020 年 7 月 31 日第 1 版。

杜尚泽、丁海涛：《习近平会见联合国秘书长古特雷斯》，《人民日报》2019 年 4 月 27 日第 4 版。

杜尚泽等：《习近平出席金砖国家领导人第十一次会晤并发表重要讲话》，《人民日报》2019 年 11 月 15 日第 1 版。

冯维江：《百年变局视野下的大国竞争与中美关系》，《当代世界》2019 年第 8 期。

胡鞍钢：《中国与世界百年未有之大变局：基本走向与未来趋势》，《新疆师范大学学报》（哲学社会科学版）2021年第5期。

黄敬文、鞠鹏：《习近平在清华大学考察时强调　坚持中国特色世界一流大学建设目标方向　为服务国家富强民族复兴人民幸福贡献力量》，《人民日报》2021年4月20日第1版。

姜安印、刘博：《世界百年未有之大变局视野下的“一带一路”研究》，《上海经济研究》2021年第1期。

蒋廷黻：《中国与近代世界的大变局》，《清华学报》1934年第9卷第4期。

雷达、初晓：《国际经济秩序演变与百年未有之大变局》，《国际商务研究》2021年第1期。

李满等：《习近平同俄罗斯总统普京举行会谈》，《人民日报》2019年6月6日第3版。

李涛、庞兴雷：《习近平同德国欧盟领导人共同举行会晤》，《人民日报》2020年9月15日第1版。

李伟红、丁林：《习近平接见二〇一七年度驻外使节工作会议与会使节并发表重要讲话》，《人民日报》2017年12月29日第1版。

李学仁：《习近平栗战书汪洋王沪宁赵乐际分别参加全国人大会议一些代表团审议》，《人民日报》2019年3月11日第1版。

李学仁：《中央经济工作会议在北京举行》，《人民日报》2018年12月22日第1版。

逄锦聚：《在世界百年未有之大变局中坚持和发展中国特色社会主义经济发展道路》，《经济研究》2020年第8期。

全毅：《世界格局百年未有之大变局下中国对外开放的战略选择，《福建论坛》（人文社会科学版）2021年第4期。

宋朝龙：《马克思主义的金融资本理论：分析世界百年未有之大变局的理论工具》，《世界社会主义研究》2019年第11期。

宋晓梧：《百年未有之大变局下的贫富差距》，《中国经贸导刊》2019年第24期。

王永中：《如何应对百年未有之大变局和疫情的叠加冲击》，《人民论坛》2020 年 5 月（下）。

王远、王迪、燕雁：《习近平同法国总统马克龙会谈》，《人民日报》2019 年 11 月 7 日第 1 版。

谢伏瞻：《在把握历史发展规律和大势中引领时代前行——为中国共产党成立一百周年而作》，《中国社会科学》2021 年第 6 期。

燕雁：《习近平在吉林考察时强调　坚持新发展理念深入实施东北振兴战略　加快推动新时代吉林全面振兴全方位振兴》，《人民日报》2020 年 7 月 25 日第 1 版。

杨长湧等：《百年未有大变局下的世界经济中长期走势》，《宏观经济研究》2020 年第 8 期。

杨丹辉、渠慎宁：《百年未有之大变局下全球价值链重构及国际生产体系调整方向》，《经济纵横》2021 年第 3 期。

杨迅、李学仁：《习近平会见日本首相安倍晋三》，《人民日报》2019 年 12 月 24 日第 1 版。

杨迅、饶爱民：《习近平会见韩国总统文在寅》，《人民日报》2019 年 12 月 24 日第 1 版。

杨依军等：《习近平在 2020 年中国国际服务贸易交易会全球服务贸易峰会上致辞》，《人民日报》2020 年 9 月 5 日第 1 版。

张峰：《马克思论世界经济中心转移与应对百年未有之大变局》，《太平洋学报》2021 年第 4 期。

张晓松、朱基钗、杜尚泽：《续写更多“春天的故事”——习近平总书记出席深圳经济特区建立四十周年庆祝大会并在广东考察纪实》，《人民日报》2020 年 10 月 16 日第 3 版。

张宇燕：《理解百年未有之大变局》，《国际经济评论》2019 年第 5 期。

赵成、丁林：《习近平同巴西总统博索纳罗会谈》，《人民日报》2019 年 10 月 26 日第 1 版。

赵嘉鸣、杜尚泽、王晔：《习近平出席第二十三届圣彼得堡国际经济论坛全会并致辞》，《人民日报》2019 年 6 月 8 日第 1 版。

赵燕菁、宋涛：《“百年未有之大变局”的历史逻辑——基于资本—劳动两阶段增长模型的分析》，《厦门大学学报》（哲学社会科学版）2020 年第 3 期。

郑广永：《论生产力的世界新布局与百年未有之大变局——以人力资本推动下的生产力发展为视角》，《北京联合大学学报》（人文社会科学版）2021 年第 2 期。

邹蕴涵：《国内国际双循环：百年未有之大变局中的必然选择》，《经济》2020 年第 9 期。

农业与工业化

张建华*

农业（agriculture）是利用动植物的生长发育规律，通过人工培育来获得产品的各部门的统称。农业属于第一产业，农业的劳动对象是有生命的动植物，获得的产品是动植物本身，提供食品及工业原料等。广义农业包括种植业、林业、畜牧业、渔业等产业；狭义农业指种植业，包括生产粮食作物、经济作物、饲料作物和绿肥等农作物的生产活动。

农业是提供支撑国民经济建设与发展的基础产业。农业是人类衣食之源、生存之本，是一切生产的首要条件。它为国民经济其他部门提供粮食、副食品、工业原料、资金和出口物资。农村又是工业品的最大市场和劳动力的来源。当代世界农业发展的基本趋势和特征是高度的商业化、资本化、规模化、专业化、区域化、工厂化、知识化、社会化、国际化交织在一起，极大地提高了土地产出率、农业劳动生产率、农产品商品率和国际市场竞争力。

工业化（industrialization）通常被定义为工业（特别是其中的制造业）或第二产业产值（或收入）在国民生产总值（或国民收入）中比重不断上升的过程，以及工业就业人数在总就业人数中比重不断上升的过程。工业发展是工业化的显著特征之一，但工业化并不

---

* 张建华，华中科技大学经济学院。

能狭隘地仅仅理解为工业发展。因为工业化是现代化的核心内容，是传统农业社会向现代工业社会转变的过程。在这一过程中，工业发展绝不是孤立进行的，而总是与农业城市化和服务业发展相辅相成。如何认识农业的作用和在工业化中的地位，如何利用工业化促进农业发展，如何处理好农业国与工业国之间的动态关系，这些都是一个十分重要的问题。可以说，处理好农业与工业化的关系是农业社会向现代工业社会成功转型的关键。

1945 年哈佛大学中国留学生张培刚，首先以“农业与工业化”（Agriculture and Industrialization）为题完成博士学位论文。该论文首次试图从历史上和理论上比较系统地探讨以中国的工业化为中心目标，从世界范围来探讨农业国家或发展中国家在工业化过程中将要遇到的种种问题，从历史文献、统计数据和经济理论等方面重点探讨了农业国实现工业化的基本问题。该文获 1946—1947 年度哈佛大学经济专业最佳论文奖和“威尔士奖金”，被列为《哈佛经济丛书》第 85 卷，1949 年在哈佛大学出版社出版。1951 年译成西班牙文，在墨西哥出版；1969 年，英文版又在美国再版。1951 年在墨西哥出版西班牙文版，1984 年中文版《农业与工业化》（上卷：农业国工业化问题初探）首次在华中工学院出版社出版。此书后来被国际学术界誉为“发展经济学”的奠基之作，从而张培刚本人也被誉为“发展经济学创始人”之一。改革开放以来，张培刚率弟子再探农业与工业化，相继出版《新发展经济学》《农业与工业化》（中下合卷：农业国工业化问题再探），为使发展经济学走出困境，又提出并建立有特色的新型发展经济学，为发展经济学在当代的新发展指明了方向。2008 年，《农业与工业化》（上，中下合卷）（阿拉伯文）项目入选“中国图书对外推广计划”。

一　农业与工业化问题初探

张培刚（1949）提出了一个根本性的观点，那就是：农业国家或经济落后国家，要想实现经济起飞和经济发展，就必须全面实行“工业化”。这和当时我国国内有些人主张的单纯“以农立国”论或“乡村建设”论是大不相同的。他在书中提出了自成一个系统的一系列理论观点，其中许多方面都是他自己在国内外长期亲身从事调查研究和反复思考之后，首次提出来的。主要观点和理论主张包括如下。

一是完整阐述了农业与工业的相互依存关系，最早提出了农业对工业化的五大贡献理论。张培刚认为，虽则农业国的出路在于“工业化”，农业之发展对工业化启动起着至为重要的关键作用。张培刚详细分析了农业对工业化的五大贡献：①农业是粮食供给的主要来源；②农业是工业原料供给的来源；③农业为工业提供大量的剩余劳动力；④农民作为买者和卖者对于工业生产市场的扩大起着重要作用；⑤农业通过向国家纳税和输出农产品而形成的资金积累和外汇储存对于工业资本的积累而言是一条非常重要的途径。张培刚认为，农业对工业化以及整个国民经济的发展都起着重要作用和巨大贡献。基于此，他认为，农业是工业化与经济发展的基础和必要条件。“五大贡献”理论比后来诺贝尔经济学奖获得者库兹涅茨所提出的类似理论要早16年，比其他西方经济学家则更要早些。

二是提出并论证了独特而全面的工业化定义。张培刚把“工业化”定义为“一系列基要生产函数连续发生变化的过程”。这里，张培刚从技术创新和技术革命的角度定义“工业化”。与其他学者从工业产值和就业人数占国民经济比重上升过程来定义工业化不同，张培刚的定义既可表明近现代工业社会的主要变化，又将制造业的工业化和农场经营的工业化都包括在内。工业化不仅包括工业本身的机械化和现代化，而且也包括农业的机械化和现代化。这一定义，能够防止和克服通常那种把“工业化”片面理解为单纯地发展制造工业，而忽视甚至牺牲农业的做法。西方发展经济学家到20世纪80年代才纠正忽视农业而片面实现工业化的传统观点。如美国著名发展经济学家迈耶（Gerald M. Meier，1984）在其著作中纠正了关于“工业化”的观点，与张培刚几十年前的理论极为接近。

三是提出并论证了基础设施和基础工业在工业化中的先导作用以及工业化的发动因素和限制因素。张培刚认为，基础设施和基础工业，如交通运输、动力工业等，在工业化中起着“先行官”作用。而且，在张培刚看来，诸如企业家精神和创新管理才能以及生产技术等因素，是工业化的发动因素；而资源、人口等因素在一定阶段则会成为工业化的限制因素。至于社会制度，张培刚认为其既可能为发动因素，也可能为限制因素，这取决于多种条件。

四是系统阐述了工业化的程序、阶段和速度。张培刚将演进的工业化过程分为三个阶段：第一，消费品工业占优势；第二，资本品工业的相对增加；第三，消费品工业与资本品工业平衡，而资本品工业渐占优势地位的趋势。张培刚指出，农业国工业化这一历史转变的基本标志就在于由消费品工业占优转变为资本品工业占优。他还指出这种转变是逐渐达到的。关于一国工业化的速度，张培刚认为，通常而言，较后阶段进入工业化进程、由政府发动的工业化、工业化进程中着重资本品生产、能利用外资的国家的工业化速度要分别快于较早阶段进入工业化进程、由私人发动的工业化、工业化初始着重消费品生产、只靠国内资金的国家的工业化速度。

五是辩证分析了工业发展与农业调整的相互影响。张培刚分析了工业化对农业生产的影响：第一，工业发展与农业调整相互影响，但工业发展对农业调整影响更大，工业发展从技术和组织两方面成为农业改良的必要条件；第二，当工业化渐趋成熟时，在市场规律下，必引起农业生产结构的调整和变动，如收入的提高导致消费结构的变化又进而引起农业生产结构的调整；第三，随着工业化的发展，农产品市场的扩大和农耕技术的提高，农业总产量和单位产量会增加，但增加速度不及工业增长速度快，因为一方面土地供给趋于减少，同时农业受气候和生物学规律的制约。关于工业化对农业剩余劳动力的影响，张培刚总结道，伴随工业化的进展，农业剩余劳动力将会继城乡手工业者之后转移到城市和其他行业。

六是分析了农业工业化进程中发展中国家与发达工业国之间的相互作用。他认为，虽然相对于工业品，农产品总是在对外贸易中处于不利地位，然而从工业国引进外资和开展对外贸易却是农业国工业化必不可少的条件。资本从工业国流动到农业国，对于借贷国双方都是有利的。至于资本流动的因素，张培刚认为吸引外资最重要和最基本的因素在于借款国政治的稳定和工业发展的前景。在吸引外资的措施上，应消除对于国家贸易和金融的障碍。这里张培刚实际上已经分析了工业化进程中农业国与工业国的关系：农业国无论是吸引外资还是与工业国开展对外贸易，均处于相对不利的地位，但为工业化之故，仍需从工业国引进外资和开展对外贸易。这实际上提出了对外开放促进工业化的思想。张培刚的这一理论后来还被西方经济学界进一步发展为“中心—外围说”“依附论”等学说。而在中国，直到 1978 年后才逐渐实行对外开放政策，这也证实了张培刚的工业化理论的科学预见性和实践价值。

二　再论农业与工业化问题

20 世纪 70 年代末 80 年代初，中国实行了改革开放，随之当代西方经济学说陆续而系统地被引入和介绍进来，人们对发展经济学也产生了日益浓厚的兴趣，并掀起一股学习和研究的热潮。然而此时的西方学术界，包括一些发展经济学的领军人物，却对这门学科的前景持悲观的看法。与这些西方学者的诊断相反，张培刚（1989，1992）不仅对发展经济学充满着信心，而且正确地指出了摆脱困境的出路。

在新发展经济学的理论框架中，自始至终贯穿着发展中国家经济发展的核心问题——“工业化”这一条主线，从论证工业化前的社会文化历史背景开始，紧接着谈到工业化的启动与制约因素，然后探讨工业化的各种条件，再论证工业化过程中的产业结构变动和区域经济发展问题，随后又分析了工业化的国际环境，最后还提出了工业化过程中存在的主要难题以及调节的机制和方法。针对20世纪80年代以来西方发展经济学陷入困境以及有些学者对这门学科的悲观看法，《新发展经济学》从发展中国家的实际情况和根本利益出发，在借鉴和吸收以往发展经济学研究成果的基础上，提出了比较全面的、新型的发展经济学理论体系。《新发展经济学》主张：拓宽研究范围，以发展中大国为研究重点；改进研究方法，从经济社会发展的历史方面探根溯源，从经济和非经济方面（社会、历史、政治、文化等）综合分析；把体制转轨纳入发展经济的分析视野；从国情出发制定发展战略。

《新发展经济学》自始至终体现了一个“新”字，具体表现在：(1) 突破了已有发展经济学的框框，针对西方发展经济学对这门学科的悲观论点提出不同的看法；(2) 自始至终都贯穿着发展中国家经济发展的核心问题——工业化这一条主线；(3) 在研究角度上，把发展中大国作为研究重点，包括社会主义发展中国家，是发展经济学研究的一个重大突破和转向；(4) 在研究方法上，不仅从经济方面，而且从社会、历史、政治、文化等方面对经济发展问题进行综合全面的研究，使分析深入而透彻；(5) 研究结论，提出许多新的见解，有些问题是以往发展经济学没有涉及或论述不详的。

《新发展经济学》是张培刚早年《农业与工业化》一书的继续，是他的经济发展思想的进一步发展。过去一些发展中国家照搬西方理论与模式，出现了许多问题，因此，发展中国家必须有自己的经济理论，较好地把发展经济学的理论与中国的实际结合起来，总结了中国近十多年来经济的新发展和新问题以及中国经济学界的研究成果，同时借鉴了发达国家和其他发展中国经济发展的经验教训，对当前中国工业化和现代化所面临的重大问题，提出了一些独到的理论分析和政策建议。

张培刚（1992）提出了发展中大国的多元发展观，认为中国从东到西呈现多种生产力水平和多种经济社会形态的“多元”特征，因此区域发展十分复杂。他以曾经在农村放牛的体验，将东部地区比喻为“牛头”，西部地区为“牛尾”，中部地区为“牛肚子”，认为中部地区发展不起来，整个国家也难以整体发展。他的“牛肚子理论”为“中部崛起”战略提供了理论基础，并丰富和发展了区域经济理论。

21 世纪初，中国实施改革开放超过 20 年，如何结合中国的工业化和现代化实践，系统总结第二次世界大战以来发展中国家工业化现代化经验教训，张培刚（2002）带领研究团队再次系统而深入地对农业国工业化问题进行了考察和比较。

纵观几十年的发展，凡是取得了较为成功发展的农业国家或地区，在工业化战略取向和道路选择方面，无一例外地实行了重大战略转向（张培刚、张建华，2009）。这种战略转向概括起来，主要包括 6 点。①由过分强调计划化和国家干预转向更为重视市场机制和市场制度的基础性作用。②由优先发展重化工业的片面工业化转向更加重视农业发展和农村建设的全面工业化。③由强调采取进口替代和贸易保护的内向型工业化转向重视外贸外资作用甚至主张贸易自由化和金融自由化的外向型工业化转变。④由单纯重视资本积累和要素投入的原始增长型工业化转向更加重视人力资本和技术进步作用的内生增长的工业化。⑤由单纯追求经济本身的增长转向重视经济生态环境和社会发展之间协调和谐的可持续增长。⑥当代发展中国家又面临着一次信息技术和经济全球化冲击的新型工业化浪潮。

研究结果发现：中国工业化进入新阶段，农业在中国工业化进程中扮演着十分重要角色，农业生产能力显著提升，在保证谷物基本自给、口粮绝对安全的前提下，多元化经营让传统农业得到根本性改造，农民生活水平显著改善，反贫困工作成就世界瞩目，农业政策制度体系不断完善，乡村振兴战略的实施更为中国农业发展提供了新的历史机遇。

中国作为一个典型的农业国家在工业化进程中，虽然取得了较大的成就，但仍然面临不少问题。例如，工业体系往往处于国际分工的低端，产品缺乏核心竞争力，技术含量低，附加值不高，利润微薄；工业化发展的资源保障问题日益突出，资源保障能力面临重大挑战，工业化过程中高排放、高污染问题相当突出；产业的自主创新能力特别是原创性技术开发能力弱，工业化关键技术大多依赖于国外。此外，三次产业发展不协调，农村剩余劳动力向非农业转移的任务艰巨，区域经济发展不平衡，出口产业结构以加工贸易和轻纺产业为主等。

为克服上述障碍和瓶颈，农业国工业化要坚持走新型工业化道路，加速推进工业化进程。一是要树立“质量和效益优先”的科学发展理念。二是要积极发展新兴产业和战略性产业集群，加快推动产业转型升级。三是要增强科技创新能力，为实现工业化提供强有力的技术支撑。四是要加速信息化发展，推动信息化与工业化深度融合。五是要推进城乡联动改革，加快城乡协调发展。

针对上述问题，研究团队承担多项国家社科基金重大项目课题，探讨新型工业化道路下工业结构优化升级问题。目的在于建立中国化的理论框架，探寻依靠自主创新的新路径，结合“主体功能区”的思想，建立产业布局调整的动态分析系统，探讨工业结构优化升级应如何体现新型工业化思路的三大导向（提升科技含量，增强自主创新能力；节能降耗，减少环境污染，实现经济的可持续发展；充分发挥我国人力资源优势）。另外，还研究如何处理在工业结构优化升级的同时协调好工业与其他产业部门之间、区域经济之间、开放条件下国内工业发展与国际贸易及国际投资间的关系。

三　农业与工业化理论的现实意义

张培刚的农业国工业化理论形成是其长期关注和研究中国农村经济乃至整个国民经济所积累的结果。可以说他所有学术成就都建立在对中国实际和实践的深切关怀上。正因为如此，张培刚的农业与工业化思想对未来中国经济高质量发展仍然具有很重要的指导意义。

一是关于工业化进程中农业与工业的相互依存和动态调整的理论，为中国农业和工业的全面协调发展提供了较为明确的指导。中国的工业化已进入中高级阶段，农业发展仍为短板。现代工业如何帮助发展新型农业，提高农业生产率，提高农民收入水平已成为近年来最为热门和最引人关注的问题，并引起决策者的广泛关注。工业化的发展对农业在生产结构上的影响以及国家在农业政策上的倾斜，均反映了张培刚“先农业支持工业，然后工业反哺农业”的思想。

二是关于工业化的科学认识，有利于制定正确的“工业化”战略。关于工业化的正确认识包括：工业化不仅包括工业的机械化和现代化，还包括农业的机械化和现代化；农业剩余劳动力继城乡手工业者后终为工业部门所吸收，基础设施和基础工业在工业化中起着“先行官”的作用，工业化演进中产业结构变动具有一般规律，消费品工业在相当长时期内至关重要，农业国应积极利用外资和发展外贸以加快工业化进程，等等。我们只有顺应工业化的一般规律，制定相应的政策，才能促经济健康发展。

三是关于发展经济学理论中人本思想的现实意义。张培刚理论体系中的人本思想主要表现在如下三个方面：一是始终站在发展中国家最广大人民的立场上研究农业国工业化和发展经济学理论；二是强调企业家和劳动力在工业化和经济发展中的核心作用；三是强调人口因素和人的素质在工业化和经济发展中的重要作用。

四是关于政府作用的思想对中国经济改革的重要意义。制度因素既可能是工业化的发动因素，也可能是限制因素。要高度重视政府在农业国工业化中的作用。有效的政府是经济获得成功的基础，没有一个有效的政府就不可能取得经济和社会的发展，因此，经济落后的发展中国家，要想实现工业化和经济起飞，显然离不开政府的积极领导和参与。然而，政府对于经济活动干预不宜过多，否则势必会抑制个人的积极性和创造性，窒息企业的经济活力，这样就会阻碍工业化和现代化的进程。因此，我们必须清醒地认识到，在中国工业化进程中，要恰当地确定政府的职能范围，把握“度”的问题。对市场机制能够有效解决的事情，政府不要直接插手；而市场机制力所不及的领域，如市场经济体制的建立与维护、宏观经济的调控和长远规划等，则属政府的职责范围。这些思想对正确处理政府和市场的关系，都具有重要意义。

参考文献

武汉地方志办公室：《张培刚传》，华中科技大学出版社 2013 年版。

张培刚：《清苑的农家经济》，商务印书馆 1936 年版。

张培刚：《广西粮食问题》，商务印书馆 1938 年版。

张培刚：《浙江省食粮之运销》，商务印书馆 1940 年版。

张培刚：《农业与工业化》（Agriculture and Industrialization），英文版，美国哈佛大学出版社 1949 年版。

张培刚：《发展经济学向何处去》，《经济研究》1989 年第 6 期。

张培刚：《发展经济学通论（第一卷）——农业国工业化问题初探》，湖南人民出版社 1991 年版。

张培刚：《新发展经济学与社会主义市场经济》，江苏人民出版社 1994 年版。

张培刚：《张培刚选集》，山西人民出版社 1997 年版。

张培刚主撰：《新发展经济学》，河南人民出版社 1999 年版。

张培刚：《农业与工业化》，华中科技大学出版社 2002 年版。

张培刚：《发展经济学教程》，经济科学出版社 2007 年版。

张培刚、张建华：《发展经济学（国家“十一五”规划教材）》，北京大学出版社 2009 年版。

农村土地制度改革

刘守英*

一　从传统集体制到家庭联产承包责任制

中华人民共和国成立后，开启了一个古老农业国向工业国的结构转型，确立了“把中国建设成为社会主义现代化强国”的奋斗目标，中国农民加入了这场人类史上规模空前的农村社会主义试验（杜润生，1998）。中国共产党通过土地改革实现地主土地所有制向农民土地所有制的转变，通过互助组、初级社、高级社于1956年完成农业社会主义改造，通过建立“一大二公”的人民公社将合作化运动推向顶点。面对1959—1961年的农业危机，中央不得不将农村的制度安排退回到“三级所有，队为基础”的农村土地集体所有制。传统集体化体制的内在缺陷带来农业绩效困境：一方面，国家利用集体化体制最大限度地获取农业剩余并将之转化为工业积累，带来农村集体所有权、使用权、收益权的残缺；另一方面，集体农业生产中的监督困难及分配上的平均主义，带来农民努力与报酬不一致导致的激励低下，造成农业生产率下降、农产品供给短缺、农民温饱不足和普遍贫困。

面对农业生产停滞和农民生活困难，农民、基层和地方政府一

* 刘守英，中国人民大学经济学院。

直试图通过底层变革来改造传统集体体制。从20世纪50年代合作化后期直到1978年拉开改革开放大幕的20多年间，各地试图在社会主义合作经济中引入家庭经营，但这些自发进行的制度调整都受到“左”的思想路线的指责、批判和打击（周其仁，1985）。1956年起，四川、安徽、浙江、广西、广东、江苏、湖北、河南等省份均出现包产到户的“变法”，但是，1957年的“反右”大潮将包产到户划入禁区。“大跃进”以后包产到户再度出现，又被认定为要“从集体退回到单干”遭到遏止。但是，对集体化生产的改变在一些生产力遭到严重破坏的地区从未停止，1961年年初在一些地方出现“按劳分田”“包产到户”与“分口粮田”等，但这些变通在省一级就遭到遏制，并上升为政治事件。这一时期在全国各地陆续发生的不同形式的“单干”约占20%或30%（杜润生，2005）。

20世纪70年代末，国家开始恢复一系列旨在激发农村活力的政策，包括尊重生产队自主权、减轻农民负担、提高农产品收购价格、提倡家庭副业和多种经营、恢复并适当扩大自留地等。1978年年底召开的党的十一届三中全会尽管在农村制度上仍强调维持“三级所有”体制，明文规定“不许包产到户，不许分田单干”［参见党的十一届四中全会通过的《中共中央关于加快农业发展若干问题的决定（草案）》］，但“解放思想、实事求是”的提出改变了“左”的思潮。随着政策环境的放宽，安徽、四川、广东等地率先实行包产到户，在中央层面引发大讨论。1979年9月，中央解除“不许包产到户”的禁令，但强调“除某些副业生产的特殊需要和边远地区、交通不便的单家独户外，也不要包产到户”［参见党的十一届四中全会通过的《中共中央关于加快农业发展若干问题的决定（草案）》］。一些地方政府与基层的互动推动着包产到户前行，安徽省地方基层自发创造的“包产到户”与“包干到户”模式得到时任省委书记万里的支持，并在1980年5月得到邓小平的认可。在许多长期贫困的地区，休养生息与权宜之计已无法满足农民意愿，基层自发的政策创新逐渐上升为中央政策表达。党中央于1980年9月允许“有多种经营形式、多种劳动组织、多种计酬办法”的存在，肯定了“专业承包联产计酬责任制”的形式（参见《中共中央关于印发进一步加强和完善农业生产责任制的几个问题的通知》，1980）。即在边远山区和贫困落后地区“可以包产到户，也可以包干到户，并在一个较长的时间内保持稳定”；对于集体经济比较稳定、生产有所发展的地区，“已经实行包产到户的，如果群众不要求改变，就应允许继续实行”。到1981年年底，包产到户或包干到户向中间地区和富裕地区扩展。1982年1月1日，中央一号文件肯定了包产到户与包干到户都是社会主义集体经济的生产责任制，不同于合作化以前小私有的个体经济，并强调要继续放宽农村政策。1983年的中央一号文件明确提出联产承包责任制是“在党的领导下我国农民的伟大创造，是马克思主义农业合作化理论在我国实践中的新发展”。

1983年，中国农村实行承包到户的比例已扩大到95%以上，农民迫切要求稳定承包制。1984年的中央一号文件将重点放在稳定和完善生产责任制、帮助农民提高生产力水平与发展农村商品生产上，规定“土地承包制一般应在15年以上”。1985年，国家不再向农民下达农产品统派购任务，农民成为相对独立的商品生产经营者。至此，农村体制基本上突破了原来的“三级所有，队为基础”体制，创造出了中国特色的“家庭联产承包、土地集体所有”模式（黄道霞，1999）。后续安排是将家庭承包制法律化，将家庭承包制写入宪法、土地管理法与土地承包法，以法律形式制度化，不断将农民的承包经营权物权化，扩大承包经营权权能范围，并于1993年提出“在原定的耕地承包期到期之后，再延长三十年不变”（参见《关于当前农业和农村经济发展的若干政策措施》，1993），于2017年提出“第二轮土地承包到期后再延长三十年”（习近平，2017）。

二 家庭联产承包责任制的制度特征与理论创新

（一）制度特征

一是集体所有制下的“两权分离”。坚持集体所有制是家庭联产承包责任制改革的前提。承包农户与集体组织的权利与责任建立在土地集体所有的基础上，是“社会主义劳动群众集体所有制经济”的实现形式。在不改变土地集体所有的前提下，家庭承包制通过土地权利结构的重构，实现了土地所有权与使用权的分离（参见党的十五届三中全会通过的《中共中央关于农业和农村工作若干重大问题的决定》）。国家政策和法律明确规定，依法由农民集体所有的农村土地，由农村集体经济组织、村民委员会或者村民小组发包，且不得改变村内各集体经济组织农民集体所有的土地所有权。集体经济组织或村民自治组织作为农民集体所有权的代理者，拥有调整、监督、收回集体土地等的权力。集体经济组织成员有权依法承包集体土地，拥有长期而有保障的承包经营权。

二是国家、集体与农户之间的合约议定。家庭承包制改革是一场国家、集体组织与集体成员三者之间的合约议定，合约内含的利益关系经过三方博弈，形成“交足国家的，留够集体的，剩余是自己的”合约结构。农户作为相对独立的农业生产经营者，承包经营集体的土地，生产经营收入按合同规定部分上交给国家与集体扣除后，剩余部分归于农户。集体土地所有权对承包经营权权能施加约束，集体土地所有权主体不得变更，土地始终为集体经济组织成员共同所有（刘守英，1993）。随着农村改革的深化，农户、各类新兴产权代理人以及农村社区精英不断通过讨价还价达成新的合约，农户对土地使用与收益剩余权的强度提高（周其仁，1995）。

三是农地产权权能的明确与强化。家庭联产承包责任制明确承包农户对土地的产权，是改革后农业绩效改善的关键。改革后的集体所有制由每个集体组织的合法成员平等享有集体所有土地的各项权利（周其仁、刘守英，1989）。每个分到土地的承包农户合法享有在规定用途内对承包地使用、收益和承包经营权流转的权利。农户土地使用权由服从集体统一计划安排，到不向农民下达指令性生产计划以及尊重农户生产经营自主权、农户享有承包地土地权能并且自主组织生产经营和处置产品（刘守英等，2019）。农户收益权因取消统购统销制度、遏制对农民的不合理摊派、废除农业税制度不断朝向完整。土地流转权得到法律明确，家庭承包取得的土地承包经营权可以依法采取转包、出租、互换、转让或者其他方式流转。通过确权颁证，对农民土地使用权予以登记保护。通过产权期限的不断延长稳定承包农民对土地的预期，承包期限从 15 年到 45 年，再到 75 年，农民对土地的预期更加稳定。

四是家庭经营制度的确立。国家建立“以家庭承包经营为基础、统分结合的双层经营体制”，确立和保护农户的家庭经营。农户成为土地的主要承包单位，家庭随之成为农业微观经营主体，生产、交换、积累和消费以家庭为单位进行。在家庭经营主体地位基础上，保留了合作经济层面的统一经营，由“以土地公有为基础的地区性合作经济组织”负责，进行“技术服务、经营服务和必要的管理工作”（参见 1986 年中央一号文件《中共中央、国务院关于一九八六年农村工作的部署》）。农村集体经济组织承担提供社会化服务与土地承包管理的职能，负责集体财产管理、利益关系协调、集体资源开发、农业基础设施建设等单个家庭无法完成的环节（参见党的十三届八中全会通过的《中共中央关于进一步加强农业和农村工作的决定》），成为农户之间有机联合的组织。

（二）理论创新

一是新型集体所有制理论。传统的集体所有制研究范式重在比较单一所有制之间的优劣。集体化的支持者认为农民的小土地所有制不符合生产力发展的要求，土地国有化或集体化是土地所有制发展的方向（黄道霞，1984）。家庭承包制改革在坚持集体所有制的前提下实现了农地制度的自我突破，是理论上的重大创造。其一，提出土地所有权与承包经营权“两权分离”的集体所有制实现形式（杜润生，2005）。在不改变土地所有权归属的前提下，将集体土地的使用与收益剩余权利赋予农户，提高农户作为生产经营主体的积极性。其二，将集体农地产权作为可分割的权利束，不同的产权配置方式适应着不同的现实需求（刘守英，1993）。农民土地产权不断强化，包括界定清晰的排他性使用权、收益权与部分转让权的获得，使农民获得更为合理的产权预期，极大地调动了农民的生产经营积极性，从而提高农业绩效（刘守英，1993；冀县卿、钱忠好，2009）。其三，将集体农地权利制度进行国家、集体与农户三方可实施的合约重构，实现农地权利的再配置（刘守英，1993；周其仁，1995）。其四，提出“成员权集体所有制”概念。家庭承包责任制下的土地集体所有制是每个集体地域的成员对土地的平等权利（周其仁、刘守英，1989；刘守英，1993；Liu et al.，1998）。

二是中国特色的农地制度变迁理论。改革之前，中国的土地制度变迁方式由自上而下的强制性制度变迁方式主导（Lin，1992）。家庭联产承包责任制变革先是来自农民自发创造的诱致性制度供给，后在政府政策与法律认可下取得合法地位（王小映，2000）。家庭承包制改革的成功更多是制度环境变化下各种力量的共同作用和相互呼应，以及审时度势决策的推动（王郁昭，1981；中国农村发展问题研究组，1984），形成中国特色的制度变迁方式。中国的土地制度变迁是权利不断开放的过程，国家借助集体化体制自上而下统合农村社会，当集体化体制效率下降对社会秩序的维系产生不利影响时，国家就不断放开农地权利，实现农村制度变革的制度收益，制度变革的推动力来自体制顶层与底层（包括政府、农户与理论家等主体）互动中的逐渐调适。中国的家庭联产承包责任制是一场在坚持集体所有制不变下向农民赋权的制度变迁。

三 从家庭联产承包责任制到农地三权分置

伴随四十多年经济结构的深刻变革，中国正在历经“以农为本、以土为生、根植于土”的乡土中国向“乡土变故土、告别过密化农业、乡村变故乡”的城乡中国的伟大转型（刘守英、王一鸽，2018）。农民的离土出村和代际革命是推动这场历史转型的根本力量（周其仁，2014；刘守英等，2017）。农民的分化程度加深，以“80后”作为迁移主力的“农二代”出村入城倾向未改，但与乡土的黏度已变，农民的离土出村不回村和代际革命带来人地关系松动以及农民与村庄的联结渐行渐远（朱冬亮，2020）。随着以农业边际生产率衡量的刘易斯转折点于2010年前后真正到来，中国农业以提高土地生产率的精耕细作传统农业模式向以提高劳动生产率为主的现代农业发展模式转变。

人地村关系的黏度变化和农业发展方式的重大转型，呈现出已有制度安排与农业发展方式不适应（廖洪乐，2012；李宁等，2017）。集体所有农户承包经营权制度安排存在的一些内在缺陷，在结构变革的冲击下不断显现：第一，集体所有权的权能、性质和实现形式不明带来集体组织与农户之间的土地权利关系混乱；第二，承包权和经营权分离的规则、权能安排不明确；第三，农户承包权权能残缺、保护不严格；第四，经营权权能界定和保护不清晰。20世纪八九十年代以来，农地流转已成事实，但长期以来对于经营权流转的政策和法律界定模糊，土地经营权从何而来、土地经营权流转的规则和程序如何、如何进行权能界定与保护等都没有被提上议事日程。

直到党的十八届三中全会《中共中央关于全面深化改革若干重大问题的决定》提出要赋予承包农户的承包权占有、使用、收益和流转权，赋予流入土地的经营者抵押权和担保权。2013 年，习近平总书记在中央农村工作会议上强调：“完善农村基本经营制度，要好好研究农地土地所有权、承包权、经营权三者之间的关系。”（习近平，2013）2013 年中央农村工作会议指出，把农民土地承包经营权分为承包权和经营权，形成所有权、承包权、经营权三权分置并行的新型农地制度，这是中国农村改革的又一次重大制度创新（习近平，2013）。至此，“三权分置”改革作为一项制度安排得到正式确立。2014 年中央一号文件再次明确要坚持实行农村土地三权分置改革，并对三权分置改革的基本内涵予以说明。2014 年中共中央办公厅、国务院办公厅发布《关于引导农村土地经营权有序流转发展农业适度规模经营的意见》（中办发〔2014〕61 号），关于农地三权分置改革的基本思路更加清晰，要求“抓紧研究探索集体所有权、农户承包权、土地经营权在土地流转中的相互权利关系和具体实现形式”。2015 年中央一号文件要求尽快从法律上对农村土地三权分置改革的内容进行明确表达。2015 年 10 月，党的十八届五中全会部署“完善土地所有权、承包权、经营权分置办法”。2015 年 11 月颁布的《深化农村改革综合性实施方案》对农地三权分置改革的具体内涵、经营权流转和适度规模经营原则、进城农民财产权利保障做了更加系统的规定。2016 年中央一号文件在坚持三权分置改革基本方向的同时要求“完善‘三权分置’办法”“明确农村土地承包关系长久不变的具体规定”“推进土地经营权有序流转，鼓励和引导农户自愿互换承包地块实现连片耕种”。2016 年 10 月 30 日颁布的《关于完善农村土地所有权承包权经营权分置办法的意见》对农村土地三权分置的重要意义、指导思想、基本原则，以及如何逐步形成三权分置格局等做了全面规定。2017 年中央一号文件要求落实三权分置办法，党的十九大提出“完善承包地‘三权分置’制度”“保持土地承包关系稳定并长久不变，第二轮土地承包到期后再延长三十年”。2018 年中央一号文件在要求“完善农村承包地‘三权分置’

制度”的同时强调“平等保护土地经营权”和赋予经营权融资担保、入股的权能。2019 年中央一号文件进一步要求完善落实集体所有权、稳定农户承包权、放活土地经营权的法律法规和政策体系。2018 年 12 月修订并于 2019 年 1 月 1 日开始实施的《中华人民共和国农村土地承包法》（以下简称《土地承包法》）正式确定了“三权分置”，界定了“三权”各自的权能和三权分置下农地流转方式、流转原则，对农地三权分置做出了可操作性的规定。2021 年 1 月 1 日开始实施的《中华人民共和国民法典》（以下简称《民法典》）明确了集体土地所有权的主体是“农民集体”，强调了土地承包经营权的身份属性和用益物权属性，增设土地经营权制度。至此，集体所有权、农户承包权和土地经营权分置并行的农村土地制度基本构建。

四　农地三权分置的制度特征与理论创新

（一）制度特征

一是落实集体所有权。集体所有权的权利内涵是对“集体所有的不动产和动产”拥有所有权，《民法典》规定：“农民集体所有的不动产和动产，属于本集体成员集体所有”，落实集体所有权就是依据农民集体成员权，确定集体土地的产权主体。集体所有权权利主体是农民集体，集体经济组织是集体所有权的行使代表（高圣平，2020）。集体所有权具有以下权能：第一，土地集体所有权人对集体土地依法享有占有、使用、收益和处分的权利；第二，集体所有权人拥有对集体土地发包、调整、监督、收回等权利；第三，土地集体所有权人对土地补偿费用的分配、使用以及集体出资企业的所有权变动拥有决定权；第四，土地集体所有权代理者有权对土地经营权流转和再流转进行备案。国家通过以下规定进行集体所有权的保护与实施：第一，集体所有的财产受法律保护，国家保护集体土地所有者的合法权益；第二，强调集体所有权的成员性，《民法典》规定“农村集体经济组织、村民委员会或者其负责人作出的决定侵害集体成员合法权益的，受侵害的集体成员可以请求人民法院予以撤销”。

二是稳定集体成员农户承包经营权。土地承包经营权的权利内涵是作为集体经济组织成员的农户依法公平地获得集体土地的承包经营权，土地承包经营权被界定为用益物权。稳定农户承包权，就是要充分维护承包农户使用、流转、抵押、退出承包地等各项权能。依据2018年12月修订的《土地承包法》和《民法典》，农户承包权具有以下权能：第一，土地承包经营权人依法对承包地享有占有、使用和收益的权利，有权自主开展农业生产经营并取得收益；第二，土地承包经营权人有权互换、转让土地承包经营权，有权通过出租（转包）、入股或其他方式在保留土地承包权的情况下将土地经营权流转给他人并获得收益；第三，土地承包经营权人享有承包土地被征收获得补偿，以及自愿交回或者发包方收回承包地时获得补偿的权利；第四，土地承包权人应得的承包收益，可以按照规定继承；第五，承包农户有权依法依规就承包土地经营权设定抵押、自愿有偿退出承包地，具备条件的可以因保护承包地获得相关补贴。农户承包权受国家法律保护：第一，国家保护承包方的土地承包经营权，登记机构向承包方颁发土地承包经营权证并登记造册加以确认，任何组织和个人不得侵犯；第二，承包期内发包人不得调整和收回承包地，尤其规定因结婚、离婚或丧偶仍在原居住地生活或在新居住地为取得承包地的妇女，发包方不得收回其原承包地；第三，国家保护进城农户的土地承包经营权，强调不得以退出土地承包经营权作为农户进城落户的条件；第四，国家保护承包方依法、自愿、有偿流转土地经营权。

三是放活土地经营权。土地经营权的权利内涵是对流转土地依法享有在一定期限内占有、使用并获得收益的权利。法律强调在保护集体所有权、农户承包权的基础上，平等保护经营主体依流转合同取得的土地经营权，保障其有稳定的经营预期。土地经营权可以按照三种方式获得：第一种是土地承包经营权本身内含了土地经营权，第二种是“依法采取出租（转包）、入股或者其他方式流转”从土地承包经营权分离出来，第三种是通过流转取得土地经营权的受让方将土地经营权进行再次流转。依据2018年12月修订的《土地承包法》，土地经营权具有以下权能：第一，抵押融资权。承包方和流入承包地的受让方均可使用土地经营权向金融机构提出融资担保。第二，使用权。经营主体不仅有权在承包期内占有流转土地自主从事农业生产经营并获得相应收益，还有权在流转合同到期后按照同等条件优先续租承包土地，也有权在承包农户同意的情况下依法依规改良土壤、提升地力，建设农业生产、附属、配套设施并按照合同约定获得合理补偿。第三，再流转权。受让方经承包方书面同意并向农民集体备案后可以再流转土地经营权。第四，获得征收补偿权。流转土地被征收时，可以按照合同约定获得相应地上附着物及青苗补偿费。土地经营权的实施与保护：第一，承包农户流转出土地经营权的，不应妨碍经营主体行使合法权利；第二，受让方如无擅自改变土地农业用途、连续抛荒两年以上以及破坏土地生态等行为，承包方不得单方面解除流转合同。

四是农地集体所有权、承包权与经营权三者的关系。在农地三权分置架构下，集体所有权、农户承包权与耕作者经营权三权之间是“层层派生的关系”。第一，集体所有权与土地承包经营权的关系。家庭联产承包责任制下，农民承包经营权派生于集体所有权，是集体所有权的具体实现形式。农地的占有权、使用权、收益权甚至处置权逐渐与集体所有权相分离，这些权利作为一个权利束形成农户的土地承包经营权，土地承包经营权的获得依赖于集体成员权，集体成员权利的集合构成农地集体所有权。第二，土地承包经营权和土地经营权的关系。土地流转不改变发包方和承包方关系，土地经营权从农民承包经营权中分离出来，农户承包经营权派生出农户承包权和土地经营权。农户承包经营权是土地经营权的基础，土地经营权是农户承包经营权的派生。第三，集体所有权和土地经营权的关系。尽管土地经营权派生于农户承包经营权，但是，在集体所有制下，按照相关法律规定，转入方行使经营权从事生产经营活动时，需要征得土地承包经营权主体——承包方的书面同意，以及接受集体所有权主体——集体经济组织从用途、土地利用方式等各方面的监督。

（二）理论创新

一是土地承包经营权的权利再分割。农地权利不断分割与合约再议定是集体所有制建立与演变的基本特征（刘守英等，2019）。改革开放初期，在集体所有制下进行了集体所有权与承包经营权的权利分割，明晰了集体所有权的权利主体和内涵，创设承包经营权，是对集体所有制的第一次创新。新时代在集体所有制下，通过承包权与经营权的再分割，既保障了集体成员承包权，又实现了经营权的设权赋权，是集体所有制权利改革的又一次制度创新。这一制度创新进一步明确界定农地所有权、承包权、经营权的权能，在制度上保障了集体所有权、农户承包权和土地经营权的实施（高圣平，2020），明晰了农民土地承包经营权的权利内涵和地位，创设了土地经营权并予以赋权、实施和保护，使集体地权权利结构从“两权分置”的架构发展为“三权分置”的架构，是一次重大的集体制理论创新。

二是土地经营权的权利设定与依法保障。在三权分置制度确立之前，土地承包经营权分离为土地承包权和土地经营权缺乏法理支撑（高圣平，2014）。在理论上存在两种不同的理解：其一是将土地承包经营权分离为承包权和经营权，从而形成“所有权、承包权和经营权”分置；其二是在土地承包经营权之外另设具有物权效力的土地经营权，以此实现“集体土地所有权、土地承包经营权和土地经营权”的分置（孙宪忠，2016）；二是承包权的权利内涵和性质。就承包权的权利属性，一部分学者认为承包是从本身作为用益物权的承包经营权中分离出来的，应为单独物权性质的财产权。另一部分学者认为承包权就是资格权或者成员权，是一种身份性质的权利，但尚不是一种实实在在的财产权。农户承包权是用益物权，是在占有、使用权等权能上受到限制的土地承包经营权。经营权的权利内涵和性质。农村土地三权分置制度通过法律正式赋予了集体和农户之外的第三方的经营权，2018 年 12 月修订的《土地承包法》明确了土地经营权的合法地位，并从土地经营权流转、登记和融资担保等方面扩充了其权能。从设权来看，土地流转是土地承包权和土地经营权分置的前提，未流转之前土地经营权和土地承包权统一于土地承包经营权。流转之后，土地经营权设权继受于土地承包权，其权利性质和权利期限应农户意愿和承包合同而设立。从赋权和保护来看，土地经营权包含对农地的占有、使用、收益等较为完整的权能，赋予土地经营权人“获得对抗第三人的效力”（蔡立东、姜楠，2017），增强了第三方作为实际经营人对农地的掌控能力（朱冬亮，2020）。

五　农村土地制度改革的意义与未来方向

（一）意义

在人类历史上，社会主义国家几乎都出现了大规模的农业集体化运动，在传统集体化制度试验失败后，苏联东欧国家又选择通过实行私有化，使农村经济体制走向另一个极端。在中国，家庭承包制改革实现了对集体所有制的自我完善和发展，探索了社会主义集体所有制在农村新的实现形式。改革既坚持了集体所有制，又通过土地所有权与使用权的“两权分离”使农地集体所有制的产权结构发生变化。随着土地承包关系的进一步稳定和完善，农民已部分享有了承包土地的使用权、剩余索取权及转让权。将家庭承包引入集体经济，能够激发承包农户的生产积极性，弥补传统集体所有制在激励机制上的不足，有利于发挥家庭经营的优势。国家也能够通过集体经济组织的监督管理职能，确保农民生产经营的自主选择不危及国家基本制度。家庭经营为主的农业基本经营制度的确立推动了中国农业现代化的进程，是适应于社会主义初级阶段农村生产发展水平的经营制度。

继家庭联产承包责任制后，三权分置形成的集体所有、农户承包、经营主体经营的制度架构，是中国农村基本经营制度的又一次制度创新，奠定了实现农业农村现代化和乡村振兴的土地制度基础。农地三权分置通过更明晰的土地承包权解除了“土”对农民的束缚、通过经营权的设权赋权打破了“村”对非集体成员的阻隔，化解了农村土地承包经营权的社会保障属性与财产权属性之间的矛盾，开启了以“人”的流动为核心的城乡要素重组和对流。农地三权分置通过土地经营权设权和赋权重构了集体土地地权体系，在不触动集体所有制的前提下使土地流转规模、范围、速度得到大幅度提升，通过土地经营权在更大范围内优化配置和农业经营主体发展实现了以土地为核心的农业要素重组，有利于提高土地利用效率和农业劳动生产率。农地三权分置作为继集体所有、家庭承包制改革后对中国农地权利结构的顶层制度设计，一方面在不改变集体所有制性质下实现承包权与经营权分离的法定，在集体地权向农户开放的基础上进一步实现了集体地权向集体成员之外的耕作者开放，形成了更加开放的集体地权权利体系构造；另一方面对承包权与经营权实行依法平等保护，进一步构建了促进从乡土中国向城乡中国转变的土地权利体系，为农业农村和农民现代化提供了制度基础。

（二）未来的理论研究和政策方向

一是进一步探索集体所有制的实现形式。农地的集体所有权、成员承包权和经营者耕作权的权利内涵、权利保护与实施以及三者权利关系的界定，是下一阶段集体所有制实现形式研究的重点。第一，集体权利的实现。尽管目前的农地三权分置明确集体所有权的权利主体是农民集体，并且强调了集体经济组织是集体所有权的行使代表。但是，城乡人口流动和户籍制度松动造成集体经济组织和农民集体出现不一，导致集体所有权的集合发生变化。同时，集体所有权与农民承包权和土地经营权的关系模糊，集体所有权的权利内涵和权利边界不明晰导致集体所有权产权残缺。第二，人口城市化带来的成员权变化。现行农地制度的本质是以成员权为核心的集体所有制，农民依据集体成员身份获得土地承包经营权，成员权具体化为拥有使用权、收益权、流转权甚至占有权和支配权的财产权。人口城市化造成了人地关系的实质性松动，农地对农民的经济重要性下降，成员权逐渐从侧重于占有和使用等权能的财产权变成侧重于流转和收益等权能的身份性财产权。第三，新主体的进入。随着土地流转范围的扩大，越来越多的新主体通过流转实现了对农地的实际占有和使用。集体产权制度改革也使得非本集体的成员，甚至城镇居民或工商资本，也可以通过出资等方式申请加入集体经济组织。新主体的进入，不仅造成集体经济组织变动而影响集体所有权行使，还对耕作者经营权的设权、赋权和保护提出了新要求。未来的理论研究和制度改革需要进一步明确农地权利体系，公平保障“三权”主体的权能和地位，保持乡村稳定的土地权利秩序。

二是统一的农村土地权利体系建构。中国现行农村土地权利体系性安排缺失。第一，对不同类型的土地设置不同的功能和不同的权利安排。农地、宅基地和集体建设用地不仅功能不一，各自的所有权、使用权、收益权和转让权安排也差异极大，整个土地权利设置缺乏成体系的安排。导致各类土地的权利设置割裂，造成市场上各类土地权利之间矛盾重生。第二，不同类型土地的权能安排程度不一。集体经济组织对农地拥有的是集体成员委托其行使的权利，而对宅基地的分配和管制以及对集体建设用地转让、收益等方面行使了更强的所有权。土地权能安排程度差异造成不同土地之间的功能转化困难，导致农村在统筹利用土地上的困难，进而导致整个社会管理成本高昂、权利保障缺乏统一规范。统一的土地权利是形成高标准土地市场体系的基础，几种不同类型的土地基于功能而非基于权利进入市场，导致土地市场化扭曲、市场配置效率低。矫正土地权利的体系性安排缺失，形成统一的土地权利体系是下一步理论研究和制度改革的重点。

三是农户承包权和土地经营权的未来。农业经营体制的核心是耕作者的积极性问题。中国历史上的田面权与田底权的土地权利结构，对田底权者和田面权者的权利实行同等保护，耕作者的权利具有所有权的特质。20 世纪 80 年代以后的集体所有权与承包经营权分离的改革，以向耕作者设权、赋权，调动了几亿农民自耕者的积极性。农地三权分置下农户承包权和土地经营权的分离，仍然是遵循强化耕作权的逻辑。在制定农地三权分置法律以后，要解决各项权利保护的实施。一方面在通过承包权和经营权分离从而实现承包权身份性与土地经营权非身份性的区隔的同时，注重对农户承包权权益的严格保护；另一方面应当进一步探索农民自愿、有偿退出承包权的机制。经营权的权利走向侧重于以完善的产权权能和严格的产权保护，为耕作者提供稳定的农地使用和投资预期，需要进一步解决土地经营权人对土地经营权的处分权、土地经营权流转的范围和对象、土地经营权的抵押权等。

参考文献

习近平：《在中央农村工作会议上的讲话》，载中共中央文献研究室编《十八大以来重要文献选编》（上），中央文献出版社 2014 年版。

习近平：《决胜全面建成小康社会　夺取新时代中国特色社会主义伟大胜利——在中国共产党第十九次全国代表大会上的报告》，人民出版社

2017 年版。

蔡立东、姜楠：《农地三权分置的法实现》，《中国社会科学》2017 年第 5 期。

杜润生：《杜润生自述：中国农村体制改革重大决策纪实》，人民出版社 2005 年版。

杜润生：《对中国农村改革的回顾》，《中共党史研究》1998 年第 5 期。

高圣平：《〈民法典〉与农村土地权利体系：从归属到利用》，《北京大学学报》（哲学社会科学版）2020 年第 6 期。

高圣平：《新型农业经营体系下农地产权结构的法律逻辑》，《法学研究》2014 年第 4 期。

黄道霞：《集体所有制与合作制——对马列主义经典作家有关论述的考证》，《经济研究》1984 年第 1 期。

黄道霞：《五个“中央一号文件”诞生的经过》，《农村研究》1999 年第 1 期。

冀县卿、钱忠好：《农地产权结构变迁与中国农业增长：一个经济解释》，《管理世界》2009 年第 1 期。

李宁等：《农地产权结构、生产要素效率与农业绩效》，《管理世界》2017 年第 3 期。

廖洪乐：《农户兼业及其对农地承包经营权流转的影响》，《管理世界》2012 年第 5 期。

刘守英：《中国农地制度的合约结构与产权残缺》，《中国农村经济》1993 年第 2 期。

刘守英、高圣平、王瑞民：《农地三权分置下的土地权利体系重构》，《北京大学学报》（哲学社会科学版）2017 年第 5 期。

刘守英、王一鸽：《从乡土中国到城乡中国——中国转型的乡村变迁视角》，《管理世界》2018 年第 10 期。

刘守英、熊雪锋、龙婷玉：《集体所有制下的农地权利分割与演变》，《中国人民大学学报》2019 年第 1 期。

孙宪忠：《推进农村土地“三权分置”需要解决的法律认识问题》，

《行政管理改革》2016 年第 2 期。

王小映：《土地制度变迁与土地承包权物权化》，《中国农村经济》2000 年第 1 期。

王郁昭：《包产到户是农村集体经济管理上的新突破》，《农业经济问题》1981 年第 5 期。

姚洋：《农地制度与农业绩效的实证研究》，《中国农村观察》1998 年第 6 期。

赵鲲：《共享土地经营权：农业规模经营的有效实现形式》，《农业经济问题》2016 年第 8 期。

中国农村发展问题研究组：《农村经济变革的系统考察》，中国社会科学出版社 1984 年版。

中国社会科学院农村发展研究所“农村集体产权制度改革研究”课题组、张晓山：《关于农村集体产权制度改革的几个理论与政策问题》，《中国农村经济》2015 年第 2 期。

周其仁：《城乡中国》，中信出版社 2014 年版。

周其仁：《家庭经营的再发现——论联产承包制引起的农业经营组织形式的变革》，《中国社会科学》1985 年第 2 期。

周其仁：《中国农村改革：国家和所有权关系的变化（下）——一个经济制度变迁史的回顾》，《管理世界》1995 年第 4 期。

周其仁、刘守英：《湄潭：一个传统农区的土地制度变迁》，载周其仁编《农村变革与中国发展》下卷，牛津大学出版社 1994 年版。

朱冬亮：《农民与土地渐行渐远——土地流转与“三权分置”制度实践》，《中国社会科学》2020 年第 7 期。

D. Klaus et al., “Moving off the Farm: Land Institutions to Facilitate Structural Transformation and Agricultural Productivity Growth in China”, *World Development*, Vol. 59, 2014.

H. G. Jacoby, G. Li and S. Rozelle, “Hazards of Expropriation: Tenure Insecurity and Investment in Rural China”, *American Economic Review*, Vol. 92, No. 5, 2002.

J. K. Huang, S. Rozelle, “Technological Change: Rediscovering the Engine of Productivity Growth in China's Rural Economy", *Journal of Development Economics*, *Vol.* 49, No. 2, 1996.

J. McMillan, J. Whalley, L. Zhu, "The Impact of China's Economic Reforms on Agricultural Productivity Growth", *Journal of Political Economy*, Vol. 97, No. 4, 1989.

J. Y. Lin, "Rural Reforms and Agricultural Growth in China", *American Economic Review*, Vol. 82, No. 1, 1992.

S. Y. Liu, M. R. Carter, Y. Yao, "Dimensions and Diversity of Property Rights in Rural China: Dilemmas on the Road to Further Reform", *World Development*, Vol. 26, No. 10, 1998.

全国统一大市场

刘志彪*

全国统一大市场是加快完善社会主义市场经济体制的核心内容，不仅对推进高质量发展、建设创新驱动国家等目标实现有重要的战略意义，而且对构建双循环新发展格局也具有基础性的支撑作用。2021年12月17日，习近平总书记在中央全面深化改革委员会第二十三次会议审议通过《关于加快建设全国统一大市场的意见》中强调指出，“要加快清理废除妨碍统一市场和公平竞争的各种规定和做法，要结合区域重大战略、区域协调发展战略实施，优先开展统一大市场建设工作，发挥示范引领作用”。2022年3月25日提出、4月10日发布的《中共中央、国务院关于加快建设全国统一大市场的意见》发布，从全局和战略高度提出了加快建设全国统一大市场的根本遵循和具体意见，这将全面推动我国市场由大到强转变，为建设高标准市场体系、构建高水平社会主义市场经济体制提供坚强支撑。

一　全国统一大市场：概念的提出、逻辑与特征

全国统一大市场指的是在政策统一、规则一致、执行协同的基础上，通过充分竞争以及社会分工所形成的全国一体化运行的大市

* 刘志彪，南京大学长江产业经济研究院。

场体系。这种市场体系具有统一、开放、竞争、有序的内在特征，而且具有市场规模巨大、结构完整、功能强大、机制完善和环境优化等显著的外在特征，可以依托它顺利地实现社会扩大再生产（刘志彪，2021）。

全国统一大市场概念的提出和完善，具有丰富的实践支撑，几乎贯穿了中国市场取向改革的整个历史进程。20世纪80年代以来，党中央、国务院发布了一系列关于建设统一市场的会议决议与相关法律。如1980年10月颁布《国务院关于开展和保护社会主义竞争的暂行规定》，明确提出必须打破地区封锁和部门分割。1993年《中华人民共和国反不正当竞争法》和2007年《中华人民共和国反垄断法》等一系列旨在打破垄断建设统一市场的法案相继制定并实施。同时，党中央各届会议报告都以各种形式的提法坚持市场取向的改革。如党的十三大报告提出要“加快建立和培育社会主义市场体系”，党的十四大报告提出要“尽快形成全国统一的开放的市场体系”，党的十五大报告提出要“尽快建成统一开放、竞争有序的市场体系”，党的十六届三中全会、党的十七大报告都提出要“建设统一开放竞争有序的现代市场体系”，党的十八届三中全会提出要“建设统一开放、竞争有序的市场体系，是使市场在资源配置中起决定性作用的基础”。这些方针政策、法律法规的出台，对解放思想、打破商品资源要素流动的障碍、发育各类专业市场、完善监管机制等都起到了积极的推动作用。

我国学者对全国统一大市场的研究，起步于20世纪80年代末90年代初对中国地方保护主义和国内市场分割现象的关注（银温泉、才婉茹，2001；余东华、刘运，2009；赵奇伟、熊性美，2009；陆铭、陈钊、严冀，2004；方军雄，2009；等等）。为解决这一问题又提出了要建设“国内统一市场”的目标（林文益，1980；胡怀邦、刘知正，1990；等等）。在这其中，概念的提法有多次变化，如有“社会主义市场体系”“全国统一的开放的市场体系”“统一开放竞争有序的市场体系”“统一大市场”“国内强大市场”等等。从官方文件看，2015 年 8 月国务院常务会议要求“坚决清除妨碍全国统一大市场建设的各种‘路障’”，是首次明确了“统一大市场”这一提法并沿用至今。党的十九届四中全会以来，建设国内循环为主、国内国际双循环的新发展格局的目标逐渐明确，“统一大市场”也被更频繁地提及，包括“十四五”规划、2022 年 3 月政府工作报告等。

提出要建设“全国统一大市场”，具有深刻的理论逻辑、历史逻辑和现实逻辑。从理论逻辑看，一方面，市场是分工的基础，市场容量决定社会分工的程度，同时分工也是提高生产力的必要条件，社会化分工是促进国民经济高质量发展的主要途径。马克思恩格斯最早最完整地论述分工发展与市场扩展之间循环累积的相互促进关系思想，分析了以此为核心的经济发展机制（向国成、刘晶晶、罗曼怡，2021）。因此，理论的逻辑决定了如果中国经济长期处于地方保护和国内市场分割状态，就不可能形成有利于发展的社会分工氛围和格局，不可能获取规模经济和范围经济，也不会有国际竞争能力。另一方面，全国统一大市场是一个与大国经济循环密切联系的经济范畴。作为国土辽阔、人口众多的发展中大国，我国具有从市场范围到分工深化、从规模效应到竞争优势、从二元结构到经济转型的禀赋优势（欧阳峣，2012），把这一比较优势充分转化为超大规模国家和超大规模市场的竞争优势，是在劳动等要素比较优势逐步消失条件下，支撑中国经济崛起的重要的战略选择（刘志彪，2019）。

从历史逻辑看，从计划经济体制走向社会主义市场经济体制，本质上是要用价格机制替代行政命令并在资源配置中起决定性作用。在漫长的市场取向的改革过程中，大国中行政性分权与经济性统一的制度悖论，必将产生市场分割问题（沈立人、戴园晨 1990；银温泉、才婉茹，2001；白重恩、杜颖娟、陶志刚、仝月婷，2004；等等），形成“行政区经济”的格局（舒庆、刘君德，1994；刘君德、舒庆，1996）。因此，如果不以国内统一市场建设为目标，重点解决行政区经济运行的摩擦问题，资源配置机制就不可能得到优化，社会主义市场经济就不可能建立。从历史逻辑看统一大市场形成，还有一个重要的视角，就是转型经济时期政府长期采取的赶超战略的影响。在行政分权式改革模式下，赶超战略会驱使地方政府会为完成数量增长目标，而采用各种办法扭曲资源禀赋优势和企业的自主能力，人为抑制市场的调节作用，实现部门和地区间的非均衡增长（林毅夫、刘明兴，2004；林毅夫、刘培林，2003；于良春、付强，2008）。

从现实逻辑看，全国统一市场之所以会成为构建新发展格局的基础支撑和内在要求，是因为当前从客场全球化转向主场全球化（刘志彪、凌永辉，2020），凸显了对内开放的重要性，对内开放的紧迫性一点也不亚于对外开放。过去对外开放更多地关注于国际贸易，忽略了国内市场的规模经济效应。有时，国内市场发育不良反而会成为刺激出口的工具。这加剧了国内市场分割（钟昌标，2002；朱希伟、金祥荣、罗德明，2005；黄玖立、李坤望，2006；等等。），只有加大对内开放力度建设全国统一市场，才能把握好未来不确定世界中的发展主动权，畅通国内经济大循环，实现产业高水平的自立自强，实行高水平对外开放。在推进中国式现代化的征程中，我们要以统一大市场集聚资源、推动增长、激励创新、优化分工、促进竞争。

从国际经验看，当今发达经济体在形成国内统一市场的过程中，都曾经历过治理国内市场分割的历史。如1776年美国诞生前，各殖民地间处于地理和市场分割状态。独立战争后，1787年通过的《美利坚合众国宪法》，为其统一市场的形成奠定了坚实的政治、法律基础。但直至1861年南北战争前，美国仍然处于南北对峙、地方分割、贸易保护主义等状态，尤其是北方的资本主义工商业经济与南方的奴隶主种植园经济处于严重的对立状态。1865 年南北战争的结束，扫除了美国统一市场形成的各种制度障碍。1890 年《谢尔曼法》以及后续的一系列法律中[①]，都突出了依靠法制调控州际贸易冲突的基本取向。19 世纪末期，美国铁路网的形成，彻底改变了东西部地区过去那种半孤立状态，加强了工农业部门、城乡之间的合作和经济联系，促进了社会的专业化分工协作，对推动美国统一市场的形成起到了决定性作用（徐孝新，2016）。统一市场形成中另一个值得学习借鉴的经济体是欧盟。1993 年随着《马斯特里赫特条约》的正式生效，欧盟宣告正式成立，标志着国家之间可以通过让渡一部分行政权、以协议方式成立市场一体化的组织机构，来实现商品要素资源的国际流通。欧盟成立之后，主要是运用《罗马条约》第 85 条和第 86 条关于限制垄断条款的规定，加大实施力度，鼓励公平竞争（沈骥如，1996）。与发达国家国内市场的形成机制不同，我国在建设全国统一大市场的过程中，总的来说有四个重要的、显著的特征。

其一，与欧盟相比较，主权国家内部统一市场的建设，不见得比国家间形成统一市场协议来得更容易，从计划经济体制走出来的转型中的大国经济尤其如此。一个主权国家内部因为在货币制度、市场监管、税收征缴、社会治理等方面都遵循着统一的法律制度，所以市场一体化和统一市场建设的障碍，通常认为要比像欧盟这种国际联合的困难小得多。从大国经济的实践看，即使我们是在统一的法律制度、相似的文化背景下实施了统一的财政货币政策，国内市场一体化和统一市场的建设，也面临着各地方政府的相对独立的利益诉求而难以协调、经济一体化难以真正实现的困境（刘志彪，2003）。如长三角地区市场一体化发展问题，已经推了几十年，各种省际协调机制也建设了，国家战略也开始推动了，但是实质性的效

① 1890 年制定的《谢尔曼法》、1914 年通过的《克莱顿法》和《联邦贸易委员会法》，堪称美国反垄断体系的三大支柱。

果还需要进一步评估。

其二，比起联邦制国家，中央集中统一领导的国家，在建设全国统一大市场时具有更多的制度优势。表面上，统一大市场是独立、分散、自主、横向协调的体制机制，这与以纵向协调为基本特点的中央集中统一领导是有冲突的。其实，有效的纵向治理，恰恰是社会主义市场经济体制的特点和优势所在。而联邦制国家因为各个州具有一定独立性，这种政治制度极易产生地方保护主义、市场分割等经济问题，从而为统一市场建设造成严重障碍（徐孝新，2016）。坚持党中央的权威和集中统一领导，可以为形成全国统一大市场创造政治条件和保障体系，可以在统一市场的基础上更好地实现宏观间接调控。当然，如果对经济的纵向的治理是以直接的干预和命令形式存在的，是对市场的替代和排斥，那么就根本不需要统一大市场。

其三，与发达国家市场发育、发展的自然递进序列相比，我国市场发育、发展必须采取多阶段一体化的加速战略。农业文明时代土地、劳动力是最重要的生产要素。工业化时代，资本和技术是最重要的要素。后工业化时代，知识、人才、企业家才能、管理等要素地位突出。当今数字经济时代，数据资源成为生产力和社会财富的重要来源，是基础性战略性资源。这些决定了发达国家市场的发育、发展，走的是自然递进的道路，不同的发展阶段可以重点发展不同的要素市场。与此不同的是，我国生产力结构呈现出多阶段一体化发展的结构特征，农村工业化、后工业化社会、经济服务化、网络信息化等数个发展阶段交织在一起，各要素市场发育并不均衡。因此，为了实现中国式现代化的赶超目标，我们可以把某几个发展阶段与要素市场的发展，压缩在一个时间空间中一体化推进，如可以积极有效地利用网络经济和数据资源改造农业和传统产业，加速形成新发展格局，实现高质量发展。

其四，与西方国家地方政府的经济职能微弱不同，我国形成全国统一大市场不一定非要通过削弱其经济职能来进行，而是可以通过改革其产业政策的实施方法来推进。我国在经济转轨的过渡时期，为调动各方面积极性和增加发展动力，通过行政性分权改革，把地方政府塑造成了一个“准市场主体”。这是中国经济运行中存在“行政区经济”现象的主要原因。行政区经济妨碍全国统一大市场建设的弊端如何克服？目前并无来自实践的答案。[①] 过去认为应该学习西方国家，把地方政府的发展功能逐步改造为纯公共服务功能，认为这是可以选择的重要出路。但这种思路并没有很好地解决转轨发展中国家发展动力如何持续的问题。如果现阶段我们仍然需要依靠地区间竞争来解决中国现代化的赶超问题，那么地方政府目前的“准市场主体”地位和职能就无法替代。当前影响全国统一大市场建设的主要障碍，并不完全在于地方政府具有较多的经济职能，而是其主导的产业政策的行使方式，以及把其作为地区市场分割的工具的做法。

总体来看，在当代经济学科体系中，只有美欧日建设国内统一市场和欧盟建设共同市场的理论和政策的总结，突出地反映在西方学者的现代产业组织理论与政策的研究成果中，迄今未有对发展中大国经济成功建设全国统一市场的经验总结，更缺乏系统地对原实行计划经济体制的超大规模国家走向全国统一大市场、利用庞大规模国内市场配置资源、参与国际竞争的理论分析。过去几十年中以及未来对建设全国统一大市场的问题研究，中国经济学家的贡献主要体现或必将体现在：一是对二元经济结构理论的研究。发展中国家的基本特征是二元经济结构，主因在于要素资源流动的各种障碍。全国统一大市场建设是发展中国家消除要素资源流动障碍、实现一元化经济的最有效途径。二是对大国经济发展理论的研究。从超大规模国家（国土、人口）问题转化为超大规模市场的形成研究，把

① 一般认为有分权观、地方官员政绩考核制度改革观、司法调节观三种。参见郑鹏程《市场统一基本制度之构造与实施》，《中国软科学》2011 年第 8 期。

强大国内市场作为全球化的资源、工具、手段，进一步发展了国际竞争优势理论。三是对原计划体制国家转向为现代市场经济国家的研究。在人类历史上，从未有过像中国这样的超大规模的、长期实行命令经济体制的发展中国家全面走向现代市场经济道路的先例，中国作为例外，这种逆商品经济各市场发展顺序的经验和机制值得进行理论总结。四是对经济转型中地方政府作用机制的研究。西方经济学体系尤其是在宏观经济学框架中，历来缺少地方政府这一重要的主体，对这一角色的作用评估不足、研究不够，经济学必然对现实经济活动的解释力不足，指导意义打折。统一大市场对地方政府问题的研究，将以来自中国经济的实践为案例，丰富和完善现代经济学理论体系。

二　阻碍全国统一大市场形成的因素和表现

阻碍全国统一大市场形成的因素，主要表现在要素资源市场领域，形成的因素主要有三大类，它们的表现形式、形成原因、造成后果各不相同，需要分类改革和突破。

（一）第一类：阻碍统一市场形成的纵向政府治理因素（刘志彪，2021）

1. 直接控制土地要素的配置

当前政府不仅全面控制农村土地征用权和城市土地分配权，以及使用者选择权、期限和用途等，而且在土地交易、管理等方面缺乏足够的灵活性。一是在产业用地方式方面的制度僵硬，在租赁方式、使用年限、作价入股等方面无法变通；二是土地计划管理方面的制度僵硬，不仅没有建立起全国性建设用地、耕地指标跨区域的交易机制，而且城乡之间用地供应指标的使用，也缺少一定的制度弹性。土地市场功能的残缺和制度的刚硬，限制了自身以及其他生产要素市场的利用效率。其实，坚持土地公有制和使用数量、使用方向的控制，并不意味着不可以大力推进土地的市场化利用。这是建设全国统一大市场、提高生产要素使用效率的基础性机制之一。

2. 直接控制劳动力要素的流动和配置

主要表现在：一是还没有正式建立按常住地登记户籍的制度。除了少数特大、超大城市落户严格限制外，一般的城市也存在各种政策限制。二是户籍与本地公共福利挂钩的制度设计，天然地排斥劳动力要素进入和退出，推动公共资源和福利按缴税的常住人口配置，才能真正鼓励劳动力要素流动、鼓励农民市民化。三是高级劳动力如国企经营管理者、事业单位技术技能型劳动者按市场原则配置的比例在不断降低；四是在户籍、地域、身份、档案、人事关系、职称评审、人才选拔等方面，非公经济单位与公有企业、政府机构之间存在着难以逾越的制度障碍和歧视。等等。

3. 直接或间接控制资本要素的配置

资本运动是纵向政府治理中控制的重点，也是影响全国统一大市场建设的最重要因素。主要体现在：一是通过几大国有商业银行系统控制货币资本的运动，商业银行依据行政垄断力量实施的市场经营行为，是中国实体经济企业盈利能力的微弱的主要因素之一（刘志彪、凌永辉，2018）。二是纵向的行政力量限制资本市场的发展。如就多层次资本市场建设问题来说，目前每个省直辖市都限定可办一个股权交易市场，这些市场的跨区域经营都受到纵向严格限制，都只能接受本地企业而不能接受外地企业来本地交易市场挂牌。显然，阻碍这个市场一体化的因素，是金融主管部门限制跨地区经营的政策。[①] 三是金融业对内外开放进展缓慢，尤其对民营企业开放

① 允许符合条件的股权交易市场开展跨区域经营，如允许上海股权交易市场与江浙皖股权交易所在长三角区域率先实施一体化挂牌交易，这将除了有利于缓解中小企业的融资难融资贵难题，还有利于在长三角区域金融市场一体化中，通过促进资本市场化配置来协调地区间发展的不均衡问题。参见刘志彪《长三角区域市场一体化与治理机制创新》，《学术月刊》2019 年第 10 期。

力度甚小。

4. 技术要素的制度性分割

当前阻碍技术要素供给活力和使用效率的因素，主要体现为要素的制度分割格局没有打破。一是科研人员职务科技成果所有权或长期使用权与处置权、收益权的制度分割，使科研人员对职务发明的科技成果推广使用缺少激励的动力。二是科技成果的学术评价与市场评价之间的制度分割，片面强调发论文、拿项目、获奖励的体制机制，脱离市场评价体系，长期处于自我循环、自我游戏的轨道中。三是高等院校、科研机构与高新技术应用企业之间的制度分割，缺乏一大批有利于技术转移的技术经纪人员，难以通过资产联合进行纵向的紧密联合。四是技术要素与资本要素的制度分割，商业银行形态的间接融资占据主导地位，这种融资制度天然地不合适支持具有高风险特征的高科技产业发展。通过资本市场支持高科技产业发展的直接融资市场发展不足。

5. 数据要素市场缺乏治理规则

我国数据要素市场化配置尚处于起步阶段。一是缺少数据管理综合部门，无法统筹推进数据要素配置管理和监管工作。二是缺少为数据要素高效配置的基础性法律法规，由此在涉及数据产权界定、数据开放共享、市场体系建设、个人信息保护、数据安全和跨境流动等方面，没有具有可操作性的实施细则和办法。三是缺少通过数据清单化管理提升数据开放共享水平的办法。数据清单化管理，为数据市场运行划定底线、细化规则，强化信息保护和数据安全，将推动数据资源在国内外的安全高效配置。四是数据要素市场体系功能残缺，急需要培育更多合格数据要素市场主体、大数据交易所、数据经纪商等市场中介。要加强数据资产核算，创新估值办法和交易定价方式。五是多元共治的数据要素市场治理体系不够完善（王磊，2019）。目前主要是政府和某些平台企业垄断数据资产，社会各界参与数据要素市场治理的机制并不完善。

6. 地区间竞争条件不平等

以纵向权力制造横向政策特区，成为优惠政策洼地，人为造成地区间竞争条件的不平等。现实中上级政府部门行使对区域的调控权力，总是习惯于通过给予局部地区优惠政策的方法，如各种高新产业区、经济技术开发区、自贸区、政策特区、试验区、示范区，等等，试图通过给部分地区创造政策的“洼地效应”，吸收周边区域更多资源来加快这地区发展。其实，这是对没有被列入政策优惠地区的人为的歧视，是给统一的经济体系不断地“挖坑”，制造出许多区域不平等和市场不统一的现实样本。

7. 企业间不平等竞争

按所有制、规模、地区分类管理思路，对企业进行分类管理，形成了针对具体企业的严重歧视和不平等竞争条件，是市场不统一、竞争不公平的根本性来源（刘志彪，1995）。尤其是针对不同所有制企业的分类管理方法，人为地形成了许多行政门槛和高进入障碍，在给了某些市场主体超国民待遇的同时，其实是打压了中国民营经济企业。

（二）第二类：阻碍统一市场形成的横向政府治理因素

从改革开放四十多年来各地实践看，具有“行政区经济”总体特征的国家，在构建统一大市场时的主要障碍，是来自于具有“准市场主体”地位的地方政府。当前地方政府的行为特点已经发生了巨大的变化，过去经常用来进行地区封锁和限制市场的手段，如限制本地商业机构销售外地某些产品，设置关卡堵截外地产品进入本地市场，增加对外地企业和产品的歧视性收费项目，阻止本地紧缺产品和要素流出本地市场等现象（陈甬军，1992），不能说已经完全消失，但是现实中却非常的罕见，“行政区经济”的表现形式发生了很大的变化。

在改革开放中，“行政区经济”的表现形式，主要是地方政府主导型产业政策的制定和实施。过去，我国一直是中央主导性产业政策表现较为弱势，而真正作用强大、覆盖面极其之广的，是在分权体制下由雄厚财力支撑的地方政府主导型的产业政策。这方面的政策类型名目繁多、五花八门，在发展效应上存在很多的瑕疵，如严重的产能过剩、过度投资、政府债务、高企的房价，等等。这类政策的副作用长期为国内外所诟病。各种以产业政策名义主导的地区间竞争中，阻碍统一市场形成的横向政府治理因素，主要表现为以下几种行为。

（1）在“分灶吃饭”的财政体制激励下，地方政府通过竭力扭曲经济政策，奋力拼抢价高税大的重大投资项目。在抢夺各种重大项目中竞相拼比优惠政策的力度，或者制定一些违反国家法律法规的区域性土地、税收等优惠政策，或者通过各种先收后返的补贴方式给予政策优惠，结果造成区域间竞争的严重不公平结果，形成了地方性的市场壁垒。

（2）在政绩考核和晋升的指挥棒下，以行政区内领导任期中政绩最大化为目标，直接间接地干预区域内投资决策。这一表现行为与上述第1条所描述的行为的差别，主要在于政绩驱动行为往往较少考虑经济效益，多频发于显示为经济强大或具有新闻价值的公共领域。如通过扭曲市场机制“一窝蜂”地追求本地根本没有比较优势的高新技术产业；为了本地党政领导的面子，不顾本地财力约束大搞各种脱离实际、没有什么实用价值的形象工程，等等。

（3）在保护本地企业生存发展的名义下，滥用行政权力排除、限制外地企业竞争。表现为在本地举行的各种业务尤其是招投标和政府采购活动中，限制、排斥外地企业参与，规定各种有利于本地企业中标的政策。[①] 主要特点一是违法行为以限定或变相限定交易为主，指定含有排除、限制竞争的内容规定。二是这类行为大多聚焦

① 《国办督查室通报深圳市有关部门涉嫌违法设置市场准入条件增设行政许可和相关协会违规收费搞行业垄断等问题》，中国政府网，2021年4月15日。

交通、建筑、医药、教育等公共和民生领域。三是涉案主体主要是市一级政府或所属的具有管理公共事务的部门（国家市场监督总局，2019）。

（4）在维护本地企业利益的旗号下，以行政权力干预地方司法为本地企业谋取利益。主要有：第一，阻挠、干涉行政执法机关对经济违法行为的查处工作。为了突出本地区利益，将一些地方重点企业和外商投资企业列为重点保护对象，规定执法人员不得涉足检查和执法。第二，对经济违法行为迁就姑息。主要是指当地领导对有关经济违法行为大事化小、小事化了，从轻象征性地处罚。第三，偏袒保护本地企业。甚至把本地司法当作地方保护的工具，往往以保护"利税大户"等为由，命令本地司法跨地区拘押与本地区企业有纠纷的当事人。对当地经济利益有利就予以立案和受理，不利就推诿拒绝、设置障碍并阻止执法。

（三）第三类：阻碍统一市场形成的垄断企业因素

在经济转轨中，一些具有市场势力的垄断企业，也可以使统一市场分割化。当前阻碍全国统一大市场形成的企业垄断因素主要有二种[①]：一是某些在关键技术、品牌或者渠道等方面，那些具有市场势力的企业，尤其是某些外资企业利用技术优势或市场势力行使攻击、压榨国内竞争对手和产业链上下游企业的行为。二是一些具有网络平台控制能力的平台型双边垄断企业，利用其市场地位以及相关管理制度的不完善，大肆进行有损于竞争对手、中小企业、消费者的不公平交易，对消费者行使各种压榨和盘剥等行为。

从这些年我国反垄断实践案例看，这两种垄断行为在内容上主要是三种：一是垄断协议。在燃气、药品、汽车零部件、乳粉等消

① 地方公用事业行业企业借助于政府授予的行政垄断权力，经常行使排除、限制竞争行为，如排斥非本系统、本区域的供应商，或明或暗地规定某类业务必须让具备某种特殊资格的企业去做等，这些行为本质上是地方政府行政垄断行为的延伸。

费和企业竞争领域中的垄断协议性质的案件频发，对公平竞争损害严重，也是反垄断执法的重点。其中，价格垄断协议是普遍和基本的垄断行为。在一些产能过剩的领域，如建材等，则频繁爆发生产数量和销售数量的垄断协议行为。二是滥用市场支配地位。2008 年以来，我国查处了一系列企业滥用市场支配地位的垄断案例，著名的如高通、利乐、三星、海力士、美光、爱立信公司等滥用市场支配地位案等。三是经营者集中。现实的经营者集中，在集中的交易主体方面，境内外企业之间的集中减少，国有企业参与的集中增加，民营企业参与的集中减少。在兼并集中的行业方面，多发于汽车及其零部件业、交通运输和仓储业、房地产三大行业，其他行业极少。从交易类型和模式看，横向兼并形态最多，纵向兼并形态其次，混合兼并形态最少但是增长较快，股权收购是主要的集中模式（国家市场监督总局，2019）。

三　阻碍全国统一大市场形成的深层次原因

在市场经济运行中，只有政府这种具有强大的超经济强制的力量，才可以长期、大幅度地干预、扭曲和分割市场。企业因市场势力所形成的垄断，在中国发展的现阶段，不可能长期维持，也不可能成为阻碍统一大市场建设的主要因素。转轨经济中纵向的政府治理为什么会阻碍统一市场形成？表面上看，是中国市场化取向的改革不彻底导致的，其实深层次的原因，主要在于我国以赶超西方国家为目标的现代化进程还在进行中，赶超型体制中的增长追赶战略，需要更加注意发挥政府有形的手的作用（刘志彪、孔令池，2021）。

1. 追赶战略的决策结构，天然地与市场分散的决策方式相对立，必然会从纵向上撕裂统一的市场体系，造成条条、块块之间的人为分割。在经济活动相对简单、信息传输比较有效率、需要迅速做出决策反应的领域，赶超型政府的决策结构确实可以发挥出十分明显的、较大的作用。当前我国全面转向中国式现代化建设，随着社会经济活动越来越复杂，统一大市场构建已经成为实现经济协调的主要资源、手段和工具的条件下，完全有必要也有可能全面推进决策结构转向宏观、总量、间接决策为主，给全国统一大市场的建设留下成长空间。

2. 追赶战略的动力结构，往往会认为让有形的手直接出击，比无形的手的自动调节效果更好、时间更短，政府会在一定程度上替代企业进行盈利项目的决策，也会把较多的资源投放于有利于经济增长的领域，而把较少的资源投放在维护市场秩序、优化市场环境和创造市场公平竞争的机会上。如果速度赶超转向追求高质量发展，政府就要在发展问题上进行动力变革、效率变革、质量变革，自然就要发挥在统一大市场基础上竞争政策的作用。

3. 追赶战略的协调结构，往往在资源约束下，对产业和企业进行差别对待、突出重点优先发展某类产业和企业，因此按所有制性质管理企业、按地区倾斜方式管理经济等现象就自然而生。结果必然先天地造成企业间、地区间严重的不公平，获取市场竞争优势的效率竞争，经常可能演变成争夺政策优惠的“跑步进京”竞争。显然，如果以竞争政策为基础进行宏观协调，那么无论你属于什么行业、处于什么地区、是哪类性质的企业，只要你是“中国企业”，所有的企业将分享同样的经济政策，处于同一种竞争环境。这是解决经济运行中长期存在的“重大结构性失衡”问题的关键。

转轨经济中横向的地方政府治理，会成为阻碍全国统一大市场形成的重要因素？是“行政区经济”这一特性，叠加了地方政府主导型产业政策的实施，加剧了中国统一大市场的分割。具体原因有以下几点。

一是中央与地方纵向行政分权改革使地方政府成为具有双重职能的角色。塑造了地方政府这个具有特殊身份和职能的主体，既可以行使政府的公共行政管理职能，又能直接参与企业的市场活动。

这虽然增强了地区间竞争的动力机制，但是其中的一个副作用导致了地方政府公司化的倾向。这是分割统一市场、阻碍超大规模市场在双循环发展新格局中发挥作用的主要力量。经常可以观察到，地方政府可以为了增加自身的利益而倾向于利用手中的行政权力，运用产业政策追求市场盈利，而不是追求公共服务，以在短期中获取最有利于己的产值和财政等收入，如在流通、融通、交通、通信、电力等部门，都不同程度地存在此类问题。

二是中央政府与地方政府在利益分享方面的特殊机制设计，使其具有动力去干预特定市场行为。地方政府热衷于市场盈利性活动，跟中央政府与各级地方政府之间的财税“分灶吃饭”的体制设计有关系。一旦各级政府间的财权划分与责任之间不够均衡，让地方政府承担了许多不在其财力范围的事权，就会迫使其在分税制外寻求新的财路。这是地方政府插手土地市场、推高地价和房价、花大价钱“一窝蜂”投资战略性新兴产业等现象出现的内在动机，也是巧立名目设置某些不合理收费项目的内在动力。

三是对地方政府官员政绩的考核评价方式，使其具有行使地方保护主义行动的外在压力。以增长主义倾向和理念设计的标准体系、统计体系、评价体系、绩效考核体系等，必将直接引导地方政府官员过度重视本地区行政边界内的经济增长，而较少关注区域内的公共服务、市场环境和居民福利等问题。因此，加快构建适应我国经济高质量发展的指标体系、财税政策支持体系、统计体系、业绩考核评价体系，构建有利于支持全国统一大市场建设和双循环高质量发展的机制格局，就显得非常急迫。

四是地方政府可能对现有法治机制进行干预的可能性，使其可能动用司法力量割裂市场。为了避免这一现象发生，需要在行政权力与司法权力之间构建有效运作的“隔离墙”。

四　以市场取向改革加快建设全国统一大市场

1. 市场规模建设，核心内容和突破口有二：一是实施全面提升生产率的战略行动；二是在生产领域就要推进以共同富裕为导向的分配体系改革。做大市场规模的重点在于如何激励生产性努力、降低分配性努力，激励创新和提升生产率。不仅再分配要讲公平，初次分配的生产领域也要讲公平，要以公平促效率。不能把生产领域的初次分配问题，全部留到再分配领域去解决。强制性的再分配过程不仅社会成本高昂，而且也难以达到公平正义的目的。[①] 因此，未来推进全国统一大市场建设的政策措施，要与推进共同富裕的目标联系起来，重点从生产领域而不是单独从再分配领域入手。这需要承认和界定人力资本、技术资本、知识资本和数据资本等的产权，让其与物资资本一样可以分享对剩余的索取权，真正实现劳动力创造价值的同时，也可以按要素贡献参与剩余的分配，从而刺激先进生产要素参与财富创造的积极性。

2. 市场组织建设，核心内容和突破口是要在强化竞争的过程中，建设与市场体系相适应的产业组织结构。从微观企业看，就是要通过现代企业制度改革，不断完善企业法人治理结构。当前核心问题是要解决产权不明晰、权责不清、政企不分、管理不科学等问题，在此基础上建设约束机制、激励机制和协调机制。从市场组织看，就是要构建垄断竞争的现代市场结构，让大中小企业之间建立一种由产业链“链主”主导的市场治理结构，形成相互补充和相互依赖的关系。形成相互补充关系，就是中小企业要做大型特大型企业不做、做不了、做不好的领域；形成相互依赖关系，就是中小企业要做大型、特大型企业的上游，做专精特新的“隐形冠军”，做中间投入品生产企业。此外，还需要建立和完善服务于各类专业市场的组织机构，如根据树立新型政商关系的要求，重点建设去除行政化职能的商会和行业协会。

---

① 如在流转税、增值税、个人所得税为主的税收体系下，实践中个人所得税演变为“工薪税”、而富人则能有效逃避的事实，就是一个有力的证据。加税往往增加的是底层民众的负担，而富人往往可以把对个人的税负隐含在企业成本中。

3. 市场门类建设。核心内容和突破口是要坚持市场取向改革，根据先易后难的原则，重点推进按要素分类市场化改革的进程，促进要素有序流动。如与新经济有关的数据市场、技术市场等，因社会具有广泛而一直的认识，因此推进起来相对容易；涉及政府管理的某些要素的市场化交易，如关于环境的污染排放权交易等，也可以加快推进。而某些关系国计民生和区域福利的要素市场化，如土地、大城市户籍等，则需要等待时机。

4. 市场空间建设。核心内容和突破口是推进国内各主要区域一体化发展国家战略，鼓励在国家战略指导下，从过去强调经济竞争走向竞争基础上的协调、协作和协同。实践证明，破除行政区经济建设强大国内市场的任务需要分区域、分阶段推进。推进思路应该从具体的一体化措施做起，如拆除要素和资源自由流动的壁垒，清理妨碍公平竞争的各种土政策，鼓励区域内国家优惠政策的复制，放开区域内的企业收购兼并，实施产业协作分工的区域“链长制”，在竞争性资源中建设国内价值链，等等，必须有先行区为全国统一市场建设的实现机制探路。长三角地区因为自古地域联通、文化相通、习性相同，具有经济发展水平高、人民生活水平高、对外开放程度高、深化改革意识强等基础和优势，就完全有条件和能力试点以国家战略推动区域统一市场建设的使命与任务。如果能在区域统一市场建设的基础上，再通过鼓励各区域市场的竞相开放，那就完全有可能形成全国统一市场体系（刘志彪、徐宁，2020）。

5. 市场功能建设，核心内容和突破口主要是矫正激励功能。推进市场功能建设的根本和关键，在于“搞对”激励，以驱动中国经济高质量发展。一是要在市场取向改革不足的领域，大幅度减少政府职能，充分放手让市场机制去竞争，择优汰劣；二是要在市场取向改革过度的领域，政府要回归本位职能。其中第一个方面是指在外部性很少发生的领域，如果市场取向改革不足，将会抑制竞争和效率；第二个方面是指基础教育、医疗卫生、养老、基本住宅等公共性很强的领域，以及其他一些可能发生市场失败的领域，如重大科学技术研究、重大基础设施建设、市场监管，等等，这些领域的市场取向改革过度，将会丧失政府职能、损害人民群众的根本利益。现阶段对地方政府的政绩和干部晋升，要增加区域内民众满意度、幸福度、获得感的考核。要改变地方政府的收入结构，建立以直接税为主的收入结构，减少其对土地财政的依赖。

6. 市场机制建设，核心内容和突破口是以竞争机制为基础的统领机制体系改革。一是在现有的《反垄断法》中，要旗帜鲜明地规定禁止地方政府行使行政垄断行为的一般条款，包括行政垄断行为的具体形式、法律责任和处罚措施等，修改竞争法等法律法规，增强可操作性。二是要以竞争政策为基础，统领其他经济政策。任何地方经济政策的出台，都必须经过竞争法的审查审核机制，与竞争政策有冲突的地方经济政策和行政法规条例，都要打回去重新制定或修正（刘志彪，2016），清理、废除各地区、各部门制定的与国家法律、法规相抵触的地方性、行政性法规与规章。三是要建立与完善不受地方政府随意干涉的、相对独立的司法制度和执法体制。如在推进经济一体化高质量发展的一些重要区域，如长三角、京津冀、粤港澳大湾区等，建议在现有法院机构的基础上，新设立区域上诉巡回法院机制，统一处理区域内垄断事务和不正当竞争案例，摆脱地方政府对非一体化行为的司法保护。

7. 市场环境建设。核心内容和突破口是以降低市场主体的交易成本为目标，大力发展各种能够提升生产效率、促进制度创新的现代生产性服务业。大力发展现代服务业，有利于供给侧的创新发展。现代生产性服务业是把日益专业化的知识技术引入商品和服务生产过程中的飞轮，同时也是这些资本进入生产过程的重要通道。服务形式的投入占生产总投入的比例，反映了产业结构的软化，以及产业结构升级和竞争力水平的上升。因此发展现代生产者服务业，可以从多方面提升我国产业的附加值率，提升产业技术水平，实现制造业高质量发展（刘志彪，2006）。实践证明，大力发展高铁网、高速公路网、通信网络等，可以大大提高信息传递和物流的效率，降低企业外生的交易成本。现代服务业是制度敏感性很强的产业，大力发展现代服务业，一方面，有利于推动体制和机制的全面深化改革和创新，有利于降低制度性交易成本；另一方面，服务业对制度供给和供给质量高度依赖，通过制度创新，不仅可以迅速推进现代服务业发展，而且可以进一步释放我国的经济增长的潜能。

参考文献

白重恩、杜颖娟、陶志刚、仝月婷：《地方保护主义及产业地区集中度的决定因素和变动趋势》，《经济研究》2004 年第 4 期。

陈甬军：《论中国地区市场封锁问题》，《经济学家》1992 年第 4 期。

方军雄：《市场分割与资源配置效率的损害——来自企业并购的证据》，《财经研究》2009 年第 9 期。

国家市场监督总局编：《中国反垄断执法年度报告》，法律出版社 2019 年版。

《国办督查室通报深圳市有关部门涉嫌违法设置市场准入条件增设行政许可和相关协会违规收费搞行业垄断等问题》，中国政府网，2021 年 4 月 15 日。

胡怀邦、刘知正：《走向国内统一市场的历史进程——试论建立生产资料区域共同市场》，《财贸经济》1990 年第 5 期。

黄玖立、李坤望：《出口开放、地区市场规模和经济增长》，《经济研究》2006 年第 6 期。

林文益：《关于社会主义统一市场的问题》，《财贸经济丛刊》1980 年第 1 期。

林毅夫、刘明兴：《经济发展战略与中国的工业化》，《经济研究》2004 年第 7 期。

林毅夫、刘培林：《经济发展战略对劳均资本积累和技术进步的影响——基于中国经验的实证研究》，《中国社会科学》2003 年第 4 期。

刘君德、舒庆：《中国区域经济的新视角——行政区经济》，《改革与战略》1996 年第 5 期。

刘志彪：《长三角区域市场一体化与治理机制创新》，《学术月刊》2019 年第 10 期。

刘志彪：《发展现代生产者服务业与调整优化制造业结构》，《南京大学学报》2006 年第 5 期。

刘志彪：《反行政垄断和行政分割：统一市场建设的突破口和主体内容》，《财经智库》2016 年第 1 期。

刘志彪：《建立长三角一体化的竞争规则》，《浙江经济》2003 年第 6 期。

刘志彪：《建设国内统一大市场：影响因素与政策选择》，《学术月刊》2021 年第 9 期。

刘志彪：《建设国内统一大市场的重要意义与实现路径》，《人民论坛》2021 年第 2 期。

刘志彪：《利用和培育国内市场问题的研究》，《学术研究》2019 年第 10 期。

刘志彪：《以产业活动原则规范市场与完善宏观管理》，《中国社会科学》1995 年第 4 期。

刘志彪、孔令池：《从分割走向整合：推进国内统一大市场建设的阻力与对策》，《中国工业经济》2021 年第 8 期。

刘志彪、凌永辉：《对商业银行反垄断有利于金融更好地服务实体经济：基于 19 大报告关于“加快完善社会主义市场经济体制”的思考》，《南京审计大学学报》2018 年第 1 期。

刘志彪、凌永辉：《中国经济：从客场到主场的全球化发展新格局》，《重庆大学学报》2020 年第 6 期。

刘志彪、徐宁：《统一市场建设：长三角一体化的使命、任务与措施》，《现代经济探讨》2020 年第 7 期。

陆铭、陈钊、严冀：《收益递增、发展战略与区域经济的分割》，《经济研究》2004 年第 1 期。

欧阳峣：《大国经济发展理论的研究范式》，《经济学动态》2012 年第

12 期。

沈骥如：《欧盟统一大市场建设对我国的启示》，《世界经济》1996 年第 9 期。

沈立人、戴园晨：《我国“诸侯经济”的形成及其弊端和根源》，《经济研究》 年第 3 期。

舒庆、刘君德：《中国行政区经济运行机制剖析》，《战略与管理》1994 年第 6 期。

王磊：《推进数据要素市场化配置：瓶颈制约与思路对策》，《中国经贸导刊》2019 年第 24 期。

向国成、刘晶晶、罗曼怡：《马克思恩格斯的分工与市场思想及其当代价值》，《经济学动态》2021 年第 9 期。

徐孝新：《美国统一市场建设实践及启示》，《当代经济管理》2016 年第 11 期。

银温泉、才婉茹：《我国地方市场分割的成因和治理》，《经济研究》2001 年第 6 期。

于良春、付强：《地区行政垄断与区域产业同构互动关系分析——基于省际的面板数据》，《中国工业经济》2008 年第 6 期。

余东华、刘运：《地方保护和市场分割的测度与辨识——基于方法论的文献综述》，《世界经济文汇》2009 年第 1 期。

赵奇伟、熊性美：《中国三大市场分割程度的比较分析：时间走势与区域差异》，《世界经济》2009 年第 6 期。

郑鹏程：《市场统一基本制度之构造与实施》，《中国软科学》2011 年第 8 期。

钟昌标：《国内区际分工和贸易与国际竞争力》，《中国社会科学》2002 年第 1 期。

朱希伟、金祥荣、罗德明：《国内市场分割与中国的出口贸易扩张》，《经济研究》2005 年第 12 期。

刘易斯转折点

蔡　昉*

一　引言

阿瑟·刘易斯把发展中国家的经济区分为两个部门，即以传统农业为主的“维持生计的部门”和以现代工业为主的“资本主义部门”。在传统经济部门中，相对于资本和自然资源来说，人口众多从而劳动力供给是无限的（Lewis，1954）。或者说，在这个部门中，劳动的边际生产力十分低下。由于这个部门的存在，现代经济部门在增长和扩大的过程中，可以用不变的工资水平不受限制地获得所需要的劳动力供给。直到现代经济部门的发展把传统经济部门的剩余劳动力吸收殆尽，二元经济增长才逐步变为同质的现代经济增长。因此，剩余劳动力被吸收完的这个时点，成为一个二元经济发展过程中的重要转折点，即刘易斯转折点。

二元经济发展有三个阶段和两个转折点。第一阶段是劳动力无限供给的典型二元经济发展阶段。由于在农业中有大量剩余劳动力，劳动的边际生产力极低，现代部门的工资基本不增长。到第二个阶段，劳动力需求增长速度超过劳动力供给增长速度，现代部门工人的工资开始提高，但是农业劳动力报酬尚未由劳动的边际生产力决

* 蔡昉，中国社会科学院。

定，农业与现代部门的劳动边际生产力仍然存在差异。在第三个阶段上，农业部门和现代经济部门的报酬都已经由劳动的边际生产力决定，而且两个部门劳动的边际生产力达到相等。这个阶段的到来意味着二元经济特征的消失，国民经济成为一个匀质的整体。通常，从第一个阶段到第二个阶段转变的时点，被称为第一个刘易斯转折点，从第二个阶段到第三个阶段的转变被称为第二个刘易斯转折点。

改革开放以来的中国经济增长，在相当长的时间里都面临着农业剩余劳动力转移这样一个挑战性的课题。农村改革在创造了激励机制的同时，也赋予农民自主配置生产要素特别是劳动力的权利，随着各种体制障碍得到拆除，农业剩余劳动力开始大规模转移，完成了一个经济史上罕见的资源重新配置过程，也成为这一时期经济增长的有利条件和生产率提高的重要源泉。从农业中剩余劳动力的大量累积和持续存在，到剩余劳动力向非农产业和城镇转移，以及很长时间内非农产业以相对低廉的工资成本吸纳农业转移劳动力等发展事实及其特征，显示出中国这一时期的经济发展，与阿瑟·刘易斯的二元经济理论模型所描述的劳动力无限供给条件下经济发展的相似性，因此，可以说中国经历了一个特征鲜明的二元经济发展过程（Cai，2016，chapter 2）。

20 世纪 90 年代中期以后，随着开放条件下高速工业化对转移劳动力的大规模吸纳，农业剩余劳动力趋于不断减少；与此同时，快速的人口转变也使得劳动年龄人口的增长接近尾声，劳动力供给能力渐趋羸弱。作为对劳动力供求新情况的反应，从 2004 年开始，沿海地区出现“民工荒”现象，随后更在全国范围内蔓延开来，演变为普遍性的劳动力短缺。按照二元经济发展理论，当劳动力转移到达这样的阶段，虽然劳动力并没有出现绝对的不足，但是，雇主开始通过提高工资水平来吸引工人，因而引起普通劳动者工资的普遍和持续上涨，这就是刘易斯转折点到来的典型表现（Lewis，1972）。

围绕中国刘易斯转折点的判断，在研究者中形成了广泛的讨论，在相关研究领域乃至更广泛的范围内，一时成为十分热门的话题。这一讨论的意义有以下几个方面。首先，用经济学范式和概念对中国经济所处的发展阶段特征做出阐述，比平淡的叙事更有助于做出准确的判断，揭示出诸多与发展阶段变化相关的内涵和内容，并且为研究者进行定量验证提供了基准框架。其次，鉴于经济发展转折点是二元经济理论乃至发展经济学的一个重要关注点，基于中国实际的相关讨论，一方面关乎刘易斯理论在中国的适用性，甚至关乎发展经济学的生命力，另一方面有助于用学术语言阐释中国实践和中国智慧对发展经济学的贡献。最后，从理论上准确界定一种经济现象或事实，可以提供一个更为清晰的分析框架，得出具有针对性的政策结论，为政策选择和实施方向、时效、力度等提供较好的依据。

本文从讨论发展经济学与中国经济发展实践的关系出发，简述这一学术和政策讨论的过程，以及具有代表性的观点及其论证，也阐释笔者本人的观点，提供一些重要的理论和实践证据，并揭示相关讨论的理论意义和实践价值。这样，既便于我们更好地理解刘易斯转折点概念和判断，也有助于我们认识中国发展经验对发展经济学的贡献。最后，在做出一般结语的同时，本文尝试提出一些有待进一步研究的问题。

二　发展经济学与中国实践

第二次世界大战之后十分活跃并流行于学术界的发展经济学，于20世纪70年代开始式微，80年代以后在经济学圈子中便近乎销声匿迹。发展经济学命运的这个大反转，并非由于这个群体的研究成果花拳绣腿、无所建树，也不是因为发展中国家摆脱贫困的问题已经得到解决，使得这门学问“飞鸟尽良弓藏”，而是来自主流经济学的两大弊端，即狭隘和自负（narrowness and complacence）。本文使用这样两个贬义词并非情绪化的表达，而是反映其实际和具体的含义。

主流经济学的狭隘，表现在排斥一切不能建立整齐划一模型的研究范式。保罗·克鲁格曼（Paul Krugman）在回顾这段发展经济学兴衰史时指出，经济学当时的方法论演变方向，是要求发展经济学家以牺牲真实世界的丰富性和复杂性为代价，构造可以阐释关键概念的可控而愚蠢的模型（Krugman，1994）。特别是，以阿伯特·赫希曼（Albert Hirschman）、罗森斯坦·罗丹（Rosenstein Rodan）和拉格纳·讷克斯（Ragnar Nurkse）等人为代表的发展经济学说大多建立在"报酬递增"假设基础上，而在当时的经济学理论发展条件下，依据这个假设是无法建立起所要求的那种简而又简的模型的（Krugman，1994）。于是，无论是决断地选择与主流经济学分道扬镳（如阿伯特·赫希曼），还是试图追随主流经济学的脚步，努力建立这样的模型（如罗森斯坦·罗丹），皆无一例外地被主流经济学边缘化了。

主流经济学的傲慢，则表现在否认经济发展路径的多样性和特殊性。在主流经济学家看来，在西方发展经验基础上形成的新古典增长理论，既可以理解贫穷国家的问题，也足以给这些国家提出政策建议。例如，拉尔（Deepak Lal，参见拉尔，1992），也把阿伯特·赫希曼作为批评对象，反对其结构主义方法及结论，拉尔自己则倡导亲近市场机制的新古典主义发展经济学。也正是在这一时期，即1985年，时任美国财政部部长詹姆斯·贝克（James Baker）针对一些发展中国家的债务问题，提出了"持续增长"的一揽子政策建议（Chari et al.，2020），随后又有一批坐而论道的学者将其归纳为"华盛顿共识"（Williamson，2004）。

可以说，阿瑟·刘易斯没有成为主流经济学的"狭隘"所攻击的主要目标，因为按照克鲁格曼的观点，刘易斯的二元经济理论并不依赖报酬递增的假设。然而，他却没有躲过主流经济学的"自负"

的对待，因而同样被束之高阁（Ranis, 2004）。包括克鲁格曼在内的新古典经济学以“宁信度无不自信”的态度，不承认任何剩余劳动力的存在，以致否认发展中国家有一个所谓的“二元经济发展阶段”。从此出发，这些主流经济学家在每个发展阶段上都会站出来，对“东亚奇迹”和中国经济发展百般批评，形成了“克鲁格曼-扬诅咒”（参见 Young, 2003；Krugman, 2013；蔡昉，2021，第五章）。

然而，中国在改革开放背景下的经济发展，取得了毋庸置疑的成功，在1978—2020年实现年平均9.4%的GDP增长，其中在劳动年龄人口迅速增长的1980—2010年，年均增长速度更高达10.1%。在这个高速增长中，农业劳动力转移做出了重要的贡献。根据计量研究结果，除了劳动力转移通过劳动力数量充分供给、劳动力年龄结构改善、资本回报率提高之外，劳动力从农业转向非农产业创造的资源重新配置效率，也成为整体生产率提高的重要贡献因素（蔡昉、王德文，1999；蔡昉，2017）。

三　刘易斯转折点：提出、判断和争论

及时识别出现实中出现的问题及其重要性，做出分析性的反应，解释原因并揭示政策含义以及展望发展方向，是经济研究的价值所在和经济学家的责任所在。针对中国现实中出现前所未有的劳动力短缺现象，早在2004年研究者就开始讨论这些现象的原因和经济学含义，在一些研讨会上和媒体报道上已经提出刘易斯转折点到来的说法。随后，出现了一些比较系统论述的学术文章，主要围绕以下问题展开讨论：（1）刘易斯二元经济理论在中国的适用性，以及相应地，刘易斯转折点的判断是否有意义；（2）应该如何定义从而判断刘易斯转折点，以及相应的经验检验；（3）刘易斯转折点到来的现实含义，特别是相关判断能够得出什么政策建议。

做出中国已经迎来刘易斯转折点判断的研究者，无疑是以认同

二元经济理论在中国的适用性为前提的。而对此持异议的学者，大体是从两个方面进行争辩，分别是质疑刘易斯理论及其对中国的适用性，以及对中国的劳动力供求关系具有不同的判断。在简述这一争论之前，有必要对相关讨论的特点和主要文献做一些说明。首先，关于中国经济发展是否到达刘易斯转折点，最为常见的争论发生在非专业媒体上，在很多情况下仅仅就某位作者的个别判断句进行辩论，常常无法进行有针对性的讨论和评估。其次，按照学术规范进行的早期研究成果，比较集中地发表在专业期刊的专刊和论文集中，其中也反映了正反方作者的观点。[①] 最后，正如一位作者引用安格斯·迪顿（Angus Stewart Deaton）的一句话——任何事实，一旦与某一理论相符，也便会与无数其他理论相符（参见 Fleisher et al.，2011），实际上那些不认同刘易斯理论适用性的研究，最终也走到对中国劳动力是否短缺做经验判断这条道路上。可见，关于刘易斯转折点的不同观点，归根结底是个经验实证以及相关的定义问题。

关于二元经济理论在中国的适用性讨论，其核心在于中国农业中是否存在根据某种规范定义的剩余劳动力。很早以来，就有研究者依据新古典理论教条，通过经验研究否定剩余劳动力的存在。例如，有研究估算出在农村改革前后，农业劳动的边际生产力是正值，而农民所得与此也是相对应的（Fleisher et al.，2011）。追寻这个逻辑，葛苏勤和杨涛利用新的研究否认刘易斯转折点的适用性（Fleisher et al.，2011）。然而，这些研究结论与中国实践中的真实情况相去甚远。

在改革开放的早期，家庭联产承包制赋予农民生产经营自主权，在促进产出大幅度增长的同时，也将农业生产中劳动力剩余现象显

① 例如，两份英文杂志（*China Economic Journal* 和 *China Economic Review*）专门就刘易斯转折点进行了讨论，其中一些文章也收入一本中文论文集（蔡昉等主编，2011）。我们将在适当之处引用相关文献。为简明起见，下文中对一些研究结果，我们在正文中指出作者的同时，注释出处均为 Fleisher et al.（2011），因为该文是专刊的“引论”，既综述了相关研究，也指明同一期文章的出处。

露出来。研究估算，在20世纪80年代中期，农村有30%—40%的劳动力是剩余的，绝对数大约为1亿人到1.5亿人（Taylor，1993）。随后的研究也显示，劳动力剩余现象是普遍的。随着沿海地区外向型经济的快速发展，新成长企业以相对低廉的工资逐步吸纳了这些转移劳动力。这个过程既符合刘易斯关于农业中存在着大量边际生产力极低的剩余劳动力的假设，也符合工业部门可以在工资不变条件下获得源源不断的劳动力供给的预期，以及农业不会因劳动力转移而衰落的推论。例如，在1978—2020年，农业劳动力比重从70.5%下降到23.6%，农业增加值比重从27.7%下降到7.7%，与此同时，粮食总产量增加了1倍多，肉类产量增加了6倍多，园林水果产量到2019年就增长了28倍。因此，多数研究者认为，刘易斯二元经济理论可以适用于分析中国这个时期的经济发展。既然如此，一旦出现劳动力供给不能满足需求，出现持续性劳动力短缺和工资上涨现象，则意味着刘易斯转折点的到来。

在遵循刘易斯转折点这个范畴进行的研究中，包括张晓波、蔡昉、都阳等的一些文章从劳动力由过剩到短缺、工资由停滞到上涨，以及劳动力市场其他方面的变化，论证刘易斯转折点的到来（Belton et al.，2011）。而包括孟欣、南亮进和马欣欣等学者的研究，则固守过于严格的剩余劳动力定义，也未能充分理解中国劳动力数据的特点。既然认为数据并未显示农业与工业的边际劳动生产力达到相等，因此他们便主张刘易斯转折点尚未到来（Belton et al.，2011；Meng，2014；Minami and Ma，2009）。

实际上，刘易斯本人也认同在二元经济发展结束之前，有两个转折点（Lewis，1972）。其中第一个转折点只需以劳动力出现短缺，以致产生对工资上涨的推动力为条件。而在学术界的讨论中，每当说到刘易斯转折点时，常常是指称这个转折点；第二个转折点则需要以农业与非农产业的边际劳动生产力达到相等为条件，一般被称为商业化点。由于劳动力数据以及边际劳动生产力乃至剩余劳动力定义的复杂性，第二个转折点通常是很难界定的，而对于经济发展最具有意义的，则是第一个转折点。事实上，虽然研究者对于刘易斯转折点的判断众说纷纭、莫衷一是，对于劳动力市场上发生的一些变化却具有诸多共识，如人们普遍注意到劳动力供求关系从而注意到工资水平的变化。虽然对这些变化产生的原因认识不尽一致，但往往也得出诸多类似的政策含义。特别是，随着时间的推移，劳动力短缺、工资上涨等越来越成为不容忽视的现象，直接针对刘易斯转折点是否到来的争论也就偃旗息鼓了。

四　转折点判断的重要性：理论与实践

虽然以发展经济学家刘易斯命名，但是，刘易斯转折点作为一个中国语境下的经济发展现象概括，完全可以被认为是中国独创的经济学概念。刘易斯设想了二元经济发展转折点的情形，也做了一些理论的描述。但是，刘易斯本人并没有直接观察过任何一个国家经历典型的转折点，其他作者与此相关的文献也并不多见。具有典型的二元经济发展特征的东亚经济体，在出现劳动力短缺和工资上涨现象之际，一些研究者尝试做出刘易斯转折点的判断。例如，南亮进（Minami，1968）论证，日本在大约 1960 年到达刘易斯转折点。但是，总体来说，由于当时及以后，主流经济学家已经不再采用二元经济理论解释经济发展现象，因此，类似的讨论并没有成为研究的主流话题。

与之形成鲜明对照的是，在中国的公共舆论界进行的经济发展问题讨论中，刘易斯转折点这个概念已经成为一个流行词，围绕其进行的争论仍然时有发生。涉及与此相关的理论和现实问题，在中国经济学界产生的文献也可谓汗牛充栋。一方面，这种讨论在特定的语境下重新激活了二元经济理论；另一方面，借助这个理论框架也的确有助于中国经济学家更好地认识特定时期的经济发展特点。

下面，我们可以从三个方面认识刘易斯转折点讨论的中国独创性。

首先，在中国的讨论中，刘易斯转折点与人口转变阶段被结合在一起，而这在刘易斯本人的著述以及其他相关研究中，均未能作为一个突出特点显示出来。在刘易斯生活的时代，人口转变理论已经出现，他本人也有意无意地把人口转变处在“高出生、低死亡、高增长”阶段，作为发展中国家存在一个二元经济的隐含前提。从此出发，对于刘易斯来说，剩下的就只是现代部门的扩大及其对剩余劳动力的吸收，而无须考虑人口转变的下一个阶段。在关于刘易斯转折点的讨论中，由于中国学者把经济增长吸纳剩余劳动力和人口转变减少劳动力供给两个因素结合起来考虑，揭示出正是中国在经济增长和人口转变两个方面的超常表现，导致刘易斯转折点的快速到来，使得这个结论与理论逻辑和实际情况更加吻合。把人口转变纳入到刘易斯理论框架之中，构建一个扩展的二元经济理论模型，在经验上则是把在中国经济增长过程中获得人口红利，与农业劳动力的转移过程结合起来进行考察，成为中国经济学家对发展经济学理论的一个研究特色（Fleisher et al.，2011）。

根据中国现实的发展以及具有针对性的研究，可以发现，无论是出现普遍性的劳动力短缺，还是普通劳动者工资的持续上涨，都是以 2004 年为起点的，因此这一年应该作为刘易斯转折点的标志性时点（Cai，2016，Chapters 3 and 4）。并且，在刘易斯转折点这个理论概念揭示的基本特征之外，2004 年还标志着一些与经济发展阶段变化相关的其他转折。例如，由于普通劳动者工资上涨和低收入家庭收入增长加速，可以在初次分配领域观察到收入分配得到改善的效果；农村劳动力短缺推动农业技术进步出现劳动节约型的趋势；劳动力市场制度发挥更大的作用，以及其他一系列有利于劳动者和民生的政策转变（蔡昉，2010）。此外，如果按照某些学者的建议，即用“刘易斯转折区间”的概念代替刘易斯转折点（例如 Garnaut，2014），则我们可以看到从劳动力短缺现象显现的 2004 年，到劳动年龄人口到达峰值从而劳动力不再无限供给的2010年，应该符合这样一个转折区间的特征（蔡昉，2018，第五章）。

其次，中国特色的体制特征丰富和完善了刘易斯理论，特别是在解释为什么农业或农村的剩余劳动力不能被市场出清这一难题方面。对于新古典经济学来说，长期存在着剩余劳动力，而不能被劳动力供求关系决定的工资水平变化而予以结清，是难以理解的现象。对于这个质疑，刘易斯曾经含糊地认为是诸如工会等制度因素，阻碍了市场出清机制的作用。对于中国来说，在计划经济时期形成的一系列制度安排，特别是人民公社、统购统销和户籍制度共同形成的制度“三套车”，既足以在现实中阻碍劳动力流动从而剩余劳动力的出清，也能够提供为什么剩余劳动力持续存在，或者经济发展如何能够具有劳动力无限供给特征的理论解释。

最后，也是最重要的一点是，结合中国经济特点和所面临的问题，围绕刘易斯转折点所进行的讨论，实际上已经超越了判断经济发展转折点这个单纯目的，从对转折点的论证和判断出发，学者和政策研究者在远为广泛的领域，拓展了研究的内涵和问题，得出了一系列有益的政策结论，并且反映在实际政策的演变过程中。可以说，关于刘易斯转折点讨论得出的诸多研究结论，顺应了中国经济发展的阶段性变化，在诸如对就业矛盾从总量到结构性转变的判断、对经济增长速度进入换挡期的判断、对供给侧结构性改革的部署，以及一系列其他重大政策决策，都具有直接或间接的影响。

五　结语以及待研究的问题

刘易斯转折点是一个经济学概念。概念作为思维体系中一个最基本的构筑单位，是理论家把所观察到的事物进行概括，以便最终抽象为理论的一个工具。因此，特定概念的形成也是进行研究的一个必不可少的中间过程。经济学家在形成相对成熟或形成体系的理论之前，常常把现实中的观察结果提炼为一些特征化事实（stylized facts），依据的就是这个道理。中国经济学家围绕刘易斯转折点进行的研究和讨论，也形成了一些基于中国现实的重要观察，同时尝试得出一些概括性的结论。首先，二元经济理论预期的现实表现，可以广泛地在中国经济发展过程中观察到，因而该理论至少在中国经济发展的一定阶段上具有适用性。其次，二元经济理论的一般结论与国家的经济发展特征结合起来，可以提高理论的解释力。再次，二元经济发展过程以及刘易斯转折点，与人口转变的特定阶段密切相关。最后，刘易斯转折点不仅表现为劳动力短缺和工资上涨，同时还引起一系列与发展阶段相伴的经济社会变化，因而具有显著的政策含义。

经济发展在时间上是连续的，并不会由于一个人为定义的转折点而中断。相应地，经济学说史也是前后贯通的，因此，关于刘易斯转折点的研究和讨论并未时过境迁。如何使刘易斯转折点成为一个具有中国特色的标识性概念，仍然有待于进一步深入刻画刘易斯转折点的中国表现，同时揭示中国特色与一般规律之间的关系。特别是，中国经济学家有责任揭示出，究竟哪些独特的体制背景、宏观经济表现、独特的人口转变及其转折点、经济主体特征，等等，会影响刘易斯转折点的到来时间以及特殊表现。

例如，进一步的研究有待回答以下几个方面的问题。第一，户籍制度是怎样在不断松动中释放出农业剩余劳动力，同时，在改革尚未完成的情况下，这一制度如何继续束缚劳动力流动，以及户籍制度迟迟不能根本改革的原因。第二，家庭联产承包制这一制度特点，如何使得中国农民工不同于一些发展中国家存在的乡城迁移者，失去农村的生计并陷入城市贫困，同时避免让农业陷入衰落，一致把刘易斯转折点演变为“粮食短缺点”。第三，中国快速的人口转变如何加速了经济增长，“未富先老”特征在何种程度上过早导致刘易斯转折点的到来和人口红利的消失，以及中国经济有哪些独特的增长潜力可以继续挖掘。

参考文献

蔡昉：《成长的烦恼——中国迈向现代化中的挑战及应对》，中国社会科学出版社 2021 年版。

蔡昉：《刘易斯转折点与公共政策方向的转变——关于中国社会保护的若干特征性事实》，《中国社会科学》2010 年第 6 期。

蔡昉：《四十不惑：中国改革开放发展经验分享》，中国社会科学出版社 2018 年版。

蔡昉：《中国经济改革效应分析——劳动力重新配置的视角》，《经济研究》2017 年第 7 期。

蔡昉、王德文：《中国经济增长的可持续性与劳动贡献》，《经济研究》1999 年第 10 期。

蔡昉、杨涛、黄益平主编：《中国是否跨越了刘易斯转折点?》，社会科学文献出版社 2011 年版。

［英］迪帕克·拉尔：《“发展经济学”的贫困》，葛卫明、朱菁译，云南人民出版社 1992 年版。

Cai, Fang, *China's Economic Growth Prospects: From Demographic Dividend To Reform Dividend*, Cheltenham, UK: Edward Elgar, 2016.

Cai, Fang, "The Hukou Reform and Unification of Rural-Urban Social Welfare", in Kennedy, David and Joseph E. Stiglitz (eds), *Law and Economics with Chinese Characteristics: Institutions for Promoting Development in the Twenty-First Century*, Oxford University Press, 2013.

Chari, Anusha, Peter Blair Henry, Hector Reyes, "The Baker Hypothesis", *NBER Working Paper*, No. 27708, 2020.

Fleisher, Belton, Robert Fearn, and Zhen Ye, "The Lewis Model Applied to China: Editorial Introduction to the Symposium", *China Economic Review*, Vol. 22, 2011.

Garnaut, Ross, "Macro-economic Implications of the Turning Point", in

Huang, Yiping and Cai Fang (eds), *Debating the Lewis Turning Point in China*, London and New York: Routledge, 2014.

Krugman, Paul , The Fall and Rise of Development Economics, 1994, http://web.mit.edu/krugman/www/dishpan.html.

Krugman, Paul, "Hitting China's Wall", *New York Times*, July 18, 2013.

Lewis, Arthur, "Economic Development with Unlimited Supplies of Labor", *The Manchester School*, Vol.22, No.2, 1954.

Lewis, Arthur, "Reflections on Unlimited Labour", in Luis Eugenio Di Marco (ed.), *International Economics and Development*, New York: Academic Press, 1972.

Meng, X., "China's Labour Market Tensions and Future Urbanisation Challenges", in Song, L., Garnaut, R., and Cai, F. (Eds.), *Deepening Reform for China's Long-Term Growth and Development*, Australian National University Press, Canberra, 2014.

Minami, R. and Ma, X., "The Turning Point of Chinese Economy: Compared with Japanese Experience", *Asian Economics*, Vol.50, No.12, 2009.

Minami, Ryoshin, "The Turning Point in the Japanese Economy", *Quarterly Journal of Economics*, Vol. 82, No. 3, 1968.

Ranis, Gustav, "Arthur Lewis' Contribution to Development Thinking and Policy", *Yale University Economic Growth Center Discussion Paper*, No. 891, 2004.

Taylor, J. R., "Rural Employment Trends and the Legacy of Surplus Labor, 1978 – 1989", in Kueh, Y. Y. and R. F. Ash (eds.), *Economic Trends in Chinese Agriculture: The Impact of Post-Mao Reforms*, New York: Oxford University Press, 1993.

Williamson, John, A Short History of the Washington Consensus, Paper commissioned by Fundación CIDOB for the conference "From the Washington Consensus towards a new Global Governance", Barcelona, September 24 – 25, 2004, http://www.petersoninstitute.org/publications/papers/williamson0904-

2. pdf.

Young, Alwyn, "Gold into the Base Metals: Productivity Growth in the People's Republic of China during the Reform Period", *Journal of Political Economy*, Vol. 111, No. 6, 2003.

社会主义市场经济的资本理论

简新华　余　江*

资本理论是关于资本的内涵、外延、存在的条件和原因、性质、特征、运动规律或者行为规律、历史地位、作用及其发挥的途径的理论。由于“马克思、恩格斯没有设想社会主义条件下可以搞市场经济，当然也就无法预见社会主义国家如何对待资本。列宁、斯大林虽然领导了苏联社会主义建设，但当时苏联实行的是高度集中的计划经济体制，基本上没有遇到大规模资本问题。搞社会主义市场经济是我们党的一个伟大创造”（习近平，2022），因此经典的马克思主义政治经济学中没有社会主义市场经济的资本理论。在改革开放过程中，中国适应社会主义市场经济发展实践的要求，在坚持马克思和恩格斯的经典资本理论的基本原理的基础上，提出了新的社会主义市场经济的资本理论，创新和发展了马克思主义政治经济学的资本理论。社会主义市场经济资本理论的主要内容包括：社会主义市场经济中存在资本的原因，不同类型资本的特性、行为规律、积极作用和消极作用，发挥资本的积极作用和有效控制资本的消极作用的途径等。

---

* 简新华、余江，武汉大学经济发展研究中心、人口资源环境经济研究中心。

一　中国经济学界对资本问题的研究

中国经济学界对资本问题的研究并不是近两年才开始的，早在1956年社会主义改造任务基本完成、社会主义基本经济政治制度初步建立、社会主义经济建设开始以后，由于商品经济还存在、还要发展，企业生产经营需要货币，而且必须获得利润，中国经济学实际上就面临着用于商品生产的货币是不是资本的问题，但是，又因为中国已经把资本家和地主的私有制改变成公有制，是社会主义国家，按照马克思、恩格斯设想的社会主义社会是不可能存在资本的，为了区别于资本主义社会的资本，所以中国学者就把社会主义国家用于生产经营的货币称为“社会主义资金”，一直到改革开放初期，主要都是运用马克思《资本论》的原理和方法研究资金的性质、特征、类型和作用（罗季荣等，1983；简新华，1989），1988年出版的使用相当广泛的蒋学模教授主编的《政治经济学教材》都还是使用“社会主义资金”的概念。这应该是中国经济学界对社会主义商品经济（市场经济）的资本理论的最早探讨。

从1992年党的十四大报告首次明确提出了社会主义市场经济体制是中国经济改革的目标模式，尤其是1993年党的十四届三中全会制定的中国改革开放的第二个纲领性文件《中共中央关于建立社会主义市场经济体制若干问题的决定》在党的重要文献中第一次正式使用资本和资本市场的范畴、党的十五大报告则进一步提出了“公有资本”的范畴开始，中国经济学界开始了社会主义市场经济的资本理论的研究，发表了系列论著。有研究认为，“资金就是一定数量的货币”而不是资本，社会主义社会存在资本，并且明确提出和系统论证了“社会主义资本”的概念（冯子标、靳共元，1994；冯子标，2000；靳共元，2003）；有学者提出并且论证了“社会主义经济中的资本范畴和剩余价值范畴”（蒋学模，

1994）；另有学者认为“应该进行理论创新，确立公有资本范畴”（杨承训，1997）。

党的十九大以来，习近平总书记几次就资本问题发表重要讲话，特别是在2021年12月10日召开的中央经济工作会议上把“正确认识和把握资本的特性和行为规律”作为新发展阶段必须正确认识和把握的五个新的重大理论和实践问题之一提出。2022年4月29日，他在中共中央政治局等三十八次集体学习时强调，在社会主义市场经济条件下规范和引导资本发展是一个重大经济、政治问题，“关系坚持社会主义基本经济制度，关系改革开放基本国策，关系高质量发展和共同富裕，关系国家安全和社会稳定”。“这是新时代马克思主义政治经济学必须研究解决的重大理论和实践问题。要深入总结新中国成立以来特别是改革开放以来对待和处理资本的正反两方面经验，深化社会主义市场经济条件下资本理论研究，用科学理论指导实践，促进各类资本良性发展、共同发展，发挥其发展生产力、创造社会财富、增进人民福祉的作用。”经济学界出现了研究资本问题的热潮，主要围绕着习近平总书记的讲话精神，重点探讨了社会主义市场经济中资本的特性、行为规律、作用、发挥积极作用和控制消极作用特别是防范资本无序扩张、野蛮生长的途径，发表了不少论著，取得了较大进展。有学者论述了马克思的经典资本理论对中国资本研究的重要指导意义（顾海良，2022）；有学者则以马克思《资本论》的基本原理为指导分析了社会主义市场经济中资本的属性、行为和规范（洪银兴，2022）；还有一些学者分析了资本的特性、行为规律、作用，提出了各自不完全相同的政策主张（刘伟，2022；王国刚，2022；邱海平，2022；张旭，2022；胡怀国，2022）。

现在需要进一步深入研究的是，如何以马克思的经典资本理论为基础，以习近平经济思想为指导，从学理上符合逻辑地具体说清社会主义市场经济中为什么会存在资本，全面准确深入地分析归纳说明不同类型资本的性质、特征、行为规律、作用及其产生的原因，提出系统的更具有针对性和可操作性的合理有效的对策建议，特别是不要回避而是敢于面对资本理论中资本既是生产要素又是生产关系，社会主义市场经济中劳动力是不是商品、是否具备货币转化为资本的必要条件，社会主义市场经济的新资本理论是否违背了马克思的经典资本理论等重点难点问题，提出创新性的科学回答。

二　社会主义市场经济中资本存在的原因

长期以来，中国政治经济学的教科书把资本界定为能够带来剩余价值的价值，是属于资本家私人所有的剥削工人的工具，体现着资本家剥削工人的生产关系，是资本主义社会特有的经济范畴。社会主义社会应该消灭资本家私有制及其对工人的剥削和商品货币关系，所以社会主义社会不存在资本。但是，从现实的社会主义社会来看，无论是第一个社会主义国家苏俄，还是社会主义的新中国，都还存在商品生产和商品交换即商品经济，存在商品和货币，用于生产经营的货币和生产要素也有价值，也要增值。那么，这种在社会主义国家中普遍存在的用于生产经营的也要增值的价值，不是资本，又是什么？与资本主义社会的资本有什么区别呢？理论与实际出现了矛盾。如前文所述，为解决这个问题，中国经济学界发明了一个新名词“资金”，以示与“资本”的区别。什么是“资金”？按照20世纪70年代末中国社会科学院经济研究所所长许涤新主编的《政治经济学辞典》的权威解释，“资金广义地说，指社会主义再生产过程中，生产、分配、流通和消费（仅指社会消费）等环节中的社会主义公有财产的货币形态。狭义地说，指国家交由国营企业支配运用以进行生产经营的那一部分社会主义全民所有的财产的货币形态”，强调“社会主义的资金和资本主义的资本有着本质的区别。资本体现资本家和工人在资本主义生产过程中形成的剥削和被剥削的关系。资金则体现劳动者在社会主义生产过程中结成的互助合作关系”（许涤新，1980）。问题是，改革开放以来，中国在坚持社会主义基本经济政治制度即仍是社会主义社会的同时，把高度集中的计划经济体制转变为社会主义市场经济体制，同时还大力引进外资和鼓励民间私人投资，中国也出现了外国资本和私人资本。按照上述“资金”的定义，这些资本显然不能称为“资金”，而在实际中现在也已经不加区别地把公有制企业的“资金”和非公有制的“资本”统一称为资本，即承认社会主义社会中也可能存在资本。这就产生了一个必须从理论上说清的重大问题：在社会主义社会中，更准确地说是在社会主义初级阶段的社会主义市场经济中，为什么会、能不能、应不应该存在资本？

按照马克思主义政治经济学经典资本理论的基本原理，商品经济的存在和劳动力成为商品是货币转化为资本或者说资本存在的两个前提条件。马克思在《资本论》中指出，“商品生产和发达的商品流通（即贸易）是资本产生的历史前提”，还强调“有了商品流通和货币流通，决不是就具备了资本存在的历史条件。只有当生产资料和生活资料的所有者在市场上找到出卖自己劳动力的自由工人的时候，资本才产生”。由此可见，马克思认为，商品流通是资本的起点，劳动力成为商品是货币转化为资本的关键。马克思还进一步指出，“货币所有者要把货币转化为资本，就必须在商品市场上找到自由的工人。这里所说的自由，具有双重意义：一方面，工人是自由人，能够把自己的劳动力当作自己的商品来支配；另一方面，他也没有别的商品可以出卖，自由得一无所有，没有任何实现自己的劳动力所必需的东西”（《资本论》，1975）。这就是说，劳动者拥有人身自由而且自由得一无所有，是劳动力成为商品的两个必要条件。这些都是马克思在经典资本理论中提出的资本主义社会中资本产生或者说存在的基本原理。社会主义市场经济的资本理论在坚持马克思经典资本理论的基本原理的基础上，提出资本不是资本主义社会特有的经济范畴，在社会主义初级阶段的社会主义市场经济中也存在资本，主要原因如下。

第一，市场经济（也就是商品经济）的存在是社会主义市场经济中存在资本的前提条件。商品经济（包括市场经济即发达的商品经济）是资本产生和存在的前提条件，中国社会主义初级阶段的经济是市场经济，自然也就具备资本存在的前提条件。这是符合马克思经典资本理论的基本原理的，因为马克思明确指出，商品生产和发达的商品流通，即贸易，是资本产生的历史前提（参见《马克思恩格斯全集》第23卷）。当然，这只是社会主义市场经济中存在资本的一个重要条件，仅有这个条件还不够。

第二，社会主义市场经济中劳动力也是商品，具有货币转化为资本的必要条件。马克思还指出，“有了商品流通和货币流通，决不是就具备了资本存在的历史条件”（参见《马克思恩格斯全集》第23卷），劳动力成为商品才是货币转化为资本的关键，也就是说商品经济不是资本产生和存在的唯一条件，更重要的是劳动力必须成为商品。这也是不能违背的马克思经典资本理论的基本原理。社会主义市场经济中劳动力是不是商品呢？这是社会主义市场经济的资本理论面临的一个最大理论难题。破解这个难题的关键，就是社会主义市场经济中是否存在劳动力成为商品的两个必要条件。若存在，劳动力就是商品，货币就能转化为资本，也就可能存在资本；如不存在，劳动力就不是商品，货币就不能转化为资本，也就不可能存在资本。马克思明确指出劳动力成为商品的两个必要条件是劳动者拥有人身自由而且自由得一无所有。笔者认为社会主义市场经济中存在劳动力成为商品的两个必要条件：一是社会主义市场经济中的劳动者毫无疑问拥有人身自由；二是社会主义市场经济中的劳动者也主要靠劳动谋生，而靠劳动谋生与“一无所有”的本质基本相同。虽然全民所有制的存在，使得社会主义市场经济中的劳动者不是“一无所有”，但公有的生产资料所有权并不量化到个人，劳动者虽然能够享受到公有制经济带来的福利，但是不能凭借公有生产资料的所有权取得个人收入，主要只能依靠自己的劳动谋生，而且只有得到雇佣才能参加劳动，所以劳动力实际上也是商品。在这里需要特别指出的是，我们不能死抠“一无所有”这个劳动力成为商品的必要条件，应该抓住问题的实质。“一无所有”的实质内涵是指劳动者除了劳动力之外，不能主要凭借其他生产要素的所有权取得收入，只能主要依靠劳动谋生。否则，如果认为劳动者不是完全“一无所有”劳动力就不是商品，就会得出不符合实际的荒谬结论。类似的，现代资本主义社会中，不少雇佣劳动者拥有少量甚至相当数量股票，也不是“一无所有”，能说他们的劳动力不是商品吗？显然不能做这样不符合实际的断定 。当然，并不是只要拥有人身自由的劳动者不能凭借或主要依靠生产资料的所有权取得个人收入，而只能主要依靠劳动谋生，其劳动力在任何条件下都必然是商品，比如原始社会和未来共产主义社会的劳动力就不是商品，因为劳动力成为商品还应有一个大前提，必须在商品经济或者市场经济条件下才必然如此（简新华，1998；1999）。而且，在市场经济条件下，包括劳动力在内的所有生产要素都是商品，存在各种要素市场，都要通过市场买卖，实现合理流动、优化配置。中国改革的纲领性文件《中共中央关于建立社会主义市场经济体制若干问题的决定》明确提出，要重点培育的市场包括“劳动力市场”，而劳动力市场买卖的就是劳动力，劳动力是商品自然是符合逻辑的结论。这里还需要说明的是，劳动力不等于劳动者，在市场经济条件下劳动力成为商品不等于劳动者成为商品，买卖劳动力并不就是买卖劳动者，决不是买卖人口、“卖身为奴”，劳动者是有人身自由的，出卖自己的劳动力并不是出卖自己的人身自由。

第三，资本不是资本主义社会特有的经济范畴，还可能存在于包括社会主义初级阶段在内的其他社会形态。历史事实表明，资本并不是在资本主义社会才产生和存在的，早在奴隶社会、封建社会的简单商品经济中，原始形态的资本就已经出现了。马克思在《资本论》中就几次明确指出，生息资本或高利贷资本（我们可以把古老形式的生息资本叫作高利贷资本），和它的孪生兄弟商人资本一样，是洪水期前的资本形式，它在资本主义生产方式以前很早就已经产生，并且出现在极不相同的社会经济形态中。“在奴隶制度下，用于购买劳动力的货币资本，起着固定资本的货币形式的作用，它只是随着奴隶一生的能动期间的消逝，逐渐得到补偿。”（《资本论》，1975）这些论述说明，资本是资本主义社会特有经济范畴的观点是不符合马克思的经典资本理论的，资本并不是只存在于资本主义社会，也可能存在于“极不相同的社会经济形态中”，也不能认为资本只是体现资本家剥削工人的关系、不能体现别的经济关系。实际上，在不同的社会条件下存在的资本可以体现不同的经济关系。马克思明确肯定，“资本只有一种生活本能，这就是增值自身，获取剩余价值”（《资本论》，1975）。由此可见，资本是能够增值的价值或者说带来收益的价值，这才是资本最一般、最基本的特征，反映了各种不同社会形态中资本的共同的性质。中国改革开放以来的经济事实也证明，社会主义市场经济中普遍存在能够增值的价值，也就是普遍存在资本。

还需要说明的是，不雇工的个体经营者掌握的生产要素（生产资料和自身劳动力）的价值是否也是资本？由于在市场经济中个体经营者掌握的生产要素也有价值，通过生产经营活动也能够增值，所以也应该是资本，只不过增值的价值是个体经营者自己的劳动创造的，体现的既不是剥削关系，也不是劳动者互助合作的关系，而是个体劳动者自己占有自己的剩余劳动创造的剩余价值，实现了价值增值。

三　社会主义市场经济中资本的特性

应该如何认识资本的性质，有学者曾经根据“资本一般”提出了“资本中性论”，认为“资本范畴，也同工资、利润、企业这些范畴一样，是中性的”（蒋一苇等，1991；侯廷智，2003；简新华，2004），现在看来“资本中性论”不准确，容易导致否定资本必然存在的社会特性，应该抛弃。直接使用资本的普遍性（共性）和特殊性（个性）来概括资本的性质和特征，可能更准确、更科学。还有学者提出“社会主义资本”的概念，能不能把社会主义市场经济中的资本都笼统地称为“社会主义资本”呢？现在看来这也是有问题的，因为社会主义市场经济中客观存在公有制资本和私有制资本，公有制资本体现劳动者之间互助合作的关系，私有制资本则体现资本私有者与雇佣劳动者之间的剥削与被剥削关系，这是两种性质不同的资本，私有制资本是不能称为“社会主义资本”的，否则私有制资本就成了具有社会主义性质的资本，私有制也就成为社会主义性质的所有制了，私有制资本与公有制资本、资本主义社会的资本与社会主义市场经济的资本就没有本质区别了。

由于资本既是市场经济的重要生产要素，又是有所有者的，而且可以存在于不同社会形态的不同所有制中，必然会打上不同的社会形态和所有制的烙印，因此资本既具有共性（普遍性，即存在于不同社会形态中不同所有制的资本都具有的共同性质），又具有个性（特殊性，即存在于不同社会形态中不同所有制的资本特有的性质），所以社会主义市场经济中资本的性质和特征，既具有不同社会形态中的不同所有制的资本的共性，又存在社会主义市场经济中不同所有制资本的特性。

（一）所有资本的共性（普遍特征）

马克思的经典资本理论认为，资本主义社会中的资本本质和主要基本特征：资本是能够带来由雇佣工人剩余劳动创造被资本家凭借资本所有权无偿占有的剩余价值的价值，是资本家剥削雇佣工人的手段，体现着资本家剥削工人的关系；资本必须不断地进行循环和周转，由货币形式转变为生产资料和劳动力形式、再转变为商品形式、然后回到货币形式的运动中才能增值，追求剩余价值是资本运动的内在动力，市场竞争是资本运动的外在压力；由于资本是能够增值（获得收入）的价值，资本的所有权实际上是一种能够取得收入的权利，所以资本必须实行有偿转让、有偿占用，买卖必须按价付款，借贷要付利息，租赁要交租金；由于资本必须增值，而且多多益善，所以必然会不断从增值少甚至不增值的企业和产业部门流出，向价值增殖更多的企业和产业部门转移；资本为了取得更多的剩余价值，必然会不断把取得的剩余价值转化为资本，进行资本积累，扩大资本的规模；等等。共性存在于个性之中，特殊性中包含着普遍性，资本的性质也不例外。马克思经典资本理论关于资本主义社会中的资本本质和基本特征的基本原理，实际上同时也反映了在不同社会形态中存在的不同所有制的资本的共性或者说普遍特征，即“资本一般”的规定性，也就是包含有资本性质的一般原理。马克思曾经指出，资本一般，这是每一种资本作为资本所共有的规定，或者说是使任何一定量的价值成为资本的那种规定（参见《马克思恩格斯全集》第46卷）。

以马克思经典资本理论的基本原理为依据，社会主义市场经济的资本理论提出，所有资本的普遍特征或者说一般特征主要有：第一，资本的本质特征是能够增值，都体现生产关系，能够带来剩余价值只是增值的途径。[①] 正是因为只有增值才成为资本，所以资本具

---

① 其实，剩余价值也不应该看成资本主义社会特有的经济范畴，也不一定必然体现资本家剥削雇佣工人的关系。马克思指出：“一般剩余劳动，作为超过一定的需求量的劳动，必须始终存在。”他还强调：“使各种社会经济形态例如奴隶社会和雇佣劳动的社会区别开来的，只是从直接生产者身上、劳动者身上，榨取这种剩余劳动的形式。”由于包括原始社会后期在内的所有社会中劳动者的劳动都存在必要劳动和剩余劳动的区分，在商品经济中都能创造价值，剩余劳动创造的价值应该都可以称为剩余价值。如果只把剩余价值理解为资本主义社会中雇佣劳动者剩余劳动创造的价值，能够带来剩余价值的价值就是资本主义社会的资本，剩余价值和资本就是资本主义特有的经济范畴，体现的就是资本家剥削雇佣工人的关系；如果把存在商品经济（市场经济）的其他社会形态中劳动者剩余劳动创造的价值也称为剩余价值，那么能够带来剩余价值就是所有资本的本质特征，剩余价值和资本就不是资本主义特有的经济范畴，体现的就不一定是资本家剥削雇佣工人的关系。参见蒋学模《社会主义经济中的资本范畴和剩余价值范畴》，《经济研究》1994年第10期。

有增值性和逐利性，生产经营的目的是取得利润，必然追求收益最大化或者说利润最大化。第二，正是因为只有连续不断地增值才成其为资本，一旦停止增值就不是资本了，而只有连续不断地进行循环和周转、转换资本形态的运动，也就是生产经营活动，才能不断地增值，所以资本具有运动性和连续性。马克思明确指出，“资本作为自行增值的价值，不仅包含着阶级关系，包含着建立在劳动作为雇佣劳动而存在的基础上的一定的社会性质。它是一个运动，是一个经过各个不同阶段的循环过程，这个过程本身又包含循环过程的三个不同的形式。因此，它只能理解为运动，而不能理解为静止物”（《资本论》，1975）。第三，由于资本存在于商品经济（市场经济）中，是不可缺少的生产要素，并且在商品经济中从事生产经营活动，而商品经济中存在优胜劣汰的市场竞争，资本只有在竞争中获胜或者说处于有利地位才能有效增值，否则就会亏本破产，所以资本具有竞争性。第四，由于资本为了更多地增值，必然会不断从增值少甚至不增值的企业、产业部门和区域向价值增值更多的企业、产业部门和区域转移，所以资本具有流动性。正如马克思所说的，“资本有更大的活动性，也就是说，更容易从一个部门和一个地点转移到另一个部门和另一个地点”（《资本论》，1975）。第五，一般来说，资本的规模越大，会产生规模效益和集聚效益，市场竞争力也越强，带来的剩余价值就越多，资本为了取得更多的剩余价值，必然会不断把取得的剩余价值转化为资本，扩大资本的规模，集聚更多的资本，而且通过发行股票、债券、银行信贷、参股、竞争、收购、兼并、资本市场运作等各种途径集中和控制更多的资本，谋取更大的收益，即资本具有积累性和扩张性。第六，由于只有增值才称其为资本、掌握和使用资本的目的就是要增值赚钱，所以资本不能无偿转让和占用，必须实行有偿转让和占用，即资本具有有偿性。第七，由于资本作为市场经济的生产要素，主要以货币的形式存在，具有组织联合其他生产要素从事生产经营活动的特殊功能，所以具有组合性。第八，由于市场经济是风险经济，市场行情瞬息万变，市场供求会不断变化甚至大起大落，市场价格会起伏波动甚至暴涨暴跌，价格提供的信息也存在不完全、不充分、不对称、不及时的缺陷，市场竞争优胜劣汰，使得资本的决策可能正确也可能失误、投资和生产经营可能成功也可能失败，这种情况和资本的逐利性决定资本在一定程度上必然具有自发性、盲目性、投机性和冒险性。

这里必须说明的是，无偿占有劳动者剩余价值的剥削性、不择手段地侵占别人财富的掠夺性、无止境地追求私人利润最大化的贪婪性，并不是所有资本的共性，只是资本主义社会的资本、私有制资本的特性。马克思在《资本论》中指出："资本来到世间，从头到脚，每个毛孔都滴着血和肮脏的东西。"还引用英国《评论家季刊》的论述，"资本害怕没有利润或利润太少，就像自然界害怕真空一样。一旦有适当的利润，资本就胆大起来。如果有10%的利润，它就保证到处被使用；有20%的利润，它就活跃起来；有50%的利润，它就铤而走险；为了100%的利润，它就敢践踏一切人间法律；有300%的利润，它就敢犯任何罪行，甚至冒绞首的危险"。这都是指的资本主义社会的资本的剥削性、掠夺性和贪婪性。社会主义社会存在的公有制资本不存在剥削，生产经营活动必须考虑社会公共利益，最终目的不是满足社会需要，也不能不择手段地追求利润最大化。

（二）社会主义市场经济中不同类型资本的特殊性

社会主义市场经济中的资本除了具有上述所有资本的共性，还具有特殊性。由于社会主义市场经济中存在公有制资本和私有制资本，资本的特殊性不仅表现为这两种不同性质资本的特殊性，而且即使是私有制资本也具有与资本主义市场经济中私有制资本不完全相同的特点。

资本主义社会的资本与社会主义社会的资本都是能够增值的价

值、都体现生产关系，两者的本质区别只是在于后者并不一定体现私人资本家剥削雇佣工人的关系，只有社会主义市场经济的私有制资本才体现剥削关系。

社会主义市场经济中公有制资本的特殊性主要是，资本属于劳动者或者全体人民共同所有，增值的价值或者说利润也属于劳动者或者全体人民共同所有，是消灭剥削、消除两极分化、实现共同富裕的基础条件，生产经营活动虽然也要考虑增值或者说追求利润，但是必然要受到社会主义制度和公有制性质的制约，增值不是生产经营的唯一目的，还必须考虑社会公共利益，最终目的也不是增值，而是满足社会需要，不能毫无限制、不择手段地追求收益最大化，资本和利润只能用于发展社会主义经济、满足劳动者或者全体人民的共同利益诉求，不存在剥削，任何个人都不能凭借公有制资本的所有权取得个人收入，体现的是劳动者之间互助合作的关系。

社会主义市场经济中私有制资本的特殊性主要是，资本属于私人所有，增值的价值或者说利润也属于私人所有，生产经营活动主要以私人利润最大化为目的，存在资本所有者对劳动者的剥削。

社会主义市场经济中的私有制资本还具有与资本主义市场经济中的私有制资本不同的特殊性，主要是资本的行为必须遵守社会主义的相关法律规章，服从社会主义国家的调控和管理，不能只顾资本所有者的利润最大化，不能损害广大消费者、劳动者、其他生产经营者和社会的利益。

四　社会主义市场经济中资本的行为规律

行为是人的行为，资本在本质上是一种价值、生产关系，资本本身是没有行为的，所谓资本的行为规律实际上就是资本所有者和经营者的行为规律，在资本主义社会就是人格化的资本即资本家的行为规律，在社会主义市场经济中就是资本所有者和经营者的行为规律。由于资本是不断运动的，所以资本的行为规律实际上就是资本的运动规律。资本的行为规律首先是由资本的本质和基本特征决定的，同时还要受到资本的价值增值运动或者说生产经营活动所在的社会形态和经济运行方式的影响。由于资本具有共性和个性，所以资本的共性（普遍性）决定必然存在资本行为的普遍规律，资本的个性（特殊性）则决定必然存在资本行为的特殊规律。

社会主义市场经济中资本的行为规律，既有资本行为的普遍规律，又有与资本主义市场经济中不同的资本行为的特殊规律，还有不同所有制资本的行为的特殊规律。

（一）所有资本行为的普遍规律

资本的普遍特性和同样都是在商品经济中从事生产经营活动的共性决定资本行为具有普遍规律或者说一般规律，主要有：其一，反映资本本质的增值性、逐利性决定，资本行为存在资本生产经营的目的是价值增值的规律，这是资本行为的基本规律，决定资本的其他行为规律的内容和行为方式。其二，资本都是在商品经济中进行生产经营活动的，决定必然存在资本都必须按照市场经济规律和市场要求从事生产经营活动的行为规律。其三，资本的竞争性决定，存在资本必然积极参与竞争，尽可能提高竞争能力，力求在竞争中取得成功的行为规律。其四，资本的逐利性、扩张性和市场竞争会导致资本集中和垄断、垄断能够带来超额垄断利润决定，存在资本谋求扩张、垄断和全面控制权利的行为规律。其五，资本的运动性、连续性决定，存在资本连续不断地进行生产经营活动的行为规律。其六，资本的流动性决定，存在资本必然不断从无利、低利企业、产业部门和区域向高利企业、产业部门和区域流动的规律。其七，资本的积累性和扩张性决定，存在资本不断把取得的增加的价值转化为资本、扩大资本规模、通过各种途径集中和控制更多资本的行为规律。其八，资本的有偿性决定，存在必然尽可能节约高效利用资本的行为规律。其九，资本的有偿转让和流动性还决定，必然形成资本市场，通过资本市场进行资本的转让和流动，而资本市场的发展会产生各种有价证券（虚拟资本），资本市场的竞争也会导致资本集中和垄断，形成万能的垄断者——金融资本，资本通过买卖股票、债券、黄金、外汇和各种金融衍生产品，就可以更快、更容易地获得更多的收益，甚至“一夜暴富”，通过金融资本的垄断控制就能够谋取暴利，不必直接从事实体经济的生产经营而增值，虚拟经济的运行甚至可能脱离实体经济，这些情况由资本的逐利性决定，资本存在“脱实向虚”的证券化、虚拟化、金融化趋向。其十，资本的自发性、盲目性、投机性和冒险性决定，资本或多或少会存在投机和冒险行为的规律。

（二）社会主义市场经济中不同类型资本行为的特殊规律

不同社会形态中存在的资本和不同所有制的资本，除了存在上述资本行为的普遍规律，还存在资本行为的特殊规律，资本的特殊性和存在的不同社会形态决定资本行为的特殊规律。社会主义市场经济中资本行为的主要特殊规律：（1）社会主义市场经济中公有制资本行为的特殊规律主要是，生产经营活动的最终目的是劳动者或者全体人民的共同利益、满足社会需要，收益最大化只是直接目的，而且直接目的也是为了更好地达到最终目的；公有制资本及其利润收入只能用于社会主义经济社会发展、增进劳动者或者全体人民的共同利益，任何个人都不能凭借公有制资本的所有权取得个人收入。（2）社会主义市场经济中私有制资本行为的特殊规律主要是，私有制资本生产经营活动的目的主要是私人收益最大化，一切行为都必然以私人收益最大化为中心。（3）社会主义市场经济中的资本，除了都具有上述资本行为的普遍规律，还存在在社会主义市场经济条件下才有的共同的行为规律，即无论是公有制资本还是私有制资本，其生产经营行为都必然受到社会主义制度的制约、都需要服从社会主义国家的调控和监督，这也是与资本主义市场经济条件下资本行为规律不同的特殊规律。

五　社会主义市场经济中资本的积极作用和消极作用

社会主义市场经济中资本既具有积极作用，也存在消极作用。总的来说，资本的积极作用是有利于经济社会的发展、经济效率的提高、社会公平和共同富裕的实现、生态环境的保护、社会和谐稳定的维持，资本的消极作用则是不利于经济社会的发展、经济效率的提高、社会公平和共同富裕的实现、生态环境的保护、社会和谐稳定的维持。资本的积极作用和消极作用产生的主要原因是资本的特性和行为规律。资本的特性和行为规律不仅决定资本具有创造性、会产生积极作用，也具有破坏性、产生消极作用。由于社会主义市场经济中存在两种不同性质的资本，即公有制资本和私有制资本，两者在社会主义市场经济中的的作用也不完全相同。

（一）社会主义市场经济中公有制资本的作用及其产生的原因

社会主义市场经济中公有制资本既具有积极作用，也可能产生消极作用。

一是公有制资本的积极作用。主要有：第一，资本的增值性、逐利性和生产经营的目的是价值增值的行为规律、资本的竞争性和必然尽可能提高竞争能力的行为规律，也就是追求价值增值的内在动力和市场竞争的外在压力，再加上资本的运动性、连续性，决定资本必然不断开发和利用一切可以利用的资源、扩大生产经营规模、改进技术、加强和完善管理、降低成本、开发新产品、增加花色品种、提高产品质量和性能、提高劳动生产率等，因为这些措施都是增加收益和提高竞争力的重要途径，能够持续不断地实现资本价值增值和收益最大化，同时也有利于经济社会的发展、就业的扩大、经济效率的提高、国民收入的增加，为实现共同富裕创造必要的物质条件，这是社会主义市场经济中资本最大的积极作用。第二，资本存在于市场经济中，是市场经济发展不可缺少的生产要素，资本都必须按照市场要求从事生产经营活动的行为规律，决定公有制资本也要适应市场经济的要求，有利于社会主义市场经济的发展。第三，资本按照市场要求从事生产经营活动的行为规律、资本的流动性和不断从无利、低利企业、产业部门和区域向高利企业、产业部门和区域流动的规律，能够促进供需结合、产销结合、供求平衡，推动生产要素流向更有效率的企业、产业和区域，从而有利于实现资源的优化配置和经济效率的提高。第四，资本的积累性、扩张性和不断把取得的增加的价值转化为资本、集聚和集中更多资本、扩大资本规模的行为规律，能够不断增加生产要素、扩大生产经营规模、为经济社会发展提供更有利的条件，带来规模效益和集聚效益。第五，资本的有偿性和节约高效利用资本的行为规律，能够促进资本节约和高效利用，从而提高经济效益。第六，资本的证券化、虚拟化和金融化的趋势，具有更好满足资本需求、促进资本使用效率提高的积极作用。第七，资本或多或少会存在投机和冒险行为的规律，会使得资本敢于突破、勇于创新、不断进取、更具有活力，有利于科技进步和经济发展。第八，资本的组合性具有独特的推动市场经济发展的重要作用，马克思指出，资本一旦合并了形成财富的两个原始要素——劳动力和土地，它便获得了一种扩张的能力，这种能力使资本能把它积累的要素扩展到超出似乎是由它本身的大小所确定的范围，即超出由体现资本存在的、已经生产的生产资料的价值和数量所确定的范围（《资本论》，1975）。马克思在《资本论》中还说，资本主义商品生产，无论是社会地考察还是个别地考察，要求货币形式的资本或货币资本作为每一个新开办的企业的第一推动力和持续的动力（《资本论》，1975）。资本具有的这种“第一推动力”的作用在社会主义市场经济中也存在。第九，公有制资本的公有制性质和生产经营活动的最终目的是劳动者或者全体人民的共同利益、公有制资本及其利润收入属于公有，只能用于增进劳动者或者全体人民的共同利益的行为规律，决定公有制资本不仅更有利于推动社会主义经济社会的发展，而且能够消灭剥削，更有利于实现社会公平和共同富裕、维持社会和谐稳定，这是公有制资本特有的积极作用。

二是公有制资本的消极作用。社会主义市场经济中的公有制资本并不是只有积极作用，也可能出现消极作用，主要是由于资本的逐利性和生产经营的目的是价值增值的行为规律、资本的竞争性和必然尽可能提高竞争能力的行为规律，再加上谋求垄断和全面控制权利的行为规律，不仅能够使得公有制资本具有上述积极作用，也可能存在自发性、盲目性，产生消极作用。

一般来说，资本可能形成和保持市场垄断、采取不正当竞争、假冒伪劣、盲目扩张、恶性膨胀、野蛮生长、人为压低克扣劳动者的工资收入、不顾劳动者的劳动安全保护和必要的福利待遇、破坏资源环境等负面的不正当甚至不合法的手段，这些手段与民争利，牟取暴利，损害消费者、劳动者、其他生产经营者和社会的利益，极不利于经济社会持续高效发展，更不利于社会公平与稳定和谐。在公有制企业制度和管理制度不健全完善，国家监管不力、不到位的情况下，公有制资本也有可能在不同程度上采取这些手段，产生消极作用。而且，在公有制企业制度和管理制度不健全完善，国家监管不力、缺位、错位，特别是高度集中统一管理过多、过度、过死、越位，激励监督约束机制不健全完善，政府过多、过度支持保护，实行行政垄断的情况下，公有制资本还可能出现官僚主义、形式主义、墨守成规、不思进取、保守僵化、缺乏活力、创新不足、技术进步缓慢、效益低下的现象。

（二）社会主义市场经济中私有制资本的作用及其产生的原因

社会主义市场经济中私有制资本既具有积极作用，也必然存在消极作用。

除了第九个公有制资本特有的积极作用以外的第一至第八个公有制资本存在的积极作用，由于同样的原因，私有制资本也同样具有，这里不再重复论述。马克思曾经指出："资本的文明面之一是，它榨取剩余劳动的方式和条件，同以往奴隶制、农奴制等形式相比，都更有利于生产力的发展，有利于社会关系的发展，有利于更高级的新形态的各种要素的创造。"（《资本论》，1975）虽然马克思这里讲的是资本主义制度下的私有制"资本的文明面"即积极作用，但是这种积极作用显然在社会主义制度下也应该具有。马克思的这段论述，对我们现在全面正确认识和把握社会主义社会中资本（包括私有制资本和公有制资本）的积极作用，具有重要的指导意义。在社会主义初级阶段，中国特别应该尽可能发挥资本"有利于更高级的新形态的各种要素的创造"的积极作用，更好为实现社会主义现代化、为"社会关系的发展"（建成发达成熟完善的社会主义）和最终实现共产主义，创造"更高级的新形态的各种要素"，提供更多、更好、更充分的必要条件。

在社会主义市场经济条件下，私有制资本还有一个独特的积极作用，那就是私有制资本作为公有制资本的竞争对手，能够促进公有制资本努力地优化制度、改善管理、加强创新、提高市场竞争力和生产经营活力，避免官僚主义、形式主义、墨守成规、不思进取、保守僵化、效益低下。

社会主义市场经济中私有制资本的消极作用，由于私有制的性质决定，实事求是地说，比公有制资本的消极作用更多、更大。如果说公有制资本只是在公有制企业制度和管理制度不健全完善、国家监管不力不到位的情况下，才有可能采用上述不正当甚至不合法的手段，私有制资本则难以避免采用这些手段；私人资本的不断积累和扩张可能加剧贫富差距，导致劳动者的贫困积累，引起贫富两极分化；虽然私有制资本的行为要受到社会主义制度的制约、都需要服从社会主义国家的调控和监督，但是对社会主义制度的制约和国家的调控监管往往不情愿，甚至试图抵制、摆脱；虽然追求剩余价值的内在冲动和市场竞争的外在压力，能够推动私有制资本不断改进技术、加强管理、扩大生产，但是私有制资本的剥削又会导致劳动者有购买力的需求不足，如果私有制资本在国民经济中取得了主体地位，就有可能出现生产过剩的经济危机。所有这些，都不利于社会主义经济社会的协调稳定和可持续发展，可能导致贫富两极分化和社会动荡、难以实现共同富裕。

资本的积累性、扩张性、自发性、盲目性、投机性和冒险性，再加上资本的证券化、虚拟化和金融化趋势，导致其虽然具有上述积极作用，但是也可能出现难以估量的消极作用，可能加剧投机欺诈活动，刺激资本盲目无序扩张、野蛮生长，强化私有制资本不劳而获的寄生性和腐朽性，造成巨大的金融风险，导致严重的金融危机，伤害实体经济的发展，加剧贫富两极分化，引起剧烈的经济波动和社会动荡。

六　社会主义市场经济发挥资本积极作用和有效控制其消极作用的途径

世界各国经济发展的实践表明，一般来说，资本在经济增长和社会稳定方面具有重要作用，资本的积极作用有助于推动经济增长，资本的消极作用则不利于经济的持续协调稳定发展，而且会造成贫富两极分化和社会动荡，甚至可能“给经济社会发展带来不可估量的危害”（《人民日报》，2022）。

西方发达国家在几百年的工业化和城市化过程中，在“比过去一切世代创造的全部生产力还要多，还要大”（《马克思恩格斯选集》，1995）的同时，包括两次世界大战在内的战争连绵不断、经济危机周期性爆发、革命运动此起彼伏、社会动荡不已。在实现工业化和城市化或者说实现现代化的大变革时期，之所以在社会生产力大发展的同时往往都伴随着社会大动荡，原因很多，其中的一个重要原因是，比较充分地发挥了资本的积极作用，但是没有能够有效控制其消极作用。

中国之所以能够像《中共中央关于党的百年奋斗重大成就和历史经验的决议》中所说的那样，“仅用几十年时间就走完发达国家几百年走过的工业化历程，创造了经济快速发展和社会长期稳定两大奇迹”，除了中国共产党的领导、马克思主义的指导、社会主义优越性的发挥和全国人民的努力奋斗等基本因素之外，一个重要的原因是比较好地发挥了资本的积极作用，在一定程度上也控制了资本的消极作用。

社会主义市场经济的资本理论还提出了发挥资本积极作用和有效控制其消极作用的措施。

（一）发挥资本的积极作用和有效控制其消极作用的基本要求

现在中国进入全面建设社会主义现代化国家的新发展阶段，需要在进一步充分发挥资本的积极作用的同时，更加注重采取得力措施有效控制资本的消极作用。正确对待资本的积极作用和消极作用，必须实事求是、全面合理、扬长避短、趋利避害。既要避免强调资本的积极作用而忽视资本的消极作用，又要防止只看资本的消极作用而否定资本的积极作用；既要保护、支持、鼓励资本，又要监督、规范、引导资本健康发展，不能走极端、犯片面性的错误。新发展阶段必须采取综合配套措施，尽可能发挥资本的积极作用和有效控制其消极作用。

在社会主义市场经济中，资本的积极作用和消极作用产生的主要原因是资本的特性和行为规律，虽然具有客观必然性，但是资本实际上究竟会产生积极作用还是消极作用，或者说主要会出现哪种作用，则是有条件的，不同的条件下会产生不同的作用。国家必须创造相应条件，才能真正做到发挥资本的积极作用和有效控制其消极作用。

总的来说，主要应该加强党的领导，发挥社会主义制度的优越性，“健全资本发展的法律制度，形成框架完整、逻辑清晰、制度完备的规则体系”（《人民日报》，2022），规范和引导资本行为；建立健全完善的市场体系特别是资本市场，营造良好的营商环境和公平竞争秩序，合理地为资本的生产经营活动提供更为有利的条件，支持和保护资本的合法权益和有利的生产经营活动；建立健全完善对资本的监管体系，坚持依法监管、公正监管、源头监管、精准监管、科学监管，切实实行对资本行为的合理有效监管，尤其是要加强金融监管。具体而言，必须针对资本的积极作用和消极作用及其产生的原因，为资本设置“红绿灯”，切实采取措施更好地发挥资本的积极作用，有效地控制资本的消极作用。所谓“绿灯”，就是放行、支持和引导资本合法合规有利的生产经营行为的措施，目的是发挥资本的积极作用；所谓“红灯”，就是限制、阻止、取缔资本违法违规有害的生产经营行为的措施，坚决“反垄断、反暴利、反天价、反恶意炒作、反不正当竞争”（习近平，2022），目的是有效地控制资本的消极作用。而且，由于公有制资本与私有制资本的作用及其原因，既有共性也有不同，所以既要同等对待又要差别施策。

必须明确的是，发挥资本积极作用和有效控制其消极作用，在相当大的程度上，要依靠国家的法律规制、政府的监督管理，而政府的监督管理也可能出现失误失灵的情况，存在缺位、越位、错位、瞎指挥、乱干预的问题，产生行贿受贿、官商勾结、权钱交易、官员向资本“伸手”、吃拿卡要、以权谋私、牟取暴利的腐败现象，法律规制也可能出现漏洞、存在缺陷，并不能自动保证百分之百的正确、合理、有效，所以要真正合理有效做到发挥资本的积极作用、控制其消极作用，还必须不断改革完善相关法律规制和政府的监管机构，提高政府工作人员的素质和能力，合理有效规范和监督政府的监管行为，构建“亲清”政商关系。该管的必须管、管到底，切实做到既合理有效监督规范引导资本的行为，又合理有效保护支持鼓励资本的行为；不该管的坚决不管，合理合法放开资本的手脚，更好地发挥资本的积极作用和有效控制其消极作用。

（二）发挥资本积极作用的主要途径

怎样发挥资资本的积极作用？必须针对不同类型资本的积极作用及其产生的原因和条件，对症下药，采取以下主要措施。

一是发挥公有制资本积极作用的基本途径。第一，尽可能做优做强做大公有制资本。由于公有制资本具有巨大的积极作用，所以必须做优做强做大公有制资本，而且公有制资本的积极作用是不能无条件地自动发挥的，公有制资本也不是能够自然而然地做优做强做大的，所以必须采取合理有效措施、创造各种有利条件，真正做优做强做大公有制资本、更多更好更大地发挥积极作用。第二，建立规范完善的企业制度，按照公有制和市场经济的要求经营管理。由于公有制的性质、公有制企业主要是国有企业规范完善的制度、实行适应市场经济要求的经营管理，是发挥公有制资本积极作用的必要条件，所以必须在保持公有制性质不变的前提下，通过改革，建立规范完善的现代企业制度和治理结构，形成健全完善的激励监督约束机制，调动企业经营管理者和职工的积极主动性和创造性，按照公有制和市场经济的要求进行生产经营管理，这是发挥公有制资本积极作用的关键。第三，构建合理有效的公有制资本管理体制。由于公有制资本主要是国有资本和企业的管理体制是否合理有效，也是影响发挥公有制资本积极作用的重要因素，所以必须建立健全完善的公有制资本的管理体制，使得国家对国有资本的管理到位而不缺位、错位和越位，该管的严格管好，不该管的坚决不管，在不违背公平竞争的前提下给予必要的、合理的支持，使得国有企业的生产经营活动既放开搞活又规范有序。

二是发挥非公有制资本的积极作用的基本途径。发挥非公有制资本在内的资本的积极作用，还应该采取以下基本措施（其中部分也适用于公有资本）：第一，坚决实行法治，健全完善相关法规政策，依法保护资本合法权益，保护和鼓励资本生产经营和扩大投资的积极性。第二，健全完善市场体系，营造良好的营商环境，维护市场公平竞争秩序，保护和支持正当合法的市场竞争和资本流动。第三，给予必要的、合理的支持和扶植，特别是现在，由于宏观经济10年来的下行态势，尤其是新冠疫情的冲击、国外势力的打压，非公有制资本和企业的生产经营面临种种困难，所以应该在资金、债务、技术、生产和销售等各方面为非公有制资本和企业排忧解难，合理帮助其渡过难关。

（三）有效控制资本消极作用的主要措施

如何有效控制资本的消极作用？也必须针对其消极作用及其产生的原因和条件对症下药，采取以下主要措施。还必须明确的是，许多发挥资本积极作用的措施，其实也是有效控制资本消极作用的措施，因为这些措施既是发挥资本积极作用的条件，也是有效控制资本消极作用的条件。

一是有效控制公有制资本消极作用的主要措施。由于导致公有制资本也可能产生消极作用主要有三个方面的原因，即资本的普遍性质和行为规律，公有制企业主要是国有企业的制度和管理不健全、不完善，国家监管不力、缺位、错位或者监管越位、过多、过死，所以有效控制公有制资本消极作用的主要措施应该是：第一，合理有效规范和约束资本行为。由于在资本的普遍性质和行为规律的前提下，法治不健全、市场体系和公平竞争秩序还不完善、营商环境也不优、市场监管还不力，也是资本存在消极作用的重要原因，使得资本行为不规范，甚至违法违规经营、不正当竞争，所以必须实行法治，健全完善相关法规政策，健全完善市场体系，营造良好的营商环境，维护市场公平竞争秩序，加强监管，坚决打击和取缔违法违规的经营行为和不正当竞争，规范和约束包括公有制资本在内的资本行为。第二，深化国有企业改革、完善企业制度和经营管理以及国有资本管理体制，既放开搞活又加强必要的监管。由于国有企业制度还不完善、激励监督约束机制还不健全、政府对国有资本的管理还有待改进，加上经济下行的态势，特别是新冠疫情的冲击、国外势力的打压，使得国有资本和国有企业的生产经营总的来说也面临困难、技术进步不快、结构不优、经济效益不高、腐败现象也比较突出，还存在盲目扩张、行政垄断和与民争利的情况，这些都是造成国有资本存在消极作用的重要原因，所以要有效地控制其消极作用，与发挥公有制资本积极作用一样，除了要扭转宏观经济的下行态势、合理有效应对新冠疫情的冲击和国外势力的打压，最重要的还是“练内功”，加强和改进党的领导，深化改革和创新，完善国有企业内部的经营管理制度，建立健全规范有效的激励监督约束机制，改善政府对国有资本的监督管理，更好地调动经营管理者和广大职工的积极性、主动性和创造性，真正发挥公有制的优越性。

二是有效控制非公有制资本消极作用的主要措施。由于非公有制资本存在消极作用的主要原因是，资本的普遍性质和行为规律以及非公有制资本的特性，所以除了上述合理有效规范和约束资本行为的普遍措施之外，还应该针对非公有制资本的特性采取以下特殊措施。第一，加强和完善对非公有制资本行为的规范、监督和引导。国家应该进一步健全完善公司法、劳动法、证券法、反垄断和不正当竞争法等相关法律规章和市场监管体系，实行市场准入和负面清单制度，强化市场监管和反垄断规制，依法加强对资本的有效监管，严格规范和节制资本的生产经营行为和市场竞争行为，防止资本无序扩张、野蛮生长，尤其要注意不能让“资本大鳄”肆意妄为，合理维护劳动者和消费者的合法权益，切实支持和引导其规范健康发展。第二，提高非公有制资本经营者的政治觉悟和自身素质，改善经营管理，兼顾“相关者”利益，鼓励为社会做贡献。非公有制资本必须不断改进完善经营管理制度，提高经营管理水平，尽可能兼顾资本所有者、经营者、职工和消费者、供应者、国家等所有“利益相关者”的利益，合法合规经营，不搞“歪门邪道”，追求“阳光下的利润”。非公有制资本的所有者还应该加强自我学习和自律，提升自身素质、培养奉献精神，树立良好社会形象，尊重社会主义制度和国家的管理和监督，爱国敬业，守法经营，创新创业，回报社会，这样非公有制资本经营的企业才能成为“长寿型企业”，才能更好地发挥积极作用、有效减少消极作用。

七　社会主义市场经济的资本理论不是违背而是发展了马克思的经典资本理论

从上述社会主义市场经济的资本理论的主要内容可见，社会主义市场经济的资本理论与马克思的经典资本理论是不完全一致的。那么，社会主义市场经济的资本理论是否违背或者否定了马克思的经典资本理论、马克思的经典资本理论是否已经过时、对社会主义市场经济的资本理论的建立还有无指导意义呢？这是不能回避的重大理论问题。实际上，马克思的经典资本理论没有过时，社会主义市场经济的资本理论继承和发展了马克思的经典资本理论。

第一，社会主义市场经济的资本理论继承和发展了马克思的经典资本理论。就像马克思主义政治经济学的经典社会主义经济理论中没有社会主义市场经济理论，而社会主义市场经济理论没有否定马克思主义政治经济学的经典社会主义经济理论，反而是发展了马克思主义政治经济学的经典社会主义经济理论一样，社会主义市场经济的资本理论也没有否定或者违背马克思的经典资本理论，而是发展了马克思的经典资本理论。因为，社会主义市场经济的资本理论继承了马克思的经典资本理论的基本原理，如资本的本质特征是能够增值的价值、资本必须在运动中才能增值、资本是一定历史条件下的产物、体现着社会经济关系、商品和货币流通是资本产生的历史条件、劳动力成为商品是货币转化为资本的前提等马克思的经典资本理论的基本原理，社会主义资本理论都继承下来，不仅没有违背，而且运用到社会主义初级阶段，扩大了适用范围，发展了马克思的经典资本理论。发展主要表现在：提出资本不是资本主义特有的经济范畴，并不一定只是体现资本家剥削雇佣工人的关系；在社会主义初级阶段的社会主义市场经济中也存在资本，公有制资本体现的是劳动者共同占有资本和剩余劳动创造的价值的互助合作关系。

第二，马克思的经典资本理论对建立社会主义市场经济的资本理论仍有指导意义，是社会主义市场经济的资本理论的基础。马克思的经典资本理论，不仅科学地论述了资本主义社会的资本产生的原因、本质、特征、类型、功能和运动规律，实践证明并没有过时，仍然符合现代资本主义的实际，而且也揭示了在不同社会形态中存在的、不同所有制的资本共有的普遍性质、运动规律和作用，对社会主义资本理论的建立具有重要的理论价值和指导意义。

第三，社会主义市场经济的资本理论不是向西方经济学的“资本实物论”的倒退。所谓“资本实物论”是认为资本就是生产资料，并不体现资本家剥削雇佣工人的生产关系的理论，是马克思早就批判过的“见物不见人”的西方经济学的资本理论。西方经济学家对资本的来源、性质、特征和作用的看法，虽然不完全一致、存在分歧，但有一点却是他们大多数人的共识，即认为资本就是除土地（或自然资源）之外的生产资料，存在于人类社会的所有社会形态之中，是永恒的范畴，不承认资本体现着特定的生产关系特别是资本家剥削雇佣工人的关系。从约翰·穆勒的“凡是用于生产的产品都是资本”（约翰·穆勤，1991），托伦斯的“在野蛮人用来投掷他所追逐的野兽的第一块石头上，在他用来打落他用手摘不到的果实的第一根棍子上，我们看到占有一物以取得另一物的情形，这样我们就发现了资本的起源”（《资本论》，1975），庞巴维克的“作为生产的工具或手段的资本”（庞巴维克，1991），到萨缪尔森的“资本资源是一个经济体为生产其他物品而生产出来的耐用物品”（保罗·萨缪尔森、威廉·诺德豪斯，1999）。斯蒂格利茨的“资本的第一个意义指机器与建筑物，也就是有时被称为资本物品的东西”（斯蒂格利茨，1997）、曼昆的“资本这个术语指生产中所用的设备与建筑物存量”（曼昆，1999），都是认为资本就是物，而不是物掩盖下的人与人之间的经济关系，在任何社会中都会存在，甚至连原始人的木棒和石器都是资本。只把资本看成生产资料，而生产资料是物质，只有自然属性，本身没有社会属性，当然在各种社会中都存在，不是资本主义社会特有的经济范畴。表面上看来，“资本实物论”与“社会主义市场经济中的资本理论”似乎是一致的，两者都认为不同的资本具有共性，不是资本主义特有的经济范畴，实际上两者有着本质的区别。社会主义市场经济的资本理论仍然坚持认为资本是一定经济条件下的产物并体现生产关系、在资本主义社会中体现资本家剥削雇佣工人的关系的马克思经典资本理论的基本原理，只是进一步提出在社会主义初级阶段存在的公有制资本体现的是劳动者之间的互助合作关系，不是也没有退回到西方经济学的资本理论，更不是“资本实物论”改头换面的翻版。

第四，“资本既是生产要素也是生产关系”也没有违反马克思的经典资本理论。按照马克思主义政治经济学的基本原理，资本是能够增值的价值，虽然以货币、生产资料等物的形式存在，但本质上是生产关系；按照西方经济学的主流观点，资本就是与劳动力、技术等并列的生产要素，是物而不是生产关系。现在我们说“资本是社会主义市场经济的重要生产要素”，是否就是采纳了西方经济学资本是物不是生产关系的主流观点、违背了马克思主义政治经济学的基本原理呢？实际情况并非如此。马克思在《资本论》第2卷中明确指出，不论生产的社会形式如何，劳动者和生产资料始终是生产的因素。马克思在《资本论》第3卷中则强调，资本不是物，而是一定的、社会的、属于一定历史社会形态的生产关系，它体现在一个物体上，并赋予这个物以特有的社会性质。由此可见，资本既是生产要素又是生产关系。正确认识“资本是社会主义市场经济的重要生产要素”，关键在于不能把“资本是生产要素”与“资本是生产关系”完全割裂开来、对立起来，不能把两者看成非此即彼的关系。既不能认为资本只是生产关系、不是生产要素，也不能认为资本只是生产要素、不反映生产关系。不能说承认资本是生产要素就是认为资本只是物，就是否定资本在本质上是生产关系，就是采纳西方经济学的主流观点、违背了马克思主义政治经济学的基本原理，就是折中主义的调和论。

资本应该是生产方式范畴，不仅仅是生产关系范畴，而且也是生产力范畴，所以对资本的特性、行为规律和作用也应该从生产力和生产关系两个方面、市场经济中的劳动过程和价值形成增值过程两方面来分析和认识：从生产力方面和劳动过程来看，生产资料是生产要素，也是资本存在的物质形式，而且“发展社会劳动生产力，是资本的历史任务和存在理由”（《资本论》，1975）；从生产关系方面和价值形成增值过程来看，资本是资本所有者与劳动者之间的社会经济关系。而且，对资本的特性、行为规律和作用的认识还应该从现象和本质两个方面来看：从现象即表现形式上看，资本是物、是生产要素；从本质上是看，资本是生产关系。两者都是客观存在的。实事求是是辩证唯物主义的核心，指出实际上资本既是生产要素也是生产关系，既看到现象又把握本质，是坚持运用唯物辩证法，不是在马克思主义政治经济学与西方经济学之间搞折中主义，使得我们对资本性质和作用的认识，更符合社会主义市场经济的实际情况，更加全面、准确、深刻、科学，从而更能够有效地指导经济实践，更好地发挥资本的积极作用，促进社会主义市场经济的发展。

参考文献

《马克思恩格斯全集》第23卷，人民出版社1972年版。

《马克思恩格斯全集》第46卷，人民出版社1979年版。

马克思：《资本论》，人民出版社1975年版。

习近平：《正确认识和把握我国发展重大理论和实践问题》，《求是》2022年第10期。

习近平：《在民营企业座谈会上的讲话》，《人民日报》2018年11月2日。

《依法规范和引导我国资本健康发展，发挥资本作为重要生产要素的积极作用》，《人民日报》2022年5月1日。

陈其林：《关于“资本范畴”的理论思考》，《中国经济问题》1997年第2期。

冯子标、靳共元：《论“社会主义资本”》，《中国社会科学》1994年第3期。

冯子标等：《“社会主义资本”回顾与研究》，经济科学出版社2000年版。

顾海良：《马克思“资本一般”和“许多资本”理论与中国资本问题》，《马克思主义理论学科研究》2022年第8期。

洪银兴：《社会主义市场经济中的资本：属性、行为和规范——〈资本论〉的启示》，《学术月刊》2022年第5期。

胡怀国：《资本要素的特性及其在现代化进程中的地位和作用：一种政治经济学的理论梳理》，《当代经济研究》2022年第5期。

简新华：《论社会主义资本理论的几个难题》，《当代经济研究》2003年第4期。

简新华：《社会主义劳动力商品理论在改革时期的发展》，《中国经济问题》1999年第6期。

简新华：《试解劳动力商品与按劳分配的理论难题》，《经济学动态》

1998 年第 10 期。

蒋学模：《社会主义经济中的资本范畴和剩余价值范畴》，《经济研究》1994 年第 10 期。

刘伟：《规范和引导社会主义市场经济资本健康发展》，《经济学动态》2022 年第 8 期。

邱海平：《关于社会主义利用资本的几个理论问题》，《经济学动态》2022 年第 7 期。

荣兆梓：《资本一般与公有资本》，《教学与研究》2004 年第 10 期。

宋涛：《资本和剩余价值不是资本主义和社会主义通用的经济范畴》，《高校理论战线》1995 年第 7 期。

汤为本：《关于资本范畴再认识的几点看法》，《中南财经大学学报》1995 年第 4 期。

王国刚：《提高治理效能，依法规范和引导资本健康发展》，《光明日报》2022 年 6 月 7 日。

武建奇：《应对资本范畴进行怎样的“再认识”》，《经济研究》1995 年第 3 期。

杨承训：《理论创新：确立公有资本范畴》，《经济学动态》1997 年第 11 期。

臧志风：《对“资本”等范畴的再认识》，《理论探讨》1994 年第 6 期。

张旭：《正确认识资本的特性与发挥资本要素的积极作用》，《当代经济研究》2022 年第 5 期。

［奥］保罗·萨缪尔森、［美］威廉·诺德豪斯：《经济学》第 16 版，萧琛等译，华夏出版社 1999 年版。

［奥］庞巴维克：《资本实证论》，陈端译，商务印书馆 1964 年版。

［英］约翰·伊特韦尔、［美］默里·米尔盖特、［美］彼得·纽曼编：《新帕尔格雷夫经济学大辞典》第 3 卷，陈岱孙主编译，经济科学出版社 1992 年版。

社会主义收入分配理论

杨灿明*

收入分配是经济学中一个永恒的话题，它不仅与经济发展质量息息相关，更关乎社会和谐稳定。在社会主义革命和建设中，特别是在改革开放和新时代的伟大实践中，社会主义收入分配理论逐步建立并不断完善。社会主义收入分配理论扎根于马克思主义收入分配理论，在发展的过程中凝聚了中国特色，形成了以三大基本经济制度为支撑、以三次分配制度为架构，兼顾财富、能力和社会流动等多维因素的理论体系。从强调做大“蛋糕”、先富带动后富到关注发展的普惠性和民众的获得感，实践证明，构建一个符合中国国情、适应中国特色社会主义要求的收入分配理论具有十分重要的理论与实践意义。

一 社会主义收入分配理论的基础：马克思主义收入分配理论

劳动价值理论和剩余价值理论是马克思主义收入分配理论的核心，也是社会主义收入分配理论的基础。马克思指出，分配的最终结果取决于社会总产品在人民之间的分布状况，即社会总产品价值

* 杨灿明，中南财经政法大学。

的分配，而社会总产品的价值来源于全部社会生产活动，并由生产力、生产方式和生产关系共同决定，其具体表现形式为社会物质财富的积累。马克思认为，消费资料的任何一种分配都不过是生产条件本身分配的结果，而生产条件的分配，则表现生产方式本身的性质。这说明，生产条件的分配不仅决定了生产结果的分配，同时也是社会生产方式的集中体现。基于生产条件分配的理论基础，马克思深刻剖析了资本主义生产方式和生产关系的本质，开创了从劳动价值和剩余价值的理论角度去研究收入分配问题的先河。马克思认为探讨分配问题必须以其价值存在为根本对象，如果脱离价值对象的基础去研究分配活动，便无法从根本上认清并解决收入分配矛盾。

劳动价值论作为马克思主义收入分配理论的基础，从根本上揭示了资本主义的剥削本质，从理论上为社会主义分配关系指明了方向。研究解决收入分配问题，必须坚持劳动价值理论，才能探索出社会分配矛盾的根源。马克思关于劳动价值论的分析，深刻反映了资本主义剥削和分配矛盾的实质（洪银兴，2020）。根据劳动二重性理论，劳动者在通过其劳动创造的价值中，只能获取相当于自身劳动力价值的部分，剩余的劳动价值则被资本家无偿占有。剩余价值的分配决定了不同阶级对于社会剩余产品的占有结果，是形成收入分配基本结构的关键环节。但资本家与工人阶级之间收入分配差距逐渐扩大的矛盾，则主要源于剩余价值的资本化。资本家通过剩余价值的资本化不断实现资本积累，以便占有更多的剩余价值和资本份额，如此循环往复过程，势必导致不同阶级之间收入分配的两极分化（王艺明，2017）。马克思创立剩余价值理论的重要贡献是纠正了古典经济学家在研究剩余价值问题时只是以利润、地租等特殊形式加以分析，忽略了剩余价值本质的错误倾向。马克思揭示了资本家通过榨取剩余价值的方式剥削无产阶级的生产关系，最终加剧社会分配矛盾的科学原理。

分配关系是决定分配结果公平性的重要因素，公有制是社会主义分配关系的核心制度安排。马克思认为，生产决定分配，分配关系是生产关系的集中体现，这与其关于生产条件的分配决定生产结果的分配理论相一致。生产条件的分配不仅包括生产资料的分配，还表现为社会劳动力在不同生产部门之间的分配，在此基础上形成的分配关系及生产关系共同构成社会分配的基础性框架。在制度层面，生产条件的分配还深刻体现在所有制关系方面。所有制性质不仅决定了产品分配的性质，同时也是决定一个社会基本分配制度的重要基础（刘伟，2018）。马克思在分析资本主义基本矛盾时指出，资本主义在发展过程中涌现出各种矛盾的根源在于社会化大生产和生产资料的私人所有制之间的冲突，即生产社会化与生产资料私有制之间的矛盾。资产阶级生产活动的无限扩大，而劳动人民有支付能力的需求相对缩小，这种供求矛盾必然引发资本主义生产过剩危机。因此，在生产资料私有制的社会制度背景下，解决资本主义生产过剩危机的根本方式在于要实现生产条件的公平分配，即改革社会生产关系。只有推翻资本主义私有制，建立社会主义公有制，才能更好促进收入公平分配，从而实现社会的稳定和发展。

二　社会主义收入分配理论的内涵：三大基本经济制度与收入分配

在中国，构建社会主义收入分配理论必须从中国实践出发、凝聚中国特色，要特别指出的是，中国的三大基本经济制度从根本上奠定了国民收入分配的整体格局，共同构成了社会主义收入分配理论的最本质内核。社会主义收入分配理论的根本点是要通过解放和发展生产力实现共同富裕，支撑点是完善符合社会主义阶段的生产资料所有制，着力点是要对生产创造的价值进行合理的分配。与之相对应，中国在社会主义建设过程中形成了公有制为主体、多种所有制经济共同发展，按劳分配为主体、多种分配方式并存，社会主义市场经济体制三大社会主义基本经济制度。三大基本经济制度是社会主义收入分配理论的基石，也是马克思主义中国化的重要成果。建立社会主义市场经济体制是解决生产力发展水平低下的重要保障，只有做大“蛋糕”才能满足人民日益增长的美好生活需要；以公有制为主体、多种所有制共同发展的经济制度从所有制的角度决定了社会价值的分配，并兼顾了其他所有制在经济增长过程中的作用；以按劳分配为主体、多种分配方式并存的分配制度则进一步明确了社会主义分配的本质内涵。

社会主义分配理论的根本点是通过解放和发展生产力实现共同富裕，邓小平说，“社会主义的本质，是解放生产力，发展生产力，消灭剥削，消除两极分化，最终达到共同富裕”（邓小平，1993）。其中社会主义市场经济体制是解放和发展生产力的关键，而实现共同富裕成为它的内在要求。作为推动经济增长的核心制度安排，社会主义市场经济体制从整体层面改善了社会民众的生活质量和福利水平，体现了社会主义在经济建设过程中的制度优势。改革开放以来，中国共产党深刻认识到只有承认市场在资源配置方面的决定性作用才能有效推进经济增长。从计划经济模式到市场经济体制的创新转变，是中国经济实现数十年高速增长的重要制度因素（许成钢，2017）。邓小平在1979年指出，市场经济不是资本主义社会所独有的，社会主义国家也可以开展市场经济活动，这一思想彻底冲破了将社会主义与市场经济相对立的思想束缚，由此开启了改革开放、实行社会主义市场经济体制的伟大实践。党的十八届三中全会将市场在资源配置中起基础性作用修改为起决定性作用，更加彰显了市场机制在资源配置方面的重要性。分配“蛋糕”的前提是做大“蛋糕”，实行市场经济体制的目的就是让一部分人先富起来，然后通过先富带动后富的方式，最终实现共同富裕。但在经济发展的过程中，可能会伴随社会收入分配差距的扩大，这是解放和发展社会生产力的必经历程（陈宗胜，2020）。在追求经济增长效率的同时，不仅要尽可能地兼顾收入分配的公平性，而且要特别注重通过发展国家整体经济实力的方式，集中力量着力解决发展的不平衡不充分问题，二者相辅相成。改革开放以来，中国经济建设取得了举世瞩目的伟大成就，人民生活水平和生活质量空前改善，绝对贫困问题得以解决，社会收入分配格局不断优化，完美诠释了中国特色社会主义市场经济体制在经济发展和收入分配领域所展现出的制度优越性。

社会主义收入分配理论的支撑点是要建立符合相应发展阶段的生产资料所有制，以公有制为主体、多种所有制共同发展的基本经济制度是符合社会主义初级阶段的制度安排。生产资料的属性从根本上决定了国民收入分配结果，在改革开放之前，受限于生产力和生产要素条件，中国实行以生产资料公有制为基础的计划经济体制，计划经济模式虽在一定程度上保障了社会产品的平均分配，但是这种分配只是区域内部居民之间低水平的平均分配，城乡和地区之间的收入差距依然较大（李实、朱梦冰，2018）。完全公有制下的分配制度严重混淆了社会主义和共产主义的概念，过度崇尚平均主义，违背了商品经济等价交换的基本原则。因此，计划经济时期名义上较小的收入差距，并不代表收入分配的公平，收入分配不公平问题只是以不同的形式表现出来（李实，2018）。更为重要的是，这种体制严重束缚了社会经济活力，不利于整体发展。在总结过去经验教训的基础上，中国最终确立了以公有制为主体、多种所有制经济共同发展的社会主义初级阶段基本经济制度，这是中国特色社会主义制度的重要支柱，也是社会主义市场经济体制的根基。以公有制为主体，则是要坚持公有制经济在国民经济中的主体地位，与社会化大生产相适应，深度契合了马克思关于生产条件分配的思想，有利于从根本上解决社会收入分配问题。多种所有制经济共同发展，则是中国共产党根据中国现实国情所做的重大理论创新，有助于激发各类社会主体活力，符合中国社会主义初级阶段的基本国情。

社会主义收入分配理论的着力点是要合理分配社会生产过程中创造的价值，以按劳分配为主体、多种分配方式并存的分配制度将劳动作为价值分配的核心，并兼顾了多种因素。在社会主义初级阶段，实行以按劳分配为主体的分配制度不仅是进一步发展社会生产力的需要，更是在当前社会生产力条件下的必然选择。与按劳分配并存的其他多种分配方式，包括按资本、技术、管理等多种生产要素分配和按经营成果分配，体现了在生产社会总产品的投入和产出过程中分配的公平性。在社会主义分配理论的指导下，中国形成了以按劳分配为主体，多种分配方式并存的分配制度。按劳分配与按资分配、按需分配等分配模式存在根本性区别，按劳分配坚持按照劳动者的劳动数量和劳动质量来分配劳动成果，在市场机制作用下能够调动广大劳动者的积极性和创造性，最大限度地维护劳动者的利益。按资分配是按照资本的多寡和优劣进行分配，这样的分配方式造成社会财富只能在资产阶级内部调整，无产阶级成为被剥削群体，最终导致社会的两极分化。二者之间的联系在于，如果劳动要素分配的不平等程度低于资本要素，那么劳动要素分配份额相对资本要素分配份额的上升，将会缩小社会收入分配差距（郭庆旺、吕冰洋，2012）。按需分配则是社会主义的终极目标，充分依赖于高度发达的社会生产力，是社会发展到共产主义阶段的分配方式。因此，以公有制为主体、多种所有制经济共同发展的社会主义基本经济制度不仅决定了必须坚持按劳分配的主体地位，同时为与多种所有制经济形式发展相适应，兼顾投资者、经营者、劳动者等多方利益，还必须坚持按其他生产要素和按经营成果等多种分配方式为补充，最大限度地保障社会分配的公平性。

三 社会主义收入分配理论的架构：三次分配制度

随着中国特色社会主义实践的不断发展，中国已形成相对完善的三次分配制度，这是中国收入分配制度的核心内容。中国特色社会主义市场经济体制下的三次分配制度包括：初次分配、再分配和第三次分配。初次分配是基础性分配，再分配在初次分配的基础上进行，二者之间层次有序，功能互补（厉以宁，2013）。第三次分配主要是指社会互助对于市场机制和政府调控在收入分配领域的补充，这种以公益组织和慈善部门为分配主体的新型社会分配机制，是缓解社会收入分配不平等的重要辅助性手段（杨灿明，2017）。

初次分配遵循效率原则，在市场机制作用下形成社会收入分配基本格局。初次分配通过对资本、劳动、土地和技术等生产要素进行按贡献分配，重点解决货币资本所有者与人力资本所有者的利益分配关系，即劳资关系，这是市场经济国家最根本的社会生产关系。初次分配作为一种基础性的分配方式，直接影响不同阶级在社会总产品中所占份额，从而决定了社会分配的基本结构。与资本主义市场经济初次分配不同，社会主义市场经济体制下的初次分配更加突出劳动者对于社会生产的贡献，在追求效率的同时也更加注重分配公平。在以公有制为主体、多种所有制经济共同发展的所有制结构下，国民收入的初次分配以工资、利润、税金等多种形式在不同所有制企业内部分配给不同的主体，包括国家、企业、个人等，这是社会主义市场经济初次分配的基本特征。以按劳分配为主体，多种分配方式并存的基本分配制度，通过保障广大劳动者的劳动收益，在发挥市场配置资源的决定性作用以进一步解放和发展社会生产力的同时，合理控制在初次分配环节中所形成的收入差距，有助于实现公平和效率的统一。随着经济社会飞速发展，收入分配体制改革须与时俱进融入新元素。对于初次分配而言，则要不断地拓展劳动、资本、技术等传统要素以外的生产要素参与收入分配，让一切创造社会财富的源泉充分涌流（洪银兴，2018）。深度参与社会生产活动的信息、数据、区块链等新兴生产要素不断涌现，这必将对初次分配方式下所形成的收入分配格局产生重要影响。这既是一种挑战，同时也是追求更高层次和更为均衡的社会发展新机遇。因此，按照效率原则进行生产要素分配的初次分配制度需要在时代发展的潮流中不断变革创新，在不损害社会生产效率的前提下，最大限度地保证国民收入初次分配的公平性。只有打牢整个社会收入分配公平性的基础，才能从全局平衡利益格局，从而有利于实现更为公平的社会收入分配结构。

再分配更加注重公平，通过政府实施的各种公共政策，着力解决社会发展中的不平等问题。初次分配的主体是市场，市场在资源配置方面起决定性作用。这导致在初次分配环节中，资本禀赋等因素在市场机制作用下可能会扩大收入分配差距风险。国民收入分配格局由市场初次分配和政府再分配共同决定，财政再分配机制对于初次分配不公的有效弥补，保障最终分配结果的合理性至关重要（卢洪友、杜亦譞，2019）。一般而言，再分配是指在初次分配的基础上，政府通过税收、社保、转移支付等财政政策手段，实现国民收入在不同社会主体之间的调整和转移，致力于解决由初次分配造成的收入差距过大、覆盖面不全、保障体系不完善等弊端。过去，在社会主义市场经济体制初步建立的历史条件下，中国长期坚持了“效率优先、兼顾公平”的分配机制。但是居民收入差距逐渐拉大，相对贫困问题依然突出的现实警示我们，社会发展成果的共享性和普惠性还远远不够。保障和改善民生，努力提升人民获得感、幸福感、安全感是新时期政府所要解决的重大命题。党的十八大以来，政府在收入再分配领域变得更加积极有为，集中举国力量的脱贫攻坚战取得了全面胜利。通过改革税收制度、完善社会保障体系、加大政府转移支付力度，以及规范社会收入形成机制等措施，认真贯彻落实“提低、扩中、调高、打非”八字方针，使得社会绝对贫困问题得以解决，居民收入差距过大的不利局面得到有效缓解。实践证明，作为深刻影响居民收入分配结构的财政再分配机制，是保持社会稳定、维护社会公正的重要途径。在新的历史时期，政府应进一步努力提高机制调节的力度和精准性，为持续优化社会收入与财富分配格局贡献更多力量。

随着理论和实践的不断发展，以社会组织和个人为主体参与分配的第三次分配也越发得到重视。从西方发达国家的发展经验来看，社会慈善组织和个人捐赠的发展对社会民生事业和居民收入分配格局产生了重要的积极影响。在践行社会主义基本发展理念和有着几千年文明历史的中国，更应该也更有条件发展社会慈善事业，这不仅是我们的制度优势和文化优势，同时也是社会主义事业发展的本质要求。但从实践来看，慈善事业在中国发展仍旧比较滞后，还未形成完整的科学制度体系（贾康等，2018）。近年来，政府不仅在再分配环节不断增强调控力度，还积极探索如何在第三次分配机制中更好发挥政府的支持和引导作用。党的第十九届五中全会审议通过的《中共中央关于制定国民经济和社会发展第十四个五年规划和二〇三五年远景目标的建议》再次强调，要“发挥第三次分配作用，发展慈善事业，改善收入和财富分配格局”。鼓励和引导慈善事业的发展，是中国进一步深度推进社会民生建设，缩小收入分配差距的一个重要方向。理论上，发展慈善事业参与第三次分配通常需要具备以下基础性条件：第一，慈善事业的发展要求具备雄厚的经济实力，只有社会生产力高度发达，才能有更多的剩余产品参与第三次分配，这是物质基础；第二，第三次分配是建立在完全自愿性的基础上，充分依靠个人的“精神力量”，同时要避免“策略性捐赠”

行为引致的道德风险，即道德基础；第三，慈善事业的良性发展还需要完善、稳定、有序的市场和法律环境，只有保证捐赠活动的公开透明和资金管理的规范高效，才能有效发挥第三次分配的实际性效果，即为法律基础。

四　社会主义收入分配理论的拓展：财富、能力和社会流动

影响居民收入分配的因素越来越复杂，我们必须要以动态的、发展的眼光去考虑收入分配问题，不断完善社会主义收入分配理论体系。近年来，国内外很多研究表明，财富、能力和社会流动性是影响收入分配结构的重要因素（Chetty et al.，2014；Piketty et al.，2018；谢申祥等，2019），并且这种影响效应通常具有双向性。首先，财富对收入分配的影响显著而深刻，财富不平等会直接加剧收入不平等，三次分配机制只能调节当期的收入和福利水平，与居民整个生命周期当中所积累的财富无关，尤其是初次分配和再分配。收入是一种流量，而财富是一种存量。收入与财富的关联性在于，收入通过逐渐积累形成财富，而财富又可以通过一定手段产生新的收入。因此，解决收入分配差距就不能忽略财富分配的影响。其次，提升劳动者的发展能力是推进社会收入公平分配的根本前提。习近平总书记曾指出，扶贫先扶志，扶贫必扶智。这表明，要解决贫困和分配不公问题，不仅要依靠政府调控和社会救助，最重要的是要培育低收入劳动者增加劳动收入的内生动力，即处理好“他助”和“自助”的关系。当前，社会相对贫困的矛盾依旧较为突出，很大程度上加剧了居民收入分配差距持续扩大的风险。从当前中国收入分配结果来看，“葫芦”形分配结构依然明显，中等收入群体占比较小。要想改善居民收入分配格局，必须想方设法将更多低收入者扩充至中等收入群体。对于政府而言，可以通过增加基础教育投资、

加强工作技能培训、支持和鼓励创业创新等方式，给广大劳动者提供升级人力资本的稳定社会环境。“授人以鱼”不如“授人以渔”，只有不断提高低收入者在资源分配中的议价能力，才能切实保障社会收入分配结构持续均衡发展。最后，提升社会流动性、减轻代际固化是促进收入分配公平、防止分配差距进一步扩大的重要保障。判定一国收入分配是否公平，不仅取决于现有国民收入结构，还要考虑社会整体收入流动性，代际传递是固化并有可能恶化居民收入分配结构的不利因素。财富禀赋的代际转移不仅关乎财产继承，还直接决定了下一期收入分配的基础性结构。此外，与财富同时进行代际传递的还有许多其他经济社会资源，这些资源都极有可能在继承者手中再次转化成新的收入和财富，从而对收入分配结构产生重要影响。

收入分配制度决定了社会成员之间的利益关系，社会主义收入分配理论是指导实现社会公平正义的保障。实现收入分配公平，不仅是社会主义的基本要求，还是推动社会主义向更高层次发展，最终实现共产主义的重要推动力量。本文从马克思收入分配理论出发，立足于中国实践，着重探讨了社会主义收入分配理论体系的确立和发展。在中国特色社会主义市场经济体制下，以公有制为主体、多种所有制经济共同发展的基本经济制度奠定了国民收入分配的基础。以按劳分配为主体、多种分配方式并存的基本分配制度保障了广大无产阶级劳动者的合法利益。在三大基本经济制度的协同作用下，共同构成了社会收入分配结构的基本框架。随着三次分配制度的确立，国民收入分配结构得以进一步优化调整，社会资源的配置更趋向于公平。但同时，社会主义收入分配理论作为一种动态发展理论，需要在实践中不断创新完善。研究解决收入分配问题，需要学会用辩证的思维方式和发展的眼光去加以谋划，善用“世间万物皆有联系”的哲学观点，从全局把握收入分配的社会性影响，从而有利于认识分配问题的本质，推动社会公平正义的实现。

参考文献

《邓小平文选》第 3 卷，人民出版社 1993 年版。

陈宗胜：《试论从普遍贫穷迈向共同富裕的中国道路与经验——改革开放以来分配激励体制改革与收入差别轨迹及分配格局变动》，《南开经济研究》2020 年第 6 期。

郭庆旺、吕冰洋：《论要素收入分配对居民收入分配的影响》，《中国社会科学》2012 年第 12 期。

洪银兴：《兼顾公平与效率的收入分配制度改革 40 年》，《经济学动态》2018 年第 4 期。

洪银兴：《中国特色社会主义政治经济学财富理论的探讨——基于马克思的财富理论的延展性思考》，《经济研究》2020 年第 5 期。

贾康、程瑜、于长革：《优化收入分配的认知框架、思路、原则与建议》，《财贸经济》2018 年第 2 期。

李实：《中国收入分配制度改革四十年》，《中国经济学》（英文版）2018 年第 4 期。

李实、朱梦冰：《中国经济转型 40 年中居民收入差距的变动》，《管理世界》2018 年第 12 期。

厉以宁：《收入分配制度改革应以初次分配改革为重点》，《经济研究》2013 年第 3 期。

刘伟：《中国特色社会主义收入分配问题的政治经济学探索——改革开放以来的收入分配理论与实践进展》，《北京大学学报》（哲学社会科学版）2018 年第 2 期。

卢洪友、杜亦譞：《中国财政再分配与减贫效应的数量测度》，《经济研究》2019 年第 2 期。

王艺明：《经济增长与马克思主义视角下的收入和财富分配》，《经济研究》2017 年第 11 期。

谢申祥、陆毅、蔡熙乾：《开放经济体系中劳动者的工资议价能力》，《中国社会科学》2019 年第 5 期。

许成钢：《计划模式与市场模式下的创新机制》，《商业观察》2017 年第 4 期。

杨灿明：《关于政府与市场关系的再思考》，《中南财经政法大学学报》2019 年第 6 期。

R. Chetty et al., "Is the United States Still a Land of Opportunity? Recent Trends in Intergenerational Mobility", *American Economic Review*, Vol. 104, No. 5, 2014.

T. Piketty, E. Saez, G. Zucman, "Distributional National Accounts: Methods and Estimates for the United States", *Quarterly Journal of Economics*, 2018.

社会主义条件下的价值规律

冒天启*

传统的马克思主义政治经济学的教科书分为两部分：一是资本主义部分的政治经济学；二是社会主义部分的政治经济学。商品生产和价值规律是马克思主义政治经济学的核心理论之一，也是经常与其他经济学流派对话的一种基本理论。

一 马克思、恩格斯对价值规律的论述

（一）马克思对前人的批判继承

斯密在《国民财富的性质和原因的研究》（《国富论》，中译本，1972）中，论述了自然价格与市场价格的关系，指出市场价格会受供求影响而上下波动，但自然价格起着“中心价格”的作用，各种意外的因素会把商品的市场价格抬到自然价格以上或强抑到自然价格以下，但不管有什么障碍，市场价格终究会被吸引趋于接近自然价格。斯密的论述，初步说明了价值规律的作用，但其理论的缺陷是忽略了劳动耗费而只认可生产费用的决定作用。李嘉图在《政治经济学及赋税原理》（中译本，1962）中对价值概念做了新的论述，认为：“商品的价值或其所能交换的任何另一种商品的量，取决于其

* 冒天启，中国社会科学院经济研究所。

生产所必需的相对劳动量，而不取决于付给这种劳动的报酬的多少。”“必需的相对劳动量”的概念很科学，但其理论的缺陷是把社会必要劳动量说成是在最不利的生产条件下的劳动耗费，所以不能科学地说明资本和劳动的交换怎样能产生剩余价值。

（二）马克思的价值理论

马克思批判地吸收了斯密的自然价格理论和李嘉图的价值理论，在《资本论》（中译本，2009）中，从劳动二重性出发，以历史实践的进程和科学严密的逻辑，分析了劳动与资本的矛盾关系运动，强调商品的价值是由劳动者的劳动所创造的，商品价值是人类一般劳动的凝结。在劳动价值论基础上建立了剩余价值论，从价值到剩余价值，从剩余价值到利润，从利润到平均利润、生产价格的分析，合乎逻辑地指出：雇用工人即劳动者是创造价值的主体，劳动者的劳动才是价值的源泉，而资本家则作为剥削者并不参与劳动过程，而只是单纯凭借对资本的所有权，不劳而获地拥有工人创造的剩余价值。价值在生产领域由被雇用劳动者创造，但必须通过流通领域的交换才能实现，并以工资、利润的形态各自获得利益。马克思对价值规律没有做过明确的说明，但有过经典的论述（《资本论》第1卷，中译本，2009），他说：“在私人劳动产品的偶然的不断变动的交换比例中，生产这些产品的社会必要劳动时间作为起调节作用的自然规律强制地为自己开辟道路，就像房屋倒在人的头上时重力定律强制地为自己开辟道路一样。因此，价值量由劳动时间决定是一个隐藏在商品相对价值的表面运动后面的秘密。”我们都认为，这是马克思对价值规律的客观属性的经典表述。

（三）恩格斯的价值理论

恩格斯1844年在《国民经济学批判大纲》（中译本，2009）中说，价值是生产费用对效用的关系。价值首先是用来决定某种物品是否应该生产，即这种物品的效用是否能抵偿生产费用。然后才谈得上运用价值来进行交换。如果两种物品的生产费用相等，那么效用就是确定它们的比较价值的决定性因素。接着还指出，私有制一旦被消灭，“价值概念的实际运用就会越来越限于决定生产，而这也是它真正的活动范围”。[①] 他在《反杜林论》（中译本，2009）再版时，对有关问题的论述加了一个注，进一步强调“上面所说的在决定生产问题时对效用和劳动支出的衡量，正是政治经济学的价值概念在共产主义社会中所能余留的全部东西”。尽管理论界对恩格斯的价值理论持否定态度，但马克思对恩格斯的价值理论却非常赞赏。1868 年 1 月 8 日，马克思在给恩格斯的一封信（中译本，2009）中说：“价值规定在资产阶级社会中不是‘直接’实现的。”社会所支配的劳动时间调节生产“通过商品价格的变动来实现，那么，结局就始终像你在《德法年鉴》中已经十分正确地说过的那样”。所谓“十分正确地说过”，就是指恩格斯发表在《德法年鉴》上的《国民经济学批判大纲》中“价值是生产费用对效用的关系”的观点。1895 年恩格斯在逝世前半年再版《反杜林论》时，将这一观点与《资本论》联系起来。“但是，可以看到，这一见解的科学论证，只是由于马克思的《资本论》才成为可能。”恩格斯关于“价值是生产费用对效用的关系”的理论，涵盖了市场经济运行的基本内容。而马克思的价值概念，采取了抽象的研究方法，它舍弃了市场价格的变动，舍弃了市场的竞争，因此，它是解剖资本主义社会矛盾的理论工具和分析矛盾的方法。

恩格斯在整理编写《资本论》（中译本，2009）时，就马克思对价值规律的表述，曾经做过注解性的说明：“我们应该怎样理解这个只有通过周期性的革命才能为自己开辟道路的规律呢？这是一个

① 苏联编的《马克思恩格斯全集》对这段话加了一个注解，说那时的恩格斯才 23 岁，很不成熟，还没有脱离道德的观念，受到人道主义的束缚。这引发了国内学术界长期对恩格斯的这个观点持否定态度。

以当事人的无意识活动为基础的自然规律。”另外，恩格斯对价值规律也做了独自的研究与表述，这里需要特别推荐，要认真阅读恩格斯对马克思价值理论所做的解读性文章，即1848年恩格斯为马克思的《哲学的贫困》撰写的法文序言，这篇序言在马克思生前并未全文发表。1885年，序言以《马克思和洛贝尔图斯》（中译本，2009）为题发表在《新时代》杂志上。后由查苏利奇翻译为俄文，收入1886年由劳动解放社在日内瓦出版的俄文版《哲学的贫困》。德国经济学家洛贝尔图斯曾一再指责马克思“剽窃”了他的价值理论，但实际上，他不懂社会必要劳动决定价值，也不懂价格背离价值以及竞争完成价值实现。恩格斯在这篇文章中，以通俗的语言从市场运行的实际出发，解释了价值理论以及价值规律的实践性，他说：“在现在的资本主义社会中，每一个工业资本家都是完全由自己负责进行生产的，生产什么，怎样生产，生产多少，都随他的意。但是，对他说来，社会需要永远是一个未知数，无论是需求对象的质量、品种，还是它们的数量，都是这样。今天还不能充分迅速供应的东西，明天就可能大大超过需求。尽管如此，需求还是以这种或那种方式、或多或少地得到了满足，而生产总的说来毕竟是依照所需求的对象来进行的。矛盾是怎样解决的呢？是通过竞争解决的。竞争又是怎样解决问题的呢？非常简单：凡是品种或者数量不符合当前社会需求的商品，竞争就使它们的价格落到它们的劳动价值之下，通过这种曲折的途径，使生产者感觉到，他们要么是生产了根本不需要的东西，要么是生产的东西本身虽然有需要，但数量已经超过需要，成为多余的了。由此可以得出两个结论：第一，商品的价格与商品价值的不断偏离是一个必要的条件，只有在这个条件下并且只是由于这个条件，商品价值才能存在。只有通过竞争的波动从而通过商品价格的波动，商品生产的价值规律才能实现，社会必要劳动时间决定商品价值这一点才能成为现实……第二，竞争使商品生产的价值规律在一个进行交换的商品生产者的社会里发生作用，从而也就使得在这种条件下唯一可能的社会生产组织和制度得以实现。单个的商品生产者只有通过产品的跌价或涨价才能明白社会需要什么、需要多少和不需要什么……”恩格斯在这里就价格机制、竞争机制以及二者的关系的说明，完整地论述了价值规律运行的基本形态。我国流行的教科书只是摘取了恩格斯其中一句话，只讲价格对价值的背离，而不讲竞争，漠视、割裂了恩格斯对价值规律运行的透彻而全面的解释，使一篇经典文献碎片化。

（四）马克思恩格斯价值规律理论的实质内容

马克思恩格斯的价值规律有两个基本点：一是商品的价值量是由生产这种商品的社会必要劳动时间决定；二是商品交换要以价值量为基础，虽然商品的生产者总想提高价格，而消费者又想降低价格，但在长期的市场交换中，必然会形成等价交换的趋势。“社会必要劳动时间”和“等价交换”是价值规律最基本的两个要点。

马克思恩格斯的价值理论从商品出发，以劳动二重性为基础，价值在生产过程中被创造，通过商品交换实现，因此，马克思恩格斯的价值规律就是价值决定的规律，是价值实现的规律。价值由生产商品所耗费的社会必要劳动量决定；价值又由商品所包含的社会必要劳动量通过市场价格在市场价值上下波动的形式实现；价值决定，督促商品生产者采用新的生产方法不断提高劳动生产力；价值实现，调节商品生产与流通，私人商品生产者在盲目的竞争中，以社会劳动的巨大浪费为代价，自发地实现等价交换的原则。

价值规律最核心的内容是商品价值量决定于社会必要劳动时间。但是，马克思在《资本论》中有两种不同涵义的必要劳动时间。第一种涵义的必要劳动时间是相对于个别劳动时间而言的，也就是生产某一单位商品所需要的社会平均劳动时间；第二种涵义的必要劳动时间是相对于社会总劳动来说的，是社会总劳动量中的这样一个构成部分，即为生产满足社会对某种商品的需要所必要的劳动时间。决定商品价值量的是第一种含义的必要劳动时间，至于第二种涵义的必要劳动时间，只影响商品价值的实现，决定商品的价格与价值的一致或背离。

二 学界对价值规律研究的重要成果

（一）布哈林的“劳动消耗规律”（冒天启，1991）

布哈林认为，商品经济在社会主义社会是逐渐消亡的。他以马克思 1868 年 7 月 11 日给库格曼写的一封信为依据提出了“劳动消耗规律”取代价值规律的作用。马克思说：“任何一个民族，如果停止劳动，不用说一年，就是几个星期，也要灭亡，这是每一个小孩都知道的。小孩子同样知道，要想得到和各种不同的需要量相适应的产品量，就要付出各种不同的和一定量的社会总劳动量。这种按一定比例分配社会劳动的必要性，决不可能被社会生产的一定形式所取消，而可能改变的只是它的表现方式，这是不言而喻的。自然规律是根本不能取消的。在不同的历史条件下能够发生变化的，只是这些规律借以实现的形式。而在社会劳动的联系体现为个人劳动产品的私人交换的社会制度下，这种按比例分配劳动所借以实现的形式，正是这些产品的交换价值。”所以，商品经济消亡了，价值规律也将逐步让位给劳动消耗规律，社会按照统计来计算劳动消耗定额，达到按比例分配社会劳动。这种让位，是一个逐渐转化的过程，其特点就是在计划程度上半虚拟职能的价格自觉形成。

而布哈林论战的对手即俄共托派经济理论家普列奥布拉任斯基认为，社会主义必须先经历一个“原始积累”阶段，这一阶段的基本特点是代表社会主义成分的规律是“社会主义原始积累规律”，要从农业抽调资金保证工业快速发展，改变并部分地消灭在经济制度中出现的并可能出现的价值规律以及商品资本主义经济的一切规律。

布哈林对此进行了反驳，他认为：过渡时期是多种经济成分并存，是一个具有相互制约部分的统一体。要在这种复杂的条件之下实行向社会主义的过渡，不可能采取损害国民经济整体而单纯依靠国营经济吞并非国营经济的办法，它只能是在经济的各个部分的均衡发展相互促进中，按照人类社会的普遍规律即“按一定比例分配社会劳动”处理社会各阶层的经济关系（布哈林，中译本，1981）。布哈林把“按比例的劳动消耗规律”简称“劳动消耗规律”，主张对在不同社会需要间耗费的社会劳动的统一计量，去达到对社会生产的比例的协调分配。而把价值规律看作是“劳动消耗规律”的特有表现方式，要求苏维埃国家应努力把市场价格纳入自觉的计划体系中，尊重和运用价值规律，这就奠定了新经济政策的基本含义：计划调节与市场调节。

（二）孙冶方的“价值规律内因论”（孙冶方，2018）

孙冶方在《经济研究》1959 年第 9 期发表的《论价值——并试论“价值”在社会主义以至于共产主义政治经济学体系中的地位》，是其经济思想特别是价值、价值规律的代表作。孙冶方公开声明：我的价值内因论源自恩格斯“价值是生产费用对效用的关系”的理论，他认为：价值规律是任何社会化大生产都不能取消的自然规律，一再强调，价值并不仅仅是商品经济所特有的范畴，它是社会化大生产的产物，反映着社会化生产过程中的各种社会经济关系，就这一点来说，它对资本主义和共产主义都是共同的。但是在资本主义条件下，价值是通过交换价值表现出来的；而在未来社会中（包括社会主义全民所有制内部），价值却可以通过统计、会计具体地捉摸到。因而在量的意义上，价值就是物化在产品中的社会必要劳动。价值和交换价值是完全不同的两个范畴。孙冶方还认为，价值是生产费用对效用的关系的实现，价值由包含在商品中的劳动量决定。价值实现是以供求平衡为前提，但是在商品经济特别是资本主义商品经济条件下，供求却始终是不平衡的。尽管每一物品或每一定量商品中包含着生产它所必需的社会劳动，但如果它的产量供应超过了当时的社会需要，那么一部分社会劳动还是会浪费掉的。因此，效用通过社会必要劳动的形成来最终影响价值的变化，离开了一定使用价值的质和量，就无从谈论“必要”还是“不必要”。社会主义建设中出现的效益差的现象，就是因为我们缺乏价值观念，不对生产费用和效用进行比较造成的，而这种比较的实质是用最小的劳动消耗去取得最大的有用效果，简称“最小最大”。经济学就是要以“最小最大”为红线，研究如何以更少的劳动投入获得更多的有用产品，如何减少生产每一单位产品所需要的劳动量，达到提高劳动生产率的目的。孙冶方冒着风险，澄清学界对恩格斯价值理论即价值是生产费用对效用的关系的误解、曲解以至诋毁，用“最小最大”总结社会主义建设的教训，批评在“政治挂帅”下高消耗、低效益的顽症；用“最小最大”判断真假社会主义公有制，批评自然经济论和“大锅饭”的经济体制；用“最小最大”批评苏联政治经济学教科书，重新编写中国的理论经济学，因而使这个古老而朴素的经济学常识在新的历史条件下绽放出了新的理论光彩。

应该指出，孙冶方在“最小最大”意义上讲的价值规律，是他运用了马克思的抽象研究法，专就社会主义全民所有制而言的，很类似布哈林的“劳动消耗规律”。但就整个社会主义社会来说，孙冶方认为：“千规律，万规律，价值规律第一条。”这里所说的价值规律就包含了商品经济的价值规律。因为社会主义社会还存在全民所有制与集体所有制，这两种不同所有制之间的经济关系要通过商品交换来处理，因此要遵守商品经济的价值规律，实行等价交换。在这个意义上，商品生产的价值规律也包含在孙冶方价值内因论的全部内容中。

三　中国经济学界对社会主义条件下价值规律作用的艰苦探索

（一）《苏联社会主义经济问题》一书对中国经济学界的影响

20 世纪 50 年代中期，我国经济学界就社会主义商品生产存在的客观必然性，围绕着计划经济和价值规律的关系问题曾进行过讨论，但那时占据统治地位的是斯大林《苏联社会主义经济问题》（中译本，1979）一书的观点，即认为两种社会主义公有制的并存是社会主义商品生产存在的原因。随着社会主义公有制的确立，国民经济有计划按比例发展规律就取代价值规律而成为生产的调节者。随着无产阶级专政的国家管理能力的强化，计划管理的范围扩大，价值规律的作用范围将会受到限制，生产资料将“脱出了价值规律发生作用的范围”。但是，中国经济学界也出现了与斯大林不同的声音，孙冶方在 1956 年针对斯大林的观点，提出要把计划放在价值规律的基础上，认为价值规律的基本内容和作用，即通过由社会平均必要劳动量决定价值来推动社会生产力的发展，以及调节社会生产或分配社会生产力等，在社会主义和共产主义社会都是存在的。只有在私有经济中，价值规律通过市场竞争起作用，因而带有破坏性；而在计划经济中，应该由我们通过计算主动地去捉摸它。他强调，我们的社会主义经济发展必须以价值规律为基础。孙冶方的这种看法，将价值规律的作用提到了空前的高度，打开了人们认识这个问题的广阔视野。顾准在 1957 年也发表过一篇论文，提出社会主义经济是计划经济与经济核算的矛盾统一体，价值规律是通过经济核算制度调节社会生产的。这种调节的最高限度的做法是“使劳动者的物质报酬与企业赢亏发生程度极为紧密的联系，使价格成为调节生产的主要工具”，主张充分利用价值规律对社会主义经济的调节作用。孙冶方和顾准的主张提出后，尽管一再遭到批判，但是国内外社会主义建设的实践证明，其基本内容是正确的且具有远见卓识，这在我国商品、价值理论研究中具有重要意义。

（二）20 世纪 50 年代末对“利用”价值规律的认识

20 世纪 50 年代后期，“大跃进”建立起的人民公社，实行“一大二公”，刮“一平二调”的“共产风”，无偿调拨生产队包括社员个人的财物和劳动力，严重损害了农民的生产积极性。在一个时期，高指标、浮夸风、瞎指挥，造成了国民经济困难。1959 年 3 月，毛泽东提出社会主义经济建设也要“算账”，“价值法则是一个伟大的学校”，因此，社会主义的经济建设中，还要“利用”价值规律。

1959 年 4 月，由中国科学院经济研究所、上海社会科学院经济研究所发起，在上海举行了关于社会主义制度下商品生产和价值规律问题的理论讨论会，会议从理论与实践的结合中，对价值规律的客观性有了新的认识，在各种经济交换关系中，必须承认和尊重价值规律的作用，坚持等价交换，特别是在国家与人民公社间、人民公社内部，必须反对“一平二调”，计价算账，实行等价交换；价值规律和国民经济有计划按比例规律并不是互相排斥的，也不是从属性的，国家在组织经济活动包括制定计划时，既要充分考虑有计划按比例规律的作用，也要充分考虑价值规律的作用，价值规律是制定国民经济计划的一种依据，是组织经济核算、提高经济活动效果的一种工具。

这次讨论会对价值规律的认识，总体上还停留在“如何利用”的层次，但对“小资产阶级狂热性”是一服清醒剂。另外，“大跃进”不仅造成了农业的大减产，而且给国民经济带来了严重困难。为了总结这种深刻的教训，20 世纪 60 年代初，经济理论界有针对性地就若干具体的经济理论问题进行了深入讨论。一是经济核算问题。“大跃进”的要害是不算经济账。薛暮桥 1961 年提出：社会主义经济建设必须实行严格的经济核算，“社会主义的经济核算，包括生产中的经济核算和建设中的核算，前者保证现有生产能力的合理利用，发挥最大的经济效果；后者保证尽可能少的活劳动和物化劳动的消耗，创造出尽可能多的新生产能力”。二是经济效果问题。孙冶方早在20世纪50年代中期就提出利润是企业经营管理的中心环节，经济核算体系的中心指标就是利润指标。20世纪60年代初，他明确提出：“利润的多少是反映企业技术水平和经营管理好坏的最综合的指标。社会平均资金利润率是每个企业必须达到的水平，超过平均资金利润率水平的就是先进企业，达不到这水平的就是落后企业。”三是社会主义再生产问题。这些问题的核心，都是如何认识社会主义条件下的价值规律，对这些具体理论问题的讨论，大大提高了对价值规律在社会主义经济建设中的作用的认知。

（三）20世纪70年代末对价值规律客观性的认识

20世纪60年代中后期，中国思想界被“左”的错误路线控制，各种“左”的奇谈怪论以“革命”的名义，在祖国大地蔓延，其中，对价值规律的漠视以至批判最为厉害。例如，商品制度是产生资本主义和资产阶级分子的土壤，因此，对商品生产和商品交换只能在无产阶级专政下加以限制，限制商品制度就是限制商品经济中的资产阶级法权，就是限制价值规律的自发作用，就是限制商品经济的资本主义倾向，“如果不加限制，资本主义和资产阶级就会更快地发展起来”（张春桥，1975）。“文化大革命”中违背客观经济规律的论调，对这个时期的国民经济造成了严重破坏。

“文化大革命”结束后，经济理论界“按照客观经济规律办事”的原则，开始了深入的拨乱反正。1979年4月在无锡召开的社会主义经济中价值规律问题讨论会影响最大。会议从社会主义制度下计划与市场关系的角度，再次就价值规律的作用展开了讨论，有针对性地批判“极左”谬论，会议围绕着计划调节与市场调节、计划经济与市场经济的关系就价值规律的客观作用展开了讨论，并以此延伸到了对国民经济管理体制改革；会议就试点扩大企业管理权限的经验，摸索到了以此为突破口，推进对国民经济管理体制的改革的初步认识；与此同时，为适应对管理体制的改革，要以生产价格为理论基础，对现行的价格体系和价格管理体制进行改革，缩小工农业产品价格的“剪刀差”。会议中有各种观点交锋，深入一些过去不能碰触的理论禁区，进行了深入讨论，从生产资料产品是商品为突破口，跨越“利用价值规律”的认知，逐步接触到了市场机制在社会主义经济中的客观作用的问题。而会前，孙冶方就在 1978 年 10 月 28 日在《光明日报》上发表了《千规律，万规律，价值规律第一条》。这些讨论将价值规律在国民经济运行中的作用提到了空前的高度，为撬动市场化改革奠定了舆论和理论的基础。

如果说 1959 年上海价值规律讨论会是某种清醒剂，那么 1979 年无锡价值规律讨论会可以说是中国由计划经济向现代市场经济转型即市场化改革的催化剂，拉开了中国由计划经济向社会主义市场经济过渡的大门。

四 社会主义市场经济中的价值规律

通常，对价值规律作用的论述，大都以完全的市场竞争为背景。但在经济的实际运行中，很少有完全的市场竞争。

西方经济学认为，价值是由市场供求关系决定的，它立足于一种物质满足人类需要的功能效用。这种效用价值理论，与马克思的劳动价值理论是完全不同的。但无论是社会主义条件下的市场经济，还是资本主义条件下的市场经济，一旦市场主体、市场体系形成后，都会通过市场供求的变化，依据价格机制以及竞争机制达到对社会资源的有效配置和社会需要的满足。市场机制包括价格机制、供求机制、竞争机制、风险机制等机制，但其中价格机制是市场机制当中最重要的核心机制，调节供求的变化，调节资源的有效配置。

从这里可以看出，马克思、恩格斯对价值规律作用的论述，与西方经济学对市场机制配置资源作用的说明，都非常看重价格、供求、竞争、风险等在经济运行中的作用。价值规律是市场经济运行的基本规律，市场调节就是依靠市场机制即价格、供求、风险、竞争机制而发挥作用。如同恩格斯所强调的那样，价格机制、竞争机制是市场经济的核心机制，是价值规律得以发挥作用的两个必要条件，它调节着生产资料和劳动力在各个生产部门之间流动，刺激商品生产者改进技术和提高劳动生产效率。

在社会主义市场经济中，影响价值规律的运行，或者说市场机制发挥作用的障碍需要特别关注。

一是不合理的“产业补贴”。价值规律的运行，或者说市场机制发挥作用需要有公平的竞争，但是不合理的补贴会妨碍市场机制的运行，特别是在某些产业补贴的政策下，受补贴的行业或企业的效率可能并不会得到提高；相反，在一个时期，却会造成产能过剩，那些受补贴的企业为找销路，就不得不搞倾销，企业之间难免相互无效竞争。

二是抑制竞争与创新的垄断。市场经济运行的实际过程中，会有各种不同形式的垄断，它们可能干扰市场的公平竞争。政府应该严格执行《反垄断法》，考察区别不同形式的垄断，对滥用行政权力、滥用市场支配地位而限制竞争的行为做出处置，让市场机制能够充分有效地发挥对资源配置的功能。

参考文献

马克思：《马克思致恩格斯——1868 年 1 月 8 日于伦敦》，载《马克思恩格斯文集》第 10 卷，人民出版社 2009 年版。

马克思：《马克思致路·库格曼——1868 年 7 月 11 日于伦敦》，载

《马克思恩格斯选集》第 4 卷，人民出版社 1995 年版。

马克思：《资本论》第 1 卷，人民出版社 2009 年版。

恩格斯：《反杜林论》，载《马克思恩格斯文集》第 9 卷，人民出版社 2009 年版。

恩格斯：《国民经济学批判大纲》，载《马克思恩格斯文集》第 1 卷，人民出版社 2009 年版。

恩格斯：《马克思和洛贝尔图斯——卡·马克思〈哲学的贫困〉一书德文第一版序言》，载《马克思恩格斯文集》第 4 卷，人民出版社 2009 年版。

斯大林：《苏联社会主义经济问题》，载《斯大林选集》下卷，人民出版社 1979 年版。

毛泽东：《马列主义基本原理至今未变，个别结论可以改变》，载《毛泽东文集》第 8 卷，人民出版社 1999 年版。

布哈林：《论过渡时期的规律性问题（对普列奥布拉任斯基同志〈新经济学〉一书的批评性意见）》，载《布哈林文选》，人民出版社 1981 版。

顾准：《试论社会主义制度下的商品生产和价值规律》，《经济研究》1957 年第 3 期。

冒天启：《从"计划、市场"理论看"苏联向市场经济过渡"中的问题（提纲）》，《经济学动态》1991 年第 6 期。

孙冶方：《把计划和统计放在价值规律的基础上》，《经济研究》1956 年第 6 期。

孙冶方：《价值规律的内因论和外因论》，载《孙冶方文集》第 7 卷，知识产权出版社 2018 年版。

孙冶方：《论价值——并试论"价值"在社会主义以至于共产主义政治经济学体系中的地位》，载《孙冶方文集》第 4 卷，知识产权出版社 2018 年版。

孙冶方：《孙冶方文集》第 5 卷，知识产权出版社 2018 年版。

薛暮桥：《关于社会主义的经济核算》，《红旗》1961 年第 23 期。

张春桥：《论对资产阶级的全面专政》，《红旗》1975 年第 4 期。

［美］大卫·李嘉图：《政治经济学及赋税原理》，郭大力、王亚南译，

载彼罗·斯拉法主编《李嘉图著作和通信集》第 1 卷，商务印书馆 1962 年版。

［英］亚当·斯密：《国民财富的性质和原因的研究》，郭大力、王亚南译，商务印书馆 1972 年版。

社会主义初级阶段理论

张卓元[*]

社会主义初级阶段理论，是中国特色社会主义理论体系重要组成部分，是中国实行改革开放的理论基石，是中国从 20 世纪 50 年代建立起社会主义基本制度到建成发达的社会主义现代化国家基本国情的科学概括，也是党和国家制定社会主义现代化建设的发展战略和各项方针政策的根本出发点。中国马克思主义者这一理论创新成果是对科学社会主义和政治经济学宝库的重大贡献！

一　社会主义初级阶段理论的提出

社会主义初级阶段这一概念，最早出现在 1981 年 6 月党的十一届六中全会《中共中央关于建国以来党的若干历史问题的决议》中。该决议明确指出，"我们的社会主义制度还是处于初级的阶段"。据经济学家于光远的回忆，这一概念的提出当时是有争议的。于光远说："1981 年我在参与起草《中共中央关于建国以来党的若干历史问题的决议》的过程中，主张要将我国仍处在'社会主义初级阶段'的判断写入文件，以便更深刻地认识走过的弯路。当时有的同志不同意这样做，还发生了争论，但最后，'社会主义初级阶段'的概念还是写进

* 张卓元，中国社会科学院经济研究所。

了文件。”（于光远，2008）当时对这个问题有争论并不奇怪。1979年，经济学家苏绍智、冯兰瑞就曾撰文坦言，中国“还处在不发达阶段的社会主义，还处在社会主义的过渡时期”（苏绍智、冯兰瑞，1979）。文章发表后，有关部门领导曾要求组织文章对其进行批判，但《经济研究》后来只发表学术讨论文章，如朱述先撰文表示同意苏冯文关于中国还处在不发达社会主义时期的观点，但不赞成他们关于中国仍处在社会主义过渡时期的论断，认为中国所处的阶段是社会主义阶段的不发达时期（朱述先，1979）。很快，有关部门领导不再坚持批判苏冯文章的观点。

提出中国仍处于社会主义初级阶段的背景，邓小平讲得很清楚。1980 年 4 月，邓小平说，“要充分研究如何搞社会主义建设的问题。现在我们正在总结建国三十年的经验。总起来说，第一，不要离开现实和超越阶段采取一些‘左’的办法，这样是搞不成社会主义的。我们过去就是吃‘左’的亏。第二，不管你搞什么，一定要有利于发展生产力”（邓小平，1994）。1987 年 7 月，邓小平又说：“我们党的十三大要阐述中国社会主义是处在一个什么阶段，就是处在初级阶段，是初级阶段的社会主义。社会主义本身是共产主义的初级阶段，而我们中国又处在社会主义的初级阶段，就是不发达的阶段。一切都要从这个实际出发，根据这个实际来制订规划。”（邓小平，1993）此后，大家一致认为，中国仍处于社会主义初级阶段，是中国最基本的国情，最主要的实际，中国进行社会主义建设，都要依据这个基本的国情、主要的实际情况出发。改革开放前，中国在探索自己的社会主义建设道路过程中所犯的错误，包括三年“大跃进”、盲目追求“一大二公”急于向全面全民所有制和共产主义过渡、否定按劳分配、否定商品生产和市场机制、排斥价值规律，都是由于没有很好认识中国仍然处于社会主义初级阶段，干了超越历史发展阶段的事，结果欲速则不达。

1987 年，党的十三大报告系统论述了社会主义初级阶段的含义。报告说，“我国社会主义的初级阶段，是一个什么样的历史阶段呢？它不是泛指任何国家进入社会主义都会经历的起始阶段，而是特指我国在生产力落后、商品经济不发达情况下建设社会主义必然要经历的特定阶段。我国从五十年代生产资料私有制的社会主义改造基本完成，到社会主义现代化的基本实现，至少需要上百年时间，都属于社会主义初级阶段。这个阶段，既不同于社会主义经济基础尚未奠定的过渡时期，又不同于已经实现社会主义现代化的阶段。我们在现阶段所面临的主要矛盾，是人民日益增长的物质文化需要同落后的社会生产之间的矛盾。阶级斗争在一定范围内还会长期存在，但已经不是主要矛盾。为了解决现阶段的主要矛盾，就必须大力发展商品经济，提高劳动生产率，逐步实现工业、农业、国防和科学技术的现代化，并且为此而改革生产关系和上层建筑中不适应生产力发展的部分”。

总起来说，我国社会主义初级阶段，是逐步摆脱贫困、摆脱落后的阶段；是由农业人口占多数的手工劳动为基础的农业国，逐步变为非农产业人口占多数的现代化的工业国的阶段；是由自然经济半自然经济占很大比重，变为商品经济高度发达的阶段；是通过改革和探索，建立和发展充满活力的社会主义经济、政治、文化体制的阶段；是全民奋起，艰苦创业，实现中华民族伟大复兴的阶段。

党的十三大报告还首次明确党在社会主义初级阶段的基本路线，指出“在社会主义初级阶段，我们党的建设有中国特色社会主义的基本路线是：领导和团结全国各族人民，以经济建设为中心，坚持四项基本原则，坚持改革开放，自力更生，艰苦创业，为把我国建设成为富强、民主、文明的社会主义现代化国家而奋斗”。

由上可见，党的十三大报告明确社会主义初级阶段，是指 20 世纪 50 年代生产资料私有制的社会主义改造基本完成后，用上百年时间集中力量进行现代化建设，发展社会生产力，到实现社会主义现代化的历史阶段，涉及生产力和生产关系，经济基础和上层建筑方方面面的变革，主要是大力发展生产力，以经济建设为中心，专心致志进行现代化建设。同时强调这是一个至少上百年的很长的历史阶段，我们制定一切方针政策都必须以这个基本国情为依据，不能脱离实际，超越阶段。由于当时处于改革开放初期，在论述中还突出强调大力发展有计划的商品经济，确认商品经济的充分发展，是社会经济发展不可逾越的阶段，是实现生产社会化、现代化的必不可少的基本条件。

党的十三大后，理论界很快就对社会主义初级阶段的社会性质、基本经济特征等问题展开了热烈的讨论，历时达四五年之久。

有的学者认为，社会主义初级阶段就是不发达的社会主义，仍然是一种过渡性质的社会（郑必坚，1987）。有的学者认为，党的十三大报告关于社会主义初级阶段主要矛盾的提法，反映了我国社会主义初级阶段的根本特征：落后的社会生产力。这里所说的落后，不是生产和需要之间关系上的一般的、长在的落后，而是有特定历史内容的落后，这里所说的落后，就是不发达，没有基本实现现代化（龚育之，1987）。于光远认为，公有制和按劳分配与社会主义的商品经济，就是包括初级阶段在内的整个社会主义阶段的经济制度的基本特征，而以公有制为主体的多种经济成分并存和一部分人先富裕起来则是我国社会主义初级阶段特有的现象（于光远，1987）。于光远在他被评为“影响新中国经济建设10本经济学著作”之一的《中国社会主义初级阶段的经济》中，提出初级阶段将出现各种传统公有制以外的新兴复合的社会主义公有制形式，甚至可能成为初级阶段所有制的主要形式（于光远，1988）。杨春学认为，这一时期理论探索的可贵之处在于，一些观点和看法逐步突破了禁区，起到了突破僵化体制和根深蒂固的“左”的思潮禁锢的作用，对于引领以后的改革开放走向深入功不可没（杨春学，2018）。

二　社会主义初级阶段理论的发展

随着我国社会主义现代化建设的发展，随着改革开放的深入，社会主义初级阶段理论也在不断深化和发展。最突出的有以下几点。

第一，1997 年党的十五大报告进一步充实了社会主义初级阶段的内涵，坚持社会主义初级阶段基本路线，提出社会主义初级阶段基本纲领，指出公有制为主体、多种所有制经济共同发展是社会主义初级阶段的一项基本经济制度。

党的十五大报告说，“社会主义初级阶段，是逐步摆脱不发达状态，基本实现社会主义现代化的历史阶段；是由农业人口占很大比重、主要依靠手工劳动的农业国，逐步转变为非农业人口占多数、包含现代农业和现代服务业的工业化国家的历史阶段；是由自然经济半自然经济占很大比重，逐步转变为经济市场化程度较高的历史阶段；是由文盲半文盲人口占很大比重、科技教育文化落后，逐步转变为科技教育文化比较发达的历史阶段；是由贫困人口占很大比重、人民生活水平比较低，逐步转变为全体人民比较富裕的历史阶段；是由地区经济文化很不平衡，通过有先有后的发展，逐步缩小差距的历史阶段；是通过改革和探索，建立和完善比较成熟的充满活力的社会主义市场经济体制、社会主义民主政治体制和其他方面体制的历史阶段；是广大人民牢固树立建设有中国特色社会主义共同理想，自强不息，锐意进取，艰苦奋斗，勤俭建国，在建设物质文明的同时努力建设精神文明的历史阶段；是逐步缩小同世界先进水平的差距，在社会主义基础上实现中华民族伟大复兴的历史阶段。这样的历史进程，至少需要一百年时间。至于巩固和发展社会主义制度，那还需要更长得多的时间，需要几代人、十几代人，甚至几十代人坚持不懈地努力奋斗”。这个概括，总结了党的十三大以后中国改革发展和社会主义建设的丰富经验，吸纳了党的十四大确立社会主义市场经济体制改革目标的重大决策，进一步明确了初级阶段和社会主义建设的长远历程。

报告还指出，“十一届三中全会以来，党正确地分析国情，作出我国还处于社会主义初级阶段的科学论断。我们讲一切从实际出发，最大的实际就是中国现在处于并将长时期处于社会主义初级阶段”。中国进入社会主义的时候，就生产力发展水平来说，还远远落后于发达国家。这就决定了必须在社会主义条件下经历一个相当长的初级阶段，去实现工业化和经济的社会化、市场化、现代化。报告郑重指出：全党要毫不动摇地坚持党在社会主义初级阶段的基本路线，把以经济建设为中心同四项基本原则、改革开放这两个基本点统一于建设有中国特色社会主义的伟大实践。根据基本路线确定的建设有中国特色社会主义的经济、政治、文化的基本目标和基本政策，有机统一，不可分割，构成党在社会主义初级阶段的基本纲领。

党的十五大报告还第一次确认公有制为主体、多种所有制经济共同发展，是中国社会主义初级阶段的一项基本经济制度。报告指出，公有制实现形式可以而且应当多样化。股份制是现代企业的一种资本组织形式，资本主义可以用，社会主义也可以用。这就为公有制特别是国有制通过股份制找到了同市场经济相结合的途径。2003 年，党的十六届三中全会决定提出“使股份制成为公有制的主要实现形式”。2013 年，党的十八届三中全会决定进一步提出，“国有资本、集体资本、非公有资本等交叉持股、相互融合的混合所有制经济，是基本经济制度的重要实现形式”。党的十五大报告同时确认，非公有制经济是中国社会主义市场经济的重要组成部分。在此之前，则一直认为个体、私营等非公有制经济只是公有制经济的补充，是配角。实际情况是，1997 年，中国个体工商户已有 2851 万户，从业人员有 5441 万人；私营企业有 96.1 万户，从业人员有 1349 万人；实际使用外资金额 644 亿美元（张厚义、明立志，1999）。中国此后改革实践证明，社会主义初级阶段基本经济制度的确立，极大地促进了社会主义市场经济的发展，在公有制经济主要是国有经济大发展同时，个体、私营、外资经济也迅速发展壮大，形成互相促进、共同发展的局面。

由上可见，党的十五大在确认社会主义初级阶段的基本路线和纲领时，与建设有中国特色社会主义紧密联系在一起，明确提出一个中心两个基本点的基本路线统一于建设有中国特色社会主义的伟大实践，建设有中国特色社会主义经济，就是在社会主义条件下发展市场经济，不断解放和发展生产力。正是由于我们认识到中国仍处于社会主义初级阶段，所以才找到唯一正确的中国特色社会主义道路，从此中国经济社会迅速腾飞，人民群众的收入和生活水平快速提升。党的十一届三中全会前中国在建设社会主义中出现失误的根本原因之一，就在于提出的任务和政策超越了社会主义初级阶段；改革开放后中国社会主义现代化建设取得举世瞩目成功的根本原因之一，就是克服了那些超越阶段的错误观念和政策，又抵制了抛弃社会主义基本制度的错误主张。这样做，没有离开社会主义，而是在脚踏实地建设社会主义，使社会主义在中国真正活跃和兴旺发达起来，社会生产力以前所未有的速度大发展，广大人民群众从切身利益感受中更加拥护社会主义，拥护中国共产党的领导。

与此相联系，2001 年，江泽民在庆祝中国共产党成立 80 周年大会上的讲话中进一步明确指出，“社会主义初级阶段，是整个建设有中国特色社会主义的很长历史过程中的初始阶段”。这也表明，社会主义初级阶段理论，是中国特色社会主义理论体系的重要组成部分。

第二，2017 年党的十九大报告提出，中国特色社会主义进入新时代，社会主义初级阶段的主要矛盾已转化为人民日益增长的美好生活需要和不平衡不充分的发展之间的矛盾。这是社会主义初级阶段理论的又一重大发展。

党的十九大报告说，“中国特色社会主义进入新时代，我国社会主要矛盾已经转化为人民日益增长的美好生活需要和不平衡不充分的发展之间的矛盾。我国稳定解决了十几亿人的温饱问题，总体上实现小康，不久将全面建成小康社会，人民美好生活需要日益广泛，不仅对物质文化生活提出了更高要求，而且在民主、法治、公平、正义、安全、环境等方面的要求日益增长。同时，我国社会生产力水平总体上显著提高，社会生产能力在很多方面进入世界前列，更加突出的问题是发展不平衡不充分，这已经成为满足人民日益增长的美好生活需要的主要制约因素”。“必须认识到，我国社会主要矛盾的变化，没有改变我们对我国社会主义所处历史阶段的判断，我国仍处于并将长期处于社会主义初级阶段的基本国情没有变，我国是世界最大发展中国家的国际地位没有变。全党要牢牢把握社会主义初级阶段这个基本国情，牢牢立足社会主义初级阶段这个最大实际，牢牢坚持党的基本路线这个党和国家的生命线、人民的幸福线，领导和团结全国各族人民，以经济建设为中心，坚持四项基本原则，坚持改革开放，自力更生，艰苦创业，为把我国建设成为富强民主文明和谐美丽的社会主义现代化强国而奋斗。”

党的十九大报告发布后，引发学界对中国新时代社会主要矛盾问题的热烈讨论。有的学者认为，党的十九大报告关于中国社会主要矛盾变化的新表述，是根据中国特色社会主义进入新时代这个中国发展新的历史方位作出的，有充分的现实依据。原来关于“人民日益增长的物质文化生活需要同落后的社会生产之间的矛盾”的表述，已经不能准确反映已经变化了的客观实际，理所当然需要作出新的概括。在社会生产方面。经过改革开放近 40 年快速发展，中国社会生产力水平总体上显著提高，社会生产能力在很多方面进入世界前列，中国长期存在的短缺经济和供给不足状况已经发生根本性变化，再讲“落后的生产”已经不符合实际。在需求方面。随着人们生活水平显著提高，对更好生活的向往更加强烈。人民群众的需要呈现多样化多层次多方面的特点，在需要的领域和重心上已经超出原先物质文化的层次和范畴，只讲“日益增长的物质文化需要”

已经不能真实反映人民群众变化了的需求（冷溶，2017）。有的学者也认为，经过近40年改革开放的社会主义现代化建设，社会矛盾的格局也随之发生了变化，一是人民群众对美好生活的向往或需求日益多样化，变得更为丰富和广泛，人民不仅对物质文化生活提出了更高要求，而且在民主、法治、公平、正义、安全、环境等方面的要求日益增长，这些需求仅用“物质文化需要”难以概括。二是制约日益增长的人民对美好生活的需要的关键因素，不再是单纯的“社会生产”因素，而是扩展到包括生产发展因素在内的整体社会发展的不平衡和不充分。三是社会主要矛盾和次要矛盾地位发生了变化。人民群众日益增长的物质文化需要和落后的社会生产之间的矛盾在一定范围和一定程度上依然存在，但是它已经不构成当前中国社会发展的主要矛盾，或者说，人民的“物质文化需要”和“落后的社会生产”之间的矛盾的表述已经不能够概括或科学地表达新时代中国社会的主要矛盾（郝立新，2017）。还有学者认为，中国社会主要矛盾的变化主要表现在结构上面而非本质上。人民日益增长的物质文化需要和落后的社会生产之间的矛盾，最初原因是中国半殖民地半封建社会遗留下来的极低的生产力水平无法满足人民的基本需要。新中国成立以来经过多代中国人的艰苦奋斗，通过建立社会主义市场经济体制和引进国外先进技术，社会生产力水平不断提高，逐步从量上满足了人民日益增长的物质文化需要，但是，还存在一定的结构性矛盾，即人民多样化的，多层次的不断变化的物质文化需要与社会生产力发展不均衡、不充分之间的矛盾日益突出。鉴于此，党的十九大报告指出，要坚持解放和发展社会生产力，坚持社会主义市场经济改革方向，推动经济持续健康发展（杨春学，2018）。

第三，2019年，党的十九届四中全会根据中国处于社会主义初级阶段，进一步把按劳分配为主体、多种分配方式并存，社会主义市场经济体制，同公有制为主体、多种所有制经济共同发展一起，确立为社会主义基本经济制度。这是进一步完善中国特色社会主义基本经济制度的重大举措。

《中共中央关于坚持和完善中国特色社会主义制度　推动国家治理体系和治理能力现代化若干重大问题的决定》指出，“公有制为主体、多种所有制经济共同发展，按劳分配为主体、多种分配方式并存，社会主义市场经济体制等社会主义基本经济制度，既体现了社会主义制度优越性，又同中国社会主义初级阶段社会生产力发展水平相适应，是党和人民的伟大创造”。

上述三足鼎立的制度可以有力支撑中国特色社会主义经济制度，使之更好地促进生产力的发展和经济的高质量发展。本来，任何一个社会经济制度都是由两大板块组成的。一块是基础结构，包括所有制结构及与之相适应的分配结构。正如马克思说的，“分配关系和分配方式只是表现为生产要素的背面”（马克思、恩格斯，1972）。马克思又说，“消费资料的任何一种分配，都不过是生产条件本身分配的结果。而生产条件的分配，则表现生产方式本身的性质”（马克思、恩格斯，1972）。另一块是经济活动的运行机制主要是资源配置方式。两者相互协调，相互促进。改革开放40多年来，这三个基本经济制度都逐渐建立、发展和走向成熟。为了在新时代更好地推动社会主义现代化建设，要进一步完善上述三项基本经济制度。

首先，进一步完善公有制为主体、多种所有制经济共同发展的制度。要继续坚持两个毫不动摇，即毫不动摇巩固和发展公有制经济，毫不动摇鼓励、支持和引导非公有制经济发展。改革开放后，在公有制经济特别是国有经济不断发展的同时，个体私营等非公有制经济发展较快，到2012年，非公经济对GDP的贡献率已达60%多，对新增就业岗位的贡献率达90%。此后，直到2020年，国有经济和非公经济对GDP的贡献率大体稳定下来，没有大的起伏。国有经济和非公经济正在各自发挥优势，相互补充，相互促进，共同发展。中国所有制结构的调整和改革，有力地推动着社会主义市场经济的发展。

其次，1978 年实行改革开放后，在收入分配理论和实践方面取得的最大突破，就是提出了在社会主义初级阶段，除了要以按劳分配为主体外，还要按生产要素参与分配。国内最早提出按生产要素参与分配的是谷书堂和蔡继明教授，他们于 1988 年就提出按劳分配与按生产要素分配结合的观点（谷书堂、蔡继明，1988）。随着 1992 年社会主义市场经济体制改革目标的确立，按生产要素分配的观点被党的文件确认。1997 年，党的十五大报告指出，“坚持按劳分配为主体，多种分配方式并存的制度。把按劳分配和按生产要素分配结合起来”。2002 年，党的十六大报告提出，“确立劳动、资本、技术和管理等生产要素按贡献参与分配的原则，完善按劳分配为主体、多种分配方式并存的分配制度”。2020 年 3 月 30 日确定的《中共中央　国务院关于构建更加完善的要素市场化配置体制机制的意见》，提出了土地、劳动力、资本、技术、数据五个要素领域的改革方向和举措，这就意味着生产要素从原来的四个扩展为六个，即上述五个加管理。到 2020 年全面建成小康社会后，鉴于居民收入差距仍然较大，党和政府强调要坚持走共同富裕的道路，除了初次分配要更好地体现效率与公平，逐步提高最低工资标准等外，更要强化税收、转移支付、社会保障等再分配职能，让低收入群体加快增加收入，落实好人人共享改革发展成果。2021 年 5 月 20 日，《中共中央　国务院关于支持浙江高质量发展建设共同富裕示范区的意见》要求到 2035 年，浙江省基本实现共同富裕。这说明中国已着手先行先试实现这一体现社会主义本质要求的崇高目标。

最后，加快完善社会主义市场经济体制。把社会主义市场经济体制上升为基本经济制度，对于进一步完善中国特色社会主义经济制度具有重要意义。用社会主义市场经济体制取代传统的计划经济体制，是中国改革开放以来最主要的制度创新，具有里程碑式意义。社会主义市场经济体制是中国特色社会主义的主要支柱，把这根支柱确立为基本经济制度，作为长期稳定的制度安排，对于坚持和完善中国特色社会主义制度是十分重要的。社会主义市场经济体制的核心，是市场在资源配置中起决定性作用。经过40多年的市场化改革，市场已在很大程度上对资源配置起决定性作用，但是还有不足之处，比如，政府直接配置资源和对微观经济活动的干预仍然过多，各种形式的垄断抑制着公平竞争，生产要素价格仍然存在一定的扭曲影响资源配置效率的提高，所有制歧视影响民营经济进入市场等，说明还需要在广度和深度上推进市场化改革。

在党的十九届四中全会决定公布后，2020年5月，出台了《中共中央　国务院关于新时代加快完善社会主义市场经济体制的意见》。文件提出要构建更加系统完备、更加成熟定型的高水平社会主义市场经济体制。文件根据中国特色社会主义已经进入新时代、经济转入高质量发展阶段、即将进入全面建设现代化经济体系的新形势，针对中国市场体系还不健全、市场发育还不充分，政府和市场的关系还没有完全理顺，还存在市场激励不足、要素流动不畅、资源配置效率不高、微观经济活力不强等问题，推动高质量发展仍存在不少体制机制障碍，围绕建设高水平社会主义市场经济体制的目标，着眼于制度创新，提出了七个领域的改革举措。一是坚持公有制为主体、多种所有制经济共同发展，增强微观主体活力。二是夯实市场经济基础性制度，保障市场公平竞争。三是构建更加完善的要素市场化配置体制机制，进一步激发全社会创造力和市场活力。四是创新政府管理和服务方式，完善宏观经济治理体制。五是坚持和完善民生保障制度，促进社会公平正义。六是建设更高水平开放型经济新体制，以开放促改革促发展。七是完善社会主义市场经济法律制度，强化法治保障。

三　开启全面建设现代化

中国处于社会主义初级阶段，主要是由中国现阶段的经济发展水平决定的，社会主义初级阶段的主要历史任务是加快发展社会生产力，实现社会主义现代化，实现中华民族伟大复兴。为此，党的十五大提出建党和建国两个百年目标。报告说，“展望下世纪，我们的目标是，第一个十年实现国民生产总值比二〇〇〇年翻一番，使人民的小康生活更加宽裕，形成比较完善的社会主义市场经济体制；再经过十年的努力，到建党一百年时，使国民经济更加发展，各项制度更加完善；到世纪中叶建国一百年时，基本实现现代化，建成富强民主文明的社会主义国家”。党的十八大报告进一步明确，“只要我们胸怀理想、坚定信念，不动摇、不懈怠、不折腾，顽强奋斗、艰苦奋斗、不懈奋斗，就一定能在中国共产党成立一百年时全面建成小康社会，就一定能在新中国成立一百年时建成富强民主文明和谐的社会主义现代化国家”。1978 年党的十一届三中全会以来，由于实行改革开放，党的路线和方针政策都从中国仍处于社会主义初级阶段的实际出发，大大解放了社会生产力，调动了各方面建设中国特色社会主义的积极性，中国经济迅速腾飞，社会快速全面进步。经过 42 年的奋斗，到 2020 年，中国已全面建成小康社会，实现了第一个百年目标，经济总量已从 1978 年的 3678. 7 亿元跃增到 100 万亿元以上，扣除物价变动因素，增长 39 倍以上，年均实际增速达 9. 2%，创造了人类社会历史上最长时期保持经济高速增长的奇迹。中国经济总量也从 1978 年占世界总量的 1. 8%，到 2020 年跃升至占世界总量的 17% 多，人均 GDP 超过 1 万美元。这就使我们比历史上任何时期都更接近、更有信心和能力实现社会主义现代化和中华民族伟大复兴的目标。“十四五”时期将“开启全面建设社会主义现代化国家新征程”，这个“新征程”，“是向着我们党制定的在社会主义初级阶段‘三步走’战略部署中置顶的目标发起冲锋，通过‘十四五’和2035年、2049年这三个步骤，胜利实现中华民族几代人梦寐以求的‘中国梦’的新征程”（施芝鸿，2020）。下面，拟着重就此后如何建设社会主义现代化强国，实现第二个百年目标，完成社会主义初级阶段的历史任务，作简要论述。

按照党的十九大报告的部署，从二〇二〇年到21世纪中叶可以分两个阶段来安排。第一个阶段，从二〇二〇年到二〇三五年，在全面建成小康社会的基础上，再奋斗十五年，基本实现社会主义现代化。第二个阶段，从二〇三五年到本世纪中叶，在基本实现现代化的基础上，再奋斗十五年，把中国建成富强民主文明和谐美丽的社会主义现代化强国。2021年3月发布的《中华人民共和国国民经济和社会发展第十四个五年规划和2035年远景目标纲要》，为开启全面建设社会主义现代化国家新征程，作出了系统的规划，指明了此后一个时期中国发展的指导方针、目标任务、战略举措，对于动员和激励全国人民继续抓住重要战略机遇期，推动全面建设现代化经济体系开好头，落实好党的十九大报告的要求意义重大。

一般认为，基本实现现代化经济方面的主要标准是人均GDP达到2万美元（2019年美元，下同）以上。中国不少学者认为，2020年中国人均GDP已达10500美元，此后15年，根据中国潜在增长率测算，年均GDP增速仍可保持5%左右，而只要年人均GDP增速年均达到4.73%，15年即可翻番，达到人均2万美元以上，因此2035年基本实现现代化是可以做到的。2019年，有的学者就认为，中国能达到“2035年基本实现社会主义现代化的20745美元的人均GNI水平”（郭迎锋、张永军，2019）。2020年，习近平总书记在《关于〈中共中央关于制定国民经济和社会发展第十四个五年规划和二〇三五年远景目标的建议〉的说明》中指出，“文件起草组经过认真研究和测算，认为从经济发展能力和条件看，到‘十四五’末达到现行的高收入国家标准、到2035年实现经济总量或人均收入翻一番，是完全有可能的”。2035 年中国基本实现现代化后，再奋斗十五年，年均 GDP 增速争取保持在 5% 左右，这样人均 GDP 可以再翻一番，达到人均 4 万美元以上，建成富强民主文明和谐美丽的社会主义现代化强国，实现中华民族伟大复兴。2035 年基本实现现代化后，中国的经济实力、科技实力、综合国力将大幅提升，基本实现新型工业化、信息化、城镇化、农业现代化，建成现代化经济体系，人均国内生产总值达到中等发达国家水平，中等收入群体显著扩大，基本公共服务实现均等化，城乡区域发展差距和居民生活水平差距显著缩小，人民生活更加美好，人的全面发展、全体人民共同富裕取得更为明显的实质性进展等。

到 21 世纪中叶，中国建成富强民主文明和谐美丽的社会主义现代化强国后，中国将作为世界最大的发达经济体，开始从社会主义初级阶段进入中级阶段或高级阶段。中国通过建设中国特色社会主义，将为全世界发展中国家，提供一个通过非资本主义道路走向发达经济体的成功经验，从而大大扩大科学社会主义的影响力、吸引力。

关于中国的现代化建设，有学者认为，中国的现代化建设有以下几个特点：中国的现代化是中国共产党领导的社会主义现代化，是 14 亿人口的规模巨大的现代化，是追求全体人民共同富裕的现代化，是物质文明和精神文明相协调的现代化，是人与自然和谐共生的现代化，是传承中华文化和光大中华文明的现代化，是走和平发展道路的现代化，是为人类社会进步做出重大贡献的现代化（张占斌，2021）。

关于 2035 年基本实现现代化人均 GDP 要达到多少美元作为标准，一般认为是 2 万美元左右。也有学者认为应达 3 万美元，如刘伟教授说，根据对当代中等发达国家人均 GDP 水平的资料分析对比，世界银行统计分类中“高收入国家”中的中位水平（如韩国等）人均 GDP 约为 3 万美元左右，在联合国有关机构的统计中，

“发达国家”除去其中的“主要发达国家”外，其余作为“中等发达国家”，其人均 GDP 的水平现阶段也在 3 万美元左右。以此作为参照，到2035 年中国基本实现现代化时，人均 GDP 水平按不变价格应从现阶段 1.1 万美元左右提升至 3 万美元左右的水平。这要求未来 15 年的时间里，中国 GDP 总量至少要增长一倍或人均国民收入翻一番，换算为经济年增长率平均要达到 4.8% 以上（刘伟，2021）。

一般认为，中国实现现代化强国目标后，社会主义初级阶段的历史任务即已完成，将进入社会主义中级或高级阶段。但也有学者认为，实现现代化强国目标，中国特色社会主义仍然处于社会主义初级阶段。认为，到 21 世纪中叶中国成为社会主义现代化强国后，将不再是现在意义上的发展中国家，但一方面在经济发展水平和生产力解放发展程度上并未超越发达国家，社会主义制度的优越性仍未充分实现，实现现代化强国目标只是实现了中国特色社会主义的基本纲领，中国特色社会主义还有更高纲领和目标，还需要长期奋斗，对于中国特色社会主义作为社会主义的初级阶段的长期性、艰巨性必须有充分的认识，党在社会主义初级阶段的基本路线必须长期坚持，正如 1992 年邓小平同志南方谈话中强调的，“基本路线要管一百年，动摇不得”；另一方面，超越社会主义初级阶段进入更高级的社会形态，根据马克思主义基本原理，高级阶段的共产主义社会应当是全球现象，即人类社会共同理想社会，而不是国别现象，“中国特色社会主义”本身表明这种“社会主义”是中国特有的历史，因而只能是社会主义的初级阶段（刘伟，2021）。这个问题也可以进一步讨论。

参考文献

《马克思恩格斯选集》第 2 卷，人民出版社 1972 年版。

《马克思恩格斯选集》第 3 卷，人民出版社 1972 年版。

《邓小平文选》第2卷，人民出版社1994年版。

《邓小平文选》第3卷，人民出版社1993年版。

龚育之：《我国社会主义初级阶段的历史地位和主要矛盾》，《红旗》1987年第22期。

谷书堂、蔡继明：《按贡献分配是社会主义初级阶段的分配原则》，载中共中央宣传部主编《理论纵横》（上篇），河北人民出版社1988年版。

郭迎锋、张永军：《我国2035年基本实现社会主义现代化指标体系构建及评估》，《全球化》2019年第10期。

郝立新：《如何看待我国社会主要矛盾的转化》，《中国高等教育》2017年第22期。

冷溶：《正确把握我国社会主要矛盾的变化》，载《党的十九大报告辅导读本》，人民出版社2017年版。

刘伟：《现代化强国目标与社会主义初级阶段》，《经济学动态》2021年第1期。

施芝鸿：《"十四五"规划是开启全面建设社会主义现代化国家新征程的第一个五年规划》，载《〈中共中央关于制定国民经济和社会发展第十四个五年规划和二〇三五年远景目标的建议〉辅导读本》，人民出版社2020年版。

苏绍智、冯兰瑞：《无产阶级取得政权后的社会主义发展阶段问题》，《经济研究》1979年第5期。

杨春学主编：《突破思想瓶颈——改革40年的政治经济学》，首都经济贸易大学出版社2018年版。

于光远：《背景与论题：对改革开放初期若干经济理论问题的回顾》，《经济科学》2008年第6期。

于光远：《社会主义初级阶段和社会主义初级阶段的生产关系》，《经济研究》1987年第7期。

于光远：《中国社会主义初级阶段的经济》，中国财政经济出版社1988年版。

张厚义、明立志主编：《中国私营企业发展报告（1978—1998）》，社会科学文献出版社1999年版。

张占斌：《强国新征程："十四五"时期的中国经济》，浙江教育出版社 2021 年版。

郑必坚：《我们立论的基础》，《人民日报》1987 年 11 月 23 日。

朱述先：《也谈无产阶级取得政权后的社会发展阶段问题——与苏绍智、冯兰瑞同志商榷》，《经济研究》1979 年第 8 期。

社会主义基本经济制度

何自力*

基本经济制度是经济制度体系中具有长期性和稳定性的部分，处于基础性、决定性地位。中国特色社会主义基本经济制度是科学社会主义基本原则在中国社会主义初级阶段的具体实现形式。党的十九届四中全会对改革开放以来中国在所有制关系改革、分配关系改革、交换关系改革等方面取得的成功经验进行了深刻总结，将公有制为主体、多种所有制经济共同发展，按劳分配为主体、多种分配方式并存，社会主义市场经济体制作为社会主义基本经济制度。中国特色社会主义基本经济制度是中国共产党坚持马克思主义基本原理与中国实际相结合的产物，既体现了社会主义制度优越性，又同中国社会主义初级阶段社会生产力发展水平相适应，是党和人民的伟大创造。

一　经典作家关于经济制度的理论

马克思主义历史唯物主义认为，在生产力与生产关系、经济基础与上层建筑矛盾运动的推动下，人类社会经历原始社会、奴隶社会、封建社会、资本主义社会、共产主义社会等社会形态，社会形

* 何自力，南开大学经济学院。

态是经济基础和上层建筑的统一体，包括经济形态、政治形态、意识形态等，其中经济形态是社会形态中占统治地位的生产关系、分配关系、交换关系、消费关系的总和，它构成社会形态的经济基础，决定和制约着社会形态的经济生活、政治生活、社会生活、精神生活等，决定着整个社会的面貌和上层建筑。作为经济形态的基本要素，生产关系、分配关系、交换关系、消费关系是相互联系、相互支持、相互促进的，是一个有机整体。生产关系是人们在生产过程中形成的经济关系，其核心是生产资料所有制，生产资料所有制是人们围绕生产资料而形成的占有关系，所有制不同，人们在生产过程中的地位就不同，占有的劳动成果也就不同，因此所有制的性质决定生产关系的性质。分配关系是人们围绕劳动成果的占有而形成的关系，分配关系由生产关系决定的，有什么样的生产关系，就有什么样的分配关系。交换关系是人们围绕劳动成果从生产过程进入生产消费和生活消费过程而形成的关系，通常有商品交换、自给自足、社会直接配置等不同形式，交换关系决定于生产关系，生产关系不同，交换关系就不同。生产关系决定分配关系、交换关系，分配关系、交换关系对生产关系具有反作用。特定的生产关系、分配关系、交换关系是特定社会经济形态内在矛盾和运动规律的集中体现，反映特定社会经济形态质的规定性，只有深入研究和深刻把握特定社会的生产关系、分配关系、交换关系的性质和运动规律，才能准确理解和认识特定社会经济形态的本质和发展方向。

马克思主义经典作家以辩证唯物主义和历史唯物主义为指导，揭示了人类社会发展规律，阐明了共产主义代替资本主义的历史必然性，描绘了共产主义经济制度的特点：第一，消灭私有制，建立公有制。恩格斯指出，废除私有制甚至是工业发展必然引起的改造整个社会制度的最简明扼要的概括（参见《马克思恩格斯选集》第1卷）。共产主义社会的生产资料将实现社会直接占有。那时，自由平等的劳动者联合体共同占有和使用生产资料。第二，消灭旧式分工，实行按劳分配和按需分配。马克思指出：在共产主义第一阶段，劳动依然是谋生的手段，个人消费品实行按劳分配，“在共产主义社会高级阶段，在迫使个人奴隶般地服从分工的情形已经消失，从而脑力劳动和体力劳动的对立也随之消失之后；在劳动已经不仅仅是谋生的手段，而且本身成了生活的第一需要之后；在随着个人的全面发展，他们的生产力也增长起来，而集体财富的一切源泉都充分涌流之后，——只有在那个时候，才能完全超出资产阶级权利的狭隘眼界，社会才能在自己的旗帜上写上：各尽所能，按需分配”（参见《马克思恩格斯选集》第3卷）。第三，消灭无政府状态，社会生产有计划有组织地进行。一旦社会占有了生产资料，商品生产就将被消除，而产品对生产者的统治也将随之消除。社会生产内部的无政府状态将为有计划的自觉的组织所代替。恩格斯指出，这种新的社会制度首先必须剥夺相互竞争的个人对工业和一切生产部门的经营权，而代之以所有这些生产部门由整个社会来经营，就是说，为了共同的利益、按照共同的计划、在社会全体成员的参加下来经营”（参见《马克思恩格斯选集》第1卷）。随着共产主义经济制度的建立，阶级对立被消灭，“代替那存在着阶级和阶级对立的资产阶级旧社会的，将是这样一个联合体，在那里，每个人的自由发展是一切人的自由发展的条件”（参见《马克思恩格斯选集》第4卷）。马克思主义经典作家从所有制关系、分配方式、交换方式等方面对共产主义经济制度的基本特征进行的概括和阐释，是科学社会主义基本原则的重要组成部分，为人们准确认识和把握共产主义经济制度的内涵提供了重要路径。

二　中国特色社会主义所有制及其本质

历史唯物主义告诉我们，任何社会形态的变革，归根结底都是以生产资料所有制的变革为基础的，资本主义是人类历史上最后一个建立在私有制基础上的剥削制度，社会主义取代资本主义是用生产资料社会主义公有制取代生产资料资本主义私有制的伟大社会变革。在马克思主义经典作家设想的未来社会，由于生产力高度发达，旧式社会分工不复存在，私有制被公有制所取代。但是现实中的无产阶级革命大都是在经济文化比较落后国家取得胜利的，在这些国家如何开展所有制变革，建立什么样的社会主义公有制的具体实现形式，是无产阶级政党必须回答的首要问题。在社会主义建设实践中，纯而又纯的公有制在比较长的时期一直被认为是社会主义的本质特征。苏俄战时共产主义时期实行全盘国有化，斯大林领导苏联建设社会主义建立了单一公有制，改革开放前中国也把单一公有制作为社会主义所有制的唯一形式。事实证明，纯而又纯的公有制生产关系很难与落后的生产力相适应，党的十一届三中全会以后，中国共产党紧紧围绕解放和发展生产力这个中心，不断对生产关系中与生产力发展不相适应的因素进行改革，学术界也围绕社会主义所有制问题展开了讨论，如苏星根据中国经济发展的实际，提出了公有制为主体是社会主义的经济基础的观点（苏星，1983）。卫兴华等认为某一种生产资料所有制形式有没有优越性，不是取决于它是高级还是低级，而是要取决于它适合不适合生产力的要求。中国的生产力水平低、发展不平衡，所以只能以多种所有制并存与之相适应（卫兴华、吴树青、高鸿业，1988）。针对有人主张废除全民所有制的观点，吴宣恭认为全民所有制是社会主义经济的主要标志，必须坚持公有制为主体、全民所有制为主导的多种所有制形式，适应社会主义商品经济的要求，探索全民所有制的实现形式（吴宣恭，1991）。刘诗白在《主体产权论》中认为传统计划体制中一个重大制度缺陷是主体产权的模糊和缺损，建立社会主义市场经济体制，必须要进行产权制度的改革和创新，建立包括国家所有制、各种集体所有制、混合所有制、个体、私营所有制在内的多元产权主体形成的所有制结构（刘诗白，1998）。林岗、张宇对马克思主义的所有制理论和西方产权理论进行了比较研究，指出西方的产权理论以个体主义方法论为基础，歪曲了法权与经济关系的相互关系，将人与人的关系简单归结为抽象的契约关系，因而存在严重缺陷，应该坚持用马克思主义的所有制分析范式指导国有产权制度的研究和改革（林岗、张宇，2001）。随着改革实践和理论探索的不断深入，逐步形成了以公有制为主体、多种所有制经济共同发展的所有制结构，这一所有制结构具有一系列独具特色的质的规定性。

其一，毫不动摇巩固和发展公有制经济。公有制占主体地位是中国特色社会主义基本经济制度的深刻本质，它从根本上规定了我国社会制度的社会主义性质，坚持和完善社会主义基本经济制度，必须毫不动摇巩固和发展公有制经济。《中华人民共和国宪法》明确指出，“中华人民共和国的社会主义经济制度的基础是生产资料的社会主义公有制”（参见《中华人民共和国宪法》）。公有制的建立反映生产高度社会化发展的客观要求，有助于解放和发展生产力；是全体人民共同意志和根本利益的具体体现，有助于维护社会的公平正义，实现社会整体利益与局部利益、长远利益与当前利益、集体利益与个人利益的有机结合，构建社会主义和谐社会；具有集中力量办大事的巨大优越性，有助于防止两极分化，实现共同富裕，使全体人民共享改革与发展成果；是社会主义政治制度的基础，有助于形成真正反映大多数人利益和意志的社会主义民主。坚持公有制为主体，必须发挥国有经济在国民经济中的主导作用。《中华人民共和国宪法》第七条明确指出：“国有经济，即社会主义全民所有制经济，是国民经济中的主导力量。国家保障国有经济的巩固和发展。”在国有经济中，国家作为全民的代表对国有企业的生产资料拥有所有权，全体社会成员在生产资料的关系上是平等的。国家所有制适应高度社会化的大生产的客观要求，有条件运用社会化的生产组织形式和管理形式，提高资源配置效率；国家所有制实现了劳动者与生产资料的直接结合，实现了劳动者对劳动产品的支配，消灭了剥削；国家所有制实现了生产手段与生产目的的统一，有助于激发劳动者的生产积极性、主动性和创造性。公有制的主体地位和国有经济的主导作用，决定了国有资产必须占优势，既要有量的优势，又要有质的提高，决定了国有企业的独特地位，即国有企业是中国特色社会主义的物质基础和政治基础，是中国共产党治国理政的重要支柱和依靠力量，是中国特色社会主义的“顶梁柱”。坚持公有制的主体地位，发挥国有经济的主导作用，必须做强做优做大国有资本和国有企业。做强做优做大国有资本，就是要完善各类国有资产管理体制，改革国有资本授权经营体制，加快国有经济布局优化、结构调整、战略性重组，提高国有资本运作效率，促进国有资产保值增值，不断增强国有经济竞争力、创新力、控制力、影响力、抗风险能力。做强做优做大国有企业，就是要增强国有企业自主创新能力、市场开拓能力、风险管控能力；优化公司治理、内部控制，提升品牌形象、经营业绩和管理水平；国有企业要聚焦主业、做强实业，以创新引领传统产业转型升级，做战略型新兴产业发展的排头兵，在能源安全和粮食安全上发挥托底作用，在关系国民经济命脉的重要行业和关键领域承担起基础性、保障性功能，成为具有全球竞争力的世界一流企业。总之，坚持公有制的主体地位、发挥国有经济的主导作用，对于维护全体人民共同利益，增强综合国力，实现公平正义，保障国家安全，充分发挥社会主义制度的优越性，具有十分重要的意义。

其二，毫不动摇鼓励、支持、引导非公有制经济发展。公有制经济和非公有制经济都是社会主义市场经济的重要组成部分，都是中国经济社会发展的重要基础。现阶段非公有制经济形式主要包括个体经济、私营经济、外资经济以及混合所有制经济中的非公有制经济成分。《中华人民共和国宪法》指出：“在法律规定范围内的个体经济、私营经济等非公有制经济是社会主义市场经济的重要组成部分。”非公有制经济体现了中国生产力水平多层次、发展不平衡不充分的特点，反映了社会利益多元化、社会需要多样性的客观现实，鼓励、支持、引导非公有制经济发展有助于满足不同利益群体的发展需要，有助于激发不同市场主体的生产积极性和创造力，有助于充分发挥非公有制经济在支撑增长、促进创新、扩大就业、增加税收等方面的重要作用。

其三，公有制经济与非公有制经济不是对立的，而是相辅相成、相得益彰、共同发展的。把公有制经济巩固好、发展好，同鼓励、支持、引导非公有制经济发展不是对立的，而是有机统一的。国家在法律和政策上保护各种所有制经济产权和合法利益，坚持权利平等、机会平等、规则平等，激发非公有制经济活力和创造力。坚持公有制为主体、多种所有制经济共同发展，要充分肯定公有制经济为国家建设、国防安全、人民生活改善做出的突出贡献，是全体人民的宝贵财富，必须毫不动摇地巩固好发展好，继续为改革开放和社会主义现代化建设做出新的更大的贡献。同时我们国家人口多，发展不平衡不充分，又处于并将长期处于社会主义初级阶段，要把经济社会发展搞上去，就要各方面齐心协力来干，众人拾柴火焰高。要健全以公平为核心原则的产权保护制度，加强对各种所有制经济组织和自然人财产权的保护。现阶段，鼓励、支持、引导非公有制经济发展，一是要着力解决中小企业融资难问题，为中小企业融资提供可靠、高效、便捷的服务。二是要着力放开市场准入，凡是法律法规未明确禁入的行业和领域都应该鼓励民间资本进入，凡是我国政府已向外资开放或承诺开放的领域都应该向国内民间资本开放。三是要着力加快公共服务体系建设，支持建立面向民营企业的共性技术服务平台，积极发展技术市场，为民营企业自主创新提供技术支持和专业化服务。四是要着力引导民营企业利用产权市场组合民间资本，培育一批特色突出、市场竞争力强的大企业集团。五是要进一步清理、精简涉及民间投资管理的行政审批事项和涉企收费，规范中间环节、中介组织行为，减轻企业负担，降低企业成本。

三　中国特色社会主义分配制度及其本质

按劳分配为主体、多种分配形式并存，是中国特色社会主义的又一重要基本经济制度。

按劳分配是社会主义条件下分配个人消费品的基本原则，其含义是在对社会总产品进行各项必要的社会扣除后，社会按照个人提供给社会的劳动的数量和质量分配个人消费品，多劳多得，少劳少得。在社会主义条件下对个人消费品实行按劳分配的原则，根本原因是社会主义公有制的建立。在社会主义公有制条件下，劳动者共同占有生产资料，共同参与生产活动，谁都不能凭借对生产资料的个人占有分配个人消费品，只能根据付出的劳动的数量和质量分配个人消费品，这样的分配关系体现了劳动者之间根本利益的一致性，消灭了剥削，消除了两极分化。在实现按劳分配的情况下，由于劳动者个人的劳动能力有差别，劳动者赡养的家庭人口数量多少不等，劳动者实际分配到的个人消费品在量上是不相同的，不同劳动者家庭的生活水平存在一定的差别，这种不同和差别是客观的、很有限的，是劳动者根本利益一致基础上的差异，与资本主义条件下劳动者遭受资本的剥削，劳资之间在财富占有上贫富悬殊有根本的不同。按劳分配是社会主义的分配制度，是社会主义经济制度的重要组成部分，对于调动劳动者生产积极性、提高经济效益、促进经济发展、实现共同富裕都具有十分重要的意义。

改革开放后，随着社会主义市场经济体制的建立，中国对社会主义分配制度的探索也逐步深入进行。1987 年党的十三大提出，要在以按劳分配为主体的前提下实行多种分配方式。1992 年党的十四大提出，在分配制度上，以按劳分配为主体、其他分配方式为补充，兼顾效率与公平。1997 年党的十五大强调，要坚持和完善按劳分配为主体的多种分配方式，允许一部分地区和一部分人先富起来，带动和帮助后富，逐步走向共同富裕。2002 年党的十六大确立劳动、资本、技术和管理等生产要素按贡献参与分配的原则。2019 年党的十九届四中全会把“坚持按劳分配为主体、多种分配方式并存”上升为社会主义基本经济制度的组成部分。学术界围绕社会主义分配制度也展开了深入研究和争论。蒋学模认为社会主义制度在生产资料公有制基础上实行按劳分配原则是一个历史进步，但是人们在消费水平上必然会形成事实上的不平等，这是按劳分配的局限性，应该通过某些措施在一定范围和一定程度内弥补这种缺点。作为按劳分配尺度的劳动，应该是处于流动形态的劳动，这有助于调动劳动者提高劳动技术的积极性（蒋学模，2001）。谷书堂认为公有制为主体、多种所有制共同发展的所有制结构和市场经济体制决定了按劳分配与按生产要素贡献分配并存的必然性，认为生产要素按贡献分配是指在整个社会范围内，各种生产要素以其对社会财富的创造所做出的实际贡献取得报酬份额（谷书堂，1995）。卫兴华认为按生产要素分配的根据是要素所有权，离开生产要素所有权，是难以说明生产要素按贡献参与分配问题的（卫兴华，2004）。按劳分配为主体，按劳分配与按生产要素分配并存的分配制度是在理论探讨和改革实践中逐步形成的，实践证明，这一制度安排有利于调动各方面的积极性，有利于实现效率和公平的有机统一。在社会主义初级阶段，按劳分配的实现过程和实现形式有自己的特点：在社会主义市场经济条件下，个别劳动不能直接转化为社会劳动，按劳分配不能通过社会直接计算劳动者的劳动时间来分配个人消费品，只能通过市场机制和价值形式以迂回曲折的方式来间接地加以完成。按劳分配还不能通过“劳动券”直接进行实物分配，必须通过商品货币关系来实现。这些特点对按劳分配的完全实现不可避免会产生一定的影响。按生产要素分配的含义是生产要素的所有者凭借对生产要素的所有权参与收入分配，获得相应的报酬。按生产要素分配的主要方式包括：按资本要素分配，这种分配方式是指资本所有者凭借其投入的资本来获得利润、利息、股息、租金、分红等，这种收入也叫经营性资本收入；按知识、技术、信息、数据等要素分配，要素所有者凭借所有权参与分配，如专利收益、技术入股的利润分红等。按管理要素分配，这种分配方式是指企业的管理者凭借在生产经营中发挥的组织协调和指挥等管理活动而参与经营收入的分配。按土地和其他自然资源分配，这种分配方式是指稀缺土地和其他自然资源的所有者凭借对土地和其他自然资源的垄断性占有参与收入分配。按生产要素分配与按劳动的数量和质量参与分配，既有共同点，又有区别，相同的是生产要素同劳动一起参与物质财富的生产过程，它们都是生产过程得以进行的不可或缺的要素，不同之处是劳动在生产过程中转移旧价值，创造新价值，是价值的源泉，生产要素只是价值创造的条件，并不创造价值，劳动者根据劳动的付出进行个人消费品的分配，生产要素所有者根据对生产要素的所有权参与分配，各种收入的价值源泉归根结底都是劳动者的抽象劳动所创造的价值。

四　社会主义市场经济体制及其本质

社会主义市场经济体制是中国特色社会主义的重要基本经济制度。

社会主义市场经济体制是经过长期的探索实践逐步建立起来的。早在改革开放初期，我们党就提出，经济改革的目标是建立充满生机和活力的社会主义经济体制。党的十二大提出正确贯彻“计划经济为主、市场调节为辅”的原则；党的十三大提出，社会主义经济是公有制基础上的有计划的商品经济；党的十四大明确提出中国经济体制改革的目标是建立社会主义市场经济体制，突破了市场经济和社会主义相互对立的传统观念；党的十八届三中全会进一步提出使市场在资源配置中起决定性作用和更好发挥政府作用，这是我们党对中国特色社会主义建设规律认识的一个新突破，标志着社会主义市场经济发展进入了一个新阶段。2019 年党的十九届四中全会将社会主义市场经济体制上升为社会主义基本经济制度，标志着社会主义市场经济体制更加成熟、更加定型。随着中国经济体制从传统高度集中计划经济体制向社会主义市场经济体制转变，学术界也围绕经济体制转型展开了深入研究和讨论。在如何看待价值规律在社会主义经济中的作用的问题上，孙冶方认为价值规律是在任何社会化大生产中都不能取消的规律，它不仅在资本主义社会，而且在社会主义社会，甚至在共产主义社会中都将仍然起作用（孙冶方，1984）。卓炯认为商品经济实质是一种社会分工制度，商品生产和商品交换是由社会分工决定的，社会主义经济存在社会分工，因此社会主义经济也是商品经济（卓炯，1981）。针对有人把非公有制经济也看作社会主义经济的重要组成部分的观点，卫兴华对“社会主义经济”与“社会主义市场经济”概念作了区分，认为社会主义经济是以公有制为基础的经济，社会主义经济就是社会主义经济制度，社会主义市场经济既包括作为主体的公有制经济，也包括非公有制经济，不能把社会主义市场经济与社会主义经济简单画等号（卫兴华，2015）。于光远认为交换关系的存在是商品经济和价值规律存在的根本原因，社会主义经济存在两种公有制形式，存在国有企业的经济核算，存在按劳分配，因而要求进行商品交换，所以社会主义经济是商品经济（于光远，1989）。学术界的热烈讨论丰富和深化了人们对社会主义市场经济体制的成因、特点、作用以及性质的认识。

市场是交换关系的总和，市场经济是通过市场机制调节资源配置的经济体制。市场经济的一般特点：作为市场主体的企业是自主经营、自负盈亏的经济组织；企业根据供求关系和价格的变化自主进行决策并对决策后果承担责任；企业在利润最大化目标的驱使下从事生产经营活动；市场上的商品价格由供求关系变化来决定，不由政府决定；政府通过微观规制和宏观调控维护市场秩序，实现宏观经济稳定运行。但是，市场一般并不能孤立地存在，而是表现为在特定的生产资料所有制基础上运行的具体、特殊的市场经济体制形式，这种具体的市场经济体制形式具有社会制度属性。市场一般与资本主义私有制相结合形成的市场经济体制是资本主义市场经济体制，市场一般与社会主义公有制相结合形成的市场经济体制就是社会主义市场经济体制，与资本主义市场经济体制相比，社会主义市场经济体制的最大特点是实现了两个结合，一是社会主义基本制度与市场经济的有机结合，二是政府与市场的有机结合，这两个结合是社会主义市场经济体制的最大优势之所在。

传统观点认为，市场经济是与资本主义制度结合在一起的，是只能以私有制为基础的，社会主义与市场经济很难兼容，事实证明，社会主义基本制度与市场经济是完全可以结合的，而且由此形成的社会主义市场经济比资本主义市场经济有更显著的优越性，其根本原因在于社会主义市场经济真正实现了个人利益与共同利益的统一。在资本主义市场经济条件下，资本之间的竞争体现为个人利益与社会共同利益的矛盾，共同利益作为异己的、外在的力量存在，推动个人利益与共同利益的矛盾不断加深，贫富分化加剧，经济危机频繁发生。恩格斯指出，竞争的矛盾和私有制本身的矛盾是完全一样的。单个人的利益是要占有一切，而群体的利益是要使每个人所占有的都相等。因此，普遍利益和个人利益是直接对立的（参见《马克思恩格斯文集》第1卷）。马克思和恩格斯指出，“随着分工的发展也产生了单个人的利益或单个家庭的利益与所有互相交往的个人的共同利益之间的矛盾”（参见《马克思恩格斯文集》第1卷），“只要特殊利益和共同利益之间还有分裂，也就是说，只要分工还不是出于自愿，而是自然形成的，那么人本身的活动对人来说就成为一种异己的、同他对立的力量，这种力量压迫着人，而不是人驾驭着这种力量”（参见《马克思恩格斯文集》第1卷）。社会主义市场经济与资本主义市场经济不同，在公有制为主体、多种所有制经济共同发展的条件下，一方面，所有制的多样性和社会需要的多样性决定了企业个体利益的存在，发展市场经济有助于个体利益的实现，激发市场活力和创新力，发挥市场经济的优势；另一方面，公有制为社会共同利益奠定了基础，要求坚持以人民为中心的发展思想，坚持人民至上，坚持实现共同富裕，始终做到发展为了人民、发展依靠人民、发展成果由人民共享，维护人民根本利益，激发全体人民积极性、主动性、创造性，促进社会公平，增进民生福祉，不断实现人民对美好生活的向往，克服了资本主义两极分化和经济危机弊端，社会主义基本制度的优势得到发挥。可见，社会主义市场经济体制把市场经济的长处和社会主义制度的优越性有机结合起来，形成了一种新型市场经济模式，是一个伟大创举，具有强大的生命力。

五　建立中国特色社会主义基本经济制度的意义

开辟了科学社会主义新境界。在经典作家设想的未来社会中，生产资料由全社会共同占有，实行按劳分配，社会生产有组织有计划地进行。经典作家对未来社会的设想建立在生产力高度发达的基础上，而现实中的社会主义大都建立在经济发展比较落后的基础上，因此只能从实际出发探索社会主义发展道路，不能照搬照抄经典作家的设想。改革开放以来，我们党坚持把马克思主义基本原理与中国具体实际相结合，从社会主义初级阶段的基本国情出发，在所有制、分配方式、经济体制等方面进行深入探索，创造性地形成并建立了公有制为主体、多种所有制经济共同发展的所有制结构，按劳分配为主体、多种分配方式并存的分配制度以及社会主义与市场经济相结合的经济体制，这三者构成的社会主义基本经济制度，既体现了社会主义制度优越性，又同中国社会主义初级阶段社会生产力发展水平相适应，为发展中国特色社会主义奠定了坚实的制度基础，开辟了马克思主义中国化时代化的新境界，使科学社会主义在21世纪的中国焕发出强大生机活力。

推动了社会主义市场经济的形成和发展。改革开放40多年来，我们党深刻总结国内外正反两方面经验，从中国社会主义初级阶段的基本国情出发，主动调整生产关系，在坚持公有制主体地位的同时，支持多种所有制经济共同发展，为商品经济和市场经济的发展奠定了制度基础。我们党坚持社会主义市场经济改革方向，破除社会主义与市场经济二元对立思维，实现了从高度集中的计划经济体制向社会主义市场经济体制的转变。社会主义市场经济将社会主义与市场经济相结合，既发挥了市场经济的长处，又发挥了社会主义制度的优势；既有利于解放和发展社会生产力，加快经济发展，又有利于维护社会公平正义，实现共同富裕，是党和人民的一个伟大创造。

奠定了国家治理体系和治理能力现代化的经济基础。随着社会主义基本经济制度的形成和建立，客观上要求完善和健全国家治理体系，提高国家治理能力，将社会主义基本经济制度的制度优势转变为国家治理优势，全面提高国家治理能力和治理水平，为破除制约使市场在资源配置中起决定性作用和更好发挥政府作用的体制机制弊端，建设现代化经济体系，推动高质量发展，实现中华民族伟大复兴的中国梦提供有力制度保障，推动社会全面进步和人的全面发展。

六　中国特色社会主义基本经济制度的显著优势

中国特色社会主义基本经济制度是党领导人民在改革开放和社会主义现代化建设的伟大实践中创造的，极大地解放和发展了社会生产力，具有显著的优势。

其一，激发经济主体的活力和创造力。中国特色社会主义基本经济制度坚持公有制经济的主体地位，不断增强国有经济竞争力、创新力、控制力、影响力、抗风险能力，做强做优做大国有资本。同时，支持个体经济、私营经济、外资经济等多种所有制经济共同发展，有效激发了各类市场主体的活力和创造力。坚持按劳分配为主体，承认物质利益原则，同时允许和鼓励资本、土地、知识、技术、管理等其他生产要素参与分配，极大地调动了各方面的积极性。坚持社会主义市场经济改革方向，为经济生活注入了强大活力，有力地推动了生产力的解放和发展。

其二，推动实现公平正义和共同富裕。按劳分配体现了公有制条件下劳动者根本利益的一致性，根据劳动者劳动贡献的质量和数量进行分配，多劳多得，有利于调动劳动者的生产积极性、主动性。资本、土地、知识、技术、管理、数据等生产要素按贡献参与分配，激励要素所有者将各类生产要素积极投入到社会财富生产过程中，有利于提高要素使用效率，节约社会资源。作为社会主义基本经济制度的组成部分，按劳分配与按要素贡献分配相结合具有显著优势，它让劳动、知识、技术、管理、资本的活力竞相迸发，让一切创造社会财富的源泉充分涌流，让发展成果更多更公平惠及全体人民，有力推动了公平正义和共同富裕，充分显示了社会主义制度的优越性。

其三，保障经济行稳致远。社会主义基本经济制度坚持以公有制为主体，这是中国集中力量办大事举国体制的坚实经济基础。举国体制通过中长期经济社会发展规划、国家重大发展战略、国有经济战略布局、宏观调控政策、产业发展政策、微观规制政策、社会管理政策等手段，保持宏观经济总量和结构平衡，保重点，补短板，能够有效防范和克服系统性风险和经济波动。社会主义基本经济制度坚持多种所有制经济共同发展，充分尊重经济主体的独立性和自主性，让市场在资源配置中发挥决定性作用，充分激发了市场活力。将社会主义集中力量办大事的制度优势与市场调动各方积极性的优势结合在一起，有效化解了个人利益与社会利益、局部利益与整体利益、短期利益与长期利益之间的矛盾，有助于实现经济健康稳定协调发展，有效地保障了经济的行稳致远。

其四，推动经济高质量发展。公有制为主体、多种所有制经济共同发展的所有制结构，一方面激励国有企业不断增强竞争力、创新力、控制力、影响力和抵御风险的能力；另一方面激发不同所有制经济的竞争活力，为经济高质量发展提供了有力的制度支撑。按劳分配为主体、多种分配方式并存的分配制度，充分尊重各类经济主体的物质利益，让劳动、知识、技术、管理、资本的活力竞相迸发，为经济高质量发展注入了强大动力；社会主义市场经济体制把社会主义与市场经济更好地结合起来，发挥了“有效市场”和“有为政府”的各自优势并形成合力，为经济高质量发展提供了科学指引。

七　坚持和完善中国特色社会主义基本经济制度

社会主义基本经济制度是中国特色社会主义制度的根基，对国家治理体系和治理能力现代化有着重要影响，是新时代经济改革发展的根本遵循。为了更好地坚持和完善中国特色社会主义制度，推进国家治理体系和治理能力现代化，深化经济体制改革、促进经济高质量发展，必须坚持和完善社会主义基本经济制度。

其一，毫不动摇巩固和发展公有制经济。深化国有企业改革，完善中国特色现代企业制度，做强做优做大国有企业，使国有企业成为更加符合社会主义市场经济要求的市场主体，成长为具有全球竞争力的世界一流企业。推进国有经济布局优化和结构调整，发展混合所有制经济，在市场竞争中增强国有经济的竞争力、创新力、控制力、影响力、抗风险能力，做强做优做大国有资本。转变国有资产监管机构职能，形成以管资本为主的国有资产监管体制，有效发挥国有资本投资、运营公司功能作用。

其二，毫不动摇鼓励、支持、引导非公有制经济发展。着力放开市场准入，解决中小企业融资难问题。支持建立面向民营企业的共性技术服务平台，提升民营企业技术创新能力。减轻企业负担，引导民营企业进行跨地区、跨行业兼并重组，培育一批特色突出、市场竞争力强的大企业集团。健全支持民营经济、外商投资企业发展的法治环境，完善构建亲清政商关系的政策体系。健全支持中小企业发展制度，促进非公有制经济健康发展和非公有制经济人士健康成长。

其三，完善社会主义分配制度，实现效率与公平的统一。坚持多劳多得，着重保护劳动所得，增加劳动者特别是一线劳动者劳动报酬，提高劳动报酬在初次分配中的比重。切实保证劳动者共同参与财富创造，共享发展成果，维护公平正义，实现共同富裕。健全知识、技术、管理、数据等生产要素由市场评价贡献、按贡献决定报酬的机制。健全以税收、社会保障、转移支付等为主要手段的再分配调节机制，合理调节城乡、区域、不同群体间分配关系。遏制以不正当竞争获取收入的行为，将收入获取建立在公平竞争和要素贡献的基础之上。规范收入分配秩序，鼓励勤劳致富，保护合法收入，将分配制度建立在法治的轨道之上。增加低收入者收入，扩大中等收入群体，调节过高收入，形成橄榄型的收入分配结构。

其四，完善社会主义市场经济体制，建设高标准市场体系。推动建立全国统一大市场，建设高标准市场体系，健全产权和知识产权保护制度，推进要素市场制度建设，完善公平竞争制度，强化竞争政策基础地位。深入推进简政放权、放管结合、优化服务，深化行政审批制度改革，改善营商环境，激发各类市场主体活力。完善政府经济调节、市场监管、社会管理、公共服务、生态环境保护等职能，厘清政府和市场、政府和社会的关系。健全以国家发展规划为战略导向，以财政政策和货币政策为主要手段，就业、产业、投资、消费、区域等政策协同发力的宏观调控制度体系，实现高质量宏观管理。完善国家重大发展战略和中长期经济社会发展规划制度。推动发展先进制造业、振兴实体经济，完善科技创新体制机制，建设更高水平开放型经济新体制。

参考文献

《马克思恩格斯文集》第1卷，人民出版社2009年版。

《马克思恩格斯选集》第1卷，人民出版社1995年版。

《马克思恩格斯选集》第3卷，人民出版社1995年版。

《马克思恩格斯选集》第4卷，人民出版社1995年版。

《孙冶方选集》，山西人民出版社1984年版。

《中华人民共和国宪法》，人民出版社2018年版。

谷书堂：《社会主义经济学新论》，人民出版社1995年版。

蒋学模：《高级政治经济学——社会主义本体论》，复旦大学出版社2001年版。

林岗、张宇：《马克思主义与制度分析》，经济科学出版社2001年版。

苏星：《试论工业公司》，《红旗》1983年第14期。

卫兴华：《我国现阶段收入分配制度的理论与实践问题》，《经济学动态》2004年第4期。

卫兴华：《中国特色社会主义经济理论体系研究》，中国财政经济出版社2015年版。

卫兴华、吴树青、高鸿业：《经济体制改革若干理论问题探讨》，中国经济出版社1988年版。

吴宣恭：《社会主义所有制问题》，载《政治经济学若干问题研究》，经济科学出版社1991年版。

于光远：《政治经济学社会主义部分探索（一）》，人民出版社1980年版。

卓炯：《论社会主义商品经济》，广东人民出版社1981年版。

社会主要矛盾

丁任重　张　航*

党的十九大报告对中国当前社会的主要矛盾作出了重大新论断："中国特色社会主义进入新时代，我国社会主要矛盾已经转化为人民日益增长的美好生活需要和不平衡不充分的发展之间的矛盾。"因此，深刻认识社会主要矛盾及其转化，有助于我们更好地理解和把握新时代的内涵。

一　社会主要矛盾的内涵

（一）矛盾论是我党认识主要矛盾的有力工具

抓住事物的主要矛盾和主要方面，是马克思主义认识论的重要内容。在马克思主义中国化的探索中，矛盾论是帮助中国共产党认识和论断中国社会主要矛盾的有力工具，而对社会主要矛盾的清晰认识和正确论断是中国共产党领导中国革命、建设和改革的坚实保障。马克思主义经典作家曾在多个方面论述了矛盾的普遍性，同时也都强调了要重视对主要问题和主要矛盾的认识方法（艾四林、康沛竹，2018）。恩格斯指出，为了达到伟大的目标和团结，为此所必需的千百万大军应当时刻牢记主要的东西，不因那些无谓的吹毛求

* 丁任重，西南财经大学全国中国特色社会主义政治经济学研究中心；张航，西南财经大学经济学院。

疵而迷失方向（马克思、恩格斯，2006）。列宁也曾指出，政治事态总是非常错综复杂的。它好比一条链子。你要抓住整条链子，就必须抓住主要环节（列宁，1984）。

在马克思主义进入中国后，以毛泽东为主要代表的中国革命者，运用马克思主义基本原理，充分结合中国的特殊国情和实践经验，形成了较为系统的具有中国特色的矛盾理论。首先，毛泽东强调了生产力和生产关系之间的矛盾、经济基础和上层建筑之间的矛盾依然是社会主义社会的基本矛盾，并且这两对矛盾始终是推进社会主义社会不断进步的根本动力。其次，毛泽东拓展了矛盾的非对抗性在社会主义社会中的运用，他指出矛盾分为对抗性矛盾和非对抗性矛盾，对抗性矛盾在阶级社会普遍存在，这种矛盾往往只能通过阶级斗争的方式解决，而社会主义的矛盾很多是非对抗性的，尤其是当人民的根本利益是一致的情况下，他可以依靠自身力量得以解决，如可以通过发展生产力，使生产力和生产关系之间的矛盾得以缓和等，而不仅仅是通过阶级斗争。再次，毛泽东进一步丰富了矛盾的特殊性理论，他指出对于中国不同阶段的矛盾要具体情况具体分析，不同事物在不同阶段，其矛盾都具有特殊性，而不同矛盾要用不同的方法加以解决。同时，将矛盾的普遍性和特殊性相结合才能更好地解决矛盾。最后，毛泽东强调解决主要矛盾以及主要矛盾的主要方面，必须要将两点论和重点论相结合（周海荣、何丽华，2018）。正是在矛盾论的指导下，中国共产党才能对中国社会主要矛盾进行更为科学和正确的论断。

（二）社会基本矛盾和社会主要矛盾

社会基本矛盾是在整个社会有机体中所有矛盾的根源，即生产力和生产关系的矛盾，经济基础和上层建筑的矛盾，这是在所有社会形态中必然存在的矛盾，它制约和影响着社会其他矛盾的运动和发展。他们之间的矛盾运动必须按照一定的规律进行，即生产关系必须适应生产力的发展，上层建筑必须适应经济基础的发展。但二者之间的适应往往是相对的、非常态的，不适应反而是绝对的、常态的，因此这一基本矛盾贯穿着所有社会形态的始终，只不过在每个社会形态的不同发展阶段其表现形式可能有所区别。

社会主要矛盾是在一定社会各种具体矛盾中居于支配地位、起着规定或影响其他矛盾的矛盾，而其他矛盾则是非主要矛盾。在不同社会形态、每个社会形态的不同发展阶段，社会主要矛盾往往都有着不同的表现形式。只有不断调整认识，才能更加科学地判断和处理在不同时期的社会主要矛盾。

研究社会主要矛盾必须联系社会基本矛盾，但二者在不同的社会形态或同一社会形态的不同历史发展阶段，其表现形式是不尽相同的，这点从中国社会主要矛盾的发展历程中可以看出。社会主要矛盾根源于社会基本矛盾，社会主要矛盾是社会基本矛盾的集中体现，但生产力和生产关系、经济基础和上层建筑之间的矛盾始终是所有社会形态中最为基本的矛盾，因此要把发展生产力作为解决社会主要矛盾的根本任务。同时，不同阶段的社会基本矛盾有其特殊性，因此也要将社会主要矛盾的定位和判断与社会的发展状况充分结合起来，进而调整指导方针与行动策略（周海荣、何丽华，2018）。

（三）社会主要矛盾和社会次要矛盾

在事物的发展过程中，不仅仅存在某一种矛盾发挥作用，可能存在多种矛盾同时发挥作用，但其中必然有一种矛盾起主要的、领导的、决定的作用，规定或影响着其他矛盾的存在和发展，即主要矛盾；而其他矛盾则居于次要和服从地位，即次要矛盾。

研究任何过程，如果是存在着两个以上矛盾的复杂过程的话，就要用全力找出它的主要矛盾。捉住了这个主要矛盾，一切问题就迎刃而解了。同时，对于“不同质的矛盾，只有用不同质的方法才能解决”（参见《毛泽东选集》第1卷，1991）。例如，无产阶级和资产阶级的矛盾，用社会主义革命的方法去解决；人民大众和封建制度的矛盾，用民主革命的方法去解决；殖民地和帝国主义的矛盾，用民族革命战争的方法去解决；在社会主义社会中工人阶级和农民阶级的矛盾，用农业集体化和农业机械化的方法去解决；共产党内的矛盾，用批评和自我批评的方法去解决；社会和自然的矛盾，用发展生产力的方法去解决。过程变化，旧过程和旧矛盾消灭，新过程和新矛盾发生，解决矛盾的方法也因之而不同。用不同的方法去解决不同的矛盾，这是马克思列宁主义者必须严格地遵守的一个原则（参见《毛泽东选集》第1卷，1991）。

另外，社会主要矛盾和社会次要矛盾并不是固定不变的，二者相互作用，相互影响，在一定条件下，二者可以实现相互转化。在二者的关系中，主要矛盾起着主导和决定性作用，同时次要矛盾也影响和制约着主要矛盾（李慎明，2018）。社会主要矛盾具有历史性和阶段性，一旦当社会主要矛盾发生变化，意味着社会发展或者革命进程来到了新的阶段。因此及时、准确地判断社会主要矛盾的变化，是政党领导革命、带领建设的核心基础。

二　中国社会主要矛盾的认识历程与特点

在不同时期，中国的社会主要矛盾是不尽相同的。随着建党以来百年的发展，中国社会主要矛盾主要经历了四个阶段，发生了三次重大的演变。首先在社会主义制度建立之前的半殖民地半封建社会，社会的基本矛盾具有对抗性，表现为激烈的阶级斗争，因而阶级斗争始终是社会的主要矛盾；其次是党的八大后，中国制定了一系列政策，开始进行社会主义建设的探索，此时社会主要矛盾变为人民对于建立先进的工业国的要求同落后的农业国的现实之间的矛盾；再次，1978年，中国开始实施改革开放政策，在党的十一届六中全会上，提出社会主要矛盾变为人民日益增长的物质文化需要同落后的社会生产之间的矛盾；最后，到2017年，中国基本经济发展水平已经得到了大幅提升，习近平总书记在党的十九大报告中指出，中国社会主要矛盾已经是人民日益增长的美好生活需要和不平衡不充分的发展之间的矛盾。

（一）社会主义制度建立前的探索

在中国共产党成立初期，中国的基本国情仍是一个半殖民地半封建的国家，因此，如何反帝反封便是革命者需要首要思考的问题。为了将马克思主义基本原理同中国具体实际相结合，中国共产党人进行了艰辛的探索。1923年，党的三大提出，半殖民地的中国，应该以国民革命运动为中心工作，以解除内外压迫（参见《中共中央文件选集》第1册，1989）。基于此，共产党与国民党展开了国共合作，一起开展了大革命。随着大革命的失败，1927年的“八七会议”过后，武装反抗国民党成了我党行动总方针，工作重心也从城市转移到了农村。

“九一八”事变后，随着日本帝国主义入侵，中国的主要矛盾转化为中华民族和日本帝国主义之间的矛盾。1934年《为中国工农红军北上抗日宣言》（以下简称《宣言》）提出：“苏维埃政府与工农红军决不能坐视中华民族的沦亡于日本帝国主义……同全中国一切武装队伍联合起来共同抗日。”《宣言》的提出，将日本帝国主义和国民党政府作为共同斗争对象，并喊出了“打倒一切帝国主义”的口号。但随着时局的发展，民族矛盾已经成为社会的主要矛盾，1935年的瓦窑堡会议确立了抗日民族统一战线策略方针。1937年《中国共产党在抗日时期的任务》指出，由于中日矛盾成为重要矛盾，国内矛盾降到次要和服从的地位而产生的国际关系和国内阶级关系的变化，形成了目前形势的新的发展阶段（参见《毛泽东选集》第1卷，1991）。可见，此时反对帝国主义成为社会主要矛盾，而国内矛盾则降为了次要矛盾。抗日战争取得胜利后，毛泽东曾在1945年指出，从整个形势看来，抗日战争的阶段过去了，新的情况和任务是国内斗争（参见《毛泽东选集》第4卷，1991）。1946年全面内战爆发后，推翻国民党的反动统治又重新成为社会的主要矛盾。在新中国成立以后，以毛泽东同志为核心的党的第一代中央领导集体继续对中国社会主要矛盾进行探索，在1949年的党的七届二中全会上，毛泽东指出，中国革命在全国胜利，并且解决了土地问题以后，中国还存在着两种基本的矛盾。第一种是国内的，即工人阶级和资产阶级的矛盾。第二种是国外的，即中国和帝国主义国家的矛盾（参见《毛泽东选集》第4卷，1991）。可见此时，工人阶级和资产阶级的矛盾、社会主义道路和资本主义道路的矛盾成为新的社会主要矛盾。再到1956年社会主义改造基本完成后，社会主义制度在中国基本建立起来，如何在一个经济文化等各方面都相对落后的大国中建设社会主义成为中国共产党面临的新的考验。

（二）党的八大：人民对于建立先进的工业国的要求同落后的农业国的现实之间的矛盾

1956年，中国的社会主义改造基本完成，剥削制度和剥削阶级已被消灭，社会基本矛盾的对抗性也基本消除，因此社会主要矛盾不再是阶级矛盾。党的八大集中提出了一系列的重要指导方针，其中包括在新的国情下，对中国社会主要矛盾的论断，党的八大提出，我们国内的主要矛盾，已经是人民对于建立先进的工业国的要求同落后的农业国的现实之间的矛盾，已经是人民对于经济文化迅速发展的需要同当前经济文化不能满足人民需要的状况之间的矛盾。这一矛盾的实质，在我国社会主义制度已经建立的情况下，也就是先进的社会主义制度同落后的社会生产力之间的矛盾（参见《中国共产党第八次全国代表大会文件》，1956）。基于对社会主要矛盾的判断，中国当前的主要任务已经不再是进行阶级斗争，而是大力发展基础工业，提高生产力水平，又快又好地将中国从一个落后的农业大国建设成为现今的工业大国。这一判断完全符合当时的基本国情，同时也意味着中国共产党迈出了进行社会主义建设的重要一步。

实践证明，党的八大关于社会主要矛盾的判断是正确的，但在随后的 20 多年里，党中央对中国社会主要矛盾的认识发生了变化，尤其是在 1957—1978 年，阶级斗争又被重新认为是社会主要矛盾。1957 年《关于正确处理人民内部矛盾的问题》中指出“我们的根本任务已经由解放生产力变为在新的生产关系下面保护和发展生产力”（毛泽东，1999）。1957 年，党的八届三中全会提出，无产阶级和资产阶级的矛盾，社会主义道路和资本主义道路的矛盾，毫无疑问，这是当前我国社会的主要矛盾（参见《建国以来重要文献选编》第 10 册，1994）。随后“左”倾思想逐渐占据主导地位，使得社会主要矛盾的认识产生了偏差，提出了“以阶级斗争为纲”的观点。正是对社会主要矛盾的错误认识，进而导致了中国经历了一系列曲折的发展，甚至使得生产力遭到严重破坏，人民生活质量和物质文化水平提升缓慢。

（三）党的十一届六中全会：人民日益增长的物质文化需要同落后的社会生产之间的矛盾

1978 年 12 月，随着党的十一届三中全会的召开，中国的历史发展进程迎来了重要的转折点。会议确定了“解放思想、开动脑筋、实事求是、团结一致向前看”的指导方针，果断放弃了“以阶级斗争为纲”的指导方针，实现了党的思想路线的拨乱反正，并将工作重心转移到了经济建设上来，全面实施“改革开放”战略。

在这一历史时期，邓小平基于毛泽东矛盾理论，进一步对中国的社会矛盾展开了深入剖析。1979 年，邓小平指出：“关于基本矛盾，我想现在还是按照毛泽东同志在《关于正确处理人民内部矛盾的问题》一文中的提法比较好。毛泽东同志说：‘在社会主义社会中，基本的矛盾仍然是生产关系和生产力之间的矛盾，上层建筑和经济基础之间的矛盾’……当然，指出这些基本矛盾，并不就完全解决了问题，还需就此作深入的具体的研究。”（参见《邓小平文选》第2卷，1994）他提出，在社会主要矛盾中，最重要的因素仍然是生产力，因此，应当把发展生产力作为建设社会主义的根本任务。他提出：“搞社会主义，一定要使生产力发达，贫穷不是社会主义。我们坚持社会主义，要建设对资本主义具有优越性的社会主义，首先必须摆脱贫穷。”（参见《邓小平文选》第3卷，1993）“社会主义的根本任务是发展生产力，逐步摆脱贫穷，使国家富强起来，使人民生活得到改善。”（参见《邓小平文选》第3卷，1993）在充分继承党的八大的会议精神后，以邓小平同志为核心的党的第二代中央领导集体对中国社会主义初级阶段的社会主要矛盾继续进行探索，邓小平指出：“至于什么是目前时期的主要矛盾，也就是目前时期全党和全国人民所必须解决的主要问题和中心任务，由于三中全会决定把工作重点转移到社会主义现代化建设方面来，实际上已经解决了。我们的生产力发展水平很低，远远不能满足人民和国家的需要，这就是我们目前时期的主要矛盾，解决这个主要矛盾就是我们的中心任务。”（参见《邓小平文选》第4卷，1994）1981年，党的十一届六中全会正式对中国的社会主要矛盾提出了新论断：“在社会主义改造基本完成以后，我国所要解决的主要矛盾，是人民日益增长的物质文化需要同落后的生产之间的矛盾。”（参见《中国共产党中央委员会关于建国以来党的若干历史问题的决议》，2009）在新的指导思想下，全国上下逐渐把工作重心转移到了经济建设上来，社会生产力进入了快速发展的道路，综合国力不断增强，国际地位不断提升，人民的物质文化生活水平不断提高。

对于这一主要矛盾的论断，主要是由中国社会主义初级阶段的基本国情所决定的。人民不断增长的物质文化需要同落后的社会生产之间的矛盾日益突出，贯穿于中国社会主义初级阶段的整个过程和社会生活的各个方面，成为社会主义初级阶段的主要矛盾。在这个主要矛盾中，矛盾的主要方面是落后的社会生产。所谓落后的社会生产，一是特指中国社会生产力还不是很发达，还没有实现现代化，社会主义的物质基础还比较薄弱，全面建设小康社会的任务还相当艰巨；二是相对于发达资本主义国家的生产力发展状况而言，中国目前的生产力水平还有相当大的差距。这就决定了中国在今后相当长的一段时期必须以经济建设为中心，各项工作都要服从和服务于这个中心。只有这样才能有效地促进各种社会矛盾的解决（刘诗白，2011）。

1992 年，党的十四大将“人民日益增长的物质文化需要同落后的社会生产之间的矛盾”这一论断正式写入党章，1997 年党的十五大指出“这个主要矛盾贯穿我国社会主义初级阶段的整个过程和社会生活的各个方面”（中共中央文献研究室，2000）。经过十年的建设，到 2007 年，党的十七大提出，中国仍处于社会主义初级阶段的基本国情没有变、现阶段我国社会主要矛盾没有变。再到 2012 年党的十八大强调了“三个没有变”，即中国仍处于并将长期处于社会主义初级阶段的基本国情没有变，人民日益增长的物质文化需要同落后的社会生产之间的矛盾这一社会主要矛盾没有变，中国是世界最大发展中国家的国际地位没有变。

（四）党的十九大：人民日益增长的美好生活需要和不平衡不充分的发展之间的矛盾

2017 年，党的十九大对中国社会主要矛盾作出了重大新论断：中国特色社会主义进入新时代，中国社会主要矛盾已经由人民日益增长的物质文化需要与落后的社会生产之间的矛盾转化为人民日益增长的美好生活需要和不平衡不充分的发展之间的矛盾。

习近平总书记强调要高度重视运用马克思主义矛盾理论来帮助分析和解决党和国家事业发展中的重大问题，要充分掌握事物矛盾运动的基本规律和原理，正确认识矛盾的普遍性、特殊性、阶段性、客观性等。“在任何工作中，我们既要讲两点论，又要讲重点论，没有主次，不加区别，眉毛胡子一把抓，是做不好工作的。”（参见《习近平谈治国理政》第2卷，2017）面对复杂形势和繁重任务，首先要有全局观，对各种矛盾做到心中有数，同时又要优先解决主要矛盾和矛盾的主要方面，以此带动其他矛盾的解决（慎海雄，2018）。

这一新论断的提出，既是对马克思主义矛盾理论的运用，也是中国社会实践的真实反映，是中国共产党在中国特色社会主义进入新时代以后，客观分析了中国社会主义现代化建设的形势和任务，对中国目前社会主要矛盾作出的新判断和新论断。社会主要矛盾的新变化来源于中国经济社会发展的新变化，来源于社会生产和社会需要的新变化。中国发展到今天，社会生产力和生产关系、经济基础和上层建筑都发生了深刻变化，主要矛盾的两个方面即人民需要和社会生产也都发生了深刻变化。

一方面，中国稳定解决了十几亿人的温饱问题，全面建成小康社会，人民的美好生活需要日益广泛，不仅对物质文化生活提出了更高要求，而且在民主、发至、公平、正义、安全、环境等方面的要求日益增长（《马克思主义政治经济学概论》编写组，2021）。从社会生产来看，中华人民共和国成立以来特别是改革开放以来，中国经济发展取得了举世瞩目的成就，中国经济总量已稳居世界第二，人均GDP已从1978年的156美元逐步跃升至2016年的超过8000美元；产品短缺已成为历史，部分领域已出现了产品过剩现象；部分产业的产量和技术水平已领先世界。因此，原先“落后的社会生产”的判断已经过时。从社会需要来看，在经济不断发展的基础上，中国综合国力和人民生活水平不断提高，正在从“基本小康”跃向“全面小康”，因而更加美好的生活自然成了人民群众的新期待，在物质与文化需要得到充分满足以后，人民群众关于民主、法治、公平、正义、安全、环境等方面的“非物质”“非文化”的需求更加突出。因此，原先“物质文化需要”的判断也已经过时。由此可见，“落后的社会生产”转变为“不平衡不充分的发展”，“物质文化需要”转变为“美好生活需要”，这些新提法、新概念涵盖面更广，也更加符合实际（丁任重，2017）。

另一方面，中国社会生产力水平总体上显著提高，社会生产能力在很多方面进入世界前列，更加突出的问题是发展不平衡不充分，这已经成为满足人民日益增长的美好生活需要的主要制约因素（《马克思主义政治经济学概论》编写组，2021）。虽然中国经济建设与经济发展取得了巨大成就，但是与人民群众“美好生活需要”相比，现在的发展仍然是“不平衡不充分的发展”。从“不平衡”来看，主要表现在：（1）城乡发展不平衡，改革开放以来中国一直重视城市作为经济中心的带动作用，城镇化率持续提高，但同时“三农”问题一直成为发展的短板。（2）区域发展不平衡，在区域经济总体布局中，区域发展分化现象日趋明显，东部地区发展仍然是领先于全国，中部和西部地区处于追赶型发展，而东北地区发展则相对滞后。（3）不同阶层的收入不平衡，在人民群众收入水平不断提高的同时，中国收入分配中的基层系数也在提高，收入分配差距有所扩大。从“不充分”来看，主要表现在以下五个方面：一是创新发展不充分，中国一直致力于建设创新型国家，也创造出了一批有影响的科技成果，如天宫、蛟龙、天眼、墨子、大飞机等，但总体上中国原始创新、基础创新仍然落后于发达国家；二是协调发展不充分，区域差距、城乡差距、产业差距等仍然较大；三是绿色发展不充分，习近平总书记提出的“绿水青山就是金山银山”的理念已经深入人心，但中国局部地区的环境污染现象仍然比较严重；四是开放发展不充分，党的十八大以来，中国对外开放步伐加快，如“一带一路”倡议持续推进，建立亚投行和丝路基金，人民币“入篮”等，但中国在重要国际组织中投票权不多，在国际市场上重要商品的定价权不多等；五是共享发展不充分，如中国目前收入分配差距过大（丁任重，2017）。

三　社会主要矛盾的研究意义

清楚认识社会主要矛盾的变化是中国共产党领导革命和带领全国人民进行政治、经济、社会、文化、生态等各方面建设的重要基础。从中国社会主要矛盾的发展历程来看，只有当我们研究清楚、正确认识了各个时期社会的主要矛盾，我们的实践活动才能是正确的、能够推动社会进步发展的，因此研究社会主要矛盾对中国的发展方向有着至关重要的引导作用。

社会主要矛盾发生变化是中国进入新时代的判断依据，是新时代开启全面建设现代化国家新征程的逻辑起点。站在全新的历史方位，中国国情已经发生了深刻变化，社会主要矛盾的两个方面，即人民需要和社会生产也都发生了深刻变化。及时、正确地对社会主要矛盾展开深入研究，有利于我们更好地认清进入新时代的判断标准，有利于正确认识人民需求和社会生产二者本身及其关系的变化特征，有利于深刻理解推进改革开放的重要性，从而更好地指导中国展开社会主义现代化建设。

（一）有利于更好地认清进入新时代的判断标准

《习近平新时代中国特色社会主义思想三十讲》指出，中国特色社会主义进入新时代“这一重大政治论断，是根据我国社会主要矛盾发生新变化作出的”（中共中央宣传部，2018），因此社会主要矛盾的转变是中国特色社会主义进入新时代的重要依据。经过几十年的社会主义改革和建设，主要矛盾的两个方面——人民需求和社会生产均发生了深刻变化。最初，受制于生产力水平发展相对落后，人民更多的是需要解决吃饱饭、穿暖衣、有屋住等问题。1956 年中国 GDP 为 1030.7 亿元，人均 GDP 仅为 165 元，第一产业增加值占 GDP 的比重为 43.07%，第二产业的占比为 27.23%（参见《中国统计年鉴》，2019）。可见在中华人民共和国成立初期，中国经济体量较小且在较大程度上依赖于第一产业，而第二产业则占比偏小。在人口基数较大、科学技术水平发展滞后的基本国情下，物资相对匮乏，尤其是工业制成品种类和数量长期处于供不应求的状态。经过 20 多年的艰辛探索和曲折发展，到 1978 年，中国 GDP 增长到 3678.7 亿元，人均 GDP 上涨到 385 元，第一产业占 GDP 的比重下降到 27.69%，第二产业的占比增长至 47.71%（参见《中国统计年鉴》，2019）。随着经济水平的逐步提升，工业化水平的不断升高，人民生活物质匮乏、工业制成品严重供不应求的状况有所改善，但人们对物质文化的丰富程度、质量提升等问题产生更多的需求，即“人民日益增长的物质文化需要”逐渐成为更为迫切需要应对的问题。

经过改革开放 40 多年的发展，中国经济发展水平迅速提升，到 2021 年，中国 GDP 已经达到 1210207 亿元，人均 GDP 上涨到 85698 元，第一产业占比下降到 7.3%，第二产业占比为 39.9%，第三产业则达到 52.8%（参见 2022 年的《中国统计年鉴》）。已经稳定解决了十几亿人的温饱问题，并实现全面小康，人民对美好生活的需要日益广泛，不仅对物质文化生活提出了更高要求，而且在民主、法治、正义、安全、环境等方面的要求也日益增长，并趋向于多样化和高质量化。进入新时代，“物质文化生活需要”已经无法再准确、全面地表达出人民的真实需求，党的十九大报告指出，我们在经济方面所面临的困难和挑战主要是民生领域还有不少短板，城乡区域发展和收入分配差距依然较大等。可见，这些问题已逐渐影响中国社会进一步发展，同时也是人民需求最为强烈的问题。若不能及时认清人民需要的转变，则可能导致作出不合时宜的决策，进而使得社会矛盾越发复杂和尖锐。

进入新时代后，人民需要已经不是只关注物质文化方面，而是对经济、政治、文化、社会和生态“五位一体建设”以及党的建设等各个方面的需求都在日益增强。例如，人民群众热切关注贪污腐败、收入差距、民生保障、公平法治、监督维权、环境保护、房住不炒、教育公平、医疗养老等多个领域。因此“人民日益增长的美好生活需要”这一新的表述更加准确、全面地表达出了人们在改革开放以来取得重大成就的基础上，对经济、政治、文化、社会、生态和党的建设等多个方面都充满了对未来生活的美好希冀（中共中央宣传部，2018；李慎明，2018）。因此，研究社会主要矛盾的变化有利于我们更加深刻地理解进入新时代的划分依据和判断标准。

（二）有利于实现更科学的供给侧结构性改革

认清社会主要矛盾的主要方面，是解决主要矛盾的必要前提。实践证明，社会主要矛盾中的人民需要和社会生产两方面，往往社会生产是主要矛盾的主要方面，而只有正确处理好社会生产这一方面，才能更好地应对和解决社会主要矛盾。认清国情，找准社会主要矛盾是帮助中国选择正确道路的必要前提，也是中国实现快速发展、实现中华民族伟大复兴的重要保障。在中华人民共和国成立初期，中国仍是个落后的农业大国，生产力远落后于先进的西方工业国；改革开放过后，中国工业化水平有所提高，但是物质文化供给仍然跟不上人民的基本需求；进入新时代，不平衡不充分的发展成了新一轮最值得关注的问题。可见，不同时代背景有着不同的社会主要矛盾，而想要解决主要矛盾，必须抓住社会生产这一主要矛盾的主要方面，进而找到解决矛盾的有效着力点。

无论在何时，生产力和生产关系、经济基础和上层建筑这两对社会基本矛盾不会变，但在不同时代有着不同的表现形式，即社会主要矛盾有所区别。在中华人民共和国成立初期，快速实现工业化，保证基本物资的供给是建设重点，因此大力发展生产力，夯实工业化基础，尽快实现从农业国向工业国的转换，是解决主要矛盾的主要途径；改革开放过后，进一步提高生产力水平，丰富物质文化的供给是建设重点；进入新时代，“落后的社会生产”已经转变为“不平衡不充分的发展”，如果再继续像原来那样只注重体量上的经济增长，已经无法再应对发生转变后的社会主要矛盾。经过改革开放40多年的发展，中国经济体量已经位居世界第二，社会生产已经彻底摆脱了贫穷落后的局面，甚至在航空航天技术、基础设施建设等多个领域已经做到了引领世界的程度。此时，正确认识到中国的社会发展已经转变成了以“不平衡不充分”为特征，是中国更有效地实现供给侧结构性改革，进而应对社会主要矛盾发生转变的重要保证。而着力解决发展不平衡不充分的根本办法就是形成以供给侧结构性改革为主线，以实体经济、科技创新、现代金融、人力资源协同发展的产业体系为支撑，以构建市场机制有效、微观主体有活力、宏观调控有度的经济体制为动力的现代化经济体系（黄泰岩，2017）。

（三）有利于深刻理解推进改革开放的重要性

通过40多年的改革开放，中国经济快速增长，人民生活水平不断提升，社会各方面都得到了长足发展，社会主要矛盾也发生了转变。主要矛盾在不同历史发展阶段有着不同的表现形式，是主要矛盾的两个方面，即人民需要和社会生产之间的关系发生变化所导致的结果。正确认识不同阶段人民需要和社会生产两方面的特征及其关系，是作出正确、恰当的政策抉择的必要前提。从“经济文化迅速发展的需要”到“物质文化需要”再到“美好生活的需要”，从解决“当前经济文化不能满足人民需要的状况”的问题到“落后的社会生产”问题再到解决“不平衡不充分的发展”问题。社会主要矛盾的变化反映了中国发展的阶段性要求，也反映了党和国家事业发展的重点要求（高培勇，2017）。尤其是进入新时代后，随着社会主要矛盾中的供求关系发生转变，主要矛盾的主要方面（即社会生产），进一步由注重物质资料生产向强调全面均衡发展转变，解决主要矛盾的着眼点由注重社会生产向凸显人民需要转变，人民需要则由生存性需要向享受性与发展性需要转变（赵中源，2018）。

进入新时代，中国要更好地应对社会主要矛盾的转变，要加快社会全方面的发展，要建设社会主义强国，就必须要继续坚持改革开放。只有不断地深化和推进改革开放，才能帮助我们更好地认识和处理社会主义市场经济中的供求关系，实现更高质量、更有效率、更加公平、更加可持续的发展，实现人的全面发展和社会的全面进步。

参考文献

《马克思主义政治经济学概论》编写组：《马克思主义政治经济学概论》，人民出版社 2021 年版。

《马克思恩格斯全集》第 38 卷，人民出版社 2006 年版。

《列宁全集》第 4 卷，人民出版社 1984 年版。

《毛泽东文集》第 7 卷，人民出版社 1999 年版。

《毛泽东选集》第 1 卷，人民出版社 1991 年版。

《毛泽东选集》第 4 卷，人民出版社 1991 年版。

《邓小平文选》第 2 卷，人民出版社 1994 年版。

《邓小平文选》第 3 卷，人民出版社 1993 年版。

《习近平谈治国理政》第 2 卷，外文出版社 2017 年版。

《中共中央文件选集》第 1 册，中共中央党校出版社 1989 年版。

《中共中央文件选集》第 9 册，中共中央党校出版社 1986 年版。

中共中央文献研究室编：《十五大以来重要文献选编》（上），人民出版社 2000 年版。

中共中央宣传部：《习近平新时代中国特色社会主义思想三十讲》，学习出版社 2018 年版。

中共中央文献研究室编：《建国以来重要文献选编》第 10 册，中央文献出版社 1994 年版。

《中国共产党第八次全国代表大会文件》，人民出版社 1956 年版。

《中国共产党中央委员会关于建国以来党的若干历史问题的决议》，人民出版社 2009 年版。

艾四林、康沛竹：《中国社会主要矛盾转化的理论与实践逻辑》，《当代世界与社会主义》2018 年第 1 期。

丁任重：《深刻领会和把握新时代我国社会主要矛盾的变化与完善我国发展模式》，《经济学家》2017 年第 12 期。

高培勇：《深刻理解社会主要矛盾变化的经济学意义》，《经济研究》2017 年第 12 期。

国家统计局编：《中国统计年鉴（2019）》，中国统计出版社 2019 年版。

黄泰岩：《社会主要矛盾的转化规律及其政策取向》，《光明日报》2017 年 11 月 21 日第 1 版。

李慎明：《正确认识中国特色社会主义新时代社会主要矛盾》，《红旗文稿》2018 年第 5 期。

李慎明：《正确认识中国特色社会主义新时代社会主要矛盾》，《红旗文稿》2018 年第 5 期。

刘诗白：《社会主义市场经济理论》，西南财经大学出版社 2011 年版。

慎海雄主编：《习近平改革开放思想研究》，人民出版社 2018 年版。

赵中源：《新时代社会主要矛盾的本质属性与形态特征》，《政治学研究》2018 年第 2 期。

周海荣、何丽华：《马克思主义社会矛盾理论视域下我国社会主要矛盾的转变》，《社会科学》2018 年第 4 期。

低碳经济

陈诗一[*]

在全球气候变化背景下，实现低碳经济转型是可持续发展的必然选择。在国内，为满足人民日益增长的美好生活需要，党和政府将生态文明建设纳入中国特色社会主义事业“五位一体”总体布局，提出“创新、协调、绿色、开放、共享”的新发展理念。在国际上，中国郑重承诺“将提高国家自主贡献力度，采取更加有力的政策和措施，二氧化碳排放力争 2030 年前达到峰值，努力争取 2060 年前实现碳中和”。这些战略举措无不与低碳经济转型发展密切相关。推进低碳经济转型发展是贯彻习近平经济思想和习近平生态文明思想的内在要求，不仅体现了党和国家以人民为中心的发展理念，而且也彰显了中国推动构建人类命运共同体的大国责任与担当。低碳经济相关问题是目前经济学前沿关注的重点和热点，2018 年诺贝尔经济学奖授予了气候变化经济学家诺德豪斯更是直接体现了这一点。低碳经济系列问题也一直为中国经济学者所关注。特别是，近年来伴随着气候变化问题日益成为全球热点问题，中国经济学者就低碳经济相关问题开展了丰富而深入的研究。这些研究立足中国现实，旨在服务中国经济社会发展的伟大实践，注重理论严谨性与政策启

* 陈诗一，复旦大学经济学院。

示性的有机融合。本文遴选相关代表性研究，从中凝练出四个方面的内容：第一，低碳经济的时代背景与基本内涵，分别对应为什么发展低碳经济以及低碳经济是什么这两个问题；第二，低碳经济的影响因素，对应什么影响低碳经济这个问题；第三，促进低碳经济转型的政策工具，对应政府如何发展低碳经济这个问题；第四，国际碳减排责任分担，对应国际社会如何发展低碳经济这个问题。本文依次介绍这四个方面的内容。

一　低碳经济的时代背景与基本内涵

人类温室气体排放大幅增加引起的全球气候变化，对人类经济社会发展与全球生态体系都构成了严重威胁。现有研究发现，如果无视全球气候变化，不从根本上改变高耗能、高排放与高污染的传统经济发展模式，那么到 21 世纪末，全球气温将至少升高 2—3℃，这将导致全球 GDP 下降 5%—10%，而贫穷国家 GDP 的降幅则甚至超过 10%（林伯强、蒋竺均，2009）。这意味着，气候变化在造成全球经济衰退的同时，还会进一步拉大国家间收入差距，加剧全球经济发展不平等。陈诗一在题为“能源消耗、二氧化碳排放与中国工业的可持续发展”的论文中实证考察了二氧化碳排放对中国经济增长的影响，研究发现对相当一部分工业行业而言，二氧化碳排放对经济增长的贡献显著为负（陈诗一，2009）。此外，Zhang 等进一步基于微观数据研究发现，若不采取有效的气候变化应对行动，到 21 世纪中叶，气候变化将导致中国工业总产值每年下降 12%（Zhang et al.，2018）。事实上，作为目前世界最大的碳排放国，应对气候变化已成为我国 2035 年基本实现社会主义现代化，2050 年全面建成社会主义现代化强国面临的重大挑战。除了对经济社会发展造成重大负面冲击，全球气候变化还会引起极端天气频发，造成生态灾难，[1] 最终危及整个人类的生存。因此，低碳经济转型发展是全球气候变化背景下人类可持续发展的必然选择（潘家华等，2010）。党和国家历来高度重视低碳经济转型发展，特别是党的十八大以来，以习近平同志为核心的党中央将绿色低碳转型发展纳入“创新、协调、绿色、开放、共享”的新发展理念之中，大力倡导“绿水青山就是金山银山”的生态文明绿色发展观，庄严承诺“双碳”战略目标。加快推进低碳经济转型发展，也是深入贯彻习近平经济思想和习近平生态文明思想、推动经济高质量发展的重要体现。

从经济学视角来看，气候具有全球公共物品的基本属性，为应对气候变化这一突出的全球性环境问题，有效缓解“公地悲剧”问题，发展低碳经济迫切需要建立国际气候变化协调机制。以《联合国气候变化框架公约》《京都议定书》《巴黎协定》等为代表的国际气候变化协调机制，基于发达国家和发展中国家“共同而有区别责任”原则来确定国家间的排放责任和减排行动。实现经济发展的低碳转型日益成为国际社会应对全球气候变化的共识。作为负责任的发展中大国，中国始终主动承担应对气候变化国际责任，当前更是大力倡导并积极推进低碳经济建设。特别是，2015 年 11 月，习近平主席在巴黎第二十一届联合国气候变化大会（COP21）上提出 2030 年相对减排目标，承诺 2030 年单位国内生产总值二氧化碳排放比 2005 年下降 60%—65%。2020 年 9 月 22 日，习近平主席在第七十五届联合国大会一般性辩论上又进一步郑重宣示：“中国将提高国家自主贡献力度，采取更加有力的政策和措施，二氧化碳排放力争于 2030 年前达到峰值，努力争取 2060 年前实现碳中和。”这些彰显了中国构建人类命运共同体的大国责任与担当，体现了中国在应对气候变化问题上的决心和雄心，同时也极大地提振了全球绿色复苏背

① 根据政府间气候变化专门委员会（Intergovernmental Panel on Climate Change，IPCC）2007 年的预测，如果全球气温上升 1.5℃以上，全球 20%—30% 的物种将面临灭绝；如果平均气温上升 3.5℃以上，全球 40%—70% 的物种将面临灭绝。

景下的气候行动信心。

尽管发展低碳经济日益成为国际社会应对全球气候变化的主渠道，但对于低碳经济的基本内涵学术界定义比较多样，并无统一的定义。一般认为，低碳经济术语最早见诸 2003 年英国能源白皮书——《我们能源的未来：创建低碳经济》。张坤民等认为，低碳经济定是以低耗能、低排放、低污染为基础的经济模式（张坤民，2008）。何建坤指出，低碳经济的本质是提高碳生产力——每排放单位二氧化碳，要生产出更多的 GDP，也就是降低碳排放强度（何建坤，2009）。林伯强则将低碳经济定义为一种既考虑发展又考虑可持续的经济增长方式（林伯强，2011）。潘家华等在《低碳经济的概念辨识及核心要素分析》这篇较有影响力的文章中系统地对低碳经济的基本内涵进行了辨析，并厘清了对于低碳经济内涵认识的误区。作者认为，低碳经济是碳生产力和人文发展均达到一定水平的一种经济形态，旨在实现控制温室气体排放全球共同愿景，并指出低碳经济应该包涵发展阶段、低碳技术、消费模式以及资源禀赋四个核心要素，同时强调低碳经济是要在保护环境气候的前提下走向富裕（潘家华等，2010）。不难发现，虽然对于低碳经济内涵具体表述存在一定差异，但是学者们普遍认同低碳经济旨在实现应对气候变化和经济发展双赢目标。陈诗一在低碳经济概念的基础上进一步界定了低碳经济转型这个概念，他指出所谓低碳经济转型就是考虑了能源和环境污染等低碳因素后的经济实际转型进程，并构建了内生于低碳转型进程的动态评估指数，基于此对改革以来中国各省级地区的低碳经济转型进程进行评估和预测（陈诗一，2012）。作者研究发现，各地区低碳转型进程有很大的差异且很多省份尚处于不稳定的初期转型阶段，各地方政府应因地制宜地制定合理的经济和环境政策来持续促进低碳经济大转型进程。近年来提出的“碳达峰”与“碳中和”这两个概念与低碳经济密切相关。所谓“碳达峰”是指二氧化碳排放进入平台期后，进入平稳下降阶段，“碳中和”则要求实现二氧化碳的“零排放”。无论是“碳达峰”还是“碳中和”，都离不开经济发展模式的低碳转型。从这个意义上来看，“碳达峰”与“碳中和”在一定程度上可视为低碳经济转型发展的中长期目标。

二　低碳经济的影响因素

低碳经济是气候变化背景下可持续发展的必然选择，那么影响低碳经济的因素具体有哪些？其中最为重要的因素又是什么？学者们对此开展了深入而细致的研究。正如何建坤所指出的那样，低碳经济的本质是提高碳生产力，降低二氧化碳排放强度（即单位 GDP 所排放的二氧化碳量）。另外，二氧化碳排放强度目标也已作为约束性指标纳入国民经济和社会发展中长期规划，《国民经济和社会发展第十四个五年规划和 2035 年远景目标纲要》提出，“十四五”时期单位国内生产总值二氧化碳排放降低 18%。采用碳排放强度作为减排目标符合中国正处于城市化、工业化这一经济发展阶段的特征（林伯强、孙传旺，2011），符合低碳经济的发展方向，有利于形成助推中国经济转型的倒逼机制和长效机制。因此，在探究低碳经济影响因素过程中，学者多以二氧化碳排放强度为研究对象。主要研究方法论包括分解分析（包括结构分解和指数分解）与计量回归分析两类，其中又以分解分析的使用居多。比较有代表性的是张友国、陈诗一、涂正革、王锋等以及张伟等的研究。

张友国基于投入产出表对中国的二氧化碳排放强度进行了结构分解（张友国，2010）。研究结论显示，经济发展方式转变使得中国 1987—2007 年 20 年间的二氧化碳排放强度下降了 66%。其中生产部门能源强度的持续下降对碳排放强度下降的贡献度超过 90%，而能源结构的变化对碳排放强度下降的贡献只有 1% 左右。也就是说，中国碳排放强度的下降主要是由能源技术进步驱动的。值得指出的是，基于投入产出表的结构分解方法能够比较充分地刻画部门、技术以及需求之间的内在关联。然而，该方法使用的是每隔几年才发布一次的投入产出表，通常只能进行跨期研究（陈诗一，2011）。

与结构分解方法相比，学者们更多地采用指数分解方法。比如，陈诗一和王锋等利用对数平均 Divisa 指数（Logarithmic Mean Divisa Index，LMDI）分解技术来考察中国二氧化碳排放强度的影响因素（陈诗一，2011b；王锋等，2013）。这两篇文章的主要区别在于分解的维度，前者基于行业维度来分解中国碳排放强度，将碳排放强度分解为能源结构效应、工业结构效应和能源强度效应，而后者则基于省份维度来分解。与张友国类似（张友国，2010），他们都发现能源强度下降是中国碳排放强度下降的主要贡献者，能源结构调整影响总体上很小，这与中国以煤炭为主的资源禀赋特征一致。陈诗一除了对中国工业碳排放强度进行分解，更为重要的是，结合改革开放以来中国经济发展进程揭示碳排放强度波动模式背后的深层次原因。他指出考虑到中国以煤为主的能源资源结构和消费结构，短期内通过调整能源结构来降低碳排放强度的潜力并不大；但长期来看，通过大力发展洁净煤技术和清洁能源以及鼓励新能源和可再生能源的开发，以煤炭为主体的能源结构将会向清洁能源结构方向发展（陈诗一，2011）。张伟等借助于 Kaya 恒等式对中国产业体系的碳排放强度进行因素分解，解析出生产技术、资本和劳动力等生产要素升级对产业体系低碳化发展的影响（张伟等，2016）。研究结论显示，中国产业体系低碳化发展是由能源结构的变化所驱动，属于能源结构变化型。涂正革注意到 Kaya 恒等式分解方法未区分碳排放量中生产部门与非生产部门的排放，他采用“电（热）分摊”的原则，将火力发电（热）企业所排放的碳分摊到使用电（热）的八大行业，更科学地核算各行业的碳排放量。基于此他进一步采用优化的 Laspeyres 方法将中国碳排放强度分解到国民经济八大行业部门，强调推动产业结构调整、能源结构优化，促进节能技术与工艺创新、走新型工业化道路，是实现中国低碳发展的必经之路（涂正革，

2012）。

除了分解分析，学者们还使用计量回归分析来考察低碳经济的影响因素。比如，林伯强和刘希颖采用宏观时间序列数据重点回归分析了中国碳排放与城市化水平间的协整关系，研究发现城市化水平每变动 1 个百分点，会引起二氧化碳排放量 0.22 个百分点的同向变动（林自强、刘希颖，2010）。再比如，李锴和齐绍洲基于省级面板数据考察了贸易开放对中国碳排放强度的影响，其研究结果显示，国际贸易对中国环境影响是负面的，贸易开放增加了中国省区的碳排放量和碳排放强度（李锴、齐绍洲，2011）。邵帅等利用省级面板数据考察了经济集聚对中国碳排放强度的影响，研究结论显示，经济集聚对碳排放强度的影响呈现非线性特征（邵帅等，2019）。微观数据可得性的增强使得学者们能够更加细致地利用回归分析来探究特定因素对低碳经济的影响。例如，陈登科将中国企业污染这一独特数据库与中国工业企业数据库以及行业关税税率数据合并，借助中国加入 WTO 准自然实验考察了贸易壁垒下降对中国环境污染的影响，研究发现，贸易壁垒下降显著减低了中国企业的煤炭强度，进而降低了与煤炭消耗密切关联的二氧化硫排放强度（陈登科，2020）。

需要指出的是，与恒等式分解分析相比，计量回归分析通常聚焦（研究者感兴趣的）特定因素对低碳经济的影响，着重探讨因果效应、揭示影响机制，其经济学含义也相对丰富。然而对于不同影响因素贡献度的比较，计量回归分析往往无能为力。另外，处理内生性问题也是回归分析非常具有挑战性的工作。

三　促进低碳经济转型的政策工具

碳排放具有明显的负外部性特征。根据经济学基本原理，这意味着在该个问题上存在市场失灵。因此，实现低碳经济转型乃至

2030 年“碳达峰”目标与 2060 年“碳中和”愿景都离不开政府相关政策的科学制定和有效实施。理论上，与行政命令式的环境规制政策相比，经济学家们往往更加青睐基于市场机制和经济激励的环境政策。一方面，行政命令式的环境规制政策固然能够在短期内达到立竿见影的减排效果，但是在长期则可能会损害经济发展，结合前文可知，这不符合低碳经济转型的内在要求。诺贝尔奖得主诺德豪斯的研究也印证了这一点，他基于动态综合气候经济模型（Dynamic Integrated Climate Economy Model，DICE）模拟分析多种环境政策发现，行政命令式的环境政策往往会显著降低社会总体福利水平（Nordhaus，1993）。另一方面，基于市场机制和经济激励的环境政策的核心出发点就是实现社会福利最大化，这是低碳经济转型题中之义。在基于市场机制和经济激励的环境政策中，环境税政策与排污权交易政策相关研究较为丰富。下面具体介绍中国经济学领域学者对这两个环境政策工具的探索与研究。

其一看环境税政策，它属于“价格型”环境政策工具，其经济学理论基础为庇古税。征收环境税的适宜税率以及征收环境税对经济和生态的影响是学者们在环境税政策问题上关注的焦点。根据环境经济学理论，实现帕累托最优的环境税税率等于庇古税，即等于环境排放物的边际减排成本（Marginal Abatement Cost，MAC）。在政策实践中，制定适宜碳税税率通常面临的一个困难是，二氧化碳边际减排成本无从观测。为此，陈诗一创新性地使用方向性距离函数（Directional Distance Function，DDF）估算了中国工业行业改革期间的二氧化碳边际减排成本，以此作为推断未来碳税征收税率大小的依据（陈诗一，2012）。作者指出，征收碳税在短期会对工业产出造成负面影响，但影响幅度很小，征收碳税促进碳排放强度降低的作用明显。另外，姚昕和刘希颖基于增长视角探讨了中国最优碳税问题，其研究结论显示，在保障经济增长的前提下，中国最优碳税是一个动态的渐进过程（姚昕、刘希颖，2010）。随着经济社会承受力不断提高，最优碳税额逐渐上升。在具体政策实施的过程中，开始实施比较低的碳税可使经济社会避免受到比较大的冲击。何建武和李善同则运用可计算一般均衡（Computable General Equilibrium，CGE）模型分析了不同环境税实施方案对于中国经济的影响，其研究结论显示，单纯地利用环境税来实现一定的减排目标将会给宏观经济带来负面影响，作者建议，在征收环境税的同时要实施相应的配套政策（何建武、李善同，2009）。杨曦和彭水军则基于国际贸易视角探讨了碳税征收对“碳泄漏”[①] 和国际竞争力的影响。他们的研究结论显示，单边碳关税不仅同时降低了发达国家和发展中国家的贸易竞争力，而且增加了碳泄漏率和各国的碳排放量，不利于贸易自由化和气候保护（杨曦、彭水军，2017）。这篇论文的政策含义是，碳税征收需要国际协调。“碳泄漏”问题不仅存在国家间，还往往存在于一国的内部。Feng 等研究发现，中国经济发达省份与经济落后省份之间存在较为突出的“碳泄漏”问题（Feng et al.，2013）。这一研究结论为中国碳税政策制定提供了新的洞见，也就是说，在碳税政策制定过程中，需要将碳排放的省际转移考虑在内。

其二看排污权交易政策，它属于“数量型”环境政策工具，其经济学理论基础为科斯定理。排污权交易政策的关键在于排污权的分配。乔晓楠和段小刚的数值模拟结果显示，碳排放权配向发达地区倾斜有利于提高企业的利润总和，但是会拉大区域间差距；而将碳排放权分配向落后地区进行倾斜，可以提升消费者福利水平和总税收、缩小区域差距，但是企业利润总额却会下降（乔晓楠、段小刚，2012）。也就是说，排污权政策的制定涉及总体效率与区际公平之间的权衡。钱浩祺等基于一个考虑技术异质性的多因素碳排放权分配模型发现，基于消费侧和生产侧的不同分配会使部分地区产生较大的分配差异，指出碳排放权分配应当注意区分消费侧和生产侧

① 所谓“碳泄漏”，是指发达国家的碳减排会引起发展中国家碳排放量的增长。

（钱浩祺等，2019）。Cao 等以中国电力部门为例基于微观数据考察了碳排放权交易政策的效果发现，碳排放权交易政策并不显著降低企业碳排放（Cao et al.，2021）。

其三看环境税政策与排污权交易政策的比较。理论上而言，对于完全竞争市场，环境税政策与排污权交易政策都能够达到帕累托最优，二者是等价的。然而，现实经济往往并非完全竞争，再加上信息不对称、产权界定成本高昂以及金融发展不完善等市场摩擦广泛存在，环境税征收政策与排污权交易政策在实践中往往具有不同的福利效应。因此，探究哪种政策更加适合中国国情也是学者们关注的重点。曹静基于 CGE 模型模拟分析指出，与碳排放权交易政策相比，碳税政策更加符合中国的国情（曹静，2009）。与此不同，吴力波等进一步考虑了省份差异，基于多区域 CGE 模型研究发现，中国各省份的边际减排成本曲线较为平缓，基于此作者认为，碳排放权交易政策更加适用于中国现阶段的实际（吴力波等，2014）。另外，石敏俊等基于动态 CGE 模型考察中国最优碳减排政策，研究发现，对于中国而言，碳税政策与碳排放权交易政策各有利弊，将二者适度结合比较适宜，这样可以在实现碳减排目标的同时降低碳减排成本（石敏俊等，2013）。

在增进社会整体福利方面，与行政命令式的环境政策相比，基于市场机制和经济激励的环境政策往往更加有效。从具体政策实践来看，为推动经济绿色低碳转型发展，中国近年来大力推行基于市场机制和经济激励的环境政策，成效显著。2011 年，中国在北京、天津、上海等地开展了碳排放权交易试点工作。经过 6 年的探索实践，2017 年正式启动碳排放权交易。2021 年，全国碳排放权交易市场上线交易，全国统一碳排放交易市场形成，为中国低碳转型发展注入了强大市场活力。碳税与碳排放权交易都是比较成熟的碳定价机制。虽然目前中国尚未正式实施碳税政策，但是开征碳税已经纳入政策讨论议题。此外，为提升市场主体低碳发展的内生动力，在新能源财政补贴、税收等传统低碳发展政策“退坡”的同时，中国积极探索实施碳积分制、碳金融等新型低碳发展政策工具。就碳积分制而言，与国外通常实施的单积分政策不同，中国实施燃料消耗量积分与新能源汽车积分的双积分政策：如果所生产的燃油车油耗高于达标值，产生负积分，反之产生正积分；若所生产的新能源汽车数量占比小于达标值，产生负积分，反之产生正积分。就碳金融政策而言，中国人民银行、财政部以及国家发展改革委等七部门联合出台了《关于构建绿色金融体系的指导意见》，明确碳金融是绿色金融体系的重要环节。相关地区和部门积极探索碳金融产品创新，落地了碳中和债、碳排放配额质押贷款、碳结构性存款等碳金融产品。

四 国际碳减排责任分担

温室气体具有全球公共物品的基本属性，实现全球经济低碳转型发展离不开应对气候变化的国际协调机制，其关键又在于构建以各国碳排放配额分配为基石的全球责任体系（丁仲礼等，2009）。《联合国气候变化框架公约》《京都议定书》《巴黎协定》等国际气候变化协定倡导“共同而有区别责任”原则。中国学者立足中国发展的现实，在应对全球气候变化国际碳减排责任分担问题上积极发出中国声音、提出中国方案，充实和深化了“共同而有区别责任”原则。相关代表性研究如下。

Pan 等以及潘家华和陈迎指出，国际气候谈判的核心问题是如何反映各国具体国情、公平地进行温室气体减排义务的分担或排放权分配，并通过相应的国际机制保障其实施（Pan et al.，2008；潘家华、陈迎，2009）。作者们尝试跳出现有气候变化国际协调机制思维模型，基于人文发展基本碳排放需求理论与方法，研究形成全球温室气体减排的碳预算方案，建议将全球碳预算总额以人均方式初始分配给每个地球村民，满足基本需求，以保障碳减排预算方案国际责任分担的公平性，并提出根据历史排放和未来需求进行碳预算转移支付。温室气体为全球公共品，会对所有人产生负外部性，从这个角度出发，国务院发展研究中心课题组认为应以“各国人均累积实际排放相等”原则来界定历史排放责任和分配温室气体未来的排放权，这实际上充实和深化了“共同而有区别责任”原则的内涵（国务院发展研究中心课题组，2009）。丁仲礼等进一步指出，“人均累计排放指标”最能体现“共同而有区别责任”原则和公平正义准则（丁仲礼等，2009）。樊纲等认为一个公平的国际碳排放责任分担框架应当充分考虑三方面的因素：第一，温室气体是存量污染物，工业革命以来，发达国家大量化石能源的燃烧是导致气候变暖的主要原因；第二，随着国际分工的日益深化，消费品的生产和消费出现地域的分离；第三，一些国家通过发行债务的方式以提高当前消费水平，引致了大量能源需求和温室气体排放（樊纲等，2010）。作者基于长期和动态视角，提出根据最终消费来衡量各国碳排放责任的理论，并建议以 1850 年以来的人均累积消费排放来作为国际公平分担减排责任与义务的重要指标。彭水军等基于多地区投入产出模型（Multi-Region Input-Output Model，MRIO）研究发现，贸易自由化的背景下存在突出的“南北国家碳排放转移”问题，美国、欧盟和日本等发达国家和地区的消费侧排放责任显著高于其生产侧排放责任，而中国、印度和俄罗斯等发展中国家则恰好相反（彭水军等，2016）。为提升减排效率、保障公平性，需要依据“生产者与消费者责任分担”原则来确定国际碳减排责任分担。

参考文献

曹静：《走低碳发展之路：中国碳税政策的设计及 CGE 模型分析》，《金融研究》2009 年第 12 期。

陈登科：《贸易壁垒下降与环境污染改善——来自中国企业污染数据

的新证据》，《经济研究》2020 年第 12 期。

陈诗一：《能源消耗、二氧化碳排放与中国工业的可持续发展》，《经济研究》2009 年第 4 期。

陈诗一：《边际减排成本与中国环境税改革》，《中国社会科学》2011 年第 3 期。

陈诗一：《中国碳排放强度的波动下降模式及经济解释》，《世界经济》2011 年第 4 期。

陈诗一：《中国各地区低碳经济转型进程评估》，《经济研究》2012 年第 8 期。

丁仲礼等：《2050 年大气 CO_2 浓度控制：各国排放权计算》，《中国科学（D 辑：地球科学）》2009 年第 39 卷第 8 期。

樊纲、苏铭、曹静：《最终消费与碳减排责任的经济学分析》，《经济研究》2010 年第 1 期。

国务院发展研究中心课题组：《全球温室气体减排：理论框架和解决方案》，《经济研究》2009 年第 3 期。

何建坤：《发展低碳经济，关键在于低碳技术创新》，《绿叶》2009 年第 1 期。

何建武、李善同：《节能减排的环境税收政策影响分析》，《数量技术经济研究》2009 年第 1 期。

李锴、齐绍洲：《贸易开放、经济增长与中国二氧化碳排放》，《经济研究》2011 年第 11 期。

林伯强：《中国低碳转型》，科学出版社 2011 年版。

林伯强、蒋竺均：《中国二氧化碳的环境库兹涅茨曲线预测及影响因素分析》，《管理世界》2009 年第 4 期。

林伯强、刘希颖：《中国城市化阶段的碳排放：影响因素和减排策略》，《经济研究》2010 年第 8 期。

林伯强、孙传旺：《如何在保障中国经济增长前提下完成碳减排目标》，《中国社会科学》2011 年第 1 期。

李锴、齐绍洲：《贸易开放、经济增长与中国二氧化碳排放》，《经济研究》2011 年第 11 期。

潘家华等：《低碳经济的概念辨识及核心要素分析》，《国际经济评论》2010 年第 4 期。

潘家华、陈迎：《碳预算方案：一个公平、可持续的国际气候制度框架》，《中国社会科学》2009 年第 5 期。

彭水军、张文城、卫瑞：《碳排放的国家责任核算方案》，《经济研究》2016 年第 3 期。

钱浩祺、吴力波、任飞州：《从“鞭打快牛”到效率驱动：中国区域间碳排放权分配机制研究》，《经济研究》2019 年第 3 期。

乔晓楠、段小刚：《总量控制、区际排污指标分配与经济绩效》，《经济研究》2012 年第 10 期。

邵帅、张可、豆建民：《经济集聚的节能减排效应：理论与中国经验》，《管理世界》2019 年第 1 期。

石敏俊等：《碳减排政策：碳税、碳交易还是两者兼之?》，《管理科学学报》2013 年第 9 期。

涂正革：《中国的碳减排路径与战略选择——基于八大行业部门碳排放量的指数分解分析》，《中国社会科学》2012 年第 3 期。

王锋、冯根福、吴丽华：《中国经济增长中碳强度下降的省区贡献分解》，《经济研究》2013 年第 8 期。

吴力波、钱浩祺、汤维祺：《基于动态边际减排成本模拟的碳排放权交易与碳税选择机制》，《经济研究》2014 年第 9 期。

杨曦、彭水军：《碳关税可以有效解决碳泄漏和竞争力问题吗？——基于异质性企业贸易模型的分析》，《经济研究》2017 年第 5 期。

姚昕、刘希颖：《基于增长视角的中国最优碳税研究》，《经济研究》2010 年第 11 期。

张伟、朱启贵、高辉：《产业结构升级、能源结构优化与产业体系低碳化发展》，《经济研究》2016 年第 12 期。

张坤民、潘家华、崔大鹏：《低碳经济论》，中国环境科学出版社 2008 年版。

张友国：《经济发展方式变化对中国碳排放强度的影响》，《经济研究》2010 年第 4 期。

J. Cao et al. , "When Carbon Emission Trading Meets a Regulated Industry: Evidence from the Electricity Sector of China", *Journal of Public Economics*, Vol. 200, 2021.

K. Feng et al. , "Outsourcing CO_2 within China", *Proceedings of the National Academy of Sciences*, Vol. 110, No. 28, 2013.

W. D. Nordhaus, "An Optimal Transition Path for Controlling Greenhouse Gases", *Resource and Energy Economics*, Vol. 15, No. 1, 1993.

J. Pan, J. Phillips, Y. Chen, "China's Balance of Emissions Embodied in Trade: Approaches to Measurement and Allocating International Responsibility", *Oxford Review of Economic Policy*, Vol. 24, No. 2, 2008.

P. Zhang et al. , "Temperature Effects on Productivity and Factor Reallocation: Evidence from a Half Million Chinese Manufacturing Plants", *Journal of Environmental Economics and Management*, Vol. 88, 2018.

现代化经济体系

张占斌　汪　彬*

现代化经济体系是党的十九大报告中首次明确提出的新概念，是根据我国经济社会发展变化做出的重大论断，是中国特色社会主义进入新时代后做出的重大战略决策，是面向“两个一百年”奋斗目标历史交汇期中华民族伟大复兴中国梦的重大战略部署。党的二十大报告和《中共中央关于制定国民经济和社会发展第十四个五年规划和二〇三五年远景目标的建议》进一步明确在2035年建成现代化经济体系。现代化经济体系是中国共产党领导下开展社会主义现代化建设、遵循经济建设规律、借鉴国际经验、立足中国国情、积极探索推进中国特色社会主义理论创新和实践路径的创造性活动，是历史逻辑、理论逻辑、创新逻辑、现实逻辑、实践逻辑与价值逻辑六大逻辑内在有机统一的整体。

一　现代化经济体系的提出

现代化经济体系是源自中国现代化的实践历程，是我国推进社会主义现代化建设进程、走有中国特色现代化道路的实践探索。现代化经济体系是中国现代化建设实践历程的历史延续，与社会主义

* 张占斌，中央党校（国家行政学院）马克思主义学院；汪彬，中央党校（国家行政学院）经济学教研部。

经济建设一脉相承，是全面建设现代化国家的重大战略方向指引。

理解现代化经济体系提出的时代背景和重大意义，首先必须要明确“现代化”这一概念，以及我国现代化的发展历程。其实，早在近代中国，晚清时期我们被动地融入全球化，洋务运动开启了中国现代化的序幕。但是，对于我国而言，从中国共产党团结带领中国人民成立中华人民共和国之后，才正式开启经济现代化建设。20世纪50年代最早提出了“四个现代化”的初步构想，1954年周恩来同志在全国人大一届一次会议上作《政府工作报告》，提出了要“建设起强大的现代化的工业、现代化的农业、现代化的交通运输业和现代化的国防”，成为中央层面最早系统地描述现代化建设的重点方向。之后1964年将“科学技术”替代了“交通运输业”内容，将“四个现代化”描述为在20世纪内全面实现农业、工业、国防和科学技术的现代化，从此“四个现代化”正式成为我国至今仍在追求实现的现代化建设的战略目标。可以说，“四个现代化”的提出反映了当时我国旨在改变中华人民共和国成立之初“一穷二白”的贫困落后面貌的迫切愿望。当时我国对于现代化的认识和理解是以西方发达国家为参照系的，即如何推进社会主义经济建设在较短的时间内摆脱贫穷落后的面貌，尽快缩小与西方发达国家的差距，甚至快速地实现“超英赶美”，使国民经济走在世界的前列。很显然，那个时代人们对于现代化的理解就是经济社会发达、人民生活水平提高的一种物质充裕的社会。

不过，现代化也是一个动态演进的过程，人们的认识也是不断变化的。随着我国经济社会的发展，尤其是改革开放40多年通过建立完善的工业体系和国民经济体系，我国经济社会发展取得了历史性成就、发生了历史性变革，已经成为世界第二大经济体、世界第一制造大国、世界第一商品进出口国，中国社会主义现代化建设进入新的里程碑。进入新时代，人民对于现代化的认识不断深化、对社会的期望更高、需求更加多元化。因而，现代化不仅仅是单一的物质充裕的社会，而是涉及民主、法治、公平、正义等人的全面发展各个方面的综合性概念。经济基础决定上层建筑。新时代人民对美好生活的需要既是生产力发展到一定水平的结果，反过来也需要深化改革，及时调整生产关系，推动生产力进一步发展才能更好地满足人民需求。对于我国而言，继续开展社会主义现代化经济建设，建立与现代化水平和人民需求相适应的经济体系也势在必行。

2017 年党的十九大明确提出了建设现代化经济体系这一重大战略目标任务，这是一个更加完善、系统地反映新时代中国社会主要矛盾变化和人民群众需求的经济建设总纲领和战略总构想，为更好地推动我国开展社会主义现代化建设和经济发展指明了方向、提供了根本遵循。

二 现代化经济体系的概念阐释

从理论逻辑来看，现代化经济体系是“现代化”与“经济体系”相融合的有机整体，现代化经济体系内涵丰富、思想深刻、体系庞大，既反映了中国经济社会发展到一定阶段所呈现的新特征、新趋势，也反映了中国进入新时代经济社会发展战略目标的重要转向，更是描绘了中国进入新发展阶段、迈上新征程后，全面建设社会主义现代化国家、实现中华民族伟大复兴中国梦宏伟蓝图的路径选择。

理解现代化经济体系就要从“现代化”和“经济体系”两个关键词加以分别考察。现代化经济体系是现代化强国的经济基础，是我党领导中国人民开展经济建设实践中创新性地提出的一个具有高度建设性的经济范畴（刘志彪，2018）。从 2017 年党的十九大报告首次提出至今已经有六年左右的时间，学术界关于现代化经济体系的研究也积累了一定的成果。由于概念创新、层次宏观、内涵丰富、体系庞大，学术界对于现代化经济体系的内涵、特征及其如何建设等问题的说法莫衷一是，仍在探讨，学者们主要围绕着现代化经济体系的时代背景、重大意义、基本内涵、内容构成、战略重点、实现路径等多个维度进行探讨和分析，在一定程度上为建设现代化经济体系指明了方向，提供了研究参考。那么，怎么从理论上理解和把握现代化经济体系？现代化经济体系提出的背后蕴含什么样的理论逻辑？国内学术界主要从马克思主义政治经济学理论（王立胜，2018；张俊山，2018；张建刚、刘刚，2018；周绍东，2019）、现代化理论（周文，2019；李文军，2018）、西方经济学（高培勇等，2019；张辉，2018）等理论视角对“现代化经济体系”进行了阐述，这对于我们理解把握这个概念的理论脉络大有裨益。

从静态和动态两个维度把握现代化经济体系概念。所谓“体系”，就是指一个整体、系统的概念，而非孤立个体的各自行为。“经济体系”则是指与经济活动相关，进而形成的有机统一整体。因此，建设现代化经济体系既是中国特色社会主义进入新时代的经济命题，也涉及现代化的系统问题（周文、包炜杰，2018）。首先，从静态来看，经济体系是一个综合性、复合型的概念，涉及经济社会活动的方方面面。习近平总书记指出：“现代化经济体系，是由社会经济活动各个环节、各个层面、各个领域的相互关系和内在联系构成的一个有机整体”（习近平，2021）。既然是一个有机整体，那么必然会牵涉到社会经济活动的各个环节、各个层面、各个领域，且相互之间存在互动关系。比如，社会化大生产就包括生产、分配、交换、流通等各个环节的活动。从空间视角看，既包括农村和城市的城乡关系，也包括东部、中部、西部、东北地区不同板块的区际关系，是由城乡区域空间范围内的经济社会活动构成的有机统一整体。其次，从动态来看，现代化经济体系是经济发展到一定阶段的结果，是生产关系不断适应生产力发展调整且社会形态不断演进的过程，是经济体系的转换过程。高培勇等（2019）认为建设现代化经济体系本质是经济体系转换的过程，是从传统经济体系转换到现代化经济体系。但是，所谓传统经济体系，并不是过时的、旧的经济体系，而是适应过去经济高增长模式的经济体系；现代化经济体系是适应高质量发展阶段的经济体系，未来必然与之匹配相应的人力资源、金融、科技、产业等要素。另外，现代化经济体系的提出本身代表了经济发展重点方向的转变，比如，冯柏等（2018）梳理概括了现代化经济体系的“六个转向”，即发展目的、发展动力、产业体系、市场环境、发展质量、管理方式六个方面的转向，这进一步加深了我们对新旧经济体系的理解和认识。

学术界对现代化经济体系的研究阐述是在中央提出这个问题、做出判断和新论断的基础上而不断深化的。关于现代化经济体系的内涵界定和内容研究分为两个阶段。第一阶段，在党的十九大报告首次提出建设现代化经济体系之后，专家学者结合学术研究重点从学理上对现代化经济体系的理论渊源、深刻内涵、实践重点等方面进行了理论阐释和内容解读。比如，很多专家学者在党的十九大之后较早地对现代化经济体系进行了内涵界定。产业体系和经济体制是现代化经济体系的基本内容，两者相互联系、相互支撑，形成统一整体，构建现代化经济体系的过程是发展与改革命题有机统一的历史过程。其中，现代化产业体系的构建要以深化供给侧结构性改革为主线，现代化的经济体系则要求社会主义基本制度与市场经济配置资源机制的有机统一。市场与政府关系的有机统一，即市场在资源配置中的决定性作用和更好发挥政府作用相结合（刘伟，2017）。季晓南（2017）在明确了体系、经济体系概念的内涵和边界的基础上，将现代化经济体系定义为由多维度、多层次的大经济子体系构成的经济大体系。现代化经济体系是由宏观调控体系、现代市场体系、现代产业体系、现代企业体系、区域经济体系、对外经济体系六大子体系以及现代创新体系构成的框架结构。张占斌、孙飞（2017）界定了现代化经济体系四个方面的科学内涵，即以新发展理念为指导、协同发展的产业体系、完善的社会主义市场经济体制和不断增强经济创新力和竞争力。应该说，这一阶段多停留在学者学术研究，偏向于自身研究方向侧重的内涵阐释，内容方面仍未达成统一的共识，但是作为中央一项重大战略决策，要落到实处，必须形成统一的认识，才能加以推进。黄群慧（2018）认为现代化经济体系是一个与高质量发展阶段相适应、具有创新力、协调平衡、以人民为中心的经济体系。建设现代化经济体系要以新发展理念为指导，要以完善社会主义市场经济体制为前提，要以提高实体经济供给质量为着力点。这一阶段学术界重点阐述现代化经济体系概念范畴的具体内涵、建设标准，以及提出现代化经济体系建设的原因。刘志彪（2018）认为建设现代化经济体系是中国特色社会主义进入新时代后我国经济建设的总纲领。现代化经济体系是融合了“经济现代化”和“现代产业体系”两大概念内涵的全新概念，是与构成现代化强国的其他要素对应的一种可以定性或定量描述经济发展水平的状态、目标和结构的概念，是指整个国家相互联系、相互影响的经济系统。黄汉权（2017）认为理解现代化经济体系要把握三个核心内涵：一是要以供给侧结构性改革为主线，把经济发展的着力点放在实体经济上，推动质量、效率和动力三个变革；二是加快建设实体经济、科技创新、现代金融、人力资源协同发展的产业体系；三是构建完善的社会主义市场经济体制。石建勋等（2018）从微观、中观、宏观三个层面界定现代化经济体系是要素现代化、产业体系现代化和经济体系现代化三者的统一。

第二阶段，经过前期国内学术界的研究铺垫，现代化经济体系的理论内涵、逻辑内容体系框架更加清晰明确，2018 年习近平总书记在中央政治局第三次集体学习时对现代化经济体系的重要性、内涵和重点工作进行了完整阐述，将现代化经济体系内涵界定为七个方面，具体包括：创新引领、协同发展的产业体系；统一开放、竞争有序的市场体系；体现效率、促进公平的收入分配体系；彰显优势、协调联动的城乡区域发展体系；资源节约、环境友好的绿色发展体系；多元平衡、安全高效的全面开放体系；充分发挥市场作用、更好发挥政府作用的经济体制。随后的诸多学者也根据中央精神对现代化经济体系展开了论证和分析。比如，高建昆、程恩富（2018）从转变发展方式、优化经济结构、转换增长动力三个维度论证了建设现代化经济体系的必要性，运用数据分析了现代化经济体系的内在结构和发展趋势，提出未来重点处理的几个关系。洪银兴（2019）认为建设现代化经济体系是现代化的行动和路径，把握现代化经济体系内涵和作用，要从现代化整体和全面建成小康社会、开启现代化新征程的衔接中定位现代化经济体系。周文（2019）从国家治理体系和治理能力现代化的角度去理解和把握，认为现代化经济体系只是国家治理体系“大体系”中的“小体系”，因为国家治理体系是涉及中国共产党领导下管理国家的制度体系和“五位一体”总体布局的所有内容，而经济体系则是经济建设的现代化问题。很显然，这一阶段的研究重点是在中央精神基础上进一步阐释解读现代化经济体系，尤其是对中央提出的七大内容体系分别展开了深入解读，另外，对中央未来落实现代化经济体系的重点任务进行分析，解决现代化经济体系未来“怎么干”的问题。

现代化经济体系的内涵十分丰富，不同主体、要素之间的内在联系和逻辑关系是什么？现有文献对现代化经济体系的内部结构和相互关系进行了研究。张俊山（2018）基于马克思主义政治经济学的社会化商品生产一般结构理论剖析现代化经济体系的内部结构和运行方式，强调建设现代化经济体系要以马克思主义的世界观、方法论及整个理论为指导思想。高培勇等（2019）创新性地阐述了现代化经济体系建设的理论逻辑，运用政治经济学和西方经济学方法，构建了现代化经济体系内部运行机制和经济体系转型内生机制的新逻辑框架。洪银兴（2019）深刻剖析了其中的内在逻辑关系，他将现代化经济体系中的“七大体系”概括为三个关键体系，即创新体系、供给体系和制度体系。对于我们更好地理解现代化经济体系的内部逻辑层次提供了新视角。也有学者重点侧重某一个视角研究探讨现代化经济体系问题。比如，研究创新与现代化经济体系的关系，创新是发展动力，是经济发展驱动力和强大引擎，如何发挥创新对于现代化经济体系的战略支撑作用（季晓南，2018；冯华、黄辰，2017）；研究工业化、制造业与现代化经济体系的关系（黄群慧，2018）；研究新发展理念与现代化经济体系的关系（刘伟，2018）；研究现代化经济体系与高质量发展的关系（邹薇，2018；周波，2018；师博，2018）；研究现代化经济体系的根本保障与制度创新（李文军，2018；沈敏，2018）。

三　建设现代化经济体系的现实意义

现代化经济体系是根据我国经济社会发展阶段做出的重大判断，是立足于我国社会主要矛盾变化、资源配置方式转化、产业体系优化、经济发展动力转变和由“先富”走向“共富”而做出的重大战略判断，是中国特色社会主义市场经济的重要内容构成，是习近平新时代中国特色社会主义思想的重要体现，也是全面建设社会主义现代化的重大路径选择。

国家强，经济体系必须强。党的十九大报告提出：“我国经济已由高速增长阶段转向高质量发展阶段，正处在转变发展方式、优化经济结构、转换增长动力的攻关期，建设现代化经济体系是跨越关口的迫切要求和我国发展的战略目标。”（习近平，2017）这既表明了现代化经济体系建设是进入新时代我国经济发展阶段的客观要求，也是未来发展战略目标的路径选择。

一是建设现代化经济体系是着眼于社会主要矛盾发生变化的客观要求。

党的十九大从认知层面做出了我国社会主要矛盾发生变化的重大判断和理论创新，那么建设现代化经济体系就是要从实践行动上解决这一矛盾。在经济发展水平较低时，我国面临的主要问题是物质匮乏、生活贫困，短缺经济是主要特征，这一时期，提升生产力水平、推动经济快速增长，解决总量性矛盾是主要任务。得益于中国共产党的坚强领导和改革开放政策正确，我国经济社会发展取得了历史性成就。如图 1 所示，从衡量经济总量的国内生产总值指标来看，1952—2020 年我国经济增长实现了历史性飞跃，创造了世界经济发展史上的“中国奇迹”，2020 年国内生产总值 101.6 万亿元，已经成为世界第二大经济体，2020 年国内生产总值约是 1952 年的 1496 倍。尤其是改革开放以来，我国国内生产总值以年均 9.0% 以上的速度高速增长，我国经济总量占全世界的比重已经由最初的 1.8% 提高到了 2020 年的 17.0% 。从人均国内生产总值看，2020 年人均国内生产总值达到 72447 元，超过 1 万美元，按照国际标准已经进入中等收入国家行列。2020 年人均国内生产总值约是 1952 年的 608 倍，人民物质生活水平得到极大提高。

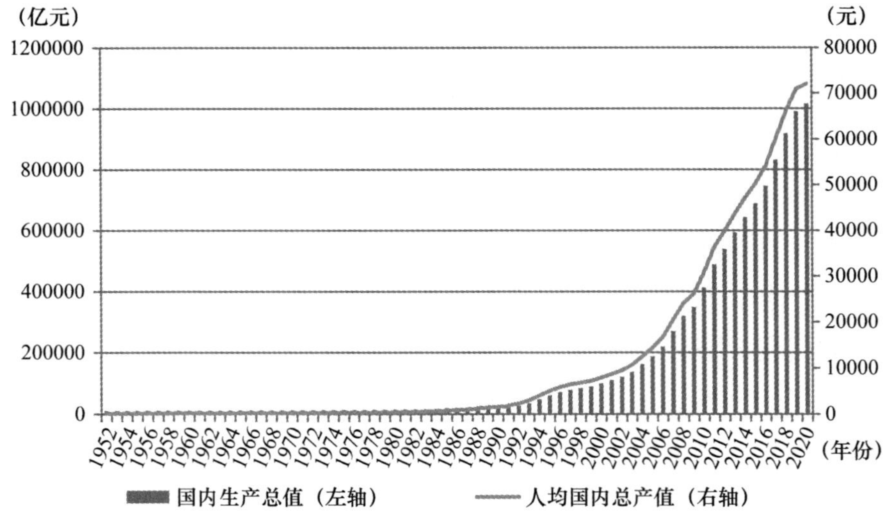

图 1　国内生产总值和人均国内生产总值

数据来源：EPS 数据库。

随着生产力水平的快速跃升，我国实现了全面建成小康社会、加速进入基本实现社会主义现代化的发展阶段，解决了经济总量的问题。进入新时代，人民需求层次不断提高，更加关注个性化、多样化的美好生活需要，社会主要矛盾已经转化为人民日益增长的美好生活需要和不平衡不充分发展之间的矛盾，供给和需求的结构性矛盾日益凸显，经济社会发展由追求数量规模迈入了提高供给质量的发展阶段。正是基于社会主要矛盾的变化，我国恰逢其时地提出了建设现代化经济体系战略目标，这就意味着经济体系建设的重点和中心工作的转向。

二是建设现代化经济体系是推动实现资源配置方式不断优化的必然要求。

现代化经济体系是适应资源配置方式变化的经济体系，主要体现为资源配置手段优化和资源配置领域变化两个方面。在传统经济体系中，资源配置手段由政府直接主导。现代化经济体系则是有效市场和有为政府相结合的资源配置方式，市场在资源配置中起决定性作用，发挥市场自由调节实现资源优化配置的主体地位，政府主要提供和创造良好的社会环境，在市场失灵的领域提供公共产品和服务，做到“不缺位、不越位、不错位”，必要时“补位”。现代化经济体系也是体现资源配置领域变化的经济系统，涉及劳动力、生产资料等资源在产业、城乡、区域和国内外不同领域之间的配置问题（王立胜，2018）。

现代化经济体系也是一个高度开放的经济体系，是统一开放、竞争有序的市场体系。如图 2 所示，笔者用外贸依存度（进出口额占国民收入的比重）来衡量对外开放程度。中华人民共和国成立之后，中国进出口贸易缓慢增长，外贸依存度相对平稳，改革开放之后一路上升，尤其是 2001 年加入世界贸易组织之后对外贸易增速显著，外贸依存度迅速上升，在 2006 年达到峰值 64.4%，之后一路下降，2020 年已经下降到了 31.9%。这正是进入新发展阶段，我们强调构建以国内大循环为主体、国内国际双循环相互促进新发展格局重大战略决策的原因之一。建设现代化经济体系就是要调动国内外两种资源、两个市场，建设更高水平的开放型经济，以国际大循环提升国内大循环的效率和水平，加快形成构建新发展格局。

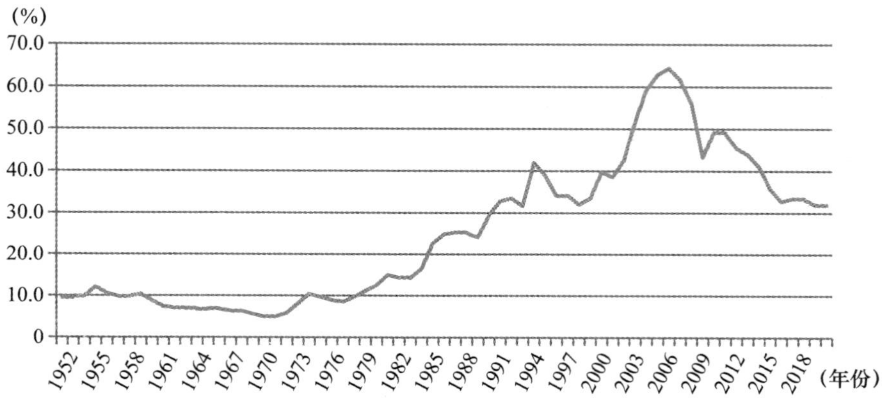

图 2　外贸依存度

数据来源：EPS 数据库。

三是建设现代化经济体系是推动产业体系迈向现代化的必由之路。

从中观层面看，产业体系是现代化经济体系的重要组成部分，没有现代化的产业体系，就不可能建成现代化经济体系。经历改革开放 40 多年的发展，我国产业发展成就显著，构建了完整的工业体系，是世界上唯一拥有联合国所有工业门类的国家，200 多种工业产品产量规模居世界首位，是名副其实的制造大国。中国经济迅速增长、产业规模不断扩张，也伴随着三次产业结构不断演变。以图 3、图 4 为例，以一二三产业增加值的占比来看，第一产业增加值占比下降迅速，第三产业增加值占比上升明显，尤其是 2015 年，第三产业增加值超过第二产业成为第一大产业。而且，从第三产业各行业增加值的占比情况来看，交通运输、仓储和邮政业，批发和零售

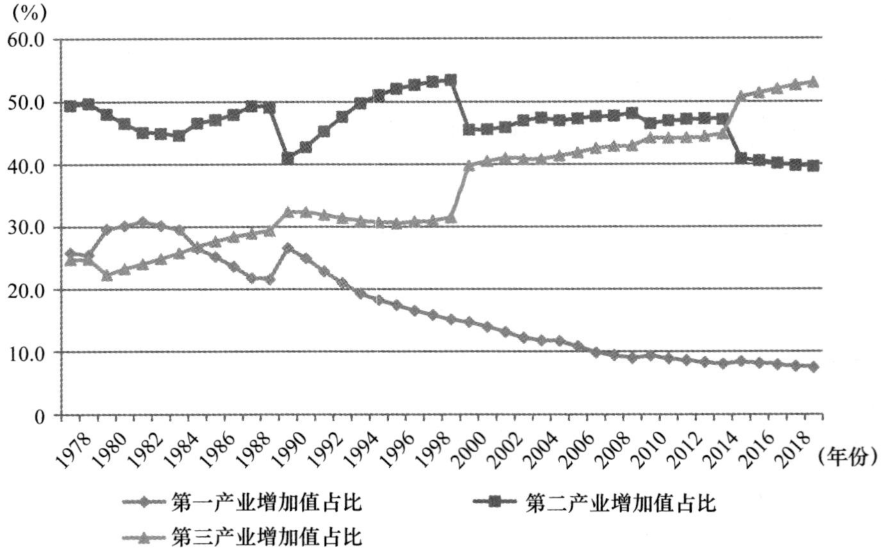

图3　三次产业增加值占比

数据来源：EPS 数据库。

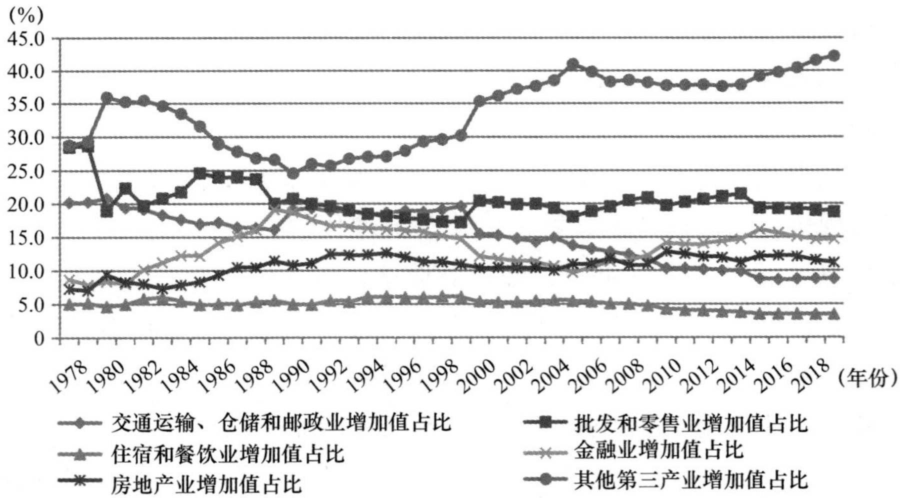

图4　第三产业各行业增加值占比

数据来源：EPS 数据库。

业，住宿和餐饮业增加值占比呈下降趋势，而金融业、房地产业和其他第三产业增加值占比呈上升趋势，这也说明传统服务业增长空间相对有限，而代表产业高级化方向的现代服务业日益发达，产业内部结构高级化趋势明显。

现代化经济体系不仅是产业总量规模跃升的过程，也是产业内部结构不断优化的过程。传统经济体系以农业、工业为主导，产业链低端、产品附加值低，各产业间关联度小、市场分割现象明显。现代产业体系则是由现代农业、现代工业和现代服务业相互关联及组成的有机整体，各产业间相互关联、相互融合，现代服务业逐渐上升为主导地位，产业融合化、产业高端化、制造业服务化趋势明显，产业转型升级呈现高端化、品牌化、融合化特征。现代化经济体系强调发展质量，提升结构高度，是协调发展的现代化产业体系。党的十九大报告提出：要“着力加快建设实体经济、科技创新、现代金融、人力资源协同发展的产业体系”（习近平，2017）。体现了建设现代化经济体系就是要打造产业融合、要素协同的现代产业体系，推动产业体系转型升级和产业体系高级化将是建设现代化经济体系的重点内容。

四是建设现代化经济体系是实现经济社会高质量发展的必然要求。

建设现代化经济体系是推动经济高质量发展的题中之义。在传统经济体系中，主要是以要素投入驱动为主的粗放型发展模式，在经济发展的起飞阶段，发展中国家主要利用土地、劳动力等廉价的要素资源作为投入要素发展经济，实现经济崛起和腾飞。然而，随着要素规模报酬递减，经济增长速度日渐式微、竞争力弱化、产业低端化，经济发展的动力日趋衰竭，迫切需要寻求发展新动能，激发经济社会发展潜能。在现代化经济体系中，科学技术成为推动经济社会发展的主要驱动力，当前我国已经迈入了高质量发展阶段，已经深刻地改变了以传统要素驱动为主的经济发展模式，以科技创新为支撑的战略新兴产业逐步成为经济发展的主渠道，建立现代化经济体系不仅是实现资源的最大化利用，也是促进经济高效率发展。如图 5 所示，代表科技创新投入强度的 R&D 经费支出由 1995 年的 348.69 亿元增长到 2020 年的 24426 亿元，增长了约 69 倍，R&D 经费支出占 GDP 的比重也由约 0.6% 上升到 2.4%，科技创新推动经济增长的作用日益凸显，创新引领成为推动现代化经济体系建设的战略支撑。

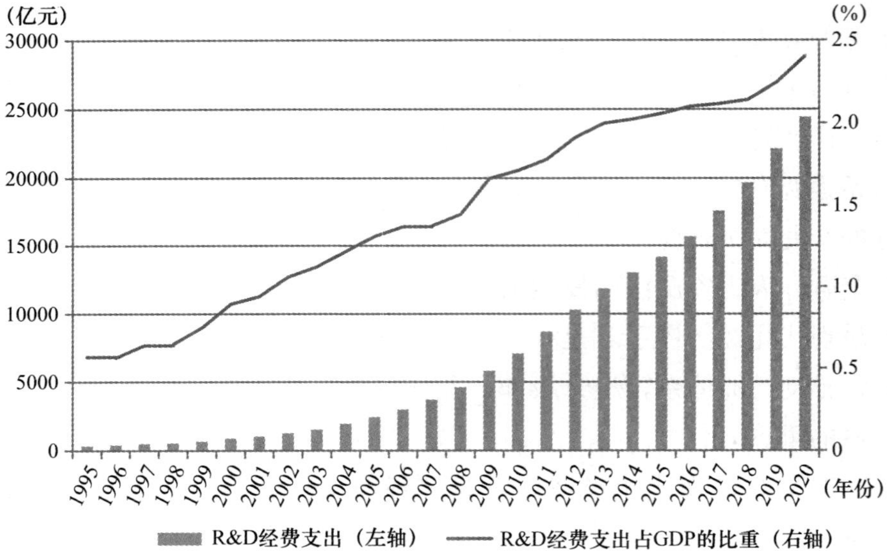

图 5　全国 R&D 经费支出和占 GDP 的比重

数据来源：国家统计局。

五是现代化经济体系是由“先富”走向“共富”的必然途径。

改革开放初期，党的领导人审时度势，立足我国经济社会发展普遍比较落后的国情，采取了非均衡发展战略，允许一部分地区先富起来，以先富带动后富，最终实现共同富裕。应该说，经历改革开放 40 多年，在党的坚强领导和全国各族人民的艰苦奋斗下，我国经济社会发展取得了巨大成就。但是，与此同时，区域差距、贫富差距问题日益凸显，资本积累的负面效应逐渐显现，发展不平衡问题成为制约经济社会发展的主要瓶颈。基尼系数是世界通用的衡量贫富差距问题的指标，如图 6 所示，我国 2003—2019 年全国居民收入基尼系数总体上还处于较高的水平，最高时达到 0.491，接近国际警戒线（0.5）。现代化经济体系的重要内容之一就是要建设体现效率，促进公平的收入分配体系，实现收入分配合理、社会公平正义、全体人民共同富裕。因此，要深化收入分配制度改革，建立合理的收入分配制度，调节过高收入，扩大中等收入群体比例，保障和提高低收入群体收入，缩小贫富差距，在推进基本公共服务均等化基础上实现社会公平正义。

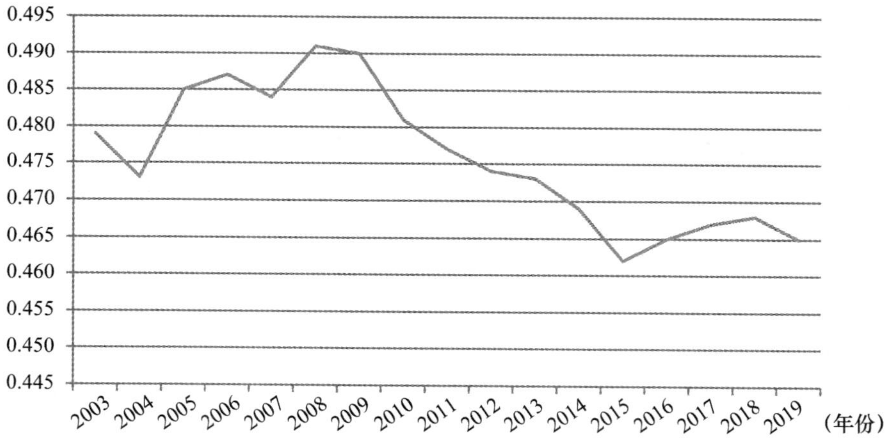

图 6　2003—2019 年全国居民收入基尼系数

数据来源：中国住户调查年鉴。

四　建设现代化经济体系的主要任务

现代化经济体系既是对经济体系发展进程的重大判断，也是未来经济体系建设目标的方向锚定。根据习近平总书记在中央政治局集体学习会议上的讲话精神以及现有文献关于现代化经济体系的研究，未来重点建设内容主要包括五大方面。

一是大力发展实体经济，筑牢现代化经济体系的坚实基础。实体经济是我国经济发展的基础。习近平总书记十分重视实体经济，一直将发展实体经济视为经济工作的重中之重，在不同场合多次强调“实体经济是一国经济的立身之本，是财富创造的根本源泉”（习近平，2021）。“实体经济是大国的根基，经济不能脱实向虚。”发展实体经济要保持制造业比例基本稳定。党的十九届五中明确提出“坚定不移建设制造强国”“保持制造业占比基本稳定，巩固壮大实体经济根基”。一方面，制造业是立国之本、强国之基、兴国之器，在推动经济增长、解决就业、增加税收、保障安全等方面起着举足轻重的作用。另一方面，反观世界产业发展史，现代化强国都是制造业发达的强国，制造业的竞争力决定了一个国家的产业竞争力和世界地位。此外，近些年西方发达国家的产业空心化所引发的虚拟经济泡沫化负面效应，给我们提供了深刻的经验教训，制造业弱化容易造成内部阶层分化和贫富差距扩大等问题，进而导致社会撕裂和国内矛盾的激化，如果一味地强调去工业化，整个国家和社会将付出惨重代价。发展实体经济要提高制造业国际竞争力。制造业是实体经济发展的根本，是各国竞争的主战场。要坚持把发展经济着力点放在实体经济上，脚踏实地，一步一个脚印，产业结构优化不应操之过急或者盲目跟风，要推动科技与实体经济的有机结合，发展更加高效、更加多元的实体经济新模式，促进先进制造业和现代服务业深度融合，要加快推进制造强国、质量强国建设，政府制定振兴实体经济规划，为经济发展提供资金、技术、环境支持和政策保障，倡导脚踏实地、勤劳肯干的良好社会新风尚，防止经济脱实向虚。发展实体经济要提高金融服务实体经济能力。强化现代金融对实体经济的基础支撑引领作用，深化金融体制改革，增强金融服务实体经济能力，提高直接融资比重，促进多层次资本市场健康发展。习近平总书记提出：“经济是肌体，金融是血液。”（习近平，

2019）“为实体经济发展创造良好金融环境，疏通金融进入实体经济的渠道，积极规范发展多层次资本市场，扩大直接融资，加强信贷政策指引，鼓励金融机构加大对先进制造业等领域的资金支持，推进供给侧结构性改革。”（习近平，2017）

二是加快实施创新驱动发展战略，强化现代化经济体系的战略支撑。“创新是引领发展的第一动力，是建设现代化经济体系的战略支撑。”（习近平，2017）创新是推动经济高质量发展的根本动力，是决定现代化经济体系质量和效率的关键因素。建立现代化经济体系重点是要建设创新型国家。针对基础研究薄弱的问题，瞄准世界科技前沿，加强基础研究投入，突破重大原创成果。针对“卡脖子”问题，加强应用基础研究，实施国家重大科技项目、关键共性技术攻关工程，实现前沿引领技术、现代工程技术和颠覆性技术创新。深化科技体制改革，建立以企业为主体、市场为导向、产学研深度融合的技术创新体系，加强对中小企业的创新支持和知识产权保护。重视创新型人才培养，内培外引，打造一大批具有国际水平的科技人才和高水平创新团队。建立现代化经济体系也要从构建现代产业体系入手。构建产业体系要从微观的产品创新层面、生产组合、要素投入和产业协同四个方面系统推进。一是产品创新层面。供给创造需求，创新产品和服务，以多样化的产品和服务推动消费的跃升。二是生产组合层面。通过创造出新的生产方式和手段，推动和实现资源的优化配置。三是要素投入层面。通过提高投入要素的质量和效率，提升全要素生产率。四是产业协同层面。过去，我国经济发展缺乏清晰的产业发展逻辑，各产业部门相对孤立，缺乏产业协同效应。现代化产业体系就是要有效地组织整合资源，促进产业协调融合发展，达到 1 + 1 > 2 的更加科学和高效率的发展阶段。

三是积极推动城乡区域协调发展，优化现代化经济体系空间布局。现代化经济体系也必然是空间结构优化的经济体系。从空间治理层面看，区域经济体系既包括不同区域之间的联系和相互作用，也包括城乡之间的联系和相互作用。按照国土空间开发保护新格局的战略目标要求，发挥城市化地区、农产品主产区、生态功能区三类不同地区的比较优势。城市化地区作为产业和人口集聚的优势地区，要进一步增强要素集聚功能，提高承载能力，促进国民经济发展。农产品主产区要增强农业综合生产能力，重点保障国家粮食安全。生态功能区要发挥涵养水源、保持水土的功能，重在修复和保护生态环境。构建高质量发展的区域经济布局和国土空间支撑体系，推动形成主体功能明显、优势互补、高质量发展的国土空间开发保护新格局。实施区域总体发展战略，通过建立健全区域战略统筹、市场一体化发展、区域合作互助、区际利益补偿等更加有效的区域协调发展新机制，促进东部、中部、西部、东北地区不同区域板块之间的协调发展。实施区域重大战略，以城市群一体化和都市圈协同发展为重点，打破行政区壁垒，促进区域间良性互动和融通。统筹城乡关系，以工补农、以城带乡，健全城乡要素自由流动机制，促进城乡一体化发展和良性互动。扎实推进农业农村改革，实施乡村振兴战略，坚定走农业现代化道路，推进以人为核心的新型城镇化，加快农业转移人口市民化，形成以城市群为主体构建大中小城市和小城镇协调发展的城镇格局。

四是着力发展开放型经济，提高现代化经济体系的国际竞争力。开放带来进步，封闭必然落后，这是亘古不变的道理。现代化经济体系也必然是全方位对外开放的经济体系。要秉持更加开放包容的心态，积极推动国内外相互交流，要不断扩大和提升对外开放的范围、领域和层次，发展更高水平的开放型经济，积极推动中国经济走出去，参与全球经济治理，推动“一带一路”高质量发展，不断提升全球经济治理和资源配置能力。在经济全球化的浪潮下，继续坚持实施“引进来”和“走出去”的双向开放策略，增强全球资源配置能力和水平，为我国现代化经济发展注入新鲜活力。全面提高对外开放水平，推进贸易和投资自由化、便利化，推动由商品、要素流动型开放向规则、规制、管理、标准等制度型开放转变。“统筹推进各类开放平台建设，打造开放层次更高、营商环境更优、辐射作用更强的开放新高地。完善自由贸易试验区布局……稳步推进海南自由贸易港建设……创新提升国家级新区和开发区，促进综合保税区高水平开放，完善沿边重点开发开放试验区、边境经济合作区、跨境经济合作区功能，支持宁夏、贵州、江西建设内陆开放型经济试验区”（《中华人民共和国国民经济和社会发展第十四个五年规划和2035年远景目标纲要》，2021）。

五是深化经济体制改革，完善现代化经济体系的制度保障。体制机制障碍是制约和阻碍现代化经济体系建设的重要因素，必须用改革的办法推进现代化经济体系建设。加快完善社会主义市场经济体制，破除各方面的体制机制障碍，激发全社会创新创业活力，着力构建市场机制有效、微观主体有活力、宏观调控有度的经济体制。完善产权制度和要素市场化配置，实现产权有效激励、要素自由流动、价格反应灵活、竞争公平有序、企业优胜劣汰。健全以公平为原则的产权保护制度，坚持以公平为核心的原则，依法保护各种所有制经济产权和合法利益。深化农村土地制度改革，实行所有权、承包权、经营权“三权分置”，解决土地要素优化配置问题。完善知识产权保护制度，完善和细化知识产权创造、运用、交易、保护制度规则，细化知识产权创造制度规则。完善全面落实公平竞争审查制度的政策框架。构建一个公平开放透明的市场环境，为各类企业平等参与市场竞争创造良好条件。放开市场准入，营造市场经济公平竞争的环境，加快公共服务体系建设，支持建立面向微观企业的共性技术服务平台，积极发展技术市场，为企业自主创新提供技术支持和专业化服务。转变政府职能，打破各种各样的“卷帘门”“玻璃门”“旋转门”。保证各类市场主体依法平等使用生产要素，着力解决融资难、融资贵问题，健全完善金融体系，提供可靠、高效、便捷的金融服务。着力减轻企业税费负担，进一步清理、精简涉及民间投资管理的行政审批事项和涉企收费，规范中间环节、中介组织行为，减轻企业负担，降低企业成本。

五　现代化经济体系的理论创新价值

从创新逻辑看，现代化经济体系是遵循现代化的一般性规律，坚持马克思主义基本原理与中国国情相结合的理论创新，也是建构中国特色社会主义经济理论的过程。

现代化经济体系是马克思主义政治经济学中国化的“第三次飞跃”。从马克思主义政治经济学视角看，现代化经济体系是社会形态的演进方向，推动社会主义市场经济体制向现代经济体系演进是马克思主义政治经济学中国化理论的第三次飞跃的标志性成果之一（王立胜，2018）。现代化经济体系是“新阶段的新跨越”，跨越的本质是生产力进步，跨越的方式是各部门协同发展，跨越的背景是改革开放的新阶段（张建刚、刘刚，2018）。建设现代化经济体系，要进一步提升生产力水平，协同推动生产方式演进和生产关系变革（周绍东，2019）。现代化经济体系也是中国特色社会主义理论创新的体现。建设现代化经济体系是在中国特色社会主义发展的新时代对现代化认识的深化基础上提出的（张俊山，2018）。刘志彪（2018）认为建设现代化经济体系不仅是重大实践任务，更是经济理论的重大创新，主要体现在对发展经济学、产业经济学、现代经济增长理论的贡献和创新上，进一步丰富了中国特色社会主义经济理论，在建设现代化经济体系的过程中将重新思考以往来源于西方经济实践的理论命题，并结合中国国情和实际，在解决新问题的过程中不断发现新规律，不断进行理论和实践创新。现代化经济体系是从系统论出发，既是对现代化社会生产的科学把握，也是对中外现代化发展道路的经验进行科学总结后得出的结论，这是不同于西方发达资本主义国家的经济体系（沈文玮，2018），是渗透着中华民族的张力和“中国特色”的现代化经济体系（洪银兴，2019）。

那么，现代化经济体系作为现代化制度体系的重要组成部分，具有怎样的特点？中国提出的现代化经济体系与西方国家的经济体系有什么联系和区别？现代化经济体系是不是中国所独有的？国内学者对以上这些问题展开了探讨和研究。他们认为无论从概念内涵还是外延上看，中国的现代化与西方现代化均存在较大差异，不能机械地把两者对标，所以不能将现代化经济体系简单理解为已经实现现代化国家的经济体系，建设现代化经济体系是吻合并服务于中国现代化进程，并成为跨越发展的关口。另外，由于中国与西方的现代化经济体系存在着生产力水平和国家社会属性的不同，衡量中国和西方现代化经济体系的标准不能简单地使用“先进”“领先”等优劣判断，不能一概而论，而主要看是否有助于推动现代化经济的建设和发展（周文，2019）。

应该说，经过中央层面的全面阐述和学术界的系统解读，我们对于现代化经济体系的认识逐渐深入，也达成了较为统一的共识，正如习近平总书记所说：“我们建设的现代化经济体系，要借鉴发达国家有益做法，更要符合中国国情、具有中国特色。”（中共中央宣传部，2019）因此，中国的现代化经济体系是反映生产力和生产关系互动关系、借鉴西方现代化国际经验和探索中国特色社会主义现代化道路相统一的经济体系，这是现代化经济体系的三大鲜明特征。

现代化经济体系是生产力和生产关系协调一致、良性互动的经济体系。经济体系是一定生产方式的具体存在，它体现着人类在社会历史发展到一定阶段对科学技术的掌握和对社会经济规律的认识，经济体系的现代化包含技术现代化和结构现代化两个方面（张俊山，2018）。现代化经济体系本质上体现的是生产力和生产关系的良性互动，生产力的发展跃升需要生产关系和制度环境做出相应的调整，进入新时代，我国对社会主要矛盾做出的重大判断是基于对生产力水平的准确判断，由此提出相应的行动策略，即建设现代化经济体系，这正体现了生产力发展到一定水平和阶段，需要对生产关系做出及时调整。所以，在推进现代化经济体系建设的过程中，我们就要不断地深化改革，推进经济体制改革，破除阻碍生产力发展的体制机制障碍，使经济体系不断适应社会主义生产力的发展。

现代化经济体系是一个参考借鉴西方现代化进程国际经验的经济体系。现代化最早源自西方，是用来描述发达国家现代经济增长的历史进程，是发展中国家以发达国家的现代化进程为蓝本而形成的现代化概念，从理论上看，现代化进程就是经济文化相对落后的发展中国家追赶先行现代化国家的过程（周文，2019）。对于中国而言，探索社会主义现代化建设也是以西方现代化发展道路为参照系的发展过程。工业化、城镇化、信息化，这些推动人类社会共同进步和现代化进程的经济建设战略，是世界各国经济体系现代化演进的客观规律和共性特征，中国也是在学习西方现代化过程中发展起来的。西欧现代化进程中的国家传统和美国现代化进程中的制造业传统为中国现代化提供了经验借鉴，“中国奇迹”背后蕴含着政府与市场关系的逻辑，中国建设现代化经济体系要凸显国家主体性、强化社会主市场经济体制以及发展以制造业为核心的实体经济（周文、包炜杰，2018）。另外，学者们还强调在建设中国特色社会主义现代化经济体系中一定要秉持对外开放，学习和借鉴国外现代化建设的有益经验，将国外经验融入现代化经济体系建设中（张俊山，2018）。

现代化经济体系是源于中国国情、根植中国大地的中国特色经济体系。建设现代化经济体系是中国特色社会主义进入新时代后我国经济建设的总纲领（刘志彪，2018），它体现着中国国情和中国人民在现代化建设上的历史经验（张俊山，2018）。从中国现代化伟大成功实践来看，中国现代化道路源于中国国情、根植中国大地（周文，2019）。对于经济体系建设而言，中国进行的现代化探索是立足自身国情基础上的实践历程。从理论基石上看，我们坚持马克思主义基本理论，并与中国国情相结合，提出有中国特色的社会主义理论。所以，中国的现代化经济体系也绝不是跟随和完全照抄照搬西方现代化的经济体系，是对现代西方经济学的理论超越和突破。经济体系作为现代化体系的构成内容之一，现代化经济体系是立足中国国情和中国特色的现代化经济体系。坚持走中国特色的社会主义道路，构建中国特色社会主义市场经济理论，同时也为丰富发展中国家的经济理论和实现现代化提供了全新路径选择。

习近平总书记在党的十九大报告中提出：中国特色社会主义“给世界上那些既希望加快发展又希望保持自身独立性的国家和民族提供了全新选择，为解决人类问题贡献了中国智慧和中国方案”（习近平，2017）。经济基础决定上层建筑，很显然，现代化经济体系作为中国特色社会主义内容中经济建设板块的重中之重，是历史、理论和实践逻辑相统一的经济系统，将是推动中国现代化建设的重大战略目标任务，将为世界上的其他发展中国家提供经济路径选择。同时，中国也将探索一条超越西方经济学语境下的经济发展路径，为其他国家提供参考借鉴。探究中国经济发展的历史成就中提炼总结经验做法，从中国“经济奇迹”背后所蕴含的经济规律、实践做法，为其他发展中国家进行经济建设和构建经济体系提供经验借鉴和模式参考。

中国开展的现代化建设走的是一条既借鉴国际经验，又有别于西方国家，既遵循客观规律，又结合中国国情的中国式现代化道路。建设现代化经济体系的提出，体现了中国经济转型发展所经过的实践历程，如何由“一穷二白”烂摊子的低水平发展中国家快速成长为世界上的第二大经济体，在成长的过程中必然涉及经济体系的转型发展，其背后也蕴含了资源要素配置方式改变、经济发展方式转换等客观规律。厘清中国经济体系的转换将为世界上其他发展中国家提供经验借鉴，如何在经济转型发展进程中提出经济体系转换的重大战略决策，将更加有效地发挥政府政策对经济的有效推动作用。比如，如何在短缺经济条件下，提高储蓄率和投资率，快速推动经济增长，做大经济总量。

现代化经济体系既是一个具有中国特色、兼具现代化一般规律共性特征的经济体系，也是探索中国式现代化道路的重要组成部分。现代化经济体系，于中国本国而言，是对于经济体系的全新判断，是进入新时代中国特色社会主义经济体系的转折，意味着未来经济体系建设的重点方向和侧重点将与以往不同。对于其他国家而言，现代化经济体系是开启中国特色社会主义市场经济理论和实践的新篇章，是探索经济体系建设的中国样本，既是体现中国国情的中国特色社会主义理论体系，也是经济理论创新的实践。比如共享型分配理论、市场与政府关系、“绿水青山就是金山银山”的生态经济理论、“一带一路”倡议、人类命运共同体的开放型经济发展理论。同时，现代化经济体系也是世界发展经济学理论体系的重要组成部分，是个性与共性的统一。

很显然，现代化经济体系是中国迈向社会主义现代化国家的经济支撑体系，是推进经济高质量发展的重要战略目标，自20世纪50年代我国提出“四个现代化”战略目标，到20世纪末提出的“两个一百年”奋斗目标，中国现代化进程总是伴随着经济现代化发展不断演进，经济体系的建设也日臻完善。

当然，中国的现代化经济体系绝对不是一步到位的经济体系，而是在发展过程中不断完善、不断强大的经济体系（周文，2019）。作为一个全新的理论概念和实践体系，现代化经济体系提出的时间不久，关于现代化经济体系的理论基础、内涵标准、评价指标、发展路径、与西方经济体系的关系，这些问题都有待进一步深入探讨和研究。

参考文献

习近平：《金融活经济活金融稳经济稳　做好金融工作维护金融安

全》，《人民日报》2017 年 4 月 27 日。

习近平：《论把握新发展阶段、贯彻新发展理念、构建新发展格局》，中央文献出版社 2021 年版。

习近平：《决胜全面建成小康社会　夺取新时代中国特色社会主义伟大胜利——在中国共产党第十九次全国代表大会上的报告》，人民出版社 2017 年版。

习近平：《深化金融供给侧结构性改革　增强金融服务实体经济能力》，《人民日报》2019 年 2 月 24 日。

中共中央宣传部编：《习近平新时代中国特色社会主义思想学习纲要》，学习出版社、人民出版社 2019 年版。

《中华人民共和国国民经济和社会发展第十四个五年规划和 2035 年远景目标纲要》，人民出版社 2021 年版。

冯柏、温彬、李洪侠：《现代化经济体系的内涵、依据及路径》，《改革》2018 年第 6 期。

冯华、黄辰：《创新引领发展和支撑现代化经济体系建设的作用分析》，《国家行政学院学报》2017 年第 6 期。

高建昆、程恩富：《建设现代化经济体系　实现高质量发展》，《学术研究》2018 年第 2 期。

高培勇等：《高质量发展背景下的现代化经济体系建设：一个逻辑框架》，《经济研究》2019 年第 4 期。

洪银兴：《建设现代化经济体系的内涵和功能研究》，《求是学刊》2019 年第 2 期。

黄汉权：《构建现代化产业体系是建设现代化经济体系的重头戏》，《经济研究参考》2017 年第 63 期。

黄群慧：《浅论建设现代化经济体系》，《经济与管理》2018 年第 1 期。

黄群慧：《以高质量工业化进程促进现代化经济体系建设》，《行政管理改革》2018 年第 1 期。

季晓南：《加强现代化经济体系的理论和实证研究》，《行政管理改革》2017 年第 12 期。

季晓南：《充分发挥创新对现代化经济体系的建设的战略支撑作用》，《北京交通大学》（社会科学版）2018 年第 2 期。

李文军：《论建设现代化经济体系的核心任务与根本保障》，《经济纵横》2018 年第 6 期。

刘伟：《坚持新发展理念，推动现代化经济体系建设——学习习近平新时代中国特色社会主义思想关于新发展理念的体会》，《管理世界》2017 年第 12 期。

刘伟：《进入新时代的中国经济与世界经济》，《政治经济学评论》2018 年第 4 期。

刘志彪：《建设现代化经济体系：基本框架、关键问题与理论创新》，《南京大学学报》（哲学 · 人文科学 · 社会科学）2018 年第 3 期。

刘志彪：《建设现代化经济体系：新时代经济建设的总纲领》，《山东大学学报》（哲学社会科学版）2018 年第 1 期。

沈敏：《现代化经济体系的双引擎驱动：技术创新和制度创新》，《财经科学》2018 年第 8 期。

沈文玮：《建设现代化经济体系的理论与实践认识》，《中国特色社会主义研究》2018 年第 2 期。

师博：《论现代化经济体系的构建对我国经济高质量发展的助推作用》，《陕西师范大学学报》（哲学社会科学版）2018 年第 3 期。

石建勋、张凯文、李兆玉：《现代化经济体系的》，《财经问题研究》2018 年第 2 期。

王立胜：《从不发达的商品经济到现代化经济体系——马克思主义政治经济学中国化的三次飞跃》，《内蒙古社会科学》（汉文版）2018 年第 8 期。

张辉：《建设现代化经济体系的理论与路径初步研究》，《北京大学学报》（哲学社会科学版）2018 年第 1 期。

张建刚、刘刚：《建设现代化经济体系的政治经济学探析》，《山东社会科学》2018 年第 5 期。

张俊山：《对新时代中国特色社会主义现代化经济体系建设的几点认识》，《经济纵横》2018 年第 2 期。

张占斌、孙飞：《建设现代化经济体系　引领经济发展新时代》，《中国党政干部论坛》2017 年第 12 期。

周波：《如何看待建设现代化经济体系与高质量发展》，《国际贸易问题》2018 年第 2 期。

周绍东：《现代化经济体系：生产力、生产方式与生产关系的协同整体》，《中国高校社会科学》2019 年第 1 期。

周文：《建设现代化经济体系的几个重要理论问题》，《中国经济问题》2019 年第 9 期。

周文、包炜杰：《国家主体性、国家架构与建设现代化经济体系——基于西欧、美国与中国的现代化发展经验》，《经济社会体制比较》2018 年第 5 期。

邹薇：《建设现代化经济体系，实现更高质量发展》，《学术前沿》2018 年第 1 期。

国有企业分类改革论

黄群慧*

一 引言

对中国经济学研究者而言，如果绕开对中国国有企业改革发展问题的理论认知和实践了解，就很难说对中国经济问题与中国经济学发展有了全面认识。1978 年以来，国有企业改革一直是中国经济体制改革的中心环节，而对于从计划经济体制转向市场经济体制的中国经济而言，国有企业改革发展问题成为中国经济和中国经济学关注的重大问题。

中国国有企业改革发展是一个独特的经济现象，一方面在从计划体制向市场体制转型过程中，中国国有企业改革的确借鉴了诸如产权理论、委托代理理论、企业交易费用理论等市场经济条件下的现代企业理论；另一方面，中国建设的是社会主义市场经济体制，坚持以马克思主义政治经济学为指导，必须保证公有制经济主体地位，国有企业改革深化更多是问题导向的“摸着石头过河”的不断探索的结果。将社会主义与市场经济体制结合是中国共产党的伟大创举，而其中如何确定国有企业在社会主义市场经济体制中的地位和作用，则是至关重要的。

* 黄群慧，中国社会科学院经济研究所。

从一统的计划经济体制转向社会主义市场经济体制，国有企业改革经历了从放权让利到转换企业经营机制、建立现代企业制度与国有经战略性调整、改革国有资产管理体制和新时代全面深化国有企业改革四个阶段（国企改革历程编写组，2019）。虽然对国有企业进行分类改革、分类监管的思路，在改革开放之初就有理论和实际工作者提及，但到了新时代全面深化国有企业改革阶段，国有企业分类改革才真正实施。

国有企业分类改革的提出和实施，具有重要的理论创新意义。以分类为前提，可以破解国有企业与市场经济体制融合的现实逻辑矛盾，促进形成中国特色现代企业制度，从微观基础上真正实现社会主义公有制与市场经济体制的有机融合。分类是新时代全面深化国有企业改革的前提，无论是优化国有资本布局和推进国有经济战略性调整，还是推进混合所有制改革，以及建设以管资本为主的国有资本管理体制和中国特色现代企业制度，都需要在国有企业分类改革基础上深入推进和实施。新时代全面深化改革更加强调改革的系统性、整体性和协同性，而这对国有企业改革而言，需要以分类改革为切入点系统地、协同地全面推进各项企业改革。正因为如此，甚至有学者将新时代全面深化国有企业改革这个阶段称为分类改革时期（黄群慧，2018）。

二　国有企业分类改革：提出、演进及争议

在计划经济体制下中国已经形成了庞大的国有企业群体，伴随着十分复杂的渐进式国有企业改革过程，国有企业逐步演化为在规模、行业、产权形式、经营状态等各方面差异巨大的各类企业。面对庞大的、复杂的国有企业，随着改革的深入，国有企业分类改革逐步提上了议事议程。早在 20 世纪 90 年代，就有学者提出了分类改革的思路和建议。知网上的最早文献可以追溯到 1992 年，周叔莲

（1992）基于国有企业和国营企业的差别提出可以将国有企业分为相对独立的商品生产者和经营者，以及真正独立的商品生产者和经营者两类，以此来分类推进改革。一些实际工作者也认识到分类推进国有企业产权改革的必要性，认为分类推进的改革工作方法可以突破企业深层次改革的种种困扰，取得由量变到质变的良好效果（贾天增，1994）。

1995 年以后，更多研究者开始关注国有企业分类改革问题（唐公昭，1995；杨瑞龙，1995；董辅礽，1995；杨启先，1996；姜树蔚，1996；姚家祥，1996）。学术理论界关于企业分类的研究主要分为三类：一是基于企业的规模大小、经营状态进行的分类改革设计思路；二是基于企业功能着眼分类改革国有企业；三是基于企业所处领域的竞争性进行分类（岳清唐，2018）。第一类分类思路更多是从企业改革发展中遇到的现实困难出发，尤其是配合“抓大放小”国有经济战略性改组需要提出的（杨启先，1996）。在 1995 年中央提出国有企业改革要基于“整体搞活”思路实施“抓大放小”战略，推进国有经济战略性改组，着眼于搞好整个国有经济，对国有企业实施战略性重组，搞好大的、放活小的。“抓大放小”战略的提出，可以理解为最早的分类改革战略，但是“抓大放小”更多强调从战略上调整国有经济布局和改组国有企业，推进国有资产的合理流动和重组。当时还没有明确提出分类进行不同的企业制度设计，实际上并不是严格意义的分类改革。第二类可以认为是最早提出的比较完整的分类改革思路，从社会主义市场经济条件下国有企业功能角度入手，将国有企业分为竞争性与非竞争性两类推进分类改革的思路，非竞争性又划分为自然垄断性和公益性两类（董辅礽，1995）。从功能出发进行分类这个思路的出发点，相对接近 2015 年出台的《中共中央、国务院关于深化国有企业改革的指导意见》提出的界定功能、划分类别、分类推进国有企业改革的思路。但是，其具体类型划分还有差异。第三类分类改革思路的代表性观点是，提供公共产品宜选择国有国营模式、垄断性企业宜选择国有国控模式、竞争性国有企业宜改造为以盈利为目标的现代公司制度（中国人民大学经济研究报告课题组，1998）。这种分类改革思路虽然具有一定的经济理论基础，但实践操作起来并不容易实现。

在 2013 年党的十八届三中全会之前，“抓大放小”重组战略代表着国有企业分类改革的主体思路，真正意义的国有企业分类改革并未成为国有企业改革领域的主流。但是，从分类角度解决国有企业改革中面临的现实问题，这类研究一直存在。例如有研究提出，基于公共产品企业、垄断性企业、竞争性企业的分类构建有效的国有企业有进有退的战略性调整机制，进一步按照“共同治理”进行治理结构创新（中国人民大学国有企业改革课题组，1999）。又如有研究认为，要建立与国有企业分类改革相适应的国有资产管理模式，国有企业是特殊企业，对于少数负有特殊社会功能的企业，国家制定专门规范国有企业行为的法律，而将大多数并不负有特殊社会功能的企业纳入《民法》和《公司法》所规范的一般企业运行规则之中（金碚，2000）。再如有研究基于国有企业目标定位，将国有企业分为以承担国家政策目标为主和以市场目标为主两类企业，分别从报酬机制、控制权机制、声誉机制和竞争机制四个方面构建不同的国有企业经营管理者的激励约束机制组合（黄群慧，2000）。还如有研究认为，按照分类深化国有企业改革的原则推进国有产权制度改革，使国有产权集中于关系国民经济命脉和国家安全的“公共”领域，对非公共领域的国有企业要努力降低国有产权比重，建立多元产权相互制衡的产权结构。这些研究已经将国有企业分类改革覆盖国有企业改革的各个领域，包括产权改革、公司治理、激励约束、国有经济战略重组、国有资产管理体制等，这实质上已经为 2013 年以后以国有企业分类思路为切入点全面深化国有企业改革奠定了基础。

国有企业的类型如何划分，无疑是分类改革的关键。一般意义的企业分类可以按照法律注册形式、产权属性和结构、企业规模、行政级别、行业属性、业绩绩效等各种标准。虽然这可以区分开企业并在改革中注意分类施策，但这并不是分类改革的本意。从改革的角度看，国有企业分类存在着按照企业改革进展和企业功能定位两个维度的分类。所谓按照企业改革进展分类，是指随着国有企业改革深化而形成了不同类型的国有企业，这是对国有企业改革发展状况的分类描述。例如，随着市场化改革的深化，中国传统计划经济体制下的国有企业逐步向市场经济体制下的国有企业转型，于是出现了与传统国有企业不同的市场主体——“新型国有企业”。在渐进式改革背景下，中国国有企业改革进展千差万别，如果按照企业产权制度现代化水平（混合所有制改革进展）和企业管理制度市场化水平（公司治理和“三项制度改革”进展）进行分类，可以分为改革滞后型国企、全新型国企、半新型国企（金碚、黄群慧，2005）。但是这种基于市场化改革进展导向的分类，只是针对市场化改革程度不同的企业分类，仅适用于解决如何深化市场化改革程度的单维度问题，同样也不是国有企业分类改革本意。国有企业分类改革是指根据企业功能定位不同对国有企业的分类，也就是说在社会主义市场经济条件下并不是所有国有企业都要有一样的市场化改革目标，并不是所有国有企业都要追求盈利目标，国有企业因其功能定位不同，产业布局、股权构成、治理机制、监管制度、管理制度等各方面都会不同，如果不分类改革和分类治理，国有企业运行会面临既要有盈利又要承担公共目标的逻辑矛盾，这就要求分类推进改革。

在国有企业经过了放权让利、建立现代企业制度、战略性重组、国有资产管理体制改革等重大改革之后，国有企业因没有进行功能定位区分而引起的盈利目标和公共目标的冲突日益明显，分类改革成为必然的选择。2011 年发布的《中华人民共和国国民经济和社会发展第十二个五年规划纲要》已经从完善国有资产管理体制角度明确提出要探索实行公益性和竞争性国有企业分类管理。2013 年 11 月，党的十八届三中全会正式提出“准确界定不同国有企业功能”，国有企业分类改革更成为理论和政策研究关注的重点，尤其是国有企业分类的标准或者维度问题。具体而言，关于国有企业分类的维度，总体上经济学界和现实层面还是存在分歧的。经济学界大多更愿意从市场结构维度，如竞争性和垄断性的行业属性来划分国有企业，或再叠加产品属性维度（提供公共产品、准公共产品和具有竞争性和排他性私人品角度）去划分国有企业（高明华等，2014；杨瑞龙，2018）。虽然这在理论层面有一定的学术基础，而且一些发达国家的确一般也是将国有企业界定为提供公共产品或者准公共产品、从事具有自然垄断特性业务的企业。但是，相对于中国已经存在的庞大的国有企业而言，实际上从市场结构角度区分并不现实，垄断性、竞争性的度量，以及如何区分哪些是公共物品、准公共物品及私人品，在复杂的现实中操作性很差，而且将市场结构与所有制性质相关联，这本身并不被现实企业和国有资本管理部门所接受（罗新宇，2014），而且这种分类无法涵盖我国作为发展中国家，有些国有企业要承担国家重大发展战略和社会责任的角色定位。现实国有资产管理部门更倾向于从企业业务属性和资本功能目标角度进行分类，也就是说以业务是否属于商业性业务、资本功能上是否追求盈利回报为基本维度。虽然这种分类维度更为直接和更能基于企业经营实际，但相对而言缺少统一的理论支撑。

一个能够统筹理论和现实、更早提出（早于党的十八届三中全会）的分类维度是基于“企业使命”分类，划分为具有“公共性使命”和“盈利性使命”的国有企业（黄群慧，2007）。“企业使命”不是经济学的概念，而是管理学的概念。管理学给出的“企业使命”的基本逻辑是：使命是企业存在的理由，企业运行的基本逻辑是——使命决定战略定位、战略定位决定战略内容、战略内容决定组织结构、组织结构决定企业运行效率、企业运行效率决定企业使命的实现。使命就是企业存在的理由，是企业的价值取向和事业定位，使命不明确或者使命冲突会导致企业行为逻辑混乱。明确国有企业使命，也就是国家出资设立国有企业的理由。“企业使命”在很大程度上对应了资本功能目标，而使命决定战略，战略又对应了资本功能目标。基于“企业使命”的分类既有管理学的理论基础，又符合现实企业和国资管理部门实操性要求。基于这种分类维度，党的十八大以来的国有企业改革新时期，要以解决国有经济面临的“盈利性使命”和“公共性使命”冲突为国有企业改革的重要任务，突破将国有经济看作“铁板一块”的认知观念，引入分类改革与治理的思路，将国有经济部门性质区分为公共政策性、一般商业性和特定功能性三类，为它们分别构造不同的治理机制。所谓“公共政策性”国有企业，是国家保证实现社会公众利益的一种手段和工具，其“企业使命”是弥补市场缺陷、以是否完成国家赋予的具体政策目标为核心考核指标的“公共政策”导向，这类企业改革的方向是“一企一法”“一企一制”，一般是国有独资企业，实施严格预算管理；所谓“一般商业性”国有企业，其“企业使命”是以国有资产保值增值为核心考核指标的“市场盈利”导向，其改革方向是市场化，使其商业活动全面和彻底地融入市场，其股权结构为国有相对控股混合所有制，完全按照《公司法》来运行；所谓“特定功能性”国有企业，是具有混合特征的国有企业，既非纯粹的一般商业性企业，也非典型的公共政策性企业。其“企业使命”是巩固社会主义基本经济制度和发挥在国民经济中的战略主导作用，包括“走出去”、促进经济发展方式转变、保证国家经济安全和主导经济命脉等具体功能，这类企业一般为国有绝对控股的混合所以制企业，需要有行业法规和相应的财政预算管理约束。从远期看，这类国有企业承担的具体“企业使命”功能是动态的，是随着国家的经济发展和战略需求而变化的。对于 2013 年的 115 家中央企业，公共政策性中央企业有 5 家，约占全部中央企业数量的4%，特定功能性中央企业有32家，占比约为28%，其余78家为一般商业性中央企业，占比约为68%（黄群慧、余菁，2013；黄群慧，2013）。有的国有企业改革史研究者认为，国有企业分类改革的研究是最早表述了接近党的十八届三中全会《中共中央关于全面深化改革若干重大问题的决定》中关于分类改革思想的研究（岳清唐，2018）。2015年8月中共中央和国务院又印发《关于深化国有企业改革的指导意见》，具体提出了国有企业分类改革的思路和方针，上述基于“企业使命”对国有企业的三个分类与《关于深化国有企业改革的指导意见》提出的分类改革思路基本吻合。①

党的十八届三中全会通过《中共中央关于全面深化改革若干重大问题的决定》以后，理论界存在“两分法”和“三分法”两个主流分类思路之争。所谓“两分法”，即以保障普遍服务、实现公共政策目标、提供公共产品为使命的公益保障类（也有公益类、公共政策类、特殊目标类等各种表述）国有企业和以追求商业利润、实现国有资产保值增值为使命的商业竞争类（也有盈利类、竞争类、商业类等各种表述）国有企业；所谓“三分法”，即在公益保障类和商业竞争类之间增加一个以服务国家经济发展某方面具体特殊功能、提供准公共产品为使命的特定功能类（也有自然垄断类、合理垄断类、国家战略类等各类表述）国有企业。“两分法”思路的思想基础来自西方发达市场经济国家的理论与实践，是对西方发达市场经济国家国有企业实践的简单效仿，从理论上具有简单直接、明确区分、可以彻底避免国有企业“盈利性使命”和“公益性使命”冲突的特点，但其前提是国有企业数量非常有限。“三分法”思路的基础

① 在所有国有企业分类改革的文献中，这个分类改革思路不仅与后面政策吻合度较高，文献影响也较大，截至2021年12月20日在知网中以“国有企业分类改革”为主题查询文献共有431篇，这个思路的两篇代表性文献是《新时期的新思路：国有企业分类改革与治理》和《新时期如何积极发展混合所有制经济》，分别以被引证353次和156次排在全部431篇文献的第一位和第二位。

是考虑中国现阶段是一个发展中、渐进式的经济转轨国家，拥有世界上最庞大和最复杂的国有经济部门。中国国有企业在相当长的历史时期既要有一般的市场体制国家在市场经济运行中国企应承担的“弥补市场失灵”使命，又要有发展中国家在经济赶超中国企应承担的“实现经济赶超”使命，还要有转轨经济国家在渐进式转轨过程中国企应承担的“培育市场主体”使命，这三类使命要求必然存在三类国有企业，即公益保障类国有企业、特定功能类国有企业和商业竞争类国有企业。尤其是作为后发大国，中国的确需要在事关国计民生的基础产业、支柱产业、战略产业上与国外企业竞争抗衡，承担支持科技进步、保障国家经济安全的特定功能类企业。

在 2015 年 8 月中共中央和国务院《关于深化国有企业改革的指导意见》颁布以后，国有企业分类改革问题需要进一步聚焦分类改革过程中面临的操作性的具体问题，以及在分类前提下如何具体推进国有企业混合所有制改革、国有经济战略性重组、国有资产管理体制完善、中国特色现代企业制度建设等问题。尤其是中国国有企业普遍具有业务经营多元化、企业功能多重性、交叉持股多层级、主营业务和功能定位动态变化等特点，致使国有企业在具体进行商业竞争类或公益保障类的划分时存在着操作性困境。有研究从国有企业经济功能和社会功能变动的衡量视角提出运用熵权评价法研究动态变化的“公益—商业比”的测算思路（徐丹丹等，2018）。国有企业分类作为新时代国有企业改革的切入口，对于构建更加成熟稳定的社会主义市场经济体制、统揽各项国有企业改革、使国有企业改革各项工作推进更加系统协同具有重要意义，需要以国有企业分类为前提全面深化国有企业改革各项重大任务，包括与时俱进地根据“国家使命”调整国有经济功能定位和布局、协同推进混合所有制改革以确立国有经济的主要实现形式、构建以管资本为主的分层分类新国有经济管理体制、建立差异化的分类治理机制以推动国有企业完善现代企业制度等（黄群慧等，2015）。尤其值得提及的是，在分类改革框架下，国有经济改革的推进还需要进一步分层构建以管资本为主的国有资产管理体制，尤其是中间层国有资本投资公司和国有资本运营公司的定位和功能，[①] 对于国有企业分类改革具有推进意义。

三　国有企业分类改革实践进展

2013 年 11 月党的十八届三中全会通过的《中共中央关于全面深化改革若干重大问题的决定》指出了要准确界定不同国有企业功能，国有资本要加大对公益性企业的投入。2015 年 8 月中共中央和国务院《关于深化国有企业改革的指导意见》明确了分类改革的思路，提出了分类推进国有企业改革的具体要求（参见《中共中央、国务院关于深化国有企业改革的指导意见》）。

一是要划分国有企业不同类别。根据国有资本的战略定位和发展目标，结合不同国有企业在经济社会发展中的作用、现状和发展需要，将国有企业分为商业类国有企业和公益类国有企业。通过界定功能、划分类别，实行分类改革、分类发展、分类监管、分类定责、分类考核，提高改革的针对性、监管的有效性、考核评价的科学性，推动国有企业同市场经济深入融合，促进国有企业经济效益和社会效益有机统一。按照谁出资谁分类的原则，由履行出资人职责的机构负责制定所出资企业的功能界定和分类方案，报本级政府批准。各地区可结合实际，划分并动态调整本地区国有企业的功能类别。

二是推进商业类国有企业改革。商业类国有企业按照市场化要

① 国有资本投资公司和国有资本运营公司，是党的十八届三中全会提出的两类公司，虽然对这两类公司的概念以及组建运行方式还有争议，但这两类公司对于构建以管资本为主的国有资产管理体制，具有重要意义。在一定意义上，国有资本运营公司和国有资本投资公司也是一种基于功能定位的国有企业分类，但并不是作为新时代全面深化国有企业改革切入点的企业分类。

求实行商业化运作，以增强国有经济活力、放大国有资本功能、实现国有资产保值增值为主要目标，依法独立自主开展生产经营活动，实现优胜劣汰、有序进退。商业类国有企业又分为商业一类国有企业和商业二类国有企业，商业一类国有企业是主业处于充分竞争行业和领域的商业类国有企业，原则上都要实行公司制股份制改革，积极引入其他国有资本或各类非国有资本实现股权多元化，国有资本可以绝对控股、相对控股，也可以参股，并着力推进整体上市。对这些国有企业，要重点考核经营业绩指标、国有资产保值增值和市场竞争能力。商业二类国有企业是主业处于关系国家安全、国民经济命脉的重要行业和关键领域，主要承担重大专项任务的商业类国有企业，要保持国有资本控股地位，支持非国有资本参股。对自然垄断行业，要实行以政企分开、政资分开、特许经营、政府监管为主要内容的改革，根据不同行业特点实行网运分开、放开竞争性业务，促进公共资源配置市场化；对需要实行国有全资的企业，也要积极引入其他国有资本实行股权多元化；对特殊业务和竞争性业务实行业务板块有效分离，独立运作、独立核算。对这些国有企业，要在考核经营业绩指标和国有资产保值增值情况的同时，加强对服务国家战略、保障国家安全和国民经济运行、发展前瞻性、战略性产业以及完成特殊任务的考核。

三是推进公益类国有企业改革。公益类国有企业以保障民生、服务社会、提供公共产品和服务为主要目标，引入市场机制，提高公共服务效率和能力。这类企业可以采取国有独资形式，具备条件的也可以推行投资主体多元化，还可以通过购买服务、特许经营、委托代理等方式，鼓励非国有企业参与经营。对公益类国有企业，重点考核成本控制、产品服务质量、营运效率和保障能力，根据企业不同特点有区别地考核经营业绩指标和国有资产保值增值情况，考核中要引入社会评价。

2015 年 12 月 7 日国资委等部门颁布了《关于国有企业功能界定

与分类的指导意见》，以及与之相配套的《中央企业功能界定与分类实施方案》。国有企业分类改革进入了实施操作阶段，在把国有企业划分为商业一类、商业二类和公益类的基础上，更加强调系统、协同地推进这些方面的改革。在具体操作层面，采取了谁出资谁分类的原则，由履行出资人职责的机构负责制定所出资企业的功能界定和分类方案。从2014年开始，各地方政府普遍开展了对国有企业的功能界定工作，并积极研究制定和出台国有企业分类监管办法。有些地方采用了“两分法”，没有公益类企业，或者没有商业二类企业。从中央和地方整体国有企业数量上看，对国有企业分类的结果大致是：商业一类占比最大，在60%—70%；商业二类其次，在10%—30%；公益类最少，大体低于10%。

2020年6月中央全面深化改革委员会通过了《国有企业改革三年行动方案（2020—2022年）》（以下简称《三年行动方案》）。在《三年行动方案》中，分类改革思路和措施得到进一步强化，尤其是以分类改革为基本原则指导混合所有制改革、推进分类治理、建立中国特色现代企业制度，都有了切实可行的改革目标、路线图和具体措施。例如，在混合所有制改革方面，支持商业一类国有企业加大引入非国有资本持股比例，推动混合所有制企业深度转换经营机制，支持混合所有制企业全面建立灵活高效的市场化经营机制，国资监管机构对持有股权的混合所有制企业、股权多元化的国有全资公司探索实施有别于国有独资公司的治理和监管机制；在国有企业子企业全面推行经理层成员任期制和契约化管理，在电网、电信、铁路、石油、天然气等重点行业和领域，放开竞争性业务，进一步引入市场竞争机制，不同类别业务分类核算，建立健全符合国际惯例的补贴体系，形成科学合理、稳定可靠、公开透明的补偿机制。这些重大措施对协同推进市场化改革进而坚持和完善社会主义基本经济制度具有重要意义。

从“抓大放小”到“分类改革”，基于功能定位对国有企业进行分类改革和分类治理，这是在新时代全面深化国有企业改革的一个重大进展，是探索国有企业与市场经济有机结合的不断创新。但是，无论是理论层面还是实践层面，“分类改革”都有待进一步深化。一方面从理论上看，如何将三类企业对应到相应的功能定位和国家使命上，如能否将公益性企业、竞争一类、竞争二类企业分别对应到市场经济国家弥补市场缺陷、转轨经济国家培育市场主体和社会主义公有制经济的主体地位等功能上，还有待进一步论证（黄群慧、戚聿东，2019）。另一方面从实践上看，分类改革的透明度、分类改革后进行分类治理等有待进一步推进。而且分类改革是一个前提框架，未来需要在深化分类改革框架下，从系统协调推进分类改革、国有经济战略性调整、混合所有制改革深化、以管资本为主的资产监管体制构建、公司治理结构规范和中国特色现代国有企业制度建设。

四　国有企业分类改革的理论意义

把社会主义制度与市场经济体制紧密结合起来，是中国开创的一项前无古人的伟大事业。这项伟大创造不仅给中国带来了经济发展奇迹，还是马克思主义政治经济学理论的重大发展。而国有企业分类改革有效促进了公有制经济与市场经济的有机融合，使社会主义市场经济体制真正能够在企业层面和微观机制上得以实现，无疑具有重要的理论创新意义。

在中国确立社会主义市场经济体制改革的目标后，作为公有制代表的国有企业如何与市场经济体制融合，一直是国有企业改革需要破解的根本性问题。这个问题能否较好地解决，在很大程度上决定了是否能够实现公有制为主体、多种所有制经济共同发展，社会主义市场经济体制是否完善和成熟，进而决定了社会主义基本经济制度是否完善和成熟。如何通过改革，解决国有企业与市场经济体制存在的管理体制、运行机制、定位布局、实现形式等方面的矛盾，使国有经济能够适应市场机制，在市场竞争中不断提高效率、发展壮大，从而发挥在国民经济中的主导作用，构成了中国国有企业和国有资产管理体制改革的主线（黄群慧，2016）。这也正是为什么一直以来将国有企业改革作为中国经济体制改革的中心环节的重要原因。

虽然经过放权让利、建立现代企业制度、国有经济战略性重组、国有资产管理体制改革等一系列重大改革过程，以国有企业为代表的公有制与市场经济体制有机融合取得了重要进展，总体上国有企业越来越适应市场机制。但是，在没有实施分类改革的前提下，对于一家具体的国有企业而言，其始终无法摆脱企业使命冲突和经营逻辑矛盾——是追求盈利的市场经济目标还是追求公益的政府公共目标，也就是很难成为市场经济所要求的自主经营、自负盈亏、自我约束、自我发展的市场主体。只有在分类改革的前提下，公益性国有企业专门承担服务公共目标、弥补市场失灵的功能，商业一类国有企业真正作为市场主体在市场公平竞争中发挥实现盈利目标、企业发展、资产增值的功能，商业二类国有企业主要发挥服务支撑社会主义国家重大经济发展战略、保障国家经济安全等特定战略功能。这样每一类国有企业都有着清楚的功能和使命定位，这进一步决定了每一类国有企业股权结构、发展战略、管理体制、治理机制等的不同。这意味着在社会主义市场经济条件下，宏观上公有制资本既能服务于社会主义国家的公共服务、发展战略、经济安全等政治目标，又能服务于一般市场经济下的资本利润回报和资产保值增值的经济目标，体现出增强国有经济竞争力、创新力、控制力、影响力、抗风险能力的公有制主体要求，而具体到每一家国有企业，又避免了其“企业使命”冲突和经营逻辑矛盾，保证微观机制上有效运行，这就从宏观领域和微观机制两方面实现了公有制经济与市场经济的有机融合。

从以上国有企业分类改革的理论演进和实践进展看，一方面，分类改革立足中国的实践，坚持问题导向和实事求是，体现了中国特色社会主义制度的基本要求；另一方面，也很好地借鉴了市场经济体制国家的理论和经验。如果说，我们要构建和发展中国经济学，国有企业分类改革可以构成中国经济学，尤其是中国微观经济学的一项重要内容。实际上，国有企业分类改革的提出和演进，可以认为是中国经济学知识产生和形成的十分典型、具有普遍意义的一种路径。

市场和政府的关系问题，一直是经济学理论的核心，也是经济学上的世界性难题。西方经济学理论更多地将二者看成平行而对立的双方，资本主义经济也始终没有处理好二者关系，成为经济危机的一个重要原因。而中国共产党开创的社会主义市场经济理论，将二者有机结合起来，开拓了当代中国特色马克思主义政治经济学新境界。而国有企业作为市场和政府关系的一个核心连接点，通过分类改革，既要有大量的作为市场经济主体的国有企业支撑“有效市场”，又要有相对数量的国有企业定位为政府的政策工具或者承担特定战略功能，支撑“有为政府”，从而促进市场与政府关系这个世界性难题的破解。

五　结语

虽然自国际金融危机以来，尤其是在新冠疫情冲击下，经济全球化遭遇强势逆流，但经济全球化仍是世界发展大势。中国在新发展阶段下正在加快构建新发展格局，中国国有企业积极“走出去”、参与国际国内双循环，也是一个必然趋势。这要求中国国有企业必须积极对接国际经贸新规则。从未来看，中国国有企业面临的最大挑战是国际经贸规则中的“竞争中性”。“竞争中性”所针对的国有企业补贴问题、扭曲竞争问题，仍将是美、日、欧等发达经济体与中国谈判的重要筹码。但还必须认识到，实行“竞争中性”符合市场经济的一般要求，也是中国建立高标准市场体系的努力方向。OECD 提出关于“竞争中性”实践的八项基本准则，主要包括：精简国企运作形式、核算特定职责的成本、获得商业回报率、履行并厘清公共服务义务、税收中性、监管中性、债务中性和直接补贴、公共采购中性。从中可以看出“竞争中性”与国有企业分类改革之间存在紧密的内在关联。大部分实施“竞争中性”的国家也明确通过界定商业与非商业活动来合理适用竞争中性原则，只有商业活动才适合“竞争中性”原则（和军、张依，2020）。这意味着我国要积极应对“竞争中性”，必须推进国有企业分类改革，分类改革实际上是推进“竞争中性”原则的重要基础。

从进一步改革看，分类改革深化的方向是要明确国有企业的概念。未来中国国有企业“走出去”需要明确自己是否适用贸易规则中的“国有企业”条款。以 CPTPP 为例，国有企业被定义为主要从事商业活动的企业，且在该企业中，政府直接拥有超过 50% 的股本，或通过所有权益（间接）控制超过 50% 的投票权的行使，或有权任命董事会或其他类似管理机构的大多数成员。我国国有企业的类型中哪类才是真正适用“国有企业”条款，什么企业需响应“竞争中性”要求，这都需要深入研究。国有企业是一个非常复杂的概念，中国国有企业概念是随着市场化改革深入从“国营企业”演化而来的。国有企业不仅仅是一个经济概念，也是一个政治概念，同时还有统计层面的概念，以及监管层面的概念，其内涵和外延都有不同，未来分类改革进一步深化，有助于我们更加深入理解国有企业的概念，而更加深入理解国有企业，对于推进混合所有制改革、建立以“管资本”为主的国有资产监管体制、完善中国特色现代企业制度等一系列重大改革深化都具有重大意义。

参考文献

董辅礽：《从企业功能着眼 分类改革国有企业》，《改革》1995 年第

4 期。

高明华等：《国有企业分类改革与分类治理———基于七家国有企业的调研》，《经济体制比较》2014 年第 2 期。

国企改革历程编写组：《国企改革历程（1978—2018）》，中国经济出版社 2019 年版。

和军、张依：《基于“竞争中性”原则的国有企业分类改革》，《广东社会科学》2020 年第 5 期。

黄群慧：《“新国企”是怎样炼成的——中国国有企业改革 40 年回顾》，《中国经济学人》2018 年第 1 期。

黄群慧：《企业家的激励约束与国有企业改革》，中国人民大学出版社 2000 年版。

黄群慧：《实施精细化改革战略，明确国有企业组织使命和定位》，《新视野》2007 年第 6 期。

黄群慧：《新时期如何发展混合所有制经济》，《行政管理改革》2013 年第 12 期。

黄群慧等：《新时期全面深化国有经济改革研究》，中国社会科学出版社 2015 年版。

黄群慧等：《中国国有企业改革 40 年研究》，广东经济出版社 2019 年版。

黄群慧、余菁：《新时期的新思路：国有企业分类改革与治理》，《中国工业经济》2013 年第 11 期。

贾天增：《企业产权改革的现实选择：由浅入深、分类推进》，《经济与管理研究》1994 年第 1 期。

姜树蔚：《中国国有企业的分类改革问题》，《江淮论坛》1996 年第 3 期。

金碚：《论国有资产管理体制改革》，《中国工业经济》2000 年第 3 期。

金碚、黄群慧：《“新型国有企业”现象初步研究》，《中国工业经济》2005 年第 4 期。

蓝定香：《建立现代产权制度与国有企业分类改革》，《经济体制改革》

2006 年第 1 期。

罗新宇:《国有企业分类改革与分类监管》,上海交通大学出版社 2014 年版。

唐公昭:《国有企业改革应当分类推进》,《经济体制改革》1995 年第 1 期。

徐丹丹等:《国有企业分类改革的操作性困境能破解吗?———基于功能变动视角的衡量分析》,《社会经济体制比较》2018 年第 4 期。

杨启先:《抓大放小、分类推进——当前国有企业如何改革》,《中外管理》1996 年第 1 期。

杨瑞龙:《国有企业股份制改革的思路》,《经济研究》1995 年第 2 期。

杨瑞龙:《国有企业改革逻辑与实践的演变及反思》,《中国人民大学学报》2018 年第 5 期。

姚家祥:《国有企业分类与改革》,《社会科学》1996 年第 3 期。

岳清唐:《中国国有企业改革发展史》,社会科学文献出版社 2018 年版。

中国人民大学国有企业改革课题组:《国有企业的战略性调整与治理结构创新》,《中国人民大学学报》1999 年第 3 期。

中国人民大学经济研究报告课题组:《国有企业的分类改革战略》,《教学与研究》1998 年第 2 期。

周叔莲:《企业改革要分类指导——从国营企业和国有企业的差别说起》,《经济学家》1992 年第 3 期。

《中共中央、国务院关于深化国有企业改革的指导意见》,中华人民共和国中央人民政府,2015 年 8 月 2 日。

供给侧结构性改革

郭克莎*

供给侧结构性改革是在中国经济发展进入新常态、经济运行和增长面临结构性体制性制约的背景下，中央在2015年年底提出来的一个政策性概念，并形成了一项推进改革和发展的长期性重大政策。随着对这个问题的理论研究不断深入和这项政策在实践中的持续推进，供给侧结构性改革已成为新时代中国特色社会主义政治经济学的一个重要概念、一项重要内容。

一　供给侧结构性改革提出的时间、背景和意义

供给侧结构性改革作为中国的一个政策概念、一项改革内容，是习近平总书记首先提出来的。2015年11月10日，习近平总书记在中央财经领导小组第十一次会议上首次提出“供给侧结构性改革”［中共中央党校（国家行政学院），2020］。习近平总书记指出：“在适度扩大总需求的同时，着力加强供给侧结构性改革，着力提高供给体系质量和效率，增强经济持续增长动力，推动我国社会生产力水平实现整体跃升。”（习近平，2021）

提出供给侧结构性改革的大背景，主要有两个方面：一是国际

* 郭克莎，华侨大学经济与金融学院。

金融危机之后全球经济复苏乏力，世界经济结构正在发生深刻调整。我国需要从供给侧发力，找准在世界供给市场上的定位。二是国内经济发展进入新常态，经济增速下行压力较大。我国经济发展面临周期性问题和结构性问题的制约，而结构性问题更加突出，矛盾的主要方面在供给侧。当时在国际国内形势的影响下，我国经济运行面临“四降一升”的突出问题，即经济增速下降、工业品价格下降、实体企业盈利下降、财政收入下降、经济风险发生概率上升。这些问题的主要矛盾是供给结构错配问题严重，而其背后有着体制机制的深层原因。有些学者对这些问题及原因进行了概括，主要包括：人口红利下降，劳动力成本上升；土地管理制度僵化，自然资源消耗过多过快；金融抑制明显，对实体经济支持不足；科技教育体制僵化，创新“驱不动”；政府管理与改革不到位，制度供给严重滞后（国家行政学院经济学教研部，2016）。同时，已经持续了几年的扩大总需求政策面临财政、金融等风险加大的制约，需求管理的边际效应不断递减，单纯依靠刺激内需越来越难以解决产能过剩等结构性矛盾。

因此，以习近平同志为核心的党中央审时度势、因势利导，提出了推进供给侧结构性改革的重大政策。这是在综合分析世界经济发展趋势和我国经济发展新常态的基础上，对中国经济发展大思路和工作着力点的重大调整，是化解中国经济发展面临复杂困难和主要矛盾的重大举措，也是培育增长新动力、形成发展新优势、实现创新引领发展的根本要求和必然选择。随后，中央把推进供给侧结构性改革确定为当前和今后一个时期推动我国经济发展和经济工作的主线。

供给侧结构性改革的提出和推进，是以习近平同志为核心的党中央作出的重大政策创新和理论创新。从实践意义看，这标志着中央适应和引领经济发展的新常态，在错综复杂的国内外形势下抓住了改革发展的主要矛盾及矛盾的主要方面，把应对短期困难与推动长期发展结合起来，把缓解总量性矛盾与解决结构性问题结合起来，把充分发挥市场在资源配置中的决定性作用与更好发挥政府作用结合起来，拓展了推动经济中高速增长和高质量发展的新路径。一是供给侧结构性改革有利于缓解我国传统生产要素和环境变化的压力，促进经济增长新动能和新活力的不断释放；二是供给侧结构性改革有利于化解供给结构错位引发的总量矛盾，引导供需关系合理变化和趋向新的均衡；三是供给侧结构性改革有利于更多依靠改革的办法推进产业结构调整升级，推动经济高质量发展和可持续发展。

从理论意义看，这标志着中国共产党对社会主义市场经济规律的认识不断深化，进一步丰富和发展了中国特色社会主义政治经济学。一是供给侧结构性改革着力解放和发展社会生产力，彰显了中国特色社会主义政治经济学的核心要义；二是供给侧结构性改革体现以人民为中心的发展思想，彰显了中国特色社会主义政治经济学的根本立场和价值取向；三是供给侧结构性改革运用唯物辩证法，彰显了中国特色社会主义政治经济学的科学方法论；四是供给侧结构性改革坚持社会主义市场经济改革方向，彰显了中国特色社会主义政治经济学的时代特色和实践特色（秋石，2017）。

二　供给侧结构性改革的主要含义和内容

具有中国特色的供给侧结构性改革，不同于西方发达国家的结构性改革。西方国家的结构性改革基本上是经济改革的一种泛称，一般指为解决现实问题、增强经济活力而实施的局部性改革；而我国的供给侧结构性改革有较强的现实针对性和政策指向性，不是由“供给侧＋结构性改革”两个部分组成，而是由“供给侧＋结构性＋改革”三个部分组成，主要是指从供给侧入手，依靠深化改革来推进结构调整。

要准确理解供给侧结构性改革的主要含义和内容，需要深入学习习近平总书记关于供给侧结构性改革的两次重要论述（郭克莎，2020）。

一次是2016年年初习近平总书记在省部级主要领导干部学习贯彻党的十八届五中全会精神专题研讨班上的讲话。习近平总书记指出："供给侧结构性改革，重点是解放和发展生产力，用改革的办法推进结构调整，减少无效和低端供给，扩大有效和中高端供给，增强供给结构对需求变化的适应性和灵活性，提高全要素生产率……我们讲的供给侧结构性改革，既强调供给又关注需求，既突出发展社会生产力又注重完善生产关系，既发挥市场在资源配置中的决定性作用又更好发挥政府作用，既着眼当前又立足长远。"（习近平，2021）在以上专题讲话中，习近平总书记论述了供给侧结构性改革的三项主要内容：一是依靠深化改革解放和发展生产力，重点是用改革的办法推进结构调整，优化供给结构和提升供给质量，促进供需协调和生产率增长；二是处理好发展生产力与完善生产关系的关系，重点是在推进改革中处理好政府与市场的关系；三是重视兼顾当前与长远，既注重当前经济增长又推动长期可持续发展。

另一次是习近平总书记在2016年年底召开的中央经济工作会议上的讲话。习近平总书记进一步指出："供给侧结构性改革，最终目的是满足需求，主攻方向是提高供给质量，根本途径是深化改革。讲最终目的是满足需求，就是要深入研究市场变化，理解现实需求和潜在需求，在解放和发展社会生产力中更好满足人民日益增长的物质文化需要。讲主攻方向是提高供给质量，就是要减少无效供给、扩大有效供给，着力提升整个供给体系质量，提高供给结构对需求结构的适应性。讲根本途径是深化改革，就是要完善市场在资源配置中起决定性作用的体制机制，深化行政管理体制改革，打破垄断，健全要素市场，使价格机制真正引导资源配置，同时要加强激励、鼓励创新，增强微观主体内生动力，提高盈利能力，提高劳动生产率，提高全要素生产率，提高潜在增长率。"（习近平，2021）在以上重要讲话中，习近平总书记进一步阐述了供给侧结构性改革的三个重点内容：一是最终目的或根本目的，就是解放和发展生产力要坚持以人民为中心，以满足人民日益增长的物质文化需要为目的，二是主攻方向或主要任务，就是要提升供给体系的质量，使供给结构适应需求结构的变化。三是根本途径或本质属性，就是要通过深化重点领域和关键环节的改革，完善使市场在资源配置中起决定性作用的体制机制，增强微观主体的活力和动力，提高全要素生产率和潜在经济增长率。关于这一点，习近平总书记在 2016 年 5 月 16 日《在中央财经领导小组第十三次会议上的讲话》中有过更具体的阐述。习近平总书记指出，供给侧结构性改革的本质属性是深化改革。要推进国有企业改革，加快政府职能转变，深化价格、财税、金融、社保等领域基础性改革（中共中央文献研究室，2017）。

三 供给侧结构性改革的理论基础和理论创新

中国的供给侧结构性改革作为中国领导人提出来的一个新概念、一种新政策，与西方的供给学派或供给经济学有根本性的区别。经济理论界对于供给侧结构性改革的理论基础曾有过一些讨论，基本上否定了与西方供给学派的内在联系，认为两者的理论基础明显不同。同时，对于供给侧结构性改革的理论来源、内涵、依据等问题，国内学者也从不同角度阐述了看法。

（一）供给侧结构性改革的理论内涵和理论基础

围绕党中央提出供给侧结构性改革的重大政策，理论界展开了热烈的阐释解读和深入的研究分析，相关的各类文献非常多，相同或相似的观点相当多，这里只从宏观和学术的层面，概括部分有代表性的观点。

1. 供给侧结构性改革的主要动因

多数学者认为，主要动因或直接原因是，经济进入新常态后多种矛盾使增速下行压力加大，产能过剩、债务负担、金融风险等问题日益突出，持续依靠需求管理政策的边际效应下降，同时结构性问题对经济增长的制约逐步强化，其深刻根源是体制机制性障碍的影响，因而需要把政策重点转向实施供给侧结构性改革（例如，蔡昉，2016；吴敬链，2016a；杨伟民，2016；刘世锦，2016；林毅夫，2016；李扬和张晓晶，2015；刘伟，2016；黄群慧，2016；方福前和马学俊，2016；田国强，2018）。

2. 供给侧结构性改革的理论内涵

主要观点有以下几个方面：一是强调供给侧结构性改革的主要目标是提高供给结构的适应性，提升供给效率和质量，更好地满足人民日益增长的物质和文化需要（例如，张卓元，2016；马建堂，2016；厉以宁，2017；贾康和苏京春，2016；王一鸣，2015）。二是强调供给侧结构性改革的基本取向是依靠改革解决结构扭曲或资源错配的问题，促进要素合理流动和有效配置，带动结构调整优化和转型升级，提高资源配置效率和全要素生产率（例如，刘世锦，2015；杨伟民，2016；刘伟和蔡志洲，2017；黄群慧，2016；郭克莎，2016；杨晓维，2016；周密和刘秉镰，2017；李佐军，2015）。三是强调供给侧结构性改革的根本是深化市场化改革，消除市场在资源配置中起主导作用的体制性障碍，建立起一套能够激励创新和创业的体制机制，提供有效市场制度供给（例如，吴敬琏，2016b；田国强，2016；贾康和苏京春，2016）。四是强调供给侧结构性改革的重点是正确处理供给管理与需求管理的关系，尤其要推进制度创新和技术创新（例如，沈坤荣，2016；卫兴华和黄丽云，2018；张军，2016；丁任重，2016；陈小亮和陈彦斌，2016；刘伟，2017；金碚，2017；胡鞍钢等，2016；龚刚，2016）。需要说明的是，以上文献对供给侧结构性改革理论内涵的分析，包含多个方面的观点，有些观点是交叉或并列存在的。

3. 供给侧结构性改革的理论基础

学者们普遍认为，供给侧结构性改革不同于西方的供给学派，也不是以西方经济学的其他理论为基础。刘元春认为（2016），对供给侧结构性改革的理论来源不能存在误读。西方经济学的相关理论包括：以“萨伊定律”为核心的新古典理论，以传统供给经济学为内核的新供给经济学，以发展经济学为核心的各类结构主义，以保守主义、货币主义以及供给主义为核心的“里根经济学”和“撒切尔主义”，以新自由主义为内核的结构性改革理论，以产权理论和制度创新理论为核心的新制度主义，都不能成为中国供给侧结构性改革的理论基础和工具箱。多数学者认为，供给侧结构性改革的主要理论基础是马克思主义政治经济学，大体上又可以分为两种观点：一种是以马克思主义政治经济学的相关理论来说明供给侧结构性改革的理论基础，包括马克思的供给和需求理论，劳动价值论和价值规律理论，社会再生产理论，生产、分配、交换和消费关系理论等（例如，洪银兴，2016；逄锦聚，2016；谢地和郁秋艳，2016；方敏和胡涛，2016；简新华和余江，2016；丁任重和李标，2017）。另一种则认为，供给侧结构性改革是以马克思主义政治经济学为指导对现有理论进行综合的理论创新，其理论基础是中国特色社会主义政治经济学（例如，刘元春，2016；方福前，2017；郭杰等，2016）。

（二）供给侧结构性改革与西方供给学派的主要区别

习近平总书记明确指出：“我要讲清楚，我们讲的供给侧结构性改革，同西方经济学的供给学派不是一回事，不能把供给侧结构性改革看成是西方供给学派的翻版，更要防止有些人用他们的解释来宣扬‘新自由主义’，借机制造负面舆论。”（习近平，2017）

有些学者通过理论联系实际的分析，得出了这样的结论：供给侧结构性改革的理论思维和战略举措，其理论基础既不是供给学派，也不是拉美结构主义，更不是新自由主义，而是马克思主义基本观点和方法论在经济新常态下的具体运用，是中国特色社会主义政治经济学在新的历史时期的发展和创新，它标志着中国经济工作的指导思想和发展战略进入了一个新的阶段。其目的是通过改革生产关系，解放和发展生产力，促进中国社会主义制度的自我完善（郭杰等，2016）。

还有学者认为，供给侧结构性改革与西方供给学派的主要区别在于：一是理论基础不同。供给侧结构性改革的理论基础是马克思主义政治经济学，是习近平新时代中国特色社会主义经济思想；供给学派的理论基础是以“市场万能”和“萨伊定律”为基础的新自由主义。二是政策手段不同。供给学派把减税作为其施政纲领的重要内容，而供给侧结构性改革是用改革的办法推进结构调整。三是改革目标不同。供给学派的改革目标不仅要走出当时“滞胀”的困境，而且要回到古典经济学所主张的自由放任的市场经济传统；而供给侧结构性改革的目标是着力提高供给体系质量和效率，增强经济持续增长动力［中共中央党校（国家行政学院），2020］。

（三）供给侧结构性改革的理论来源和理论借鉴

有学者认为，提出社会主义市场经济的供给侧结构性改革，主要是针对中国经济发展现阶段存在的问题症结，基于中国经济深化改革和进一步发展的需要，而不是源于某一种现成的经济学理论。中国今天的供给侧结构性改革，既需要借鉴包括古典经济学在内的思想资源，更需要马克思主义政治经济学供给理论的引导，从而结合中国实际创新具有中国特色的社会主义供给理论，在此基础上设计一套针对中国经济问题症结的结构性改革方案和政策组合（方福前，2017）。

有些学者认为，围绕供给侧结构性改革理论基础的学术争议的理论价值体现在两个方面：一是通过学术争议可以深化我们对供给侧结构性改革的理解和认识，有助于最后共识的形成；二是这种理论争议凸显了当前中国特色社会主义政治经济学理论建设的重要性，争议的存在说明当前中国特色社会主义政治经济学理论建设尚未能够为供给侧结构性改革的理解和认知提供足够的理论支持。西方供给学派或供给经济学不能作为中国供给侧结构性改革的理论基础，也不能简单而笼统地将经典马克思主义经济学视为供给侧结构性改革的单一理论来源。供给侧结构性改革是一个相对新生的事物，没有直接可以运用的既定的理论模型和框架来指导，我们只能在不断开拓当代中国马克思主义政治经济学的新境界的过程中，建立并不断夯实供给侧结构性改革的理论基础（国家行政学院经济学教研部，2016）。

概括起来说，供给侧结构性改革不能等同于西方的供给学派或供给经济学，西方经济学的供给理论不能成为供给侧结构性改革的理论基础，习近平总书记提出的供给侧结构性改革是马克思主义政治经济学理论在当代中国实践中的丰富和发展。同时，对西方供给经济学的一些理论观点和政策思路的批判与借鉴，对中国推进供给侧结构性改革也能提供一定参考。

（四）供给侧结构性改革的主要理论创新和贡献

供给侧结构性改革理论是习近平经济思想的一个重要组成部分，是以习近平同志为核心的党中央关于推进中国改革发展的一个重大理论创新，也是对中国特色社会主义政治经济学和发展经济学的一个重大理论贡献。从中国经济学的角度看，主要理论创新和贡献表现在：一是创造性地提出供给侧结构性改革的重大方针，丰富发展了马克思主义政治经济学关于生产和需要关系的理论（何立峰，2022）。这与西方供给学派有实质性差别，是对后者的重大超越（经济日报课题组，2021）。二是提出以深化改革的办法来解决结构性问题的根本思路，使我国解决结构性问题的方式，从过去的以计划和行政办法为主转向以经济和法律办法为主之后，又增加了以深化改革和市场化办法为主的新思路。这是对发展经济学结构主义理论的创新和超越，丰富发展了中国特色社会主义政治经济学和发展经济学。应当指出，中国经济学家和工作者在研究供给侧结构性改革的有关理论问题，特别是分析供给侧结构性改革与西方供给经济学理论的根本区别，分析结构性体制性问题对经济发展的深层影响、提出坚持以深化改革来推动解决结构性矛盾等方面，也作出了理论性贡献。

四　供给侧结构性改革政策的推进过程与成效

（一）供给侧结构性改革政策的主要推进过程①

根据中国通常以会议推动工作、以年度会议推动年度工作的基本特点，本节以每年在年底召开并部署第二年总体政策和任务的中央经济工作会议的新闻通稿为线索，概括阐述中央推进供给侧结构性改革的主要政策内容，简要分析政策的基本走向。

2015 年年底的中央经济工作会议提出：明年及今后一个时期，着力加强供给侧结构性改革，主要是抓好去产能、去库存、去杠杆、降成本、补短板五大任务。这是中央首次把“三去一降一补”列为供给侧结构性改革的主要任务。在这五大任务中，去产能包括化解过剩产能和淘汰落后产能，主要是优化供给结构、矫正资源错配和促进产业升级；去库存是指减少部分城市尤其是三线、四线城市房地产的过多库存，主要是抑制房地产市场泡沫，促进房地产业稳定发展；去杠杆是降低整个经济特别是企业部门、地方政府的过高债务率，防范和化解金融风险，保障供给领域安全；降成本是降低企

① 本节的部分内容参考郭克莎（2020）的文章。

业成本负担，特别是税费、融资等交易成本和制度成本负担，缓解企业经营发展困难，促进供给能力和效率提升；补短板主要是加强薄弱环节和短板领域建设，推动有效投资增加、有效供给扩大和提高发展协调性。这几个方面都是我国供给领域存在的突出问题，也是需要依靠调结构、促改革去化解矛盾的重要内容。

2016 年年底的中央经济工作会议又提出，明年要继续深化供给侧结构性改革，并把重点任务扩大到四个方面，除了要深入推进“三去一降一补”，还增加了推进农业供给侧结构性改革、振兴实体经济、促进房地产市场平稳健康发展三项重点工作。这是对供给侧结构性改革框架下重点任务的扩展，是对实践中面临的结构调整和深化改革任务的进一步阐述，也是为了更好地把短期政策与长期政策结合起来。需要说明的是，新增的三项重点任务与“三去一降一补”是密切联系的，并没有偏离供给侧结构性改革的基本重点定位。例如，农业供给侧结构性改革在很大程度上也有“三去一降一补”的基本要求，只不过实施过程中有不同的具体任务和政策取向；振兴实体经济必须在有效实施“三去一降一补”的条件下推进，才能真正实现创新驱动发展和增长动能转换；促进房地产市场平稳健康发展则是在继续去库存、去杠杆的过程中，进一步强调要加快建立有利于长期健康发展的制度和机制。

2017 年年底的中央经济工作会议是在党的十九大闭幕后不久召开的，会议围绕推动高质量发展部署的八项重点工作，第一项就是深化供给侧结构性改革。主要强调深化要素市场化配置改革，重点在“破”“立”“降”上下功夫。“破”是大力破除无效供给，把处置“僵尸企业”作为主要抓手；“立”是大力培育新动能，强化科技创新，推动传统产业优化升级；“降”是大力降低实体经济成本，降低制度性交易成本，并通过深化电力、石油天然气、铁路等行业改革降低用能和物流成本。可以看出，推进供给侧结构性改革的政策深入三个重点方面：一是以解决“僵尸企业”问题为抓手，进一步推动化解过剩产能；二是强调以“立”为重点来推进“补短板”的建设，主要是依靠创新培育发展新动能，加快传统产业改造升级；三是有针对性地加强“降成本”的政策，特别是通过深化垄断性行业改革，拓宽实体经济降成本的空间。

2018 年年底的中央经济工作会议强调，我国经济运行主要矛盾仍然是供给侧结构性的，必须坚持以供给侧结构性改革为主线不动摇，更多采取改革的办法，更多运用市场化、法治化手段，在“巩固、增强、提升、畅通”八个字上下功夫。要巩固“三去一降一补”成果，增强微观主体活力，提升产业链水平，畅通国民经济循环。巩固成果的重点是推动更多产能过剩行业加快出清，降低全社会各类营商成本，加大基础设施等领域补短板力度。这体现了深化供给侧结构性改革、扩展重点工作任务的新要求，有利于把调结构、促改革与稳增长更好结合起来。特别是提出畅通国民经济循环这个新的政策取向，重点是加快建设统一开放、竞争有序的现代市场体系，提高金融体系服务实体经济能力，形成国内市场和生产主体、经济增长和就业扩大、金融和实体经济良性循环。在这里，已经反映出推动形成新发展格局的政策取向。

2019 年年底的中央经济工作会议指出，要在深化供给侧结构性改革上持续用力，确保经济实现量的合理增长和质的稳步提升。要继续抓重点、补短板、强弱项。同时，在着力推动高质量发展的重点任务中指出，要坚持巩固、增强、提升、畅通的方针，以创新驱动和改革开放为两个轮子，全面提高经济整体竞争力，加快现代化经济体系建设。同时，还在实施稳健的货币政策的内容中，提出要深化金融供给侧结构性改革。可以看出，深化供给侧结构性改革的政策更加注重重点推进，注重继续落实好“八字方针”，注重发挥创新驱动和改革开放两个轮子的作用，加快建设现代化经济体系的步伐。

2020 年年底的中央经济工作会议强调，加快构建以国内大循环为主体、国内国际双循环相互促进的新发展格局，要紧紧扭住供给侧结构性改革这条主线，注重需求侧管理，打通堵点，补齐短板，贯通生产、分配、流通、消费各环节，形成需求牵引供给、供给创造需求的更高水平动态平衡，提升国民经济体系整体效能。同时指出，要更加注重以深化改革开放增强发展内生动力。显然，在构建新发展格局的过程中，仍然要坚持以推进供给侧结构性改革为主线，并在更高的水平上处理好供给侧改革与需求侧管理的关系，更加重视深化重点领域改革开放对提升经济发展内生动力的关键作用。

（二）供给侧结构性改革政策的主要成效及存在问题

截至2021年6月，供给侧结构性改革的政策已实施了5年多，主要政策不断向纵深推进，由扩展范围到重点推进再到提升水平，供给侧结构性改革政策总体上取得了许多有形和无形的重大成就，与宏观调控、改革开放等政策一起引领带动其他政策，有力地支持了我国应对世界经济复苏乏力、国内经济进入新常态等带来的严峻挑战，使我国经济渡过了“三期叠加”“四降一升”等困难时期，推动了国民经济保持中高速增长并向高质量发展迈进。

由于政策实施、落实过程需要一定的时间，现在我们可以对供给侧结构性改革政策进行分析评价的，主要是第一阶段实施的“三去一降一补”政策。自2016年以来，“三去一降一补”工作取得了显著成效，特别是去产能政策在部分重点行业取得快速进展，去库存政策在多数城市取得明显成效，仅2016年，钢铁、煤炭产能就分别退出6500万吨以上和2.9亿吨以上；全国商品房待售面积同比下降3.2%，其中住宅待售面积下降11%（宁吉喆，2017）。根据国家发展改革委2019年1月22日新闻发布会提供的信息，到2018年年末，“十三五”煤炭行业和钢铁行业去产能的主要目标任务基本完成，其中钢铁行业化解过剩产能五年任务已在三年内提前完成。

但也要看到，“三去一降一补”政策实施过程也出现或面临一些问题。沈坤荣（2017）认为供给侧结构性改革政策还存在不协调、不到位、不配套等问题，仍需要进一步深入推进。不协调主要是旨在推进宏观经济再平衡的“三去”力度不均，影响了改革的整体效果；不到位主要是旨在激发增长活力的补短板用力缺乏针对性，迟滞了宏观经济全面复苏步伐；不配套主要是重点领域改革不到位，不仅制约了改革红利的有效释放，而且影响了改革的整体成效，增加了改革的预期成本。

丁志国等（2020）定量分析了2015—2018年供给侧结构性改革在“去产能”和绩效提升方面的政策效果，基本结论是：供给侧结构性改革前，钢铁和煤炭行业的产能过剩非常严重且呈现越演越烈的趋势，伴随“去产能”政策的不断推进，企业的过剩产能不断退出，产能利用率平均逐年提高，企业经营绩效得到提升，但政策效果呈现了迅速减弱的时间趋势特征，甚至政策效果出现反复。在政策有效性方面，由于供给侧结构性改革初期的政策大多数采取政府强制干预的手段，短期内抑制了企业增加过剩产能的冲动，实现了显著的“去产能”和提升绩效的政策效果，但长期看政府的强制干预政策可能再次扭曲资源配置，引发市场供需失衡，导致更为严重的过剩产能积累和恶性竞争，最终伤害经济发展的质量。

同时，社会上还存在一些模糊的认识，把“三去一降一补”等同于供给侧结构性改革，使供给侧结构性改革的概念泛用化和内容简单化。主要表现：一是把供给侧结构性改革理解为供给结构的政府管理。一些地方政府主要采取计划方式、行政手段来推动供给结构的调整。二是把供给侧结构性改革理解为供给侧的具体工作。一些企业、行业、政府部门使用供给侧结构性改革的概念来描述、概括自己所做的具体工作及成就，把供给侧改革作为日常工作和成绩的总称。三是把供给侧结构性改革当作一般口号广泛使用。把供给侧结构性改革作为一个大筐，什么都往里装。这导致了几个方面的问题：一是忽略了以推进改革为动力；二是忽略了以结构调整为抓手；三是忽略了以市场机制为导向。

五　深化供给侧结构性改革的主要思路和配套政策

在我国新发展阶段，国内经济进入新常态、世界经济复苏艰难带来的压力尚未消除，国际环境复杂多变的挑战更加严峻。供给侧结构性改革的推进虽然一定程度上缓解了结构矛盾对总量矛盾的影响，但政策实施过程中仍面临不少新的问题和挑战。新冠疫情对世界经济的冲击可能是短期性的，而全球经济结构的深层调整及影响将持续很长一段时期。新一轮科技革命和产业变革使世界供给体系加快调整，对我国经济结构变动产生了新的冲击，对我国提升供给体系质量带来了更大压力。因此，我国在加快构建新发展格局、保持经济中高速增长和推动高质量发展的进程中，不仅要坚持以供给侧结构性改革为主线，而且要坚持不断深化供给侧结构性改革，加快解决存在和面临的突出问题。

进一步深化供给侧结构性改革的主要思路包括以下三点。

第一，加快推进我国新发展阶段中供给侧结构性矛盾比较突出的改革。这主要有以下几个方面：一是深化农业供给侧结构性改革、金融供给侧结构性改革；二是加快国资国企改革、财税体制改革在重点领域的突破；三是依靠深化改革推进保护公平竞争、抑制市场垄断的制度建设；四是推动自由贸易区、自由贸易港建设并倒逼经济管理体制改革的深化。

第二，更多运用改革的办法和市场化、法治化的手段推进供给侧结构性改革。推动建立供给侧结构性改革中经济手段、法治手段与行政手段的协调机制，加快建设进一步完善社会主义市场经济体制的法律法规制度，坚持用深化改革的办法和市场化、法治化的方式解决行政手段的合理运用、适度运用问题。

第三，运用战略性思维处理供给侧结构性改革中长期政策与短期政策的关系。这包括：供给侧结构性改革的短期政策要符合和适应长期政策的基本取向，供给侧结构性改革的长期政策要在短期政策的成效上加快推进，要加强对推动供给侧结构性改革的短期政策向长期政策转变的研究（郭克莎，2020）。特别地，要积极为短期政策向长期政策的过渡和转变创造有利条件和环境，加快推进有助于支持供给侧结构性改革深化的经济社会体制改革。

为深化供给侧结构性改革提供配套政策的依据在于，任何一项重大政策的实施都难以取得单兵突进的效果，政策主线的推进需要相关支线的配合和支持，已经进入深化阶段的供给侧结构性改革更是如此。要处理好深化供给侧结构性改革与坚持稳增长和推动高质量发展的关系、与推进其他经济政策尤其是宏观调控政策创新的关系、与深化其他经济改革尤其是基础性改革的关系。

设计配套政策的主要框架内容是：立足我国新发展阶段的大背景，围绕加快构建新发展格局，根据深化供给侧结构性改革的新趋势、新特点、新要求，推进需求侧管理政策和机制的创新，适时推动需求侧结构性改革；深化简政放权改革和“放管服”改革，推进行政管理体制改革创新；深化对外开放领域的改革，拓展新时期的高水平开放格局。

参考文献

习近平：《论把握新发展阶段、贯彻新发展理念、构建新发展格局》，中央文献出版社 2021 年版。

中共中央党校（国家行政学院）：《习近平新时代中国特色社会主义思想基本问题》，人民出版社、中共中央党校出版社 2020 年版。

中共中央文献研究室编：《习近平关于社会主义经济建设论述摘编》，中央文献出版社 2017 年版。

蔡昉：《认识中国经济减速的供给侧视角》，《经济学动态》2016 年第 4 期。

陈小亮、陈彦斌：《供给侧结构性改革与总需求管理的关系探析》，《中国高校社会科学》2016 年第 3 期。

丁任重：《关于供给侧结构性改革的政治经济学分析》，《经济学家》2016 年第 3 期。

丁任重、李标：《供给侧结构性改革的马克思主义政治经济学分析》，《中国经济问题》2017 年第 1 期。

丁志国、张炎炎、任浩锋：《供给侧结构性改革的去产能效应测度》，《数量经济技术经济研究》2020 年第 7 期。

方福前：《寻找供给侧结构性改革的理论源头》，《中国社会科学》2017 年第 7 期。

方福前、马学俊：《中国经济减速的原因与出路》，《中国人民大学学报》2016 年第 6 期。

方敏、胡涛：《供给侧结构性改革的政治经济学》，《山东社会科学》2016 年第 6 期。

龚刚：《论新常态下的供给侧改革》，《南开学报（哲学社会科学版）》2016 年第 2 期。

郭杰、于泽、张杰：《供给侧结构性改革的理论逻辑及实施路径》，中国社会科学出版社 2016 年版。

郭克莎：《防范通货紧缩及通缩预期对经济增长的影响》，《财贸经济》2016 年第 2 期。

郭克莎：《坚持以深化供给侧结构性改革推进产业结构调整升级》，《经济纵横》2020 年第 10 期。

国家行政学院经济学教研部编：《中国供给侧结构性改革》，人民出版社 2016 年版。

何立峰：《深入学习贯彻习近平经济思想（深入学习贯彻习近平新时代中国特色社会主义思想）》，《人民日报》2022 年 6 月 22 日。

洪银兴：《准确认识供给侧结构性改革的目标和任务》，《中国工业经济》2016 年第 6 期。

胡鞍钢、周绍杰、任皓：《供给侧结构性改革——适应和引领中国经济新常态》，《清华大学学报（哲学社会科学版）》2016 年第 2 期。

黄群慧：《论中国工业的供给侧结构性改革》，《中国工业经济》2016 年第 9 期。

贾康、苏京春：《论供给侧改革》，《管理世界》2016 年第 3 期。

简新华、余江：《马克思主义经济学视角下的供求关系分析》，《马克思主义研究》2016 年第 4 期。

经济日报课题组：《习近平经济思想研究评述》，《经济日报》2021 年 11 月 29 日。

李扬、张晓晶：《“新常态”：经济发展的逻辑与前景》，《经济研究》2015 年第 5 期。

李佐军：《“供给侧改革”为何是势在必行之举》，《上海证券报》2015 年 12 月 17 日。

厉以宁：《持续推进供给侧结构性改革》，《中国流通经济》2017 年第 3 期。

林毅夫：《供给侧改革的短期冲击与问题研究》，《河南社会科学》2016 年第 1 期。

刘世锦：《供给侧改革的重点是要素市场改革》，《中国经济时报》2015 年 12 月 2 日。

刘世锦：《中国经济转型再平衡取决于三个条件》，《理论参考》2016 年第 5 期。

刘伟：《经济新常态与供给侧结构性改革》，《管理世界》2016 年第 7 期。

刘伟、蔡志洲：《完善国民收入分配结构与深化供给侧结构性改革》，《经济研究》2017 年第 8 期。

刘元春：《论供给侧结构性改革的理论基础》，《人民日报》2016 年 2 月 25 日。

马建堂：《供给侧结构性改革的意义与途径》，《人民日报》2016 年 6

月 24 日。

宁吉喆：《继续深化供给侧结构性改革》，《学习时报》2017 年 6 月 9 日。

逄锦聚：《经济发展新常态中的主要矛盾和供给侧结构性改革》，《政治经济学评论》2016 年第 2 期。

秋石：《一项关系全局关系长远的重大决策——深入学习习近平总书记关于供给侧结构性改革的重要论述》，《求是》2017 年第 16 期。

沈坤荣：《供给侧结构性改革是经济治理思路的重大调整》，《南京社会科学》2016 年第 2 期。

沈坤荣：《以供给侧结构性改革夯实中国经济增长基础》，《求是》2017 年第 10 期。

田国强：《供给侧结构性改革的重点和难点———建立有效市场和维护服务型有效政府是关键》，《人民论坛·学术前沿》2016 年第 14 期。

田国强：《中国经济增长下滑的原因》，《学习与探索》2018 年第 4 期。

王一鸣：《通过供给侧改革重塑发展动力》，《人民日报》2015 年 12 月 28 日。

卫兴华、黄丽云：《正确认识供给侧结构性改革的几个理论问题》，《理论与评论》2018 年第 1 期。

吴敬琏：《把握供给侧结构性改革的正确指向》，《北京日报》2016 年 3 月 21 日。

吴敬琏：《什么是结构性改革？它为何如此重要?》，《清华管理评论》2016 年第 11 期。

谢地、郁秋艳：《用马克思主义政治经济学指导供给侧结构性改革》，《马克思主义与现实》2016 年第 1 期。

杨伟民：《适应引领经济发展新常态，着力加强供给侧结构性改革》，《宏观经济管理》2016 年第 1 期。

杨晓维：《从经济新常态看供给侧结构性改革》，《光明日报》2016 年 5 月 25 日。

张军：《宏观经济与供给侧结构性改革》，《江南论坛》2016 年第

5 期。

张卓元：《着力用改革的办法解决供给侧结构性问题》，《经济纵横》2016 年第 10 期。

周密、刘秉镰：《供给侧结构性改革为什么是必由之路?》，《经济研究》2017 年第 2 期。

经济高质量发展

张占斌　毕照卿*

经济高质量发展，明确提出于2017年党的十九大，并在2017年的中央经济工作会议上得到进一步阐释，后构成有关中国经济发展问题的判断和主题。以习近平同志为核心的党中央提出的经济高质量发展，是党和国家基于中国特色社会主义进入新时代的历史方位、社会主要矛盾与发展格局的重要变化，着眼于我国发展阶段、发展环境、发展条件面临的机遇与挑战，对中国经济发展阶段的科学判断；是当前和今后一个时期，贯彻新发展理念、确定发展思路、制定经济政策、实施宏观调控的根本要求；是立足社会主义现代化建设全局的战略选择，更是建设创新型国家，推动经济发展速度换挡、动力转换、结构优化，实现更有效率、更大动力、更为公平、更加安全、更可持续的高水平自立自强发展的必然要求。

一　经济高质量发展的提出与落实

中国共产党在领导和团结全国各族人民进行经济建设的过程中，坚持探索经济发展的一般规律，深刻把握中国经济发展的特殊规律，逐渐形成并深化对于经济发展的规律性认识，在不同历史时期形成

* 张占斌、毕照卿，中央党校（国家行政学院）马克思主义学院。

了一系列不断完善发展的经济理论与经济战略，特别是时代中国特色社会主义提出了“经济高质量发展”这一重大原创性的经济判断与经济理论，推动了中国特色社会主义经济学的创新发展。

（一）提出经济高质量发展的理论逻辑

我国经济发展由高速增长转向高质量发展，是中国经济发展实践和发展理论演进的结果（洪银兴，2019）。经济高质量发展源于中国共产党不断深化对于经济规律的认识，是在长期的经济工作实践中得出的重要思想，是中国共产党经济思想的最新发展成果。理解和把握提出经济高质量发展的理论逻辑，必须植根于中国共产党经济思想发展史。

社会主义革命和建设时期，以毛泽东为核心的第一代中央领导集体就怎样“进行社会主义革命，推进社会主义建设”展开探索，得出了有关经济发展的最初理论成果。党的八大根据我国社会主义改造基本完成后的形势，提出国内主要矛盾已经不再是工人阶级和资产阶级的矛盾，作出“我们国内的主要矛盾，已是人民对于建立先进的工业国的要求同落后的农业国的现实之间的矛盾，已经是人民对于经济文化迅速发展的需要同当前经济文化不能满足人民需要的状况之间的矛盾”（中央档案馆、中共中央文献研究室编，2013）的重要判断，并以此为依据做出了有关发展的系列重要判断。毛泽东同志特别强调经济发展过程的综合平衡问题，并创造性地提出系统发展、协调发展思想，认为“社会主义经济发展过程中，经常出现不按比例、不平衡的情况，要求我们按比例和综合平衡”（毛泽东，1999），指出应根据中国具体情况遵循经济规律，并要关注经济发展中各个部门之间的比例以及与人民生活水平之间的关系。在《论十大关系》中，毛泽东同志对社会主义建设道路的总体关系和全面布局做出了深刻判断，提出“从发展的观点看”的重要思想方法，强调要以全面的、辩证的观点看待发展问题，认为“限制发展是错误的，不能限制发展”，但是“要采取积极合理发展的方针”，形成了关于发展问题的重要判断与思想。遗憾的是，由于社会主义革命和建设的复杂性、艰巨性，且没有现成的理论和经验可以照搬和遵循，中国经济建设的探索出现了曲折，但值得肯定的是，党在社会主义革命和建设中取得的独创性理论成果，为在新的历史时期开创中国特色社会主义提供了宝贵经验与理论准备。

改革开放和社会主义现代化建设时期，以邓小平同志为主要代表的中国共产党人围绕中国特色社会主义的经济发展问题，创造性地提出了一系列经济观点和经济思想，形成了中国特色社会主义政治经济学，在中国共产党经济思想史上书写了光辉篇章。1978 年，党的十一届三中全会作出了把党和国家工作重心转移到经济建设上来和实行改革开放的伟大决策。1981 年，党的十一届六中全会通过的《关于建国以来党的若干历史问题的决议》，明确了社会主要矛盾为“人民日益增长的物质文化需要同落后的社会生产之间的矛盾”。1981 年年底全国人大五届四次会议的《政府工作报告》首次把“经济效益”作为经济建设的方针，提出要“走出一条速度比较实在、经济效益比较好、人民可以得到更多实惠的新路子”（中共中央文献研究室，1987）。基于对社会主要矛盾的把握，党的十三大提出了社会主义初级阶段理论，并制定了以经济建设为中心的党的基本路线，将“效益”提到经济发展战略的高度，强调必须坚定不移地贯彻执行“注重效益、提高质量、协调发展、稳定增长的战略”，并且明确提出要“从粗放经营为主逐步转上集约经营为主的轨道”。1992 年，邓小平同志在“南方谈话”中强调“能发展就不要阻挡，有条件的地方要尽可能搞快点，只要是讲效益，讲质量，搞外向型经济，就没有什么可以担心的”（邓小平，1993）。邓小平同志突出了效益、质量，更多地还是强调速度，指出“低速度就等于停步，甚至等于后退”。在“发展才是硬道理”的重要论断影响下，经济增长速度成为当时的中国首要考虑的问题。20—21 世纪之交，以江泽民同志为主要代表的中国共产党人提出了“三个代表”重要思想，把解放和发展生产力与中国共产党的先进性联系起来，明确中国共产党要始终坚持促进生产力发展，强调“发展是党执政兴国的第一要务”，认为能否解决好发展问题直接关系到人心向背、事业兴衰，实现了我们党在执政理念上的与时俱进。以此出发，江泽民同志提出要以科技进步实现经济增长方式的变革，“努力提高科技进步在经济增长中所占的含量，促进整个经济由粗放经营向集约经营转变”（江泽民，2006），并提出要走新型工业化道路等判断。可见，从党的十四大到党的十六大，中国共产党不断总结发展过程中的经验和教训，逐步将“整体素质不断提高”“资源消耗低”“环境污染少”等要求纳入对发展的要求之中，突出了资源、环境与可持续发展的内在关联。21 世纪初，以胡锦涛同志为主要代表的中国共产党人创造性地提出了科学发展观，深化了我们党对于发展的认识。科学发展观明确提出要“坚持以人为本”，强调必须坚持“全面、协调、可持续”的发展，回答了新形势下有关发展的一系列重大问题。胡锦涛同志在党的十七大提出要“促进经济增长由主要依靠投资、出口拉动向依靠消费、投资、出口协调拉动转变，由主要依靠第二产业带动向依靠第一、第二、第三产业协同带动转变，由主要依靠增加物质资源消耗向主要依靠科技进步、劳动者素质提高、管理创新转变”（胡锦涛，2016）。党和国家已经注意到了转变经济发展方式的重要性。

中国特色社会主义进入新时代，随着中国经济的发展与调整，对中国经济的判断与理论分析也发生重要变化，经济高质量发展在此背景下应运而生。2013 年 10 月，习近平总书记在亚太经合组织工商领导人峰会上发表重要演讲，强调“中国经济已经进入新的发展阶段，正在进行深刻的方式转变和结构调整”（习近平，2014），“我们不再简单以国内生产总值增长率论英雄，而是强调以提高经济增长质量和效益为立足点”（习近平，2014）。在同年 12 月的中央经济工作会议上，习近平总书记作出了中国经济正处于“三期叠加”状况的重要判断。2014 年 5 月，习近平总书记在河南开封、郑州等地考察工作，明确提出“新常态”重要论断，强调要从当前我国经济发展的阶段性特征出发，适应新常态，保持战略上的平常心态。此后，习近平总书记在多次讲话中阐述了“新常态”的内涵，特别是在 2014 年 12 月的中央经济工作会议上从消费需求、投资需求、出口和国际收支、生产能力和产业组织方式、生产要素相对优势、市场竞争特点、资源环境约束、经济风险积累和化解、资源配置模式和宏观调控方式九个方面分析了我国经济发展新常态带来的趋势性变化。适应把握引领新常态，是我国经济发展的大逻辑，也是推动经济高质量发展的逻辑前提。2015 年 10 月，习近平总书记在党的十八届五中全会上首次提出“新发展理念”。2017 年 10 月，“经济高质量发展”在党的十九大报告中首次提出。习近平总书记在党的十九大报告中作出了“我国经济已由高速增长阶段转向高质量发展阶段，正处在转变发展方式、优化经济结构、转换增长动力的攻关期”这一重大判断。2017 年 12 月，习近平总书记在中央经济工作会议上进一步阐述了经济高质量发展，提出中国特色社会主义进入了新时代，我国经济发展也进入了新时代，基本特征就是我国经济已由高速增长阶段转向高质量发展阶段。推动高质量发展是遵循经济发展规律、保持经济持续健康发展的必然要求，也是适应我国社会主要矛盾变化和全面建成小康社会、全面建设社会主义现代化国家的必然要求。2018 年，习近平总书记在中央经济工作会议上指出：“推动高质量发展是我们当前和今后一个时期确定发展思路、制定经济政策、实施宏观调控的根本要求”（习近平，2021）。2020 年 4 月，习近平总书记在中央财经委第七次会议上首次提出构建新发展格局重要思想。2020 年 8 月，习近平总书记主持召开经济社会领域专家座谈会时提出“我国将进入新发展阶段”的重要判断。立足新发展阶段，贯彻新发展理念，构建新发展格局成为了经济发展的重要主题，也是推动实现经济高质量发展的必然路径。党的十九届五中全会通过的《关于制定国民经济和社会发展第十四个五年规划和二〇三五年远景目标的建议》以及2021年3月出台的《中华人民共和国国民经济和社会发展第十四个五年规划和2035年远景目标纲要》都明确提出，要以推动高质量发展为主题。由此可见，“经济高质量发展”是中国共产党经济思想一脉相承而又与时俱进的理论成果，是习近平新时代中国特色社会主义经济思想的重要内容，以此开辟了中国特色社会主义政治经济学关于经济发展理论的新境界。

从2017年党的十九大报告首次提出至今，实践已经证明，高质量发展是引领我国经济“十三五”时期取得历史性成就的指南针，是“十四五”时期乃至更长时期我国经济社会发展的主题，关系我国社会主义现代建设全局。

（二）提出经济高质量发展的实践逻辑

党的十八大以来，我们党不断深化对经济形势和任务的认识，逐渐得出经济高质量发展这一重要判断与理论。经济高质量发展的提出，既是立足历史，是对我国发展成就、发展阶段、发展经验的深刻把握；又是针对现在，是对我国发展不平衡、不协调、不可持续问题的充分研判；还是着眼未来，是对发展环境、发展条件、发展主题的综合判断。

第一，经济高质量发展是应对新时代中国社会主要矛盾转换的主动作为。党的百年奋斗历程表明，党和人民事业能不能沿着正确方向前进，取决于我们能否准确认识和把握社会主要矛盾、确定中心任务。1981年，党的十一届六中全会通过的《关于建国以来党的若干历史问题的决议》回到了有关社会主要矛盾的正确判断上，以此明确了坚持以经济建设为中心的根本任务。经过几十年的经济建设与社会发展，中国经济社会发展取得了全方面的成就，创造出经济快速发展奇迹，国家经济实力大幅跃升。同时，由于一些地方和部门存在片面追求速度规模、发展方式粗放等问题，加上国际金融危机后世界经济持续低迷的影响，经济结构性、体制性矛盾不断积累，发展不平衡、不协调、不可持续问题十分突出。党的十九大报告指出："我国社会主要矛盾已经转化为人民日益增长的美好生活需要和不平衡不充分的发展之间的矛盾"（习近平，2017）。这一重大判断，是自1981年以来有关社会主要矛盾表述的首次改变，也是基于中国特色社会主义最新发展的深刻总结，构成了未来一段时间内党和国家确定主要任务和工作的根本依据。具体而言，社会主要矛盾变化是高质量发展的逻辑起点，经济发展阶段变化是高质量发展的逻辑基础，社会主要矛盾变化同经济发展阶段变化一体两面（高培勇，2019）。新时代社会主要矛盾的转化表明，我国长期所处的短缺经济和供给不足的状况已经发生根本性改变，也就是总体上已经解决了"有没有"的问题。进一步而言，发展不平衡不充分的问题逐渐凸显，供给相对不足和供给结构性失衡仍然突出。同时，人民对美好生活需要呈现出多样化、多层次、多方面的特点，不仅在物质文化生活方面，而且在民主、法治、公平、正义、安全、环境等方面均提出要求。在此背景下，高质量发展就是从"有没有"转向"好不好"，不断朝着更高质量、更有效率、更加公平、更可持续的方向前进，从而满足人民日益增长的美好生活需要，最终落脚于解决好新时代我国社会主要矛盾。

第二，经济高质量发展是适应中国经济发展阶段转换的积极应对。经过改革开放以来几十年的发展，我国经济实现了跨越式的发展。1979—2020年，中国国内生产总值年均增长9.2%，远高于同期世界经济增速。我国国内生产总值从1978年的3678.7亿元增长至2021年的1143670亿元，经济总量牢牢稳居世界第二位，占全球经济比重上升到18%以上，人均国内生产总值达到1.25万美元，接近了高收入国家门槛。其间2003—2007年，我国经济连续五年保持两位数的高速增长，2008年受国际金融危机影响回落到一位数增长，2010 年后，中国经济增速持续单边下行，经济增长从高速转向中高速。习近平总书记提出的“新常态”，其最基本的特征是经济增长速度的转换，即经济增长从高速转向中高速。实际上，经济增速的转变符合经济发展一般历程。从西方发达国家的经济发展历程来看，工业化早期普遍能够实现较为高速的经济增长，工业化后期则会经历从高速增长到中高速增长再到稳定增长的阶段转换。西方国际的发展历程印证了经济发展的一般规律，也就是经济增长方式转变对于经济增长速度的影响，即实现主要由通过劳动、资本等要素投入实现数量扩张，到依赖技术创新、人力资本积累等方式实现质量型增长的阶段转变。从反面教训来看，“中等收入陷阱”成为了需要警惕的现实问题，这是由于“中等收入陷阱”的产生往往与经济发展动力不足、产业升级与经济转型不充分的内在联系，体现的是通过投入大量资源推动经济发展的不可持续性。由此可见，推动经济高质量发展，不仅符合经济发展规律，更是利用经济发展规律、推动经济发展阶段转换的主动作为，也就是在经济增长速度进行“换挡”、经济增长目标向合理区间进行“收敛”的过程中，主动进行增长速度转换、产业结构调整、经济增长动力变化、资源配置方式转换、经济福祉包容共享等，以此跨越“中等收入陷阱”，实现生产方式变革与全方位的经济转型升级。

第三，经济高质量发展是推动质量变革、效率变革、动力变革的客观要求。首先，就经济质量而言，我国经济过去主要看重经济增长速度，推动经济高质量发展则不仅要重视量的发展，更要重视质的解决发展。换言之，经济高质量发展内在要求树立质量第一的意识，在推动经济发展实现量的合理增长和质的稳步提升过程中，重点提升发展质量。其次，从经济效率而言，由资源、劳动、资本与全要素生产率等构成的生产要素在我国经济发展中的地位发生了重要变化。劳动力要素方面，在经过“刘易斯转折点”并且“人口红利”面临消失的情况下，中国通过劳动力在部门间的转移所获得的资源重新配置效应，以及劳动力无限供给所赢得的稳定的资本报酬效应，都将逐渐消失（蔡昉，2013）。资本要素方面，存在着资本形成率占 GDP 的比重过高以及投资效率仍然不高等问题；资源要素方面，高投入、高耗能甚至高污染的粗放型增长方式也为环境带来了极大破坏，加剧了资源的紧张状况。因此，推动效率变革应着力提升劳动生产率、投资回报率、资源配置效率，加快推进有利于提高资源配置效率的改革。最后，从经济动力而言，出口和投资已经难以大规模拉动经济增长，第二产业技术含量总体偏低等问题客观存在。推动高质量发展与实现动力变革相一致，即经济增长向依靠消费、投资、出口协调拉动，向第一、第二、第三产业协同带动转变。

第四，经济高质量发展是应对百年未有之大变局的必然选择。当今世界正经历百年未有之大变局，新冠疫情全球大流行使这个大变局加速演进，经济全球化遭遇逆流，保护主义、单边主义上升，世界经济低迷，国际贸易和投资大幅萎缩，国际经济、科技、文化、安全、政治等格局都在发生深刻调整，世界进入动荡变革期。百年未有之大变局不仅深刻反映了既有经济领域全球增长动能不足、全球经济治理滞后、全球发展失衡三大突出矛盾没有得到有效解决，也预示着新一轮科技革命和产业变革带来的新陈代谢和激烈竞争前所未有。新旧动能交替之际，彰显了在科学技术发展所处重要节点，世界局势的复杂性与不确定性。同时，全球产业链、供应链遭受冲击，治理赤字、信任赤字、发展赤字、和平赤字仍在扩大。单边主义、保护主义、霸凌行径上升，经济全球化遭遇逆流，加剧了世界经济中的风险和不确定性。在此背景下，推动经济高质量发展才能在科技创新的制高点占据历史主动，才能加速科技成果向现实生产力转化，提升产业链水平，维护产业链安全，才能抓住技术革命和产业变革重要机遇，才能以历史主动的姿态应对百年未有之大变局，于危机中育先机、于变局中开新局。

第五，经济高质量发展是实现新时代发展目标的必由之路。党的十八大以来，以习近平同志为核心的党中央坚定不移打赢脱贫攻坚战，历史性地解决了绝对贫困问题，并全面建成了小康社会，实现了第一个百年奋斗目标。党的十九届五中全会对开启全面建设社会主义现代化国家新征程作出庄严宣告，将人民生活更加美好，人的全面发展、全体人民共同富裕取得更明显的实质性进展定位到2035年基本实现社会主义现代化远景目标，绘就到2050年基本实现全体人民共同富裕的宏伟蓝图，开启向第二个百年奋斗目标进军的新征程。立足于当前现代化发展阶段，推动经济高质量发展，关系我国社会主义现代化建设全局，是跨越“中等收入陷阱”、实现共同富裕的必然要求，是推动形成经济繁荣、政治民主、社会公平、生态良好发展态势的内在基础，是构筑全面建成社会主义现代化国家坚实经济基础、为其他领域现代化提供有力建设、推动我国现代化事业实现新跨域、迈上新台阶的必由之路。

（三）推动经济高质量发展的政策措施

在实践政策方面，2020年11月的《中共中央关于制定国民经济和社会发展第十四个五年规划和二〇三五年远景目标的建议》以高质量发展为主题，提出了新目标、新理念、新方略，明确了高质量发展不仅是经济发展的要求，更是社会、生态、文化、国家治理体系的应然要求。党中央、国务院不仅明确了高质量发展是经济发展的主题，还对地区的高质量发展作出了一系列重要部署。2019年1月，中共中央、国务院印发《关于支持河北雄安新区全面深化改革和扩大开放的指导意见》。2019年2月，中共中央、国务院印发实施《粤港澳大湾区发展规划纲要》。2019年5月，中共中央、国务院印发《国家生态文明试验区（海南）实施方案》。2019年6月，中共中央、国务院印发的《关于支持浦东新区改革开放再出发实现新时代高质量发展的若干意见》从制度创新、经济发展、政府治理、绿色生态四个维度全方位支持浦东新区推动实现高质量发展。2019年8月，中共中央、国务院印发《关于支持深圳建设中国特色社会主义先行示范区的意见》，支持深圳高举新时代改革开放旗帜、建设中国特色社会主义先行示范区，在更高起点、更高层次、更高目标上推进改革开放，形成全面深化改革、全面扩大开放新格局；更好实施粤港澳大湾区战略，丰富“一国两制”事业发展新实践；率先探索全面建设社会主义现代化强国新路径，为实现中华民族伟大复兴的中国梦提供有力支撑。2019年12月，中共中央、国务院印发《长江三角洲区域一体化发展规划纲要》，意味着长三角区域一体化发展迎来了更加崭新的时代篇章，长三角将迈入更高质量的一体化发展阶段。2020年4月，中共中央、国务院印发的《关于构建更加完善的要素市场化配置体制机制的意见》为推动经济发展质量变革、效率变革、动力变革提供重要支撑。2020年5月，中共中央、国务院印发《关于新时代加快完善社会主义市场经济体制的意见》，从高水平社会主义市场经济体制角度为经济高质量发展提供重要制度支撑。2020年5月，中共中央、国务院印发的《关于新时代推进西部大开发形成新格局的指导意见》，对加快形成西部大开发新格局，推动西部地区高质量发展提出了36条具体措施。2020年6月，中共中央、国务院印发了《海南自由贸易港建设总体方案》，中国特色自由贸易港建设迈出关键一步。2021年4月，《中共中央国务院关于新时代推动中部地区高质量发展的意见》对中部地区的崛起，特别是中部地区的高质量发展的目标任务、具体措施、方法路径进行了科学部署。2021年6月，中共中央、国务院发布《关于支持浙江高质量发展建设共同富裕示范区的意见》，赋予浙江重要示范改革任务，先行先试、作出示范，为全国推动共同富裕提供省域范例。2021年10月，中共中央、国务院印发了《黄河流域生态保护和高质量发展规划纲要》，对于扎实推进黄河流域生态保护和高质量发展具有重大意义。2022年1月，把握数字化发展新机遇，拓展经济发展新空间，推动我国数字经济健康发展，国务院印发《“十四五”数字经济发展规划》。2022 年 4 月，中共中央、国务院发布了《关于加快建设全国统一大市场的意见》，为实现更高质量、更有效率、更加公平、更可持续的发展奠定了坚实基础。这一系列政策文件，不仅有助于推动地区经济的高质量发展，还为中国经济高质量发展奠定了重要制度基础。

二　经济高质量发展的内涵和特征

（一）经济高质量发展的理论背景

第一，马克思主义政治经济学关于经济发展的理论。一是经济发展的界定。马克思主义政治经济学认为，生产力和生产关系的矛盾运动是人类社会发展的根本动力。经济发展是不断解放和发展社会生产力的过程，也是在生产力和生产关系矛盾的运动中构建生产方式的历史过程，直接表现为经济增长、财富积累和社会进步。二是经济发展与生产方式。生产方式突出的是不同社会之下的生产类型，即不同社会基本经济制度下的生产，而社会基本经济制度的区别成为理解生产方式差异的关键。社会基本经济制度体现的是“生产什么、怎样生产以及怎样交换产品”，即由所有制结构、分配制度和经济体制所构成。由此，“对既定社会基本经济制度认识的历史观以及所有制结构、分配制度和经济体制三个方面规定，构成马克思主义政治经济学关于社会基本经济制度‘一观三制’的整体结构和总体关系”（顾海良，2020）。在此意义上，经济高质量发展与生产方式的转变，特别是与基本经济制度变革紧密联系。三是经济发展与扩大再生产。马克思主义政治经济学认为，扩大再生产有两种类型，即外延式扩大再生产与内涵式扩大再生产，“如果生产场所扩大了，就是在外延上扩大，如果生产资料效率提高了，就是在内涵上扩大”（《资本论（第二卷)》，192）外延式扩大再生产就是通过生产要素的增加、生产场所的扩大等方式实现的生产规模的扩大；内涵式扩大再生产则为通过生产技术的进步与生产要素的利用率的提高、改善生产要素质量、提高劳动生产率等方式实现生产规模的扩大。经济高质量发展显然侧重于内涵式扩大再生产，凸显了生产效率、科学技术对于经济发展的重要意义。

第二，西方经济学关于经济增长的理论。早期西方经济学家通常把经济发展等同于经济增长，主要关注劳动、资本、土地等生产要素的投入与经济增长的重要关联，强调工业化对于经济发展的重要作用。萨缪尔森等（1999）认为，经济增长代表一国潜在国内生产总值（GDP）增加，是一国生产可能性边界（PPF）向外移动。因此，经济增长主要是生产资料量的增加与产品质量和效率的提高两个方面的结果。20 世纪 50—60 年代，伴随着由经济增长所引发的各类社会问题愈演愈烈，西方经济学家逐渐扩充了经济增长的含义。技术、环境、资源、农村、制度等被纳入发展范畴，提出了“经济增长质量”等概念。“作为发展速度的补充，它是指构成增长进程的关键性内容。各国的经验都表明了若干项这类问题的重要性：机会的分配、环境的可持续性、全球性风险的管理以及治理结构。”（托马斯等，2001）可见，在西方经济学视域中，经济增长质量概念还涉及经济结构、技术、环境、制度等内容。

（二）经济高质量发展的多重内涵

第一，从发展目标来看，高质量发展致力于实现“更高质量、更有效率、更加公平、更可持续”的发展，以此满足人民日益增长的美好生活需要和推动人的全面发展。习近平总书记在党的十九大报告中指出：“解放和发展社会生产力，是社会主义的本质要求。我们要激发全社会创造力和发展活力，努力实现更高质量、更有效率、更加公平、更可持续的发展！”（习近平，2021）在此意义上，“更高质量、更有效率、更加公平、更可持续”即为中国特色社会主义新时代经济发展战略目标。另外，高质量发展的提出与落实，全方位贯彻着以人民为中心的根本立场，强调的是发展为了人民、发展依靠人民、发展成果由人民共享。简言之，高质量发展是能够更好满足人民不断增长的真实需要的经济发展方式、结构和动力状态（金碚，2018）。

第二，从发展方式来看，高质量发展意味着经济发展方式向集约型增长转变。在此意义上，推动高质量发展是实现由要素投入和驱动的粗放型高速增长，转变为以科技进步、管理水平改善和劳动者素质能力提高为主的集约型增长，推动经济从“数量追赶”转向“质量追赶”，从“规模扩张”转向“结构升级”，从“要素驱动”转向“创新驱动”（王一鸣，2018）。

第三，从发展内容来看，高质量发展包含经济、民生、生态、安全等多方面内容。张军扩等（2019）指出，“经济高质量发展目标是更高的效率、更加公平、绿色可持续。”换言之，经济效率、公平、绿色等多方面目标要求被纳入了高质量发展的内涵之中。不仅如此，面对百年未有之大变局和新冠疫情相互叠加、世界进入新的动荡变革期的复杂局面，更要注重统筹发展与安全，既要以安全促发展，又要以发展保安全。

第四，从发展结构来看，高质量发展具有宏观、中观和微观三重视角。就宏观视角而言，高质量发展意味着供给与需求在相互影响中实现动态平衡，意味着经济增长的稳定性、发展的均衡性、环境的协调性、社会的公平性（赵剑波等，2019）；就中观视角而言，高质量发展体现在产业和区域产业结构与区域协调方面；就微观视角而言，高质量发展不仅表现在产品的种类、数量和质量方面，也表现在一流企业的培育、具有品牌影响力的打造等方面，还体现在人民的幸福感指数等方面。

第五，从发展要素来看，高质量发展对提高要素质量和配置效率、增加新的生产要素提出了新的要求。以往经济发展主要依赖要素的大量投入。高质量发展强调了诸如人力资本要素质量提升的重要性，要提高全要素生产率，实现新旧动能转换（秦放鸣等，2020），并将“数据要素”等新的生产要素纳入高质量发展之中。

综上而言，从我国经济发展历程来看，经济高质量发展意味着经济体系的变革，特别是现代化经济体系的建设，实现了在广义上对发展问题的概括。

（三）经济高质量发展的重要特征

第一，创新成为第一动力。科技是第一生产力，创新是推动科技发展的不竭动力。经济高质量发展意味着坚持创新在现代化建设全局中的核心地位，把科技自立自强作为国家发展的战略支撑。就经济结构角度而言，科技创新推动着科学和技术不断革命，进而引发了产业结构的变革，使新生产部门不断涌现，最终极大改变了经济结构。就经济效率角度而言，科技创新往往会造就新的生产工具，并且改进生产工艺，提升生产效率，从而使单位能源和资源能够被更高效地利用，以此减少环境污染，营造良好生态环境。就经济动力角度而言，科技创新能够使经济发展摆脱原先所依靠的要素驱动、效率驱动等方式，改变通过加大资源投入推动数量增长的经济发展方式，通过动力变革为经济增长注入源源不断的动力。就经济活力角度而言，国家、企业、个人各自发挥在科技创新中的作用，形成科技创新的合力。

第二，协调成为内生特点。经济高质量发展必然对经济结构转型升级提出了更高要求，而经济结构的协调优化也是实现经济高质量发展的重要路径。经济结构包含了产业结构、收入结构、供需结构、区域结构、城乡结构等多元体系。

第三，绿色成为普遍形态。经济高质量发展必然对生产方式提出了环保、生态等多方面要求，绿色发展应是高质量发展的重要底色。此外，高质量发展还是生态文明体系的构建过程，实现以体制机制、环境执法等系统性建设为生态文明建设保驾护航，促进经济社会发展全面绿色转型，扎实做好碳达峰碳中和工作，建设人与自然和谐共生的现代化。

第四，开放成为必由之路。经济高质量发展绝不可能通过闭门造车的方式实现，构建全面对外开放格局应是题中应有之义。对外开放不仅有助于各国利用比较优势促进专业化分工，还能以合作共赢的方式推动科学技术的共同进步，促进资源流动，更好地利用外国资本等。经济高质量发展还意味着高水平开放型经济新体制，通过推动贸易和投资自由化、便利化，推进贸易创新发展。

第五，共享成为根本目的。经济建设的过程离不开人民，发展的成果也应由人民共享。经济高质量发展的关键在于人，应把实现好、维护好、发展好最广大人民的根本利益作为发展的出发点和落脚点。因此，经济高质量发展应充分调动人民群众的积极性，发挥人民的创造精神、开拓精神。同时，经济高质量发展的成果全民共享，不断增进民生福祉，实现公共服务供给数量、质量和均等化水平提高，健全基本公共服务体系，不断提升人民生活品质，促进人的全面发展和社会全面进步，完善共建共治共享的社会治理制度，在高质量发展中扎实推进共同富裕，构建公平有序的收入分配格局，让全体人民都能充分享有发展成果。

三　推动经济高质量发展的实践路径

党的十九大指出，中国特色社会主义进入新时代，我国经济已由高速增长阶段转向高质量发展阶段。推动经济高质量发展是一个系统性工程，其实践路径涵盖多个方面。

推动高质量发展，必须围绕建设现代化经济体系这一战略目标。建设现代化经济体系是跨越关口的迫切要求和我国发展的战略目标，是推动高质量发展、全面提高经济整体竞争力的必然要求。从经济的增长动力看，现代化经济体系是以创新作为经济增长的驱动力，经济增长的源泉依靠创新带来的全要素生产率提升；从经济体系要素结构看，现代化经济体系具有高端要素集聚和现代产业主导的特征，而且劳动力、资本和技术等各个生产要素以及各个产业、区域、城乡子系统呈现结构协调性；从体系的运行机制看，现代化经济体系是高效配置资源的成熟的市场化体制机制，体系内各类市场主体公平竞争、具有活力，政府宏观调控政策科学有度；从系统环境看，现代化经济体系面临的是全方位开放、高度不确定性的国际化环境，这要求经济系统也必须具有动态开放特征，从而对环境具有很好的适应性；从发展目标看，现代化经济体系追求高质量经济发展目标，保证国家经济具有竞争力和可持续性、包容性的发展（黄群慧，2018）。现代化经济体系是由社会经济活动各个环节、各个层面、各个领域的相互关系和内在联系构成的一个有机整体。建设现代化经济体系，关乎生产、分配、流通和消费等经济运行总体和各个环节。

就生产角度而言，推动经济高质量发展必须以推进供给侧结构性改革为主线，全面贯彻新发展理念，努力解决发展的不平衡不充分的问题。除扩大有效和中高端供给以及减少无效和低端供给以外，最重要的还是通过科技创新构筑经济增长的强大动力，培育新的动能，创造出能够满足实际需要的供给，以生产为消费提供外在的对象，将消费能力本身当作需要创造出来。贯彻新发展理念与深化供给侧结构性改革，最终造就现代化的产业链。“十四五”时期，各地应考虑怎样运用当地比较优势制定规划，以推动产业转型升级（林毅夫，2020）。研究发现，应努力实现战略性产业的突破，确立主导性产业，在国际竞争中占据产业链的中高端的同时，保证产业链的安全，最终实现在价值链上不断上升。

就分配角度而言，推动经济高质量发展应完善分配机制、优化分配格局，扎实推动共同富裕。政治经济学已经揭示，分配本身是生产的产物，分配的结构完全决定于生产的结构。社会主义市场经济视角下的分配问题，应以实现共同富裕为目标，着力于分配制度改革，构建保障性体制机制和政策体系。其中，初次分配制度改革的重点在于合理安排劳动、资本和财政收入在国民收入中的比例，稳步提高居民收入在国民收入分配中的比重；消除垄断行业的过高收入和各种不合理收入或非法收入，缩小居民收入差距；把中等收入群体倍增作为高质量发展的重要战略（刘世锦，2019），培育中等收入阶层，提高中等收入群体的比重。再分配制度改革的重点应在于完善税收制度和财政转移支付制度；完善公共财政制度，把更多的财政资金投向公共服务领域，更多地满足基本公共服务的需要；完善覆盖城乡居民的社会保障体系等。第三次分配方面，应支持有意愿、有能力的企业和社会群体积极参与公益慈善事业。构建保障性体制机制和政策体系应建设高质量教育体系，发展更加包容、更加公平、更高质量的教育；构建全面、公平、容易进入的充分就业体系；坚持实施区域重大战略、区域协调发展战略、主体功能区战略、乡村振兴战略，完善新型城镇化战略；实施符合我国国情和金融现实的普惠金融发展战略等。

就流通角度而言，推动经济高质量发展应打通堵点、解决难点、消除卡点，加快建设高效的现代流通体系，为构建以国内大循环为主体、国内国际双循环相互促进的新发展格局提供支撑。建设现代流通体系对构建新发展格局具有重要意义，包括生产信息畅通、要素流动畅通、物流体系畅通等多个方面的工作，有助于推进市场设施高标准联通，加快建设全国统一大市场。

就消费角度而言，推动经济高质量发展把需求侧管理与供给侧结构性改革结合起来，培育强大的消费市场。一是持续释放消费潜力，形成强大的国内市场。二是调节需求结构，提高需求质量，形成需求和供给的动态平衡。三是建设现代化经济体系。现代化经济体系的构建离不开内循环的畅通，尤其是需求侧的传导。需求侧的管理有助于发挥消费对产业发展的带动作用，促进产业升级，完善产业门类。在推动经济高质量发展的同时，加强需求侧管理应注重优化收入分配结构，牢牢把握推进共同富裕的重要原则；应处理好消费、储蓄与投资的关系，引导居民适当降低储蓄率、扩大消费，发挥好投资对优化结构的重要作用；应利用好数字平台，推动产业数字化转型，实现对需求的精准满足，发展新型消费形式，发挥大数据、云平台对于需求侧的管理和促进作用。

贯穿于生产、分配、流通、消费的社会经济关系的是制度环境体系建设。制度环境体系建设的关键在于构建高质量发展的指标体系、政策体系、标准体系、统计体系、绩效评价体系、政绩考核体系（张占斌，2018）。转入高质量发展轨道，需要重构推动高质量发展的地方竞争机制，推进与高质量发展配套的重点改革，加快营造与高质量发展相适应的体制政策环境，真正做实做优中国经济（刘世锦，2018）。

总结而言，推动经济高质量发展仍然需要解放和发展社会生产力，全面贯彻新发展理念，实现社会生产力水平总体跃升，核心要求在于构建现代化经济体系。现代化经济体系是与高质量发展阶段相适应的经济系统，是一个具有创新力的体系，是一个协调平衡的经济体系，是一个以人民为中心的经济体系（黄群慧，2018）。高质量发展不仅是经济方面的要求，更是经济社会等各方面发展的总体要求。拓展经济高质量发展的视域成为深化研究的必要选择。

四　经济高质量发展的经济学理论创新意义

以习近平同志为核心的党中央统筹中华民族伟大复兴战略全局和世界百年未有之大变局，把中国经济发展放到历史长河、时代大潮和全球视野中来观察和谋划，提出具有政治性、方向性、时代性和全局性的经济高质量发展战略判断与重大理论，必将在马克思主义政治经济学理论、中国共产党经济思想史、中国经济现代化史与世界经济发展史中谱写新篇章。

第一，开拓了当代中国马克思主义政治经济学的新境界。作为习近平新时代中国特色社会主义经济思想的重要成果，经济高质量发展不仅实现了对发展经济学的超越，而且是中国特色社会主义政治经济学创新发展的重大成果。其一，深刻体现了马克思主义政治经济学的核心要义。高质量发展凸显了所有制结构、分配制度、经济运行等一系列基本经济制度，使用“发展”代替“增长”，拓展了有关经济发展认识的内涵与外延，强调要在生产力与生产关系的矛盾运动中把握经济发展。其二，全面拓展了西方经济学有关发展问题的视域。经济高质量发展不仅涉及经济增长的数量和质量，而且涉及比经济增长质量范围更宽、要求更高的质量状态，包含了经济、社会、环境等多方面的内容（任保平，2018）。同时，经济高质量发展并非意味着不再关注经济增速，而是强调质与量的协调发展，在实现数量的扩张与质量的提高并举时，更加重视质量的提升。其三，系统构建了基于高质量发展的经济理论体系。经济高质量发展理论充分把握人类发展理念的演进规律，在全面总结我国各阶段建设经验的基础上，形成一整套内部要素相辅相成的理论体系，展现出社会主义发展理念的继承性、创新性、实践性和战略性，推动了中国特色社会主义政治经济学的发展，既有着鲜明的中国特色，又有着广泛的世界影响。

第二，标注了中国共产党经济思想关于发展问题的新高度。作为中国共产党经济思想的重要成果，经济高质量发展与中国共产党有关发展理论一脉相承并与时俱进。一方面，经济高质量发展理论全面体现了以人民为中心的发展思路，坚持了马克思主义政治经济学的根本立场。另一方面，经济高质量发展深刻回答了我们处在什么发展阶段、实现什么样的发展、怎样发展等重大问题。经济高质量发展集中体现了创新、协调、绿色、开放、共享的新发展理念，不仅是对国内外发展经验教训的深刻总结，而且是在深入分析国内外发展大势的基础上提出来的，集中反映了中国共产党对我国经济发展规律的新认识，顺应了经济社会发展客观规律的要求，是依据中国经济发展成就与最新实践所形成的理论成果。

第三，为实现中国经济现代化、全面建设社会主义现代化国家提供了根本遵循。面对全面建设社会主义现代化国家新征程、实现第二个百年奋斗目标的宏伟蓝图，经济高质量发展的重要理论展示了从量的扩张为主转向以质的提高为主的客观经济规律，深化了对经济现代化规律的认识，明确了经济发展方向，指明了经济发展方式，确定了经济发展目标，标明了经济发展战略，明晰了经济发展道路，为新时代中国经济现代化提供了全方位的理论指导。经济高质量发展之路，是中国共产党领导经济现代化的宝贵成果，展示了以人民为中心的经济现代化的根本立场；是社会主义现代化国家构筑坚强经济基础的必由之路，与西方国家经济现代化道路有着本质区别；还是中国式现代化关于经济发展问题的集中表达，必将推动中国经济现代化行稳致远，引导着中国经济现代化事业不断前进。

第四，为推动全球经济稳定和增长贡献中国智慧与发展方案。当前，世界正处在百年未有之大变局中，世界经济格局也处于重要变动时期。习近平总书记指出，世界经济领域三大突出矛盾没有得到有效解决：全球增长动能不足，难以支撑世界经济持续稳定增长；全球经济治理滞后，难以适应世界经济新变化；全球发展失衡，难以满足人们对美好生活的期待。在回答如何跳出“中等收入陷阱”、解决贫富两极分化等经济难题上，中国以供给侧结构性改革为抓手，坚持创新驱动发展等推动经济实现高质量发展，构建新发展格局强调国内国际双循环相互促进，坚定不移扩大对外开放，为开放型世界经济发展提供了重要动力，展现大国担当，彰显大国风采，展现了超越西方国家崛起之路的崭新经济模式，为世界经济解决三大矛盾、平等收入与经济增长等关系贡献了中国智慧和发展方案。要言之，在中国共产党领导人民成功走出中国式现代化道路、创造人类文明新形态的伟大历史进程中，经济高质量发展理论与发展道路，必将为世界经济发展作出新贡献。

参考文献

邓小平：《邓小平文选》第3卷，人民出版社1993年版。

习近平：《论把握新发展阶段、贯彻新发展理念、构建新发展格局》，中央文献出版社2021年版。

习近平：《习近平谈治国理政》，外文出版社2014年版。

习近平：《习近平谈治国理政》第1卷，外文出版社2018年版。

习近平：《习近平谈治国理政》第3卷，外文出版社2020年版。

蔡昉：《中国经济增长如何转向全要素生产率驱动型》，《中国社会科学》2013年第1期。

迟福林：《以高质量发展为核心目标建设现代化经济体系》，《行政管理改革》2017年第2期。

高培勇：《理解、把握和推动经济高质量发展》，《经济学动态》2019年第8期。

顾海良：《中国特色社会主义政治经济学历史与理论》，中国财政经济出版社2020年版。

韩保江、邹一南：《高质量发展蓝皮书：中国经济高质量发展报告（2021）》，社会科学文献出版社2021年版。

何立峰：《完整准确全面贯彻新发展理念扎实做好碳达峰碳中和工作》，《旗帜》2022年第3期。

胡锦涛：《胡锦涛文选》第2卷，人民出版社2016年版。

黄群慧：《浅论建设现代化经济体系》，《经济与管理》2018年第1期。

贾康等：《高质量发展》，中共中央党校出版社2021年版。

简新华、聂长飞：《中国高质量发展的测度：1978—2018》，《经济学家》2020年第6期。

江泽民：《江泽民文选》第1卷，人民出版社2006年版。

金碚：《关于“高质量发展”的经济学研究》，《中国工业经济》2018

年第 4 期。

林毅夫：《经济结构转型与“十四五”期间高质量发展：基于新结构经济学视角》，《兰州大学学报》（社会科学版）2020 年第 4 期。

刘世锦等：《2035：中国经济增长的潜力、结构与路径》，《管理世界》2018 年第 7 期。

秦放鸣等：《经济高质量发展：理论阐释及实现路径》，《西北大学学报》（哲学社会科学版）2020 年第 3 期。

任保平：《新时代中国经济从高速增长转向高质量发展：理论阐释与实践取向》，《学术月刊》2018 年第 3 期。

任保平：《新时代中国经济高质量发展研究》，人民出版社 2020 年版。

王一鸣：《大力推动我国经济高质量发展》，《人民论坛》2018 年第 9 期。

卫兴华等：《高质量发展的中国经济一纪念改革开放 40 周年》，经济科学出版社 2019 年版。

谢伏瞻等：《中国经济学 70 年：回顾与展望—庆祝新中国成立 70 周年笔谈》，《经济研究》2019 年第 9、10 期。

张军扩等：《高质量发展的目标要求和战略路径》，《管理世界》2019 年第 7 期。

张占斌：《完善制度体系，为经济高质量发展保驾护航》，《人民论坛》2018 年第 9 期。

张占斌：《中国经济高质量发展相关问题研究》，人民出版社 2021 年版。

赵剑波等：《高质量发展的内涵研究》，《经济与管理研究》2019 年第 11 期。

中共中央党校（国家行政学院）：《习近平新时代中国特色社会主义思想基本问题》，人民出版社、中共中央党校出版社 2020 年版。

中共中央马克思恩格斯列宁斯大林著作编译局编译：《马克思恩格斯文集》第 6 卷，人民出版社 2009 年版。

中共中央文献研究室编：《毛泽东年谱（一九四九——一九七六）》第 2 卷，中央文献出版社 2013 年版。

中共中央文献研究室编：《毛泽东文集》第 8 卷，人民出版社 1999 年版。

中共中央文献研究室编：《十一届三中全会以来重要文献选读》上册，人民出版社 1987 年版。

中共中央宣传部编：《习近平新时代中国特色社会主义思想学习纲要》，学习出版社、人民出版社 2019 年版。

中央档案馆、中共中央文献研究室编：《中共中央文件选集（1949 年 10 月—1966 年 5 月）》第 24 册，人民出版社 2013 年版。

［美］保罗·萨缪尔森、［美］威廉·诺德豪斯：《经济学》，华夏出版社 1999 年版。

［印］托马斯等：《增长的质量》，中国财政经济出版社 2001 年版。

经济新常态

张晓晶*

中国经济发展进入新常态，是党中央在新的时代条件下，对当前与未来一个时期经济走势的科学论断，这一方面是对之前提出的“三期叠加”判断的理论升华；另一方面，也为后续提出新发展理念以及由中高速增长转向高质量发展提供了核心语境。正因为如此，认识新常态、适应新常态、引领新常态成为当前和今后一个时期我国经济发展的大逻辑。习近平总书记在回顾党的十八大以来我们党就经济社会发展所提出的重大理论和理念中，经济新常态占有重要的位置(习近平，2021)。也因为如此，经济新常态成为习近平经济思想的一个重要组成部分。

一 “新常态”概念辨析

新常态（New Normal）一词较早见于西方媒体。根据文献检索，早在2002年，新常态一词就已出现（Pash，2011）。它最初是指21世纪初互联网泡沫破灭后，发达经济体出现的所谓无就业复苏。2010年，太平洋投资管理公司CEO埃里安在其题为《驾驭工业化国家的新常态》的报告中，正式用新常态概念来诠释本轮国际金融危

* 张晓晶，中国社会科学院金融研究所。

机后的世界经济新特征（El-Erian，2010）。自那以后，这一概念迅速传播开来，大量国外媒体和知名学者开始在国际金融危机之后全球须进行长期深度调整的意义上使用这一概念。新常态旋即转变为刻画后危机时代全球经济新特征的专用名词。

2014 年，埃里安又根据全球经济的新变化对新常态做了进一步阐释。他指出，新常态主要指的是：西方发达经济体在危机过后将陷入长期疲弱、失业率高企的泥沼中，而造成这一状况的直接原因，就是超高的杠杆比率、过度负债、不负责任地承担高风险和信贷扩张等。他认为，发达经济体要消化这些负面冲击需要较长时期，更何况，决策当局因循守旧的应对之策，将会使这种新常态长期化（El-Erian，2014）。2014 年 10 月，国际货币基金组织总裁拉加德指出：新常态可以更贴切地被表述为全球发展的“新平庸”（New Mediocre），其基本表现是：主要国家的经济呈现弱复苏、慢增长、低就业、高风险特征。2015 年 4 月 10 日，拉加德进一步警告道：各国应尽快共同采取措施，否则，“新平庸”将变为“新现实”。无穷忧虑，溢于言表。可见，在国际上，新常态主要被用来刻画全球经济之长周期的阶段转换，其内涵的倾向，有几分悲观，加几分无可奈何。

在中国，“新常态”一词则与中国经济转型升级的新阶段密切相连。2013 年 12 月 10 日，在中央经济工作会议上，习近平总书记首提“新常态”。2014 年 5 月，习近平总书记在河南考察时再次使用新常态概念；7 月 29 日，在中南海召开的党外人士座谈会上，习近平总书记用新常态来概括当前经济形势。11 月 10 日，在北京召开的 APEC 工商领导人峰会上，习近平总书记集中阐述了我国经济发展新常态下速度变化、结构优化、动力转化三大特点，并集中表达了新常态将给中国带来新机遇的乐观预期。

2014 年 12 月 9 日的中央经济工作会议上，习近平总书记首次从消费需求、投资需求、出口和国际收支等九大方面阐释新常态所呈现的特征。这是关于新常态的更加完整和系统的表述。

第一，从消费需求看，过去我国消费具有明显的模仿型排浪式特征，现在模仿型排浪式消费阶段基本结束，个性化、多样化消费渐成主流，保证产品质量安全、通过创新供给激活需求的重要性显著上升，必须采取正确的消费政策，释放消费潜力，使消费继续在推动经济发展中发挥基础作用。

第二，从投资需求看，经历了30多年高强度大规模开发建设后，传统产业相对饱和，但基础设施互联互通和一些新技术、新产品、新业态、新商业模式的投资机会大量涌现，对创新投融资方式提出了新要求，必须善于把握投资方向，消除投资障碍，使投资继续对经济发展发挥关键作用。

第三，从出口和国际收支看，国际金融危机发生前国际市场空间扩张很快，出口成为拉动我国经济快速发展的重要动能，现在全球总需求不振，我国低成本比较优势也发生了转化，同时我国出口竞争优势依然存在，高水平“引进来”、大规模“走出去”正在同步发生，必须加紧培育新的比较优势，使出口继续对经济发展发挥支撑作用。

第四，从生产能力和产业组织方式看，过去供给不足是长期困扰我们的一个主要矛盾，现在传统产业供给能力大幅超出需求，产业结构必须优化升级，企业兼并重组、生产相对集中不可避免，新兴产业、服务业、小微企业作用更加凸显，生产小型化、智能化、专业化将成为产业组织新特征。

第五，从生产要素相对优势看，过去劳动力成本低是最大优势，引进技术和管理就能迅速变成生产力，现在人口老龄化日趋发展，农业富余劳动力减少，要素的规模驱动力减弱，经济增长将更多依靠人力资本质量和技术进步，必须让创新成为驱动发展新引擎。

第六，从市场竞争特点看，过去主要是数量扩张和价格竞争，现在正逐步转向质量型、差异化为主的竞争，统一全国市场、提高资源配置效率是经济发展的内生性要求，必须深化改革开放，加快形成统一透明、有序规范的市场环境。

第七，从资源环境约束看，过去能源资源和生态环境空间相对较大，现在环境承载能力已经达到或接近上限，必须顺应人民群众对良好生态环境的期待，推动形成绿色低碳循环发展新方式。

第八，从经济风险积累和化解看，伴随着经济增速下调，各类隐性风险逐步显性化，风险总体可控，但化解以高杠杆和泡沫化为主要特征的各类风险将持续一段时间，必须标本兼治、对症下药，建立健全化解各类风险的体制机制。

第九，从资源配置模式和宏观调控方式看，全面刺激政策的边际效果明显递减，既要全面化解产能过剩，也要通过发挥市场机制作用探索未来产业发展方向，必须全面把握总供求关系新变化，科学进行宏观调控。

2016 年 1 月，习近平总书记又进一步概括了新常态的基本特征：增长速度要从高速转向中高速，发展方式要从规模速度型转向质量效率型，经济结构调整要从以增量扩能为主转向调整存量、做优增量并举，发展动力要从主要依靠资源和低成本劳动力等要素投入转向创新驱动。这些变化，是我国经济向形态更高级、分工更优化、结构更合理的阶段演进的必经过程(习近平，2016)。

自中国经济新常态提出以来，学界也展开了广泛而深入的讨论。张占斌突出强调了新常态论断的重大意义。他认为：中国经济新常态的提出，是立足时代的一项重大的理论创新，是新版的马克思主义政治经济学，是中国特色社会主义市场经济理论的新突破，带有战略性和全局性的历史意义。我们要科学研判经济运行新走势，准确认识经济新常态的趋势性特征，把握重大的发展机遇，妥善应对经济发展中面临的各种风险和困难，以全面深化改革促进创新发展，主动适应和积极引领中国经济新常态（张占斌，2015）。

洪银兴侧重于从“转向中高速增长”角度来理解新常态，并指出中高速增长新常态需要与以下三个方面新常态相互支撑：一是发展战略新常态，涉及结构再平衡战略和创新驱动发展战略；二是宏观调控新常态，涉及市场决定资源配置和明确宏观经济的合理区间；三是发展动力新常态，涉及以改善民生为着力点的消费需求拉动并与投资拉动相协调（洪银兴，2014）。

吴敬琏认为经济新常态有两个基本特征：一是从高速增长转向中高速增长；二是从规模速度型的粗放增长转向质量效益型的集约增长。吴敬琏强调，以上两者的进度是有很大差异的：前者已是既成事实，绝大多数人对适应这种状况也有一定的思想准备；后者只是期望而非现实，需要经过努力才有可能实现（吴敬琏，2015）。

蔡昉认为，中国经济发展进入新常态的一个表现，就是传统经济增长源泉式微，不再能够维持长期以来近两位数的 GDP 增长速度。而且，如果不能及时挖掘出新常态下特有的增长源泉，潜在增长率将继续降低（蔡昉，2015）。金碚把中国经济新常态的主要特征归纳为中高速增长、结构调整、创新驱动、素质提升和公平分享等几个方面（金碚，2015）。

李扬、张晓晶指出，中国经济已经从过去 30 余年的“结构性增速”转向了未来一段“结构性减速”的时期，我们很难再回到旧常态下的潜在增长率水平，一位数的增长率将成常态，且增速存在较大的进一步下滑可能。而且，新常态的其他特点，或者由结构性减速衍生，或者只是结构性减速所带来的问题和挑战（李扬、张晓晶，2015）。

以上分析表明，词汇或相似，含义相去甚远，国内和国外的新常态概念基本上是相对独立形成的——在国际上，新常态更多的是被动地刻画了自 20 世纪 80 年代以来全球经济增长之长周期的阶段转换，其内涵的倾向，如果不是悲观的，至少也是无可奈何的；中国则不然，新常态是中国迈向更高级发展阶段的宣示，它不仅分析了中国经济转型的必要性，而且明确指出了转型的方向，同时也指出了转型的动力结构。可见，经济新常态概念，尽管从表述来看借鉴自西方，但已经按照中国语境作了创造性转化，具有全新的内涵。它重在刻画一种趋势性的发展状态，意味着中国经济已进入一个与过去30多年高速增长期不同的新阶段，因而是一个具有历史穿透力的战略概念（李扬、张晓晶，2015）。

自2014年习近平总书记提出中国经济发展进入新常态以来，这一重要论断已经成为认识经济形势、把握重大挑战和找准施策方向的定盘星，成为指引中国经济发展的大逻辑。随着认识的深化和实践的推进，新常态已经不仅仅是一个热门词汇，而是在理论上不断丰富和发展，逐渐成为一种崭新的认识论，形成新时代中国特色社会主义政治经济学的一个里程碑式创见。

二 全面把握新常态：时间维度

中国经济发展进入的新常态，既不是一种中短周期波动表现，也不是任何已知的经济长周期现象。习近平总书记指出，从历史长过程看，我国经济发展历程中新状态、新格局、新阶段总是在不断形成，经济发展新常态是这个长过程的一个阶段。这一基于历史唯物主义的高屋建瓴的判断，完全符合事物发展螺旋式上升的运动规律。全面认识和把握新常态，需要从时间和空间两大维度审视我国经济发展。

从时间维度上看，中国发展经历了由盛到衰再到盛的几个大时期，今天的新常态是这种大时期更替变化的结果。习近平总书记在省部级主要领导干部学习贯彻党的十八届五中全会精神专题研讨班上的讲话，以宏大的视野和历史的纵深度，回顾了中国发展由盛到衰再到盛的历史演变。这种大历史观对于认识把握当前中国经济新常态有着极为重要的意义。

新常态的一个基本且重要的特征就是经济增长速度放缓并持续

下行。多数情况下，经济周期是由需求侧的冲击造成的。无论来自外部还是来自内部，扰动性冲击造成总需求的不足一旦严重到这样的程度，以致实际增长速度显著低于潜在增长率，就会形成增长率缺口，生产要素得不到充分利用，一个严重的表现就是周期性失业率攀升。在这种情况下，大多数宏观经济学家认为，旨在刺激总需求的宏观经济政策，或者宽松的货币政策或者扩张性的财政政策，以及与其配合使用的其他政策，如产业政策甚至区域政策，因其具有反周期的功能，可以加以采用以刺激经济增长，达到消除增长率缺口的效果。

中国经济在改革开放时期取得了史无前例的高速增长，也经历过若干次周期性减速，相应地形成了增长率缺口。Cai 和 Lu（2013）的估算表明，在 2010 年之前的 30 余年中，中国经济增长大体上有三个波动周期，分别形成了四个波谷，亦为最大幅度的增长率缺口，即 1981 年为 -4.42%、1990 年为 -5.82%、1999 年为 -2.72%、2009 年为 -1.13%。在上述几次经济增长减速发生的时候，都符合逻辑地出现了生产要素利用不足的现象，例如，表现为较严重的就业冲击。同样，虽然每一次的具体形式和力度不尽相同，但总体而言，宏观经济政策的确是以刺激经济增长的方式进行干预，最终达到抚平周期，使增长速度回归潜在增长率的目的。

中国经济自 2012 年增速明显减慢以来，国内生产总值（GDP）增长率一直处于下行趋势。如果按照以往的经验，即假设潜在增长率仍然是 10% 左右，则在 2012—2015 年增长率分别为 7.7%、7.7%、7.3% 和 6.9% 的情况下，分别会形成逐渐加大的增长率缺口。然而，我们的估算和预测表明，中国潜在增长率已经下降到“十二五”时期的平均 7.55% 和“十三五”时期的平均 6.20%。如果以此与实际增长率相比，就不存在增长率缺口了。

那么，中国经济潜在增长率为什么会发生这样一个陡峭的下降呢？

改革开放以来，中国在40多年的时间里，实现了第二次世界大战后单个经济体持续时间最长的高速经济增长，显著地缩小了与发达经济体的发展水平和生活质量差距。中国GDP总量在1990年只排在世界第十位；到1995年，中国超过了加拿大、西班牙和巴西，排在第七位；到2000年，中国超过意大利，晋升到第六位。随后，在21世纪前10年中，中国又相继超过了法国、英国和德国；到2009年则超过了日本，成为世界第二大经济体，仅仅位于美国之后。

恰好在中国经济成为世界第二大经济体、人均GDP跨越中等偏下到中等偏上收入门槛之际，一个标志着发展阶段变化的事件发生了，即第六次全国人口普查显示，中国15—59岁劳动年龄人口总量于2010年达到峰值，此后进入负增长。由于改革开放时期高速经济增长与2010年之前劳动年龄人口迅速增加、人口抚养比显著下降直接相关，即劳动力无限供给特征可以提高储蓄率、延缓资本报酬递减、保持劳动力和人力资本充分供给，以及通过劳动力转移获得资源重新配置效率，所以，人口转变的阶段性变化也必然伴随经济发展阶段的变化。意味着推动高速增长的传统动力源减弱，导致潜在增长率下降，并反映为实际经济增长速度的下行趋势（蔡昉、张晓晶，2019）。

从新常态视角认识中国经济增长减速，应该从三个层次上把握。

第一，在经济发展大历史由衰至盛的阶段上，中国已经在最短的时间里，实现了低收入到中等偏下收入再到中等偏上收入阶段的跨越，如今进入从中等偏上收入向高收入国家行列迈入的冲刺阶段，以增长速度减慢为特点之一的新常态，是这个历史转变的结果。中华民族从来没有像现在这样离伟大复兴的目标这么近。

第二，经济发展新常态提出的内在逻辑要求，就是加快转变经济发展方式，实现经济增长动力的转换，在提高发展平衡性、包容性、可持续性的基础上保持中高速增长。新常态这种“结构性减速”本身是一种熊彼特意义上的“创造性破坏”，因为它自身就蕴含着并衍生出新常态的另外两个基本特点——结构优化和动力转化：一是经济增长将更多地依赖经济结构的优化，以创新为引领的高端制造业、高端服务业健康发展和传统产业转型升级；二是经济增长将全面转变动力结构，即更多依赖内需而非外需，更多依赖全要素生产率的提升而非要素规模的单纯扩张。经济增长速度因结构变化和传统动能衰减而稍降，结构变化和新动能培育又蕴含着走向更高质量的经济增长的路径，速度变化、结构变化和动能转化相互联系、辩证统一——这就是新常态的辩证法。由此也可以看出，新常态下的中国经济必然从高速增长阶段转向高质量发展阶段。这既是经济规律使然，也是适应把握引领新常态的必然要求。

第三，在这个阶段上，中国还存在着制约经济增长的体制性障碍，在 21 世纪第一个十年中，特别是应对金融危机期间，刺激性宏观经济政策的过度使用也加重了不平衡、不协调和不可持续的问题，以及发展阶段要求获得崭新的增长源泉（全要素生产率），保持中高速必须从供给侧推进结构性改革。

一些学者（如 Pritchett and Summers，2014；Barro and Robert，2016）囿于对中国国情和既有优势缺乏了解，特别是不懂得中国经济通过结构性改革可能赢得改革红利，从而提高潜在增长率，保持中高速增长的巨大潜力，把从“只见森林不见树木”的多国、长期面板数据得出的结果，拿来判断和预测中国经济前景，倾向于低估中国未来的经济增长速度。

辩证地看待新常态下的中国经济减速，可以得出两个基本判断：一方面，减速是发展阶段变化的结果，不可避免；另一方面，存在着诸多机会和潜力，使中国的减速既不会演变为停滞，也不会过于剧烈，深化供给侧结构性改革就是挖掘潜力、利用机会的根本途径。一旦真正理解了新常态，认识到改革红利的存在就是顺理成章的了，进而通过在改革当事人之间、在不同社会群体之间、在短期和长期之间合理分担改革成本和分享改革收益，确保改革不走样、不变形，改革红利将支撑中国经济的持续增长。

三 全面把握新常态：空间维度

从空间上来看，中国经济新常态与全球经济新常态交织在一起，一方面，要认识到全球经济格局的演变会塑造中国经济新常态；另一方面，则要以中国经济新常态超越世界经济新平庸。

中国经济新常态主要是中国经济发展阶段的结果，但是，也不可避免地与全球化新阶段交织在一起。这个新阶段其实就是西方发达经济体由 20 世纪 80 年代以来的“大稳定”（Great Moderation）转向 2008 年国际金融危机以来的“长期停滞”（Secular Stagnation）新常态。

从“大稳定”转换为大危机，并进入以长期结构调整为主要内容的新常态，其实只是被“大稳定”繁荣掩盖下的各种矛盾产生、累积、深化、蔓延和爆发的结果。从长周期视角看，旧常态的辉煌恰恰是由于全球经济正处在长周期的上行阶段，而旧常态的转折则预示着全球经济转向下行周期的开始。

长周期概念最早由康德拉季耶夫提出，它指的是长度为 50 年左右的一个基于科技革命周期更新的大周期。自 18 世纪末以来，世界经济共经历了五次长周期；其中，第五次世界经济长周期的上升期发生在 20 世纪七八十年代以来到 2008 年国际金融危机爆发前。这个上升期与前面提到的“大稳定”时期大规模重合。这一时期，以信息技术等高科技产业和高端生产性服务业为核心的“新经济”成为世界经济发展的主导，加上新材料、新能源、生物医药等领域的技术创新，以及全球化的发展，开启了持续近 30 年的经济繁荣周期，也构成康德拉季耶夫长周期的上升阶段。2007 年，以次贷危机爆发为起点，全球经济开始进入下行通道。从长周期角度来看，上一波经济全球化与社会信息化的动能消耗殆尽，世界经济进入第五次长波的下行阶段。而这也成为新旧常态的转折点，全球经济自此步入新常态。

关于全球经济新常态，美国前财政部部长萨默斯认为，自 2008 年金融危机以来，全球经济特别是主要发达经济体进入了所谓“长期停滞”时期。

第一，劳动生产率下降。这又归因于技术进步缓慢。决定经济长期增长的核心变量是技术进步。据测算，美国全要素生产率早已重回 20 世纪 30 年代前的历史低位：从 1980 年至今，TFP 年均增速仅为 0.5%，约为 1930—1980 年增速的 1/3（Gorden，2014）。另有研究显示，由于欧洲、日本等主要发达经济体自身的创新能力有限，而对美国的知识技术外溢依赖度较高，所以，这些国家也步美国后尘，在 20 世纪 90 年代以来经历了程度不同的生产率增长减速。

第二，人口结构与劳动力市场恶化。由于人口生育率下降、预期寿命提高、战后婴儿潮一代退出劳动力市场等因素，21 世纪以来，美国等发达经济体普遍经历了劳动力供给数量减少、劳动参与率下降的困境；欧洲、日本更甚。自 20 世纪 90 年代以来，由于老龄化和少子化等因素，欧、日两大经济体的劳动人口相对比重下降的趋势不仅更为明显，且持续的时间较美国更长。与此同时，疲弱的经济环境，更进一步削弱了人力资本积累，降低了劳动参与率。

第三，收入分配恶化。日趋恶化的收入分配格局，进一步抑制了发达经济体的增长潜力与社会活力，成为导致长期停滞的重要因素之一。实际上，长期研究收入分配问题的皮凯蒂等人的研究显示，早在经济繁荣的“大稳定”时期，发达经济体的收入分配不平等状况便已持续恶化。尽管在 2008—2009 年的国际金融危机与经济衰退中，这一局面曾暂得扭转，但其长期恶化的趋势并未改变。在资本主义国家中，几十年来收入不平等现象日益加剧，当然算不上什么新闻。值得注意的是这样的不祥预测：皮凯蒂表示，20 世纪中期的相对平等才是一种偏差，我们正重返“大萧条”前那种由少数富人特权阶层主导的经济模式（Piketty，2014），而这种分配模式将不可避免地引发社会动乱。

第四，基于长期停滞这一基本特征，全球经济还呈现一系列衍生性现象。一是各国经济均陷入“去杠杆化”和“ 修复资产负债表”两难境地，致使经济恢复进程逡巡不前；二是贸易保护主义加剧，地缘政治紧张，局部战争仍频，贸易增长率连续 3 年低于全球 GDP 增长率，引致“去全球化”忧虑；三是各国宏观政策同期非同步，导致大宗产品价格变动不居，利率水平迥异，进一步导致汇率变动、国际游资肆虐、“息差交易”盛行；四是全球治理真空，第二次世界大战后美国主导的治理体系对日趋复杂的非传统挑战适时应变，以至于全球峰会次数近年超过历史时期，仍收效甚微。

中国在高速增长时期，恰逢西方国家和新兴经济体的黄金增长期，以及由此释放出有效需求带来的经济全球化，对外开放特别是加入世界贸易组织让中国尽享改革开放红利。国际金融危机以来，西方国家黄金增长期结束，全球经济进入长期停滞新常态，经济全球化也遭遇挫折。从这个意义上讲，虽然不应该认为中国经济减速是受到世界经济和贸易低迷的外部冲击，但也需要看到，中国经济发展的外部环境的确有所恶化。

改革开放以来，中国经济大踏步发展的一个重要特点就是对国际市场的充分有效利用。建立在劳动力成本低廉优势和发达国家劳动密集型产业向外转移机会基础上的大规模出口和外向型发展，成为我国经济高速增长的重要推动力。2008 年国际金融危机爆发，西方国家结束黄金增长期，经济进入深度调整期，有效需求下降，再工业化、产业回流本土的进口替代效应增强，直接导致我国出口需求增速放缓。西方国家等强化贸易保护主义，除反倾销、反补贴等传统手段之外，在市场准入环节对技术性贸易壁垒、劳工标准、绿色壁垒等方面的要求越来越苛刻，由征收出口税、设置出口配额等出口管制手段引发的贸易摩擦越来越多。

与此同时，我国劳动力等生产要素成本上升较快，东盟等新兴经济体和其他发展中国家凭借劳动力成本和自然资源比较优势积极参与国际分工，产业和订单向我国周边国家转移趋势明显，导致我国出口竞争加剧。我国出口优势和参与国际产业分工模式面临新挑战，经济发展新常态恰是这种变化的体现。

从世界整体看，在传统的全球化红利渐失和以要素驱动的高速经济增长模式行将终结的大背景下，无论发达国家还是新兴市场都面临着结构转型和可持续发展的严峻挑战。各国开始转入以科技和人力资本为基础，以新技术革命为手段，以产业价值链为主要对象的国际竞争。与此同时，国际货币体系、贸易规则、政治秩序等也将出现异彩纷呈的多元化趋势。总体说来，这样的国际大势同现时中国自身的发展需要基本契合。中国正可以抓住这一战略机遇期，通过产业升级、需求调整、要素优化等途径，加快自身的结构转型。

同时，随着综合国力的增强，中国应以更为积极的姿态投入到新世界体系的构建之中，特别是要在亚太乃至全球经济、政治、环境、安全等重大事务中勇于担当“负责任大国”的角色，转变以往主要聚焦于发展外贸、引进资金与技术的低层次对外开放战略，更须摒弃在全球化中“搭便车”、一味依赖发达国家技术外溢等狭隘的发展思路。

当然也须指出，后危机时代也是旧的利益格局被打破、新的平衡尚未建立的转型期。国际竞争将异常复杂、激烈，各种经贸、金融、政治、安全方面的矛盾冲突更为频仍且往往相互交织。为维护和平发展的外部环境，中国将需要动用更多、更广泛的经济、政治、军事、外交等资源。较之以往，这一挑战不仅更为艰巨、成本更高，而且中国在此方面也尤其缺乏经验。为此，中国需要在一个全面的、长远的、面向新时代新问题的对外开放战略框架下，在了解、尊重国际规则的前提下，充分整合自身资源，综合运用各种战术、方法、手段、途径，以最大限度地实现国家利益，并为世界的和平发展做出应有的贡献。

一要把握历史大势，提升战略思维。充分利用自身的政治制度优势，不计较一时一事或一城一地的得失，在政策选择和制定中，在方向上保持战略定力，在时机上保持历史耐心，在力度上保持分寸感，避免受其他主要国家盲目“向左转向右转”的干扰。实际上，任何一个国家都不会在去全球化潮流中真正受益，只不过对于不同的国家来说，需要花费不尽相同的时间来证明这一点。因此，具有更高的战略眼光，稳住阵脚，善意相待，哪怕是单方面地创造更好的经济合作条件，仍然可以使中国在经济全球化处于低潮时继续从中获益。

二要提高我国在全球治理中的话语权。一方面按照有利于广大发展中国家特别是新兴经济体分享权益的原则，调整全球化的方向和规则。另一方面通过为世界经济指明方向和为全球增长提供动力，达到为国际合作筑牢根基的目标。归根结底，世界经济需要的是长期可持续增长动力，而不是只管一时之用的镇痛药或强心剂。所以，中国在转变发展方式和调整产业结构，并且更加包容的前提下，实现的平衡、协调、可持续的经济中高速，既是我们自己的目标所在，也是对全球增长有利，因而各国都乐于看到的增长速度。

三要推动中国经济内外联动，开创对外开放的新格局，培育有利于各国共建共享、互惠互利的经济全球化新成长点。中国提出的建设丝绸之路经济带和 21 世纪海上丝绸之路的合作倡议，借用古老的陆地和海上丝绸之路作为符号，旨在发展与沿线国家的经济合作伙伴关系，打造政治互信、经济融合、文化包容的共同体，即体现了全球化的内涵，着眼于构造崭新的全球治理框架，预期可以成为新一轮全球化的引爆点。在全球化治理体系未能根本改变的条件下，以该倡议以及配套的亚洲基础设施投资银行等方式，可以补充现行格局中忽视新兴经济体和其他发展中国家利益的缺陷。为了使参与各方相信其作为比西方主导的全球化更关注共同获益，让西方大国相信其作为现行规则的补充而非挑战，需要从战略层面到务实环节，作出目标明确、紧密衔接且不会走样变形的整体机制设计。

四要实践新发展理念，使参与经济全球化最大限度地促进创新发展，并通过共享使全体中国人民获益。在成熟的市场经济国家，企业通过竞争达到优胜劣汰，整体上实现提高全要素生产率的目标。在中国正在进入的发展阶段上，劳动力资源重新配置这种大规模的效率改善机会也将减少，生产率提高的源泉越来越依赖“创造性破坏”。然而，美国的教训也表明，如果劳动力市场制度等社会保护机制不健全，普通劳动者在创新中成为“输家”，即使经济得以发展，企业整体获得了竞争力，也不能被称作共享发展。因此，从以人为中心的发展思想出发，必须在增强竞争的同时，坚持社会政策保底，使劳动者能够跟上创新发展的步伐，才能实现全体人民共享的全面小康社会。

四　认识新常态、适应新常态、引领新常态

新常态，仅就其对于一定发展时段特征、趋势的概括而言，并不存在价值判断，不能简单地用好或坏来进行判别。比如，自 20 世纪 80 年代初至本轮国际金融危机之前全球经济的“大缓和”或“大稳定”，相较于此前阶段的滞胀时期，就是新常态；而日本所谓“失去的 20 年”，相较于日本经济此前的较快增长，也算是新常态。中国经济新常态既包含“三期叠加”（增长速度换挡期、结构调整阵痛期与前期刺激政策消化期）导致“结构性减速”的困难层面，更有经济向形态更高级、分工更优化、结构更合理阶段演进的积极层面。新常态构成了中国经济发展的基本语境，提出了塑造中国未来前途的大逻辑。

我们说中国经济进入新常态，绝不意味着我国经济已经进入了

某种新的高水平稳态，更不是说中国的现状便是新常态——如果把现状认作新常态，新常态就变成了对现状的消极默认，从而失去了中国新常态蕴含的积极进取精神。目前中国经济的状态只是一个新的历史起点，它正引领我国经济进入一种动态优化过程：通过持续深化供给侧结构性改革，某些高质量发展的特征正在生成、发展、壮大，另一些高速增长的特征则在弱化、改变或者消失。简言之，中国经济新常态是一个有着高质量发展美好愿景、随实践不断发展变化的动态优化过程。

在新常态下，经济发展的主要特点是增长速度要从高速转向中高速，发展方式要从规模速度型转向质量效率型，经济结构调整要从以增量扩能为主转向调整存量、做优增量并举，发展动力要从主要依靠资源和低成本劳动力等要素投入转向创新驱动。这些变化，是中国经济向形态更高级、分工更优化、结构更合理的阶段演进的必经过程。

如何应对新常态，中央提出三个关键词：认识、适应和引领。

“认识”，就是强调要从长周期视角来理解中国经济当前及今后一段时期所处的发展阶段，无论是经济减速、结构调整还是增长动力转换，非一朝一夕之事，而是要持续较长时间。“适应”，就是面对这样的新常态，要有历史耐心和定力。不能一遇减速，就指望强刺激，需摆脱高增长依赖症；特别是要学会在新常态下如何生存和发展，要把自己的行为模式、目标函数调试到新常态的“频道”，跟着新常态的节奏起舞。这当然并不意味着只能被动适应新常态，实际上，第三个关键词最重要，就是“引领”。新常态意味着增长方式的根本转变，中国经济的“浴火重生”。但这只是提出了美好的愿景，还需要以创新、协调、绿色、开放、共享的新发展理念为指引，大力推进供给侧结构性改革来逐步实现。

参考文献

习近平：《把握新发展阶段，贯彻新发展理念，构建新发展格局》，

《求是》2021 年第 9 期。

习近平：《在省部级主要领导干部学习贯彻党的十八届五中全会精神专题研讨班上的讲话》，《人民日报》2016 年 5 月 10 日第 2 版。

蔡昉：《从国际经验看新常态下中国经济增长源泉》，《比较》2015 年第 3 期。

蔡昉、张晓晶：《构建新时代中国特色社会主义政治经济学》，中国社会科学出版社 2019 年版。

洪银兴：《论中高速增长新常态及其支撑常态》，《经济学动态》2014 年第 11 期。

金碚：《中国经济发展新常态研究》，《中国工业经济》2015 年第 1 期。

李扬、张晓晶：《论新常态》，人民出版社 2015 年版。

吴敬琏：《中国经济新常态有待确立》，2015 年 4 月 25 日在第 7 期上海金融家沙龙暨第 75 期中欧陆家嘴金融家沙龙的演讲。

张占斌：《中国经济新常态的趋势性特征及政策取向》，《国家行政学院学报》2015 年第 1 期。

Barro, Robert J., *Economic Growth and Convergence, Applied Especially To China*, NBER Working Paper, 2016.

Cai Fang, Lu Yang, "Population Change and Resulting Slowdown in Potential GDP Growth in China", *China & World Economy*, 21 (2), 2013.

El-Erian, M. A., *Navigating the New Normal in Industrial Countries*, International Monetary, 2010.

El-Erian, M. A., *The New Normal Has been Devastating for America*, Business Insider, Mar. 22, 2014.

Gordon, R. J., "The Turtle's Progress: Secular Stagnation Meets the Headwinds", in *Secular Stagnation: Facts, Causes, and Cures*, Teulings, C. and Baldwin, R. (eds.), CEPR Working Press, 2014.

Pash, C., *Use of the Label "New Normal" on the Rise*, The Australian, 2011.

Piketty, T., *Capital in the Twenty-first Century*, Harvard University

Press, 2014.

Pritchett, Lant and Lawrence H. Summers, *Asiaphoria Meets Regression to the Mean*, NBER Working Paper, No. 20573, 2014.

城乡和区域协调发展

陆 铭 李鹏飞*

中国是一个转型和发展中的大国。中华人民共和国成立以来的70多年，中国以改革开放为标志，实现了从落后向现代化、从半封闭向开放、从农业社会向后工业化社会的快速转型和发展。这个过程伴随着人口、资本等生产要素在空间布局上的巨大变化，即从农村向城市、从内陆向沿海，以及从小城市向大城市的集聚。在此过程中，传统的体制观念对于市场驱动的转型和发展产生了巨大的制约。与此同时，在不同的历史阶段，政府又制定并实施了一系列的城乡和区域协调发展政策，努力在发展和平衡两个目标之间实现双赢。面向未来，在更高水平的改革和开放进程中，在经济现代化和全球化的持续推进中，经济和人口空间布局将进一步调整，不平衡是普遍存在的，要在发展中促进相对平衡。因此，城乡和区域的协调发展仍然是中国经济和社会发展的重要主题。

一 城乡和区域协调发展的目标

下好发展的全国一盘棋，协调发展是制胜要诀。习近平总书记指出，“协调既是发展手段又是发展目标，同时还是评价发展的标准

* 陆铭、李鹏飞，上海交通大学安泰经济与管理学院。

和尺度”（中共中央宣传部、国家发展和改革委员会，2022）。城乡和区域协调发展既要通过市场竞争实现经济效率，又要关注地区发展不平衡带来的一系列问题，而效率与平衡的兼顾则需要依靠科学，也就是尊重客观规律。按照效率优先、兼顾公平和科学至上的原则，在地区经济非均衡发展过程中不断追求地区间的相对平衡和动态协调（国家发展改革委宏观经济研究院国土开发与地区经济研究所课题组，2003）。

城乡和区域协调发展的目标包括三个方面。其一是地区间分工协作，形成统一大市场，具体要在规划布局、要素配置、产业发展、基础设施、公共服务、生态保护等方面相互融合和协同发展，充分发挥中国超大规模市场优势。其二是经济增长，即协调发展的目的是各个地区的经济发展能够建立在各自比较优势的基础上，实现各地区经济持续健康发展。其三是共同富裕，协调发展的最终目标是各地区间差距趋于缩小，不断提高人民群众的获得感、幸福感、安全感，这是社会发展到一定阶段的必然选择，更是社会主义的本质要求。

（一）城乡和区域之间分工协作，形成统一大市场

实现城乡和区域协调发展，“不能简单要求各地区在经济发展上达到同一水平，而是要根据各地区的条件，走合理分工、优化发展的路子”（中共中央宣传部、国家发展和改革委员会，2022）。因此，尊重客观经济规律，根据各地区比较优势进行分工协作是城乡和区域协调发展的基础。

中国是幅员辽阔的大国，城乡和区域间的要素禀赋和比较优势各异，这一客观条件决定了不同地区在产业布局和主体功能等方面必须进行分工，从而实现全国资源的有效配置，而地区分工反过来又需要形成统一大市场来满足各自发展需求。在不同的地理、自然、资源、历史等条件差异下，在统一大市场的基础上，不同地区将根

据自身的比较优势和功能分工开展国内国际贸易。在全球化的大背景下，沿海沿江地区通常具有好的港口条件，从而具有发展出口导向型制造业的比较优势。而现代经济发展（特别是服务业发展）则因为强大的规模经济效应，呈现出向中心大城市及周围的中小城市集聚的特征。其他地区和农村的比较优势则以农业、旅游和自然资源类产业为主。

城乡和区域间形成统一市场有利于充分发挥中国经济规模的优势，并且产生市场规模和分工之间的相互促进。具体而言，统一大市场不仅能够分摊发展战略性产业和提供公共品的成本，更有利于技术创新和现代经济集聚效应的实现，是大国规模效应的重要前提。此外，城乡和区域之间的分工协作，还能加强地区间的经济社会联系，有利于国家的团结和统一（陆铭，2016）。反过来，市场规模也有深化分工的作用，这就是经典的“斯密定理”的含义（Smith，2010）。随着基础设施的完善和一体化程度的加深，市场规模的扩大会产生促进城乡和区域间分工的作用。

（二）促进生产要素在城乡和区域间的合理流动和高效集聚，推动经济高质量增长

生产要素的合理流动是各个地区发展自身具有比较优势的产业的前提保障。从微观层面来看，生产要素的流动是寻求要素回报最大化的过程，有利于资源配置效率的提高，也是不断发现各地区比较优势的过程。通过生产要素的合理流动和高效集聚，在全球范围之内，现代化水平越高的国家，城市化水平越高，同时经济和人口越是集中在少数地区（World Bank，2008）。

在现实中，生产要素的集聚能带来规模经济，规模经济则通过分享（企业间分摊基础设施等固定投入）、匹配（不同的企业和劳动者高效匹配）和学习（知识外溢和经验积累）这三个机制来促进经济增长（Duranton and Puga，2004）。另外，高技能劳动力得益于

人力资本的外部性，其生产率不断提高，分工不断细化，从而产生对低技能劳动力的需求，也就是城市内高、低技能劳动力的互补性。人力资本外部性和技能互补性成为城市发展的基础，是现代经济增长的核心，也是不同劳动力向着大城市及其周围地区集聚的动力。（梁文泉、陆铭，2015，2016；陆铭，2017；Glaeser and Lu，2018）

在世界范围之内，城市发展呈现出强大的路径依赖性特征。在给定的技术条件和制度环境之下，一个国家内部将形成若干个不同规模的城市群，城市群内部的中心大城市与周边中小城市连片发展成为都市圈，并辐射带动外围中小城市和农村发展。一个国家内部不同规模的城市形成一个相对稳定的城市体系，只有少数重大的技术进步或制度变迁才能改变城市体系。在中国历史上，重大的技术进步例如海运（河运）取代陆上运输成为贸易的主流方式，使中国的经济重心转向东部，特别是东南沿海；重大的制度变迁例如中国经济从半封闭走向开放，使沿海地区再次获得了经济发展的优势。自改革开放以来，中国形成了京津冀、长三角、粤港澳三大沿海城市群，以成渝为核心的城市群第四极，以及若干个中西部地区和东北地区的区域性城市群，其中，九个国家级中心城市周围形成了都市圈发展态势。随着时间推移，这一城市体系呈现出了明显的路径依赖性特征。改革开放以来，一些计划经济时期通过行政力量来干预经济和人口空间分布的政策，其影响正在逐步减弱（夏怡然、陆铭，2019）。

（三）推动城乡和地区间在人均意义上的平衡发展，实现共同富裕

共同富裕是中国特色社会主义的本质要求，集中体现了我们党全心全意为人民服务的根本宗旨（中共中央宣传部、国家发展和改革委员会，2022）。然而，在现实中，当前中国仍然存在着城乡和区域发展不平衡的问题，而且城乡和地区间差距一直是中国收入差距

的重要来源（万广华，2006），这是中国经济不平衡不充分发展的重要表现。但发展是否平衡，关键是看人均 GDP、人均实际收入等指标的差距，而不是传统思维下的城乡和区域之间 GDP 总量差距。GDP 总量差距是由不同地区的综合条件、产业结构和规模经济强弱决定的，而人均意义的指标往往更能反映居民的实际生活水平和在发展中的获得感。党的十八届五中全会强调，坚持以人民为中心的发展思想，把增进人民福祉、促进人的全面发展作为发展的出发点和落脚点。在一国内部，共同富裕的实现意味着城乡和区域间在人均意义上的平衡发展，为此政府需要通过一些政策帮助欠发达地区，最终走向城乡和区域协调发展的状态。其中，核心的理论问题就是，如何在经济和人口集聚在少数优势地区的趋势下，实现城乡和区域间在人均意义上的平衡发展。

二　城乡和区域协调发展的实现路径

（一）兼顾效率与平衡的城乡和区域协调发展，关键在于人口自由流动

生产要素在城乡和区域之间的合理流动和高效集聚有利于实现经济效率，其中资本流动往往会扩大地区间经济总量的差距，而人口的自由流动则能够兼顾效率与平衡，最终实现城乡与区域间在人均意义上的平衡发展。

人口流动的本质是人们对美好生活的向往，而人口流动的重要驱动因素就是地区收入差距。在不存在流动障碍的情况下，人口流动的结果既是劳动力资源的最优配置，也是地区间实际收入和生活质量的趋同，即达到“空间均衡”状态。[①] 具体来说，当区域间存在人均收入差距时，人口会从欠发达地区向发达地区流动，这使得

① 在更为一般的意义上，即使存在劳动力流动的障碍，在劳动力流动决策和企业选址决策之下，地区间差距可能比较大，这也是一种经济学意义上的“均衡”（Equilibrium）。

欠发达地区的人均资源拥有量（如土地、矿产等）提高，从而推动当地人均收入快速提高。与此同时，在发达地区，人口的流入导致劳动力市场供给充足，工资上升速度放缓。在这两种效果的共同作用下，人口流动会导致区域间人均收入差距缩小，而收入差距的缩小反过来又会削弱人口流动的动力，最终地区间人均收入和各城市的人口规模都达到空间均衡的状态。在空间均衡模型中，经济的集聚和区域间的平衡发展同时实现（Roback，1982；陆铭等，2019）。

（二）在统一货币区条件下，通过劳动力流动促进城乡和区域健康发展

中国作为一个统一的发展中大国，各地区从中华人民共和国成立之初就天然地组成了统一货币区，在全国范围内使用同一种货币，由中央银行执行统一的货币政策，在全国实行统一的对外汇率，而决定这个汇率水平的一般是全国平均的劳动生产率。然而，由于仍然存在户籍和土地制度限制，劳动力未能充分流动，地区间的经济发展水平和劳动生产率仍然存在很大的差异。这意味着全国统一的汇率对劳动生产率较低的中西部地区是偏高的，对劳动生产率较高的东部地区是偏低的。

在统一货币区条件下，内陆地区受到相对不利的地理因素和偏高的汇率水平的制约，不能通过货币贬值来增加出口的竞争力，而且由于工资刚性，通过降低工资来提高竞争力也是难以实现的，导致其难以通过产品和服务的出口贸易来发展经济。与此同时，内陆地区未充分流出的劳动力带来了公共服务和社会保障的刚性支出，而经济发展的滞后导致税收增长不足，于是地方财政出现严重的收支不平衡，最终导致内陆地方政府高度依赖借债和中央转移支付。因此，统一货币区内部不同地区劳动生产率的巨大差异是产生地方政府债务问题的根源，也为城乡和区域的持续健康发展带来了巨大隐患。为了从根本上解决地方政府债务问题，必须消除劳动力充分

自由流动的障碍，以此来缩小地区间的劳动生产率差距，从而减少欠发达地区的支出压力，推动欠发达地区的经济健康发展（钟辉勇、陆铭，2015）。

（三）在城乡和区域协调发展中，政府更好地发挥作用

城乡和区域间人均 GDP 的差异可以理解为人口布局与经济布局在空间上的不匹配，因此，为实现地区间在人均意义上的均衡发展，政策上有两种选择：一是引导人口布局接近经济布局，即根据人们自身发展需要，破除欠发达地区人口流动到发达地区的制度障碍（“动人”或“以人为本”），并辅之以配套的公共政策；二是引导经济布局接近人口布局，即鼓励建设用地指标、信贷资金、转移支付等资源流动到欠发达地区（“动钱”或“以地为本”），使经济总量在全国的分布更为均匀。

在理论上，当地理因素和规模经济不重要时，资源向欠发达地区倾斜不会影响配置效率，这时“动人”政策和“动钱”政策是等价的。但在现实中，地理因素和规模经济对于经济发展至关重要（陆铭，2017；陆铭等，2019），在这种情况下，符合客观经济规律的发展政策应是以“动人”政策为主，然后根据当地条件辅之以“动钱”的政策（陆铭、陈钊，2008）。除了消除劳动力流动障碍外，为满足人民对美好生活的向往，政府还需要针对人口流入地和人口流出地采取差别化的政策。在人口流入地，政府应该增加基础设施和公共服务的供给，使其顺应人口增长趋势。而在人口流出地，政府应该进行有效的财政转移支付，推进基本公共服务均等化。

三　城乡和区域发展走过的历程

城乡和区域发展的规律是有普遍性的，但每一个国家的历史和现实又决定了各自不同的发展路径。作为改革开放以来城乡和区域

发展的起点，中华人民共和国成立前30年是以工农并重、计划经济和封闭经济为背景的，人口和经济相对分散，并且经济重心偏北。改革开放以来的40多年，东南沿海地区在全球化过程中获得并发挥了出口导向型制造业的比较优势，经济重心南移，城乡和区域差距不断扩大。城乡差距曾一度可以解释总体收入差距的一半以上，并贡献了总体收入差距变动的75%（World Bank，1997）。后来，城镇内部基尼系数及其对总体收入差距的贡献率不断提高（程永宏，2007）。城镇基尼系数的变化在一定程度上反映了区域发展差异，而这一差异主要源于地理区位导致的发展禀赋差异。与之不同的是，城乡收入差距则与四个制度因素具有密不可分的关系，包括政府对农副产品价格的控制，农村居民承担不合理税负，城乡劳动力市场的分割和城市劳动力市场的封闭，社会福利和社会保障的歧视（李实，2003）。虽然前两个因素已经在2003年以后逐渐消除，但后两个因素至今没有完全革除。在很大程度上，沿海地区经济的快速发展和地区间劳动力市场分割共同导致了人口空间布局的调整滞后于经济布局的调整，从而表现为城乡差距和区域差距仍然巨大。在这一过程中，中国的城乡和区域发展呈现如下普遍规律下的特殊性。

（一）城市化率不断提高，但总体偏低，城市化缩小地区差距的作用受到制约

根据2020年第七次全国人口普查，中国的城市化率已经达到63.89%，相比于1982年第三次全国人口普查的20.91%，城市化率年均提高约1.13个百分点，中国的城市化建设取得了巨大成就。但是，由于户籍制度等政策的限制，中国的人口城市化率比同等发展水平的国家低10个百分点左右（杨宜勇，2000；Lu and Wan，2014）。而且，劳动力流动障碍还使人口向服务业比重较高的城市（特别是大城市）集聚不足，导致中国服务业发展滞后（钟粤俊等，2020），进一步制约了城市化进程。

事实上，农村问题的根本解决要靠城市化和工业化是很多专家学者的共识（王梦奎，2004；陆铭、陈钊，2008；陈锡文，2011），但核心问题在于，城市是否能够容纳足够多的农村转移劳动力。在全国层面，中国长期鼓励发展资本密集型部门的战略使城市的工业化发展难以吸收足够的劳动力（陈斌开、林毅夫，2013）。在地方层面，城市充分享受着低廉劳动力成本带来的好处，因此，在拥有决定城乡政策权力的情况下，城市没有动机放宽户籍制度，更没有为流动人口提供相应的公共服务（陈钊、陆铭，2008）。在这样的背景下，中国的城市化水平总体偏低。同时，也正因如此，近年来，中央政府在推动地方深化户籍制度改革方面发挥了重要的作用。

曾经有一度，在城市化进程受到制度限制的背景之下，乡镇企业异军突起，为缩小城乡和区域差距发挥了重要作用。但需要注意的是，乡镇企业的存在有其特定的历史条件。当市场竞争愈发充分，城市大企业的规模优势更加明显，乡镇企业则逐渐没落（钟宁桦，2011）。在现代经济发展中，工业和服务业的发展高度依赖城市规模效应，因此，农村保留的少量工业和服务业将主要以服务本地需求为主。农村和远离中心的外围地区的比较优势仍然在农业、旅游业和自然资源等产业，而这些产业是高度依赖自然资源的，因此，要想提高这些地区从业人员的人均收入，根本途径在于允许部分劳动力自由流出。事实上，一系列研究也证实城市化有利于缩小城乡收入差距（陆铭、陈钊，2004；沈凌、田国强，2009），而且人口流动可以同时实现经济效率和缩小地区收入差距。然而，长期以来，中国劳动力流动受到较大限制，导致这一效应并不明显（姚枝仲、周素芳，2003；王小鲁、樊纲，2004）。

（二）城市体系的布局日趋合理，但城市规模分布仍存在不足

在 1978 年召开的第三次全国城市工作会议上，中共中央批准了《关于加强城市建设工作的意见》，提出控制大城市规模、发展中小

城镇的城市工作基本思路。自此，中国大城市的人口规模和经济发展长期受到政策限制，这对城市化和城市体系产生了直接冲击（Lu and Wan，2014；Fang et al.，2017），并造成了效率损失，不利于国家的经济发展（Au and Henderson，2006；王小鲁，2010；陆铭，2017）。

对于大城市人口进行控制的思路也与中国特殊的城市定义有关。事实上，中国的城市是一个行政管辖范围的概念，而其他国家的城市定义或者是更小的管辖范围（相当于中国的县），或者是一个经济上一体化的城市发展地区（即都市圈）。如果采用与其他国家相同的经济上一体化的城市定义，中国的大城市（都市圈）规模仍然偏小，其中排名在前30的大城市（都市圈）仍然有人口增长的空间（Li and Lu，2021）。

在理论上，城市也存在规模不经济，即随着人口的增加，城市运行的成本越来越高，且边际递增。但在经验研究当中，城市的拥堵和污染与人口规模之间关系并不紧密，城市运行成本随人口规模而边际递增这一点并不一定成立。污染、拥堵等城市病的治理本身就可以利用人口数量的增加而实现规模经济（陆铭、冯皓，2014；李杰伟、陆铭，2018；郑怡林、陆铭，2018），而公共服务和基础设施的供给也存在这样的规模经济（王伟同、魏胜广，2016）。因此，出于对“大城市病”的担忧而限制大城市发展，对缓解城市病收效甚微，还会削弱城市的经济增长动力。

（三）地区间差距走过了先扩大再缩小的历程，但地区差距的缩小伴随着资源错配问题

改革开放之后，中国区域经济格局出现了重大调整，沿海区位优势结合倾向性政策使东部省份经济快速增长，区域收入差距明显提高（Pedroni and Yao，2006；Lau，2010）。为了应对这一趋势，2000年以来，中国开始实施一系列的区域平衡发展政策，希望形成

东中西部地区优势互补、良性互动的区域发展格局。在实际操作上，中央政府主要通过财政转移支付、税收优惠、政府投资、金融和信贷支持等方式帮助中西部地区和东北地区发展。

在这一系列政策的作用下，中国的地区间收入差距以 2003 年为转折点，经历了先上升后下降的过程，对阶段性地实现城乡和区域间协调发展产生了积极影响。但关于区域间人均 GDP 收敛的讨论要区分地区间收敛和国家间收敛。在国家之间，劳动力流动是不自由的。因此，当发达国家资本回报递减，资本将转移到发展中国家，此时，如果发展中国家利用劳动力丰富的比较优势发展经济，则可以实现与发达国家之间人均 GDP 的收敛。与国家间问题不同的是，国家内部可以通过劳动力自由流动实现资源配置效率的提高和区域间人均收入的收敛，这是效率与平等兼顾的。在阻碍劳动力流动的情况下，通过转移支付来帮助欠发达地区发展缺乏比较优势的产业，即使可以带来表面上的人均收入差距缩小，也将带来资源的空间错配，以及总体经济发展质量的下降，这并不是真正的、可持续的区域收敛。事实上，由于地方政府大量通过负债来加大投资，而内陆地区在2003 年以后出现了固定资产投资对 GDP 的拉动能力快速下降的情况，因此，内陆地区的地方政府负债率远高于沿海地区（陆铭等，2019）。在全国范围内，企业全要素生产率也在 2003 年出现了增长放缓的拐点（向宽虎、陆铭，2015；Chen et al.，2019）。

此外，在 2003 年前后，东部沿海地区开始出现用工荒和工资上涨，这被认为是刘易斯转折点到来的标志（蔡昉，2010）。事实上，经典的刘易斯二元经济理论（Lewis，1954）必须经过改造才能用来讨论中国的问题。刘易斯二元经济理论是劳动力自由流动情况下的二元经济理论，但是中国在 2003 年前后仍存在较为明显的户籍身份和公共服务挂钩的制度，由此出现了民工荒和农村剩余劳动力并存的现象（陈钊、陆铭，2008；约翰·奈特等，2011）。除了制度约束外，2003 年以来，政府开始实行倾向于中西部地区的土地供应政策，相应压缩东部地区的土地供应，造成东部地区房价快速上升（韩立彬、陆铭，2018），并进而推升了东部地区的工资上涨（陆铭等，2015），从而表面上呈现了“刘易斯转折点”。

（四）市场一体化程度总体上不断提高，但市场分割现象仍然局部存在

在改革开放后，中国国内商品市场经历了短时期的分割加剧，呈现出市场一体化程度不断提高的趋势（桂琦寒等，2006；陈敏等，2007；范子英、张军，2009）。虽然如此，如果欠发达地区不能有效地分享优势地区发展的成果，它们就有动机最大化本地经济规模，发展那些不具有比较优势的产业，并产生重复建设和市场分割（陆铭等，2004；陆铭等，2007），而对于总量经济、招商引资和税收总量的考核，也加剧了地方本位和市场分割（周黎安，2007）。在既有的地方政府官员的考核和晋升激励下，地方政府采取的模仿战略导致了产业同构和地方保护现象（刘瑞明，2007；吴意云、朱希伟，2015；赵婷、陈钊，2019）。而地方政府为了保护本地就业，不愿与周围地区分享利益，也会导致市场分割，甚至出现经济开放，反而加剧市场分割的现象（Poncet，2005；陈敏等，2007；陆铭、陈钊，2009）。此外，最新研究表明，中国省际的边界效应也仍然在阻碍着地区间的经济往来。具体而言，对于一对距离 200 千米的城市而言，如果它们分属于不同的省份，那么它们之间的车流与同一省份距离约 300 千米的城市相当，这说明市场分割现象仍然不可忽视（Zheng et al.，2022）。

总的来说，中国的城乡和区域发展既遵循了客观的经济规律，又呈现出转型和发展中大国的特殊性。改革开放以来，中国的城乡与区域协调发展取得了明显成就，但同时也仍然存在发展不平衡不充分的问题，这与中国特殊的历史背景和体制机制具有密不可分的关系。一方面，作为一个转型国家，中国当前的体制机制和发展观念等仍然受到过去农业社会和计划经济的影响。在体制机制方面，土地制度、户籍以及公共服务与户籍身份挂钩的制度等成为制约城市化发展的障碍，这也使经济和人口的空间布局调整偏离了客观经济规律。此外，改革开放以来的快速城市化也对社会观念的转变带来了巨大挑战，社会中普遍存在一些思想误区，比如将经济规律下的经济和人口向大城市及周围集聚的现象理解为大城市对于中小城市的虹吸效应。另一方面，在城乡和区域发展中，中央政府的协调机制发挥了重要作用。在农村发展中，中国政府不断深化农村改革，全面推进乡村振兴，这对于社会共享发展成果具有重要意义。在区域发展中，面对地区间发展差距不断扩大，中央政府从 2000 年开始先后实施了西部大开发、振兴东北老工业基地、中部崛起等战略，希望实现区域间的平衡发展。近些年，随着经济全球化和现代化进程的不断推进，中央不断调整完善区域政策体系，提出要加快构建以中心城市和城市群为主要载体的板块式区域发展战略，推动区域协调发展。因此，作为一个仍处于转型和发展中的大国，中国在未来需要不断改革过去遗留下的体制机制和观念障碍，尊重经济发展的客观规律，更好发挥政府的作用，最终实现城乡和区域的协调发展。

四　面向未来的城乡和区域协调发展

（一）进一步提高城市化水平和流动人口市民化水平

当前城乡间仍存在明显的收入和公共服务差异，且人口流动受到户籍制度等政策的限制，但即便如此，中国 2020 年的城市化率已经达到了 63.89%。在可以预见的未来，如果城乡间和地区间统一大市场的制度性障碍被破除，中国的城市化率必然会进一步提高。事实上，近年来中国的户籍制度改革取得了重大进展。根据《2019 年新型城镇化建设重点任务》，城区常住人口在 500 万人以下的城市的户籍制度有望全面放开，但仍需要注意的是，城区常住人口在500万人以上的特大、超大城市的户籍制度将继续保留。根据2019年《城市建设统计年鉴》的数据，2019年城区常住人口高于500万人的有上海、北京等10个城市。如果用城区常住人口与户籍人口的差值粗略估算流动人口的话，那么2019年这10个城市的净流动人口占全国296个城市的净流动人口的49%，而仅北京、上海、广州和深圳4个城市的净流动人口占比就达到36.3%（国家统计局城市社会经济调查司，2021）。由此可见，少数大城市将成为未来深化改革户籍制度的重点。根据《2022年新型城镇化和城乡融合发展重点任务》，实行积分落户政策的城市确保社保缴纳年限和居住年限分数占主要比例。鼓励人口集中流入城市中心城区、城市新区、郊区新城等区域，制定差异化落户政策。推动具备条件的都市圈和城市群内户籍准入年限同城化累计互认。可以说，大城市的户籍制度改革仍在稳步推进中，而随着城市化率达到一定阶段，未来中小城市向中心城市及其周围地区的集聚趋势将越发明显。

在提高城市化水平的同时，还要进一步提高流动人口的市民化水平。根据公安部公布的数据，2020年中国户籍人口城市化率仅为45.4%，这说明还有18.49%的人口虽然居住在城市，但是难以享受当地城市的教育资源和公共服务，而且这种现象主要发生在大城市。目前关于大城市发展的最大掣肘在于土地（住房）、基础设施、公共服务供给不足，以及由此导致的人们对于高房价、高拥堵和空气质量的担忧。因此，在加快户籍制度改革的同时，需要深化改革，增加土地（住房）、基础设施、公共服务等方面的供给，适应人口增长，缓解由供给不足导致的“城市病”，切实提高流动人口市民化水平。因为高教育水平和低教育水平的人之间存在“技能互补性”，他们将同时集聚在大城市，导致大城市的收入差距更高，所以，更需要在大城市加快外来人口的市民化和公共服务均等化，缩小人们的实际福利差距（Chen et al.，2018）。

（二）以中心城市和城市群作为区域经济发展的重要载体，促进各类要素合理流动和高效集聚

在农村居民逐渐向城市集中的城市化进程中，同时会出现城市人口向城市群和以大城市为核心的都市圈集中的趋势。这种趋势与中国经济的后工业化进程是相伴随的，以中心城市为核心的都市圈将在现代服务业的发展中产生越来越强的引领作用。未来在中国将形成沿海地区的京津冀、长三角和粤港澳三大城市群，以及由成渝双城经济圈为核心的中国经济第四极。在中国其他地区则将形成以武汉、郑州、西安等国家级中心城市为核心的区域性城市群，以及若干个以省会级城市为核心的小城市群，在一些大城市附近将形成紧密连接周边中小城市的都市圈。这样，中国将形成以城市群和中心城市为要素空间载体的区域经济发展格局。在地区之间，虽然经济活动是高度集中的，但同时人口也将与经济同步集中，在此过程中，地区之间的人均 GDP 和生活质量正在逐步实现平衡发展（Li and Lu，2021）。

要提高经济优势地区经济和人口承载力，深化土地制度改革、实现土地和劳动力流动的方向相一致是关键。一方面，新增建设用地指标要根据常住人口的增长数量和速度进行分配。在人口流入地增强土地管理的灵活性，适度放松建设用地容积率管制，实施多功能用途的土地管理制度，并且允许不同功能用途的土地进行更灵活的功能转换。另一方面，应加强土地要素流动的灵活性，进行建设用地指标跨地区转让的制度改革，让内陆地区分享东部沿海地区发展的成果（陆铭、陈钊，2008）。

（三）建立在畅通国内大循环基础上的市场一体化和主体功能区战略

2019 年，中央财经委员会第五次会议提出，“新形势下促进区

域协调发展，要按照客观经济规律调整完善区域政策体系，发挥各地区比较优势，促进各类要素合理流动和高效集聚，增强创新发展动力，加快构建高质量发展的动力系统，增强中心城市和城市群等经济发展优势区域的经济和人口承载能力，增强其他地区在保障粮食安全、生态安全、边疆安全等方面的功能。要保障民生底线，推进基本公共服务均等化，在发展中营造平衡”，这明确了形成优势互补高质量发展的区域经济布局的方向。

在国家中心城市及其周围地区，以都市圈规划作为推进区域经济一体化的抓手，并更好地发挥中心城市对周边地区的带动作用。为了顺利实现这个美好的愿景，可以成立跨行政区的行政管理机构，负责城市群和都市圈的规划和跨行政区的公共品提供，以公路和铁路的网络化为抓手，以制度和政策的一体化为保障，推进城市群和都市圈内大中小城市协调发展。

全国范围内，在将国土空间划分为优化开发、重点开发、限制开发和禁止开发四类的基础上，应进一步在省内划分出产业发展区、农业主产区和生态保护区，识别出人口净流入和净流出地区，进行分类规划。在城市群内部更小的空间单元，也要科学预测人口空间分布，建设用地、投资等资源投向与人口流动方向总体上保持一致，“提高中心城市和城市群综合承载和资源优化配置能力”。与此同时，对人口流出地区制定适度减量发展的规划，将公共服务提供适度向中心城区集中。

（四）“在集聚中走向平衡”和“在发展中营造平衡”的城乡和区域发展新格局

在一个统一的国家（统一货币区）内部，劳动力的跨地区自由流动有四重重要的意义，可以按照其含义的深度来依次表述。第一，劳动力的自由流动有利于平等，既有利于国民之间的权利平等，也有利于地区间的人均 GDP（或收入）的收敛；第二，劳动力的跨地区自由流动有利于效率，有利于劳动力资源在地区之间的最优配置；第三，劳动力的跨地区自由流动有利于治理，可以形成地方间竞争的机制，让民众对政府提供的公共服务以及财政资源的投入产出利用效率形成“用脚投票”的机制；第四，在统一货币区内，劳动力的跨地区自由流动有利于地区之间劳动生产率趋同，在此基础上，可以避免欠发达地区的劳动生产率与汇率偏离太多，失去竞争力，过度依赖借债或中央财政转移支付。正是因为劳动力流动的重要性，在制度设计上要保障公民在国家内部自由迁徙和居住的权利，为城乡和区域经济“在集聚中走向平衡”和“在发展中营造平衡”奠定基础（陆铭，2017）。

与此同时，劳动力的自由流动将不可避免地带来人口在经济发展优势地区集聚，而人口流出地则有可能陷入“人口外流—经济下滑—人口外流……”的恶性循环，因此，还需要针对欠发达地区的发展进行有效的财政转移支付，从而兼顾平衡。具体而言，一方面，未来转移支付应该帮助欠发达地区发展当地具有比较优势的产业。在人口流出后，留守居民的人均资源占有量提高，但规模化生产所需要的基础设施、设备和技术可能不足，政府如果提供相应支持，帮助欠发达地区发展有比较优势的产业，会进一步提高留守居民的收入，缩小地区间收入差距，是效率和平衡兼得的。另一方面，如果政府的转移支付投资于欠发达地区的教育和医疗，则有利于提高留守居民的人力资本积累。在短期内，这有利于提高欠发达地区居民的生活质量；从长期来看，将提高欠发达地区的人力资本水平，对于整个国家长期的经济增长是有利的（陆铭等，2019）。在中国，除了中央向地方的纵向转移支付，地方政府之间也实施着较发达地区向欠发达地区的“对口支援”，这是具有中国特色的社会主义横向转移支付制度。

在统一货币区的格局下，区域发展新格局的实现还需要进一步推进财政与金融分家，从而推动各地区经济健康有序发展。未来可以试点允许地方政府自主发债，或扩大中央代发地方政府债券的范围，可以让融资成本低于目前各类短期债务的成本，并且可以有效地利用地方政府的信息优势，让融资的数量和结构更符合当地实际需要。与此同时，必须逐步打破地方政府对于中央政府的“刚性兑付预期”，避免地方债务不断膨胀的“道德风险”，让地方政府财政的责、权、利更为对称，这对于理顺政府间的财政关系、促进欠发达地区健康发展具有重要意义。

面向未来，在不断推进全国统一大市场建设、加快构建高水平改革开放新格局的过程中，经济和人口的空间布局将不断向经济优势区域集聚，围绕中心城市建设的都市圈和城市群会成为经济增长的新动能。与此同时，人口流出地的人均资源拥有量和收入也将不断提高，最终形成“在集聚中走向平衡”和“在发展中营造平衡”的城乡和区域协调发展新格局。

参考文献

中共中央宣传部、国家发展和改革委员会编：《习近平经济思想学习纲要》，人民出版社、学习出版社 2022 年版。

蔡昉：《人口转变、人口红利与刘易斯转折点》，《经济研究》2010 年第 4 期。

陈斌开、林毅夫：《发展战略、城市化与中国城乡收入差距》，《中国社会科学》2013 年第 4 期。

陈敏、桂琦寒、陆铭、陈钊：《中国经济增长如何持续发挥规模效应？——经济开放与国内商品市场分割的实证研究》，《经济学》（季刊）2007 年第 1 期。

陈锡文：《工业化、城镇化要为解决“三农”问题做出更大贡献》，《经济研究》2011 年第 10 期。

陈钊、陆铭：《从分割到融合：城乡经济增长与社会和谐的政治经济学》，《经济研究》2008 年第 1 期。

程永宏：《改革以来全国总体基尼系数的演变及其城乡分解》，《中国社会科学》2007 年第 4 期。

范子英、张军：《财政分权与中国经济增长的效率——基于非期望产出模型的分析》，《管理世界》2009 年第 7 期。

桂琦寒、陈敏、陆铭、陈钊：《中国国内商品市场趋于分割还是整合：基于相对价格法的分析》，《世界经济》2006 年第 2 期。

国家发展改革委宏观经济研究院国土开发与地区经济研究所课题组：《区域经济发展的几个理论问题》，《宏观经济研究》2003 年第 12 期。

国家统计局城市社会经济调查司编：《中国城市统计年鉴（2020）》，中国统计出版社 2021 年版。

韩立彬、陆铭：《供需错配：解开中国房价分化之谜》，《世界经济》2018 年第 10 期。

李杰伟、陆铭：《城市人多添堵？——人口与通勤的实证研究和中美比较》，《世界经济文汇》2018 年第 6 期。

李实：《中国个人收入分配研究回顾与展望》，《经济学季刊》2003 年第 2 期。

梁文泉、陆铭：《城市人力资本的分化：探索不同技能劳动者的互补和空间集聚》，《经济社会体制比较》2015 年第 3 期。

梁文泉、陆铭：《后工业化时代的城市：城市规模影响服务业人力资本外部性的微观证据》，《经济研究》2016 年第 12 期。

刘瑞明：《晋升激励、产业同构与地方保护：一个基于政治控制权收益的解释》，《南方经济》2007 年第 6 期。

陆铭：《城市、区域和国家发展——空间政治经济学的现在与未来》，《经济学（季刊）》2017 年第 4 期。

陆铭：《大国大城：当代中国的统一、发展与平衡》，上海人民出版社 2016 年版。

陆铭：《空间的力量：地理、政治与城市发展（第 2 版）》，格致出版社、上海人民出版社 2017 年版。

陆铭、陈钊：《城市化、城市倾向的经济政策与城乡收入差距》，《经济研究》2004 年第 6 期。

陆铭、陈钊：《分割市场的经济增长——为什么经济开放可能加剧地方保护?》,《经济研究》2009 年第 3 期。

陆铭、陈钊:《在集聚中走向平衡:城乡和区域协调发展的“第三条道路”》,《世界经济》2008 年第 8 期。

陆铭、陈钊、严冀:《收益递增、发展战略与区域经济的分割》,《经济研究》2004 年第 1 期。

陆铭、陈钊、杨真真:《平等与增长携手并进——一个基于收益递增的策略性劳动分工模型》,《经济学》(季刊)2007 年第 2 期。

陆铭、冯皓:《集聚与减排:城市规模差距影响工业污染强度的经验研究》,《世界经济》2014 年第 7 期。

陆铭、李鹏飞、钟辉勇:《发展与平衡的新时代——新中国 70 年的空间政治经济学》,《管理世界》2019 年第 10 期。

陆铭、张航、梁文泉:《偏向中西部的土地供应如何推升了东部的工资》,《中国社会科学》2015 年第 5 期。

沈凌、田国强:《贫富差别、城市化与经济增长——一个基于需求因素的经济学分析》,《经济研究》2009 年第 1 期。

万广华:《经济发展与收入不均等:方法和证据》,上海人民出版社 2006 年版。

王梦奎:《中国现代化进程中的两大难题:城乡差距和地区差距》,《农业经济问题》2004 年第 5 期。

王伟同、魏胜广:《人口向小城市集聚更节约公共成本吗?》,《财贸经济》2016 年第 6 期。

王小鲁:《中国城市化路径与城市规模的经济学分析》,《经济研究》2010 年第 10 期。

王小鲁、樊纲:《中国地区差距的变动趋势和影响因素》,《经济研究》2004 年第 1 期。

吴意云、朱希伟:《中国为何过早进入再分散:产业政策与经济地理》,《世界经济》2015 年第 2 期。

夏怡然、陆铭:《跨越世纪的城市人力资本足迹——历史遗产、政策冲击和劳动力流动》,《经济研究》2019 年第 1 期。

向宽虎、陆铭:《发展速度与质量的冲突——为什么开发区政策的区域分散倾向是不可持续的？》，《财经研究》2015 年第 4 期。

杨宜勇：《城市化创造就业机会与城市就业空间分析》，《管理世界》2000 年第 2 期。

姚枝仲、周素芳：《劳动力流动与地区差距》，《世界经济》2003 年第 4 期。

赵婷、陈钊：《比较优势与中央、地方的产业政策》，《世界经济》2019 年第 10 期。

郑怡林、陆铭：《大城市更不环保吗？——基于规模效应与同群效应的分析》，《复旦学报》（社会科学版）2018 年第 1 期。

钟辉勇、陆铭：《中国经济的欧洲化——统一货币区、央地关系和地方政府债务》，《学术月刊》2015 年第 10 期。

钟宁桦：《农村工业化还能走多远？》，《经济研究》2011 年第 1 期。

钟粤俊、陆铭、奚锡灿：《集聚与服务业发展——基于人口空间分布的视角》，《管理世界》2020 年第 11 期。

周黎安：《中国地方官员的晋升锦标赛模式研究》，《经济研究》2007 年第 7 期。

［奥］约翰·奈特等：《中国的民工荒与农村剩余劳动力》，《管理世界》2011 年第 11 期。

Au, C. and V. Henderson, "Are Chinese Cities too Small?", *Review of Economic Studies*, Vol. 73, No. 2, 2006.

Chen, Binkai, Dan Liu, and Ming Lu, "City Size, Migration and Urban Inequality in China", *China Economic Review*, Vol. 51, 2018.

Chen, B. K., M. Lu, C. Timmins and K. H. Xiang, "Spatial Misallocation: Evaluating Place-Based Policies Using a Natural Experiment in China", NBER Working Paper, 2019.

Duranton, G. and D. Puga, "Micro-Foundations of Urban Agglomeration Economies", *Handbook of Regional and Urban Economics*, Vol. 4, 2004.

Fang, L., P. Li and S. Song, "China's Development Policies and City Size Distribution: An Analysis Based on Zipf's Law", *Urban Studies*, Vol. 52, No. 12, 2017.

Glaeser, E. L. and M. Lu, "Human-capital Externalities in China", NBER Working Paper, 2018.

Lau, C. K. M., "New Evidence about Regional Income Divergence in China", *China Economic Review*, Vol. 21, No. 2, 2010.

Lewis, W. A., "Economic Development withUnlimited Supplies of Labour", *The Manchester School*, 1954.

Li, P. F. and M. Lu, "Urban Systems: Understanding and Predicting the Spatial Distribution of China's Population", *China & World Economy*, *forthcoming*, 2021.

Lu, M. and G. Wan, "Urbanization and Urban Systems in the People's Republic of China: Research Findings and Policy Recommendations", *Journal of Economic Surveys*, Vol. 28, No. 4, 2014.

Pedroni, P. and J. Y. D. Yao, "Regional Income Divergence in China", *Journal of Asian Economics*, Vol. 17, No. 2, 2006.

Poncet, S., "A Fragmented China: Measure and Determinants of Chinese Domestic Market Disintegration", *Review of International Economics*, Vol. 13, No. 3, 2005.

Roback, J., "Wages, Rents, and the Quality of Life", *Journal of Political Economy*, Vol. 90, No. 6, 1982.

Smith, A., *The Wealth of Nations: An Inquiry into the Nature and Causes of the Wealth of Nations*, Harriman House Limited, Vol. 1776, 2010.

World Bank, *Sharing Rising Incomes: Disparities in China*, Washington, D. C., 1997.

World Bank, *World Development Report* 2009: *Reshaping Economic Geography*, Washington, D. C., 2008.

Zheng, Y. L., Lu M., Li J. W., "Internal Circulation in China: Analyzing Market Segmentation and Integration Using Big Data for Truck Traffic Flow", *Economic Modelling*, Vol. 115, 2022.

科学技术是第一生产力

杨春学*

“科学技术是第一生产力”是邓小平同志1988年提出的一个著名论断，是对马克思主义政治经济学的一个重大发展。这一论断，经过各界人士和学者们从各个方面不断地深入理解和证明，已经转化成为一个具有强烈时代感的重要科学命题。

其目的关键在于：既然是一种“论断”、一种科学命题，我们就必须对它所强调的“第一”给予切题的说明，给出理论化的解释和历史的证明。

一 思想源泉

把科学技术视为生产力是马克思主义一贯的重要观点。马克思在《资本论》中明确指出，“劳动生产力是由多种情况决定的，其中包括：工人的平均熟练程度，科学的发展水平和它在工艺上应用的程度，生产过程的社会结合，生产资料的规模和效能，以及自然条件”（马克思，1972，第23卷：53）。也就是说，“科学的发展水平和它在工艺上应用的程度”，是决定劳动生产力的一个重要因素。而且，“劳动生产力是随着科学和技术的不断进步而不断发展的”。

* 杨春学，首都经济贸易大学经济学院。

（马克思，1972，第 23 卷：664）根据对工业革命的观察和分析，马克思进一步指出，“随着大工业的发展，现实财富的创造较少地取决于劳动时间和已耗费的劳动量，较多地取决于在劳动时间内所运用的动因的力量，而这种动因本身……却取决于一般的科学水平和技术进步，或者说取决于科学在生产上的运用”［马克思，（1857—1858）1980，第 46 卷下：217］。这种运用表现为借此而创造出来的机器、运输设备、通信等生产工具和设施。正是在这种意义上，科学通过物化的生产工具和设施，成为一种“物化的智力”，一种“直接的生产力”①。

那么，科学是否只有被物化后才能成为一种生产力呢？马克思在《资本论》中有“科学作为一种独立的生产能力”，或“科学作为独立的力量”的提法②，在《经济学手稿》（1861—1863 年）中结合劳动分工与协作的讨论时也说“科学的力量也是不费资本家分文的另一种生产力”［马克思，（1861—1863）1979，第 47 卷：553］。如何正确地理解这种表述？马克思曾直接把科学，尤其是自然科学归于精神产品的生产领域。“科学，作为社会发展的一般精神产品……表现为社会劳动本身的自然力”［马克思，（1861—1863）1985，第 48 卷：41］。作为精神产品的科学知识，存在于科学家，乃至工程技术人员的大脑之中。虽然它不具有独立存在的物质形式，只是一种潜在的物质生产力，我们不妨称之为“知识生产力”。科学不仅被运用成为一种技术时是生产力，而且它作为一种理论知识形

---

① 整段话的原文是：“自然并没有创造出任何机器、机车、铁路、电报、自动棉纺机等等。它们都是人类工业的产物、自然的物质转变为由人类意志驾驭自然或人类在自然界里活动的器官。它们是由人类的手创造的人类头脑底器官，都是物化的智力。固定资本的发展表明：一般的社会知识学问，已经在多么大的程度上变成了直接的生产力，从而社会生活过程底条件本身已经在多大的程度上被生产出来，不但在知识形态上，而且作为社会实践的直接器官，作为实际生产过程底直接器官被生产出来”［马克思，（1857—1858）1980，第 46 卷下：217］。

② 原文是：“大工业则把科学作为一种独立的生产能力与劳动分离开来，并迫使它为资本服务”；“随着科学作为独立的力量被并入劳动过程而使劳动过程的智力与劳动相异化……”（马克思，1972，第 23 卷：53）。

态存在时也是生产力，是一种精神生产力。[①]

通过对科学在相对剩余价值生产过程的运用进行具体而细致的分析，马克思得出的一个基本结论是："只有资本主义生产方式才第一次使自然科学［XX—1262］为直接的生产过程服务，同时，生产的发展反过来又为从理论上征服自然提供了手段。科学获得的使命是：成为生产财富的手段，成为致富的手段。"［马克思，（1861—1863）1979，第47卷：570］在这种生产方式中，"资本的趋势是赋予生产以科学的性质，而直接劳动则被贬低为只是生产过程的一个要素"［马克思，（1857—1858）1980，第46卷下：211］。

新中国的领导者历来重视马克思主义的科学技术思想，并努力把它付诸行动。1956年，党中央和国务院提出"向科学进军"，并编制《1956—1967年科学技术发展远景规划纲要》，这是党和国家大力发展科学技术的第一声号角。此外，周恩来同志对科学技术有若干重要论述，诸如"科学是关系我们的国防、经济和文化各方面的有决定性的因素"，"只有掌握了最先进的科学，我们才能有巩固的国防，才能有强大的先进的经济力量"（周恩来，1984，下卷：181，182）；"要实现农业现代化、工业现代化、国防现代化和科学技术现代化，把我们祖国建设成为一个社会主义强国，关键在于实现科学技术的现代化"（周恩来，1984，下卷：412）。

在1978年的全国科学大会开幕式上的讲话中，邓小平同志指出，科学技术是生产力，知识分子是劳动者的重要组成部分，还具体说道，"现代科学技术正经历着一场伟大的革命。……同样数量的劳动力，在同样的劳动时间里，可以生产出比过去多几倍、几十倍、几百倍的产品。社会生产力有这样巨大的发展，劳动生产率有这样

① 有些学者不同意这种解读，认为以上马克思的这些话丝毫不包含科学本身就是一种独立的生产力的意思。但是，马克思曾经明确地把生产力分为物质生产力和精神生产力的两种类型。"货币作为发达的生产要素，只能存在于雇佣劳动存在的地方；因此，只能存在于这样的地方，在那里，货币不但决不使社会形式瓦解，反而是社会形式发展的条件和发展一切生产力即物质生产力和精神生产力的主动轮"［马克思，（1857—1858）1980，第46卷下：173］

大幅度的提高，靠的是什么？最主要靠的是科学的力量，技术的力量”（邓小平，1983，第2卷：84）。社会主义建设需要一大批科技人才，而“科学技术人才的培养，基础在教育”（邓小平，1983，第2卷：95）。1988年9月5日，邓小平同志在会见捷克斯洛伐克总统胡萨克时第一次提出，“马克思说过，科学技术是生产力，事实证明这话讲得很对。依我看，科学技术是第一生产力”（邓小平，1993，第3卷：274）。这是基于对当代世界发展趋势的观察、思考和分析后得出的一个重要结论，把对科学技术重要性的认识上升到了一个新的高度。之后，他还多次重申这一观点。例如，在1992年的“南方谈话”中，邓小平同志说，“经济发展得快一点，必须依靠科技和教育。我说科学技术是第一生产力……高科技领域的一个突破，带来一批产业的发展。……要倡导科学，靠科学才有希望”（邓小平，1993，第3卷：377—378）。

这是对马克思“社会的劳动生产力，首先是科学的力量”（中共中央文献研究室，1995）观点的直接发展，更是一个基于当代科学技术和经济发展的最新趋势而提出的科学命题，并不是适用于一切时代的命题[①]（于光远，1991；魏宏森、肖广岭，1994，32—33）。

---

① 按照于光远的理解，“‘科学技术是第一生产力’是一个重要的科学命题……是一个现代的命题。它不适用于社会发展的一切时期是显而易见的。……如果‘科学技术是生产力’是十九世纪马克思提出的适合第一次产业革命后世界现实的概念，那么，‘科学技术是第一生产力’则是二十世纪下半期邓小平提出的适合于当代新的产业革命后世界现实的概念”（于光远，1991）。

另：西方马克思主义学者哈贝马斯曾提出和讨论过这一命题（哈贝马斯：1999）。他把这一规律表述为科学→技术→生产。国内有学者注意到这一情况（景中强，2009；任日岂，1999）。也有研究者力图对邓小平和哈贝马斯在这一问题上的观点进行比较分析（汤德生、江丽，2009）。哈贝马斯在1968年发表的这一长文中提出科学技术是第一生产力的观点。按照他的解释，“科学研究与技术之间的相互依赖关系日益密切，这种相互关系使科学成了第一位的生产力”（哈贝马斯，1999）。又说“随着大规模的工业研究，科学、技术及其运用结成了一个体系。……于是，技术与科学便成了第一位的生产力”（哈贝马斯，1999）。他对科学技术是第一生产力的解释，是与科学技术是社会经济体系中的“一种独立变数”“一种独立的剩余价值来源”“一种意识形态”这三个命题结合在一起的，旨在对资本主义进行“社会批判”。我们可以不同意哈贝马斯的总体观点，但是，可以利用他的某些具体观点和表述来丰富对邓小平在这一问题上的思想。与哈贝马斯不同，邓小平提出这一观点是基于中国的国情。对此，他有明确的表达：“科学技术是第一生产力。我们的根本问题就是要坚持社会主义的信念，发展生产力，改善人民生活……否则，不可能很好地坚持社会主义”（邓小平，1993，第3卷：274）。

二　“科教兴国”的理论基础

“科学技术是第一生产力”这一科学命题的提出，最终意图在于为中国“科教兴国”的战略提供理论依据。在现代世界，国家之间的竞争，归根结底是科学技术实力的竞争。科学技术水平是决定一国的综合实力，进而决定其国际地位的核心力量。

早在1978年的全国科学大会开幕式上的讲话中，邓小平同志就强调，“四个现代化，关键是科学技术的现代化。没有现代科学技术，就不可能建设现代农业、现代工业、现代国防。没有科学技术的高速发展，也就不可能有国民经济的高速发展”（邓小平，1983，第2卷：83）。1988年，邓小平同志又言，“中国必须发展自己的高科技，在世界高科技领域占有一席之地。如果六十年代以来中国没有原子弹、氢弹，没有发射卫星，中国就不能叫有重要影响的大国，就没有现在这样的国际地位。这些东西反映一个民族文化能力，也是一个民族、一个国家兴旺发达的标志”（邓小平，1993，第3卷：279）。在这里，邓小平同志明确地把“科学技术是第一生产力”的命题提升到了国家战略的高度。

是时，虽然中国改革开放已经十年，经济也获得了较快的增长，但是各种体制（包括科研、教育体制）还有待深入改革，以解放和发展社会生产力。人们在不断地深入思考国家和民族的前途问题。1987年党的十三大开始使用“中华民族伟大复兴”的命题。这种复兴自然离不开对科学技术和教育的重视。20世纪80年代，以信息技术、生物技术、新材料等为核心的新技术革命浪潮有力地影响着世界生产力的发展，深刻地改变着人类的创造力。发达国家纷纷出台科技发展计划，把这些领域列为国家发展战略的重要组成部分。1983年，美国提出“战略防御倡议”（“星球大战计划”）。1985年4月，西欧提出“尤里卡计划”。1985年10月，原经互会成员国签署

《经互会成员国到2000年科学技术进步综合纲要》。中国针对少数几个领域，于1986年启动《国家高技术研究发展计划》（俗称“863计划”），1988年提出“火炬计划”，重新开启向高科技领域进军的号角。

“科学技术是第一生产力”的命题提出之后，社会各界出现了学习和解读这一命题的高潮，热烈讨论如何根据国情把科学技术转化为现实生产力的一系列复杂问题。这类讨论既有理论层面的问题争论，也包括实践层面的问题讨论（《自然辩证法研究》编辑部，1991；《经济研究》编辑部，1991；乔占春，1992；吴向红、刘大椿，1992；何敬之，1994）。把经济建设转移到依靠科技进步和提高劳动者素质的轨道上来，成为全社会的共识。1995年5月6日颁布的《中共中央、国务院关于加速科学技术进步的决定》，明确指出“科学技术是第一生产力，是经济和社会发展的首要推动力量，是国家强盛的决定性因素”，首次提出在全国实施科教兴国的战略。在同年随后召开的全国科学技术大会上，江泽民同志指出，“科教兴国，是指全面落实科学技术是第一生产力的思想，坚持教育为本，把科技和教育摆在经济、社会发展的重要位置，增强国家的科技实力及实现生产力转化的能力，提高全民族的科技文化素质”（江泽民，2001：51）。因此，“科学技术是第一生产力”的命题是与尊重、重视科技研究和教育工作者的思想有机地结合在一起的，意在强调科技研究和教育工作者在发展社会生产力进程中的首要地位。

由此，中国拉开了“科教兴国”的广泛改革序幕。要实现“科教兴国”的目标，需要进行一系列的重大改革。一方面，要改革科研和教育体制，激发科技和教育工作者的创新精神。另一方面，要解决科技研究与经济发展之间的有机结合问题。这一战略提出之后，政府相继提出和实施“973计划”“攀登计划”以及科技型中小企业技术创新基金等一系列科技发展方案。1999年的全国科技创新大会提出，进一步实施科技兴国战略，建设国家创新知识体系，加快将科技成果转化为现实的生产力。2006年，全国科技大会提出要建设创新型国家，发布《国家中长期科学和技术发展规划纲要（2006—2020年）》。胡锦涛同志在大会上强调，“科技竞争成为国际综合国力竞争的焦点。当今时代，谁在知识和科技创新方面占据优势，谁就能够在发展上掌握主动”。

在“科教兴国”战略的实施过程中，中国科学技术和教育事业获得了巨大的发展，经济发展的质量也得到持续的提高。

三　科学技术：一种相对独立的生产力形态

这是“科学技术是第一生产力”命题所强调的第一个重要观点。这是科学技术在现代发展中逐渐呈现出来的发展规律[①]，也是对马克思“精神生产力”概念在理论上的发展，我们不妨称之为知识生产力论。

从生产力发展的历史来看，科学技术并非历来就是一种独立的生产力因素。它成为一种独立的生产力因素是生产力现代化的产物。（罗宗，1991：52—54）若要阐明其中所包含的生产力发展规律，我们必须学习邓小平同志的思考方式，即：虽然也用“科学技术”这个组合词，但在具体的分析和表达过程中，要明确区分科学与技术这两个概念。[②] 邓小平同志指出，“现代科学为生产技术的进步开辟道路，决定它的发展方向。许多新的生产工具，新的工艺，首先在科学实验室里被创造出来。一系列新兴的工业、半导体工业、宇航员工业、激光工业等，都是建立在新兴科学基础上的。当然，现在或许今后，还会有许多理论研究，暂时人们还看不到它的应用前景。但是，大量的历史事实已经说明：理论研究一旦获得重

---

① 哈贝马斯（1999）曾提出和讨论过这一问题，把这一规律表述为科学—技术—生产。有国内学者（景中强，2009）注意到这一情况。也有研究者对邓小平和 哈贝马斯在这一问题上的观点进行了比较分析（汤德生、江丽，2009；任日岂，1999）。哈贝马斯提出这一观点的主旨在于对资本主义的“社会批判”。

② “科学技术”是一个复合概念。科学与技术既有区别又有内在的关系，是一个辩证的统一体，是先进生产力的重要标志。科学是反映事物规律的自然知识、社会知识和思维知识的理论体系；技术是科学在生产中的运用，表现为方法、经验、工艺和能力等。

生突破，迟早会给生产和技术带来极其巨大的进步”（邓小平，1983，第2卷：87）。

这种思想是对现代科学技术发展趋势的一种简明总结。特别是第三次产业革命以来，科学、技术与生产（经济）之间的关系发生了根本性的转变。

第一个重大趋势是，科学与技术之间的关系日益密切。而且在这种关系中，科学越来越成为技术创新的先导，呈现科学、技术超前于生产的发展趋势①，可表示为科学→技术→生产。

在第一次工业革命中，科学理论与技术之间的关系尚比较疏远，大多数重要的发明基本上是受商业前景的驱动，且这类发明创造主要是基于“干中学”所积累起来的经验知识，瓦特发明的蒸汽机也不例外（保尔·芒图，1991；卡洛·M. 奇波拉，1988）。第二次工业革命改变了这种情形。在这次革命中，科学研究与技术应用开始真正结合起来，逐渐发展成为一种相互反馈的密切关系。不过，研究开发仍然主要是基于商业利益的考虑，技术对科学的运用是以解决生产过程中的技术问题为导向的。

科学成为技术的先导，即用新的科学理论指导技术创新，并运用于生产过程，是第三次产业革命以来才表现得非常明显的重大趋势。这在知识和技术密集型的高新技术产业中获得最突出的表现。例如，先有量子力学，后有激光、晶体管、电子计算机等重大技术创新；先有核物理学，后有核技术、核工程，等等。特别突出的一个重要事实是：没有基础性科学理论研究的重大突破，就不可能有技术的重大突破。② 在这种意义上，如果说技术是科学的运用，那

① 有研究者从科学革命（S）、技术革命（T）和产业革命（I）三者之间的关系来研究这一问题，结论是：这三者的时间排序为S→T→I（魏宏森、肖广岭，1994）。

② 作为一个典型案例，我们可以援引量子力学理论与信息技术发展之间的关系。20世纪初，物理学家曾激烈地争论是否存在量子力学这一理论，且这种争论在之后也没有消失。正是在这种争论中，量子力学的理论获得重大的突破，被称为科学上的“量子革命”，成为信息技术领域一系列重大突破的理论基石。它孕育出的激光、半导体、核能、芯片等关键核心技术，推动了通信、电子计算机、手机、互联网等改变人类文明进程的重大应用。

么，最重要的是科学，或者说科学发挥最重要的作用。这正是邓小平同志强调科学是技术之母的重要理由。自然地，这种趋势不是单向的，还存在着反向的运动：生产过程中涌现出来的问题，对现有技术提出挑战，进而促进科学研究来解决这些问题，即生产→技术→科学。

因此，科学技术不仅仅是改造和渗透其他生产力要素的因素（虽然这是它们表现为生产力的重要形态），而且越来越成为一种相对独立的力量。如果我们把科学技术仅仅视为一种渗透性的因素，那我们就是仅仅从物质生产力的角度看待问题。这种看待问题的方式难以解释如下类型的问题：例如，核能、新材料之类的新物质，当然离不开自然界提供的物质基础，但是在这类新物质中，源于自然界的成分越来越少，其力量和质量却越来越高。这类事实也充分显示出科学技术作为一种相对独立的生产力形态的发展。

第二个重大趋势是，科学和技术从发现、发明到运用于生产过程（即转化为经济力量）的速度越来越快，科学、技术和生产一体化成为一种主流的趋势。

这种趋势源于第二次产业革命后期出现的“科学工业”现象，并在第三次产业革命获得充分的展现。对推动第二次工业革命做出杰出贡献的西门子、克虏伯、爱迪生、贝尔等一批重要的人物都是集科学家、工程师身份于一身的。这意味着“科学工业”时代的来临，其标志是企业自己组织研究开发部门，或与其他研究机构合作进行研究开发。作为“科学工业”时代的代表，最典型的是美国AT&A公司的贝尔实验室。它培养出了一批杰出的科学家，获得8项（13人）诺贝尔奖。它也孕育了激光、晶体管、电子计算机、数字交换机、视频传递、通信卫星等一大批重大的技术突破。硅谷出现之前，贝尔实验室被称为美国知识分子的天堂，是世界上最具有创新力的科研机构。无数的企业家把自己的公司根植于这一实验室的基础性发明。乔恩·格特纳这样评论：“在现代生活中，处处都有贝尔实验室科技贡献的痕迹。要找到一处没有显现任何贝尔实验室DNA的地方绝非易事，晶体管、激光、质量控制法和信息技术广泛运用于计算机、通信设备、医疗手术器具、工厂制造、数码摄像、国防武器等一系列的工业设备和工序当中，所涉及的领域太多，几乎难以一一赘述。”（乔恩·格特纳，2016）

在第三次产业革命中，作为企业的重要组成部分，“科学工业”体制成为一种普遍的现象。这种体制使科学研究、技术开发与生产有机地结合为一体，成为科学和技术研究从发现、发明到运用于生产过程的加速器。就整个世界的情形而言，科学技术进步的成果物化为产品的速度，已经从18世纪的70年以上、19世纪的14—70年、20世纪上半叶的20年以下，缩短为20世纪50年代以来的10年以下（魏宏森、肖广岭，1994）。

第三个重大趋势是，科学与技术研究越来越发展成为一种相对独立的知识生产体系。

人类知识库存量的增长（即新知识的获得）来源于何处？在当代世界中，它基本上来源于科学技术研究和技术创新活动。

20世纪以来，这种知识的生产活动已经越来越制度化。在这种知识生产体系中，直接的组织者是以学会为代表的学术界，举办各种学术会议，提供交流研究进展、传播新知识的平台。生产者是以科研机构和大学为主体的部门，其成果主要以论文和著作的形式面世。出资者基本上是政府和企业，它们也是新技术的主要运用者。在这种知识生产体系中，还有一套鼓励科技研究和成果转化的知识产权制度安排。

如果我们对生产者进行进一步的分类，可分为纯粹科学研究者和应用科学研究者。这二者之间存在着显著的区别。按照贝尔实验室的创始人约翰·卡悌（John J. Carty）的解释，这两种研究活动的区别不在于其研究的主题，而在于其研究的动机：应用科学研究者的动机是以某种具体的运用为问题导向，而纯粹的科学家则是出于哲学的目的，即发现真理，拓展人类知识的疆界。他强调，纯粹的科学家是人类文明进步的护航者。

我们强调现代生产力的上述这些发展趋势，强调科学技术作为一种相对独立形态的生产力的存在和发展，并不意味着现代社会生产力的发展是完全按照科学技术的内在逻辑来展开的。技术进步的方向在很大程度上取决于社会资本的投资方向。更何况科学技术研究并不是孤立进行的一种活动。它是建立在现有物质基础和社会条下的知识生产，必然要受到现有的经济条件、政策和制度的选择等因素的影响。

四　科学技术：现代生产力要素及其组合质变的决定性因素

这是“科学技术是第一生产力”所强调的第二个重要观点。用江泽民同志的话来说，“科学技术人员是新的生产力的开拓者”（江泽民：1991）。

现代生产力是一种复杂的、存在不同层级的有机系统。若想清晰地阐述和证明科学技术在其中确切的角色，我们必须注意下述三个方面的问题。首先，要区分生产力的直接构成因素与影响生产力发挥的因素。顾名思义，生产力是人类征服、改造、保护自然的能力，一种旨在改善和提高人类生活水平的生产能力。我们不能把构成生产力（Productive Powers，Productive Forces）的各种力量因素与生产要素（Production Factor）及其他影响生产力发挥的因素混为一谈。马克思非常明确地指出，决定劳动生产力的因素包括劳动者技能的平均熟练程度、科学的发展水平和它在工艺上应用的程度、生产过程的社会结合、生产资料的规模和效能等（马克思，1972，第23卷：53）。在这里，马克思不是简单地列举生产资料，而是特指“生产资料的规模和效能”。根据现代生产力的发展情形，我们可以增添一个重要的生产力构成因素，即管理。至于影响生产力发挥的因素则更为复杂，涉及不同层面的因素，包括经济学意义上的劳动、资本、土地等生产要素（即传统政治经济学用语中的劳动资料和劳动对象）、企业制度、国家政策等。它们本身并不直接构成生产力因素。若不对生产力因素和生产过程的生产要素这两大类因素做出明确的区分，对“科学技术是第一生产力”的解释和证明，就容易陷入认识上的误区。[①] 其次，识别在构成生产力的诸种力量之中科学技术的确切位置和功能。最后，重视马克思所说的“生产过程的社会结合”这一决定生产力的因素。这一因素所强调的实质上是社会专业化分工和协作所形成的社会生产力。对“科学技术是第一生产力”的微观解读和证明，必须基于上述三个问题的分析而做出综合性的判断。

第一是科学技术的进步必将会直接改造其他生产力构成要素的质量和类型，从而形成新的社会生产力。

科学技术的进步，一是通过教育和培训，拓展和更新劳动者的知识和技能，提高人力资本的质量；二是通过物化为生产工具的质量改进或创造出新型的生产工具，提高生产能力；三是改进生产工艺或发明新的工艺，提高生产效率。

如果进一步考虑管理对新的科学技术之运用，我们就会看到熊彼特意义的“创新”的力量，即生产要素的重新组合所产生的生产力。在这里，所谓“科学”要做广义的理解，包括为管理所提供的各种科学知识、方法和手段。

第二是科学技术的进步必将直接改进生产要素的质量，扩大劳动对象的类型，从而提高生产的效率。

---

① 在讨论科学技术是第一生产力的文献中，把这两类因素混为一谈，是一种相对普遍的现象。最典型的说法是所谓“生产力三要素”论，认为生产力包括劳动者、劳动工具、劳动对象（例如，陶承德，1992）。在更细致分析的文献中，也存在这种混乱。例如，有学者把生产力因素分为实体性因素和非实体性因素（或称软体因素）。前者包括劳动者、劳动工具、劳动对象，后者包括科学技术、信息、管理等，并把科学技术视为非实体性的附着型因素（例如，罗宗，1991；王森洋、周林东，1994）。

科学技术的进步和运用，一是科学揭示自然物体的内部结构、性能与变化规律，并通过技术手段改变劳动对象的物理、化学或生物的属性，改进原有材料的质量或生产出新型的材料，从而提高产品的质量或发明新的产品。二是通过改善经济体的基础设施（诸如交通、通信等），提高各种生产力因素和生产要素的效率。

第三是现代科学技术的重大进步会推动新产业的不断涌现，形成新的专业化分工与协作，从而提高社会生产力的合力。

这正是马克思论及劳动生产力的决定因素时强调的“生产过程的社会结合”，即分工与协作。分工与协作是一种生产的社会形式。在马克思看来，这也是一种社会生产力。这种“社会的生产力……既是科学的力量，又是在生产过程内部联合起来的社会力量”（中共中央党校哲学教研室，1991）。决定一个经济体中专业化分工和协作程度的两大因素，一是市场规模，二是科学技术的进步程度。在这两个因素中，科学技术进步是原动力，而市场规模则是这种进步所可能带来的社会分工细化得以实现的基础。这两大因素合力的结果，实质上也是熊彼特所说的“创造性破坏”过程的一个重要侧面：新产业的不断涌现与旧产业的衰退。以信息技术（IT）革命的软件产业为例：我国对软件产业的子行业分类从 1994 年的四类细化为 2011 年的十类。1994 年的四类是公共软件、基础软件、应用软件和其他软件服务，而 2011 年则细分为基础软件、支撑软件、应用软件、嵌入式软件、信息安全软件、计算机（应用）系统、工业软件和其他软件的开发与经营活动等。

综上所述，在现代生产力的结构和系统中，科学与技术是最重要的因素。它们是现代生产力发展的加速器和乘数。[①] 这种观点是否

① 这是龚育之先生提出的一个非常有创意而且有影响力的观点，即生产力 = 科学技术 ×（劳动者 + 劳动资料 + 劳动对象）。科学技术是一个乘子。科学技术的发展体现为这个乘子变大。在这种意义上，科学技术充当着“第一”的角色（龚育之，1991）。遗憾的是，在这里，他把劳动者、劳动资料、劳动对象视为所谓生产力的三个实物要素。

会削弱作为真正的行动者——人在生产力系统中的主体地位？不会的。邓小平同志早在 1978 年就解释道，“我们常说，人是生产力最活跃的因素。这里讲的人，是指有一定的科学知识、生产经验和劳动技能来使用生产工具、实现物质资料生产的人”（邓小平，1983，第 2 卷：88）。

五　科学技术进步：现代经济增长的最重要源泉

这是“科学技术是第一生产力”所包含的第三个重要观点。[①] 增长核算可以为它提供一种可量化的重要证明。这种核算是经济学把经济增长的贡献分摊在资本、劳动和广义技术进步这三大类要素的一种方法。它采用柯布－道格拉斯生产函数，即：

$$Y = AF\left(K^{\alpha},\ L^{\beta}\right)$$

核算公式如下：

$$\Delta Y/Y = \alpha\left(\Delta K/K\right) + \beta\left(\Delta L/L\right) + \Delta A/A$$

其中，A 表示广义的技术进步，$\Delta A/A$ 表示技术进步速率。这种生产函数假定，对于一个给定的 A，函数中的 K、L 的规模报酬不变。然而，如果技术进步被视为一种独立的投入，就会出现规模报酬递增。例如，增加两倍的资本、劳动和知识存量投入，会得到多于两倍的产出。这种核算假设每种要素在市场上获得其边际产量，估算出两个参数值 α、β。例如，在美国，这两个参数值分别是 0.3 和 0.7。根据这两个数值再计算出资本和劳动在总产值中的份额。超出这些份额的部分归之于 A，可以把它粗略地解释为是 A 带来的规

① 在“科学技术是第一生产力”命题的研究中，也有学者提及这一观点，并试图提供数据的证明。但是，我们对他们提供的数据存疑。例如，魏宏森、肖广岭提供这类数据时是这样表述的：“据世界有关组织统计和测算，本世纪（指 20 世纪）30 年代以前，技术进步对经济增长的贡献，只有 5%—20%，但到 50 年代以后这一贡献值则上升到 50%—80%，有些产业部门（如电子工业）则高达 90% 以上。”（魏宏森、肖广岭，1994）作者既未说明这些数据的具体出处，也没有说明是哪个世界组织和测算方法。其他文献也有类似的引用。

模报酬递增收益。$\Delta A/A$ 被称为索洛余值，被视为代表全要素生产率，是对技术进步的贡献的度量。

这里以美国增长核算作为案例进行一些解释。表 1 所列的是 N. Gregory Mankiw 所进行的核算结果（N. Gregory Mankiw，2015）。

表 1　　1948—2013 年美国的增长源泉

年份	产出增长	资本	劳动	全要素生产率
	$\Delta Y/Y = \dfrac{\alpha\Delta K/K + \beta\Delta L/L + \Delta A/A}{\text{年平均增长率}}$			
1948—2013	3.5	1.3	1.0	1.2
1948—1972	4.1	1.3	0.9	1.8
1972—1995	3.3	1.4	1.4	0.5
1995—2013	2.9	1.1	0.6	1.1

1948—1972 年，在资本、劳动和技术进步这三个增长源泉中，技术进步对美国经济增长率的贡献最大，约为 44%。然而，1972—1995 年，技术进步的贡献却远远小于资本和劳动的贡献，只相当于 15%。1995—2013 年，技术进步的贡献回升，达到近 38%，与资本的贡献持平。

事实上，全要素生产率并不能较为完整地反映出科学与技术进步对经济增长的贡献。产出增长在多大程度上归因于全要素生产率的提高，以及在多大程度上归因于投入要素的增长，依赖于构造度量投入的方法，特别是劳动者人力资本的增进、物质资本质量的改进等因素的度量。如果增长核算充分地考虑到伴随科学与技术进步而来的人力资本增进、物质资本质量改进这类因素，对 A 的解释涵盖这些因素的影响，那么，我们可以合理地断言，科学技术进步是美国经济增长的最重要源泉。丹尼森的增长核算结果可以证明这一点（Edward Denison，1962）。

当然，要准确地度量科学与技术进步的影响是困难的。例如，技术进步在 1995—2013 年的贡献与资本的贡献持平。这就有点让我们费解。因为，这一时期正是美国信息技术革命带来的“新经济”兴盛的重大时刻。一种最可能的解释是：新经济的许多进步是无法通过生产率统计反映出来的。例如，互联网、电子邮件、软件、通信设备等带来的生产率被严重低估了。也就是说，全要素生产率还无法度量出信息技术腾飞所带来的生产力发展。在这里，我们感兴趣的还有一点，那就是技术进步对经济增长率的贡献会出现波动。表1 已经表示出了这种波动。N. Gregory Mankiw 制作的图 1 具体地描述了美国在 1960—2010 年的这种波动情况（N. Gregory Mankiw, 2015）。当然，我们不能把图 1 中索洛余值下降甚至为负的情形解释为技术恶化，而应理解为技术进步的速度下降。图 1 显示出这两个变量之间存在一种强相关关系，即同向波动。也就是说，技术进步对增长率的贡献会随着技术进步速度的变化而变化。

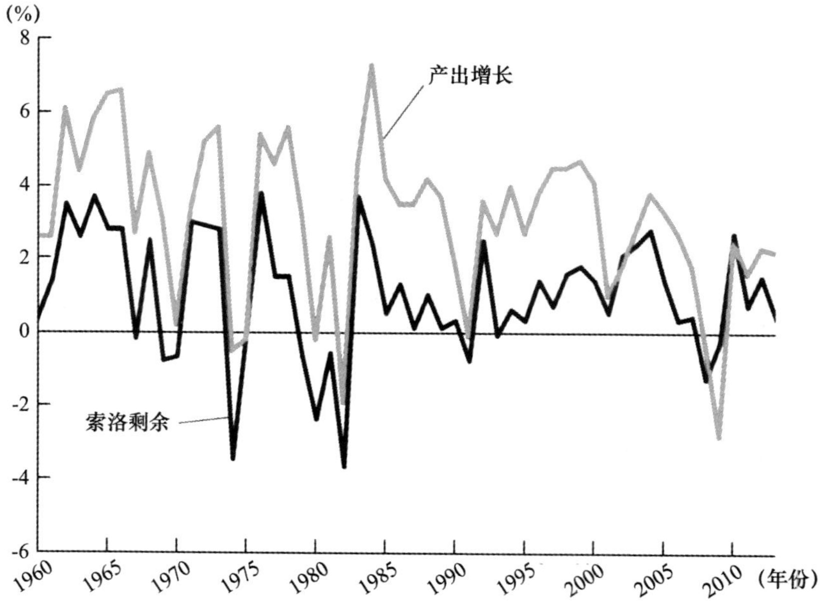

图 1　索洛余值与产出增长率的波动

虽然增长核算在计算上存在着各种问题，且也不可能充分反映“科学技术是第一生产力”这一命题的丰富内容，但是以美国为案例的这类研究结果至少证明：技术进步的速度与经济增长率的提高程度是存在着内在关系的；且总体而言，科技进步是增长的最重要源泉。要获得科学技术对增长率的促进作用，就必须不断推进技术创新。在这种意义上，计量经济学的研究结果为这一命题提供了强有力的科学证明。

六　科学技术：现代社会进步最重要的车轮

胡锦涛同志2006年在全国科学技术大会上强调：“科学技术是第一生产力，是推动人类文明进步的革命力量……发轫于上个世纪中叶的新科技革命及其带来的科学技术的重大发现发明和广泛应用，推动世界范围内生产力、生产方式、生活方式和经济社会发展观发生了前所未有的深刻变革，也引起全球生产要素流动和产业转移加快，经济格局、利益格局和安全格局发生了前所未有的重大变化。”（胡锦涛，2006）这是“科学技术是第一生产力”命题所包含的第四个重要观点。

人类文明的发展是一个非常复杂的历史过程，涉及众多重要因素的相互作用。这些因素包括生产力、生产方式、生产关系、生活方式等。但有一点是清晰的，那就是：生产力的发展是人类社会历史发展的最终决定力量。[①] 那么，科学与技术在这种力量中充当着什么角色呢？以恩格斯的话来说，那是“一种最高意义上的革命力量”[②]。人类学家莱斯利·怀特有一个著名的观点，把历史归纳

① 对此，马克思有非常明确的结论：“随着新生产力的获得，人们改变自己的生产方式，随着生产方式即保证自己生活的方式的改变，人们也就会改变自己的一切社会关系”（马克思，1958，第4卷：144）。又言“物质生活的生产方式制约着整个社会生活、政治生活和精神生活的过程”（马克思，1977，第2卷：82）。

② 恩格斯在《马克思墓前悼词草稿》中的原话是：“他把科学首先看成是历史的有力的杠杆，看成是最高意义上的革命力量。”（恩格斯，1963，第19卷：372）

为一个公式：C = E × T，即文明（Civilization）= 能量（Energy）× 技术（Technology）。对他所说的“能量”，我们不能简单地解释为像火、电之类的能源，而应理解为人类的能力。这样说来，科学与技术的进步至少对文明的发展起着加速器的作用。科学知识的进步不仅不断地拓展人类认识世界的空间，而且，以此为基础的技术创新不断增强人类改造世界的能力，推动社会生产力不断向前发展，进而改造人类的生产方式、生活方式、思维方式，乃至社会发展方式，从而改变人类文明发展的进程。

在近现代产业革命所带来的结果中，我们可以较为清晰地看到科学与技术进步的这种强大力量。科学与技术革命是推动产业革命和工业文明的核心力量。① 第一次产业革命所开创的“蒸汽时代”（1760—1840 年），标志着人类从农耕文明走向工业文明。第二次产业革命所开创的“电气化时代”（1840—1950 年），标志着西方世界已进入成熟的工业化文明时代。第三次产业革命开始把人类带入“后工业化时代”（也称为“信息社会时代”）。这种历史证明：社会繁荣和文明依赖于科学与技术的进步。正是借助于科学与技术的进步及其转化为物质生产力的生产过程，人类从根本上改变了自身的生活方式和社会面貌。

第三次产业革命究竟孕育着什么样的文明，人们有不同的说法，最流行的说法是“信息文明”。在这次产业革命中，最能清晰地体现科学技术的重大进步改变人类文明进程的，也许就是当下仍然在进行中的信息技术革命。信息储存和传输的能力是社会文明发展概念的一个基本组成部分（伊恩·莫里斯，2014）。数十万年来，人类的信息储存和传输曾经完全依赖于语言和记忆。20 世纪末 21 世纪初以来腾飞的全新形式的信息技术正在对人类社会的各个方面带来深刻的影响，从根本上改变着人类的生产方式、生活方式和思想意识，

① 当然，驱动工业文明的因素也是复杂的，涉及众多因素的相互作用（余东华，2021）。

对人类社会的各个方面带来了深刻的影响。这种信息技术的创新（包括计算机硬件、软件、互联网、通信手段等的不断更新）所带来的惊人变化，渗透了社会经济领域的每个角落。计算机、智能手机和互联网结合在一起，构成了社会经济的神经系统。它们被用于航空定价和订单系统，浏览各商场的商品价格和数量，调度电力、兑付支票、催缴赋税等，正在从根本上改变着人们购物、支付、交流等的生活方式、工作方式和行为习惯，改变着企业的生产方式和经营理念，也改变着政府管理社会的方式。

科学技术进步本身是中性的。但是，它们的运用及其产生的影响并非都是良性的（王永昌，2017）。人类文明形态的进程依次是部落文明、农耕文明、工业文明。目前，工业文明仍然占据主导地位，但是，信息技术革命所可能带来的新文明形态正在展现出曙光。如何应对信息技术革命带来的全方位挑战，是世界各国面临的一个时代课题。

参考文献

恩格斯：《马克思墓前悼词草稿》，《马克思恩格斯全集》第 19 卷，人民出版社 1963 年版。

恩格斯：《在马克思墓前的讲话》，《马克思恩格斯选集》第 3 卷，人民出版社 1977 年版。

马克思：《哲学的贫困》，《马克思恩格斯全集》第 4 卷，人民出版社 1958 年版。

马克思：《资本论》，《马克思恩格斯全集》第 23 卷，人民出版社 1972 年版。

马克思：《〈政治经济学批判〉序言》，《马克思恩格斯选集》第 2 卷，人民出版社 1977 年版。

马克思：《政治经济学批判》（1857—1858 年草稿），《马克思恩格斯全集》第 46 卷下，人民出版社 1980 年版。

马克思：《经济学手稿》（1861—1863 年）》，《马克思恩格斯全集》第

47 卷，人民出版社 1979 年版。

马克思：《经济学手稿（1861—1863 年）》，《马克思恩格斯全集》第 48 卷，人民出版社 1985 年版。

《马克思恩格斯全集》第 48 卷，人民出版社 1985 年版。

周恩来：《周恩来选集》下卷，人民出版社 1984 年版。

邓小平：《邓小平文选》第 2 卷，人民出版社 1983 年版。

邓小平：《科学技术是第一生产力》，《邓小平文选》第 3 卷，人民出版社 1993 年版。

江泽民：《江泽民在中国科协第四次全国代表大会上的讲话》，《人民日报》1991 年 5 月 24 日。

江泽民：《论科学技术》，中央文献出版社 2001 年版。

胡锦涛：《坚持走中国特色自立创新道路 为建设创新型国家而努力奋斗》，《光明日报》2006 年 1 月 11 日。

中共中央党校哲学教研室编：《马克思主义经典作家论科学技术与生产力》，中共中央党校出版社 1991 年版。

中共中央党校哲学教研室编：《新时期科学技术工作重要文献选编》，中央文献出版社 1995 年版。

陈玉和：《信息技术的历史演变及对社会经济发展的影响研究》，《未来与发展》2014 年第 1 期。

龚育之：《关于科学技术是第一生产力的几点理论思考》，《经济管理》1991 年第 10 期。

何敬之：《走出传统生产力要素理论观点的理论误区——兼谈正确理解科学技术是第一生产力》，《生产力研究》1994 年第 1 期。

《经济研究》编辑部：《科学技术是第一生产力——本刊和〈数量经济与技术经济研究〉编辑部召开的座谈会上的发文（摘要）》，《经济研究》1991 年。

景中强：《论哈贝马斯对“科学技术是第一生产力”的独特理解》，《兰州学刊》2009 年第 1 期。

李京文：《人类文明的原动力：科技进步与经济发展》，陕西人民教育出版社 1997 年版。

罗宗：《“科技是第一生产力”的“人的因素第一”观点的发展》，《光明日报》1991年8月18日。收编在中共中央党校图书资料中心编《论科学技术是第一生产力》，南开大学出版社1992年版。

乔占春：《关于科学技术是第一生产力问题的讨论综述》，《哲学研究》1992年第1期。

任日岂：《哈宝贝马斯〈科学技术是第一生产力〉命题的评析》，《哲学动态》1999年第2期。

汤德生、江丽：《科学技术是第一生产力：邓小平与哈贝马斯之比较》，《湖北大学学报》（哲学社会科学版）2009年第3期。

陶承德主编：《科学技术是第一生产力》，中国经济出版社1992年版。

王淼洋、周林东：《科学技术是第一生产力：新科技革命与唯物历观的新发展》，上海人民出版社1994年版。

王永昌：《工业文明的进步与代价——兼论历史进步的代价观》，《观察与思考》2017年第7期。

魏宏森、肖广岭：《科学技术是第一生产力概论》，中国经济出版社1994年版。

吴向红、刘大椿：《科学技术是第一生产力研究状况综述》，《教学与研究》1992年版第2期。

项武生：《“科学技术是第一生产力”的含义及理论依据》，《理论探讨》1992年第2期。

于光远：《我对“科学技术是第一生产力”的理解》，《自然辩证法研究》1991年第8期。

余东华：《工业革命的驱动因素：对人类工业文明演化的多维思考》，《天津社会科学》2021年第7期。

《自然辩证法研究》编辑部：《“科学技术是第一生产力”讨论会会议纪要》，《自然辩证法研究》1991年第8期。

郑必坚、龚育之、杨春贵、李君如主编：《邓小平理论基本问题》，中共中央党校出版社2001年版。

［爱］伊恩·莫里斯：《文明的度量——社会发展如何决定国家命运》，李阳译，中信出版社2014年版。

［德］哈贝马斯：《作为意识形态的技术和科学》，李黎、郭官义译，学林出版社 1999 年版。

［法］保尔·芒图：《十八世纪产业革命》，杨人楩、陈希秦、吴绪译，商务印书馆 1991 年版。

［美］保罗·萨缪尔森、［美］威廉·诺德豪斯：《经济学》，萧琛主译，商务印书馆 2013 年版。

［美］卡洛·M. 奇波拉主编：《欧洲经济史（第三卷）：工业革命》，徐璇译，商务印书馆 1988 年版。

［美］N. 格里高利·曼昆：《宏观经济学》，张帆、梁晓钟译，中国人民大学出版社 2005 年版。

［美］乔恩·格特纳：《贝尔实验室与美国革新大时代》，王勇译，中信出版社 2016 年版。

［苏］E. 赫尔普曼：《经济增长的秘密》，王世华、吴筱译，中国人民大学出版社 2007 年版。

Denison, Edward, *The Sources of Economic Growth in the United States and the Alternatives Before Us*, New York: Committee for Economic Development, 1962.

Gregory Mankiw N., *Macroeconomics*, Worth Publishers, 2015.

绿色金融

何德旭　程　贵*

绿色金融是可持续发展理念在金融领域的具体运用，以金融机构或金融市场为载体，通过优化金融资源配置，调节资金流向绿色低碳领域，促进资源高效利用、改善生态环境质量。大力推进绿色金融发展是践行党中央、国务院推进生态文明建设，实现“绿水青山就是金山银山”的必然要求，也是深入推进金融供给侧结构性改革，实现产业结构绿色低碳转型升级的重要举措。

一　绿色金融的渊源

自18世纪工业革命以来，人类大量燃烧化石燃料，向空气中排放大量二氧化碳等温室气体，导致温室效应加剧、全球气温持续攀升。气候变暖造成全球气候异常，引发飓风、山火、洪涝、旱灾等异常自然灾害，对全球经济发展、粮食安全、人类健康、生态系统等构成严重威胁与损害。面对日益严峻的环境问题，各国环保志士、国际组织开始反思以牺牲环境为代价的不可持续发展模式。1962年，美国海洋生物学家蕾切尔·卡森在其代表作《寂静的春天》中指出，过度使用化学药品会破坏生态环境并影响人类健康。1972年

* 何德旭，中国社会科学院财经战略研究院；程贵，兰州财经大学金融学院。

6月，联合国人类环境会议通过了《人类环境宣言》，呼吁世界各国加强环境保护，这在人类环境保护史上具有里程碑意义。1992年6月，联合国环境与发展大会通过了《环境与发展宣言》《21世纪议程》，为各国加强环境保护与实现可持续发展提供行动指引。2012年5月，世界银行在《包容性绿色增长：可持续发展之路》中提出“包容性绿色增长”（inclusive green growth）理念，倡导将绿色增长纳入各国的发展决策过程，走“绿色、包容、高效、可承负”的增长道路。此后，这种绿色、可持续的理念逐渐成为全球发展共识。联合国气候变化大会于2015年通过了《巴黎协定》，对全球应对气候变化、降低温室气体排放做出统一安排，旨在把全球平均气温较工业化前水平上升幅度控制在2℃，最好不超过1.5℃。

当前，随着全球经济快速发展、人口规模持续膨胀，人类的资源使用量和能源消耗量持续增加。《世界能源统计年鉴（2022）》显示，受疫情变化后全球经济复苏的影响，2021年全球能源消费增长5.8%，比2019年增长1.3%，其中煤炭、天然气等化石能源需求分别增长6%、5.3%。[①] 对此，全球迫切需要摆脱既有增长路径下的资源环境束缚，寻找新的经济增长点，推进传统产业绿色化、智能化技术改造，抢抓清洁能源、数字经济等低碳产业兴起机遇。金融是现代经济的核心，绿色金融在推进经济结构绿色低碳转型、助力生态环境保护、防范与化解气候变化风险过程中发挥着重要作用。绿色金融是一项系统性工程，要想提升绿色金融对经济低碳转型的功效，就必须加强推进绿色金融体制机制创新，理顺金融机构、社会资本、企业等市场主体的利益关系，协调各参与主体的行动，形成绿色金融与绿色产业的良性互动格局，为绿色低碳企业与项目提供高效的融资服务。

在此背景下，国际组织、政府机构以及商业部门等开始探索绿

---

① https：//www. bp. com/en/global/corporate/energy-economics/statistical-review-of-world-energy. html.

色发展路径。1980 年，美国颁布实施了《超级基金法案》，明确了环境责任具有可追溯性和连带性，强化银行放贷应承担的环境污染责任。20 世纪 90 年代，联合国环境规划署（UNEP）先后制定了针对银行、保险等金融机构环境责任的指引性文件，标志着国际金融机构开始系统实施环境管理体系。在绿色金融政策指引下，花旗银行、巴克莱银行、荷兰银行等机构提出了“赤道原则”，气候债券倡议组织（CBI）与国际资本市场协会（ICMA）先后发布了气候债券标准（CBS）、绿色债券原则（GBP），为国际绿色信贷、绿色债券发展提供了规范与标准。2006 年，联合国发布《负责任投资原则》（PRI），提出金融机构开展信贷投放时要考虑对周围社会和环境的影响。2013 年，英国国会在“绿色金融专题听证会”中提出，绿色金融是保护自然资源、降低碳排放、提高能源效率以及应对气候变化的金融活动或投资现象。2016 年，由中国人民银行、财政部等七部委发布的《关于构建绿色金融体系的指导意见》指出，绿色金融是支持环境改善、应对气候变化和资源节约高效利用的经济活动。在 G20 杭州峰会期间，中国联合英国共同发布了《G20 绿色金融综合报告》，对绿色金融作出权威性界定，认为绿色金融是指能产生环境效益以支持可持续发展的投融资活动。

总的来说，绿色金融是金融部门将环境保护、资源节约利用作为经营管理的目标参数，在业务决策中充分考虑跟环境相关的各类成本和收益，通过市场化的资源配置方式，引导各类资金或资源流向资源节约利用型、生态环境友好型产业，带动社会绿色技术变革、绿色消费理念传播等。绿色金融作为支持绿色生态产业发展的投融资制度安排，大体包含三层内涵：一是支持绿色低碳产业发展。绿色金融倡导将环境因素纳入金融业务决策与运营管理范畴，通过提高绿色资产比重，促进传统产业低碳转型与新兴产业崛起，实现经济社会全面绿色低碳循环发展。二是弥补绿色投资缺口。推进经济绿色低碳发展如果仅靠政府财政投入是远远不够的，需要发挥绿色金融的撬动作用与示范效应，吸引金融资本、社会资本投向绿色低碳产业。研究表明，中国实现碳中和目标所需要的资金规模达到百万亿元级别，需要发挥绿色金融作用，弥补绿色投融资的资金缺口。三是创新绿色金融产品与服务。引导各类金融机构开发绿色信贷、绿色证券、绿色保险等金融工具，强化金融机构、企业环境信息披露，建立相应的政策扶持与监管约束机制，不断提高资源利用效率，实现减污降碳协同治理，减缓和适应气候变化。

可以看出，与传统金融相比，绿色金融最突出的特点就是，将环境保护、资源利用情况纳入金融活动的全过程，通过资金要素的配置带动市场主体采取绿色低碳发展手段，实现经济效益与环境效益平衡。因而，绿色金融强调人类社会的生存环境利益，更加注重金融业务活动与污染治理、环境保护相结合，最终实现经济社会的可持续发展。

二　中国绿色金融的发展历程

生态文明建设是关系中华民族永续发展的千年大计，发展绿色金融是推进生态文明建设、实现绿色高质量发展及建设美丽中国的重要手段。绿色金融发展存在显著外部性，需要发挥政策干预或引导作用，支持金融机构、生态产业发展，实现环境效益与社会效益的“内部化”。对此，国内学者积极关注绿色金融议题，形成了一系列研究成果。在绿色金融发展必要性上，中国长期粗放型增长方式使得环境承载能力已经接近或达到上限，需要建立绿色金融体系，发挥绿色金融在实体经济中的资源配置功能，引导更多金融资源投向绿色低碳领域，不仅加速国内经济结构绿色低碳转型，而且维护中国作为负责任大国的良好形象（马骏，2015）。在绿色投融资上，生态文明建设存在巨大的资金缺口，仅靠财政资金明显不够，需要通过市场化途径，构建完善的绿色金融服务体系，撬动更多的金融资本与社会资金满足绿色项目建设的投融资需求（中国工商银行绿色金融课题组，2017）。在绿色金融产品创新方面，绿色信贷是绿色金融的重要组成部分。构建绿色信贷信用担保授信机制和环境效益监测机制，有助于推进企业生态创新与提升竞争力（吴晟等，2020）；推动绿色信贷资产证券化，可吸引非银行机构投资者为绿色发展提供资金（鲁政委等，2020）。

在多方支持与共同努力下，中国绿色金融发展大体经历了部门探索、中央顶层设计与基层差异化发展三个阶段。

（一）绿色金融部门探索阶段

20 世纪 90 年代以来，监管部门率先推出绿色金融政策举措，开启绿色金融实践探索。1995 年 2 月，中国人民银行颁布了《关于贯彻信贷政策与加强环境保护工作有关问题的通知》，第一次将金融机构信贷工作与环境保护结合起来，把环境保护和污染防治纳入银行授信决策因素。中国银监会于 2007 年 11 月印发了《节能减排授信工作指导意见》，倡导金融机构响应国家节能减排战略，严把“高耗能、高污染项目”贷款闸门，满足“节能环保项目”贷款需求。2012 年 2 月，中国银监会发布《绿色信贷指引》，提出完善相关信贷管理系统，明确绿色信贷的支持方向和重点领域，促进经济发展方式转变和经济结构调整。在绿色金融政策引导下，以兴业银行为代表的金融机构积极推进绿色金融业务发展，在 2008 年宣布采纳“赤道原则”，成为国内首家赤道银行。在此期间，绿色保险和碳市场政策也开始启动。2007 年，国家环保总局与中国保监会发布《关于环境污染责任保险工作的指导意见》，提出加快建立环境污染责任保险制度，进一步健全中国环境污染风险管理制度。2011 年，国家发展改革委在北京、天津、上海等 7 省市开展碳排放权交易试点，覆盖电力、水泥、钢铁等多个行业近 3000 家重点排放单位。

（二）绿色金融顶层设计阶段

党的十八大以来，党中央、国务院高度重视生态文明顶层设计与制度体系建设，并将“绿色发展”纳入国家战略范畴，使绿色金融进入快速发展阶段。2012 年，党的十八大提出的“推进生态文明建设”，成为治国理政的长期方略。2015 年，党的十八届五中全会提出“创新、协调、绿色、开放、共享”新发展理念，将绿色作为经济社会高质量发展的底色，促进人与自然和谐共生。2015 年 9 月，党中央、国务院发布了《生态文明体制改革总体方案》，明确提出建立绿色金融体系的总体框架，建立绿色金融产品与服务体系。2015 年 12 月，中国人民银行、国家发展改革委相继发布《绿色债券支持项目目录》《绿色债券发行指引》，明确绿色债券发行规范与标准。2016 年 8 月，中国人民银行、财政部等七部委制定了《关于构建绿色金融体系的指导意见》，明确提出绿色金融的内涵与意义，即通过创新绿色金融工具和服务手段，解决绿色投融资所面临的信息不对称、期限错配等问题。2020 年 9 月，习近平主席在第 75 届联合国大会上郑重宣布，我国二氧化碳排放力争于 2030 年前实现碳达峰、2060 年前实现碳中和的目标。这无疑对绿色金融发展助力生态文明建设、经济高质量发展提出更高更明确的要求。

（三）绿色金融基层差异化发展阶段

2017 年 6 月以来，中国在浙江、江西、广东、贵州、甘肃、新疆六省（区）九地开展绿色金融改革创新试点，形成中央顶层设计与地方实践探索相结合的绿色发展新路径。试验区结合自身地理位置、自然资源以及经济基础等差异性特点，出台绿色金融改革创新试点方案，推进绿色金融政策支持体系、标准体系、产品与市场体系、激励约束机制等领域创新，探索形成可供复制推广的改革创新经验。这些试验区根据经济基础、自然环境大体分为三类：第一类地区（浙江和广东）市场经济和金融业比较发达，着力探索“两山”理论的金融实现机制；第二类地区（江西和贵州）绿色资源比较丰富，着力探索绿色金融支持经济可持续发展的方式；第三类地区（新疆和甘肃）地理区位突出，着力推进绿色丝绸之路建设。目前，六省（区）九地试验区结合自身实际，大力推进绿色金融体制机制创新，协同多部门力量与行动，吸引金融机构、社会资本参与绿色项目建设。截至2022年6月末，试验区绿色贷款余额达1.1万亿元，占全部贷款余额的11.7%；绿色债券余额2388.32亿元，同比增长41.18%。[①] 2022年8月，试验区扩大范围，重庆市获批成为全国第十个试验区。

总的来说，中国推进绿色金融发展不仅延续了传统文化“天人合一”的思想内核，而且彰显出“中央—地方”联动的制度优势。中国传统文化理念强调“天人合一”、人与自然和谐发展。绿色金融发展契合此思想，主张尊重自然、顺应自然和保护自然，将环境保护纳入金融机构、企业、公众的交易与决策体系，实现人与自然和谐共生。同时，绿色金融发展是在“自上而下”顶层设计与“自下而上”实践探索中协同推进经济社会绿色低碳转型。中国充分发挥社会主义制度和体制优势，通过一系列有效的制度安排，明确绿色金融发展战略目标与总体布局，并在六省（区）九地开展绿色金融改革创新试点，形成更多可复制可推广的改革创新经验，为中国绿色低碳高质量发展指明了方向。这种“上下联动”方式，有助于促进产业结构、能源结构优化调整，构建绿色低碳循环发展经济体系，实现碳达峰碳中和目标。

三　中国绿色金融的政策框架

随着环境污染问题日趋严峻，党中央、国务院提出加强生态文

① 《证券日报》2022年8月27日。

明制度建设，将绿色发展纳入“五大理念”，并相继出台水污染、大气污染、污染防治等环境领域的政策法规。对此，国家发改委、中国人民银行、财政部等或是联合或是独自制定推进绿色金融发展的政策方案。特别是，中国人民银行提出了绿色金融发展政策组合，即通过建立和完善绿色金融标准体系、金融机构监管和信息披露、激励约束机制、产品和市场体系、国际合作空间“五大支柱”，积极发挥绿色金融资源配置、环境和气候风险管理、市场定价“三大功能”，推动绿色金融与绿色经济持续健康发展（刘桂平，2022）。

第一，加强绿色金融产品与服务创新。在绿色信贷方面，中国绿色信贷市场发展迅速，存量规模位居世界首位，有效支持绿色低碳产业发展。根据 Wind 数据库统计，截至 2022 年第二季度末，金融机构本外币绿色贷款余额为 19.55 万亿元，同比增长 40.45%，主要投向绿色交通、战略新兴产业、可再生能源及清洁能源项目。在绿色债券方面，中国绿色债券市场发展迅速，参与主体不断多元化，产品期限更加丰富。2021 年绿色债券发行量超过 6000 亿元，同比增长 180%，余额达 1.1 万亿元。[①] 在绿色基金方面，2020 年 7 月，中国成立国家绿色发展基金，首期总规模达 885 亿元，重点支持长江经济带环境保护和污染防治、生态修复和国土空间绿化、能源节约利用、绿色交通、清洁能源等领域。《中国绿色金融发展报告——中国金融业推动碳达峰碳中和目标路线研究（2021）》显示，截至 2021 年末，中国公募基金发行产品中环境、社会、治理（ESG）和环保主题产品共 139 只，资产规模合计 2374.44 亿元。此外，中国积极推进碳排放权交易市场建设，2021 年 7 月全国碳排放权交易市场正式启动。截至 2022 年 7 月 15 日，全国碳市场碳排放配额累计成交量 1.94 亿吨，累计成交金额 84.92 亿元。[②]

第二，逐步完善激励约束机制。目前，中国已经初步建立了中

① http：//www. pbc. gov. cn/redianzhuanti/118742/4489076/4500507/index. html.

② https：//t. ynet. cn/baijia/33072149. html.

央与地方两级激励约束机制。在中央层面，建立金融机构绿色金融业绩评价，将评价结果纳入MPA考核、央行评级，引导金融机构优化调整信贷资产结构，扩大对绿色低碳产业支持力度，逐步减少对高污染行业资金投放。自从对全世界做出实现“双碳”目标的中国承诺，中国人民银行推出碳减排支持工具、煤炭清洁高效利用专项再贷款等结构性货币政策工具，发挥央行再贷款资金优势，向碳减排重点领域提供最优惠利率，进而降低绿色项目的融资成本。中国银保监会要求银行、保险机构将ESG要求纳入管理流程和全面风险管理体系，做好对客户以及重点关注客户上下游承包商、供应商的ESG风险评估，为绿色项目与生态企业提供服务，助力污染防治攻坚与实现碳达峰碳中和目标。在地方层面，六省（区）九地试验区政府运用财政贴息、税收优惠、风险缓释基金等政策工具，激励金融机构、社会资本积极参与支持绿色经济发展。例如，浙江省湖州市在节能节水、环境保护、污水处理以及高新技术企业研发等领域实施税收优惠减免等政策，确保绿色企业应享尽享、应退尽退、应免尽免，减轻绿色企业税收负担。截至2022年6月末全市累计减免税额172.49亿元。

第三，健全绿色金融标准体系。绿色金融标准是规范绿色金融相关业务、确保绿色金融实现商业可持续的必要技术基础。2017年6月，中国人民银行、中国银监会、国家标准化管理委员会等部门联合发布了《金融业标准化体系建设发展规划（2016—2020年）》，成立了绿色金融标准工作组，制定绿色金融通用基础标准、绿色金融信息披露标准、绿色金融产品服务标准、绿色金融统计与共享标准、绿色金融风险管理与保障标准等。目前，中国绿色金融标准体系建设已经取得积极进展。《绿色金融术语》国家标准已经立项、《金融机构环境信息披露指南》《环境权益融资工具》行业标准即将发布；《绿色债券信用评级规范》《绿色私募股权投资基金基本要求》《碳金融产品》行业标准已完成送审。同时，《绿色债券支持项目目录（2021 年版）》实现金融债、企业债、公司债的“三债合一”，促进债券标准国内统一，实现绿色金融标准的国际接轨。

第四，强化金融机构信息披露。自 20 世纪 90 年代以来，中国证监会、环保部等部门率先对上市公司、环保企业制定出台法律法规，提出强制环境信息披露要求，加强自愿环境信息披露引导，规范环境信息披露方式与内容。后来，在中央顶层设计下，跨部门联合制定环境信息制度，细化披露标准与要求，逐渐形成环境信息披露法规监督体系（见表 1）。2016 年，《关于构建绿色金融体系的指导意见》明确提出，逐步建立和完善上市公司和发债企业强制性环境信息披露制度，将环境违法违规信息等企业环境信息纳入金融信用信息基础数据库，解决信息不对称问题对绿色投资的制约。2017 年，中国证监会提出建立分层次的上市公司环境信息披露制度，对重点排污企业实施强制披露，鼓励其他上市公司自愿披露有利于保护生态、防治污染的信息。2021 年，中国人民银行在绿色金融改革创新试验区开展金融机构环境信息披露试点改革。此外，深圳市运用特区立法权制定出台了《深圳经济特区绿色金融条例》，在环境信息披露方面大胆探索、先行先试，强制上市公司、债券发行人、金融机构开展环境信息披露，为在全国范围开展环境信息披露提供了实践样本。

表 1　**中国环境信息披露相关政策**

时间	发布部门	文件	内容
1997 年	中国证券监督管理委员会	《招股说明书的内容与格式（试行）》	公开发行股票的公司应适当提及能源或者交通方面存在的制约、产业政策限制、环保限制等环境信息相关的风险。
2003 年	国家环保局	《关于企业环境信息公开的公告》	对被列入名单的重污染企业进行环境信息披露。

续表

时间	发布部门	文件	内容
2006年	深圳证券交易所	《上市公司社会责任指引》	上市公司根据其对环境的影响程度，制定整体环境报告政策。
2008年	上海证券交易所	《上海证券交易所上市公司环境信息披露指南》	鼓励上市公司在披露公司年报时，披露公司的年度社会责任报告（含环境信息）。
2015年	中共中央、国务院	《生态文明体制改革总体方案》	建立上市公司强制性环保信息披露制度。
2016年	中国人民银行、发展改革委、环保部、证监会	《关于构建绿色金融体系的指导意见》	完善上市公司和发债企业强制性环境信息披露制度，培育第三方专业机构提供环境信息披露服务的能力。
2017年	中国证券监督管理委员会、环保部	《关于共同开展上市公司环境信息披露工作的合作协议》	健全上市公司环境信息披露制度，要求上市公司切实履行披露义务。
2020年	深圳市第六届人民代表大会常务委员会	《深圳经济特区绿色金融条例》	金融行业上市公司、绿色金融债券发行人、享受绿色金融政策优惠的金融机构，自2022年1月起披露环境信息。
2021年	中共中央、国务院	《关于完整准确全面贯彻新发展理念做好碳达峰碳中和工作的意见》	健全企业、金融机构等碳排放报告和信息披露制度。

资料来源：根据公开资料整理。

第五，积极拓展绿色金融国际合作空间。中国积极履行全球环境治理和应对气候变化的大国责任，在G20、“一带一路”、双多边框架下开展绿色金融国际合作。在G20框架下，中国将绿色金融纳入G20杭州峰会、汉堡峰会、布宜诺斯艾利斯峰会的议题，形成绿色金融的全球共识与行动指南。在“一带一路”框架下，中国与英国发布了《“一带一路”绿色投资原则》，将绿色低碳发展纳入“一带一路”建设，提升项目投资的环境和社会风险管理水平。在双多边框架下，中国牵头发起或参与了中央银行与监管机构绿色金融网络（NGFS）、可持续金融国际平台（IPSF）等，推进绿色金融研究与业务交流，促进环境与气候风险监测、经验学习，实现经济绿色低碳循环发展。

四 中国绿色金融发展机遇与现实挑战

随着“双碳”目标、绿色发展成为社会发展主题，中国绿色能源、绿色制造、绿色基建等新兴业态蓬勃发展，这给绿色金融发展带来更多机遇。一方面，产业结构转型升级需要绿色金融的资金支持。中国处于工业化、城市化的高速发展阶段，高耗能、低附加值、劳动密集型的产业依然在经济发展中占据重要位置。在“双碳”目标下，中国将加快传统产业的转型力度，加快技术改造、淘汰落后产能，同时积极发展节能环保、清洁生产、新能源、装备制造、人工智能等新兴产业，提升产业发展的可持续性与竞争力。产业结构转型升级将释放“环保红利”，激发形成巨大的绿色金融需求。清华大学气候变化与可持续发展研究报告显示，要实现温升控制在1.5℃的目标，中国需要新增投资138万亿元。为此，金融业将发挥支持产业结构转型升级的助推器作用，通过创新信贷、基金、保险等金融产品，优化金融服务模式，支持构建现代产业体系。另一方面，能源消费结构调整促进绿色金融发展。中国能源禀赋是“富煤、缺油、少气”，能源消费以煤炭为主。2020年，中国煤炭消费量为28.29亿吨，占总能源消费量的56.9%。以煤炭为主的能源消费结构直接导致二氧化碳等温室气体排放上升。“双碳”目标将加速对能源消费结构的调整，减少煤炭、石油等传统能源领域投资，扩大水能、风能、太阳能等非化石能源的支持力度，满足能源“脱碳”的金融需求。

中国绿色金融发展尽管取得了较为突出的成绩，但总体上看还处于探索发展阶段，与国际先进水平相比还存在差距。一是绿色金融激励约束机制需要不断优化。绿色金融发展存在较强的外部性，需要建立相应的激励约束机制，培育形成绿色发展合力。当前，中国推进绿色金融发展面临着绿色金融约束性政策尚未得到系统性变革、激励性政策较为缺乏的问题，绿色企业与绿色项目的经营成本高，使其在与非绿色企业或项目的竞争中处于被动位置。这造成金融资本、社会资金对参与绿色投资、绿色生产往往持等待观望的心态。二是绿色金融标准体系有待进一步完善。近年来，中国特别重视绿色金融标准体系建设，明确绿色金融标准体系的基本框架，联合多部门及相关机构，成立绿色金融标准工作组，开展绿色金融标准顶层设计。除了全国性统一部署之外，六省（区）九地绿色金融改革创新试验区也自主开展了绿色金融标准制定，如绿色企业和绿色项目认定等，发挥出重要补充与支持作用。但是，中国绿色金融标准总体来看还未完全实现国内统一、国际接轨目标，还存在部门之间标准不一致、不够清晰详细等问题，给绿色金融业务操作与执行带来一定困难。三是绿色金融产品创新力度仍需不断加强。与“双碳”目标下大规模、多样化的市场需求相比，中国绿色金融产品的创新力度与支持绿色发展效果还有较大差距，无法满足广大企业尤其是小微企业长期限、低成本的绿色资金需求。四是环境信息披露机制亟须健全。中国上市公司、金融机构、排污企业等主体的环境信息披露还处于探索阶段，对环境信息披露的内容、流程、管理、频次等方面规定还很粗略，强制性环境信息披露的企业覆盖范围还比较小。许多地区的金融机构、企业不仅开展环境信息披露的意识淡薄，而且缺少环境信息采集、计算、评估碳足迹信息的能力。这既影响到环境信息披露的质量，降低相关数据的可比性，又制约绿色金融激励约束政策的落地实施。五是绿色金融专业人才缺乏。绿色金融发展涉及多学科、宽领域的知识，亟需大量既熟悉宏观经济、金融业务运营，又了解环境保护知识的综合性人才。当前，中国绿色金融发展缺乏绿色金融专业人才，金融带动环境保护的行动正在摸索探究中，还无法满足“双碳”目标下绿色金融产品创新、环境风险管理等方面的人才需求。

五　中国绿色金融发展趋势

对标碳达峰碳中和目标和建设社会主义现代化国家的新要求，中国需要积极发挥绿色金融对实体经济的撬动引导作用，持续完善绿色金融政策支持体系，强化绿色金融产品与服务创新，推进环境信息披露，深化绿色金融国际合作，助力经济结构绿色转型，应对环境与气候变化风险。

第一，做好绿色金融顶层设计。生态文明体系建设、绿色低碳发展是国家发展战略，绿色金融需要以服务产业结构转型升级、实现经济社会绿色发展为导向，在涉及多方面利益并且复杂程度高、难度大的情况下，协调与统一全体利益相关者的集体行动。因此，在国家顶层设计方面需要清晰、完善的战略路线图，统筹推进绿色金融发展。一方面，绿色金融及绿色增长情况大程度上取决于是否拥有良好的政策。政府机构需要着力营造良好的政策与社会环境，对绿色项目、绿色企业提供政策优惠与倾斜，建立环境信息披露与共享平台，通过奖优罚劣的方式引导金融机构支持绿色生态产业发展。另一方面，从实践来看，撬动社会资本参与绿色投资领域至关重要。由于绿色生态产业往往存在一系列不确定性和风险，仅靠财政与金融资金是不够的，需要采取措施吸引社会资本进入绿色发展领域。对此，需要运用公共资金来解决绿色经济发展中的风险问题，如设立绿色发展基金、创新绿色保险产品等，有效吸引广大社会资本流入绿色项目。

第二，建立健全绿色金融政策支持体系。一是持续完善绿色金融政策法规。明确绿色金融发展的基本原则、主要任务、保障措施等，为部门之间政策联动、激励约束政策落地、稳定市场预期提供必要依据与操作指南，在修订其他领域法律法规时，适时融入绿色发展原则与要求，为构建绿色金融体系提供前瞻性指引。二是完善绿色金融激励约束机制。加强各部门政策协同，对重点行业领域绿色低碳转型提供财政税收优惠，加强对金融机构的绿色业绩考核，扩大对绿色低碳领域的投向规模，提高市场主体参与绿色发展的积极性。三是完善绿色金融标准。加快构建“国内统一、国际接轨、清晰可执行”的绿色金融标准，促进绿色金融市场健康规范发展，规避“漂绿”“洗绿”风险。加强绿色金融标准领域的国际合作，促进国内外绿色金融标准趋同，吸引国际资本投资国内绿色项目。

第三，建立绿色金融产品与市场体系。一是加强绿色金融产品与服务创新。通过多种政策协同助力，引导金融机构优化绿色金融服务，持续加大绿色信贷投放规模，创新与应用环境污染责任保险、巨灾险等绿色保险产品，强化绿色项目、绿色企业的可持续发展和抗风险能力。推进绿色债券产品和服务创新，引导绿色债券市场扩容，不断拓宽绿色投融资渠道，同时促进绿色债券市场持续开放，实现境内外债券市场良性互动，吸引国际绿色资金支持国内绿色低碳项目建设。二是建立健全碳排放权交易市场。结合温室气体减排行动、经济增长预期等因素，科学核定碳排放权配额发放总量，逐步扩大碳排放交易主体范围，将石化、钢铁、建材、航空等高耗能行业纳入碳市场交易，加快完善碳市场定价机制，引导形成合理碳价，稳定交易主体的市场预期。鼓励金融部门围绕碳排放权开展金融创新，探索碳排放权抵质押、碳期货等金融工具，发挥碳市场倒逼企业节能减排、实现高质量发展的作用。三是培育与发展绿色基金。通过采取放宽准入、税收减免等措施，支持设立全国性与地方性绿色发展基金，聚合社会财富，强化对节能环保、清洁能源等绿色产业投资，为推进经济低碳转型、生态文明建设提供资金支持。完善绿色基金运营管理，制定责任投资管理制度和绿色投资指引，切实发挥基金对社会资本的撬动作用。需要指明的是，商业可持续性是绿色金融发展的基本前提和关键内容。绿色金融要围绕商业可持续性进行制度和产品创新，实现金融机构绿色业务良性发展，有效支持清洁能源、节能环保、绿色交通、绿色建筑等领域建设，达到经济效益与生态效益的平衡。

第四，完善绿色金融配套服务设施。一是加强环境信息披露。结合绿色发展整体规划与部署，制定与完善环境信息披露法律法规，明确环境信息披露内容、形式等的要求，不断提高环境信息披露的质量，同时有序扩大环境信息披露主体的覆盖范围，对重点排污行业、上市公司实行强制性信息披露，对环境信息披露情况进行定期巡查与宣传。二是发挥科技赋能绿色发展作用。利用大数据、云计算、人工智能等科技力量与优势，将其应用到绿色金融产品创新、信息披露与共享、数据统计等领域，解决银企、政企之间的信息不对称。这不仅能够有效提升绿色项目、绿色企业的投融资效率，而且为政府的财政税收等激励约束政策提供信息支撑。其中，浙江省湖州市应用金融科技搭建绿色金融信息服务平台（如“绿贷通”“绿融通”“绿信通”），有效缓解绿色项目、绿色企业融资难题的做法和经验值得借鉴。三是培育绿色金融中介机构。中介机构是绿色金融市场的重要组成部分。积极培育发展绿色金融信用评级机构、绿色金融产品认证机构、环境与气候风险评估机构等，规范绿色金融中介机构运营管理，加强绿色金融专业人才培育，为金融中介提供优质高效的绿色金融服务，支持绿色项目与绿色企业投融资活动。

第五，扩大绿色金融的对外开放与国际合作。一是利用国际组织峰会平台，将绿色金融纳入讨论议题，丰富绿色金融交流内容，如探索环境和气候风险评估工具箱、将ESG因素纳入基础设施建设、制定转型金融框架等；扩大绿色金融发展的国际共识，在国际层面引导市场资金支持应对气候变化。二是深化中央银行与监管机构绿色金融网络（NGFS）、可持续金融国际平台（IPSF）、金融稳定理事会（FSB）、巴塞尔银行监管委员会（BCBS）等绿色金融多边国际合作，推进金融机构环境和气候风险管理，开展金融机构环境信息披露与能源转型压力测试等，促进绿色金融国际经验共享。三是加强与相关国家的绿色金融合作，定期开展绿色金融经验交流，推进绿色标准制定和彼此互认，形成《可持续金融共同分类目录》等更多共同准绳，促进绿色金融国际投资合作，带动绿色资本跨境流动与优化配置，满足国内外绿色项目的融资需求。在《“一带一路”绿色投资原则》框架下，大力推进绿色金融国际合作，打造绿色可持续发展的“一带一路”。四是参与制定国际绿色金融规则。利用双边和多边平台，积极参与应对气候变化、节能减排等议题讨论，充分考虑国内经济、金融、产业、科技等实情，参与制定绿色金融国际规则，在构建全球绿色金融体系中争取更大话语权和主动权。

参考文献

陈雨露：《中国绿色金融已进入全面提速的发展阶段》，《农村金融研究》2017 年第 10 期。

国务院发展研究中心课题组：《发展中国绿色金融的逻辑与框架》，《金融论坛》2016 年第 2 期。

何茜：《绿色金融的起源、发展和全球实践》，《西南大学学报》2021 年第 12 期。

刘桂平：《发展绿色金融助力“30 · 60 目标”实现》，《中国金融》2021 年第 2 期。

刘桂平：《金融系统要坚定不移践行新发展理念》，《中国金融》2022 年第 1 期。

鲁政委等：《促进绿色信贷资产证券化发展的制度研究》，《西安交通大学学报》（社会科学版）2020 年第 3 期。

马骏：《论构建中国绿色金融体系》，《金融论坛》2015 年第 5 期。

马骏：《碳中和目标下绿色金融面临的机遇和挑战》，《金融市场研究》2021 年第 2 期。

马骏、程琳、邵欢：《G20 公报中的绿色金融倡议》，《中国金融》2016 年第 18 期。

牛海鹏、张夏羿、张平淡：《中国绿色金融政策的制度变迁与效果评价——以绿色信贷的实证研究为例》，《管理评论》2020 年第 8 期。

王静：《中国绿色金融发展驱动因素与进展研究》，《经济体制改革》2019 年第 5 期。

王文：《绿色金融与“一带一路”的绿色化》，《中国人民大学学报》2019 年第 4 期。

吴晟等：《绿色信贷制度创新研究——以推动企业生态创新为视角》，《经济体制改革》2020 年第 1 期。

中国工商银行绿色金融课题组：《商业银行构建绿色金融战略体系研究》，《金融论坛》2017 年第 1 期。

中国人民银行研究局：《中国绿色金融发展报告 2019》，中国金融出版社 2020 年版。

［美］蕾切尔·卡森：《寂静的春天》，吕瑞兰、李长生译，浙江工商大学出版社 2018 年版。

新发展理念

黄群慧*

新发展理念在习近平新时代中国特色社会主义思想中具有十分重要的地位，是习近平经济思想中最重要也是最主要的发展理论和理念。习近平总书记指出：“党的十八大以来我们对经济社会发展提出了许多重大理论和理念，其中新发展理念是最重要、最主要的。新发展理念是一个系统的理论体系，回答了关于发展的目的、动力、方式、路径等一系列理论和实践问题，阐明了我们党关于发展的政治立场、价值导向、发展模式、发展道路等重大政治问题。”（习近平，2021）新发展理念的创造性的提出，对社会主义现代化建设和经济社会发展中具有战略性、纲领性和引领性的重大问题作出全新阐释，系统深化了关于社会主义发展规律的理论认识，丰富发展了马克思主义关于发展观的理论内涵。

一　新发展理念的提出

经济发展一般是指长期性的经济要素的成长、经济体系质和量的提升，表现为长期经济增长、经济效率提高和经济结构优化升级，以及由此推进的社会进步、国家发展和现代化的系统过程。有史以

* 黄群慧，中国社会科学院经济研究所。

来人类始终为实现经济发展这个社会经济进步的终极目标而不懈努力，在亚当·斯密等经济学家的理论中，经济发展本质是伴随着经济活动的质和量的提升，社会经济文化整体上所实现的众望所归的理想状态（秋山裕，2014）。但问题在于什么是“众望所归的理想状态”，这本质上是一个经济发展观的问题。从更广泛的意义上而言，经济发展观涉及经济发展的动力、主体、过程、规律以及由此驱动的社会进步、现代化进程等基本内容，其后面支撑的是人类社会发展的世界观和方法论。

中国共产党以马克思主义唯物史观为指导，十分重视发展问题，从中华人民共和国成立之初提出要在一个相当长的时期内逐步实现国家的社会主义工业化，到改革开放后将社会主义本质概括为解放和发展生产力、最终实现共同富裕，从党的十六届三中全会提出以人为本的全面协调可持续的科学发展观，到党的十八届五中全会关于创新、协调、绿色、开放、共享五大新发展理念的提出，这一点都得到充分体现。党的十九大报告指出，发展是解决我国一切问题的基础和关键。而要解决发展问题，必须先解决发展观或者明确发展理念。理念还是行动的先导，一定的发展实践都是由一定的发展理念来引领的。正如习近平总书记所指出：“发展理念是战略性、纲领性、引领性的东西，是发展思路、发展方向、发展着力点的集中体现。”（习近平，2021）发展理念不仅指明了什么是发展的“众望所归的理想状态”，还指明如何实现这种发展的理想状态。

2015 年 10 月，习近平总书记在党的十八届五中全会上提出了创新、协调、绿色、开放、共享的发展理念，要求以新发展理念引领发展，引领第十三个国民经济和社会发展规划，夺取全面建成小康社会决胜阶段的伟大胜利，并强调坚持这五大新发展理念是关系到我国发展全局的一场深刻变革。新发展理念作为一个理论体系，是由创新、协调、绿色、开放和共享五大发展理念组成。这五大发展理念集中反映了我们党对经济社会发展规律认识的深化，也是针对我国发展中的突出矛盾和问题提出的。创新发展注重的是解决发展动力问题，创新发展理念要求崇尚创新，明确创新是引领发展的第一动力；协调发展注重的是解决发展不平衡问题，协调发展理念要求注重协调，强调协调是持续健康发展的内在要求；绿色发展注重的是解决人与自然和谐问题，绿色发展理念要求倡导绿色，认为绿色是永续发展的必要条件和人民对美好生活追求的重要体现；开放发展注重的是解决发展内外联动问题，开放发展理念要求厚植开放，坚持开放是国家繁荣发展的必由之路；共享发展注重的是解决社会公平正义问题，共享发展理念要求推进共享，把共享作为社会主义的本质要求和发展的根本目标。这五大发展理念虽然是分开表述的，也分别注重解决不同方面的问题，但从国家发展角度看是一个相互贯通、相互促进、内在联系的系统。因此，五大发展理念是一个整体系统，是一个系统的理论体系，在实践中要统一贯彻，不能顾此失彼，也不能相互替代（习近平，2021）。

新发展理念不是凭空得来的，而是在深刻总结国内外发展经验教训基础上形成的对经济社会发展规律认识的深化，是针对我国发展中的突出矛盾和问题提出来的。新发展理念是在中国特色社会主义事业发展进入新时代的背景下提出的。进入新时代，中国经济社会发展的一系列条件发生了深刻变化，这些深刻变化集中体现在社会主要矛盾已经转化为人民日益增长的美好生活需要和不平衡不充分的发展之间的矛盾，新发展理念是这一主要矛盾转化所提出的历史必然要求（刘伟，2017）。从经济发展看，中国特色社会主义进入新时代以后，中国经济发展也出现了阶段性变化的特征。从速度、结构和政策三方面特征化事实看，中国在2013年经济发展进入增长速度换挡期、结构调整阵痛期、前期刺激政策消化期的“三期叠加”阶段；进一步从消费需求、投资需求、出口和国际支出、生产能力和产业组织方式、生产要素相对优势、市场竞争特点、资源环境约束、经济风险积累和化解、资源配置模式和宏观调控等各方面看，我国经济发展具备了速度从高速转向中高速、经济结构持续优化、经济增长动力转换的经济新常态特征，总体上中国经济已从高速增长阶段转向高质量发展阶段。2021 年党的十九届五中全会提出，我国社会主义现代化进入了一个新发展阶段，这个新发展阶段是全面建设现代化国家新征程。从“三期叠加”到“经济新常态”，再到高质量发展阶段和新发展阶段，都是一以贯之的，体现了我国进入新时代社会经济发展的主要矛盾已经发生了深刻变化。发展条件和发展环境的变化，自然要求发展理念的变化。

习近平总书记在 2015 年提出新发展理念之后，多次在重要的会议上，尤其是在每年的中央经济工作会议上，反复强调新发展理念，要求完整准确全面贯彻新发展理念，将新发展理念作为新发展阶段有关社会经济发展全局的最重要的指导理论和理念。2016 年 1 月，习近平总书记在省部级主要领导干部学习贯彻党的十八届五中全会精神专题研讨班上，针对新发展理念围绕着力实施创新驱动发展战略、着力增强发展的整体性协调性、着力推进人与自然的和谐共生、着力形成对外开放新体制、着力践行以人民为中心的发展思想五个方面问题进行了全面论述，从理论和实际、历史与现实各个角度结合重大问题对新发展理念进行了全面阐释(习近平，2021)。

2017 年 10 月，在党的十九大报告关于新时代中国特色社会主义的十四个基本方略中，“坚持新发展理念”作为第四个基本方略，涵盖了坚持和完善基本经济制度和分配制度，坚持完善社会主义市场经济体制，推动新型工业化、信息化、城镇化、农业现代化同步发展，发展更高层次开放型经济等内容。习近平总书记在党的十九大报告中进一步提出我国经济已经由高速增长阶段转向高质量发展阶段，要求“贯彻新发展理念，建设现代化经济体系”，具体需要实施深化供给侧结构性改革、加快建设创新型国家、实施乡村振兴战略、区域协调发展战略、加快完善社会主义市场经济体制、推动形成全面开放新格局六个方面战略（《党的十九大报告辅导读本》编写组，2017）。从中可以看出，党的十九大报告赋予了新发展理念统领经济社会发展全局的地位。2017 年 12 月，中央经济工作会议提出了“以新发展理念为主要内容的习近平新时代中国特色社会主义经济思想”这一概念，并且指出这是中国特色社会主义政治经济学的最新成果。

2019 年中央经济工作会议上，习近平总书记进一步强调新时代推进经济社会发展必须坚定不移地贯彻新发展理念，推进高质量发展。新发展理念是整体的、全方法的、多层次的，绝不是只有经济指标这一项，必须紧紧扭住新发展理念推动发展，把注意力集中到解决发展的不平衡不充分问题上来，决不能再回到简单以国内生产总值增长率论英雄的老路上(习近平，2021)。

2021 年 1 月，习近平总书记在省部级主要领导干部学习贯彻党的十九届五中全会精神专题研讨班上，要求准确把握新发展阶段，深入贯彻新发展理念，加快构建新发展格局，推进“十四五”时期高质量发展，确保全面建设社会主义现代化国家开好局，起好步。针对新发展理念，要求从以人民为中心的根本宗旨上把握新发展理念，从新发展阶段新要求的问题导向上把握新发展理念，从安全发展、忧患意识上把握新发展理念(习近平，2021)。这就系统论述了“三新一高”的发展理论体系。在 2021 年 1 月中央政治局的第 27 次集体学习中，习近平总书记围绕完整、准确、全面贯彻新发展理念提出了扎扎实实贯彻新发展理念、落实以人民为中心的发展思想、继续深化改革开放、坚持系统观念、善于从政治看问题五方面要求(习近平，2021)。

二　新发展理念的理论性

理念是上升为理性高度的观念，理论是系统完整的理念。发展理念是有关经济社会发展的理性的观念，需要从观念层面回答什么是发展、如何发展、为谁发展等一系列关于发展的基本问题。一方面，发展理念是用于指导经济社会发展，具有主观选择的特性；另一方面，发展理念绝不是凭空产生，应该是建立在对经济社会发展客观规律认识深化基础上提出的，这也就是发展理念的理论性所在。新发展理念是以马克思主义为指导，在总结概括关于发展的历史经验、吸收借鉴已有发展理论、结合我国新时代发展的实践的基础上，形成的关于发展的理性观念。新发展理念是一个关于新时代中国特色社会主义现代化事业建设的全方位的发展理念体系，其理论性既体现在新发展理念所揭示的关于社会经济发展的总体的、系统的规律性认识层面，又体现在新发展理念所揭示的关于社会经济发展的创新、协调、绿色、开放和共享五方面发展理念的具体的规律性认识层面。

从总体上看，新发展理念明确了新时代社会经济发展的发展观和现代化观，从理论上回答了发展的根本立场、总体目的、本质要求等基本问题，深化了对中国式现代化建设中人的全面发展规律的认识。实现社会主义现代化和中华民族伟大复兴，是新时代中国特色社会主义建设的总任务。这意味着中国社会经济发展的目标是实现社会主义现代化和中华民族伟大复兴。围绕着为人民谋幸福、为中华民族谋复兴，中国共产党领导中国人民成功开辟了中国式现代化的发展道路。中国式现代化的根本立场是坚持以人民为中心的发展思想，坚定不移地走全体人民共同富裕的道路，这从本质上区分了中国式现代化与西方现代化。中国式现代化是人口规模巨大的现代化，是全体人民共同富裕的现代化，是物质文明和精神文明相协调的现代化，是人与自然和谐共生的现代化，是走和平发展道路的现代化。新发展理念全面体现了以人民为中心的发展思想和中国式现代化的特征。习近平总书记指出：“人民是我们党执政的最深厚基础和最大底气。为人民谋幸福、为民族谋复兴，这既是我们党领导现代化建设的出发点和落脚点，也是新发展理念的‘根’和‘魂’。只有坚持以人民为中心的发展思想，坚持发展为了人民、发展依靠人民、发展成果由人民共享，才会有正确的发展观、现代化观。”（习近平，2021）因此，新发展理念所体现的发展观、现代化观，将“以人民为中心”作为发展和现代化的根本立场、总体目标和本质要求，新发展理念虽然是五大发展理念，但总体上都是围绕着“人民的根本利益”，都贯穿着“人民的根本利益”（杨根乔，2019；刘书林，2022）。这正是新发展理念指导的中国式现代化与当今世界其他形形色色的现代化理论和模式的根本区别所在。

新发展理念所体现的发展观和现代化观，将马克思主义发展观的基本原理和方法与当代中国发展实践和中国式现代化建设要求进行了有机结合（王仕国，2016），对马克思恩格斯关于经济的社会发展理论和人的全面发展理论进行了当代阐释与现实应用（顾海良，2018，2016，2017）。新发展理念坚持以人民为中心的发展思想，深化了对人的自由全面发展规律的认识，丰富发展了马克思主义政治经济学关于社会主义本质的理论（中共中央宣传部、国家发展和改革委员会，2022）。新发展理念关于现代化的发展规律的认识的深化，具有普遍的理论价值，尤其是对于那些既希望加快发展又希望保持自身独立性的发展中国家和民族，对世界各国摆脱传统发展模式的“窠臼”、跨越所谓的“中等收入陷阱”，提供了可资借鉴的中国方案和发展理念。

具体而言，创新、协调、绿色、开放和共享的发展理念深化了对中国式现代化过程的规律性认识，系统回答了实现中国式现代化所要求的发展目标、发展动力、发展方式、发展路径等一系列根本问题。新发展理念遵循了现代化进程中的经济规律的创新发展、自然规律的可持续发展、社会规律的包容性发展等重要理论，提出的创新是发展的第一动力、协调是发展的内生需要、绿水青山就是金山银山、开放是国家繁荣发展的必由之路、实现全体人民共同富裕是社会主义本质要求等核心观点，进一步深化了对社会主义现代化建设中的经济发展规律、自然科学规律和社会发展规律的认识（余立、孙劲松，2017）。

一是创新发展理念从理论上回答了新时代经济社会发展的根本动力问题，深化了中国式现代化建设中关于创新驱动发展的规律性认识。创新发展是第一位的发展理念，其基本内涵要求是：充分认识创新是引领发展的第一动力，把创新摆在国家发展和现代化全局的核心位置，坚持创新发展，以创新发展理念引领发展方式转变，推动质量变革、效率变革、动力变革，实现更高质量、更有效率、更加公平、更可持续、更为安全的发展。从理论层面看，创新发展理念是马克思主义政治经济学中国化时代化的新进展，是中国特色社会主义政治经济学的重要篇章。创新是有目的的、前所未有的、创造性的、复杂性的高级实践活动，对应物质生产实践、社会关系实践与科学实验等人类实践活动，具体包括技术创新、制度创新、科学创新等基本形式，创新是一种渗透性的生产要素，可以提高劳动者的能力、促进资本积累以及改进劳动资料特别是生产工具，可以将科学知识转化为生产力、引发生产工具变革从而推动生产关系的变革，可以把巨大的自然力和自然科学并入生产过程，使生产过程科学化，进而对提高生产力、促进经济发展具有巨大的促进作用。技术创新不仅仅对经济增长具有促进作用，还是推动社会发展的革命性力量，不仅表现在对没落社会制度的摧毁上，而且也表现在对先进社会制度的引领和推进上（黄群慧，2017）。在一定意义上，创新本身就是生产力概念的延伸（裴长洪、赵伟洪，2019）。西方经济学中新古典增长理论（外生增长理论）、新增长理论（内生增长理论）、演化经济理论等也从不同视角论述了技术进步对经济增长的意义以及内在机理。创新发展理念在继承和发展马克思主义政治经济学生产力发展的理论基础上，极大地拓展了创新的内涵和外延，深化了有关技术进步促进经济增长、科学技术发展规律等方面的理论认识，指出现代化的发展动力是遵循经济发展规律、科技发展规律的不断创新发展，人类社会现代化只能通过不断创新和提供新的资源以满足不断增长的人类需要的路径实现。

二是协调发展理念从理论上回答了新时代经济社会发展的方法论问题，深化了中国式现代化建设中关于发展整体性、协调性、平衡性的规律性认识。新发展理念中的协调发展理念给出了解决发展问题的方法论（田鹏颖，2016），要求新时代推进经济社会发展必须是注重发展的整体性、协调性和平衡性，发展手段和发展路径都要着眼于解决发展不平衡问题，发展目标和发展标准要体现发展的协调性和平衡性的要求。从哲学方法论上看，协调发展理念遵循了事物是普遍联系的唯物辩证法，认为社会经济发展是一个各发展要素相互联系、相互作用的整体性运动，必须运用内在联系观点把握整个发展过程。无论是马克思主义政治经济学两大部类保持合适比例的社会再生产理论，还是毛泽东同志的“论十大关系”，以及新时代中国特色社会主义事业的“五位一体”总体布局和“四个全面”战略布局，都体现了对发展的整体、性协调性、平衡性规律的遵循。坚持协调发展理念，就是要学会“弹钢琴”、增强发展的整体性、协调性、平衡性，就是要注重发展机会平等、资源配置均衡，这是中国式现代化进程中推进经济社会发展必须遵循的方法论原则，也是对中国式现代化的基本特征和整体性、协调性、平衡性规律的认识深化。新时代我国经济社会主要矛盾是人民日益增长的美好生活需要和不平衡不充分的发展之间的矛盾，这更需要处理好局部和全局关系，着力推进产业协调发展、区域协调发展、城乡协调发展、物质文明和精神文明协调发展，着力推进新型工业化、城镇化、信息化和农业现代化同步推进。需要说明的是，协调发展理念不是要求遵循平均主义“大锅饭”的方法论原则，而是更加强调发展过程中必须重视努力破解经济发展中不平衡、不协调、不可持续的突出问题，补齐短板、挖掘潜力、增强后劲。

三是绿色发展理念从理论上回答了新时代经济社会发展中人与自然的关系问题，深化了中国式现代化建设中关于人与自然和谐共生的规律性认识。新发展理念的绿色发展理念要求解决好人与自然和谐共生问题，要求人类社会发展活动必须尊重自然、顺应自然、保护自然，遵循自然发展规律。在如何处理经济发展与自然环境保护的关系的问题上，习近平总书记提出了绿水青山就是金山银山、保护环境就是保护生产力、改善环境就是发展生产力等重要的理论论断，要求一定要树立大局观、长远观、整体观，坚定推进绿色发展，推进自然资本的大力增殖（习近平，2021）。绿色发展理念蕴含着重大的理论价值，一方面是对马克思主义绿色发展观的传承和创新，将生态环境纳入生产力范畴，开辟了马克思主义生态思想和马克思主义政治经济学的新境界，书写了中国特色社会主义政治经济学新篇章；另一方面也是对千百年来人与自然关系的规律性认识的科学总结和关于人与自然关系思想认识的理性升华，对人类社会现代化理论和面临的发展与环境相容性问题的科学反思（黄茂兴、叶琪，2017；朱东波，2020）。在绿色发展理念指导下，我国主动适应社会主要矛盾变化以及构建现代化经济体系的内在要求，坚持节约资源和保护环境的基本国策，努力推动形成绿色发展方式和生活方式，在积极推进中国式现代化进程的同时，也为全球环境治理提供了中国智慧与中国方案。

四是开放发展理念从理论上回答了新时代经济社会发展中的中国与世界关系问题，深化了中国式现代化建设中关于经济全球化的规律性认识。新发展理念的开放发展理念揭示了现代化进程中的国家发展，其本质上是一个国家主动顺应经济全球化潮流、与世界各国合作互利共赢从而实现国家繁荣发展的过程。开放发展理念为中国式现代化建设指明了提高内外联动性，进一步主动参与、推动、引领经济全球化的基本方向。马克思、恩格斯关于世界贸易、世界市场、世界历史的重要论述，揭示了经济全球化的本质、逻辑和过程，构成了开放发展理念关于认识经济全球化的理论基础。而开放发展理念的提出，又进一步深化了对经济全球化规律的认识，丰富发展了马克思主义政治经济学关于世界经济的理论内涵。改革开放以来我国经济发展取得的伟大成就，已经证明坚持开放发展理念、主动顺应经济全球化潮流，是实现现代化必须遵循的历史规律。“面对经济全球化大势，像鸵鸟一样把头埋在沙里假装视而不见，或像堂吉诃德一样挥舞长矛加以抵制，都违背了历史规律。”（中共中央宣传部、国家发展和改革委员会，2022）当今世界，中国已经被认为是世界上推动贸易和投资自由化便利化的最大旗手，坚持开放发展理念，推进全方位对外开放战略，实施更大范围、更高水平、更宽领域、更深层次对外开放，建设更高水平开放型新体制，积极参与全球治理体系，推进各国携手打造人类命运共同体，推进构建广泛的利益共同体，这既是中国式现代化的必然要求，也是经济全球化潮流的发展方向。

五是共享发展理念从理论上回答了新时代经济社会发展的根本目的的问题，深化了中国式现代化建设中关于共同富裕和包容性发展的规律性认识。新发展理念的共享发展理念，要求做到促进社会公平正义、让发展成果更多地惠及全体人民，实现发展为了人民、发展依靠人民、发展成果由人民共享。共享发展理念的主要内涵包括四个方面，在共享覆盖面上实现人人享有、各得其所的“全民共享”，在共享内容上实现经济、政治、文化、社会、生态各方面建设成果的“全面共享”，在共享实现途径上实现发扬民主、人人参与的“共建共享”，在共享发展过程上实现由低级向高级、从不均衡到均衡的“渐进共享”。共享发展理念的实质就是坚持以人民为中心的发展思想，体现了人民是推动发展的根本力量的唯物史观，体现了逐步实现共同富裕的基本要求。而全体人民共同富裕是社会主义根本原则，是中国特色社会主义的本质要求，是中国式现代化的重要特征。因此，共享发展理念体现了中国经济社会发展和中国式现代化建设的根本目的和基本要求，是社会主义现代化发展观在新发展理念中的集中体现，丰富发展了马克思主义关于社会主义建设规律的认识。以共享发展理念为指导，实现全体人民共同富裕，这是一个长期的历史过程，要稳步朝着这个目标迈进。中国已经打赢脱贫攻坚战，全面建成了小康社会。在新发展阶段，到“十四五”时期末，全体人民共同富裕迈出坚实步伐，居民收入和实际消费水平差距逐步缩小。到 2035 年，全体人民共同富裕取得更为明显的实质性进展，基本公共服务实现均等化。到 21 世纪中叶，全体人民共同富裕基本实现，居民收入和实际消费水平差距缩小到合理区间。实现全体人民共同富裕，首先要通过全国人民共同奋斗把“蛋糕”做大做好，然后通过合理的制度安排把“蛋糕”切好分好。

三　新发展理念的系统性

新发展理念不仅仅具有理论性，还具有系统性。虽然新发展理念包括创新、协调、绿色、开放、共享五大发展理念，但五大理念是一个有机的整体，五大理念之间是辩证的关系，它们既互相联系互相作用，又互相区别互相对立，构成了完整的理念体系（邱海平，2019）。五大发展理念也就是五方面发展理论，五方面发展理论进一步系统化为一个理论体系。习近平总书记关于“新发展理念是一个系统的理论体系”这个重要论述，深刻揭示了新发展理念的系统性，对于我们完整、准确、全面贯彻新发展理念，加快构建新发展格局具有重要意义。因此，必须深刻认识新发展理念的系统性，才能把握新发展理念的科学内涵和重大意义。关于新发展理念的系统性，至少可以从以下几个方面认识和把握。

一是新发展理念形成了中国特色“系统化的经济学说”，以创新发展、协调发展、绿色发展、开放发展、共享发展五方面内容体系开拓了当代中国马克思主义政治经济学的新境界。习近平总书记指出："我们要立足我国国情和我们的发展实践，深入研究世界经济和我国经济面临的新情况新问题，揭示新特点新规律，提炼和总结我国经济发展实践的规律性成果，把实践经验上升为系统化的经济学说，不断开拓当代马克思主义政治经济学新境界，为马克思主义政治经济学创新发展贡献中国智慧。"（中共中央文献研究室，2017）新发展理念就是这样一个对经济发展实践规律性成果进行提炼总结、把实践经验进行升华而形成的最主要的"系统化经济学说"（顾海良，2018），是党的十八大以来党中央推动经济发展获得的感性认识的升华，是对推动经济发展实践的理论总结。新发展理念认为：发展是解决我国一切问题的基础和关键，而发展必须是科学发展，必须坚定不移贯彻创新、协调、绿色、开放、共享的发展理念。我们知道，经济增长和经济发展问题是经济学、经济理论学说关注的核心问题。新发展理念对经济发展的目的、动力、方式、路径等经济学说理论的核心问题进行了系统回答，对经济现代化规律、人的全面发展规律、创新驱动发展规律、经济结构规律、可持续发展规律、经济全球化规律、共同富裕规律等各方面经济理论学说进行了全面深化。无论是总体上看新发展理念，还是具体上分别看五大发展理念，都有深厚的马克思主义政治经济学的学理基础，将生产力和生产关系辩证统一起来，将解放、发展和保护生产力系统结合起来，形成系统化的经济学说。因此，新发展理念的提出开辟了中国特色社会主义政治经济学的新境界，其系统化的经济学说充分体现中国特色、中国风格、中国气派（洪银兴，2017）。更进一步，如果以新发展理念为指导，可以合乎逻辑地形成总论、创新发展篇、协调发展篇、绿色发展篇、开放发展篇和共享发展篇六部分的《中国经济学》内容体系。在总论部分，围绕以人民为中心的发展思想和中国式经济现代化理论，整体分析描述中国经济发展过程和经济增长奇迹；在创新发展篇，全面分析中国的技术进步、资本市场发展、人口红利与人力资本发展、全要素生产率、国有企业改革与社会主义市场经济体制创新等重大问题；在协调发展篇，深入研究中国工业化、城镇化、农业与农村发展、二元经济、区域协调发展、现代产业体系等重大问题；在绿色发展篇，可以深入分析“两山理论”与环境保护、“双碳”目标与气候变化、资源开发利用等重大问题；在开放发展篇，可以围绕中国国际贸易、“一带一路”、产业链与价值链、经济全球化、中国国际收支等重大问题展开论述；在共同富裕篇，可以围绕社会主义生产目的、缩小收入差距、基本公共服务体系建设等重大问题展开论述。

二是坚持以人民为中心的发展思想是贯穿新发展理念的系统性逻辑主线。创新、协调、绿色、开放和共享五大发展理念，虽然分别从五个方面回答了发展的目的、动力、方式、路径等重大理论和实践问题，但是都从不同方面很好地体现了坚持以人民为中心的发展思想，体现了发展为了人民、发展依靠人民、发展由人民共享。也就是说，贯彻五大发展理念系统性逻辑主线，是系统地体现了坚持以人民为中心的发展思想。五大发展理念虽然表述和注重的问题不同，但都系统地统一在坚持以人民为中心的发展思想上。创新发展理念作为新发展理念中动力层面的发展理念，也充分体现以人民为中心的发展思想，具体包括要充分尊重群众的首创精神，着眼于解放和发展生产力，创新方向要围绕着满足人民日益增长的美好生活的需要，创新成果也要由全体人民共享；协调发展理念，既是经济健康可持续发展的内在要求，也是缩小区域和城乡差距、不合理的行业收入差距，进而促进全体人民共同富裕的必然需要；绿色发展理念，既体现了尊重自然、人与自然和谐共生的发展要求，也是人民追求美好生态环境、实现美好生活的发展需要；开放发展理念要求坚定不移地全面对外开放，这是我国经济发展的重要法宝，是实现现代化的必由之路，也是国家强盛、人民富裕的发展路径和重要保障；共享发展理念作为新发展理念中发展目标层面的发展理念，要全民共享、全面共享、共建共享和渐进共享，全面体现了以人民为中心的发展思想和全体人民共同富裕的社会主义本质要求。

三是实现高质量发展是贯彻新发展理念的系统性体现。我国经济已由高速增长阶段转向高质量发展阶段，经济建设的主要任务是促进经济高质量发展。在微观层面，质量在社会经济中更广泛地被认为是事物、工作、产品的满足要求的优劣程度，包括产品质量、服务质量、工程质量和环境质量等，国际标准化组织在ISO9000中将质量界定为一组固有特性满足相关方要求的程度。而从宏观层面看，所谓经济发展质量，可以理解为经济发展特性满足新发展理念要求的程度，满足新发展理念要求程度越大，意味经济发展质量越高。经济高质量发展就是经济发展能够更高程度体现新发展理念要求、解决发展不平衡不充分发展问题、满足人民日益增长的美好生活需要的发展，高质量发展应该具有创新是第一动力、协调成为内生需要、绿色成为普遍形态、开放成为必由之路、共享成为根本目的的一组经济发展特性。这意味着，经济增长质量高低要用是否符合新发展理念来界定和衡量。经济高质量发展表现为经济增长驱动力主要来自创新，表现为经济增长具有区域、产业、社会等各方面的内在协调性，表现为绿色增长、人与自然和谐是经济增长的普遍形态，表现为全面开放、内外联动是经济增长的必由路径，表现为经济增长成果由全体人民共享。

四是新发展理念是立足新发展阶段、构建新发展格局、实现中国式现代化的系统性指导原则。习近平总书记强调指出："进入新发展阶段、贯彻新发展理念、构建新发展格局，是由我国经济社会发展的理论逻辑、历史逻辑、现实逻辑决定的，三者紧密关联。进入新发展阶段明确了我国发展的历史方位，贯彻新发展理念明确了我国现代化建设的指导原则，构建新发展格局明确了我国经济现代化的路径选择。"（习近平，2021）这要求我们在认识和把握新发展理念时，要将新发展阶段、新发展理念和新发展格局联系起来看，决不能割裂开考虑。我们必须认识到，立足新发展阶段是贯彻新发展理念、构建新发展格局的现实依据，贯彻新发展理念为立足新发展阶段、构建新发展格局提供了行动指南，构建新发展格局则是应对新发展阶段机遇和挑战、贯彻新发展理念的战略选择。因此要从发展阶段、发展理念、发展战略三者相互联系的角度来理解和把握新发展理念的系统指导性。另外，从实现中国式现代化角度看，新发展理念从理念层面回答了现代化的动力、路径、目标等重大问题，也是中国式现代化的系统性理论指南（黄群慧，2021）。

四 新发展理念的实践性

新发展理念作为一个关于发展的系统的理论体系，其重大意义不仅仅在于提供关于发展问题的新的规律性认识，还在于其对指导发展的实践性，也就是其在正确认识世界的基础上有效改造世界（董振华，2017）。党的十八大以来，以新发展理念为指导，中国制定实施了一系列发展战略，中国经济发展和现代化建设取得了历史性的伟大成就，这充分证明新发展理念的科学指导意义。

新时代党中央以中国式现代化战略为总领，按照新发展理念要求，重点部署实施了几十项战略，具体包括科教兴国、人才强国、创新驱动发展、扩大内需、乡村振兴、新型城镇化、区域协调发展、主体功能区、可持续发展、开放、就业优先、健康中国、人口发展、国家安全、文化强国等多方面重大战略，构建形成统一衔接、层次清晰、关联紧密、支撑有力的一体化国家发展战略体系（国家发展改革委发展战略和规划司，2021）。为了深入贯彻新发展理念，有效实施国家发展战略，在“十三五”时期和“十四五”时期两个五年发展规划中列出具体的相关约束性指标和预期性指标。对应五大发展理念，除了开放发展理念难以进行量化指标直接对应外，其他四大发展理念在指标体系中都有不同程度的反映。关于贯彻新发展理念的具体情况如表 1 所示。

表 1　　新发展理念指导下的战略部署及相应描述指标

发展理念	战略部署	“十三五”时期、“十四五”时期规划中代表性指标
总体新发展理念	中国式现代化战略	GDP 增速、全员劳动生产率
创新发展理念	科教兴国战略、国际科技合作战略、人才强国战略、人才优先发展战略、创新驱动发展战略、国家大数据战略、工业互联网创新发展战略、网络强国战略、网络信息领域核心技术设备攻坚战略、知识产权强国战略、制造强国战略、质量强国战略、标准化战略、扩大内需战略等	全社会研发经费投入增长、每万人口高价值发明专利拥有量、数字经济核心产业增加值占比、科技进步贡献率、互联网普及率
协调发展理念	乡村振兴战略、新型城镇化战略、区域重大战略、区域协调发展战略、主体功能区战略、哲学社会科学整体发展战略、文化产业数字化战略	服务业增加值比重、人口城镇化率、居民人均可支配收入增长
绿色发展理念	可持续发展战略、积极应对气候变化战略、能源生产和消费革命战略	单位 GDP 能源消耗和二氧化碳排放降低、地级及以上城市空气质量优良天数比例、地表水达到或好于Ⅲ类水体比例、森林覆盖率、耕地保有量、非化石能源占一次能源消费比重、森林发展、主要污染物排放总量减少、新增建设用地规模、空气质量、地表水质量
开放发展理念	互利共赢的开放战略、优进优出战略、“走出去”战略、人民币国际化战略、自由贸易区提升战略	—
共享发展理念	就业优先战略、健康中国战略、全民健身战略、慢性病综合防控战略、人口中长期发展战略、积极应对人口老龄化战略	城镇调查失业率、劳动年龄人口平均受教育年限、每千人拥有执业（助理）医师数、基本养老保险参保率、每千人拥有 3 岁以下婴幼儿托位数、人均预期寿命

资料来源：根据以下资料整理：国家发展改革委发展战略和规划司：《深入推进中国式现代化的战略擘画》，《经济日报》2021 年 11 月 3 日；《中华人民共和国国民经济和社会发展第十四个五年规划和 2035 年远景目标纲要》，人民出版社 2021 年版，第 11—12 页；《中华人民共和国国民经济和社会发展第十三个五年规划纲要》，人民出版社 2017 年版，第 10 页。

进入新时代，以新发展理念为指导的中国经济发展和现代化建设取得了历史性成就。从整体上看，新时代10年中国经济实力跃上新台阶，中国经济总量由2012年的53.9万亿元上升到2021年的114.4万亿元，占世界经济比重从11.3%上升到超过18%。中国式现代化迈进了向第二个百年奋斗目标进军的新发展阶段，全面建成了小康社会，基本实现了工业化，为开启社会主义现代化新征程、进入新发展阶段、构建新发展格局、实现新的更高目标的奠定了雄厚坚实的物质基础，为世界上希望实现现代化而又保持自身独立性的国家和民族提供了全新选择。这在党史、新中国史、改革开放史、社会主义发展史、中华民族发展史上都具有里程碑意义。

具体从创新发展、协调发展、绿色发展、开放发展和共享发展五个层面看（黄群慧，2022），一是在创新发展理念指导下，深入实施创新驱动战略，创新发展取得新成效。世界知识产权组织（WIPO）《2021年全球创新指数报告》显示，2021年中国排名第12位，相比2012年第34位，中国全球创新指数排名10年时间上升了22位，自2013年起中国全球创新指数排名连续9年稳步上升（袁于飞，2021）。据国家统计局社科文司《中国创新指数研究》课题组测算，如果2005年中国创新指数为100，2012年中国创新指数为148.2，到2020年中国创新指数达到242.6，不到10年中国创新指数增加了接近100。

二是在协调发展理念指导下，推进供给侧结构性改革，经济发展协调性进一步提升。在产业方面，总体上产业更加趋于协同，结构性问题趋于缓解，实体经济内部的产能相对过剩问题基本得到化解，传统产业转型升级步伐加快，推动制造业转向高质量发展，产业基础能力和产业链现代化水平得到提升，金融服务实体经济的力度逐步加大。在区域协调发展方面，东中西部区域间的差距明显缩小，区域间人民生活水平、基本公共服务均等化、基础设施通达程度等方面差距都有明显的改善，更加注重发挥区域发展比较优势，区域经济布局得到优化，推动建立更加有效的区域协调发展新机制。另外，在城乡协调发展方面取得更大进展，特别是农村地区低收入群体收入得到明显提升，城乡收入比从2012年的2.9倍下降到2021年的2.5倍。

三是在绿色发展理念指导下，努力建设美丽中国，经济绿色转型效果显著。进入新时代，树立起“绿水青山就是金山银山”的强烈意识，美丽中国建设成为重大国策。在生态文明建设过程中加强顶层设计，出台《生态文明体制改革总体方案》，在“十三五”规划、“十四五”规划中不断强化绿色发展指标的约束，承诺和积极践行“碳达峰碳中和”目标，中国经济绿色低碳转型加速发展，推进制造业发展和能源绿色转型取得显著进展。从总体指标看，从2012年到2021年，我国单位GDP能耗下降了26.4%，其中“十三五”时期累计下降了13.2%；单位GDP二氧化碳排放量累计下降了大约34%，其中“十三五”时期累计下降17.7%（李雪松，2022）。

四是在开放发展理念指导下，积极推进高水平对外开放，全面扩大开放形成新局面。新时代坚定不移地全面扩大开放，努力建设更高水平开放型经济新体制，促进共建“一带一路”高质量发展，推进中国走向更大范围、更宽领域、更深层次对外开放新局。2021年我国实际使用外资达到1.15万亿元人民币，位居世界第二，较2012年增长62.9%。2012年到2021年，我国货物进出口总额由24.42万亿元人民币扩大到了39.1万亿元人民币，稳居世界第一位，商品出口占国际市场的份额由11%上升到15%。已有149个国家、32个国际组织与中国签署了“一带一路”合作官方文件，我国对外签署的自由贸易协定数由10个增加到了19个，先后分6批累计设立21个自贸试验区（港）（许维娜，2022）。

五是在共享发展理念指导下，消除绝对贫困现象，共同富裕取得实质性进展。党的十八大以来，在共享发展理念指导下，党中央把逐步实现全体人民共同富裕摆在更加重要的位置，采取有力的措施保障和改善民生，打赢了脱贫攻坚战，消除了绝对贫困现象，全面建成了小康社会，到 2020 年，我国按国家贫困标准计算的农村贫困人口有 9899 万人已全部实现了脱贫。2012 年到 2021 年全年农村居民人均纯收入从 7917 元提高到 18931 元，城镇居民人均可支配收入从 24565 元提高到 47412 元。城镇居民恩格尔系数从 2012 年的 36.2% 下降到 2021 年的 28.6%，农村居民恩格尔系数从 2012 年的 39.3% 下降为 32.7%，人均预期寿命由 75.4 岁提高到了 77.9 岁，中等收入群体的比重由 1/4 左右上升到了 1/3 左右（陆娅楠，2022）。

五　结语：统筹发展与安全

以人民为中心的创新、协调、绿色、开放和共享五个发展理念，是一个系统的关于发展的理论体系，是关于社会主义发展规律理论认识的新飞跃。当今中国已经进入社会主义现代化的新发展阶段，人民对现代化美好生活的向往与发展不平衡不充分的矛盾更加突出；当今世界正处于百年未有之大变局，国际环境日趋复杂，不稳定不确定因素明显增加。面对新征程和大变局下的新矛盾新挑战，在认识到五个发展理念的重大理论意义和实践价值同时，需要正确处理经济社会发展与国家安全的关系，增强风险意识和树立底线思维，需要把国家安全问题放在党和国家的事业全局更加突出的位置。

近年来，习近平总书记针对国家安全问题做出了“坚持统筹发展与安全”“坚持总体国家安全观”“保证国家安全是头等大事”等系列重大论断。关于发展与安全的关系以及如何统筹发展与安全，习近平总书记指出：“全面贯彻落实总体国家安全观，必须坚持统筹发展和安全两件大事，既要善于运用发展成果夯实国家安全的实力基础，又要善于塑造有利于经济社会发展的安全环境；坚持人民安全、政治安全、国家利益至上的有机统一，人民安全是国家安全的宗旨，政治安全是国家安全的根本，国家利益至上是国家安全的准则。”（习近平，2020）实际上，从发展理念上看，安全发展也是一种发展理念，安全发展理念注重的解决发展中的国家安全问题，安全发展理念要求坚持“统筹发展和安全”和“总体国家安全观”。安全发展理念的提出，在新发展理念基础上又进一步丰富和发展了社会主义发展规律的认识。

我们必须认识到，国家安全在中国社会主义现代化事业中的全局性意义日益凸显。在现代化进程中，越是接近目标，越是会面临更多更大风险和挑战，各类安全问题就日益突出。比如当前中国面临着人口老龄化、人工智能等带来的挑战，经济社会发展的不平衡不协调带来的各类矛盾，经济全球化受阻带来的创新乏力风险，重大突发性公共事件带来经济衰退风险，重大国际政治军事冲突带来的极端环境风险，等等。未来的中国现代化新征程，可能是这些风险挑战集中爆发的高危期，这些风险和挑战应对不好，会引发经济安全、政治安全、社会安全、意识形态安全、文化安全、科技安全、军事安全、国土安全、生物安全、网络安全、生态安全等各类重大国家安全问题，有可能造成中国现代化进程的延滞甚至中断，从而对中国特色社会主义事业造成巨大影响。近几年出现的中美贸易摩擦、新冠疫情冲击、俄乌冲突等百年未有之大变局因素，也使我们更加认识到必须高度重视现代化进程中的国家安全建设和安全发展问题，必须坚持底线思维、居安思危、未雨绸缪，有效防范和化解重大风险。因此，在现代化新征程中，需要将国家安全建设放到统筹推进中国特色社会主义事业的一体化总体布局中，将安全发展理念放在统领社会经济发展的新发展理念这个整体指导理念中，以有效应对现代化新征程中各类风险和挑战。

在安全发展理念指导下，围绕统筹发展与安全，着力解决影响我国现代化进程的各种风险，新时代以来已经重点研究部署实施的一系列具体战略有：国家安全战略、科技兴军战略、改革强军战略、军民融合发展战略、粮食安全战略、藏粮于地藏粮于技战略、重要农产品保障战略、食品安全战略、能源安全战略、金融安全战略、国家网络空间安全战略、产业链与供应链安全战略，等等。在“十四五”规划中，粮食综合生产能力、能源综合生产能力也被作为安全发展的两个重要约束性指标单独列出。

在新发展理念基础上，进一步统筹发展安全，强调安全发展理念，体现了我党在新形势下对经济社会发展规律有了更加全面、更加深刻、更加系统的认识，也进一步彰显了习近平新时代中国特色社会主义思想的理论创新性，具有重大的理论和实践指导意义。

参考文献

习近平：《论把握新发展阶段、贯彻新发展理念、构建新发展格局》，中央文献出版社 2021 年版。

习近平：《习近平谈治国理政》第 3 卷，外文出版社 2020 年版。

《党的十九大报告辅导读本》编写组：《党的十九大报告辅导读本》，人民出版社 2017 年版。

中共中央文献研究室编：《习近平关于社会主义经济建设论述摘编》，中央文献出版社 2017 年版。

中共中央宣传部、国家发展和改革委员会编：《习近平经济思想学习纲要》，人民出版社、学习出版社 2022 年版。

董振华：《新发展理念的理论逻辑和实践品格》，《光明日报》2017 年 9 月 6 日。

顾海良：《不断开拓当代中国马克思主义政治经济学的新境界》，《经济学家》2016 年第 3 期。

顾海良：《发展理念的新时代政治经济学意义》，《经济研究》2017 年 11 期。

顾海良：《习近平新时代中国特色社会主义经济思想与“系统化的经济学说”的开拓》，《马克思主义与现实》2018 年第 5 期。

国家发展改革委发展战略和规划司：《深入推进中国式现代化的战略擘画》，《经济日报》2021 年 11 月 3 日。

洪银兴：《新发展理念与中国特色社会主义政治经济学的新发展》，《南京政治学院学报》2017 年第 1 期。

黄茂兴、叶琪：《马克思主义绿色发展观与当代中国的绿色发展——兼评环境与发展不相容论》，《经济研究》2017 年第 6 期。

黄群慧：《论中国特色的社会主义创新发展理念》，《光明日报》2017 年 9 月 7 日。

黄群慧：《新时代中国经济发展的历史性成就与规律性认识》，《当代史研究》2022 年第 8 期。

黄群慧：《新时代中国经济现代化的理论指南》，《经济日报》2021 年 10 月 21 日理论版。

李雪松主编：《中国五年规划发展报告（2021—2022）》，社会科学文献出版社 2022 年版。

刘书林：《论新发展理念的理论视野与现实需要》，《政治学研究》2022 年第 2 期。

刘伟：《坚持新发展理念，推动现代化经济体系建设》，《管理世界》2017 年第 12 期。

陆娅楠：《中国这十年：中国式现代化建设取得新的历史性成就》，《人民日报》2022 年 6 月 29 日。

裴长洪、赵伟洪：《习近平中国特色社会主义经济思想的时代背景和理论创新》，《经济学动态》2019 年第 4 期。

邱海平：《新发展理念的重大理论和实践价值———习近平新时代中国特色社会主义经济思想研究》，《政治经济学评论》2019 年第 6 期。

田鹏颖：《协调：从发展理念到方法论创新》，《中国特色社会主义研究》2016 年第 3 期。

王仕国：《五大发展理念与马克思主义发展观的新发展》，《求实》2016 年第 11 期。

许维娜：《中国这十年：经济实力、科技实力、综合国力、国际影响力持续增强》，人民网，2022 年 6 月 29 日。

杨根乔：《论习近平以人民为中心的新发展理念》，《当代世界与社会主义》2019 年第 2 期。

余立、孙劲松：《“新发展理念”：习近平关于现代化发展理念的检视、重构和开拓》，《理论与改革》2017 年第 6 期。

袁于飞：《2021 全球创新指数中国第十二》，《光明日报》2021 年 9 月 22 日。

朱东波：《习近平绿色发展理念：思想基础、内涵体系与时代价值》，《经济学家》2020 年第 3 期。

《2020 年中国创新指数增长 6.4%》，国家统计局网站，2021 年 10 月 29 日。

［日］秋山裕：《发展经济学导论》，刘通译，中国人民大学出版社 2014 年版。

索　引

A

按劳分配　13,14,180,337,341,342,344,345,349,368,370,375—377,385,387,391—393,395,397,399,400

B

比较优势　31,32,60,65,72,75,78,152,158,192—196,198—213,215,274,283,452,515,516,526,536,543,544,549,550,552,553,557,558,562,621

C

财政体制　143,144,147,148,150—154,156,157,159,160,162,163,165,166,169,172—174,283

产业结构　28,71,189,247,249,250,290,425,433,445,450,482,496,507,513,514,526,537,546,586,592,597,599

产业链　7,50,68—70,72—75,162,227,284,288,447,491,508,516,617,621,625

城乡协调发展　249,612,622

D

大国发展格局　55,56,59,61,62,73,78—80,82

党对经济工作的集中统一领导　7,15,184,187

低碳经济　420—424,426,427,432,433

R

二元经济　22,29,66,278,294—302,304,552,617

F

"分步走"战略　88,99,111,112

发展道路　17,41,42,45,54,62,64,67,69,73,74,77,79,81—83,111,180,184,185,189—191,230,

233,239,381,397,454,456,520,521,604,609
分税制　5,133,143,148,150,156—158,161,164,166,172,174—176,287

G

供给侧结构性改革　7,15,72,184,189,303,416,417,439,440,451,459,480—499,516,517,520,532,539,586,607,621
共同富裕　4,12,13,15,17,21,103,107,112,138,184,189,288,310,320,323—325,327,341,342,350,377,381,389,392,393,397—399,401,448,449,509,510,515—518,543,545,546,605,609,610,614—618,622
国家治理体系和治理能力现代化　21,161,162,167,226,376,398,400,441
国内大循环　13,15,56,61,62,65,66,68—70,72—74,76,77,80,82,184,189,445,491,517,556
国内国际双循环　15,56,62,68,72,73,77,80,82,184,189,235,241,274,445,492,517,520
国有企业分类改革　72,462—467,469—471,473,474,476—479

H

户籍制度改革　550,554,555
混合所有制改革　463,466,470,473,474,477

J

家经济高质量发展　15,73,75,78,79,82,99,100,184,189,250,274,287,289,400,422,447,451,458,460,482,500,501,503—522,591,618
家庭联产承包责任制　16,253,255,256,258,259,263,266
经济结构转型　514,522
经济全球化　39,41,44,45,49,50,60—62,67,68,75,78,83,224,225,228—231,235,248,452,476,508,533,535,537,538,554,613,614,616,617,624
经济新常态　487,497,498,524,527—529,533,534,538—540,607
经济增长方式转变　507
精准扶贫　13,134
竞争优势　65,68,72,75,192,199,202,204—212,214,215,274,279,286,526
竞争中性　476—478

K

开放型经济　45,54,236,378,402,445,452,453,458,515,607,622
科教兴国　102,567—570,619,620
科学技术是第一生产力　6,564,

567—570,574,575,577,580,583,584

可持续发展　35,42,71,74,104,105,126,229,249,327,420—422,424,432,482,483,503,536,586—589,592,597,600,602,610,616,617,619,620

L

"两个一百年"奋斗目标　435,458

老龄化　27,31,33,34,113,526,534,620,624

两个毫不动摇　376

刘易斯转折点　35,259,294—296,298—305,507,552,553,559

绿色金融　430,586—603

M

马克思主义政治经济学　2—4,7,15,20,21,24,38,44—46,54,106,179,181—185,187,188,190,232,308,310,312,333,335,336,352,412,413,418,438,441,454,460,462,474,476,486—488,496,498,511,518,519,527,564,610—616,625

马克思主义中国化时代化　398

N

农村家庭联产承包责任制　5

农村劳动力转移　65

农村土地制度改革　253,265,453

Q

区域协调发展　7,165,184,189,272,451,452,517,542,543,546,548,553,554,557,559,561,607,612,617,619—622

全国统一大市场　166,172,272—274,276—280,284—288,401,511,517,559

全球价值链分工　61,69,75,76

R

人口红利　25—35,302,305,481,507,559,616

人类命运共同体　17,21,22,38—50,52—54,230,420,422,458,614

人类文明新形态　22,521

S

"三期叠加"　492,504,524,538,606,607

"三权分置"改革　260

"四化同步"　112

"双碳"目标　594,597—599,617

三次分配　339,344,345,347—349,517

社会主要矛盾　5,15,21,79,100,228,373—375,383,403—412,414,416—419,437,442,444,455,500,502,504—506,606,612,613

社会主义本质　3,12,184,185,189,377,605,610,611,618
社会主义初级阶段　5,6,14,113,184,189,266,312—314,326,334,335,343,344,367—383,385,391,393,397,398,410,411,502
社会主义基本经济制度　17,310,342,344,376,385,389,393,395,397—400,468,473,474
社会主义市场经济　3,4,6,8,9,14,18,20,21,72,89,161,166,184,189,233,251,272,274,275,277,292,308—316,319—328,333—338,342,343,345,346,349,363,364,371—373,375—379,385,388,390,392—401,418,419,439,440,442,453,454,457,458,462—464,466,470,474—476,482,487,495,510,516,527,607,617
社会主义市场经济的资本理论　308,309,312,313,317,328,333—335
社会主义收入分配理论　339,341—344,348,349
社会主义条件下的价值规律　352,362
社会主义现代化国家新征程　4,20,186,379,380,383,509,520
生态文明　15,17,20,42,105,106,110,113,420,422,509,514,515,586,589—592,596,599,600,622
世界百年未有之大变局　20,38,45,54,191,222—236,239,518

T

统筹发展和安全　184,189,228,623,624

W

稳中求进　6,7
“五位一体”总体布局　99,420,441,612

X

习近平经济思想　488,496,497
习近平新时代中国特色社会主义思想　496,522,523
现代化经济体系　7,378,380,381,398,417,435—442,444,445,447—461,491,514—518,521,607,613,626
现代企业制度　288,330,400,463,466,470,473,475,477
乡村振兴战略　7,110,131,249,452,517,607,620
小康社会　1,16,52,53,85,86,88—97,99—118,186,268,374,377,379,380,411,412,441,444,459,504,509,538,605,615,621,623
新发展格局　2,15,16,67—69,71—73,77—79,82,184,189,237,

272,274,275,277,445,459,476,491,492,494,495,504,517,520,521,539,608,615,618,619,621,625

新发展阶段　2,13—15,44,53,71,75,78,310,328,437,444,459,476,494,495,504,521,539,607,608,615,618,619,621,623,625

新发展理念　2,15,16,22,45,49,78,91,99,184,186,240,420,422,439,440,442,459,460,495,500,504,516,518,519,521,524,538,539,591,596,602,604—621,624—627

新型工业化道路　249,425,503

新型现代化道路　112

新自由主义经济学　10

Y

央地关系　144—147,149,152—156,173,175,562

“一带一路”　22,44,48,50—53,225,229,236,238,239,413,452,458,596,602,603,617,622

以工代赈　119—141

以人民为中心的发展思想　7,15,17,109,184,397,482,546,607—610,614,616—618

Z

“中等收入陷阱”　202,203,210,507,509,520,610

“抓大放小”　464,465,473

政府与市场关系　8,17,21,159,165,167,351,456

中国财政体制　143,148,156,167,168,173

中国经济学　1—4,7—12,14,15,17—24,33,55,61,72,119,190,212,222,232,236,247,278,301,302,304,308,309,311,350,359,360,420,427,462,476,478,488,489,522,616

中国式现代化　13,112,115,275,277,286,457,458,520,609—614,618—621,626

中国特色社会主义新时代　419,513

中国特色社会主义政治经济学　2,4,20,21,23,38,44,45,53,54,179,181,183—191,350,403,480,482,486—489,502,505,519,521,529,540,608,611,613,616,626

中华民族伟大复兴　45,79,110,112,181—183,191,222,224,226—228,234,236,369,371,379,381,398,416,435,437,510,518,568,609

编后记

2016年5月17日，习近平总书记在哲学社会科学工作座谈会上强调，着力构建中国特色哲学社会科学，要在指导思想、学科体系、学术体系、话语体系等方面充分体现中国特色、中国风格、中国气派。中共中央《关于加快构建中国特色哲学社会科学的意见》强调，要深入贯彻习近平总书记系列重要讲话精神和治国理政新理念新思想新战略，充分体现继承性、民族性、原创性、时代性、系统性、专业性，创新发展哲学社会科学，为实现“两个一百年”奋斗目标、实现中华民族伟大复兴的中国梦提供强大思想理论支撑。

编撰学科手册，是一项十分基础性的学术性工作，有利于深刻了解本学科领域的重要学术成果、理论流派、经典文献、前沿课题、基础内容和发展方向，为一门学科成长发展奠定重要基石，对于一门学科形成发展具有重要意义。为推进中国经济学的发展，加快构建中国特色经济学学科体系、学术体系、话语体系，系统总结梳理中国特色经济学研究代表性的原创性成果，中国社会科学院于2021年初正式启动“《中国经济学手册》编撰工程”（以下简称《手册》）。《手册》由中国社会科学院前院长谢伏瞻担任主编，前副院长蔡昉与中国社会科学院经济研究所所长黄群慧担任副主编，由中国社会科学出版社出版。中国社会科学院经济研究所全面负责《手册》编撰工作，经济研究所设立以《经济研究》编辑部为主体的工作组，具体负责《手册》编撰的日常事务。国内经济学各领域知名学者受邀担任《手册》编委与撰写人。《手册》编撰工程亦是中国社会科学院“新发展阶段理论体系建设工程”的子工程，是新发展阶段经济理论体系研究的先导类工程。《手册》的编写得到了经济学界广大学者的热心帮助和大力支持。

《手册》的编写宗旨是，围绕新中国成立70多年来，特别是改革开放以来，中国经济学发展主线，系统回顾、梳理、讨论具有中国特色、中国气派、中国风格的，具有原创性、标识性、基础性的经济理论与政策研究成就，形成可供经济学者学习研究中国经济学参考的大型学科工具书。党的十八大以来，以习近平同志为核心的党中央创造了新时代中国特色社会主义伟大成就，创立了习近平新时代中国特色社会主义思想。习近平经济思想是习近平新时代中国特色社会主义思想的重要组成部分，是运用马克思主义政治经济学基本原理对新时代经济发展实践作出的系统理论概括，是新时代我国经济工作的科学行动指南和根本遵循。围绕我国新时代的经济理论与政策研究的进展，《手册》努力尝试从范畴、理论、学科、学术等各个角度系统阐释习近平经济思想，并以此把握中国经济学的发展方向。习近平经济思想博大精深，这里的尝试只是初步的工作。

编撰一部高质量学科手册，任务十分艰巨，工作量庞大，具有很大的挑战性。一方面中国经济学研究文献汗牛充栋，并且不断推陈出新；另一方面中国经济取得了举世瞩目的伟大成就，快速发展的中国经济实践不断给中国经济学研究提出了又多又新的课题。《手册》编撰不能仅仅是一般意义上的学术文献综述，还必须是再创作的深入研究，以推动中国经济学发展，从理论上阐释中国经济发展实践的巨大成功。因此，静态的学术梳理很难全面反映动态的学术发展。为此，《手册》计划按照写作成熟程度分卷推出。《手册》编撰工作组现推出第一卷，之后将陆续推出其他卷。《手册》选取的条目（按条目名称笔画顺序排列）主要反映三类富有中国特色的原创性成就：一是学者们提出的经济理论和概念，二是党和国家重要文件中出现的经济方针、政策、概念及理论等，三是学者们对现实中重要经济现象和问题的理论思考。全部条目突出中国独特的经济概念、理论、问题和政策等，由《手册》编撰工作组邀请各领域知名学者撰写。

《手册》编撰工作时间紧、任务重、困难大，并且是在连年疫情影响的特殊条件下完成的。虽然如此，受邀撰写与评审条目稿的学者、负责加工校对出版的编辑，都无条件地给予了极大的支持。值此《手册》第一卷出版之际，对为《手册》编撰付出辛劳的广大经济学界同仁表示诚挚感谢！

《经济研究》编辑部作为工作组，两年多来在《手册》编委的指导与支持下完成了《手册》条目选择、条目撰写邀请、条目评审邀请、条目修改邀请，以及条目初始编校等多环节的工作。期间大家克服了许多困难，也让自己增长了许多专业知识与能力。《手册》的编撰历程也是编辑部全体成员难得的成长经历。全体成员对《手册》中所涉及的大时间尺度、大容量、多种类、多领域的文献与我国学者的原创性重要成就，有了更全面、更深刻、更准确的认识。

虽然《手册》编撰工作组投入了大量的时间与精力，但限于知识与能力，本次出版的《手册》第一卷难免还存在多方面的不如人意之处，客观地说还未能反映中国经济学发展的全貌。例如，由于中国经济学相关内容极其庞大而复杂，条目的初始选择与表述，难免挂一漏万，难免有所分歧；又如，现有的一些条目中，部分学者的部分成就可能没有涉及，关于一些内容的理解、表述与评价还可能存在不同观点；再如，现有的条目都是在2022年上半年前基本完成全稿的，限于编辑出版时间差，无论是条目选择，还是条目内容，都可能未反映最新相关文件或政策精神、中国经济发展实践中最新出现的问题，以及中国经济学理论研究的最新成果。甚至一些最新的重大理论创新成果，比如中国式现代化等，也暂未成为《手册》第一卷的条目。当前已完成的工作只能是阶段性的探索，后续的

《手册》编撰与出版工作中还将不断增补、修订与完善。《手册》编撰与出版工作永远是一个动态的过程。我们诚恳地接受广大读者的批评与建议，以利于我们在后续的工作中不断完善与订正。

此外，需要说明的是，为了让广大学者尽早了解《手册》中的重要条目，在更大范围内更快地推广中国经济学研究的部分代表性成就，推动未来的中国经济学研究，《手册》第一卷中的《导言》与部分重要条目已于2022年陆续发表在《经济研究》《经济学动态》《经济思想史学刊》等期刊上。

最后，再次对为《手册》编撰工作提供各方面支持的领导、编委、撰写人、评审人、编辑出版者等表示衷心的感谢！

《中国经济学手册》工作组